民间借贷纠纷实战全指引

张钰坤 代子欣 编著

中国人民大学出版社

·北京·

序

李功国[*]

《民间借贷纠纷实战全指引》共分六章，分别从民间借贷司法解释的调整范围、如何审查认定合同的效力、债务请求权的确认、债务履行及其后果、债的担保以及民间借贷合同纠纷的诉讼与代理等方面，针对实践中的重点、难点问题，进行了比较深刻而全面的阐述。针对争议较大的法律问题，分别阐述了正反两个方面不同的观点，可以从不同视角为读者提供有益的参考。

本书开启了全新的写作模式，使其写作目的更加贴近实践需要。书中对各具体法律问题的写作架构和谋局布篇主要为：

【相关规定】：包括相关法律、行政法规、司法解释、部门规章和相关政策规定，以及最高人民法院发布的全国审判工作会议纪要等。

【重点难点提示】。

【最高人民法院指导性意见】。

【权威观点】。

【案例】。

针对每一具体法律问题，作者收集的相关规定是全面而详尽的，再配合司法界、学术界的权威观点及相关案例分析，能够帮助读者迅速了解相关法律问题的本质特性，掌握司法裁判的主流观点，更有助于律师读者依此制定代理策略与方案。本书特别注重选择与高层次协调平衡，找寻解决问题的钥匙，故具有较强的实用性和指导性。

本书收录的权威观点，主要是最高人民法院和地方各级人民法院资深法官及专家学者针对民间借贷的专门论述，对于准确把握和适用法律法规以及司法解释的规定，具有较强的指导意义。其中，针对法律条款及司法解释等规定中的重点、难点问题，引用的也是具

---

[*] 李功国：兰州大学法学院教授，原法律系主任；兰州大学敦煌法学研究中心主任。兼任甘肃省法学会副会长兼学术委员会主任，甘肃省法学会敦煌法学研究会会长，兰州仲裁委员会专家委员会主任。

有代表性的观点。本书精选的案例中有近80个案例附有审判人员所撰写的法官后语或资深法官的专业论述（参见"法官论述"栏目），这些观点是审判人员经过千锤百炼对实践经验的总结，有的还成为司法解释等修订的理论和实践依据。

本书共选用257个案例，其中：绝大部分属于司法裁判案例，主要来源于最高人民法院作出的已生效的民事判决书、民事裁定书，少部分来源于最高人民法院发布的公报案例和指导性案例。另外，本书还选用了一些地方法院审结的中国法院年度案例以及作者代理的部分案例。选用的这些案例内容翔实，重点突出。部分案例附有审判人员评述的，其内容按照生效判决或裁定认定事实、法官论述、作者简析的顺序排列，以帮助读者直观感受审判人员的裁判思路与裁判观点，也为妥善解决类似疑难问题提供了参考性实例。

另外，本书提出了债权转让模式的全新融资理念，这为企业解决融资难的问题拓宽了思路，可资借鉴。

本书八十多万字的篇幅，字里行间，不但体现了作者高度负责的敬业精神和解决实际问题的卓越能力，更体现了作者促进公平正义、推行标准化执业模式的司法梦想和毕生追求。本书既是法律实务工作者实践经验的总结，又是司法战线集体智慧的结晶，具有较高的学术价值和较强的实践意义。本书既可以作为非诉讼法律服务的业务指导用书，也可以作为民间借贷纠纷诉讼代理的工具用书。

是为序。

2024年1月8日

目 录

第一章　民间借贷司法解释调整的范围 … 1
- 第一节　属于民间借贷司法解释调整的范围 … 1
- 第二节　不属于民间借贷司法解释调整的范围 … 16
- 第三节　如何识别合同性质 … 19

第二章　如何认定合同的成立、生效及效力 … 67
- 第一节　审查合同是否成立与生效 … 67
- 第二节　有效合同、无效合同及效力待定合同的认定 … 78
- 第三节　职务行为 … 118
- 第四节　表见代理 … 143

第三章　债务请求权的确认 … 161
- 第一节　债权人主体被确定 … 161
- 第二节　个人债务的认定 … 172
- 第三节　公司债务 … 193
- 第四节　债的转移、加入或承担 … 220
- 第五节　如何确认债权债务金额 … 228
- 第六节　债务请求权的行使方式 … 259
- 第七节　债的免除 … 268

第四章　债务的履行及其后果 … 271
- 第一节　债务履行期限 … 271
- 第二节　现金或转账支付方式 … 277
- 第三节　以物抵债 … 294
- 第四节　债务履行证明 … 308
- 第五节　抗辩权 … 328
- 第六节　违约责任 … 366

第五章　债的担保 379
第一节　保证担保（信用担保） 379
第二节　物权担保 402
第三节　债权担保 421
第四节　知识产权担保 429
第五节　股权担保 431
第六节　非典型担保 435
第七节　担保合同的效力认定 451
第八节　担保合同无效的过错责任 466
第九节　担保人的抗辩权 473
第十节　担保权实现顺序 492
第十一节　追偿权 497

第六章　民间借贷合同纠纷诉讼代理 507
第一节　如何书写诉讼法律文书 507
第二节　诉讼管辖 512
第三节　如何审查证据 514
第四节　举示证据的要求 554
第五节　如何发表质证意见 584
第六节　如何发表辩论意见 623
第七节　执行申请与执行异议、执行异议之诉 627
第八节　虚假诉讼 635

参考文献 643

后　记 645

第一章

民间借贷司法解释调整的范围

第一节 属于民间借贷司法解释调整的范围

民间借贷包括自然人、法人、非法人组织之间及其相互之间进行资金融通的行为，借贷主体不包括经金融监管部门批准设立的从事贷款业务的金融机构及其分支机构。除具有普遍性的民间借贷合同以外，下列合同同样属于民间借贷司法解释的调整范围。

一、法人或非法人组织之间以及它们相互之间为生产、经营需要订立的借款合同

相关规定

▼《中华人民共和国民法典》（以下简称《民法典》）

第146条 行为人与相对人以虚假的意思表示实施的民事法律行为无效。

第153条 违反法律、行政法规的强制性规定的民事法律行为无效。但是，该强制性规定不导致该民事法律行为无效的除外。

违背公序良俗的民事法律行为无效。

第154条 行为人与相对人恶意串通，损害他人合法权益的民事法律行为无效。

▼《最高人民法院关于审理民间借贷案件适用法律若干问题的规定》（法释〔2020〕17号，以下简称《2020民间借贷司法解释》）

第1条 本规定所称的民间借贷，是指自然人、法人和非法人组织之间进行资金融通的行为。

第10条 法人之间、非法人组织之间以及它们相互之间为生产、经营需要订立的民间借贷合同，除存在民法典第一百四十六条、第一百五十三条、第一百五十四条以

及本规定第十三条规定的情形外,当事人主张民间借贷合同有效的,人民法院应予支持。

第13条 具有下列情形之一的,人民法院应当认定民间借贷合同无效:

(一)套取金融机构贷款转贷的;

(二)以向其他营利法人借贷、向本单位职工集资,或者以向公众非法吸收存款等方式取得的资金转贷的;

(三)未依法取得放贷资格的出借人,以营利为目的向社会不特定对象提供借款的;

(四)出借人事先知道或者应当知道借款人借款用于违法犯罪活动仍然提供借款的;

(五)违反法律、行政法规强制性规定的;

(六)违背公序良俗的。

▼《全国法院民商事审判工作会议纪要》(2019年11月8日,以下简称《九民纪要》)

53. 未依法取得放贷资格的以民间借贷为业的法人,以及以民间借贷为业的非法人组织或者自然人从事的民间借贷行为,应当依法认定无效。同一出借人在一定期间内多次反复从事有偿民间借贷行为的,一般可以认定为是职业放贷人。民间借贷比较活跃的地方的高级人民法院或者经其授权的中级人民法院,可以根据本地区的实际情况制定具体的认定标准。

▼《最高人民法院关于新民间借贷司法解释适用范围问题的批复》(法释〔2020〕27号)

一、关于适用范围问题。经征求金融监管部门意见,由地方金融监管部门监管的小额贷款公司、融资担保公司、区域性股权市场、典当行、融资租赁公司、商业保理公司、地方资产管理公司等七类地方金融组织,属于经金融监管部门批准设立的金融机构,其因从事相关金融业务引发的纠纷,不适用新民间借贷司法解释。

【重点难点提示】

第一,法人之间、非法人组织之间以及它们相互之间为生产、经营需要订立的民间借贷合同,当事人主张民间借贷合同有效的,人民法院应予支持。

第二,《民法典》第146条、第153条、第154条以及《2020民间借贷司法解释》第13条规定的情形,应当除外。

实践中,法人之间、非法人组织向本单位职工集资,将款项用于自己的生产、经营的,不认定为非法集资。

二、当事人之间以借用承兑汇票、存单、债券、国库券等有价证券的形式进行资金融通的合同

【权威观点】

因存单发生的纠纷是否属于民间借贷纠纷?实践中应当将因存单发生的纠纷作为民间

借贷纠纷案件，适用《2020民间借贷司法解释》的规定进行审理。①

【案例001】

当事人借用承兑汇票、存单、债券、国库券等有价证券的形式进行资金融通的，属于民间借贷纠纷

裁判文书：江西省高级人民法院（2014）赣民一终字第118号民事判决书

判决书认定事实：

一审认定事实：关于本案应否中止审理问题。《中华人民共和国民事诉讼法》（以下简称《民事诉讼法》）（2012年）第150条（现为第153条）第1款规定："有下列情形之一的，中止诉讼：……（五）本案必须以另一案的审理结果为依据，而另一案尚未审结的……"本案中，票号为20450977的银行承兑汇票虽系刘×华以变造的银行承兑汇票向中国银行吉安市庐陵支行营业部申请置换而开具，公安机关亦已对刘×华刑事立案侦查，但票据的无因性决定了票据关系一经产生即与基础关系相分离，故本案无须对（汇票所载）吉安市兰×生物工程科技有限公司和江西庐×园林工程有限公司之间是否存在合法有效的买卖关系这一基础关系进行审查。并且，刘×华涉嫌刑事犯罪案件与本案民间借贷纠纷案件事实本身没有关联，本案无须以刘×华涉嫌犯罪刑事案件的审理结果作为依据。即本案并无中止审理之必要。因此，唯×公司、李×上述辩解意见依据不足，无法得到支持。

二审认定事实：本院认为，唯×公司因资金紧张以借银行承兑汇票的形式向谢×借款，双方形成一致意思表示，唯×公司为此向谢×出具了书面承诺函，李×以保证人的身份在承诺函上签名，双方的行为系由票据借用人向出借人支付票面金额取得票据，并以票据在市场流通的方式进行融通资金，因而本质上仍然是借用有价证券在市场融通资金的民间借贷行为，原审法院认定双方构成民间借贷纠纷正确。

~~~~ 法官论述 ~~~~

当事人之间以借用承兑汇票、存单、债券、国库券等有价证券的形式进行资金融通的，双方之间即已不是简单的票据纠纷，而为民间借贷行为。当事人因出借承兑汇票发生纠纷而起诉到人民法院的，应当按照民间借贷纠纷审理。同时，票据具有无因性，出票人与第三人之间的行为涉嫌犯罪与否，并不影响民间借贷纠纷案件的审理。②

三、委托理财合同

委托理财合同主要指在资产委托管理合同中约定无论盈亏均保证"委托人"获得固定本息回报的合同。该类合同名为委托理财实为借贷。

---

① 最高人民法院民间借贷司法解释理解与适用（简明版及配套规定）.北京：人民法院出版社，2018：29.
② 最高人民法院民事审判第一庭.民间借贷纠纷审判案例指导.北京：人民法院出版社，2015：157-166.

四、网络平台形成的借款合同

【相关规定】

▼《2020 民间借贷司法解释》

第 21 条 借贷双方通过网络贷款平台形成借贷关系，网络贷款平台的提供者仅提供媒介服务，当事人请求其承担担保责任的，人民法院不予支持。

网络贷款平台的提供者通过网页、广告或者其他媒介明示或者有其他证据证明其为借贷提供担保，出借人请求网络贷款平台的提供者承担担保责任的，人民法院应予支持。

【重点难点提示】

此类合同辨别的重点是责任界定，要将 P2P 作为网络借贷平台（纯粹的居间模式）与居间模式加保证模式/担保物权模式区别开来。纯粹的居间模式，即"网络贷款平台的提供者仅提供媒介服务"，当事人请求其承担担保责任的，人民法院不予支持。如果是居间模式加保证模式或担保物权模式，则应当依照相关规定界定其法律责任。

【权威观点】

P2P 是网络借贷平台，其本意是指为个人与个人之间的借贷提供中介服务，把借贷双方对接起来实现各自的借贷需求。像共赢社是典型高收益高保障的 P2P 平台。借款方可以是无抵押贷款或是有抵押贷款，而中介一般是收取双方或单方的手续费为盈利目的或者是赚取一定息差为盈利目的的新型理财模式。归纳起来，其模式主要有：

1. 居间模式，即处于居间人的地位，以提供交易平台和制定交易规则为其居间义务，不承担出借人违约担保责任。

2. 居间加风险准备金模式。其风险保证金是为偿还借款人的逾期借款而承担担保责任。承担担保责任后受让相应的债权。其风险保证金可以从出借人或借款人收取的中间服务费中提取，双方约定承担的是有限担保责任。

3. 居间加保证模式。以平台以自有资金为出借人或借款人提供担保，充当担保人和中介机构双重角色。

4. 居间加担保物权模式。对于数额较大的融资，为了降低出借人的风险，要求借款人或第三人提供物权担保，如抵押或质押。

5. 债权转让模式。从法律角度，第三方或 P2P 平台向借款人出借资金，双方形成借款合同关系。投资者从第三方或 P2P 平台购买债权，双方形成债权债务关系。债权转让通知借款人后，投资者替代第三方或 P2P 平台成为债权人。[1]

---

[1] 最高人民法院民间借贷司法解释理解与适用（简明版及配套规定）. 北京：人民法院出版社，2018：93-94.

五、合法的独立担保合同

相关规定

▼《九民纪要》

54. 从属性是担保的基本属性，但由银行或者非银行金融机构开立的独立保函除外。独立保函纠纷案件依据《最高人民法院关于审理独立保函纠纷案件若干问题的规定》处理。需要进一步明确的是：凡是由银行或者非银行金融机构开立的符合该司法解释第1条、第3条规定情形的保函，无论是用于国际商事交易还是用于国内商事交易，均不影响保函的效力。银行或者非银行金融机构之外的当事人开立的独立保函，以及当事人有关排除担保从属性的约定，应当认定无效。但是，根据"无效法律行为的转换"原理，在否定其独立担保效力的同时，应当将其认定为从属性担保。此时，如果主合同有效，则担保合同有效，担保人与主债务人承担连带保证责任。主合同无效，则该所谓的独立担保也随之无效，担保人无过错的，不承担责任；担保人有过错的，其承担民事责任的部分，不应超过债务人不能清偿部分的三分之一。

【重点难点提示】

在独立保函中，要注意以下问题：一是独立保函的合法性在于开具保函的主体被限定于银行和非银行金融机构。其他当事人出具的独立保函，无法律效力。二是独立保函不仅适用于国际贸易，也适用于国内贸易，属于《2020民间借贷司法解释》调整的范围。

六、债权债务协议应当按照民间借贷合同处理的情形

相关规定

▼《2020民间借贷司法解释》

第14条　原告以借据、收据、欠条等债权凭证为依据提起民间借贷诉讼，被告依据基础法律关系提出抗辩或者反诉，并提供证据证明债权纠纷非民间借贷行为引起的，人民法院应当依据查明的案件事实，按照基础法律关系审理。

当事人通过调解、和解或者清算达成的债权债务协议，不适用前款规定。

【重点难点提示】

第一，债权债务协议满足以下条件的，应当按照基础法律关系进行审理：（1）原告以借据、收据、欠条等债权凭证为依据提起民间借贷诉讼；（2）被告依据基础法律关系提出抗辩或者反诉；（3）被告能够提供证据证明债权纠纷非民间借贷行为引起的。

在司法实践中，如果被告方未作存在其他法律关系的抗辩，法院可能会以原告方不存在其他法律关系而认定借款合同关系成立。但是，如果被告方提出此项理由的抗辩，判断是否按照基础法律关系审理，仅凭被告的口头抗辩是不够的，除了口头表达抗辩，被告方还负有举证义务及证明责任。从举证责任的分配看，被告方的举证义务显然重于原告方。因此，被告方抗辩前，应当掌握一定的事实依据。

第二，通过调解、和解或者清算达成的债权债务协议，应按照民间借贷合同纠纷审理，是"应按照基础法律关系进行审理"的例外。对调解、和解或者清算达成的债权债务协议，即使存在其他法律关系，也应当按照民间借贷合同纠纷审理。所谓调解，是指第三方作为调解人，依据一定规范，组织各方当事人进行协商达成协议的过程。和解，则为当事人双方自愿平等协商、相互妥协以解决争议的方式。调解与和解，均是当事人意思自治原则的体现。清算是为了终结某种法律关系，对相关的业务、财产及债权债务进行清理、确认的行为。清算可以是对法律主体的清算，如破产清算；也可以是针对某一事项的清算，比如对某一合作项目完成时的清算。

第三，在实践中，应注意，不能将此条规定作任意扩大化解释。比如：（1）如果主合同系无效合同，那么，其清算协议的效力也应当认定为无效合同。（2）如果结算协议的利息计算标准超过规定上限，超过部分仍然属于无效约定。

【权威观点】

实践中，实际上是买卖、承揽、股权转债权、合伙纠纷、损害赔偿、精神损失赔偿等，却以民间借贷诉讼的形式来确认这些债权债务的情况并不鲜见。[①]

七、名为买卖合同实为民间借贷合同

相关规定

▼《2020民间借贷司法解释》

第23条 当事人以订立买卖合同作为民间借贷合同的担保，借款到期后借款人不能还款，出借人请求履行买卖合同的，人民法院应当按照民间借贷法律关系审理。当事人根据法庭审理情况变更诉讼请求的，人民法院应当准许。

按照民间借贷法律关系审理作出的判决生效后，借款人不履行生效判决确定的金钱债务，出借人可以申请拍卖买卖合同标的物，以偿还债务。就拍卖所得的价款与应偿还借款本息之间的差额，借款人或者出借人有权主张返还或者补偿。

▼《最高人民法院关于民事诉讼证据的若干规定》（法释〔2019〕19号，以下简称《2019证据规则》）

---

① 司伟. 民间借贷司法解释第十五条的理解与适用. 最高人民法院公报，2006（8）.

第53条 诉讼过程中，当事人主张的法律关系性质或者民事行为效力与人民法院根据案件事实作出的认定不一致的，人民法院应当将法律关系性质或者民事行为效力作为焦点问题进行审理。但法律关系性质对裁判理由及结果没有影响，或者有关问题已经当事人充分辩论的除外。

存在前款情形，当事人根据法庭审理情况变更诉讼请求的，人民法院应当准许并可以根据案件的具体情况重新指定举证期限。

【重点难点提示】

以买卖合同形式为借款合同提供担保，2015年和2020年司法解释作了不同规定。

《最高人民法院关于审理民间借贷案件适用法律若干问题的规定》（以下简称《2015民间借贷司法解释》）第24条规定："当事人以签订买卖合同作为民间借贷合同的担保，借款到期后借款人不能还款，出借人请求履行买卖合同的，人民法院应当按照民间借贷法律关系审理，并向当事人释明变更诉讼请求。当事人拒绝变更的，人民法院裁定驳回起诉。"

在《2020民间借贷司法解释》第23条中，并没有要求审判人员主动释明的规定。在理解时，应注意：

第一，原则上，出借人请求履行买卖合同的，人民法院应当按照民间借贷法律关系审理。也就是说，法院不会按照买卖合同关系进行审理。那么，原告方要求履行买卖合同的诉讼请求就不会得到支持。

第二，在审理过程中，如果当事人请求变更诉讼请求，人民法院应当准许；如果当事人不变更诉讼请求，人民法院可能驳回起诉。

第三，提出变更诉讼请求是在审理过程中。如果当事人提出变更诉讼请求，按照《2019证据规则》第53条的规定，人民法院可以根据案件具体情况重新指定举证期限。

【案例002】

未签订借款合同，只签订了房屋买卖合同，如何认定
借款人的返还义务

案情简介：2015年2月5日，被告向原告借款时，仅签订了一份房屋买卖合同为借款提供担保。双方约定的房屋买价为100万元。因被告未按时履行还款义务，原告提出诉讼，要求按照合同约定办理房屋的过户手续。

法院裁判结果：判令由被告段某于判决生效后30日内偿还原告李某借款本金100万元。[①]

[①] 《最高人民法院发布19起合同纠纷典型案例》第14号（2015年12月4日）；最高人民法院发布的典型案例汇编（2009—2021民事·商事卷）. 北京：人民法院出版社，2022：351-352.

~~~~ 作者简析 ~~~~

实践中，签订房屋买卖合同为借款合同提供担保的，如果没有签订借款合同只签订了商品房买卖合同，要证明其为借款合同关系存在举证难的问题。主要依据有：通信往来、手机信息等相关资料；证人证言以及买受人对待商品房买卖合同的态度，如交付房屋的履行期限届满，但买受人不主张交付房屋，也不要求入住，在合理期限内不要求办理产权证；出售方并未向买受人出具收到购房款的发票（这也是重要的依据，因为发票是办理产权证的必要条件之一）；等等。

此外，还要注意商品房买卖合同与借款合同之间是否存在主从合同关系。如果不存在主从合同关系而是分别独立的合同，则是并行的合同，当事人既可以主张履行买卖合同，也可以主张履行借款合同。只有存在主从合同关系的，才能认定买卖合同是为借款合同提供担保。

八、名为"合作开发合作协议"实为民间借贷合同

相关规定

▼《最高人民法院关于审理涉及国有土地使用权合同纠纷案件适用法律问题的解释》（法释〔2020〕17号）

第23条 合作开发房地产合同约定提供资金的当事人不承担经营风险，只收取固定数额货币的，应当认定为借款合同。

【重点难点提示】

当事人在合伙协议、合作开发协议、联合投资协议等中约定一方或几方当事人只履行投资义务，不参与经营管理，不承担经营风险，按照固定比例分取利润等，均属于名为投资实为借款。理解该规定的重点是"按照固定比例分取利润，不承担经营风险（亏损）"。

在实践中，一般是约定只享受利润的分配而不承担亏损。不承担亏损，又分为明示的不承担和不明示的不承担。对于明示的不承担，不存在争议。对于不明示的不承担，则要慎重对待。

如果只约定了"按照固定比例分取利润"，而未约定"不承担经营风险（亏损）"，是否构成名为投资实为借款呢？司法实践中争议较大。如果在法庭调查中，当事人明确表示愿意承担风险，那么定性为投资合同的可能性较大。如果当事人一方明确表示不愿意承担风险，但是另一方当事人抗辩"合同中虽然未约定不承担经营风险（亏损），并不表示对方当事人不应当承担风险"，此种情形下，如何进行认定？笔者认为，应主要根据签订合同时的目的确定。对此，持不同观点的当事人负有举证责任。法庭可根据当事人举示的证据进行综合评判。

九、不属于非法集资，应当按照民间借贷合同纠纷处理的情形

相关规定

▼《最高人民法院关于审理非法集资刑事案件具体应用法律若干问题的解释》（法释〔2010〕18号）

第1条第2款　未向社会公开宣传，在亲友或者单位内部针对特定对象吸收资金的，不属于非法吸收或者变相吸收公众存款。

▼《最高人民法院、最高人民检察院、公安部、司法部关于办理非法放贷刑事案件若干问题的意见》（法发〔2019〕24号）

四、仅向亲友、单位内部人员等特定对象出借资金，不得适用本意见第一条的规定定罪处罚。但具有下列情形之一的，定罪量刑时应当与向不特定对象非法放贷的行为一并处理：

（一）通过亲友、单位内部人员等特定对象向不特定对象发放贷款的；

（二）以发放贷款为目的，将社会人员吸收为单位内部人员，并向其发放贷款的；

（三）向社会公开宣传，同时向不特定多人和亲友、单位内部人员等特定对象发放贷款的。

【重点难点提示】

归纳起来，不属于非法集资的情形主要包括：（1）未向社会公开宣传的集资行为。（2）出借人均为亲戚朋友的定向集资行为。（3）因生产经营需要向单位内部人员吸收资金，没有通过转贷而谋利的。这里的谋利不要求数额或比例较大，只要收取了利息、服务费、中介费等，均视为有谋利行为。

十、虽然定性为非法集资案，但未被追究刑事责任者

相关规定

▼《2020民间借贷司法解释》

第5条第2款　公安或者检察机关不予立案，或者立案侦查后撤销案件，或者检察机关作出不起诉决定，或者经人民法院生效判决认定不构成非法集资等犯罪，当事人又以同一事实向人民法院提起诉讼的，人民法院应予受理。

【重点难点提示】

如公安或者检察机关不予立案，或者立案侦查后撤销案件，或者检察机关作出不起诉决定，或者经人民法院生效判决认定不构成非法集资犯罪的案件，应当按照民间借贷纠纷

处理。

十一、主合同的当事人之行为已构成非法集资、非法经营罪，但债权人只起诉了担保人的情形

相关规定

▼《2020 民间借贷司法解释》

第12条 借款人或者出借人的借贷行为涉嫌犯罪，或者已经生效的裁判认定构成犯罪，当事人提起民事诉讼的，民间借贷合同并不当然无效。人民法院应当依据民法典第一百四十四条、第一百四十六条、第一百五十三条、第一百五十四条以及本规定第十三条之规定，认定民间借贷合同的效力。

担保人以借款人或者出借人的借贷行为涉嫌犯罪或者已经生效的裁判认定构成犯罪为由，主张不承担民事责任的，人民法院应当依据民间借贷合同与担保合同的效力、当事人的过错程度，依法确定担保人的民事责任。

【重点难点提示】

第一，主合同的当事人之行为已构成非法集资、非法经营罪的，其借款合同并不当然无效，应当依据《民法典》的相关规定确认合同的效力（如《民法典》第143条的规定）。如果债权人只起诉了担保人，也应当依据法律法规的规定，确认借款合同与担保合同的效力。

第二，担保合同无效及其过错责任。如果作为主合同的借款合同被认定为无效，担保合同也应无效。如果借款合同有效、担保合同无效，则要依据担保人是否存在过错以及过错程度确定其民事责任的大小。

【权威观点】

▼上述所引第12条规定与《2015 民间借贷司法解释》第13条的规定完全相同。因此，《最高人民法院民间借贷司法解释理解与适用（简明版及配套规定）》一书对《2015 民间借贷司法解释》第13条的解读于对本条规定的理解具有指导意义：

第一，诈骗类犯罪对民间借贷合同效力的影响。对于涉嫌诈骗犯罪的民间借贷，进一步引申到与犯罪行为有关的其他民事合同，其效力并不当然受犯罪与否的影响。存在犯罪行为，民事合同仍有可能有效；不存在犯罪行为，民事合同也有可能因为恶意串通损害他人利益而无效。

第二，以合法形式掩盖非法目的的排除适用。以签订合同的形式实施诈骗，如果仅仅是合同一方的目的而非双方的共同目的，则不符合"以合法形式掩盖非法目的"的构成要件，在效力认定上也得不出无效的结论。集资诈骗、强迫交易、敲诈勒索等行为构成犯

罪，与此相关的民事合同"并不当然无效"，同样属于可撤销合同。

第三，违反市场准入类犯罪对民间借贷合同效力的影响。行为人构成非法吸收公众存款罪或者非法经营罪，但其与社会公众之间签订的民间借贷合同不应认定为无效。

在民间借贷涉嫌刑事犯罪的案件中，第三人为单个借款债务提供担保，是基于意思自治的合同行为，单个借款行为并不侵犯刑事法律规范，且担保关系发生在出借人与第三人之间，故多个借款行为叠加后构成刑事犯罪，不应牵连第三人为单个借款行为提供的担保。

即使借款人涉嫌犯罪或者已经被认定有罪，从民事诉讼程序的角度，出借人仍然有权以担保人为被告提起民事诉讼。担保人以借款人涉嫌犯罪为由主张不承担担保责任的，应从实体而非程序上行使抗辩权。①

▼最高人民法院审判委员会专职委员杜万华就《最高人民法院关于审理民间借贷案件适用法律若干问题的规定》答记者问：

关于民间借贷案件涉及民事案件和刑事案件交叉的规定。（1）对于涉嫌非法集资犯罪的民间借贷案件，人民法院应当不予受理或者驳回起诉，并将涉嫌非法集资犯罪的线索、材料移送公安或者检察机关。这一规定有利于公检法三机关在打击和处理涉众型非法集资犯罪时能够更好地协调一致、互相配合。（2）对于与民间借贷案件虽有关联，但不是同一事实的犯罪，人民法院应当将犯罪线索材料移送侦查机关，但民间借贷案件仍然继续审理。（3）借款人涉嫌非法集资等犯罪或者生效判决认定其有罪，出借人起诉担保人承担民事责任的，人民法院应予受理。②

十二、按照"刑民并行"原则应对民间借贷纠纷继续审理的案件

（一）合同效力的法律依据

相关规定

▼《民法典》

第143条 具备下列条件的民事法律行为有效：

（一）行为人具有相应的民事行为能力；

（二）意思表示真实；

（三）不违反法律、行政法规的强制性规定，不违背公序良俗。

▼《2020民间借贷司法解释》

第6条 人民法院立案后，发现与民间借贷纠纷案件虽有关联但不是同一事实的涉嫌

---

① 最高人民法院民间借贷司法解释理解与适用（简明版及配套规定）．北京：人民法院出版社，2018：53-54，65-66．

② 最高人民法院民一庭．民事审判指导与参考：2015年第3辑（总第63辑）．北京：人民法院出版社，2015：444．

非法集资等犯罪的线索、材料的，人民法院应当继续审理民间借贷纠纷案件，并将涉嫌非法集资等犯罪的线索、材料移送公安或者检察机关。

【重点难点提示】

即使借款合同的当事人构成犯罪，其借款合同也并不当然属于无效合同。《民法典》颁布实施以后，要根据《民法典》第143条的规定，来判定是否属于有效合同。

（二）应当以"同一事实"标准，确定对民间借贷纠纷是否继续审理

相关规定

▼《2020民间借贷司法解释》

第5条 人民法院立案后，发现民间借贷行为本身涉嫌非法集资等犯罪的，应当裁定驳回起诉，并将涉嫌非法集资等犯罪的线索、材料移送公安或者检察机关。

公安或者检察机关不予立案，或者立案侦查后撤销案件，或者检察机关作出不起诉决定，或者经人民法院生效判决认定不构成非法集资等犯罪，当事人又以同一事实向人民法院提起诉讼的，人民法院应予受理。

第6条 （略）

▼《最高人民法院、最高人民检察院、公安部关于办理非法集资刑事案件适用法律若干问题的意见》[公通字（2014）16号]

七、关于涉及民事案件的处理问题

对于公安机关、人民检察院、人民法院正在侦查、起诉、审理的非法集资刑事案件，有关单位或者个人就同一事实向人民法院提起民事诉讼或者申请执行涉案财物的，人民法院应当不予受理，并将有关材料移送公安机关或者检察机关。

人民法院在审理民事案件或者执行过程中，发现有非法集资犯罪嫌疑的，应当裁定驳回起诉或者中止执行，并及时将有关材料移送公安机关或者检察机关。

公安机关、人民检察院、人民法院在侦查、起诉、审理非法集资刑事案件中，发现与人民法院正在审理的民事案件属同一事实，或者被申请执行的财物属于涉案财物的，应当及时通报相关人民法院。人民法院经审查认为确属涉嫌犯罪的，依照前款规定处理。

【重点难点提示】

根据司法解释的规定，该种继续审理的情形包括以下两种：

一是公安或者检察机关不予立案，或者立案侦查后撤销案件，或者检察机关作出不起诉决定，或者经人民法院生效判决认定不构成非法集资等犯罪，当事人又以同一事实向人民法院提起诉讼的，人民法院应予受理。

二是人民法院立案后，发现与民间借贷纠纷案件虽有关联但不是同一事实的涉嫌非法

集资等犯罪的线索、材料的，人民法院应当继续审理民间借贷纠纷案件，并将涉嫌非法集资等犯罪的线索、材料移送公安或者检察机关。

对"刑民并行"原则，应当在不是同一事实引发案件的前提下才可适用。如果是与非法集资有关联但不是同一事实的涉嫌非法集资案件，人民法院应当作为民间借贷纠纷案件继续审理。

【权威观点】

▼实践中，对于刑民同一性的标准，历来存在许多争论。有"同一法律事实""同一法律关系"或者"同一事实"等不同标准。2014年最高人民法院、最高人民检察院、公安部《关于办理非法集资刑事案件适用法律若干问题的意见》确立的是"同一事实"标准。[1]

▼1997年12月最高人民法院发布的《关于审理存单纠纷案件的若干规定》专门针对存单纠纷案件中的刑民交叉问题的处理作了规定。1998年4月21日，在总结经验的基础上，最高人民法院发布了《在审理经济纠纷案件中涉及经济犯罪嫌疑若干问题的规定》，该司法解释是到目前为止对刑民交叉问题最为全面的规定，首次明确了以是否"同一法律事实""同一法律关系"作为区分不同类型刑民交叉案件处理方式的标准，即刑、民分属不同法律事实的，刑民并行；刑、民属于同一法律事实的，先刑后民。该规定第11条规定："人民法院作为经济纠纷受理的案件，经审理认为不属经济纠纷案件而有经济犯罪嫌疑的，应当裁定驳回起诉，将有关材料移送公安机关或检察机关。"该条明确规定了人民法院将有经济犯罪嫌疑的案件误当民事经济纠纷案件受理后的处理方式，就是驳回民事起诉，将其移送公安机关或检察机关侦查及审查起诉。2014年最高人民法院、最高人民检察院、公安部出台《关于办理非法集资刑事案件适用法律若干问题的意见》，其中再次重申了这一处理原则，即："对于公安机关、人民检察院、人民法院正在侦查、起诉、审理的非法集资刑事案件，有关单位或者个人就同一事实向人民法院提起民事诉讼或者申请执行涉案财物的，人民法院应当不予受理，并将有关材料移送公安机关或者检察机关。人民法院在审理民事案件或者执行过程中，发现有非法集资犯罪嫌疑的，应当裁定驳回起诉或者中止执行，并及时将有关材料移送公安机关或者检察机关。公安机关、人民检察院、人民法院在侦查、起诉、审理非法集资刑事案件中，发现与人民法院正在审理的民事案件属同一事实，或者被申请执行的财物属于涉案财物的，应当及时通报相关人民法院。人民法院经审查认为确属涉嫌犯罪的，依照前款规定处理。"[2]

---

[1] 最高人民法院民间借贷司法解释理解与适用（简明版及配套规定）. 北京：人民法院出版社，2018：43-44.
[2] 最高人民法院民事审判第一庭. 最高人民法院新民间借贷司法解释理解与适用. 北京：人民法院出版社，2021：118.

（三）确认合同效力是审判阶段的任务，非立案程序审查范围，按照刑民并存理论，均应当受理立案

【权威观点】

我国对刑民交叉案件的审理顺序，根据相关司法解释的规定和审判实践经验，可以概括为以下三种：

1. 先刑后民。在案件出现刑民交叉的情况时，先审理刑事案件，等刑事案件处理完毕后，再根据刑事案件处理的情况，对民事案件作出适当处理，或者在刑事程序中根据刑事案件审理情况附带审理民事案件。采用先刑后民的方式进行案件审理，有利于发挥刑事侦查在查明案件事实方面的优势，有利于维护公共秩序和公共利益。

2. 先民后刑。在存在刑民交叉的情况下，先审理民事案件，民事审判优先于刑事审判。此类情况比较典型地出现在知识产权类型的刑民交叉案件中。在此类刑民交叉案件中，首先要通过民事程序对知识产权的权属或侵权行为成立与否进行确认，然后才能进一步从刑法上对侵权行为是否构成犯罪进行衡量和认定。

3. 刑民并行。当案件出现刑民交叉时，刑事审判程序与民事审判程序同时进行，二者相互独立，分别进行，无先后顺序或优先性。刑民并行的适用前提是刑事案件和民事案件的审理程序相互之间没有影响，结果上也不会出现矛盾。[①]

（四）刑民交叉时应当中止审理的条件

相关规定

▼《2020民间借贷司法解释》

第5条　（略）

第6条　（略）

第7条　民间借贷纠纷的基本案件事实必须以刑事案件的审理结果为依据，而该刑事案件尚未审结的，人民法院应当裁定中止诉讼。

【重点难点提示】

《2020民间借贷司法解释》第5条第1款是对先刑后民原则的规定。第6条规定应当以"同一事实"作为适用刑民并行原则的依据。第7条是对先刑后民原则的补充规定。

同一事实不能等同于同一法律事实，更不等同于同一法律关系。法律事实，是指法律规定的，能够引起法律关系产生、变更或消灭的现象。法律关系，是指法律规范所调整的权利义务关系。同一事实，是指同一行为或事实。

[①] 最高人民法院民事审判第一庭．最高人民法院新民间借贷司法解释理解与适用．北京：人民法院出版社，2021：149.

【权威观点】

《2020民间借贷司法解释》没有再采用"同一法律事实"或"同一法律关系"的表述,而是基本上吸收了《办理非法集资案件意见》所确立的"同一事实"标准,在表述上直接着眼于"行为"或"事实"本身。刑民交叉问题之所以会产生,就是因为同一行为或事实同时符合刑法与民法的某项规定,或者说是刑法与民法均对同一行为或事实进行调整,因而产生了交叉、竞合。而这里的同一行为或事实应当为自然意义上的同一行为或事实。①

【案例003】

民间借贷涉嫌或构成非法吸收公众存款罪,并不当然影响民间借贷合同以及相对应的担保合同的效力②

判决书认定事实:

合同效力的认定应尊重当事人的意思自治原则,只要订立合同时各方意思表示真实,又没有违反法律、行政法规的强制性规定,就应当确认合同有效。《最高人民法院关于正确适用〈中华人民共和国合同法〉若干问题的解释(二)》(现已失效,余同)第14条对《中华人民共和国合同法》(现已失效,以下简称《合同法》)第52条第5项规定的"强制性规定"解释为效力性的强制性规定,本案原审被告陈××触犯刑律的犯罪行为,并不必然导致借款合同无效。因为借款合同的订立没有违反法律、行政法规效力性的强制性规定。效力上采取从宽认定,是该司法解释的本意,也可在最大限度上尊重当事人的意思自治。因此,原审判决陈××对本案借款予以归还,王××、德清县××房地产开发有限公司承担连带清偿责任,并无不当。王××、德清县××房地产开发有限公司的上诉理由不能成立。

十三、其他法律纠纷适用民间借贷司法解释规定的例外

相关规定

▼《最高人民法院关于审理建设工程施工合同纠纷案件适用法律问题的解释(一)》[法释〔2020〕25号,以下简称《施工合同司法解释(一)》]

第25条 当事人对垫资和垫资利息有约定,承包人请求按照约定返还垫资及其利息的,人民法院应予支持,但是约定的利息计算标准高于垫资时的同类贷款利率或者同期贷

---

① 最高人民法院民事审判第一庭. 最高人民法院新民间借贷司法解释理解与适用. 北京:人民法院出版社,2021:124.
② 最高人民法院公报,2011(11).

款市场报价利率的部分除外。

当事人对垫资没有约定的，按照工程欠款处理。

当事人对垫资利息没有约定，承包人请求支付利息的，人民法院不予支持。

第26条 当事人对欠付工程价款利息计付标准有约定的，按照约定处理。没有约定的，按照同期同类贷款利率或者同期贷款市场报价利率计息。

【重点难点提示】

第一，关于工程款的垫资利息。

（1）请求支付垫资利息，必须有合同约定。如果当事人对垫资利息没有约定，承包人请求支付利息的，人民法院不予支持。

（2）当事人约定的垫资利息计算标准高于垫资时的同类贷款利率或者同期贷款市场报价利率的部分不予支持。

第二，关于欠付工程款利息。

（1）当事人有合同约定者，按照合同约定执行。司法解释虽然如此规定，但如果其约定利息的计算标准高于民间借贷利息上限，不能得到支持。

（2）当事人无合同约定者，按照同期同类贷款利率或者同期贷款市场报价利率计息。

第二节　不属于民间借贷司法解释调整的范围

一、金融机构及其分支机构因发放贷款签订的借款合同

相关规定

▼《2020民间借贷司法解释》

第1条第2款 经金融监管部门批准设立的从事贷款业务的金融机构及其分支机构，因发放贷款等相关金融业务引发的纠纷，不适用本规定。

【权威观点】

我国现有金融机构不仅包括商业银行、信用社、财务公司、信托投资公司、金融租赁公司，还包括由银保监会、证监会负责监管的银行业金融机构、证券公司、基金公司以及保险公司等准金融机构。[①]

---

① 最高人民法院民事审判第一庭. 最高人民法院新民间借贷司法解释理解与适用. 北京：人民法院出版社，2021：31-34.

二、典当行、小额贷款公司等七类地方金融组织与自然人、法人、非法人组织之间签订的借款合同

【相关规定】

▼《最高人民法院关于新民间借贷司法解释适用范围问题的批复》(法释〔2020〕27号)

一、关于适用范围问题

经征求金融监管部门意见,由地方金融监管部门监管的小额贷款公司、融资担保公司、区域性股权市场、典当行、融资租赁公司、商业保理公司、地方资产管理公司等七类地方金融组织,属于经金融监管部门批准设立的金融机构,其因从事相关金融业务引发的纠纷,不适用新民间借贷司法解释。

【重点难点提示】

笔者认为,此批复的出台是考虑到新的司法解释将利息由24%、36%统一调整为"中国人民银行授权全国银行间同业拆借中心自2019年8月20日起每月发布的合同成立时一年期贷款市场报价利率四倍",而小贷公司等已经大量发生贷款行为,且为了收回借款产生了大量的合同纠纷。其积极因素是为了平衡各方利益。但该批复带来了新的负面影响:一是继续刺激小贷公司不依法依规开展贷款业务,进一步对国家金融市场秩序造成冲击;二是影响国家宏观调控政策的实施,比如,最近十多年来,国家为了减少房地产开发行为产生的泡沫实行宏观调控政策,金融机构相应地减少了对房地产开发企业的放贷,而小贷公司却将相当一部分资金投入这些企业;三是小贷公司的借款合同纠纷将增加,更有甚者,许多小中型企业,甚至大型企业,会因高额利息的拖累而倒闭破产,从而引发更多的社会问题和借款合同纠纷。

三、非法集资签订的借款合同

【相关规定】

▼《2020民间借贷司法解释》

第5条 (略)

▼《最高人民法院、最高人民检察院、公安部关于办理非法集资刑事案件适用法律若干问题的意见》

关于涉及民事案件的处理问题(略)

▼《中华人民共和国刑法》(以下简称《刑法》)

第192条 以非法占有为目的,使用诈骗方法非法集资,数额较大的,处三年以上七

年以下有期徒刑，并处罚金；数额巨大或者有其他严重情节的，处七年以上有期徒刑或者无期徒刑，并处罚金或者没收财产。

单位犯前款罪的，对单位判处罚金，并对其直接负责的主管人员和其他直接责任人员，依照前款的规定处罚。

▼《重庆市高级人民法院关于审理民间借贷纠纷案件若干问题的指导意见》（2011年）

第2条　因非法集资等原因被银行业监督管理部门认定为非法金融业务活动的借贷纠纷，人民法院应当裁定不予受理。

【重点难点提示】

1. 非法集资罪的构成要件

构成非法集资罪，包括主体要件、客观要件和客体要件三个方面。

在主体要件方面非法集资中的出借人主体是不特定多数人。为他人向社会公众非法吸收资金提供帮助，从中收取代理费、好处费、返点费、佣金、提成等费用的，也可以构成非法集资的责任主体。

非法集资的客观条件，即其行为特征具有多样性。主要是通过虚假宣传达到向社会不特定多数人筹集资金的目的。

在客体方面，非法集资罪侵害的是国家金融管理法律规定和社会生产经营正常秩序。

非法集资罪危害后果的产生，主要是因为借款人不能按照合同约定还本付息。因为出借人主体人数众多，许多情形下会引发群体性事件，成为社会不稳定因素之一。借款人还本付息未引起严重的社会后果，情节轻微的，可以免除处罚；情节显著轻微，危害不大的，不作为犯罪处理。非法集资行为造成严重后果且达到刑法规定情节的，应当依法追究刑事责任。

2. 裁定驳回起诉的处理原则

原则上，人民法院立案后，发现民间借贷行为本身涉嫌非法集资等犯罪的，应当裁定驳回起诉，并将涉嫌非法集资等犯罪的线索、材料移送公安或者检察机关。

【权威观点】

成立非法集资需同时具备非法性、公开性、利诱性、社会性四个特征，即：未经有关部门依法批准或者借用合法经营的形式吸收资金；通过媒体、推介会、传单、手机短信等途径向社会公开宣传；承诺在一定期限内以货币、实物、股权等方式还本付息或者给付回报；向社会公众即社会不特定对象吸收资金。

"非法集资"的行为方式归纳起来主要有以下几种：（1）通过发行有价证券、会员卡或债务凭证等形式吸收资金；（2）对物业、地产等资产进行等份分割，通过出售其份额的处置权进行高息集资；（3）利用民间会社形式进行非法集资；（4）以签订商品经销等经济合同的形式进行非法集资；（5）以发行或变相发行彩票的形式集资；（6）利用传销或秘密串联的形式非法集资；（7）利用果园或庄园等开发的形式进行非法集资。①

四、应当按照基础法律关系审理的案件

具体见《2020 民间借贷司法解释》第 14 条及前述"六、债权债务协议应当按照民间借贷合同处理的情形"的相关内容。

第三节　如何识别合同性质

一、双方存在其他法律关系，仅凭付款凭证不能认定为民间借贷关系

相关规定

▼《2020 民间借贷司法解释》

第 14 条　原告以借据、收据、欠条等债权凭证为依据提起民间借贷诉讼，被告依据基础法律关系提出抗辩或者反诉，并提供证据证明债权纠纷非民间借贷行为引起的，人民法院应当依据查明的案件事实，按照基础法律关系审理。

【重点难点提示】

（1）如果双方存在其他法律关系，仅凭付款凭证不足以认定为民间借贷关系。
（2）被告主张存在其他法律关系，应承担举证责任。
（3）原告主张是民间借贷关系，应承担举证责任。

【最高人民法院指导性意见】

▼对于原告仅依据付款凭证，向人民法院提起民间借贷诉讼，被告否认存在借贷关系并抗辩主张为其他法律关系的，被告应就其抗辩主张承担举证责任。②

▼最高人民法院民一庭倾向性意见：债权人仅凭付款凭证起诉而未提供借据等证据证明，而债务人抗辩并举证证明双方不存在借款合意而存在其他法律关系的，债权人主张的民间借贷关系不能认定成立。③

---

① 最高人民法院民事审判第一庭. 最高人民法院新民间借贷司法解释理解与适用. 北京：人民法院出版社，2021：119，207.
② 韩延斌. 原告仅凭付款凭证提起民间借贷诉讼，被告抗辩主张为其他法律关系时应承担举证责任//最高人民法院民一庭. 民事审判指导与参考：2015 年第 3 辑（总第 63 辑）. 北京：人民法院出版社，2015：545-548.
③ 最高人民法院民一庭. 民事审判指导与参考：2016 年第 2 辑（总第 66 辑）. 北京：人民法院出版社，2016：308-310.

【案例004】

双方存有其他法律关系，仅凭付款凭证不能认定为民间借贷关系

判决书认定事实①：本案双方当事人虽对王某收到张某转款80万元的事实没有异议，但双方对收款的原因产生较大分歧。……鉴于王某的母亲李某与张某同为甲公司的股东，王某又在甲公司任职，王某与张某同为乙公司的股东，王某与张某在甲公司、乙公司存在合作的事实，王某在本案诉讼过程中一直表示同意对该款进行处理，但应一并解决双方的合作纠纷，王某的短信亦证实了其以乙公司的股权变更作为解决双方款项争议的条件，因此，王某的短信并不能佐证讼争80万元系基于王某向张某借款合意而发生。

~~~ 法官论述 ~~~

▼在债权人提交了实际交付款项的凭证后，即应当认定其对于其与债务人之间存在借贷关系的事实完成了初步的举证义务。此时债务人如果提出双方之间款项支付的其他事实基础，则需要对其主张进行举证。因为在此情况下，债务人所提出的抗辩内容实际上是一个新的主张，即双方当事人之间还存在债权人所主张的借款关系之外的法律关系。按照主张权利存在的当事人应当对权利发生的法律要件存在的事实负有举证责任的基本原理，债务人对于其所主张的双方之间存在其他法律关系负有举证责任。在债务人提供反驳证据，完成相应的举证，证明双方之间存在其他法律关系的情况下，举证责任再次转移给债权人，债权人应当对借贷合意进一步举证，若债权人无法提供证据证明其主张，借贷关系不能成立。②

▼实践中存在被告虽然提供相应主张和证据，但证据的证明力难以达到确证其他债权债务关系存在的情况。在此情况下，需要原告进一步举证，从而使法官能够对双方当事人所举证据进行分析认定，对原告所主张的借款事实是否真实存在作出准确判断。③

~~~ 作者简析 ~~~

单独的付款凭证只是履行了支付义务的证明，也是履行义务的证明。那么，对于付款人履行的究竟是借款合同，还是其他性质的合同，需要当事人双方各自举示证据证明。原告方主张是民间借贷关系的，应当举示借款合同成立的证据。被告方在否定借贷关系的同时，主张属于其他法律关系的，也应当举示证据证明。究竟属于何种关系，由法庭根据双方举示的证据，进行综合评判。

当事人双方存在多个借款合同时，该付款凭证所示的究竟是履行哪份借款合同的支付义务，在实践中也不乏争议。根据《2020民间借贷司法解释》第16条的规定，原告仅依

---

① 最高人民法院民一庭.民事审判指导与参考：2016年第2辑（总第66辑）.北京：人民法院出版社，2016：308-310.
② 最高人民法院民一庭.民事审判指导与参考：2016年第2辑（总第66辑）.北京：人民法院出版社，2016：308-310.
③ 最高人民法院民间借贷司法解释理解与适用（简明版及配套规定）.北京：人民法院出版社，2018：80-81.

据金融机构的转账凭证提起民间借贷诉讼，被告抗辩转账系偿还双方之前借款或其他债务的，被告应当对其主张提供证据证明。被告提供相应证据证明其主张后，原告仍应就借贷关系的成立承担举证证明责任。对该规定，需要从以下方面进行理解。

第一，被告方抗辩理由的提出。一是举证能力问题，即被告提出抗辩时是否有相应的证据支持；二是如果被告不提出抗辩，是否就直接认定借款合同关系成立。显然不能。法条中的"偿还双方之前借款"，证明双方存在另外的借款合同关系。在企业间相互融资的情形下，可能本案的借款人是另一借款合同的出借人，本案的出借人可能是另一借款合同的借款人，借款人将其向出借人归还的款项，反而认为是另一借款合同关系。为便于厘清法律关系，在法条中才又进一步规定了"被告提供相应证据证明其主张后，原告仍应就借贷关系的成立承担举证证明责任"。

第二，从举证责任分配看，"被告提供相应证据证明其主张后，原告仍应就借贷关系的成立承担举证证明责任"，可以解读为以下两层含义：

一是可以将其理解为举证责任的转移。原告为主张借款合同关系的成立举示了转款凭证，此时可认定为其完成了初步举证义务，然后将举证责任转移至以"存在其他法律关系"为由提出抗辩的被告一方。被告完成举证责任以后，举证责任又回转至原告一方。

二是可以将其理解为主张合同关系成立的举证责任。原告应对借款合同关系的成立承担举证证明责任。被告方主张"存在其他法律关系"，也应承担举证责任。在这一意义上，被告方就"存在其他法律关系"而承担的举证责任，并不属于举证责任的转移，原告方应就"借款合同关系的成立仍然承担举证责任"；也非举证责任的回转，而是基于主张借款合同关系成立应当履行的举证义务。具体见《民事诉讼法》第67条、《最高人民法院关于适用〈中华人民共和国民事诉讼法〉的解释》（以下简称《民事诉讼法司法解释》）第91条的相关规定。

第三，从被告一方的举证责任看，其证明标准不宜过于苛刻。一方面，对"双方存有其他法律关系"的证明标准是，只要能够证明双方存在其他法律关系即可。因为其他法律关系的案件，原则上不属于本案的审理范围，但在本案证据缺失的情形下对借款合同关系是否成立的判断有重要影响，因此，要求按照"谁主张，谁举证"的原则进行举证责任的分配是合理的。因"双方存有其他法律关系"是针对原告所主张的借款合同关系成立的抗辩理由，所以应当由被告一方承担举证证明责任。另一方面，即使被告方未能达到"双方存有其他法律关系"的证明标准，也不必然承担不利的法律后果，原告方仍然应当承担举证责任。这也支持了前述原告方"仍然应当承担举证责任"并非举证责任的转移的观点。

【案例005】

双方存在劳动合同关系，或亲属关系，仅凭转账凭证，不能证明借款合同关系成立

裁判文书：天津市第一中级人民法院（2016）津01民终4929号民事判决书

判决书认定事实：唐×已经提出刘×离婚协议中并不存在债权一项，以此证明唐×与刘×之间不存在借贷关系。举证责任应当继续由刘×承担。本案考虑唐×与刘×曾经存在亲属关系，且唐×曾在刘×经营的公司任职，对于刘×转给唐×30万元的性质，根据现有证据无法确定为民间借贷关系，故认为刘×主张的借贷关系证据不足，一审法院不予支持。

~~~ 作者简析 ~~~

本案的关键在于当事人没有完成举证义务导致了败诉。

第一，原告没有完成初次举证的义务。被告举示的离婚协议中无本次债权一项，反而证明了不属于夫妻共同债务的可能性。实践中，对于究竟是因为属于单方债务而非夫妻共同债务，还是属于夫妻共同债务但尚未分割，所以未写入离婚协议，值得进一步深究。

第二，对方当事人举示了存在其他法律关系的证据。即原、被告曾经存在亲属关系，且被告在原告的公司中任职，可证明双方存在劳动合同关系。以此可以看出，司法解释规定的"存有其他法律关系"，并非仅仅指民间借款合同关系，也并非仅指债权债务关系，只要能够引起支付行为发生的其他法律关系，均包含在内。

第三，在举证责任转移的情形下，原告方没有完成继续举证的义务。在前述情况下，判决中认为举证责任已经发生转移，应当由原告承担进一步举证责任。在原告未完成举证义务的情况下判决承担败诉。从本案例可以看出，被告方对于"存有其他法律关系"的证明标准是最低证明标准，即只要达到该最低证明标准，就意味着被告方已经完成了初步举证义务。其是否应当进一步承担举证责任，应视原告方是否能够进一步完成举证义务而确定。如果原告方进一步完成了其举证义务，则举证责任又回转至被告人一方。

【案例006】

仅凭银行转款凭证、案外交易情况、当事人陈述等证据，不足以证明当事人之间形成民间借贷法律关系

裁判文书：最高人民法院（2015）民申字第828号民事裁定书

裁定书认定事实：本案中，各方当事人以及相关案外人之间存在着多笔资金往来，交易情况非常复杂，各方当事人均无任何书面协议、收据或者收条等能够证明当事人之间存在民间借贷法律关系的直接证据，而仅有银行转款凭证、案外1800万元交易的情况、有关当事人的陈述等证据，并不足以使人民法院确信当事人之间民间借贷法律关系的存在具有高度可能性。在此情况下，叶×与汇丰公司之间是否存在直接的资金往来的事实，对于确定真实的借款人以及查明涉案的1000万元是否已经偿还至关重要。昶×公司在因客观原因不能自行收集上述有关证据的情况下，向二审法院申请调查汇丰公司于2012年11月16日要求光大银行将944万元划到江阴×钢铁经营部之后的去向以及叶×的账户在2012年资金往来的情况，符合《民事诉讼法》（2012年）第64条［现为第67条］第2款、《民事诉讼法司法解释》（2015年）第96条第1款第4项的规定，人民法院应当调查收集相关证据，但二审法院未予准许，构成了《民事诉讼法》（2012年）第200条［现为第207条］第5项规定的情形。此外，在戚×是否应当作为共同借款人的认定上，由于戚×与昶×公司之间就过桥资金业务形成的关系有别于昶×公司与第三人之间的民间借贷法律关系，现有证据也不能证明戚×与昶×公司之间的合作模式系双方作为共同借款人对外融资之事实具有高度可能性。

作者简析

从裁定书的内容看，本案案情十分复杂。首先是涉及的当事人人数众多，相互之间存在何种法律关系需要仔细辨别。其中，戚×与昶×公司存在内部法律关系，李×是江阴隆×钢铁贸易有限公司的法定代表人、公司经理。隆×公司下有江阴×钢铁经营部。李×对汇丰公司发出过付款指令，他们之间又是什么关系？为什么李×可以对汇丰公司发出付款指令？汇丰公司为什么要将款项划给江阴×钢铁经营部？昶×公司还提及有叶×的亲戚叶××。代理时应将复杂的问题简单化，科学制定出代理思路。对此，笔者梳理出的法律关系为：

出借人叶×，借款人昶×公司，共同借款人戚×，担保人隆×公司。其案件事实大致如下：叶×将1 000万元汇至昶×公司，由隆×公司向叶×出具了保证书一份。在本案二审判决生效后，隆×公司以向叶×支付了借款本金1 000万元、利息100万元为由，向昶×公司行使追偿权。其中：

戚×认为其不应当被认定为共同借款人。

昶×公司认为没有形成借款合同关系，主要理由是：原二审认定借款合同关系成立的证据不足。隆×公司向叶×出具了保证书，其被作为认定借款合同关系成立的唯一依据，但该保证书在形成时间上与付款行为形成矛盾，涉嫌伪造；叶×的转款行为系"过桥"业务；在再审申请中提供了新证据或新证据线索，即隆×公司向叶×代为偿还1 000万元，实际是由叶×的亲戚叶××将款付给叶×的代理人，然后由该代理人付给隆×公司，再由隆×公司支付给叶×，其不属于隆×公司真实的代偿行为。现由隆×公司向其提出追偿，可能涉及虚假诉讼。

实践中，需要警惕的是，有的自然人利用与企业法人的特殊关系，将个人借款伪造为公司借款。这时，该自然人一般是积极主动承认借款合同关系成立及其已支付借款的事实。识别要点是：如果款项是由自然人收取，在借款合同中又声称是为了企业法人的生产经营活动而借款，显然是不符合常理的。当存在两个以上的共同责任主体，如果借款合同的内容明确了借款使用者只是其中一人，显然其款项应当支付给与借款合同约定一致的借款人。如果要支付给其他人，应当持有企业法人的合法授权（付款指令）。没有合法授权，不能说明支付行为的合法性。

【案例007】

原告仅举示转账付款凭证，能否证明借款合同关系的成立

判决书认定事实①：

池某铭虽无法就借贷合意进行充分举证，但其提供的中国建设银行账户对账明细作为付款凭证可以体现池某铭于2010年1月12日起陆续向孟某共计转款577 000元，上述对账明细可以证明借贷事实的发生，因此，池某铭已初步完成其举证责任。现孟某对池某铭的转账事实未提出异议，仅抗辩称双方之间不存在借款合同关系，其并未向池某铭借款，而根据《最高人民法院关于民事诉讼证据的若干规定》（2001年）第2条的规定，"当事人对自己提出的诉讼请求所依据的事实或者反驳对方诉讼请求所依据的事实有责任提供证据加以证明。没有证据或者证据不足以证明当事人的事实主张的，由负有举证责任的当事人承担不利后果"。故至此，本案的举证责任应转移至孟某，即孟某应当对双方非借款合同关系而系其他法律关系的事实进行举证，但其在一、二审诉讼过程中均未提交任何证据，故其应当承担举证不利的法律后果。据此，二审法院认定池某铭与孟某之间存在借贷关系。因池某铭与孟某未签订书面借款合同，故二审法院认定双方之间未约定借款期限及借款利率，现池某铭诉请孟某偿还借款本金及按银行同期存款利率支付利息，于法有据，应予支持。

~~~ 法官论述 ~~~

关于原告仅依据付款凭证、没有借贷合同而提起民间借贷诉讼，被告抗辩主张为其他法律关系时，如何对当事人的举证责任进行分配，实务界历来存在两种截然不同的观点：第一种观点认为，既然原告主张双方之间存在民间借贷关系，举证证明借贷合意、付款事实存在的责任就应当由原告承担；第二种意见认为，原告虽然未能举证证明借贷合意的存在，但其提供付款凭证已经完成了初步的举证责任，既然被告主张双方系其他法律关系，那么被告就应当就其抗辩主张承担举证责任，如果被告无法就此举证，则应当认定原告的主张成立。

我们认为第二种观点更为合理。②

~~~ 作者简析 ~~~

《2015民间借贷司法解释》第17条及《2020民间借贷司法解释》第16条对原告仅依据金融机构的转账凭证提起民间借贷诉讼的情形作了明确规定。

本案"原告仅依据金融机构的转账凭证提起民间借贷诉讼"，被告主张系其他法律关

---

① 韩延斌. 原告仅凭付款凭证提起民间借贷诉讼，被告抗辩主张为其他法律关系时应承担举证责任//最高人民法院民一庭. 民事审判指导与参考：2015年第3辑（总第63辑）. 北京：人民法院出版社，2015：545-548.

② 最高人民法院民一庭. 民事审判指导与参考. 2015年第3辑（总第63辑）. 北京：人民法院出版社，2015：545-548.

系的,被告对此应负有举证责任。同时,原告方应就借贷关系的成立承担举证责任。在两方面的证据面前,哪一方证据的证明效力更强,审判人员就更倾向于认定哪一方主张的事实。

实践中,当事人的举证责任是否完成,有以下情形:一是原、被告双方均完成了各自的举证证明责任。二是被告方完成了证明有其他法律关系的举证,而原告没有完成举证。三是原告方完成了证明借款合同关系成立的举证,但被告没有完成举证。针对第一种情形,应根据盖然性证明标准,通过对比分析,确认采信证据的证明效力。

对第二种情形,显然应当驳回原告的诉讼请求。对第三种情形,应当支持原告的诉讼请求。

【案例008】

仅在转账凭证附言中注明"借款"的,借贷关系是否一定成立

裁判文书:最高人民法院(2022)最高法民申117号民事裁定书

裁定书认定事实:

根据中×公司与沈×于2019年8月22日签订的合作协议书第1条"合作基础"载明的内容,中×公司委托沈×收回徐×法的营运权,并将"中×101"轮从岳阳城陵矶港带回。舒×与沈×的通话录音表明沈×于2019年6月已实际控制船舶,并与舒×合作经营。现有证据可以证明2019年5月至7月间沈×实际控制船舶,在8月22日签订合作协议书前中×公司已经与沈×合作经营。案涉三笔款项中,沈×对于47 000元是向中×公司支付的借款还是为徐×法向中×公司支付的垫付款,主张前后不一。50 000元和60 000元款项的转账凭证中的附言中虽然标明了款项用途,但仅是沈×的单方备注,不能证明其与中×公司存在借贷合意。在中×公司提供证据证明其与沈×存在其他债权债务关系时,沈×仍应当就借贷关系的成立负有证明义务。沈×未能进一步举证,原判决对其上诉请求不予支持并无不当。

≋≋≋ 作者简析 ≋≋≋

一般情形下,若转账付款凭证中注明了资金用途是"借款",则原告方已经完成初步举证责任。被告方提出异议的,举证责任应转移至被告。当被告一方提出是另外的法律关系的抗辩,并举示了证据,证明双方确实存在其他法律关系时,原告方应当进一步就借款合同关系的成立承担举证责任。法律依据为:《2020民间借贷司法解释》第15条规定。

二、如何识别委托理财合同与民间借贷合同

委托理财合同,是指因委托人和受托人约定,委托人将其资金、证券等金融性资产委托给受托人,由受托人在一定期限内管理、投资于证券、期货等金融市场并按约定分配投资收益或由受托人收取代理费的资产管理活动而签订的合同。

委托理财合同与民间借贷合同，二者合同性质不同。民间借贷合同属于双务合同，委托理财合同属于代理合同。代理行为的法律后果应当由委托人承担，代理人没有承担合同义务的责任（依据代理合同产生的民事责任也属于另外的合同关系，与借款合同无关）。双务合同中，当事人双方的法律地位是平等的。借款合同就是平等的法律主体之间，借款人为了获取借款而向出借人借款，定期还本付息而签订的合同。委托理财合同中，当事人将自有资金委托给受托人，由受托人代为购买理财产品。当事人的合同目的是通过投资取得投资收益，受托人处于代理人的角色，当事人处于被代理人的角色。委托理财的后果应由委托人即被代理人承担。

【案例009】

约定保证本息固定回报的理财合同"名为理财，实为借贷关系"

裁判文书：北京市第三中级人民法院（2016）京03民终字第10495号民事判决书①

判决书认定事实：

双方约定保证陈×的投资收益率为每月3%，该条款属于"保证本息固定回报条款"。陈×支付投资款后，对国×控股公司是否投资白银以及白银价格涨跌并不关注；从国×控股公司方面看，是否投资白银以及白银价格涨跌也并未影响其按照每月3%的标准向陈×支付前几个月的收益。故陈×与国×控股公司之间的法律关系应认定为以委托理财为表现形式的借贷关系，应按照法律关于民间借贷的规定处理。

≋≋≋ 法官论述 ≋≋≋

关于委托理财合同的保底条款，主要分三种类型：一是保证本金不受损失条款。即委托人与受托人约定，无论盈亏，受托人均保证委托资产的本金不受损失，对收益部分，双方按比例分成。二是保证本息最低回报条款。即委托人与受托人约定，无论盈亏，受托人均保证委托资产的本金不受损失，且保证给付委托人一定比例的固定收益，超出部分，双方按比例分成。三是保证本息固定回报条款。即委托人与受托人约定，无论盈亏，受托人均保证委托资产的本金不受损失，且保证给付委托人约定的利息。

在确定"名为理财，实为借贷"后，应确定合同有效，而利率则需遵守民间借贷相关法律规定的限制，对超出法律规定的部分不应支持。根据《2020民间借贷司法解释》第26条、第29条、第30条之规定，年利率不超过本金的24%。司法实践中，就名为委托理财、实为民间借贷的案件，最重要的是审查双方当事人所签合同中是否涉及"保证本息固定回报条款"[2]。

---

① 该案被收录于：国家法官学院案例开发研究中心. 中国法院2018年度案例. 北京：中国法制出版社，2018：1-4.

② 齐晓丹，王世洋. 约定保证本息固定回报的理财合同"名为理财，实为借贷关系"//国家法官学院案例开发研究中心. 中国法院2018年度案例. 北京：中国法制出版社，2018：1-4.

作者简析

本案的关键事实,一是合同有保证本息固定回报条款,二是陈×支付投资款后,对国×控股公司是否投资白银以及白银价格涨跌并不关注。如果投资人一不参加经营管理,二不参与利润分配与亏损承担,而是按照固定比例取得投资回报,则该回报中显然包括了利息,因此,应认定其为名为投资、实为借贷。

【案例010】

委托理财与民间借贷合同的区别

裁判文书:天津市高级人民法院(2011)津高民二终字第44号民事判决书[①]

判决书认定事实:

马×与王×签订的"资产委托管理协议书",虽然在名称上体现为委托理财,关于资金的定向使用、配套保证金、专用账户资产总额监控及强行平仓等部分内容的约定也与一般民间借贷有所区别,但该协议的实质还是体现为王×出借资金,马×在合同履行期限内,无论盈亏均保证王×获得固定本息回报,其余超额投资收益抑或造成经济损失均由马×自行承担。一审法院基于双方在"资产委托管理协议书"中约定了保证本息固定回报条款,认定该协议属于名为委托理财、实为借贷,马×与王×之间构成民间借贷法律关系正确。马×主张本案为委托理财合同纠纷,保底条款无效,不能成立。

法官论述

案件定性难是民间借贷纠纷审理中的突出问题,其中一类是以其他关系掩盖民间借贷关系,如以买卖关系掩盖民间借贷关系、以委托理财关系掩盖民间借贷关系等;另一类是以民间借贷关系掩盖其他法律关系。这些案件纷繁复杂,人民法院要对其作准确定性有很大难度。在审理此类案件时,应该透过合同的标题、形式去审视合同的实质内容,应进一步区分不同权利义务约定以界定其法律关系并确定案由。双方当事人在资产委托管理合同中约定或以事实行为表明,"委托人"获得固定本息回报,即约定有"保底条款"的,属"名为委托理财,实为借贷关系",应认定双方成立民间借贷关系,以借款合同纠纷确定案由,并适用相关法律、行政法规和司法解释的规定予以处理。[②]

作者简析

当事人在委托理财合同中是否有获取固定投资回报(或投资收益)的约定,是区分委托理财合同与民间借贷合同的关键。本案中,虽然在"资产委托管理协议书"中关于资金的定向使用、配套保证金、专用账户资产总额监控及强行平仓等内容的约定与民间借贷合

[①] 该案被收录于:最高人民法院民事审判第一庭.民间借贷纠纷审判案例指导.北京:人民法院出版社,2015:145-155.

[②] 最高人民法院民事审判第一庭.民间借贷纠纷审判案例指导.北京:人民法院出版社,2015:145-155.

同有所区别，但其保证本息固定回报的条款实质上属于保底条款，证明双方签订合同的本意是获取固定收益，这一合同内容符合借款合同约定利息的显著特点，因此，将其认定为名为委托理财、实为借贷。

【案例011】

案涉"艺术品转货理财产品协议书"是真实的委托理财合同，还是民间借款合同

裁判文书：江苏省苏州市中级人民法院（2018）苏05民终7560号民事判决书①

判决书认定事实：

一审法院认定事实：南京××文化传媒有限公司苏州分公司、南京××文化传媒有限公司辩称，何×购买艺术品作为投资收藏，并在购买后与南京××文化传媒有限公司苏州分公司签订"艺术品转货理财产品协议书"，南京××文化传媒有限公司苏州分公司向其出示了风险提示，何×在协议书上签字确认。何×购买了艺术品，又通过转货把艺术品交给商家销售增值，但何×一直将艺术品自己收藏，并没有实物交割给南京××文化传媒有限公司苏州分公司。故虽然双方签订了转货理财协议，但不具备合同的主要货物交割要件，故合同不成立。一审法院认为，虽然南京××文化传媒有限公司苏州分公司出具的收藏票背面的"客户须知"中记载有"购买"、"销售"、不承诺对收藏品"回购、拍卖"等内容，但双方签订的"艺术品转货理财产品协议书"中约定《张喜成书法》《八骏图》作品系作为何×投资理财产品的质押保证，该约定应认定为双方对《张喜成书法》《八骏图》作品放置在何×处的目的与用途的明确，双方间的真实意图显然并非以转移书法等艺术品的所有权为目的，即双方之间并无就相关书法等艺术品达成买卖的合意，故南京××文化传媒有限公司苏州分公司、南京××文化传媒有限公司的抗辩观点没有事实与法律依据，一审法院不予采信。

二审法院认定事实：根据何×与南京××文化传媒有限公司苏州分公司于2016年9月27日、9月29日订立的"艺术品转货理财产品协议书"，双方约定将《张喜成书法》《八骏图》作品作为投资理财产品的质押保证，并约定预期年化收益率保底12%，综合协议书中双方各自的权利义务约定，一审法院认定双方当事人之间形成借贷关系并无不当。上诉人认为本案系买卖合同关系的意见没有事实和法律依据，法院不予采纳。

~~~ 作者简析 ~~~

当事人双方是否达成买卖的合意，是认定是否属于购买理财产品合同的主要依据。本案中，一方面，双方间的真实意图显然并非是转移书法等艺术品的所有权，即没有形成买卖合同关系的合意，从而证明不是真实的购买理财产品合同。另一方面，合同约定了预期年化收益率保底12%，可见当事人签订合同的目的显然是获取12%的保底收益，这一约

---

① 该案被收录于：国家法官学院案例开发研究中心. 中国法院2020年度案例. 北京：中国法制出版社，2020：10-16.

定符合借款合同约定利息的特点，因此，应将其认定为民间借贷合同纠纷。

三、如何识别名为典当实为借款的合同性质

相关规定

▼《民法典》

第146条　行为人与相对人以虚假的意思表示实施的民事法律行为无效。

第153条　违反法律、行政法规的强制性规定的民事法律行为无效。但是，该强制性规定不导致该民事法律行为无效的除外。

违背公序良俗的民事法律行为无效。

▼《合同法》

第52条　有下列情形之一的，合同无效：

（一）一方以欺诈、胁迫的手段订立合同，损害国家利益；

（二）恶意串通，损害国家、集体或者第三人利益；

（三）以合法形式掩盖非法目的；

（四）损害社会公共利益；

（五）违反法律、行政法规的强制性规定。

▼《银行业监督管理法》

第19条　未经国务院银行业监督管理机构批准，任何单位或者个人不得设立银行业金融机构或者从事银行业金融机构的业务活动。

▼《典当管理办法》

第3条　本办法所称典当，是指当户将其动产、财产权利作为当物质押或者将其房地产作为当物抵押给典当行，交付一定比例费用，取得当金，并在约定期限内支付当金利息、偿还当金、赎回当物的行为。

本办法所称典当行，是指依照本办法设立的专门从事典当活动的企业法人，其组织形式与组织机构适用《中华人民共和国公司法》的有关规定。

第25条　经批准，典当行可以经营下列业务：

（一）动产质押典当业务；

（二）财产权利质押典当业务；

（三）房地产（外省、自治区、直辖市的房地产或者未取得商品房预售许可证的在建工程除外）抵押典当业务；

（四）限额内绝当物品的变卖；

（五）鉴定评估及咨询服务；

（六）商务部依法批准的其他典当业务。

第26条　典当行不得经营下列业务：

（一）非绝当物品的销售以及旧物收购、寄售；

（二）动产抵押业务；

（三）集资、吸收存款或者变相吸收存款；

（四）发放信用贷款；

（五）未经商务部批准的其他业务。

第28条　典当行不得有下列行为：

（一）从商业银行以外的单位和个人借款；

（二）与其他典当行拆借或者变相拆借资金；

（三）超过规定限额从商业银行贷款；

（四）对外投资。

第30条第1款　当票是典当行与当户之间的借贷契约，是典当行向当户支付当金的付款凭证。

第36条　当物的估价金额及当金数额应当由双方协商确定。

房地产的当金数额经协商不能达成一致的，双方可以委托有资质的房地产价格评估机构进行评估，估价金额可以作为确定当金数额的参考。

典当期限由双方约定，最长不得超过6个月。

第38条　典当综合费用包括各种服务及管理费用。

动产质押典当的月综合费率不得超过当金的42‰。

房地产抵押典当的月综合费率不得超过当金的27‰。

财产权利质押典当的月综合费率不得超过当金的24‰。

当期不足5日的，按5日收取有关费用。

第39条　典当期内或典当期限届满后5日内，经双方同意可以续当，续当一次的期限最长为6个月。续当期自典当期限或者前一次续当期限届满日起算。续当时，当户应当结清前期利息和当期费用。

第40条　典当期限或者续当期限届满后，当户应当在5日内赎当或者续当。逾期不赎当也不续当的，为绝当。

当户于典当期限或者续当期限届满至绝当前赎当的，除须偿还当金本息、综合费用外，还应当根据中国人民银行规定的银行等金融机构逾期贷款罚息水平、典当行制定的费用标准和逾期天数，补交当金利息和有关费用。

第43条　典当行应当按照下列规定处理绝当物品：

（一）当物估价金额在3万元以上的，可以按照《中华人民共和国担保法》的有关规定处理，也可以双方事先约定绝当后由典当行委托拍卖行公开拍卖。拍卖收入在扣除拍卖费用及当金本息后，剩余部分应当退还当户，不足部分向当户追索。

（二）绝当物估价金额不足3万元的，典当行可以自行变卖或者折价处理，损溢自负。

(三) 对国家限制流通的绝当物,应当根据有关法律、法规,报有关管理部门批准后处理或者交售指定单位。

(四) 典当行在营业场所以外设立绝当物品销售点应当报省级商务主管部门备案,并自觉接受当地商务主管部门监督检查。

(五) 典当行处分绝当物品中的上市公司股份应当取得当户的同意和配合,典当行不得自行变卖、折价处理或者委托拍卖行公开拍卖绝当物品中的上市公司股份。

▼《2015年全国民事审判工作会议纪要》(以下简称2015年《会议纪要》)

22. 没有当物,典当行向当户签发了当票或者双方之间签订了借款合同,典当合同均无效。双方之间的法律关系应按照民间借贷处理。

▼《九民纪要》

31. 违反规章一般情况下不影响合同效力,但该规章的内容涉及金融安全、市场秩序、国家宏观政策等公序良俗的,应当认定合同无效。人民法院在认定规章是否涉及公序良俗时,要在考察规范对象基础上,兼顾监管强度、交易安全保护以及社会影响等方面进行慎重考量,并在裁判文书中进行充分说理。

【重点难点提示】

(一) 典当合同成立的要件

是否为典当合同,依据《典当管理办法》第3条的规定,主要看有无当物,也就是,是否交付当物或办理了当物的抵押登记。先交付当物或办理了抵押登记,再签订典当合同,并签发当票的,为典当合同。反之,没有当物,或者没有交付当物或办理当物的抵押登记的,双方之间签订的虽名为典当合同,其实不具有典当合同性质。

(二) 没有当物,或者签订了抵押合同,但未办理抵押合同的登记,由典当公司直接签发当票的合同性质认定

1. 依照2015年《会议纪要》第22条的规定,没有当物,典当行向当户签发了当票或者双方之间签订了借款合同,典当合同均无效。双方之间的法律关系应按照民间借贷处理。

2. 关于《典当管理办法》的法律效力。目前,在典当行业,挂着典当行的牌子从事信用贷款业务的现象并不少见。对这些合同的效力认定,从判例中明显可以看出两种司法裁判观点:一是认为《典当管理办法》只是部门规章,不能作为判断合同效力的依据。二是认为《典当管理办法》虽然只是部门规章,但鉴于法律法规对类似问题未作出明确规定,故仍然具有适用价值。

笔者认为,第二种观点是正确的,理由是:《典当管理办法》第26条第4项规定,典当行不得发放信用贷款。单从该条规定来看,其属于部门规章,不能作为认定合同效力的法律依据。但结合《银行业监督管理法》第19条"未经国务院银行业监督管理机构批准,

任何单位或者个人不得设立银行业金融机构或者从事银行业金融机构的业务活动"的规定，可以将其作为判断典当合同的效力的法律依据。

除前述规定外，有的法院引用《合同法》第52条的规定，认定没有当物的典当合同为无效合同［如重庆市高级人民法院（2016）渝民终546号民事判决书］。《民法典》颁布实施后，应当适用《民法典》第153条的规定，即"违反法律、行政法规的强制性规定的民事法律行为无效"。

(三) 判断典当合同为无效合同的法律依据

其法律依据主要有：

1. 在《民法典》颁布以前，为《合同法》第52条。

2. 《民法典》颁布实施后，应适用《民法典》第153条的规定。

3. 《银行业监督管理法》属于国家法律，可以直接将其第19条的规定作为认定典当合同无效的法律依据。

4. 《2020民间借贷司法解释》第13条规定："具有下列情形之一的，人民法院应当认定民间借贷合同无效：……（三）未依法取得放贷资格的出借人，以营利为目的向社会不特定对象提供借款的……"《典当管理办法》第26条规定："典当行不得经营下列业务：……（四）发放信用贷款……"因此典当行属于"未依法取得放贷资格的出借人"，其签订的典当合同，如果没有当物，应当被认定无效。

(四) 2015年《会议纪要》前后冲突的处理

其一，2015年《会议纪要》的部分内容已被《九民纪要》否定。

虽然2015年《会议纪要》第22条规定："没有当物，典当行向当户签发了当票或者双方之间签订了借款合同，典当合同均无效。双方之间的法律关系应按照民间借贷处理"；但之后，《九民纪要》针对《典当管理办法》这一类部门规章，又特别规定，"违反规章一般情况下不影响合同效力，但该规章的内容涉及金融安全、市场秩序、国家宏观政策等公序良俗的，应当认定合同无效"。根据后法优于先法的原则，应当认定此类合同为无效合同。

其二，2015年《会议纪要》本身存在矛盾之处。2015年《会议纪要》规定此类典当合同无效，同时又规定双方之间的法律关系应按照民间借贷处理，自相矛盾。"按照民间借贷处理"，说明是按照有效的民间借贷合同关系处理，显然是将不合法的合同定性为合法合同，客观上发生偏袒典当行一方的效果，不利于规范和稳定金融秩序。

其三，按照民间借贷合同处理，有违合同约定本意。在典当合同中，一般约定了综合费率和利息（二者综合即典当费率）。其中，假设月综合费率为2.7%，利息为0.8%，则折合典当费率为年42%。有的案例将前述典当费率直接认定为关于民间借贷合同利息的约定，显然与《典当管理办法》所规定的综合费率相矛盾。《典当管理办法》之所以将综合费率规定得比较高，是因为典当公司取得当物后，有保管和维护的义务，履行这些义务会发生费用。而民间借贷合同的利息是资金占用费,二者具有本质上的区别。

根据《典当管理办法》第38条的规定,典当综合费用包括各种服务及管理费用。动产质押典当的月综合费率不得超过当金的4.2%。房地产抵押典当的月综合费率不得超过当金的2.7%。财产权利质押典当的月综合费率不得超过当金的2.4%。当期不足5日的,按5日收取有关费用。换言之,如果典当公司不存在服务性内容的规定,就不能收取综合费用。

其四,2015年《会议纪要》的适用可能对国家金融政策和秩序造成不良影响。将典当费率视为当事人对民间借贷合同利息的约定,变相支持了高利贷行为。笔者认为,如果将典当费率视为民间借贷合同的利息,因其超过了社会平均利润率,必然刺激大量的民间资金流入典当行业,从而对金融秩序造成破坏。

其五,2015年《会议纪要》与法律相冲突的规定,应属无效规定。《合同法》第58条规定:"合同无效或者被撤销后,因该合同取得的财产,应当予以返还;不能返还或者没有必要返还的,应当折价补偿。有过错的一方应当赔偿对方因此所受到的损失,双方都有过错的,应当各自承担相应的责任。"

《民法总则》(已失效)第157条及《民法典》第157条均规定:"民事法律行为无效、被撤销或者确定不发生效力后,行为人因该行为取得的财产,应当予以返还;不能返还或者没有必要返还的,应当折价补偿。有过错的一方应当赔偿对方由此所受到的损失;各方都有过错的,应当各自承担相应的责任。法律另有规定的,依照其规定。"

综上,合同无效,承担民事责任的方式主要是返还财产。另外,应根据其过错原则承担赔偿损失的责任。这里的损失,显然是实际损失。这一定义,与合同有效时应承担的违约责任的损失是不同的。

其六,不能将典当合同约定的典当费率作为计算实际损失的依据。《合同法》第113条规定:"当事人一方不履行合同义务或者履行合同义务不符合约定,给对方造成损失的,损失赔偿额应当相当于因违约所造成的损失,包括合同履行后可以获得的利益,但不得超过违反合同一方订立合同时预见到或者应当预见到的因违反合同可能造成的损失。"

《民法典》第584条规定:"当事人一方不履行合同义务或者履行合同义务不符合约定,造成对方损失的,损失赔偿额应当相当于因违约所造成的损失,包括合同履行后可以获得的利益;但是,不得超过违约一方订立合同时预见到或者应当预见到的因违约可能造成的损失。"

上述两条法律规定的"合同履行后可以获得的利益",是指合同有效的情形下合同履行后可以获得的利益。既然合同无效,就不存在履行义务,也就不会有履行后可以获得的收益。因此,不能依据典当费率计算合同无效后典当公司应当取得的收益。

(五)将典当合同的综合费视为民间借贷合同的利息问题

《典当管理办法》第38条规定的综合费利率是很高的。如果按照月综合费率2.7%、月利息率0.8%计算，折合年费率为42%，远远高于《2020民间借贷司法解释》规定的利息上限，甚至超过《2015年民间借贷司法解释》规定的年利率24%、36%。如何界定高于24%低于36%部分的利息？是否可以将月综合费率2.7%视为利率约定？这些问题，有待于进一步规范。

依照《典当管理办法》的规定，当期届满后，没有续当，为绝当。绝当后，依照该办法的规定，典当行应当及时主张处分当物，并从中受偿。如果典当行未主张处分当物，一是所谓的综合费和利息是否继续计算？二是针对动产当物，如车辆，本身贬值空间较大，未及时处分当物所引起的损失，是否应当由典当行一方承担？对此，司法界也各说一词，并未得到统一。具体见有关案例分析。

（六）当票不是付款凭证，其证明效力有限

《典当管理办法》第30条规定："当票是典当行与当户之间的借贷契约，是典当行向当户支付当金的付款凭证。"笔者认为，该条规定明显存在矛盾。当票是契约，但不一定是付款凭证，只是典当合同成立的依据。付款凭证是履行合同义务的证据。二者在不同的阶段产生，不能混为一谈。在司法实践中，许多案例中法院要求典当行一方举示已经支付当金的付款凭证是正确的。

【案例012】

典当公司签订没有当物的典当合同并非当然无效

裁判文书：最高人民法院（2016）最高法民终339号民事判决书

判决书认定事实：

一审法院经审理认为，云×公司与华×公司签订的借款合同，属当事人双方真实意思表示，内容不违反法律规定，应属合法有效，双方均应按约履行各自的义务。虽然洪2、洪3、曲×、全×公司、张×等均对涉案借款合同、保证合同的效力提出抗辩，认为上述合同违反《典当管理办法》的规定，属无效合同，但《最高人民法院关于适用〈中华人民共和国合同法〉若干问题的解释（一）》（现已失效，余同）第4条规定："合同法实施以后，人民法院确认合同无效，应当以全国人大及其常委会制定的法律和国务院制定的行政法规为依据，不得以地方性法规、行政规章为依据"。《典当管理办法》属于部门规章，云×公司向华×公司发放借款的行为是否违反《典当管理办法》的规定，属于有关行政机关予以处理的范畴，并不能导致云×公司和华×公司签订的借款合同无效。

二审法院认为，虽然云×公司的企业性质属于典当行，但其在本案中发放借款的行为不符合《典当管理办法》所规定的典当特征，属于"名为典当，实为借贷"。因此，本案讼争合同性质为民间借贷合同，双方约定的综合费和滞纳金属于对借款利息数额的约定。由于云×公司与华×公司约定的利息数额过高，已经超过法律保护的界限，一审法院根据《最高人民法院关于人民法院审理借贷案件的若干意见》第6条的规定，将当事人双方约定的利息数额调整为以中国人民银行同期贷款基准利率4倍为限支付至实际给付之日,适用法律并无不当。但一审判决对于利息数额仍采用综合费及滞纳金的表述存在不妥,应予纠正。

~~~ 法官论述 ~~~

"名为典当,实为借贷"的合同性质辨析,需建立在对典当关系与民间借贷关系的界定基础上,最为关键的是对典当关系得以成立的当票凭证等形式条件和交付当物质押、发放当金、收取综合费等实质条件的审查。"名为典当,实为借贷"合同的借款利息的认定则应当在对应形式合同约定的基础上,运用合同解释的基本原则和具体规则进行明确,同时在法律规定的范围内基于利益平衡进行裁量认定。①

~~~ 作者简析 ~~~

该案例有以下裁判观点:

1. "名为典当,实为借贷"的认定,是以民间借贷司法解释为依据。最高人民法院认为,虽然云×公司的企业性质属于典当行,但其在本案中向华×公司发放借款的行为,不符合《典当管理办法》所规定的典当的特征,故本案合同关系应当属于民间借贷。

2. 判断典当合同是否有效,应当以全国人大及其常委会制定的法律和国务院制定的行政法规为依据,不得以地方性法规、行政规章为依据。《典当管理办法》属于部门规章,不能凭此认定合同无效。笔者认为,该观点是否正确值得探讨。

3. 以典当合同为主合同,抵押权的设立及其优先受偿权仍然有效。一审法院认为,曲×、全×公司、张×为华×公司的借款分别向云×公司提供了抵押物,并已在相关部门进行了抵押登记,其抵押合法有效,云×公司依法对曲×、全×公司、张×提供的抵押物享有优先受偿权。

【案例013】

典当合同中当事人自愿放弃抵押房产应如何处理

裁判文书:新疆建设兵团第二师中级人民法院(2019)兵02民终258号民事判决书②

判决书认定事实:

本案不符合《典当管理办法》所规定的典当行为。第一,《典当管理办法》第42条规定,典当行经营房地产抵押典当业务,应当和当户依法到有关部门先行办理抵押登记,再办理抵押典当手续。天×公司与俊×公司没有到有关部门先行办理抵押登记,而是签订商

---

① 最高人民法院民一庭.民事审判指导与参考:总第69辑.北京:人民法院出版社,2017:148.
② 该案被收录于:国家法官学院案例开发研究中心.中国法院2021年度案例.北京:中国法制出版社,2021:11-14.

品房预售合同，二者到库尔勒市房地产管理局办理的是预购商品房预告登记。天×公司与俊×公司办理预购商品房预告登记行为，不符合房地产抵押担保的构成要件。第二，《典当管理办法》第39条规定，续当时，当户应当结清前期利息和当期费用。天×公司与俊×公司续当时没有结清前期利息和当期费用，违反了从事典当经营应当遵守的限制性规定。第三，《典当管理办法》第43条第1项规定，当物估价在3万元以上的，可以按照《担保法》（现已失效，余同）的有关规定处理，也可以双方事先约定绝当后由典当行委托拍卖行公开拍卖。天×公司与俊×公司签订的"房地产抵押典当合同"约定，绝当后，俊×公司自愿放弃抵押的房产，同意天×公司对该房产按照有关规定处理，以此来抵偿典当行的贷款本息和综合服务费并自愿协助或承担办理过户手续。在俊×公司既不按期交付综合服务费，又不按期归还贷款的情况下，天×公司有权处理该房产，俊×公司自愿放弃诉讼和抗辩权。本案天×公司未按《典当管理办法》规定的方式实现其典当权利，而是以直接提起民事诉讼的方式要求俊×公司偿还欠款。综上，本案不符合典当法律关系的性质和构成要件，天×公司与俊×公司实际上构成民间借贷法律关系。

关于天×公司主张的本金和综合服务费能否成立及数额是多少的问题。《最高人民法院关于适用〈中华人民共和国合同法〉若干问题的解释（二）》第21条规定，债务人除主债务之外还应当支付利息和费用，当其给付不足以清偿全部债务时，并且当事人没有约定的，人民法院应当按照下列顺序抵充：（1）实现债权的有关费用；（2）利息；（3）主债务。2018年12月19日双方对账单确认，截至2018年12月13日还款全部为综合服务费，本院尊重当事人的意思自治。故本案俊×公司归还的款项首先应当是利息（综合服务费），如有剩余的可抵充本金。因天×公司与俊×公司之间的法律关系的性质已经确定系名为典当合同、实为民间借贷合同，故双方合同中约定借款期的综合服务费（每月2.5％），应认定为双方关于借款利率的约定，但该利率超过了法定保护年利率24％的上限，本院应予调整。对合同期和逾期的利率均调整为年利率24％、月利率2％、日利率24％÷365。

作者简析

案涉典当合同虽然有房产作为当物，但未办理抵押登记，因此，典当合同无效，法院认定其实际为民间借贷合同关系。其中存在的问题是：

首先，将无抵押财产的典当合同认定为合法的借款合同关系，与《典当管理办法》第26条规定的"典当行不得经营下列业务：……（四）发放信用贷款"相冲突，变相地支持了典当行发放信用贷款业务。

其次，案涉综合服务费被判决确认为利息，只是超过利息规定上限的部分无效。依照相关规定，如典当合同有效，绝当后典当行应及时处分当物。如果未及时处分当物，必然造成损失不断扩大，其后果应当由典当行承担。相反，如果将其认定为民间借贷合同，且对利息的计算期限不作限制，就是将典当行的过错责任转嫁由当户承担。本案存在的争议是对利息的认定，法院只认定了超过24％的部分应当调整，而没有解决典当行怠于处分

"当物"的过错责任问题。

最后,如果因典当行怠于处分当物,导致当物毁损灭失,其责任又当如何划分?《典当管理办法》第43条中规定:"拍卖收入在扣除拍卖费用及当金本息后,剩余部分应当退还当户,不足部分向当户追索。"该追索显然是指按照正常程序追索,也就是典当行没有怠于处分当物的过错时,才能行使追索权。如果典当行放弃处分当物的权利,导致当物毁损、灭失,或者造成当物的市场价格贬值损失,而要求当户承担全额的清偿责任,显然是不公平的,相当于当户承担了双重责任。

实践中,为了避免损失的不断扩大,绝当后,当户可以要求典当行及时处分当物。如果典当行拒绝或怠于行使处分权,当户可以自行处置,并将处分当物的收入用于清偿债务。

【案例014】

绝当后,典当行怠于处置当物,不能要求当户清偿全部债务

裁判文书:北京市第二中级人民法院(2018)京02民终12468号民事判决书

判决书认定事实:

本案中,双方对绝当物品的处理问题争议较大,故一审法院对典当特有的绝当制度作了进一步阐述与明确。《典当管理办法》第40条规定,典当期限或者续当期限届满后,当户应当在5日内赎当或者续当。逾期不赎当也不续当的,为绝当。由此可见,赎当或者续当是当户的权利,而非义务,当户放弃赎当或续当,发生绝当的法律后果,但绝当不等于违约。绝当后,原来的典当关系结束,典当行与当户之间的权利义务关系重新确定,即绝当后当户丧失对当物的赎回权,与此同时典当行获得对当物的处置权,当户获得了要求返还当物处置所得扣除债务后剩余部分的权利,典当行应当先通过处置绝当物品以实现债权,不足部分再行向当户追索,典当行不能在怠于处置当物的同时,要求当户清偿全部债务。此点与一般的抵押、质押借款有着较大区别,在一般的抵押、质押借款合同关系中,作为抵押权人、质权人的出借人可以放弃对物的抵押权或质权,但绝当后典当行不应也不能放弃对绝当当物的处理,而向当户主张全部当金本息。典当的核心是以物质钱,离开对当物考量,则有悖典当制度设立的内在精义。综上,绝当后,典当行应当在合理期间内尽快处置绝当物品或者在合理期间内通过诉讼主张权利,以尽早实现债权,避免损失扩大。本案福×典当公司罔顾减损规则,拖延处理绝当车辆已逾一年,并在诉讼中主张继续计收高额罚息与典当月综合费,其行为有违诚实信用原则。故对于因怠于行使权利造成的绝当物品价值贬损以及其他扩大的损失,应由福×典当公司自行承担。

关于前文所述绝当后处理当物的"合理期间",法律未做明确规定,但福×典当公司作为专业从事典当业务的企业法人,对《典当管理办法》的相关规定应为明知,同时,本案所涉当物为机动车,对长期放置不用的机动车价值容易贬损的常识,福×典当公司亦应为明知。典当作为"以物质钱"的短期融资方式,其业务本身即强调及时性。结合本案的

具体情况，并从防范金融风险与维护公平交易秩序的角度，一审法院认为福×典当公司处理本案绝当物品或者准备提起诉讼主张权利的合理期间以一个月为宜。

但是涉案典当期限届满日为2015年7月12日，典当期限届满日后至绝当日之前还有5天时间，福×典当公司在该段时间内对当物仍然负有提供服务或管理当物的义务，福×典当公司要求牛×承担该段时间的综合费于法有据，一审法院对此未作处理，本院予以纠正。

≈≈≈ 作者简析 ≈≈≈

1. 赎当或者续当是当户的权利，而非义务，当户放弃赎当或续当，发生绝当的法律后果，但绝当不等于违约。绝当后，原来的典当关系结束，典当行与当户之间的权利义务关系重新确定，即绝当后当户丧失对当物的赎回权，与此同时典当行获得对当物的处置权，当户获得了要求返还当物处置所得扣除债务后剩余部分的权利。典当行应当先通过处置绝当物品以实现债权，不足部分再行向当户追索，典当行不能在怠于处置当物的同时，要求当户清偿全部债务。这一裁判观点恰好与前一案例的裁判观点相反，应当值得肯定。

2. 关于处置当物的合理时间。一是典当期限届满日后至绝当日之间的时间，应计算在合理期间内；二是应给予处置当物的合理时间。本案中法院针对车辆当物给予一个月的处置时间，具有合理性。

【案例015】

典当期间，当事人双方协商解除抵押登记，
合同性质转为借款合同，应当认定为无效合同

裁判文书：重庆市高级人民法院（2016）渝民终546号民事判决书

判决书认定事实：

一审法院认为：……在典当期内，喻×与××典当公司于2014年1月7日向国土资源和房屋行政管理部门申请办理登记，解除了相关当物抵押，应视为喻×与××典当公司协议将典当合同关系变更为借款合同关系。由于变更后的借款系信用借款，违反了《典当管理办法》第26条第4项关于典当行不得发放信用贷款业务的规定，扰乱了国家金融秩序，损害社会公共利益，根据《合同法》第52条第4项的规定，应认定无效。××典当公司无权依约收取当物解除抵押登记后的典当综合费用、当金利息。

本院认为，本案二审的争议焦点是：××房地产公司应否向××典当公司支付款项及款项金额。根据一审查明的事实，××典当公司与喻×订立典当合同后，在典当合同存续期间，××典当公司与喻×、段×订立协议书，约定解除典当合同中的抵押当物，为段×的银行贷款提供抵押担保。××典当公司与喻×于2014年1月7日共同申请注销抵押登记时，××房地产公司仅出具了担保函，××典当公司并未取得新的当物，此后亦未设立

相应担保。《典当管理办法》明确规定典当行不得发放信用贷款，××典当公司作为经营典当业务的专门企业，在典当期内与债务人合意解除当物抵押且未实际更换新当物之行为，实为将典当业务变更为发放信用贷款，已违反前述规定，应当根据《合同法》第52条第4项之规定，认定合同无效。同时，××典当公司以典当为长期的、专门的营业活动，其与喻×、××房地产公司之间订立的合同不属于"法人之间、其他组织之间以及它们相互之间为生产、经营需要订立的民间借贷合同"，不符合《2015民间借贷司法解释》第11条中应当认定民间借贷合同有效的适用前提。因此，本案典当合同在解除抵押后合同无效。根据《担保法》的相关规定，主合同无效的，担保合同无效。典当合同在解除抵押担保后无效，担保函亦为无效。2013年12月8日，××房地产公司与喻×、速×房地产公司、傅×弟签订资产分割协议书，约定将清江湖×商贸中心项目的房产分割为喻×和傅×弟所有；2014年1月3日，××房地产公司向××典当公司出具担保函，约定以喻×投资的清江湖×商贸中心项目未销售部分住宅向××典当公司提供抵押担保；在关于前述项目资产分割的另案诉讼过程中，××房地产公司作为案件一方当事人，对该项目的资产分割未提出异议，贵州省湄潭县人民法院于2014年7月2日判决确认该项目部分房屋所有权人为案外人傅×弟。以上事实表明，××房地产公司在资产分割协议书及相关确权案件中认可该项目部分房屋产权属于傅×弟，又以该项目未销售房屋为抵押物向××典当公司出具担保函，导致未能办理抵押登记，并导致典当合同在解除当物抵押后无效。××房地产公司作为担保人，对合同无效具有过错。××房地产公司认为未办理抵押登记不是该公司过错的上诉理由不能成立，本院不予支持。根据《最高人民法院关于适用〈中华人民共和国担保法〉若干问题的解释》（现已失效，余同，以下简称《担保法司法解释》）第8条之规定，主合同无效而导致担保合同无效，担保人无过错的，担保人不承担民事责任；担保人有过错的，担保人承担民事责任的部分，不应超过债务人不能清偿部分的三分之一。

≋≋≋ 作者简析 ≋≋≋

一审判决依据《典当管理办法》第26条第4项、《合同法》第52条第4项的规定，将解除抵押登记的典当合同认定为没有当物的典当合同，实为无效合同。

二审法院在支持一审判决的基础上，还认为，案涉合同不属于"法人之间、其他组织之间以及它们相互之间为生产、经营需要订立的民间借贷合同"，不符合《2015民间借贷司法解释》第11条中应当认定民间借贷合同有效的适用前提。本案典当合同在解除抵押后合同无效。主合同无效的，其担保合同也无效。

除上述观点外，《2020民间借贷司法解释》第13条第3项规定"未依法取得放贷资格的出借人，以营利为目的向社会不特定对象提供借款的"，也应当认定为无效合同。

案例中适用的《2015民间借贷司法解释》第11条规定，已被《2020民间借贷司法解释》第11条所吸收。《担保法司法解释》第8条已被《最高人民法院关于适用〈中华人民共和国民法典〉有关担保制度的解释》（法释〔2020〕28号）第17条所吸收。

四、如何识别名为投资实为借贷的合同性质

|相关规定|

▼《最高人民法院关于审理涉及国有土地使用权合同纠纷案件适用法律问题的解释》（法释〔2020〕17号）

第23条 合作开发房地产合同约定提供资金的当事人不承担经营风险，只收取固定数额货币的，应当认定为借款合同。

【重点难点提示】

（一）只有约定了"当事人不承担经营风险，只收取固定数额货币"，才能被认定为名为投资实为借贷合同

其约定改变了签订投资合同的本来目的，更符合借贷关系的性质。因此，将其定义为名为投资实为借贷。如果没有前述类似约定，不能当然地认定为名为投资实为借贷。

（二）在认定名为投资实为借贷的合同时，不能与合作协议的清算条款相混淆

前者中约定"只收取固定数额货币"的"固定数额"，一是从金额上约定了固定数额；二是从比例上约定了固定数额。即使约定按照固定比例计算投资回报，其计算结果的金额也是固定的。合作开发协议结算后签订的清算协议，可能是对返还投资的约定，也可能包含对资金占用利息或占用损失的约定。

如：双方合同约定对某一地块进行合作开发建设，在取得土地的招拍挂前，由一方出资办理土地招拍挂的相关事宜。并且约定，如果土地招拍挂未成功，另一方应当返还其投资，并按照一定比例计算资金利息。此约定并非是在合同中一开始就约定的按照固定比例分配利润，而是在合同解除后另一方应当履行的结算义务。该项约定并未改变投资合同的性质，不能将其认定为名为投资实为借贷的法律关系。

（三）双方签订解除投资合同关系的协议并重新签订借款合同的性质认定

双方签订解除投资合同关系的协议，再签订借款合同，其合同的性质应当认定为借款合同性质。对此，法律及司法解释并无明确规定。我们认为，该种情形下，并未违反法律强制性或禁止性规定，应当认定合同合法有效。

其他如买卖合同、合作开发协议、联合经营协议、合伙协议等，也是同样道理。后不重述。

（四）被认定为名为投资实为借款的法律后果

1. 可以将固定的投资回报的约定认定为利息的约定，但不能突破司法解释利息上限的规定。没有利息约定或利息约定不明的，具体处理见相关内容，这里从略。

2. 逾期还款的资金占用损失问题。如果双方没有利息的约定，但存在逾期还款的事实（包括不定期合同当事人一方主张了在合理期限内履行还款义务的），债权人可依贷款市场报价利率主张自逾期还款之日起的资金占用损失。

3. 出借人一方当事人不能主张投资利润的分配。

【案例016】

未参与实际经营行为，未约定合作投资的经营方式、盈亏分担等内容，是名为投资实为借贷

裁判文书：辽宁省高级人民法院（2014）辽民二终字第00056号民事判决书；最高人民法院（2015）民申字第113号民事裁定书

裁判书认定事实：

（1）一、二审判决书认定的事实

一审法院经审理查明：2009年4月26日杜×与李×签订"投资合作事宜"协议一份，约定杜×向李×分期投资人民币633万元，投资期限至2009年10月29日，到期后，李××支付杜×投资款633万元及投资回报567万元，合计1 200万元（李×先期已付30万元利息，到期李×扣掉）；李×如未能按时还款或不执行本协议，则每逾期一天向杜×支付违约金2万元；杜×必须在2009年5月29日资金全部到位，中途不得抽回投资；投资到期日为2009年10月29日，付款方式为480万元存入指定银行账户，720万元付现金。

一审法院认为：关于案争法律关系的性质，虽本案杜×与李×于2009年4月26日签订协议名为"投资合作事宜"，但根据本案查明的事实，杜×并无参与李×开发项目的实际经营行为，且杜×与李×双方未就合作投资的经营方式、盈亏分担等内容进行具体约定，故案争协议应认定为名为投资实为借贷，案争法律关系性质应认定为民间借贷纠纷。

二审法院（辽宁省高级人民法院）认为：关于本案法律关系的性质问题。2009年4月26日，杜×与李×双方签订的"投资合作事宜"，从协议形式上看，虽有"投资合作"字样，但从该协议内容看，双方签订该协议的目的是解决"×绿洲项目"资金缺口问题，双方只约定投资数额、投资期限、投资回报及违约金，并未就合作投资的经营方式、盈亏分配及风险分担等内容进行约定。从该协议的实际履行看，没有证据证明杜×有参与李×开发"×绿洲项目"的实际经营行为。因此，原审判决认定本案争议的法律关系性质为民间借贷纠纷并无不当。故李×关于本案是投资合作关系的上诉主张缺乏事实和法律依据，本院不予支持。

（2）最高人民法院民事裁定书认定的事实

虽然该协议名为"投资合作事宜"，但其并未就项目的盈亏分担进行具体的约定，且根据一审法院查明的事实，杜×未参与李×开发项目的实际经营，原审判决将涉案合同认定为借贷合同符合双方当事人的真实意思表示，并无不当。

~~~ 作者简析 ~~~

投资人没有参与开发项目的实际经营行为，也未对合作投资的经营方式、盈亏分担等内容进行具体约定，而是采取收取固定回报，不承担风险的方式收回投资，是此类合同性质认定的共同要点。

【案例017】

双方明确约定股权转让剩余款项转为贷款，随后双方签订了借条，应认定名为借贷实为股权转让

裁判文书：最高人民法院（2014）民一终字第260号民事判决书

判决书认定事实：

二审法院认为：首先，原审法院确定本案为借款法律关系，认定不当。2011年9月5日，徐×、李×、韩×等8人与董×、张×、许×、王×签订合同，约定："……（二）股权转让：（1）转让方自愿将海勃湾区骆驼山煤矿拥有的51％的股权全部转让给受让方，以及韩×以下的股东的股权全部转让给受让方……（三）付款方式：（1）合同签订后，在2011年9月13日之前，付给转让方1.7亿元作为首付款。（2）剩余部分以3％的月利率转为贷款。"合同签订后，自2011年9月至2011年12月，董×等受让方共支付股权转让款25 879万元。2012年1月1日，董×给徐×、李×、韩×出具借条，内容为：今借到徐×、韩×、李×现金2亿元，此借款按3％的月利率计息，担保人为张×。借条约定的借款并未交付，根据《合同法》第210条的规定，借款合同未生效，双方当事人并未形成真实的借款法律关系。合同明确约定股权转让剩余款项转为贷款，随后双方签订了借条，二者具有逻辑上的内在联系，借条是对股权转让余款的处理。因此，本案法律关系应为股权转让合同纠纷。借条是对合同未付的股权转让余款进行确认和处分，借条虽然名为"借条"，但实质上应是"欠条"。

~~~ 法官论述 ~~~

民间借贷诉讼中，当事人之间的借条并非源于真实的借贷法律关系，而是对股权转让余款的处理。鉴于借款合同并未实际履行，原告依据借条提起民间借贷诉讼，而被告依据基础法律关系提出抗辩，并证实债权纠纷非民间借贷行为引起的，人民法院应当依据查明的案件事实，按照基础法律关系审理。但当事人通过调解、和解或者清算达成的债权债务协议，不适用前述规定。[①]

~~~ 作者简析 ~~~

本案的难点在于对借条性质的认定。

[①] 最高人民法院民事审判第一庭. 民间借贷纠纷审判案例指导. 北京：人民法院出版社，2015：167-178.

依照最高人民法院的观点，双方当事人约定将股权转让剩余款项转为贷款并出具了借条，该借条并不是民间借贷合同关系成立的证明。依照《2020 民间借贷司法解释》第 14 条规定的"人民法院应当依据查明的案件事实，按照基础法律关系审理"，应当按照股权纠纷进行审理。

本案与重新形成的借款合同关系不同。

如果双方签订了解除投资协议的协议，然后重新签订了一份借款合同，约定将应当返还的投资款以借款形式提供给对方继续使用，以及将投资款的性质重新约定为借款合同性质，则鉴于双方已经解除投资协议，并重新签订了借款合同，其约定是双方真实意思表示，并不违反法律强制性规定，应当认定双方形成了借款合同关系。

【案例 018】
名为借贷实为投资款的正确认定

裁判文书：山东省淄博市中级人民法院（2019）鲁 03 民终 3748 号民事判决书[①]

判决书认定事实：

一审法院认定：2016 年 1 月 21 日，路×和另案原告徐××在谷×处，由徐××书写单据一张内容为："因经营茶叶需资金周转，谷×借用路×现金壹拾贰万伍仟元正（¥125 000.00），保证在 2017 年元月份前全部或逐步还清路×借款，并赠路×部分茶叶，如到期在 2017 年元月份以前不能还清，谷×承担全部责任。"其上标注"本金收回后此条作废"，落款处为："经办借款人：谷×"。单据附谷×中国农业银行卡号及路×身份证号码、中国农业银行卡号。单据中"借用路×"处的"路×"为路×本人所签，经办借款人处的"谷×"为谷×本人所签。下附的谷×姓名和账号非谷×所写，路×姓名、身份证号码及中国农业银行卡号为路×所写。

二审法院认定：被上诉人提供的湖南汇×茶业有限公司（以下简称汇×公司）历史遗留问题统计表及投资构架图客观真实，依法应予采信，以上证据均显示上诉人为汇×公司投资者，且显示上诉人的会员号、会员级别、投资时间及投资回报，该证据亦与证人詹×、黄×及徐×的证人证言相印证；徐×于 2016 年 1 月 30 日向上诉人网上转款 4 074 元，上诉人对该款项性质在本案三次庭审过程中陈述均不一致，亦不能作出合理解释；以上证据能够形成完整的证据链，相互印证涉案款项性质实为投资款。

≈≈≈ 作者简析 ≈≈≈

本案是名为借款实为投资的典型案例。最主要的证据是被上诉人提供的汇×公司历史遗留问题统计表及投资构架图，显示上诉人为汇×公司投资者，且显示上诉人的会员号、会员级别、投资时间及投资回报，另有证人詹×、黄×及徐×的证言相印证，故认定其为

[①] 该案被收录于：国家法官学院案例开发研究中心. 中国法院 2021 年度案例. 北京：中国法制出版社，2021：15-19.

投资。既然是投资，投资人就要承担投资风险；在清算以前，不能请求返还投资款。该类案例的典型特征是以借款合同的形式签订合同，归还借款实为收回投资，对利息的约定实为投资收益的保底条款。如果其被认定为投资，应当依据查明的案件事实，按照投资合同关系进行审理。

【案例019】

以获取固定收益为目的并约定一定期限回购股权的合伙协议可认定为民间借贷关系

裁判文书：福建省福州市鼓楼区人民法院（2018）闽0102民初9006号民事判决书[①]

判决书认定事实：

福×合伙企业与中×实业公司之间的借款法律关系和沈×等人与上××资产公司之间的合伙关系，虽然表面上非同一法律关系，二者相对独立存在，但是沈×向法院提交的"福×基金"书面介绍、"福州上××福×投资合伙企业（有限合伙）合伙协议"、"股权投资协议"、"保证合同"、林×銮所书的"承诺函"等证据可以综合证明福×合伙企业以股权投资方式将合伙人的资金通过中×实业公司出借给世纪××公司，在实际借款人世纪××公司向沈×作债务确认的情况下，沈×可以突破合同的相对性以出借人身份向世纪××公司主张债权，因此，法院认定沈×与世纪××公司间存在100万元的民间借贷法律关系。

法官论述

合伙人出资设立合伙企业，该合伙企业设立后通过增资扩股方式取得目标公司的股权，目标公司承诺向合伙企业每年支付固定收益，并在投资期满后由实际用款人以与投资本金相当的价格回购股权，故合伙人出资的目的并非通过合伙企业间接持有目标公司的股权，而是通过合伙企业获取固定收益。当事人间关于增资扩股和股权回购的约定均属于协议当事人虚伪意思表示，协议各方隐藏的真实意思是合伙企业的出资人向实际用款人出借借款。而在实际用款人向合伙企业的合伙人作债务确认的情况下，该合伙人可以突破合同的相对性以出借人身份向实际用款人主张债权。[②]

作者简析

本案的特殊性在于出借人与借款人之间未直接签订借款合同，而是通过与中间人签订投资协议的形式，再由中间人将资金出借给最终的资金使用人即借款人。并且双方在合同中约定，原告可以突破合同的相对性以出借人身份向最终的借款人主张债权，因此，该借款合同关系实际上是在原告与资金最终使用人之间形成。原告虽然与中间人签订了投资协议，但其性质是名为投资实为借款。

[①] 该案被收录于：国家法官学院案例开发研究中心. 中国法院2021年度案例. 北京：中国法制出版社，2021：33-37.

[②] 国家法官学院案例开发研究中心. 中国法院2021年度案例. 北京：中国法制出版社，2021：139-142.

该类合同性质的认定要点有三：一是签订了投资协议，二是取得固定投资收益，三是约定了股权回购。

【案例020】

有限责任公司中如何认定"投资款"与"借款"

裁判文书：湖北省宜昌市中级人民法院（2018）鄂05民终2351号民事判决书[①]

判决书认定事实：

2016年11月22日，××医院股东会决议确定韩×认缴出资额为13万元，占公司注册资本13%。2017年5月8日，××医院经股东会决议增加注册资本43万元，韩×出资额为13万元，出资比例为9.09%，同时修改了公司章程。2017年7月3日，××医院经股东会决议减资43万元，韩×出资10万元，出资比例为10%，出资截止时间为2046年12月31日。从前述注册资本的变化来看，无论是100万元还是143万元，都明显少于韩×主张的280万元投资款（不包括2016年7月25日之后的投资），故法院至少可以得出这样的结论：韩×的投资款并未全部计入公司注册资本，其要求返还并无法律上的障碍。

××医院主张各股东已多次按照比例追加投资，即使韩×主张属实，综观全案证据，公司章程或股东会决议中也并未对股东除注册资本之外的出资限定条件，即对股东追加投资或要求返还并无强制约束，其他股东的投资行为与××红要求返还投资并无关联。

××医院在本案中拟通过宜昌×妇产医院与××医院的关系，说明××红系公司的发起人，其缴纳的出资不得主张返还。但法院注意到，宜昌×妇产医院的股东或发起人名单中并无××红的名字，即使××红通过他人代为持股，亦不能赋予其公司法意义上的发起人或股东地位，且宜昌×妇产医院设立之后已经注销，其与××医院系两个独立的法人，××医院的股东及出资情况应根据该公司的章程或工商登记来进行认定。

根据前述分析，××红主张返还的280万元投资款并非公司注册资本，其名称为"投资款"或"集资款"对本案认定及实体处理不产生影响，已无甄别的必要。

~~~~ 作者简析 ~~~~

分清出资款项是股东对公司注册资本的投资款还是借款，非常重要。《中华人民共和国公司法》（以下简称《公司法》）第4条第1款规定："有限责任公司的股东以其认缴的出资额为限对公司承担责任；股份有限公司的股东以其认购的股份为限对公司承担责任。"在实践中，针对多名股东的情形，股东履行出资义务可能存在以下情况：一是各股东均按照章程或协议的约定，履行了出资义务；二是全体股东均未足额履行出资义务；三是部分股东未足额履行出资义务，其他股东足额履行了出资义务；四是部分股东未

[①] 该案被收录于：国家法官学院案例开发研究中心.中国法院2020年度案例.北京：中国法制出版社，2020：30-34.

履行或者未足额履行出资义务，其他股东超额履行了出资义务等。

我们在此将其他情形排除在外，单独讨论有股东超额履行了出资义务的情况下，对其款项性质应如何认定。

首先，应当根据股东之间的合同约定执行。

其次，如果投资款的性质没有改变，出资比例或股份比例则发生了变化。此种情形下，如果发生经营性亏损，容易产生矛盾和分歧，也不利于保护股东的合法财产权益。

最后，如果将其约定为借款，则与股东的出资（股份）比例无关。此种情形下，股东主张返还投资，应当首先偿还对外借款。此时，其实是将该部分出资以借款的性质置于返还投资款之前，具有一定优先性，有利于保护股东权益。

案例中认定的"韩×的投资款并未全部计入公司注册资本，其要求返还并无法律上的障碍"，实际上是将实际投资款超过注册资本金的部分视为借款性质。在实践中应注意：一是与注册资本无关的项目投资款，是否符合返还条件，应当根据投资协议的约定执行。二是其主张是否影响其他投资人的合法权益。也就是说，基于同一投资事实，即使以"超过注册资本"为判断标准，也应当一视同仁。其他投资人未主张返还投资时，不能只返还部分投资人的投资。

【案例021】

案涉"股权收益权转让及回购协议"属于《信托公司管理办法》规定的"买入返售"合同还是民间借款合同

裁判文书：最高人民法院（2017）最高法民终907号民事裁定书

裁定书认定事实：

本案中，"股权收益权转让及回购协议"主要包括安×公司以3亿元对价购买天1公司持有的天2公司100%的股权收益权，以及安×公司将该股权收益权以特定对价即3亿元和每年13.5%的溢价款返售给天1公司两部分内容，在形式上符合"信托公司管理办法"规定的"买入返售"模式。但根据"股权收益权转让及回购协议"约定的具体条款以及协议实际履行情况判断，安×公司并无买入案涉标的股权收益权并承担相应风险的真实意思。第一，"股权收益权转让及回购协议"第1条虽约定标的股权收益权系指收取并获得标的股权的预期全部收益的权利，包括但不限于经营、管理、处置股东分红、转让标的股权产生的所有收益，以及因标的股权产生的其他任何收益，但协议第10条又特别约定安×公司受让标的股权收益权后，天1公司持有的标的股权仍由其负责管理，天1公司如收到标的股权收益，应在3个工作日内将其全部收益转入安×公司指定账户。安×公司仅间接获得天1公司经营、管理、处置、转让标的股权等所产生的收益，并不参与能够产生收益的标的股权的经营管理。第二，"股权收益权转让及回购协议"虽约定安×公司有权获得天1公司经营管理标的股权产生的收益，但协议第10条又约定协议履行期内天1公司不得以任何形式分配利润。协议第 7 条还约定天 1 公司应与安×公司签订"股权质押合同"将标的股权质押给安×公司,该标的股权事实上亦实际出质给安×公司,限制了天 1 公司通过处置、转让标的股权产生收益的可能。第三,"股权收益权转让及回购协议"第 2 条约定的标的股权收益权转让对价并无符合市场价值的证明,协议第 6 条又约定安×公司向天 1 公司返售的标的股权收益权对价系直接在其支付的买入对价基础上增加固定比例的溢价款,安×公司并不承担买入标的股权收益权期间的风险。由上,"股权收益权转让及回购协议"在实质上并非《信托公司管理办法》规定的"买入返售"合同,安×公司关于合同性质的主张不能成立。根据"股权收益权转让及回购协议"的具体约定,并结合天 2 公司、王×、黄×为天 1 公司履行协议提供担保的事实,天 1 公司的主要合同目的在于向安×公司融通资金,安×公司的主要合同目的在于向天 1 公司收取相对固定的资金收益,一审法院认定双方当事人的真实交易目的在于通过出卖而后回购的方式以价金名义融通金钱,具有事实和法律依据。因案涉"股权收益权转让及回购协议"不属于合同法规定的有名合同,一审判决根据协议性质参照合同法分则中最相类似的借款合同的相关规定处理,适用法律正确。

≋≋≋ 作者简析 ≋≋≋

本案例认定为名为投资实为借贷的理由归纳为以下要点:

第一,不实际参与公司的经营、管理。

第二,在协议履行期内不享有利润分配权。

第三,不承担经营风险。即"股权收益权转让及回购协议"第 2 条约定的标的股权收益权转让对价并无符合市场价值的证明,协议第 6 条又约定安×公司向天 1 公司返售的标的股权收益权对价系直接在其支付的买入对价基础上增加固定比例的溢价款,安×公司并不承担买入标的股权收益权期间的风险。

另有观点认为,案涉"股权收益权转让及回购协议"属于让与合同性质。合同中约定的转让价款,实际是借款本金。回购款与本金的差额,实际上是利息。该观点也是有一定道理的。

【案例 022】

股权投资与借贷关系之间的转化与基础法律关系的认定

裁判文书:北京市第一中级人民法院(2019)京 01 民终 4635 号民事判决书[①]

判决书认定事实:

双方当事人形成的民事法律关系的性质是民间借贷还是股权转让……根据双方当事人的陈述,双方均认可,在 2017 年 1 月,量子公司的重组仍在进程中,谭×提出解除"股

[①] 该案被收录于:国家法官学院案例开发研究中心. 中国法院 2021 年度案例. 北京:中国法制出版社,2021:20-23.

权转让协议",双方将量子公司 0.65% 股权价款金额确定为 292.5 万元,并签订"借款协议"约定延期支付。《2015 民间借贷司法解释》第 15 条规定,原告以借据、收据、欠条等债权凭证为依据提起民间借贷诉讼,被告依据基础法律关系提出抗辩或者反诉,并提供证据证明债权纠纷非民间借贷行为引起的,人民法院应当根据查明的案件事实,按照基础法律关系审理。本案中,双方均认可"借款协议"实际约定的是股权回购款,故双方当事人的基础法律关系应为股权转让合同,法院二审调整案由为股权转让纠纷。

≋≋≋ 作者简析 ≋≋≋

本案的争议焦点是一方当事人参与公司重组,将前期支付的股权转让款转为借款,并签订借款协议,该协议的效力如何认定。本案的裁判结果是否定了借款合同的性质,并将本案案由认定为股权转让纠纷。

实践中,如果在公司重组事宜确定之前签订有关协议,应当充分考虑重组失败时对损失的约定,未约定者,可能由当事人自行承担损失。

【案例023】
双方终止合伙关系而达成债权债务清算协议

裁判文书:江苏省高级人民法院(2010)苏民终字第 0005 号民事判决书

判决书认定事实:

二审法院认定:张×、王×、唐×、沈×四人签订"合作协议",约定共同出资,相互合作。合作的内容包括在美国注册成立"苏北××公司"事宜,以及将该公司在美国 OTCBB 证券市场上借壳上市。协议中约定由唐×全面负责该公司在美国上市的全过程。"合作协议"签订后,张×、王×、沈×三人按约由张×向苏北××公司汇款近 68 万美元,唐×亦认可收到上述款项。后张×、王×、沈×因在美国买壳上市所花费用与唐×发生争议,遂将唐×约至张×的家中,对合伙事宜进行协商,并由唐×出具承诺书,承诺由其将张×、王×、沈×共同出资款中的 63 万美元退还给张×。四人的上述行为应当视为合伙各方已对终止合伙关系及合伙投资人财产的处理达成了合意。而唐×出具的承诺书正是各方基于该合意而与张×之间形成的欠款关系。根据《中华人民共和国民法通则》(现已失效)第 84 条的规定,"债是按照合同的约定或者依照法律的规定,在当事人之间产生的特定的权利和义务关系,享有权利的人是债权人,负有义务的人是债务人。债权人有权要求债务人按照合同的约定或者依照法律的规定履行义务"。故本案中,张×依据承诺书主张唐×返还 63 万美元的诉讼请求应予支持。

≋≋≋ 法官论述 ≋≋≋

民间借贷纠纷中,原告以借据、收据、欠条、承诺书等债权凭证为依据提起民间借贷诉讼,被告依据基础法律关系提出抗辩,人民法院应当依据查明的案件事实,识别双方当事人之间的基础法律关系并予以审理。但当事人通过调解、和解或者清算达成的债权债务协议，不适用前款的规定。双方当事人因终止合伙关系而达成的债权债务清算性质的协议，在双方当事人之间产生权利义务关系，债权人有权要求债务人按照约定履行义务。[1]

≋≋≋ 作者简析 ≋≋≋

本案的当事人先签订了"合作协议"，并且已经履行部分义务。之后，经双方协商终止原合伙协议且当事人一方同意返还其投资款。该协议的性质实际上属于经清算达成的债权债务协议。在此情形下，一方当事人就应当返还的投资款向对方当事人出具了借条，对方当事人凭此提出诉讼，不属于司法解释规定的仅凭借条提出诉讼的情形，应当免除原告方对于借款合同关系成立的证明责任。

【案例024】

由投资合作关系转化为民间借贷合同关系

裁判文书：北京市高级人民法院（2015）高民（商）终字第4号民事判决书

判决书认定事实：

关于本案法律关系的性质问题。林×与梁×之间的法律关系是本案争议的焦点问题。林×主张双方之间是基于投资合作关系而产生的欠款纠纷，梁×则主张是基于民间借贷而产生的债务纠纷。一审法院认为本案的法律关系性质并非民间借贷关系，而是基于投资合作所产生的合同关系，林×基于"协议书"所提起的诉讼，其性质应认定为合同纠纷。二审法院认为，本案中双方之间的法律关系应根据双方签订的"投资合作协议""债务处理协议""协议书"等一系列协议中约定的条款及实际履行情况来进行判定。在最初签订的"投资合作协议"中，虽然双方对于合作的目的及项目进行了约定，并对高额的投资回报作出了承诺，但在实际履行中，双方并未按照约定的多数条款进行履行。首先，在支付5 000万元的时间上存在出入。双方均认可实际支付的时间早于"投资合作协议"签订的时间。林×认为在"投资合作协议"签订之前，双方之间已经存在投资意向，故先行支付。梁×则主张双方之间在"投资合作协议"签订之前存在借款的行为，后为了将借款合法化才签订了"投资合作协议"。其次，在合作的具体履行方式上与约定存在不同。根据双方的约定，梁×应将杭州项目17%的股权和广州项目13%的股权转让给林×，林×在受让股权的同时提供一定额度（6 000万元）借款给梁×。但在实际履行中，双方均认可两个项目的股权并未实际转让，借款的金额和支付时间也均与约定的金额和时间不符。最后，在股权转让价款的支付方面，双方确认并未实际履行2 690万元的股权转让款。综上，在"投资合作协议"中，林×除在协议签订之前向梁×提供了5 000万元借款及在此之后提供1 300万元借款之外，并未获得任何项目的股权或者项目的担保，且林×未支付股权转让价款，这样的行为并不符合投资合作的基本做法，而更加符合借款的行为方式。

---

[1] 最高人民法院民事审判第一庭. 民间借贷纠纷审判案例指导. 北京：人民法院出版社，2015：114-120.

在随后双方签订的"债务处理协议"中，双方约定"所有债权截至2013年1月15日本息合计为1.15亿元，今后不再计算利息，同时废止林×和梁×双方之间的借贷及合作协议"，这样的约定也证明双方之间存在借贷的法律关系，并非仅仅是投资合作的关系。在被林×作为起诉主要依据的"协议书"中，双方更加关注的是"债务处理协议"的具体履行，即债务应该如何进行偿还、如何用项目进行补偿的问题。"协议书"和"债务处理协议"已经完全是债务处理的协议，与"投资合作协议"中投资合作的意思表示无关，故二审法院认为双方之间的法律关系更加符合民间借贷法律关系的特征。一审法院将双方之间的法律关系认定为基于投资合作所产生的合同法律关系有误，本院予以纠正。

法官论述

当事人通过调解、和解或者清算达成的债权债务协议，不适用上述规定（《2015民间借贷司法解释》第15条、《2020民间借贷司法解释》第14条）。当事人之间就债务数额及利息有争议，人民法院根据查明的案件情况，对当事人之间的债务清算协议按照民间借贷纠纷进行审理。

法律关系的性质应依据当事人之间签订的"投资合作协议""债务处理协议""协议书"等一系列协议约定及实际履行情况来判定。双方关于"所有债权截至2013年1月15日本息合计为1.15亿元，今后不再计算利息，同时废止林×和梁×双方之间的借贷及合作协议"的约定证明双方之间存在借贷的法律关系，并非仅仅是投资合作的关系。"协议书"和"债务处理协议"已经完全是债务处理的清算协议，双方之间的法律关系更加符合民间借贷法律关系的特征。[①]

作者简析

本案是基于投资合作关系而产生的欠款纠纷。对合同性质，双方存在争议，一方主张是投资合作关系，另一方主张是民间借贷合同纠纷。二审法院将其定性为民间借贷合同纠纷。理由是：第一，双方虽然签订有"投资合作协议"，但实际上并未按照该协议履行；第二，双方在"债务处理协议"中的约定内容，证明有借款合同的事实，因此，本案实际属于投资合同协议转化为借款合同的纠纷。

合同性质如何转化？笔者认为，对前一合同约定内容，双方并未执行，实际执行的是后一份合同。此时，前一份合同关系已经终结，后一份合同应被确认为重新建立的合同关系。本案就属于此种情形。

【案例025】
应当按照合作合同关系审理的案例
裁判文书：最高人民法院（2008）民二终字第118号民事判决书

[①] 最高人民法院民事审判第一庭. 民间借贷纠纷审判案例指导. 北京：人民法院出版社，2015：121-133.

判决书认定事实：

本案当事人均承认相互之间存在合作合同、借款合同的事实，主要争议焦点是信达××办事处起诉要求华×公司偿还借款本息的借款合同与华×公司和建行××支行签订的合作合同是否有关联的问题。

信达××办事处主张本案大部分借款合同签订在前，而合作合同签订在后，从时间的顺序上否认两者具有关联关系……信达××办事处在诉讼中还提供了建行××支行与华×公司之间有其他借款的证据材料，主张这部分借款是属于合作合同项下借款，从而排除本案借款属于合作合同项下借款的可能。但上述证据材料多是银行内部记账凭证，华×公司对该证据真实性不予认可。信达××办事处没有提供借款合同等相关证据予以证明，上述证据不能证明这些资金是与合作合同有关的借款。并且，即使信达××办事处能够证明这部分借款是属于合作合同项下借款，也不能直接得出本案借款不属于合作合同项下借款的结论，上述借款可以在合作合同项下并存而不必然排斥。当事人举证、质证应当围绕本案所涉借款是否与合作合同有关这一焦点问题，而在本案诉讼中信达××办事处未能提供证据证明本案借款合同项下借款是独立于合作合同之外的其他借款，其关于华×公司应按照借款合同约定偿还借款而不受合作合同影响的诉讼主张不能成立。

~~~~ 法官论述 ~~~~

本案中，借款合同的签订和履行是合作合同履行内容的一部分，按照合作合同约定，合作双方对合作项目应当共担风险、共享利润，且双方在合作合同中对资金分配顺序作出了明确约定。当事人将借款合同与合作合同割裂开来，独立主张借款合同本息的，不予支持。①

~~~~ 作者简析 ~~~~

本案争议的焦点是，当事人之间同时签订有合作协议和借款合同的，应当将二者认定为并存的合同关系还是独立的合同关系。如果是独立的合同关系，证明借款合同与合作协议无关，出借人显然可以凭借款合同主张还款。如果是并存的合同关系，在未达到还款条件时，当事人并不当然享有请求还款的权利。

实践中，当存在合作、联合、合伙协议时，一般约定了当事人的投资义务。其投资义务的约定不外乎有：一是约定投资总额，各方按照约定比例履行各自的投资义务；二是约定投资额与借款额，当投入资金超过约定的投资额时，超过部分应当作为借款；三是约定投资总额，全部以借款方式筹集资金。在存在借款时，又要分清外部借款和内部借款的关系。当事人一般会在合同中约定，先偿还外部借款，再偿还内部借款。此时的内部借款明显具有投资性质。此外，还有一种形式，由部分投资人承担投资义务，其他投资人不投入

---

① 最高人民法院民事审判第一庭．民间借贷纠纷审判案例指导．北京：人民法院出版社，2015：134-144．

资金，但将其投资作为借款投入合作项目，或者将其投资作为未履行投资义务的投资人的借款进行投入（实际属于代投资行为）。该种情形下，一般约定了还款期限。

上述情形中，一般应在合作协议履行完毕，或者双方约定终止合作协议时，才能主张返还借款，否则，会造成项目资金断链，影响项目的顺利推进。如果是独立的关系，或者是其他投资人以个人名义向部分投资人的借款，该投资人可以在合同约定的债务期限届满后以出借人的身份主张借款的偿还，但只能向借款人请求返还。

五、名为买卖实为借款的合同性质认定

相关规定

▼《2020民间借贷司法解释》

第23条 当事人以订立买卖合同作为民间借贷合同的担保，借款到期后借款人不能还款，出借人请求履行买卖合同的，人民法院应当按照民间借贷法律关系审理。当事人根据法庭审理情况变更诉讼请求的，人民法院应当准许。

按照民间借贷法律关系审理作出的判决生效后，借款人不履行生效判决确定的金钱债务，出借人可以申请拍卖买卖合同标的物，以偿还债务。就拍卖所得的价款与应偿还借款本息之间的差额，借款人或者出借人有权主张返还或者补偿。

【重点难点提示】

名为买卖实为借贷，是指形式上是买卖合同，但实际上属于借款合同。目前，在房地产开发行业，为了规避宏观调控政策对融资造成的影响，开发商以签订商品房买卖合同的形式对外融资，某种程度上已成为商业惯例。其实质是开发商以签订商品房买卖合同的形式为对外借款提供担保。借款人偿还了借款，其买卖合同的标的物应当返还给借款人。借款人未履行到期债务，债权人可以请求拍卖或变卖买卖合同的标的物，从价款中优先受偿。在实践中，这类合同的表现形式非常复杂，争议也较多。主要分为两大类：

1.签订了借款合同，同时又签订了买卖合同的情形。在借款合同中明确了买卖合同的性质是为借款合同提供担保（具体见本书第五章名为买卖实为担保的相关内容）。

2.只签订有买卖合同，未签订借款合同的情形。此时，要结合当事人的真实意思表示来判断其合同性质。如果当事人双方一致确认，买卖合同的性质是借款合同，其性质容易认定；双方存在争议时，则要结合其他证据来判断合同的性质。

既然是名为买卖实为担保，担保属于从合同，其合同性质应当根据主合同的性质来确定。如果签订的主合同是借款合同，则属于借款合同。如果签订的主合同是买卖合同，则属于买卖合同。依此类推。

名为买卖实为借贷的商品房买卖合同，往往表现出以下不符合常理的情形：一是购房

者不按照正常程序要求交付房屋、办理产权过户登记手续。二是出卖方一般不会要求购买方支付合同价款。三是商品房买卖合同的价格往往较低。与同一时期的买卖价格相比较，具有担保性质的买卖合同，其合同价格往往低于市场价格，甚至差异较大。实践中，往往出现出借人主张履行商品房买卖合同的相关诉讼，其目的是获取更多的收益。特别是在只签订有买卖合同，未签订借款合同的情形下，往往出现较大争议。四是签订了回购协议。其回购协议通常在补充协议中约定。如果签订了回购协议，其性质的认定还较容易；没有回购协议的，则当事人要承担更多的举证责任。

如果只签订有商品房买卖合同而未签订借款合同，无形中加重了当事人的举证责任。有的需要从已经归还部分本金或已支付利息等方面寻找证据。但是，对于连利息也未支付的借款，其举证更难。如果举证不能，则可能被认定为真实的买卖合同关系而判令交付房屋并办理产权过户手续。对于执业律师来说，这是其在提供法律服务时需要慎重考虑的问题。在实践中，最好要求签订借款合同，同时签订买卖合同。在借款合同中约定以签订买卖合同的形式提供担保。

【权威观点】

最高人民法院审判委员会专职委员杜万华就《2015民间借贷司法解释》答记者问时说道：关于民间借贷合同与买卖合同混合情形的认定。民间借贷实践中，当前有一种现象是当事人双方为避免债务人无力偿还借款，往往在签订民间借贷合同的同时或其后签订买卖合同（以房屋买卖合同为主），约定债务人不能偿还债款本息的，则履行买卖合同。此类案件中如何认定合同的性质和效力、如何加以处理，关系到人民法院裁判的统一，关系到当事人切身利益的维护。同时，正确处理此类案件，对于防范虚假诉讼，健全担保规范，促进经济健康发展都具有重要意义。司法解释明确规定，当事人通过签订买卖合同作为民间借贷合同的担保，借款到期后借款人不能还款，出借人请求履行买卖合同的，人民法院应当按照民间借贷法律关系审理。按照民间借贷法律关系审理作出的判决生效后，借款人不履行生效判决确定的金钱债务，出借人可以申请拍卖买卖合同标的物，以偿还债务。[1]

【案例026】

当事人同时签订了商品房买卖合同和借款合同，二者是并立的合同，
还是名为买卖实为担保

裁判文书：最高人民法院（2011）民提字第344号民事判决书[2]

---

[1] 最高人民法院民一庭．民事审判指导与参考：2015年卷．北京：人民法院出版社，2015：444．
[2] 该案例登载于：最高人民法院公报，2014（12）．

判决书认定事实：

本案中，14份"商品房买卖合同"涉及的款项和"借款协议"涉及的款项，在数额上虽有差额，但双方当事人对于14份"商品房买卖合同"所涉款项和"借款协议"所涉款项属同一笔款项并无异议。也就是说双方当事人基于同一笔款项先后签订了14份"商品房买卖合同"和"借款协议"，且在太原市房地产交易所办理了14份"商品房买卖合同"销售备案登记手续。《合同法》第32条规定："当事人采用合同书形式订立合同的，自双方当事人签字或者盖章时合同成立。"第44条第1款规定："依法成立的合同，自成立时生效。"案涉14份"商品房买卖合同"和"借款协议"均为依法成立并已生效的合同。

本案双方当事人实际上就同一笔款项先后设立商品房买卖和民间借贷两个法律关系。山西省高级人民法院原审认定本案双方是民间借贷合同关系而非商品房买卖合同关系不当，应予纠正。从本案14份"商品房买卖合同"和"借款协议"约定的内容看，案涉"商品房买卖合同"与"借款协议"属并立又有联系的两个合同。案涉"商品房买卖合同"与"借款协议"之间的联系表现在以下两个方面：其一是案涉"商品房买卖合同"与"借款协议"涉及的款项为同一笔款项；其二是"借款协议"约定以签订商品房买卖合同的方式为"借款协议"所借款项提供担保，即双方当事人实际是用之前签订的14份"商品房买卖合同"为之后签订的"借款协议"提供担保。同时"借款协议"为案涉"商品房买卖合同"的履行附设了解除条件，即借款到期，×房产公司还清借款，案涉"商品房买卖合同"不再履行；借款到期，×房产公司不能偿还借款，则履行案涉"商品房买卖合同"。

作者简析

对于并立的合同，当事人有选择执行权。

本案涉及14份商品房买卖合同和一份借款合同。原审山西省高级人民法院认为，其商品房买卖合同系名为买卖实为担保。最高人民法院则认为，其买卖合同与借款合同系并立的合同，当事人有选择执行的权利。可见类似情形争议较大。

实践中，并立的观点应当慎用。有的观点对此持反对态度。主要理由是：

其一，在当事人之间同时签订有买卖合同和借款合同，只存在两种情形：一是买卖合同为借款合同提供担保，二是同时存在买卖合同和借款合同两个法律关系。只有后一种情形，才属于并立的合同关系。

其二，判断是同一个合同关系还是并立的两个合同关系，关键是履行义务的确定。同一法律事实不可能同时产生两个合同关系。具体到本案，不可能就一方当事人支付的同一笔款项，既认定为支付的借款，又认定为支付的购房款。如果是并立的合同关系，当事人应当按照不同的合同，履行相应的合同义务。也就是说，当两个合同并立时，既要履行支付购房款的义务，也要履行支付借款的义务。

其三，所谓选择权的问题，应当具有平等性。如果当事人之间确实同时签订了买卖合同和借款合同，签订合同时并未确定履行哪一份合同，这说明签订合同时（甚至在条款中写明了经签字或盖章生效）即使具备了签字或盖章的要件，其合同也并未成立。理由是双方并未形成完整意义上的合意。此时，即使有选择的权利，该权利也归属于双方，不能从法律上仅授予一方当事人选择权，而使另一方当事人没有选择权。否则，该选择的结果也不是当事人形成合意的意思表示。而且，当双方均行使选择权作出的选择不一致时，判断哪方选择正确或错误，并无法律依据。

其四，在名为买卖实为借贷的前提下，借贷与买卖本身存在主从合同关系的基础。如果将借款合同与买卖合同认定为并立的合同，等于直接将从合同上升为了主合同。

其五，有关司法解释规定，按照民间借贷法律关系审理作出的判决生效后，借款人不履行生效判决确定的金钱债务，出借人可以申请拍卖买卖合同标的物，以偿还债务，此规定并未赋予当事人优先受偿权。因此，这种名为买卖实为担保的情形，只能作为普通债权对待。如果将二者认定为并立的合同，则出借人可以直接主张买卖合同的权利，取得房屋所有权，这显然会损害其他债权人的优先受偿权（如承包人的工程款优先受偿权）以及其他普通债权人的合法权益，实际上是赋予了名为买卖实为担保合同的优先受偿权。

其六，如果同时签订有借款合同和买卖合同，即使未明确是同一法律关系还是两个合同关系，在履行支付义务时也应当明确实际履行的是哪一份合同。明确的后果是实际执行的合同依法成立生效，另一份合同自动终止执行。如果不予明确，且双方当事人认为两份合同均成立生效，那么，同一当事人则具有两个不同的身份，如借款合同的出借人、买卖合同的买受人，此时，合同相对方可以要求出借人履行支付借款的义务，同时可以要求其履行支付购房款的义务。如此才符合并立的合同的本质特征。

【案例027】

企业之间以虚假的买卖关系掩盖借款关系的，应当如何认定与处理

裁判文书：最高人民法院（2013）民再申字第15号民事裁定书

裁定书认定事实：

关于合同性质问题。(1)本案三方当事人之间的交易流程为：2008年5月3日，航×公司与新×公司签订合同，从新×公司处购买一批钢材；同日，航×公司与富×公司签订合同，将该批钢材加价出售给富×公司；同日，富×公司与新×公司签订合同，将该批钢材加价出售给新×公司。三份合同均约定提货方式为买受人自提，标的物所有权自买受人付款时转移。航×公司从新×公司手中购买货物，再通过富×公司转卖给新×公司，具有最初的出卖人和最终的买受人混同的情形，且新×公司加价购买自己出卖的货物，不符合一般交易常理。(2)富×公司与航×公司、新×公司之间采用拟制交付方式履行合同，即以交付动产的物权凭证代替交付动产本身。这种交付方式虽不需要通过运输手段改变货物

的实际物理处所，但仍应将提单、仓单等物权凭证交付收货人，收货人才可以持单据收货。

本案中富×公司未能充分证明货物的交付情况……无论买卖合同是否约定交付方式为拟制交付，买卖合同项下，都应该涉及物权凭证的交付或者真实的货物交付。本案各方当事人之间仅有合同的签订、增值税发票的开具和货款的支付，航×公司、新×公司认可本案货物并未实际转移，富×公司在本院询问中也认可其在本案及其他类似交易中不提货，不开具仓单、提单等物权凭证。因此，富×公司和航×公司之间长期以来形成的此种"买卖"关系的交付过程，均无货物实际流转与交接……涉案交易流程不符合买卖合同交易特征，富×公司与航×公司之间系名为买卖实为借贷法律关系，原再审判决认定本案属于企业借贷纠纷并无不当。

≈≈≈ 作者简析 ≈≈≈

第一，有关当事人身份的认定。

从交易的最终环节看，本案中出售的钢材，由航×公司向新×公司购买，然后出售给富×公司，并最终回到新×公司。从整个过程来看，三方之间并未建立真实的买卖合同关系，有可能为名为买卖实为担保。那么，谁是借款人，谁是出借人呢？

航×公司基于中间人地位，除了收取钢材款的加价，并未获取其他利益，也未承担其他义务。因此，航×公司事实上处于出借人与借款人的中间人的地位。它与新×公司和富×公司之间均存在委托代理合同关系。

借款人应当是新×公司，其卖出货物获取的价款，是借款合同的本金。其买入货物支付的价款是还款，其中的差额是利息。

法院裁判推论的合理性在于新×公司收取货款，和最终支付加价后的货款，不是在同一天完成，而是存在合理的间隔期。这一间隔期就是借款合同的期限。如果是在同一天完成，那么，其借款合同关系是不成立的，说明新×公司并未将钢材作为担保，通过融资满足资金需求的合同目的便无法显现。

第二，下列情形下不能认定为名为买卖实为担保。

一种情形是，如果其钢材没有最终由出卖人回购，则不能推论出名为买卖实为借贷。即使交易过程中未发生钢材的实际交付行为（拟制交付），也应当视为钢材提单的倒卖，获取价差。这一交易模式在钢材交易市场中是普遍存在的。

还有一种情形是，将钢材卖出后，由于钢材市场价格猛涨，出卖人回购可赚取更多的利润，此时即使存在层层加价的行为，且未实际发生钢材的交付行为（拟制交付），其钢材的交易行为也应当认定为真实的，不能推论出其名为买卖实为借贷。

当事人之间究竟是买卖关系还是借贷关系，是民事审判中的一个难题，需要根据交易过程、是否实际交付货物、当事人之间的交易习惯、交易目的等综合判断。

【案例028】

"二手房买卖合同（按揭）"是买卖合同，还是为民间借贷合同提供担保

裁判文书：四川省珙县人民法院（2019）川1526民再2号民事判决书[①]

判决书认定事实：

法院再审查明，被申请人邹×因资金周转，向申请人代×借款，代×分别于2017年9月5日、9月6日通过手机银行向邹×转账20 000元、30 000元，双方于当日签订"二手房买卖合同（按揭）"一份，邹×为此出具"收据"一张。双方在再审庭审过程中均陈述，双方没有房屋买卖的合意，借款已经完成交付，故法院再审认定，双方的民间借贷关系成立。

~~~ 作者简析 ~~~

本案认定"二手房买卖合同（按揭）"名为买卖实为担保，其依据是当事人对借款合同的合意进行了自认，即判决书载明"被申请人邹×答辩称：代×是转了50 000元给我，但是借款时已经扣除了5 000元利息"，该自认事实证明再审过程中申请人代×主张双方经过协商达成民间借贷的合意。在此前提下，将其买卖合同认定为实为担保是正确的。如果没有形成借款的合意，不能轻易认定买卖合同的性质是借款。

六、民间借贷与赠与合同的区别

> **相关规定**

▼《民法典》

第657条　赠与合同是赠与人将自己的财产无偿给予受赠人，受赠人表示接受赠与的合同。

第658条　赠与人在赠与财产的权利转移之前可以撤销赠与。

经过公证的赠与合同或者依法不得撤销的具有救灾、扶贫、助残等公益、道德义务性质的赠与合同，不适用前款规定。

第663条　受赠人有下列情形之一的，赠与人可以撤销赠与：

（一）严重侵害赠与人或者赠与人近亲属的合法权益；

（二）对赠与人有扶养义务而不履行；

（三）不履行赠与合同约定的义务。

赠与人的撤销权，自知道或者应当知道撤销事由之日起一年内行使。

[①] 该案被收录于：国家法官学院案例开发研究中心. 中国法院2021年度案例. 北京：中国法制出版社，2021：24-26.

【重点难点提示】

贈与合同是赠与人将自己的财产无偿给予受赠人，受赠人表示接受赠与的合同。实践中对这一定义并无争议。但在相关合同的性质究竟是赠与合同还是借款合同的问题上往往出现争议。产生争议的原因常见于接受赠与人与赠与人之间特殊身份的改变。比如，因子女离婚纠纷，父母赠与的房产是否纳入夫妻共同财产分割，便产生了是赠与还是借贷的争议。又如，在谈恋爱期间发生财产转移行为，之后，因情侣关系解除，先前一方给予另一方的财产是赠与还是借贷的争议。要理清这些关系，关键是判断发生财产转移，是基于当事人的赠与还是借贷的意思表示。特别是近年来，离婚纠纷越来越多，借婚姻关系索取钱财之事也屡屡发生在这些纠纷中，对于赠与还是借贷的认定，具有特别重大的现实意义。

此外，父母、祖父母、外祖父母等具有特殊关系的人员对子女或孙辈的赠与，本身是基于特殊的血缘关系及双方感情因素形成。当该种特殊关系不复存在时，如果先前的赠与财产被转化为与他人共有的财产，可能会严重伤害赠与者的感情。同时，实践中还有赠与和赡养义务关系的问题。如果将老人给子女的财产均认定为赠与，造成老无所养，也是不符合社会主义核心价值观以及公序良俗的。因此，对于该类赠与合同的性质认定，应当持十分谨慎的态度，特别是在没有直接赠与的证据而是凭推论作出认定时，更要特别注意。

【案例029】

情侣之间的借贷关系如何审查认定

裁判文书：北京市海淀区人民法院（2015）海民（商）初字第38333号民事判决书[①]

判决书认定事实：

周×称2015年5月9日李×取走周×建行卡内1万元。首先周×未提交该笔款项系李×取走的证据，其次周×将其银行卡交予李×持有，据该行为可认定周×认可李×对其银行卡内存款随意支配，故法院无法对该笔取款的性质认定为借贷。

≈≈≈ 作者简析 ≈≈≈

本案要点在于日常生活中情侣之间发生小额付款，应如何认定其性质。案例中的认定是非常客观公正的。从情理上看，情侣之间的支付行为，包括以下情形：一是赠与，二是借贷，三是委托保管。如果是真实的赠与，赠与一方没有保留各种证据的必要。如果是借贷或者委托性质的暂时保管，则必须有相应的证据支持。但是，在情侣关系中一方因碍于情面在出借款项时未要求对方出具借条，也是符合常理的。特别是对于情侣之间发生的巨额财产支付的行为，在认定款项性质时更要慎重。对此要结合支付款项时有无借贷的意思表示，或者有无催收借款或者要求出具借条的意思表示，以及考虑借款用途等因素，进行

[①] 该案被收录于：国家法官学院案例开发研究中心. 中国法院2018年度案例. 北京：中国法制出版社，2018：5-8.

综合分析认定。如果是为了满足一方当事人生产经营需要临时周转，或者是为了满足一方当事人的亲属需要，其显然具有借款性质。如果双方之间存在共同经营行为，究竟是认定为借款还是共同投资，应当结合收入分配或者利润分配等因素进行判断。如果一方将银行卡交给对方，但每笔收支或大额收支都要经过当事人本人确认，这显然只是委托保管关系。总之，在情侣之间发生的款项性质的认定比较复杂，当慎之又慎。

【案例030】

情侣之间没有借贷合意的款项无法认定为借贷关系

裁判文书：广西壮族自治区柳州市中级人民法院（2020）桂02民终2648号民事判决书①

判决书认定事实：

本案争议的焦点为：潘×通过微信转账款项的性质应如何认定。潘×主张该款项为借款，张×则抗辩称该款项为情侣日常生活的开销、人情往来及潘×对张×的赠与。根据《民事诉讼法司法解释》（2015年）第91条规定，"主张法律关系存在的当事人，应当对产生该法律关系的基本事实承担举证证明责任"。潘×主张其与张×存在民间借贷关系，除证明款项已经交付外，还应对双方存在借贷的合意承担举证责任。而对于双方借贷的合意，潘×仅提供其与张×的微信聊天记录截图予以证明，但从聊天记录的内容上看，并未出现明确涉及还款及借贷关系的表达，无法直接认定该2 000元款项性质为还款。此外，从潘×提供的证据看，潘×向张×转款时间持续一年半，共计十几次，每次转款数额大小不等，转款中亦存在"520元""1 314元""888元"等具有特殊含义的款项，且潘×从未向张×催收过款项，潘×主张以上款项均为借款不符合民间借贷的交易习惯及日常生活经验。综上所述，潘×未能完成双方存在借款合意的举证责任，应当承担举证不能的法律后果，一审法院对于款项性质认定正确，二审法院予以维持。

~~~~ 作者简析 ~~~~

对类似案例的判断，首先是对特殊身份关系予以确认。本案转账行为发生时原、被告之间的关系为情侣。其次是认定基于特殊身份关系产生的款项支付的性质是借款合同还是赠与合同。二者的主要区别是当事人的意思表示不同。主张是借款的，应当就借款合同关系的成立承担举证责任。但原告提供的与被告的微信聊天记录截图，并未反映出有借款的意思表示，因此，法院判决驳回诉讼请求。

值得注意的是，本案原告方主张是借款，被告方主张是赠与。依照《2020民间借贷司法解释》第16条的规定，当原告方举示了付款凭证后，被告抗辩是其他法律关系的，被告应当承担举证责任，但判决书并未将举证责任分配给被告方。其理由是，原告方举示

---

① 该案被收录于：国家法官学院案例开发研究中心. 中国法院2022年度案例. 北京：中国法制出版社，2022：7-9.

的微信聊天记录截图，已经显示出其支付的款项并无借款的意思表示。也就是说，由于原告方举示的证据存在瑕疵，其尚未完成初步举证义务，举证责任并未发生转移。因此，判决书的认定是正确的。

【案例031】

恋爱期间转账的性质应如何认定

裁判文书：北京市第二中级人民法院（2020）京02民终10588号民事判决书①

判决书认定事实：

本案中，严×于2018年9月29日、2019年1月7日、2019年1月28日、2019年2月4日分别通过微信向高×转账15 000元、5 000元、2 000元、10 000元。严×据此主张上述款项均系其向高×的借款。高×则主张上述款项均系严×的赠与，应由高×对此负举证证明责任。《民事诉讼法司法解释》（2015年）第109条规定："当事人对欺诈、胁迫、恶意串通事实的证明，以及对口头遗嘱或者赠与事实的证明，人民法院确信该待证事实存在的可能性能够排除合理怀疑的，应当认定该事实存在"。涉及2018年9月29日转账的相关微信内容中并无严×向高×赠与钱款的意思表示，2019年之后的三笔转账，高×亦未提交相应的微信聊天记录等证据证明款项为赠与性质。高×未就上述款项性质系赠与尽到举证证明责任，故一审法院认为上述转账共计3.2万元应认定为借款，二审法院不持异议。

≋ 作者简析 ≋

本案当事人一方主张是借款，另一方主张是赠与。生效判决将举证责任分配由主张赠与一方当事人承担。

本案原告主张是借款，举示了转账付款凭证。被告辩解是赠与不是借贷。《2020民间借贷司法解释》第15条和第16条两个规定的前提条件是不同的。第15条是"原告仅依据借据、收据、欠条等债权凭证提起民间借贷诉讼"，第16条是"原告仅依据金融机构的转账凭证提起民间借贷诉讼"。针对只有借条而言，借款是否实际发生，有待进一步证实。如果被告方抗辩借贷行为尚未实际发生并能作出合理说明，鉴于双方均无优势证据加以证明，人民法院应当结合借贷金额、款项交付、当事人的经济能力、当地或者当事人之间的交易方式、交易习惯、当事人财产变动情况以及证人证言等事实和因素，综合判断、查证借贷事实是否发生。而在仅有转账凭证的情形下，支付行为已经发生，只是对支付的款项性质发生争议。在此情形下，被告方主张是赠与，司法解释已经将其举证责任分配给了被告。在被告举示了相应的证据后，原告仍然坚持是借款的，原告应当就借款合同关系的成立承担进一步的举证责任。

从前面两个案例的裁判结果看，举证责任的分配不同，裁判结果也不同，足以证明举

---

① 该案被收录于：国家法官学院案例开发研究中心．中国法院2022年度案例．北京：中国法制出版社，2022：12-17．

证责任的分配直接关系到案件事实的认定结果。实践中对举证责任的分配是否公平合理，应当受到高度重视。

【案例032】

子女夫妻关系存续期间，父母未作明确意思表示的出资购房行为应如何定性

裁判文书：广西壮族自治区贺州市中级人民法院（2019）桂11民终925号民事判决书①

判决书认定事实：

一审认定事实：（上诉人蒋××、熊×系被上诉人蒋×之父母，蒋×与被上诉人曾×系夫妻）及蒋×的姐姐、朋友均以蒋×借款为由起诉要求蒋×与曾×共同偿还借款。但上诉人蒋××、熊×提供的借条仅有蒋×一人签字，所称的借款发生时间与转账时间不相符，与蒋×、曾×支付购房款的时间也不相符，现金部分亦无证据证实。第一，本案所诉的借款均是蒋×单方出具借条，被上诉人曾×对借款的发生毫不知情，也未在借据上签名确认，不具备共同负债的意思表示，根据《最高人民法院关于民事诉讼证据的若干规定》（2001年）第2条的规定，应由上诉人承担举证不能的不利后果。第二，上诉人提交的借条不能证实借条已经实际发生，不能证明借款系用于被上诉人曾×与蒋×的夫妻共同生活或共同生活经营。被上诉人曾×与上诉人之间不存在民间借贷关系。第三，即使上诉人在蒋×与被上诉人曾×婚后存在出资行为，也系赠与而非借贷。

二审认定事实：法院分析认为，第一，在被上诉人蒋×、曾×购买房屋及商铺缺乏资金的情况下，上诉人二人作为父母提供相应资金支持并不与社会民众一般生活经验相悖。但不能据此当然推演出父母该出资行为就是赠与的结论。毕竟，从法律意义角度来说，子女成家立业后已不属于父母履行抚养义务阶段，父母没有法律义务为子女出资购买资产。本案，在被上诉人购买房屋及商铺缺乏资金的情况下，上诉人蒋××、熊×作为父母提供相应款项的行为更多带有暂时资助性质，属于情意行为，出资时未作意思表示，但不能理所应当推定为赠与，况且现上诉人蒋××、熊×起诉要求被上诉人偿还相应款项，并明确表示其之前的资助行为系出借而并非赠与。第二，《民事诉讼法司法解释》（2015年）第109条规定："当事人对欺诈、胁迫、恶意串通事实的证明，以及对口头遗嘱或者赠与事实的证明，人民法院确信该待证事实存在的可能性能够排除合理怀疑的，应当认定该事实存在"。该规定表明对赠与事实的认定标准高于对一般事实的"具有高度可能性"的证明标准，被上诉人曾×认为即使上诉人确实存在出资行为，亦属于赠与行为，则被上诉人曾×应承担相应举证责任，但被上诉人曾×未能提供任何证据证实上诉人出资时明确表示将款项赠与被上诉人蒋×、曾×，故被上诉人曾×应承担举证不能的不利后果。第三，法律

---

① 该案被收录于：国家法官学院案例开发研究中心. 中国法院2021年度案例. 北京：中国法制出版社，2021：92-96.

上的权利与义务始终是对等的，父母既然没有法律义务为成年子女购买资产，那么在父母提供资金给子女让子女获得相应产权时也就设立了子女应返还款项的义务，也许对该款项偿还并未如同普通民间借贷书写明确的借据并设立明确期限，甚至在子女经济困难时可无限延长还款期限，但若据此直接推定父母的出资行为为赠与，并在父母要求还款时不予归还，将会有悖于诚实守信及公平原则。况且，在当今房地产市场，父母出资动辄几十万元甚至过百万元，这些可能是父母毕生心血凝结而成，若在无证据证实父母出资时明确表示为赠与的情况下，直接认定为赠与，不利于老人安享晚年，将有悖于中华民族尊老爱幼的传统美德。综上，二审法院认为，上诉人通过银行转账给被上诉人蒋×用于购买夫妻共有的房屋、商铺的款项410 500元及代被上诉人曾×偿还信用卡款项20 000元，合计430 500元应属于借款，应由被上诉人蒋×、曾×共同向上诉人偿还。

～～～ 作者简析 ～～～

父母向子女支付的款项，究竟是借款还是赠与？对其的认定是司法实践中常见的问题。该类款项性质的认定，涉及举证责任的分配，不但要符合证据规则的规定，而且要符合公序良俗。

本案法院认定"父母提供相应款项的行为更多带有暂时资助性质……出资时未作意思表示，但不能理所应当推定为赠与"，并且认为主张赠与一方应当承担举证责任，该认定实际上免除了父母对借款合同关系成立的举证责任，同时符合父母的真实意思表示和中华传统美德。

如果将父母对子女的支付行为，因其未表明是借款就推论为赠与，那么，依照公平原则，同样可以推论为借款，如此才能体现"法律面前人人平等"的法治精神。但是，同时推出两种结论是不可能的，因此，只能依据证据证明的事实进行认定，而不能仅凭推断判定，这才是公平原则的实质体现。

父母对子女支付的款项，即使是赠与，也是有条件的赠与，例如，父母寄希望于子女给自己养老送终。当子女与配偶离婚后，原配偶一方就失去了履行赡养义务的基础，其赠与合同关系并未真正成立。如果将父母赠与的款项作为夫妻共同财产在离婚时予以分割或者作为一方遗产予以继承，而不考虑前述赠与的前提条件，可能造成父母老无所养的困难局面，不利于维持社会的公序良俗。依照《民法典》的规定，违背公序良俗的约定属于无效合同。

【案例033】

在父母出资为子女购买房屋或其他财产时没有明确表示出资系赠与的情形下，如何认定其出资性质是借款还是赠与

裁判文书：广东省珠海市中级人民法院（2018）粤04民终2075号民事判决书[1]

---

[1] 该案被收录于：国家法官学院案例开发研究中心. 中国法院2020年度案例. 北京：中国法制出版社，2020：93-96.

判决书认定事实：

在父母出资时没有明确表示出资系赠与的情况下，基于父母应尽抚养义务，应认定该出资款为对儿女的临时性资金出借，目的在于帮助儿女度过经济困窘期，儿女理应负担偿还义务。至于事后父母是否要求儿女偿还，属于父母行使自己债权或者放弃自己债权的范畴，与债权本身的客观存在无关。

≋≋≋ 法官论述 ≋≋≋

实践中，对于父母出资为子女购买大宗财产是赠与还是借贷的判断，应当紧密结合案情本身分析，在这种具有特殊身份关系的案件中，不能简单机械地适用某一法条，而应当结合案件的具体情况和当下的社会背景。在当前的高房价背景下，父母出资帮助子女购房是十分常见的，但是不能理所当然地认为该出资就是父母对子女的赠与，除非双方已经明确达成了赠与的合意。在很多情况下，父母的资金系来源于他们一辈子的积蓄或者他们向自己的亲戚朋友所借，如果简单认为该出资系赠与，父母的权益又当如何保障？所以，在父母没有明确表示该出资系赠与的情况下，应当认定为对儿女的临时性资金出借，儿女应当承担相应的偿还义务。至于事后父母是否行使自己的债权与该债权本身的存在并无关系。[①]

≋≋≋ 作者简析 ≋≋≋

本案审理法官上引法官论述中写道，"不能理所当然地认为该出资就是父母对子女的赠与，除非双方已经明确达成了赠与的合意"，具有指导意义。

【案例034】

家庭成员间民间借贷合意的认定

裁判文书：江苏省泰州市中级人民法院（2018）苏12民终1968号民事判决书[②]

判决书认定事实：

综合全案事实来看，法院难以认定双方存在真实的借贷合意。具体理由如下：（1）从本案有无必要借款买房分析，若王×、黄×亮需要自己出资购房，考虑到二人的收入状况，正常情况应该是通过支付首付款以及通过负担住房公积金贷款、商业贷款这一较低利率标准的途径，而本案事实却是由黄×友、郑×径直支付全款购房，且在借条中约定了高于公积金、商业贷款的基准利率，显然与正常理性人的生活判断相悖。（2）从借条、承诺书载明的内容来看，黄×亮两次向黄×友、郑×出具的借条以及承诺书形式上制作规范，且内容约定齐全，其中，承诺书中载明"本人黄×亮想用自己及老婆王×的住房公积金贷款购房，因王×及丈母娘一家不同意……最后父母将他们用于工程的材料款及发放人工费

[①] 国家法官学院案例开发研究中心. 中国法院2020年度案例. 北京：中国法制出版社，2020：146-150.

[②] 该案被收录于：国家法官学院案例开发研究中心. 中国法院2020年度案例. 北京：中国法制出版社，2020：209-211.

的费用借来用于黄×亮购房。本人黄×亮承诺,如到期未还款,房屋的购房借款及年利率由父母还,房屋所有权归父母所有"。这样的承诺内容明显与通常情况下借款人向出借人出具按期还款承诺的内容不同,具有刻意明确借款原因、用途以及款项来源等内容的合理怀疑。黄×友在举证款项来源时,提供的与案外债权人之间在部分工程款、材料款的结算单上注明出借及借款用途事宜,也与一般民间借贷交易习惯不符。同时,从双方提交的本案证据来看,本案起诉之前,黄×亮与王×之间的夫妻关系已经恶化。因此,黄×友、郑×现提供黄×亮单方出具的借条、承诺书来主张本案借款,尚不足以充分证明双方存在真实的借贷关系。(3)从借条的形式来看,案涉借条是黄×亮单方向其父母黄×友、郑×出具,而王×并未在借条上签字,黄×亮陈述其已经将借款买房事宜提前告知王×,而王×表示她不管;黄×友陈述王×不同意用公积金买房,认为她不可能在借条上签字。由此可知,王×并无借款买房的意思表示,而在此情形下,黄×亮还执意向其父母借款买房的可能性较小。(4)从借条中借贷双方的主体关系来看,出借人黄×友、郑×与借款人黄×亮之间的身份关系特殊,即存在父母与子女之间的亲情关系,而本案购房的时间处于黄×亮与王×婚后不久,且当时王×正处于怀孕期间。根据当事人所在地的婚姻习俗,存在男方父母在筹办儿子婚礼过程中给予女方彩礼的情形,在子女购房过程中父母予以资助也是当地家庭关系中的普遍情形,代表了长辈对晚辈无私的关爱和对美好生活的期盼。根据一般的生活判断,也难以认定双方具有借款买房的客观事实。

综上所述,上诉人王×关于本案不存在借款买房的上诉请求依法成立,应予支持,故本案应当驳回黄×友、郑×主张本案借款本息的诉请,一审判决认定不当,应予纠正。

≈≈≈ 作者简析 ≈≈≈

本案审理法院从借款买房有无必要性、借条和承诺书载明的内容、借条的形式以及当事人所在地的婚姻习俗四个方面,认定借款合同关系不成立。按照《民事诉讼法》、《2019证据规则》以及《2015民间借贷司法解释》的规定,出借人一方不能就借款合同关系的成立举示证据的,应当承担败诉的后果。

笔者认为,除了判决所列的因素,以下因素对于合同性质的认定具有影响:一是案涉金额大小,是否与当事人所在地的风俗习惯一致,如果超出过多,显然不能适用风俗习惯。当地的风俗习惯并不一定都是公序良俗。借用婚姻关系索要高额彩礼的情况也屡见报道,这些不良风俗应当摒弃。二是父母的出资是自有资金,还是对外借款。如果本身就是以对外借款来出资,形成赠与合同的可能性很低。三是应当考虑父母出资后是否会影响养老所需。特别是人到老年,生病就医是常事。如果父母倾囊相助后与子女关系恶化,可能会引起严重的后果等。

【案例035】

婚后父母给予子女生活帮助及购房出资款性质的认定

裁判文书：山东省济南市中级人民法院（2020）鲁01民终1827号民事判决书

判决书认定事实：

关于涉案房产支出的费用878 152.16元应当认定为借款，主要理由为：（1）根据《2015民间借贷司法解释》第17条规定，原告仅依据金融机构的转账凭证提起民间借贷诉讼，被告抗辩转账系偿还双方之前借款或其他债务，被告应当对其主张提供证据证明。被告提供相应证据证明其主张后，原告仍应就借贷关系的成立承担举证证明责任。本案中，张×民、周×以转账凭证主张其与张×月、庄×之间系民间借贷关系，庄×主张所转款项属于赠与，其应就赠与性质进行举证，但庄×未能提供有效证据证明张×民、周×有赠与的意思表示，故应承担举证不能的法律后果。庄×主张根据《最高人民法院关于适用〈中华人民共和国婚姻法〉若干问题的解释（二）》［现已失效，以下简称《婚姻法解释（二）》］第22条第2款规定，"当事人结婚后，父母为双方购置房屋出资的，该出资应当认定为对夫妻双方的赠与，但父母明确表示赠与一方的除外"，张×民、周×为其与张×月购置房产而支出的费用应当认定为赠与，但该条款适用于夫妻离婚分割共同财产之时，解决的是赠与夫妻一方还是双方的问题，且其适用前提是父母出资款已被认定为赠与性质，但目前本案当事人对该款项性质尚存在争议。（2）根据《民事诉讼法司法解释》（2015年）第109条规定，"当事人对欺诈、胁迫、恶意串通事实的证明，以及对口头遗嘱或者赠与事实的证明，人民法院确信该待证事实存在的可能性能够排除合理怀疑的，应当认定该事实存在"。该条款表明对赠与事实的认定标准高于对一般事实"具有高度可能性"的证明标准，需排除合理怀疑。张×民、周×对赠与意思明确表示否认，故本案中对于赠与事实不能排除合理怀疑。（3）从公序良俗的角度来看，不宜将父母的出资认定为理所当然的赠与。父母对子女在购房和装修时给予资助虽属常态，但这并非父母应当负担的法律义务。子女成年后，父母已完成抚养义务，并无继续供养的责任。父母对子女买房提供出资的，除明确表示赠与以外，应视为以帮助为目的的临时性资金出借，子女负有偿还义务。该项费用虽属于大额债务，但明显用于张×月、庄×的夫妻共同生活，应当认定为夫妻共同债务，由夫妻共同偿还，一审法院对此认定并无不当，二审法院予以维持。

法官论述

在举证责任分配方面，购房出资款究竟为父母赠与或借款，需要根据双方当事人提供的证据来进行具体认定。但赠与事实高于证明一般事实，"具有高度可能性"的证明标准。通过男方父母在一审时提供的证据，足以证明付款事实存在，男方也认可借贷关系。但男方父母未明确表示赠与意向，根据《2020民间借贷司法解释》第16条规定："原告仅依据金融机构的转账凭证提起民间借贷诉讼，被告抗辩转账系偿还双方之前借款或者其他债务的，被告应当对其主张提供证据证明。被告提供相应证据证明其主张后，原告仍应就借贷关系的成立承担举证责任。"女方应遵循此法律条文，举证证明案涉款项系赠与。因女方提交的证据不足以证明男方父母有赠与的意思表示，所以认定存在赠与事实不能排除合理怀疑，出资款应视为男方父母对子女双方的出借款。[1]

〰〰 作者简析 〰〰

本案审理法院认为对赠与事实的证明标准高于对一般事实的具有高度可能性的证明标准，必须达到排除合理怀疑的程度。因此主张赠与一方当事人的证明责任不是完成一般的或初步的举证义务，而是要达到严格的证明标准。当事人负有的举证义务，不能随便转移由另一方当事人承担。

---

[1] 国家法官学院案例开发研究中心．中国法院2022年度案例．北京：中国法制出版社，2022：83-88.

第二章

如何认定合同的成立、生效及效力

第一节 审查合同是否成立与生效

一、关于合同成立

相关规定

▼《民法典》

第172条 行为人没有代理权、超越代理权或者代理权终止后，仍然实施代理行为，相对人有理由相信行为人有代理权的，代理行为有效。

第493条 当事人采用合同书形式订立合同的，最后签名、盖章或者按指印的地点为合同成立的地点，但是当事人另有约定的除外。

第503条 无权代理人以被代理人的名义订立合同，被代理人已经开始履行合同义务或者接受相对人履行的，视为对合同的追认。

第679条 自然人之间的借款合同，自贷款人提供借款时成立。

▼《最高人民法院关于适用〈中华人民共和国民法典〉合同编通则若干问题的解释》（法释〔2023〕13号，以下简称《民法典合同编司法解释》）

第3条 当事人对合同是否成立存在争议，人民法院能够确定当事人姓名或者名称、标的和数量的，一般应当认定合同成立。但是，法律另有规定或者当事人另有约定的除外。

根据前款规定能够认定合同已经成立的，对合同欠缺的内容，人民法院应当依据民法典第五百一十条、第五百一十一条等规定予以确定。

当事人主张合同无效或者请求撤销、解除合同等，人民法院认为合同不成立的，应当依据《最高人民法院关于民事诉讼证据的若干规定》第五十三条的规定将合同是否成立作为焦点问题进行审理，并可以根据案件的具体情况重新指定举证期限。

第 6 条　当事人以认购书、订购书、预订书等形式约定在将来一定期限内订立合同，或者为担保在将来一定期限内订立合同交付了定金，能够确定将来所要订立合同的主体、标的等内容的，人民法院应当认定预约合同成立。当事人通过签订意向书或者备忘录等方式，仅表达交易的意向，未约定在将来一定期限内订立合同，或者虽然有约定但是难以确定将来所要订立合同的主体、标的等内容，一方主张预约合同成立的，人民法院不予支持。当事人订立的认购书、订购书、预订书等已就合同标的、数量、价款或者报酬等主要内容达成合意，符合本解释第三条第一款规定的合同成立条件，未明确约定在将来一定期限内另行订立合同，或者虽然有约定但是当事人一方已实施履行行为且对方接受的，人民法院应当认定本约合同成立。

第 24 条　合同不成立、无效、被撤销或者确定不发生效力，当事人请求返还财产，经审查财产能够返还的，人民法院应当根据案件具体情况，单独或者合并适用返还占有的标的物、更正登记簿册记载等方式；经审查财产不能返还或者没有必要返还的，人民法院应当以认定合同不成立、无效、被撤销或者确定不发生效力之日该财产的市场价值或者以其他合理方式计算的价值为基准判决折价补偿。

除前款规定的情形外，当事人还请求赔偿损失的，人民法院应当结合财产返还或者折价补偿的情况，综合考虑财产增值收益和贬值损失、交易成本的支出等事实，按照双方当事人的过错程度及原因力大小，根据诚信原则和公平原则，合理确定损失赔偿额。

合同不成立、无效、被撤销或者确定不发生效力，当事人的行为涉嫌违法且未经处理，可能导致一方或者双方通过违法行为获得不当利益的，人民法院应当向有关行政管理部门提出司法建议。当事人的行为涉嫌犯罪的，应当将案件线索移送刑事侦查机关；属于刑事自诉案件的，应当告知当事人可以向有管辖权的人民法院另行提起诉讼。

第 25 条　合同不成立、无效、被撤销或者确定不发生效力，有权请求返还价款或者报酬的当事人一方请求对方支付资金占用费的，人民法院应当在当事人请求的范围内按照中国人民银行授权全国银行间同业拆借中心公布的一年期贷款市场报价利率（LPR）计算。但是，占用资金的当事人对于合同不成立、无效、被撤销或者确定不发生效力没有过错的，应当以中国人民银行公布的同期同类存款基准利率计算。

双方互负返还义务，当事人主张同时履行的，人民法院应予支持；占有标的物的一方对标的物存在使用或者依法可以使用的情形，对方请求将其应支付的资金占用费与应收取的标的物使用费相互抵销的，人民法院应予支持，但是法律另有规定的除外。

第 67 条第 3 款　当事人约定以交付定金作为合同成立或者生效条件，应当交付定金的一方未交付定金，但是合同主要义务已经履行完毕并为对方所接受的，人民法院应当认定合同在对方接受履行时已经成立或者生效。

▼《2020民间借贷司法解释》

第9条　自然人之间的借款合同具有下列情形之一的，可以视为合同成立：

（一）以现金支付的，自借款人收到借款时；

（二）以银行转账、网上电子汇款等形式支付的，自资金到达借款人账户时；

（三）以票据交付的，自借款人依法取得票据权利时；

（四）出借人将特定资金账户支配权授权给借款人的，自借款人取得对该账户实际支配权时；

（五）出借人以与借款人约定的其他方式提供借款并实际履行完成时。

【重点难点提示】

（一）自然人之间的借款合同属于实践性合同

第一，《民法典》第679条规定的自然人之间的借款合同，是指双方当事人均为自然人的合同。

第二，自然人之间签订的借款合同自出借人提供借款时成立。

法律规定自然人之间的借款合同，其承诺并不是指口头上的承诺，而是以实际履行作为承诺生效的条件。相关法律规定其实是排除了自然人之间签订的借款合同以签字或盖章成立与生效的约定效力。即使双方签订了书面合同且在合同约定自双方签字或盖章时成立生效，也必须认定"自贷款人提供借款时成立"。《2020民间借贷司法解释》第9条规定的五种情形，应当视为《民法典》第679条规定的"贷款人提供借款"。

第三，自然人之间的借款合同虽然属于实践性合同，但并不否定签订书面合同的重要性。

立法明定需要注意的是，司法解释的规定并未否定自然人之间签订借款合同的必要性。即使以提供借款时借款合同成立，在司法实践中，在当事人只有转账付款凭证或只有收条、欠条等的情形下，出借人要求确认为借款合同关系的，也应当承担举证责任。此时，借款合同与支付凭证可以共同证明借款合同关系的成立，或者说，借款合同可以印证支付凭证项下的款项性质是借款。

如果自然人之间未签订书面的借款合同，那么，作为出借人一方应当收集并保留证据。比如：借款人要求借款的证据，如手机短信、微信信息、现场照片、录音、证人证言；在出具的欠条或收条中写明借款的性质。如果借款人出具的是收条，则要求写明"出借人于××时间、通过××方式提供的借款××万元等"内容。并且保留证据的复印件或照片等，并由出借人在保留的证据上注明原件已由其收回。

第四，自然人之间虽然签订了书面的借款合同，但如果出借人反悔，可以不按照合同约定履行义务而不会承担违约责任。

（二）非自然人之间签订的借款合同可以是诺成性合同，也可以是实践性合同

自然人以外的民事主体之间签订的合同，虽然一般认定为诺成性合同，但是，出借人一方为了降低自己不能履行支付借款的风险，可以将合同约定为实践性合同。其法律依据是《民法典》第483条，该条中规定了"但是法律另有规定或者当事人另有约定的除外"，证明了可以将该合同约定为实践性合同。其核心内容是出借人提供了借款时合同才产生法律效力。

实践中，还可以按照以下方式灵活处理：

一是合同中约定双方签字（盖章）时合同成立，但自出借人提供借款时合同生效。借款金额按照出借人实际支付的借款数额进行确定。

二是在合同中约定成立与生效的条件。如约定借款人取得××项目的中标通知书（或项目开工通知书等）为借款合同自动生效的时间。自取得前述法律文书之日起××日，为出借人履行支付借款的期限。还款期限为出借人履行支付借款之日起××日（月、年）等。

如果在借款合同中设定了成立或生效的条件，应当表述为：本合同自各方当事人签字、盖章并且达到××的条件时成立或生效。

实践中，非自然人之间签订的借款合同存在争议较大的问题，主要是分支机构，如未领取营业执照的分公司、办事处或者项目经理、项目部负责人，是否可以代表公司法人主体对外签订借款合同。关于此问题的论述具体见本书职务行为与表见代理的相关章节内容。

（三）非本人签名或盖章的合同如何确定法律责任

一般情形下是以最后签名、盖章的时间和地点为合同成立的时间、地点，这里的签名应当是指当事人本人签名或盖章。实践中，非当事人本人签名或盖章的情形主要包括：

1. 委托他人代为签名或盖章

如果是存在委托代理关系而签订的合同，代理人签字或盖章行为的后果应当由委托人承担。关于此问题的论述具体见本书职务行为的相关内容。其中应注意的是：一是提供合法的授权委托书。二是夫妻作为共同借款人，实践中往往存在夫或妻代为签字的情形。对此，由于《民法典》作了特别规定，夫妻共同债务应当以"共签原则"为主，所以应杜绝夫或妻代为签字的行为。即使要代签，也要提供授权委托书。

2. 仿冒他人签名或盖章

仿冒他人签名或盖章签订的借款合同是否具有法律效力，应当根据不同情形具体分析。一般而言，仿冒他人签名或盖章，没有经过他人追认的，应当由行为人承担民事责任。但是，构成表见代理的，应由委托人承担法律责任。实践中，由项目部负责人私刻印

章，以法人名义对外借款，相对方有理由相信是与委托人签订的借款合同的，则构成表见代理。具体见本书表见代理的相关内容。

未经过本人签字或盖章的合同，经过本人追认的，应当确认合同效力，并由本人承担法律责任。

【案例036】
借条和银行汇款凭证并不能证明借款合同关系成立

裁判文书：江苏省南通市中级人民法院（2018）苏06民终3455号民事判决书[①]

判决书认定事实：

虽然王×举证了陆×出具的借条及其向陆×汇款的凭证，但不足以证明双方之间存在真实的借贷关系，具体理由如下：（1）案涉借款的形成过程存在诸多不合理之处。王×以放贷为业，但在案涉借条上却不曾约定利息，也未约定违约金，且在与陆×不熟悉的情况下出借50万元巨额款项，不符合民间借贷一般交易习惯，也与其专门从事放贷业务人员应有的审慎不符。且根据王×的陈述，借款需用车辆抵押，如案涉借款真实发生，其允许陆×在未偿还债务的情况下取走车辆，更是于理不通。加之，王×关于陆×曾向其夫妇借40万元现金并及时还款，信誉较好的说法也无证据证明，故本案借款的真实性存疑。（2）王×未对50万元现金交付充分举证。……根据王×的陈述，系其帮助陆×提着现金拿到车上，但王×未就后续将所提50万元现金交付给陆×进一步举证，陆×亦予以否认，故王×关于现金交付的说法尚缺乏相应的证据加以证明。同时，本院注意到案涉50万元现金的出借和取款过程亦存在较多疑点。按照一般借贷习惯，王×作为出借人只要完成账户转账即履行完出借义务，剩余事项完全可以由借款人自行完成。但本案中王×不仅联系了银行工作人员预约取款，还护送借款人到银行取现，甚至还帮助借款人提钱，而陆×与王×又不熟悉，结合前述借款形成过程的不合理之处，本院难以认定王×实际已向陆×交付借款。（3）虽然宋×春、吴×红等人在公安机关询问笔录中认可了本案的借款，但其与本案当事人均存在利害关系，且未出庭作证并接受法庭询问，王×也未提交其他证据佐证本案的借款事实，故本院难以采信两人关于案涉借款关系的陈述。（4）虽然公安机关未就吴×红、王×涉嫌虚假诉讼立案侦查，但不能据此推定案涉借款事实属实，也不能免除王×就案涉借款事实承担举证责任。本案民间借贷的基本事实不属于必须以刑事案件审理结果为依据的情形，一审法院未等待公安机关的处理结果，而是根据现有证据径行作出裁判，程序上并无不当。

≈≈≈ 法官论述 ≈≈≈

如果仅局限于对借条以及向陆×汇款的凭证等形式要件的审查，本案王×主张借贷法

[①] 该案被收录于：国家法官学院案例开发研究中心.中国法院2020年度案例.北京：中国法制出版社，2020：53-56.

律关系与事实成立的证据似乎确实无疑。但深入探究借贷行为的细节，案情便有了不同的结果。本案对王×放债不图利、轻率出借、多余的帮忙取现、无理由放弃质押以及巨额钱款去向五个不同角度的行为细节进行了细致审查判断，发现其中的不合常理之处，进而得出不存在真实的借贷关系的结论。①

≋≋≋ 作者简析 ≋≋≋

本案例认定借款合同关系未成立，其主要理由有：第一，原告陈述的50万元现金是从银行取款再完成的现金交付，有违常理；第二，在原、被告并不熟悉的情况下，原告方主动放弃车辆抵押；第三，宋×春、吴×红等人在公安机关询问笔录中认可了本案的借款，但未出庭作证，且与当事人存在利害关系；第四，公安机关对原告方涉嫌虚假诉讼未立案，并不能免除原告的举证责任。正如上文法官论述中所述，本案的特点是注重细节的调查核实，从而发现诸多不符合常理的情形，而不是简单从形式要件上审查合同是否成立。该观点值得借鉴与推崇。

【案例037】

仅有转账凭证，并不能直接认定发生于转账当事人之间的民事关系必然为借款关系

裁判文书：广西壮族自治区桂林市象山区人民法院（2017）桂0304民初630号民事判决书

判决书认定事实：

原告何×诉称其系应朋友孙×要求借款给文×，则孙×作为中间方应当较为清楚地了解该款项性质，孙×现出具的证言却陈述该笔款项为文×在澳门帮助原告找到覃×的劳务费，并非借款；证人陈×作为与原告一同去澳门寻找覃×的当事人之一，亦陈述涉诉款项为原告给付文×的劳务费。本院认为，被告的上述抗辩意见及举证情况使原告主张"该款为原告出借给文×的借款"这一法律要件事实处于真伪不明的状态，故根据相关法律规定，原告需进一步就借贷关系的成立承担举证责任。综上，在原告未能提供其他证据证明借贷事实的情况下，本院结合全案证据，依据民事诉讼证据高度盖然性原则，认定原告的举证不足以证实其与被告间形成借贷关系。故对原告要求被告归还借款的诉请，本院不予支持。

≋≋≋ 作者简析 ≋≋≋

根据《2020民间借贷司法解释》第16条的规定，一般情形下，原告方举示了转账付款凭证，就完成了初步举证义务。被告抗辩转账系偿还双方之前借款或者其他债务的，应承担相应的举证责任。本案中，被告举示的证据使原告的转账付款凭证究竟是何性质，处

---

① 程炎．以民间借贷的合法形式掩盖非法目的的行为应被认定无效//国家法官学院案例开发研究中心．中国法院2020年度案例．北京：中国法制出版社，2020：53-56．

于真伪不明的状态，因此，原告方应进一步承担举证责任。

【案例038】
因为有自认事实的存在，是现金支付还是转账支付是付款方式问题，不影响借贷关系的成立

裁判文书：最高人民法院（2015）民申字第1226号民事裁定书

裁定书认定事实：

王×申请再审称：一、二审法院未查明事实，判决错误。王×在原审中向法庭说明其与吴×的合作模式以及双方转账付款情况，由于双方在合作过程中产生矛盾，吴×便拿了借条向法院起诉。王×从未收到过480万元现金，吴×应当举证证明向王×支付480万元现金的情况，原审法院没有让吴×举证，而直接作出判决。

本院认为：关于王×与吴×之间是否存在民间借贷关系的问题。吴×一审提供由王×亲笔填写借款金额、期限以及借款人身份证信息的借条，请求法院判令王×偿还借款。一审庭审中，王×对借条的真实性以及借款事实予以认可，构成诉讼中的自认，根据《最高人民法院关于民事诉讼证据的若干规定》（2001年）第8条的规定，双方之间的借贷关系成立。至于480万元借款是现金支付还是转账支付，系支付方式问题，不影响双方借贷关系的成立。王×一审主张已经还款4 657 399元，并提供3张中国××银行股份有限公司北京松榆南路支行出具的电子银行实时转账交易（个人）回单（付款方）凭据。根据一审查明的事实，王×提供的上述证据不能证明与本案借款具有关联性，故一审法院对其已经还款的辩解理由不予采信。王×上诉变更其一审对借款关系的承认，主张双方存在交易往来，该480万元系双方交易收取的押金，该款项性质并非借款而是保证金，并提交中国××银行松榆南路分理处金穗借记卡明细对账单3张及电子渠道来往账信息查询单1张证明其主张。上述证据显示，王×所称的三笔还款或者保证金标明的用途分别为慢车运费、快车运费和退押金，虽然有一笔1 736 656元标明的用途系退押金，与王×二审主张收取的押金或者保证金用途相符，但仅此孤证尚不足以推翻一审认定的借款事实。由于王×二审提交的证据不能证明其主张的保证金问题，也未对否认一审的自认提供合理解释，且按照常理，借款偿还之后，借条应予收回，借条现仍然在吴×处只能说明双方借贷关系并未终结。王×向本院申请再审仍未能提供证据证明其主张，对其申请理由，本院不予支持。

≈≈≈ 作者简析 ≈≈≈

对自认事实如何审查认定，一直存在争议。在实践中应当注意的问题主要有：

1. 对自认事实的审查有一般性审查原则和严格审查原则之分，应当谨慎适用

《民事诉讼法司法解释》第92条规定："一方当事人在法庭审理中，或者在起诉状、答辩状、代理词等书面材料中，对于己不利的事实明确表示承认的，另一方当事人无需举证证明。"

《2019证据规则》第3条规定："在诉讼过程中，一方当事人陈述的于己不利的事实，或者对于己不利的事实明确表示承认的，另一方当事人无需举证证明。在证据交换、询问、调查过程中，或者在起诉状、答辩状、代理词等书面材料中，当事人明确承认于己不利的事实的，适用前款规定。"第4条规定："一方当事人对于另一方当事人主张的于己不利的事实既不承认也不否认，经审判人员说明并询问后，其仍然不明确表示肯定或者否定的，视为对该事实的承认。"第5条规定："当事人委托诉讼代理人参加诉讼的，除授权委托书明确排除的事项外，诉讼代理人的自认视为当事人的自认。当事人在场对诉讼代理人的自认明确否认的，不视为自认。"第7条规定："一方当事人对于另一方当事人主张的于己不利的事实有所限制或者附加条件予以承认的，由人民法院综合案件情况决定是否构成自认。"

最高人民法院民一庭负责人就《关于防范和制裁虚假诉讼的指导意见》答记者问时强调："对自认规则的适用，如果一方对另一方提出的于己不利的事实明确表示承认，且不符合常理的，要进一步查明、慎重认定。"①

《2020民间借贷司法解释》第18条规定，"人民法院审理民间借贷纠纷案件时发现有下列情形之一的，应当严格审查借贷发生的原因、时间、地点、款项来源、交付方式、款项流向以及借贷双方的关系、经济状况等事实，综合判断是否属于虚假民事诉讼"……该条列举了十种可能存在虚假诉讼的情形。

上述规定对自认事实的确认原则实际上可分为两类：一类是一般性审查原则。即当事人一方对另一方举示的证据，明确表示认可的，构成法律意义上的自认。如果排除了受到胁迫、威胁等因素的影响，该自认应当被作为有效证据采信。另一类是严格审查原则。严格审查原则的适用前提是该"自认"有"不符合常理"的情形。根据《2020民间借贷司法解释》第18条的规定，无论是否构成自认，只要存在不合常理的十种情形，法庭都应当主动审查有关事项，防止虚假诉讼的发生。

在严格审查原则下，并不是当事人自认的事实，就一定会被认定为案件事实。如果当事人的自认不符合常理，或者与其他证据之间存在矛盾，则要进一步审查其自认事实的真实性和合法性。

但是，我们也应当看到，对自认事实的确认原则并无统一标准的规定，由此造成审查原则适用不当的案例时有发生。比如，应当严格审查的却采信一般审查标准，应采信一般标准的却采用严格审查原则。审查原则的不当适用反映出来的是举证责任分配不公，得出的结论也可能存在错误。

2. 当事人究竟是自认还是反悔，应当结合当事人的诉讼权利与义务进行确认

本案中的"反悔"，究竟是对先前自认事实的否认，还是客观事实的真实体现，已经

---

① 最高人民法院民一庭. 民事审判指导与参考：2016年第2辑. 北京：人民法院出版社，2016：211.

无从考证。本案给予我们的重要启示，是当事人参加诉讼时应当遵守的程序义务规定。

《2020民间借贷司法解释》第15条第2款的规定，即"被告抗辩借贷行为尚未实际发生并能作出合理说明"，是针对该条第1款规定的"原告仅依据借据、收据、欠条等债权凭证提起民间借贷诉讼"提出的抗辩，该抗辩应当在一审阶段提出。在再审阶段，主要是审查一、二审判决是否具有事实依据。在申请再审时，如果没有证据证明先前程序中的自认是在受到胁迫、威胁等情形下作出的，并不是当事人的真实意思表示，那么，其证明效力不能当然被推翻。

依据上述规定，如何认定自认事实的推翻或者反悔？应当根据其反悔的事实是否对当事人本人有利来进行判断。如果先前否认，后又承认，其承认的事实对当事人一方不利，可以构成当事人的自认事实加以采信。如果先前承认，尔后又否认的，是否属于反悔，应当结合相关事实进行认定。原则上，只要构成自认，无论是在同一程序中，还是在以后的程序中，对先前承认的事实进行否认的，均应当提供充足的理由，由此才能达到否定的效果。这里的理由归为两类：一类是有证据证明，先前承认的事实实际上并未发生，是主观上对客观事实的错误认识导致的"自认"；另一类是有证据证明，先前的承认是在被欺骗、胁迫、恐吓等情形下，甚至是在有关当事人相互串通旨在损害第三方利益的情形下作出的，并不是当事人真实意思表示，其自认本身是无效的。

在上述原则下，如果其"反悔"的事实对当事人本人有利，想要达到否定的法律效力则应当提供证据支持，在审查确认时也应当适用严格审查原则。否则，对于先前承认尔后又否认的，被认定为"反悔"的可能性较大。

本案的再审申请人在原一审中作出"自认"，尔后，又在再审申请中提出"借贷行为尚未实际发生"，但并未提供证据证明其"自认事实错误"，因此，其行为被认定为"反悔"。

【案例039】

原告提供了转账付款凭证以及录音证据，能否证明借款合同关系的成立

裁判文书：福建省福州市中级人民法院（2011）榕民终字第2040号民事判决书

判决书认定事实：

上诉人刘×所持有的银行个人存款业务凭证，仅能证明其向被上诉人陈×汇款人民币10万元的事实，尚不足以证明该款项系被上诉人向其借款。本案汇款款项的性质不明确，故汇款凭据不足以证明借款合同关系的成立。对债务人提出双方不存在借贷关系抗辩的，债权人应当就双方存在借贷合意负举证责任。上诉人认为双方对借款关系存有口头约定，无相应的证据佐证，不予采信。上诉人提交的录音及录音对话记录，系单方制作，被上诉人对录音的真实性提出异议，仅凭该录音无法确定谈话时间、地点、谈话者身份，录音的真实性无法确定，且录音所涉谈话内容未正面提及本案款项，无法证明与本案款项的关联

性，原审法院经分析认证对该证据不予采纳，于法有据。上诉人主张原审判决未依法定程序对上诉人提交的录音对话记录进行审核认定，无事实依据，不予支持。上诉人未进一步提供证据证明双方间存在借款关系，应承担举证不能后果。上诉人要求被上诉人返还借款10万元，无事实依据，应予驳回。

法官论述

原告持有的银行个人存款业务凭证，仅能证明其向被告汇款人民币10万元的事实，不足以证明该款项系原告向被告的借款。被告提出双方不存在借贷关系抗辩的，本案汇款款项的性质不明确，不足以证明借款合同关系的成立。原告应当就双方存在借贷合意及借贷事实承担举证责任，不能证明的，由其承担不利法律后果。[1]

作者简析

录音证据包括现场谈话录音和手机通话录音等。

关于现场录音证据的真实性、合法性、关联性能否得到确认，主要涉及以下方面的问题：一是在法庭上是否举示了录音证据的原始载体；二是录音证据的完整性，是否存在选择性地录音或剪辑的可能性；三是录音证据形成的时间、地点能否被确认；四是录音证据的声音能否确定来自当事人；五是录音证据的内容是否准确，对待证事实是否存在两种以上且相互矛盾的说法，或者是处于模糊不清的状态；六是录音内容是否侵犯了他人隐私权。

实践中，在庭外调解、第三方协调过程中，当事人被对方录音的可能性极大。为了规避陷入对方当事人制造或收集证据的陷阱，推荐的做法是：在录音开始时就声明，本次谈话双方均可以录音；但是因妥协而对某些案件事实作出的认可，并非真实意思表示，不能作为证据使用。

对手机通话的录音，不能简单理解为不是本次通话的全部录音就不具有完整性。实践中，往往是到通话涉及关键内容、当事人意识到有保留证据的必要时，当事人才会录音。笔者认为，只要相关录音有合法载体，且不存在剪辑、中断后又反复录音的情形，就证明不存在选择性的录音问题，其完整性应当得到确认。

本案中的录音证据（视听资料）未被采信的主要理由：一是该录音证据系单方制作；二是无法确定谈话时间、地点、谈话者身份；三是录音所涉谈话内容未正面提及案涉款项。由于该录音证据从形式到内容均存在瑕疵，不能直接证明借款合同关系的成立，因而在此情形下，作为举示证据的当事人一方，应当提供其他相关证据，使证据之间相互印证以形成完整的证明体系，从整体上达到证明目的。

---

[1] 最高人民法院民事审判第一庭.民间借贷纠纷审判案例指导.北京：人民法院出版社，2015：353-357.

二、关于合同生效

> **相关规定**

▼《民法典》

第158条 民事法律行为可以附条件，但是根据其性质不得附条件的除外。附生效条件的民事法律行为，自条件成就时生效。附解除条件的民事法律行为，自条件成就时失效。

第159条 附条件的民事法律行为，当事人为自己的利益不正当地阻止条件成就的，视为条件已经成就；不正当地促成条件成就的，视为条件不成就。

第160条 民事法律行为可以附期限，但是根据其性质不得附期限的除外。附生效期限的民事法律行为，自期限届至时生效。附终止期限的民事法律行为，自期限届满时失效。

▼《九民纪要》

37. 法律、行政法规规定某类合同应当办理批准手续生效的，如商业银行法、证券法、保险法等法律规定购买商业银行、证券公司、保险公司5%以上股权须经相关主管部门批准，依据《合同法》第44条第2款的规定，批准是合同的法定生效条件，未经批准的合同因欠缺法律规定的特别生效条件而未生效。实践中一个突出问题是，把未生效合同认定为无效合同，或者虽认定为未生效，却按无效合同处理。无效合同从本质上来说是欠缺合同的有效要件，或者具有合同无效的法定事由，自始不发生法律效力。而未生效合同已具备合同的有效要件，对双方具有一定的拘束力，任何一方不得擅自撤回、解除、变更，但因欠缺法律、行政法规规定或当事人约定的特别生效条件，在该生效条件成就前，不能产生请求对方履行合同主要权利义务的法律效力。

【重点难点提示】

一般情形下，合同成立便生效。但是，如果在合同中约定附生效条件或期限，则自条件成就或期限届至时合同生效。下列情形中，应当注意合同的生效要件：

（一）对审批文件的正确理解

（1）法律法规规定应当经过审批才生效的，其规定应当是指效力性强制规定。对于非强制性规定的审批程序，在合同中约定经过审批合同才生效的，并不一定影响合同的效力。如果有义务履行报批手续的一方当事人拒绝履行报批义务，其承担的是违约责任。合同约定应当经过批准生效的合同，究竟属于效力待定合同还是有效合同，应根据合同约定内容来判断。

（2）合同约定了要经过审批生效，而未经过审批又开始履行的，视为已经生效。

（二）股东会或董事会决议的审批效力

（1）合同约定经过股东会或董事会等权力机构的审批或作出决议才能生效的，表明签订借款合同的法定代表人或代理人的权利受到限制，不能因其为职务行为而必然产生法律效力。在此情形下，出借人应当要求借款人及时提供经过上述权力机构同意的书面文件，然后才能履行合同，从而降低风险。

（2）如果仅在公司章程中限定了法定代表人的权限范围，比如章程规定，超过限额对外借款，应当经股东会形成决议，才能签订借款合同，该规定不能对抗善意第三人。关于判断是否善意的标准，《九民纪要》将其界定为是否"明知"，因此，在签订借款合同时借款人有告知义务。

（3）无论在何种情形下，虽然合同或相关立体的章程有限制性规定，但只要合同实际已经履行，且对方当事人接受了该履行，合同就已经生效。

(三) 未生效合同与无效合同的区别

法律、行政法规规定某类合同应当办理批准手续方能生效的，未获批准的合同本质上属于未生效合同，而不能作为无效合同对待。二者的区别是：无效合同从本质上来说是因欠缺合同的有效要件，或者具有合同无效的法定事由，而自始不发生法律效力。未生效的合同已具备合同成立的要件，对双方具有一定的拘束力，任何一方不得擅自撤回、变更或解除，只是在生效条件尚未成就时，当事人不具有请求对方履行合同义务的权利。

第二节 有效合同、无效合同及效力待定合同的认定

一、有效合同

相关规定

▼《民法典》

第143条 具备下列条件的民事法律行为有效：

（一）行为人具有相应的民事行为能力；

（二）意思表示真实；

（三）不违反法律、行政法规的强制性规定，不违背公序良俗。

第145条第1款 限制民事行为能力人实施的纯获利益的民事法律行为或者与其年龄、智力、精神健康状况相适应的民事法律行为有效；实施的其他民事法律行为经法定代理人同意或者追认后有效。

第146条第2款 以虚假的意思表示隐藏的民事法律行为的效力，依照有关法律规定处理。

第153条第1款 违反法律、行政法规的强制性规定的民事法律行为无效。但是，该强制性规定不导致该民事法律行为无效的除外。

第 156 条　民事法律行为部分无效，不影响其他部分效力的，其他部分仍然有效。

第 503 条　无权代理人以被代理人的名义订立合同，被代理人已经开始履行合同义务或者接受相对人履行的，视为对合同的追认。

第 505 条　当事人超越经营范围订立的合同的效力，应当依照本法第一编第六章第三节和本编的有关规定确定，不得仅以超越经营范围确认合同无效。

▼《2020 民间借贷司法解释》

第 10 条　法人之间、非法人组织之间以及它们相互之间为生产、经营需要订立的民间借贷合同，除存在民法典第一百四十六条、第一百五十三条、第一百五十四条以及本规定第十三条规定的情形外，当事人主张民间借贷合同有效的，人民法院应予支持。

第 11 条　法人或者非法人组织在本单位内部通过借款形式向职工筹集资金，用于本单位生产、经营，且不存在民法典第一百四十四条、第一百四十六条、第一百五十三条、第一百五十四条以及本规定第十三条规定的情形，当事人主张民间借贷合同有效的，人民法院应予支持。

第 12 条第 1 款　借款人或者出借人的借贷行为涉嫌犯罪，或者已经生效的裁判认定构成犯罪，当事人提起民事诉讼的，民间借贷合同并不当然无效。人民法院应当依据民法典第一百四十四条、第一百四十六条、第一百五十三条、第一百五十四条以及本规定第十三条之规定，认定民间借贷合同的效力。

【重点难点提示】

《民法典》第 143 条是对有效民事行为的总的规定，就借款合同而言，其需同时满足以下三个方面的条件方能被判定为有效。

（一）关于合同主体

借款合同的主体资格是指，行为人应为具有完全民事行为能力的自然人、法人或非法人组织。法人的分支机构如分公司或项目部为经营所需以自己的名义借款的，应当由法人承担还款责任；也可以先以该分支机构的财产偿还，不足部分，再由公司法人财产偿付。

法律规定，对于限制民事行为能力人实施的行为，若通过法定代理人的同意或追认，可以产生法律效力。

追认的方式有：一是口头承认合同效力，二是书面文件承认合同效力，三是以实际行为表示认可合同效力。

（二）关于意思表示

意思表示真实是指当事人是独立自主作出的意思表示，它是判断合同是否有效的基础。一般情况下，当事人具有完全民事行为能力，签订合同时不存在诈骗、诱骗、胁迫、重大误解等情形的，均应当认定合同内容是其真实的意思表示。

《民法典》第 146 条第 1 款规定："行为人与相对人以虚假的意思表示实施的民事法律

行为无效。"原则上，意思表示真实的合同才具有法律效力。但是，该条第 2 款又规定："以虚假的意思表示隐藏的民事法律行为的效力，依照有关法律规定处理。"这就意味着，即使是虚假的意思表示，也并非必然无效。

《民法典》第 147 条至第 150 条，分别规定了基于重大误解，一方或第三人以欺诈手段、胁迫手段等，致使对方在违背真实意思的情况下实施的民事法律行为。对这些行为，法律规定赋予了当事人申请撤销权。当事人放弃撤销权或者自愿履行合同的，即使不是真实意思表示，也应当视为有效合同。具体见本书效力待定合同的相关内容。

在实践中，可能存在一方当事人意思表示虚假，另一方当事人的意思表示真实的情形。此时，主张合同无效，或者申请撤销权的当事人，不应当是意思表示虚假的一方当事人。否则，主张合同无效就会成为意思表示虚假一方当事人逃避法律责任的护身符。有关法律规定的一般是守约方才享有宣布解除合同的权利。如果违约方也可以宣布解除合同，其必然以恶意违约来达到解除合同的目的，这有悖于法律规定的严肃性。

（三）关于强制性规定及公序良俗

1. 强制性规定

《民法典》第 153 条规定："违反法律、行政法规的强制性规定的民事法律行为无效……违背公序良俗的民事法律行为无效。"

对上述规定，通常的理解是，确认合同无效，应当以全国人大及其常委会制定的法律和国务院制定的行政法规为依据，不得以地方性法规、行政规章为依据。但是也有例外。如《九民纪要》中规定的对于干扰金融秩序的部门规章可以作为确认合同效力的依据。

2. 有效合同的认定原则

《2020 民间借贷司法解释》规定了下列情形中应当认定合同有效：

（1）法人之间、非法人组织之间以及它们相互之间为生产、经营需要订立的民间借贷合同，不具有法定无效情形的，应当认定为有效合同。

（2）法人或者非法人组织内部集资签订的民间借贷合同，非存在法定无效情形的，应当认定为有效合同（见《2020 民间借贷司法解释》第 11 条）。

上述情形中，有效合同的排除范围均包括了《民法典》第 146 条、第 153 条、第 154 条以及《2020 民间借贷司法解释》第 13 条规定的情形。其相关行为分别是指：行为人与相对人以虚假的意思表示实施的民事法律行为（《民法典》第 146 条）；违反法律、行政法规的强制性规定，违背公序良俗的民事法律行为（《民法典》第 153 条）；行为人与相对人恶意串通，损害他人合法权益（《民法典》第 154 条）；这几种情形属于法定无效，应当排除在有效合同之外。此外，《2020 民间借贷司法解释》第 13 条规定了六种合同无效的情形。其中第 1 至 4 项直接与借款合同的效力相关。具体见本书无效合同的相关内容。

3. 民刑并行原则下的民间借贷合同的效力并不当然无效

依据《2020 民间借贷司法解释》第 12 条的规定，借款人或者出借人的借贷行为涉嫌犯罪，或者已经生效的裁判认定构成犯罪，当事人提起民事诉讼的，民间借贷合同并不当然无效。该规定符合民刑并行原则，在此原则下，人民法院可以在一定条件下受理有关民间借贷合同纠纷，但对于合同效力则要依据《民法典》第146条、第153条、第154条以及《2020民间借贷司法解释》第13条等规定，认定其究竟属于有效还是无效。

4. 当事人超越经营范围订立合同不属于违反了强制性规定

《民法典》第505条规定："当事人超越经营范围订立的合同的效力，应当依照本法第一编第六章第三节和本编的有关规定确定，不得仅以超越经营范围确认合同无效。"按此规定，证明"超越经营范围"并不是认定合同无效的充分理由。特别是法条中的"仅"字，更加说明了不能仅以超越经营范围来确认合同无效。

典当公司、小额贷款公司对外发放信用贷款，也属于"超越经营范围"的行为，但因其同时涉及特种经营许可的问题，对金融秩序有重大影响，应将其确认为无效合同。具体见本书无效合同的相关内容。

【权威观点】

▼对于未经审批机关批准或未提交审批手续的合同的效力问题……如何在审理案件中，既不僭越行政权力又尊重当事人意思自治，既有效抑制违约当事人利用行政审批逃避民事责任又能够与外资行政管理合理衔接，成为审判一大难题。司法实践中有一种做法是认定此类合同无效。我们认为，此种认定不妥。根据我国《合同法》第44条第2款的规定，法律、行政法规规定应当办理批准、登记等手续生效的，依照其规定。关于此条款，最高人民法院于1999年颁布实施的《关于适用〈中华人民共和国合同法〉若干问题的解释（一）》（注：第9条）作了进一步的规定：依照《合同法》第44条第2款的规定，法律、行政法规规定合同应当办理批准手续，或者办理批准、登记等手续才生效，在一审法庭辩论终结前当事人仍未办理批准手续的，或者仍未办理批准、登记等手续的，人民法院应当认定该合同未生效；法律、行政法规规定合同应当办理登记手续，但未规定登记后生效的，当事人未办理登记手续不影响合同的效力，合同标的物所有权及其他物权不能转移。《合同法》第77条第2款、第87条、第96条第2款所列合同变更、转让、解除等情形，依照前款规定处理。2005年12月26日最高人民法院印发的《第二次全国涉外商事海事审判工作会议纪要》第88条规定："外商投资企业的股权转让合同，应当报经有关审查批准机关审查批准，在一审法庭辩论终结前当事人未能办理批准手续的，人民法院应当认定该合同未生效"[1]。

▼违反市场准入类犯罪对民间借贷合同效力的影响。行为人构成非法吸收公众存款罪

---

[1] 江必新，何东宁，程似锦. 最高人民法院指导性案例裁判规则理解与适用：担保卷·上册. 2版. 北京：中国法制出版社，2017：16-17.

或者非法经营罪，但其与社会公众之间签订的民间借贷合同不应被认定为无效。[1]

▼我国《民法典》第142条、第144条、第146条、第153条以及第154条之规定，基本延续了《合同法》第52条第5项和《最高人民法院关于适用〈中华人民共和国合同法〉若干问题的解释（二）》第14条的规定。依据前述规定，人民法院认定合同无效，只能以全国人大及其常委会制定的法律和国务院制定的行政法规为依据，不得以地方性法规、行政规章为依据。[2]

【案例040】
民间借贷涉嫌或构成非法吸收公众存款罪，并不当然影响民间借贷合同以及相对应的担保合同的效力

判决书认定事实[3]：

合同效力的认定应尊重当事人的意思自治原则，只要订立合同时各方意思表示真实，又没有违反法律、行政法规的强制性规定，就应当确认合同有效。《最高人民法院关于适用〈中华人民共和国合同法〉若干问题的解释（二）》第14条将《合同法》第52条第5项规定的"强制性规定"解释为效力性强制性规定，本案原审被告陈××触犯刑律的犯罪行为，并不必然导致借款合同无效。因为借款合同的订立没有违反法律、行政法规效力性的强制性规定。效力上采取从宽认定，是该司法解释的本意，也可在最大限度上尊重当事人的意思自治。因此，原审判决陈××对本案借款予以归还，王××、××公司承担连带清偿责任，并无不当。王××、××公司的上诉理由不能成立。

≋≋≋ 作者简析 ≋≋≋

该案例中强调的"效力性强制性规定"以及"从宽原则"，对司法实践中合同效力的认定具有借鉴意义。

二、无效合同

（一）无效合同也属于无效的民事行为

相关规定

▼《民法典》

第144条 无民事行为能力人实施的民事法律行为无效。

第146条 行为人与相对人以虚假的意思表示实施的民事法律行为无效。

以虚假的意思表示隐藏的民事法律行为的效力，依照有关法律规定处理。

---

[1] 最高人民法院民间借贷司法解释理解与适用（简明版及配套规定）.北京：人民法院出版社，2018：66.
[2] 最高人民法院民事审判第一庭.最高人民法院新民间借贷司法解释理解与适用.北京：人民法院出版社，2021：321.
[3] 该案例登载于：最高人民法院公报，2011（11）.

第 153 条　违反法律、行政法规的强制性规定的民事法律行为无效。但是，该强制性规定不导致该民事法律行为无效的除外。

违背公序良俗的民事法律行为无效。

第 154 条　行为人与相对人恶意串通，损害他人合法权益的民事法律行为无效。

第 155 条　无效的或者被撤销的民事法律行为自始没有法律约束力。

第 156 条　民事法律行为部分无效，不影响其他部分效力的，其他部分仍然有效。

第 157 条　民事法律行为无效、被撤销或者确定不发生效力后，行为人因该行为取得的财产，应当予以返还；不能返还或者没有必要返还的，应当折价补偿。有过错的一方应当赔偿对方由此所受到的损失；各方都有过错的，应当各自承担相应的责任。法律另有规定的，依照其规定。

▼《民法典合同编司法解释》

第 13 条　合同存在无效或者可撤销的情形，当事人以该合同已在有关行政管理部门办理备案、已经批准机关批准或者已依据该合同办理财产权利的变更登记、移转登记等为由主张合同有效的，人民法院不予支持。

第 14 条　当事人之间就同一交易订立多份合同，人民法院应当认定其中以虚假意思表示订立的合同无效。当事人为规避法律、行政法规的强制性规定，以虚假意思表示隐藏真实意思表示的，人民法院应当依据民法典第一百五十三条第一款的规定认定被隐藏合同的效力；当事人为规避法律、行政法规关于合同应当办理批准等手续的规定，以虚假意思表示隐藏真实意思表示的，人民法院应当依据民法典第五百零二条第二款的规定认定被隐藏合同的效力。

依据前款规定认定被隐藏合同无效或者确定不发生效力的，人民法院应当以被隐藏合同为事实基础，依据民法典第一百五十七条的规定确定当事人的民事责任。但是，法律另有规定的除外。

当事人就同一交易订立的多份合同均系真实意思表示，且不存在其他影响合同效力情形的，人民法院应当在查明各合同成立先后顺序和实际履行情况的基础上，认定合同内容是否发生变更。法律、行政法规禁止变更合同内容的，人民法院应当认定合同的相应变更无效。

第 15 条　人民法院认定当事人之间的权利义务关系，不应当拘泥于合同使用的名称，而应当根据合同约定的内容。当事人主张的权利义务关系与根据合同内容认定的权利义务关系不一致的，人民法院应当结合缔约背景、交易目的、交易结构、履行行为以及当事人是否存在虚构交易标的等事实认定当事人之间的实际民事法律关系。

第 16 条　合同违反法律、行政法规的强制性规定，有下列情形之一，由行为人承担行政责任或者刑事责任能够实现强制性规定的立法目的的，人民法院可以依据民法典第一百五十三条第一款关于"该强制性规定不导致该民事法律行为无效的除外"的规定认定该合同不因违反强制性规定无效：

（一）强制性规定虽然旨在维护社会公共秩序，但是合同的实际履行对社会公共秩序造成的影响显著轻微，认定合同无效将导致案件处理结果有失公平公正；

（二）强制性规定旨在维护政府的税收、土地出让金等国家利益或者其他民事主体的合法利益而非合同当事人的民事权益，认定合同有效不会影响该规范目的的实现；

（三）强制性规定旨在要求当事人一方加强风险控制、内部管理等，对方无能力或者无义务审查合同是否违反强制性规定，认定合同无效将使其承担不利后果；

（四）当事人一方虽然在订立合同时违反强制性规定，但是在合同订立后其已经具备补正违反强制性规定的条件却违背诚信原则不予补正；

（五）法律、司法解释规定的其他情形。

法律、行政法规的强制性规定旨在规制合同订立后的履行行为，当事人以合同违反强制性规定为由请求认定合同无效的，人民法院不予支持。但是，合同履行必然导致违反强制性规定或者法律、司法解释另有规定的除外。

依据前两款认定合同有效，但是当事人的违法行为未经处理的，人民法院应当向有关行政管理部门提出司法建议。当事人的行为涉嫌犯罪的，应当将案件线索移送刑事侦查机关；属于刑事自诉案件的，应当告知当事人可以向有管辖权的人民法院另行提起诉讼。

第17条　合同虽然不违反法律、行政法规的强制性规定，但是有下列情形之一，人民法院应当依据民法典第一百五十三条第二款的规定认定合同无效：

（一）合同影响政治安全、经济安全、军事安全等国家安全的；

（二）合同影响社会稳定、公平竞争秩序或者损害社会公共利益等违背社会公共秩序的；

（三）合同背离社会公德、家庭伦理或者有损人格尊严等违背善良风俗的。

人民法院在认定合同是否违背公序良俗时，应当以社会主义核心价值观为导向，综合考虑当事人的主观动机和交易目的、政府部门的监管强度、一定期限内当事人从事类似交易的频次、行为的社会后果等因素，并在裁判文书中充分说理。当事人确因生活需要进行交易，未给社会公共秩序造成重大影响，且不影响国家安全，也不违背善良风俗的，人民法院不应当认定合同无效。

第18条　法律、行政法规的规定虽然有"应当""必须"或者"不得"等表述，但是该规定旨在限制或者赋予民事权利，行为人违反该规定将构成无权处分、无权代理、越权代表等，或者导致合同相对人、第三人因此获得撤销权、解除权等民事权利的，人民法院应当依据法律、行政法规规定的关于违反该规定的民事法律后果认定合同效力。

▼《2020民间借贷司法解释》

第13条　具有下列情形之一的，人民法院应当认定民间借贷合同无效：

（一）套取金融机构贷款转贷的；

（二）以向其他营利法人借贷、向本单位职工集资，或者以向公众非法吸收存款等方式取得的资金转贷的；

（三）未依法取得放贷资格的出借人，以营利为目的向社会不特定对象提供借款的；

（四）出借人事先知道或者应当知道借款人借款用于违法犯罪活动仍然提供借款的；

（五）违反法律、行政法规强制性规定的；

（六）违背公序良俗的。

第25条　出借人请求借款人按照合同约定利率支付利息的，人民法院应予支持，但是双方约定的利率超过合同成立时一年期贷款市场报价利率四倍的除外。

前款所称"一年期贷款市场报价利率"，是指中国人民银行授权全国银行间同业拆借中心自2019年8月20日起每月发布的一年期贷款市场报价利率。

【重点难点提示】

《民法典》第144条、第146条、第153条分别从民事行为主体、意思表示以及法律、法规强制性规定和公序良俗方面对无效民事行为作了规定，这些规定可以作为认定合同无效的法律依据。第144条规定，无民事行为能力人实施的民事行为无效。第146条针对"虚假的意思表示"规定："以虚假的意思表示隐藏的民事法律行为的效力，依照有关法律规定处理"。第153条规定，违反法律、行政法规的强制性规定的民事法律行为无效，但同时又规定："该强制性规定不导致该民事法律行为无效的除外"。比如对于非法集资案件，即使出借人或借款人涉嫌犯罪，借款合同的效力要根据《民法典》第143条的规定来判断。即使因非法集资构成犯罪，只要符合有效合同的构成要件，也应当认定为有效合同。《民法典》，将公序良俗原则确立为民事法律的一项基本原则。公序良俗属于道德规范范畴，是指社会公共秩序或善良风俗。比如，有的地方上流传的家训已经成为当地人民的风俗习惯，也就成为维护公共秩序的道德准则。

（二）《2020民间借贷司法解释》对民间借贷合同无效的规定

【重点难点提示】

《2020民间借贷司法解释》第13条规定了六种无效情形。其中：

1. 第1项规定的套取金融机构贷款转贷的情形

这种情形关键首先在于对转贷的认定。该项特别规定了"套取金融机构贷款转贷"，就说明仅限于该种情形。如果不是从金融机构贷款再转贷，则不能认定为无效合同。依照该项规定，此类套取贷款转贷的合同无论是否具有营利目的，均应当被认定为无效合同。其争议在于：将"套取金融机构贷款转贷"的民间借贷合同认定为无效合同，是否以借款人知道或应当知道为前置条件。在《2020民间借贷司法解释》修正前，一直将借款人"知道或者应当知道"作为判断标准。该解释修正后，取消了这一前提限制。相应地，出借人对资金来源负有举证责任。如果有证据证明出借人在出借款项时有银行贷款未偿还，或者出借人经常采取"拆东墙补西墙"的办法偿还银行利息，以及有其他情形，引起借款人合理怀疑，并且借款人在诉讼中提出此项抗辩，则出借人应当就其借款是否属于自有资金承担举证责任。其中最直接的证据是出借人的银行流水。该书证在出借人的控制之下，借款人可以请求法庭责令出借人举示。

其次，关于营利目的。一般情形下，出借人的转贷行为与营利目的具有不可分割性，但也有例外。《2020民间借贷司法解释》第13条第1项规定并未将营利目的作为认定民间借贷合同无效的前提条件。

2. 第2项规定的情形中关于向本单位职工集资的问题

这里具体涉及两种情况：一是向本单位职工集资，供本单位生产经营使用；二是向本单位职工集资，非供本单位使用，而是通过转贷谋取利益。只有第二种情况下签订的借款合同才属于无效合同。此外，向其他营利法人借贷或以向公众非法吸收存款等方式取得的资金转贷的，均应当认定转贷的借款合同无效。

3. 第3项规定的情形中"未依法取得放贷资格的出借人"

未依法取得放贷资格的出借人出借款项包括两种情形：一是向社会特定对象提供借款，二是向社会不特定对象提供借款。只有后一种情形下该借款合同属于无效合同。同时，如果未依法取得放贷资格的同一出借人，在同一时期多次发放贷款，可能构成职业放贷人。职业放贷人签订的借款合同无效。例如，典当行和小额贷款公司并无发放信用贷款的资格。如果典当行签订了无当物的典当合同，对于究竟将其认定为无效合同，还是名为典当实为借贷，司法界有不同的判例。典当行和小额贷款公司，普遍以小广告形式或网络形式向社会宣传贷款业务，在签订借款合同时一般具有营利目的，有的甚至以"砍头息"的形式发放贷款，还有的以"罚息"形式收取高额违约金。类似合同按规定应当认定为无效合同。但在司法实践中，并未形成统一裁判观点，这说明此条规定争议较大。争议的形成原因，主要有两点：一是在签订借款合同以前，借款人可能是潜在的、不特定的，一旦完成借款合同的签订，合同的当事人就变为特定对象了。二是从举证义务角度看，借款人要证明自己属于不特定对象，存在举证难的问题。许多小额贷款公司的宣传活动具有多样性、分散性以及隐蔽性的特点，这也增加了举证难度。

4. 第4项规定的"出借人事先知道或者应当知道借款人借款用于违法犯罪活动仍然提供借款的"情形

此种情形比如：明知借款人是为了筹集贩毒资金，或者为了赌博而借款，其签订的借款合同属于无效合同。其中的问题在于，出借人目的正是获取借款合同约定的利息，不可能自己证明自己"事先知道或者应当知道"。因此，一般由借款人一方举证。而要求借款人在举证时应当证明"知道或者应当知道"的具体事实和理由，具有一定难度。此外，如果借款合同中约定了"借款不得用于非法活动"或类似内容，举证则更加困难。

【权威观点】

总体来看，在《民法典》施行之前的司法实践中，基本上将企业之间的借贷或变相借贷合同确认为无效合同。而《2022民间借贷司法解释》第10条规定：法人之间、非法人组织之间以及它们相互之间为生产、经营需要订立的民间借贷合同，除存在《民法典》第146条、第153条、第154条以及本规定第13条规定的情形外，当事人主张民间借贷合同有效的，人民法院应予支持。本条规定改变了过去一段时间内认定企业借贷无效的做法，从而为企业间正常的资金拆借提供了合法保护的空间和依据。①

（三）如何判断合同部分无效、部分有效

【重点难点提示】

在理解《民法典》第156条的规定时要注意，如果确认合同部分条款或部分内容无效后，其余部分的约定内容仍然有效，其条件是剩余部分的内容仍然具备合同成立与生效的要件，比如合同主体资格能够确认、合同内容对权利义务关系的约定明确，且不违反法律法规强制性规定及公序良俗。简单而言，除去无效的内容后，其仍然可以被认定为一份完整意义上的民间借贷合同。如果去掉无效部分的内容后，不再具备合同成立与生效的要件，或者不具备履行的可能，则不能认定剩余部分仍然有效。

【最高人民法院指导性意见】

委托理财合同中属于合同目的或核心条款的保底合同无效的，委托理财合同亦无效。②

【权威观点】

《民法典》第156条规定："民事法律行为部分无效，不影响其他部分效力的，其他部分仍然有效。"依据民法原理，确定合同部分无效，应符合如下要件：

其一，合同须限于一个单一的合同，而不应构成数个合同，否则就是一个分别无效的问题，而不是部分无效的问题。

其二，合同内容须具可分性。即将无效部分分离出来后，仍能使一项可以想象为有效的行为继续存在，且该项行为不得与当事人的愿望相违背。

其三，合同部分无效，不影响其他部分效力。若无效部分与有效部分并不相互独立而

---

① 最高人民法院民事审判第一庭．最高人民法院新民间借贷司法解释理解与适用．北京：人民法院出版社，2021：182．

② 最高人民法院民事审判第二庭．最高人民法院商事审判指导案例·合同卷．北京：中国法制出版社，2011：19-30．

是存在牵连关系，确认部分内容无效将影响有效部分的效力，或者行为的目的、交易的习惯以及诚实信用和公平原则决定了剩余的有效部分对于当事人已无意义或已不公平合理，则合同应被全部确认为无效。①

（四）职业放贷人签订的合同无效

【相关规定】

▼中华人民共和国公安部、国家市场监督管理总局、中国人民银行《关于规范民间借贷行为 维护经济金融秩序有关事项的通知》（银保监发〔2018〕10号）

三、明确信贷规则

严格执行《中华人民共和国银行业监督管理法》《中华人民共和国商业银行法》及《非法金融机构和非法金融业务活动取缔办法》等法律规范，未经有权机关依法批准，任何单位和个人不得设立从事或者主要从事发放贷款业务的机构或以发放贷款为日常业务活动。

▼最高人民法院、最高人民检察院、公安部、司法部《关于办理非法放贷刑事案件若干问题的意见》（2019年7月23日）

一、违反国家规定，未经监管部门批准，或者超越经营范围，以营利为目的，经常性地向社会不特定对象发放贷款，扰乱金融市场秩序，情节严重的，依照刑法第二百二十五条第（四）项的规定，以非法经营罪定罪处罚。

前款规定中的"经常性地向社会不特定对象发放贷款"，是指2年内向不特定多人（包括单位和个人）以借款或其他名义出借资金10次以上。

贷款到期后延长还款期限的，发放贷款次数按照1次计算。

▼《九民纪要》

53.（略）

【重点难点提示】

1. 认定职业放贷人的标准

《九民纪要》第53条对此作了详细规定。构成职业放贷人的主体包括法人、非法人组织以及自然人。其标准是"未依法取得放贷资格的以民间借贷为业"，即同一出借人在一定期间内多次反复从事有偿民间借贷行为的，一般可以认定为职业放贷人。依照最高人民法院、最高人民检察院、公安部、司法部《关于办理非法放贷刑事案件若干问题的意见》的规定，2年内向不特定多人（包括单位和个人）以借款或其他名义出借资金10次以上，可以认定为"经常性地向社会不特定对象发放贷款"。

---

① 高民尚. 审理证券、期货、国债市场中委托理财案件的若干法律问题. 人民司法，2006（6）.

在理解前述规定时，应注意"职业谋利"的情形，即"在同一时间段向社会不特定对象多次提供资金以赚取高额利息的行为"。如果没有营利目的，不能将其定性为职业放贷人。

2. 将职业放贷人所签订的借款合同认定为无效合同的法律依据

主要依据是《银行业监督管理法》第 19 条的规定。该规定不仅适用于职业放贷人签订的合同，而且对典当合同具有适用价值。即在判断典当合同是否有效时，可以将该条规定和《典当行管理暂行办法》配套适用。

3. 实践中判断是否属于职业放贷人的考查重点

（1）看放贷主体是否具有同一性。

职业放贷的主体主要是指没有依法取得放贷资格的各个民事法律主体，具体包括法人或非法人组织以及以民间借贷为业的自然人。在认定职业放贷人时，主要看相关合同的放贷主体是否是同一个出借人。只有在一定期间内多次发生借贷行为的同一出借人主体，才可能构成职业放贷人主体。

（2）看放贷主体进行放贷的期间。

认定职业放贷人要以一定的期间概念为判断标准。虽然是同一个出借主体在短时间内进行了多次放贷，但是如果这个放贷主体在放贷结束之后，在其他时间段内并没有继续放贷，就仍然不能认定其构成职业放贷的，所以认定职业放贷人一定要考虑到这个区间或期间具有一定的长期性，而不能是短期的。比如可以规定为两年期间或者三年期间。

（3）看放贷主体进行放贷的次数是否具有多次性或反复性。

同一个放贷主体必须是在一个期间内多次进行放贷，才可以认定其为职业放贷人。而且这个放贷主体多次进行的放贷具有重复性或反复性，简单来讲就是一个行为、一件事情多次重复来做。在司法实务中，多个地方标准确定：在两年内重复民间放贷行为达 10 次以上的，为职业放贷行为。

（4）看放贷主体进行放贷时谋取的利率是否为高额利率。

如果同一个放贷主体在两年内进行了 10 次以上的民间借贷行为，但是其进行民间借贷时，出借资金的利率比较低，没有赚取高额的利息收入，这时仍然不能认定其为职业放贷行为。

（5）看放贷主体放贷的行为是否具有营业性或者被作为唯一的或者主要的收入来源。

如果出借人或放贷主体把放贷作为一种职业，或者放贷公司的主要经营范围就是放贷，以赚取高额利差作为其主要收入来源，一般可以认定为是职业放贷行为。

（6）是否取得金融监管部门批准而具备发放贷款的金融许可。

在我国，银行业金融机构和非银行业金融机构统称为金融机构。只有取得经金融监管部门批准的金融许可的金融机构才具备发放贷款的资质。而职业放贷机构首要的特征就是没有经过监管部门的批准，没有取得发放贷款的许可资格，其一般是以××公司的名义、借助民间借贷的形式来进行发放贷款的业务，其借款利息也往往超过法定借贷利率的上限。而职业放贷机构，以追求利润最大化为终极目的，其在催收过程中往往伴随着暴力催收等情形，容易引发其他违法犯罪活动。

4. 申请认定为职业放贷人存在举证难的问题

根据《九民纪要》第53条的规定，认定职业放贷人的核心标准是"同一出借人在一定期间内多次反复从事有偿民间借贷行为"。在单纯的个案中出借人是以经常性放贷为业的经营特点不易显现。

第一，有关书证处于职业放贷人的控制之下，其他当事人存在收集证据的障碍。

实践中，有两个途径收集举示证据。一是刑事举报途径。如果有刑事判决书确认的事实，证明出借人是职业放贷人，举证任务容易完成。二是民事诉讼程序。如果在出借人提起诉讼后，被告抗辩出借人是职业放贷人，被告方应当承担举证责任。但是，基于当事人的身份和当事人的职权，其一般是很难自行完成举证任务的，只能提供证据线索申请法院调查取证。

第二，案外人没有提供证据支持诉讼的义务。

如上所述，"同一出借人在一定期间内多次反复从事有偿民间借贷行为"难以识别，在涉及案外人的情形中，因案外人与出借人之间可能没有矛盾，或者是出于保护自己利益的考虑，其可能不愿意做证人来证明案件事实。

第三，谋利行为具有隐蔽性，相关证据难以收集。

既然是职业放贷，就是指出借人以出借资金为主要经营方式，其必然以营利为目的，特别是在无自有资金的情形下，靠转贷来谋取利益。但是，要证明其谋利很难。

【权威观点】

所谓职业放贷人，就是指出借人的出借行为具有反复性、经常性，借款目的也具有营业性。2018年4月中国银保监会、公安部、国家市场监督管理总局、中国人民银行联合下发了《关于规范民间借贷行为维护经济金融秩序有关事项的通知》，明确提出："未经有权机关依法批准，任何单位和个人不得设立从事或者主要从事发放贷款业务的机构或以发放贷款为日常业务活动。"职业放贷人的行为，实际上变相违反了该规定，属于从事非法金融业务活动，如果数量、金额过大，可能会对正常金融秩序产生危害。2019年7月，最高人民法院与最高人民检察院、公安部、司法部联合制定了《关于办理非法放贷刑事案件若干问题的意见》，其中规定："一、违反国家规定，未经监管部门批准，或者超越经营范围，以营利为目的，经常性地向社会不特定对象发放贷款，扰乱金融市场秩序，情节严重的，依照刑法第二百二十五条第（四）项的规定，以非法经营罪定罪处罚。前款规定中的'经常性地向社会不特定对象发放贷款'，是指2年内向不特定多人（包括单位和个人）以借款或其他名义出借资金10次以上。贷款到期后延长还款期限的，发放贷款次数按照1次计算。"该规定是有关"职业放贷人"犯罪行为的认定标准。2019年11月，最高人民法院发布的《九民纪要》第53条规定："未依法取得放贷资格的以民间借贷为业的法人，以及以民间借贷为业的非法人组织或者自然人从事的民间借贷行为，应当依法认定无效。同一出借人在一定期间内多次反复从事有偿民间借贷行为的，一般可以认定为是职业放贷人。民间借贷比较活跃的地方的高级人民法院或者经其授权的中级人民法院，可以根据本地区的实际情况制定具体的认定标准。"依据上述司法解释和司法政策性文件的规定，《2020民间借贷司法解释》修正时，在第13条"认定民间借贷合同无效"条款中，增加了第3项，即"未依法取得放贷资格的出借人，以营利为目的向社会不特定对象提供借款的"，就是对职业放贷行为作出的限定。①

【案例041】

职业放贷人所签订的借款合同无效及其法律依据

裁判文书：最高人民法院（2017）最高法民终647号民事判决书

判决书认定事实：

关于案涉两份"借款合同"的效力问题。根据本案查明的事实，××投资公司贷款对象主体众多，除本案债务人德×公司以外，××投资公司于2009年至2011年间分别向新××公司、金×公司、荟×公司、鼎×公司和顺×公司等出借资金，通过向社会不特定对象提供资金以赚取高额利息，出借行为具有反复性、经常性，借款目的也具有营业性，其未经批准擅自从事经常性的贷款业务，属于从事非法金融业务活动。《银行业监督管理法》第19条规定："未经国务院银行业监督管理机构批准，任何单位或者个人不得设立银行业金融机构或者从事银行业金融机构的业务活动"，该强制性规定直接关系国家金融管理秩序和社会资金安全，事关社会公共利益，属于效力性强制性规定。根据《合同法》第52条关于"有下列情形之一的，合同无效：……（五）违反法律、行政法规的强制性规定"的规定，以及《最高人民法院关于适用〈中华人民共和国合同法〉若干问题的解释（二）》第14条关于"合同法第五十二条第（五）项规定的'强制性规定'，是指效力性强制性规定"的规定，应认定案涉"借款合同"无效。

【案例042】

对职业放贷人的认定不应仅基于涉诉记录

裁判文书：浙江省温州市中级人民法院（2020）浙03民终4866号民事判决书②

判决书认定事实：

虽然朱×除了本案，另仅有四起作为债权人起诉的民间借贷纠纷案件，但由于个案审查的局限性，法院的涉诉记录难以全面反映职业放贷的经常性、经营性的特点，还应结合

---

① 最高人民法院民事审判第一庭．最高人民法院新民间借贷司法解释理解与适用．北京：人民法院出版社，2021：31-34．

② 该案被收录于：国家法官学院案例开发研究中心．中国法院2022年度案例．北京：中国法制出版社，2022：47-52．

其他职业放贷的特性进行综合判断。本案中朱×所提供的借据系填空式格式借据,部分款项主张系现金交付,且根据本院审查其另案涉诉案件中 20 000 元的借款利息高达 2 200 元/月,朱×存在高利放贷的情形,故可以认定朱×属于职业放贷人,相应的借款行为应认定无效。

在当前支付手段非常便捷的情况下,职业放贷人采用现金方式交付款项往往是有意为之,通常是利用现金方式交付无迹可寻的特点,从而实现规避法院对虚增债务金额、高息累入本金等违法债务审查的非法目的,故应由朱×对其主张的第一份借条中 32 000 元借款均系现金交付的事实承担进一步的举证责任,现朱×并未提供进一步的证据予以证明,故朱×主张 2019 年 2 月 22 日 32 000 元借条中的款项均以现金交付,依据不足,本院不予支持。

法官论述

实践中,借款人要证明出借人向社会不特定对象提供资金赚取高额利息、其出借行为具有经常性、出借款项目的具有营业性,存在一定困难,尤其是放贷人通常采取一定的手段掩盖其非法营利行为,使得对于职业放贷人的证明更加困难。[①]

作者简析

在民间借贷诉讼中,司法解释规定原告应就两个方面承担举证责任,一是借款合同关系的成立,二是履行支付借款的义务。针对职业放贷的认定,单纯的个案很难体现出借人是以经常性放贷为业的经营特点,当事人要完成举证义务也存在一定难度,主要存在完成举证责任的事实障碍和思想意识障碍。事实障碍,如书证在对方当事人控制下的障碍(如银行流水)。从意识上看,将合同认定为无效合同,可能损害借款人的利益,致使借款人不愿意举示相关证据。在此情形下,对当事人举示证据的要求不能过于苛刻,由审判人员结合相关证据进行综合评价较为适宜。

依照前述两个案例审判人员的观点,应从以下方面判断是否属于职业放贷人:一是是否使用填空式的格式借据,二是双方当事人之间是否属于非熟人关系,三是原告是否具备出借能力,四是是否存在高利贷的表象,五是是否存在套路贷情形,六是是否存在以暴力等非法手段催收借款、虚假诉讼等情形。这些在实践中都具有借鉴意义。

【案例 043】

出借人明知借款用于放贷且借款人构成职业放贷的民间借贷合同无效

裁判文书:江苏省无锡市中级人民法院(2020)苏 02 民再 9 号民事判决书

判决书认定事实:

本案民间借贷合同无效。(1)经查案件关联系统,自 2017 年以来汤×在全省法院作为原告涉民间借贷案件有约百件,多件案件被认定存在经济犯罪嫌疑,裁定驳回起诉,移

---

① 国家法官学院案例开发研究中心.中国法院 2022 年度案例.北京:中国法制出版社,2022:47-52.

送公安机关侦查。汤×在一审中也自认是从事赚取利息的民间放贷行为。综合上述涉诉及自认情况，可以认定汤×未经批准，擅自从事经常性的贷款业务，其放贷行为违反了《中华人民共和国银行业监督管理法》第19条规定的"不得设立银行业金融机构或者从事银行业金融机构的业务活动"情形，属于违法活动。(2)一审诉讼中，曹×明确汤×向其所借款项是用于放贷，在明知的情况下仍然提供借款，符合《2015民间借贷案件司法解释》第14条第3项规定"出借人事先知道或者应当知道借款人借款用于违法犯罪活动仍然提供借款的，人民法院应当认定民间借贷合同无效"的情形，双方之间的合同应当认定为无效，一、二审认定合同有效应予纠正。

法官论述

关于职业放贷的违法性评价，《银行业监督管理法》第19条规定的"未经国务院银行业监督管理机构批准，任何单位或者个人不得设立银行业金融机构或者从事银行业金融机构的业务活动"。这意味着欲进行放贷行为，必须经过国务院银行业监督管理机构批准，取得放贷资格。银行业金融业务活动属于国家特许经营业务，这也是金融市场事关国家经济命脉和社会稳定的特性所决定的。未依法取得放贷资格的以民间借贷为业的法人，以及以民间借贷为业的非法人组织或者自然人从事民间借贷行为的，显然违反了上述法律规定，实际上相当于未经国家法律允许从事银行业金融业务活动，对国家金融市场秩序造成了冲击，扰乱了金融管理秩序，容易诱发涉黑恶犯罪，进而影响社会和谐稳定，故应当给予违法性评价。当然，是否需要刑法予以规范，还要看是否达到了严重侵害社会公共利益和扰乱金融管理秩序的程度，但无论怎样，构成违法活动毋庸置疑，因此民事上必须给予否定性评价。[1]

作者简析

对《2020民间借贷司法解释》第13条第4项规定的出借人事先知道或者应当知道借款人借款用于违法犯罪活动仍然提供借款的，应当认定民间借贷合同无效，其适用条件有二：一是借款用途为违法犯罪活动，二是出借人知道或者应当知道前述借款用途。对该条规定存在争议的是，如何界定"违法犯罪"。实践中存在构成犯罪，但未被追究刑事责任；以及构成犯罪，已被追究刑事责任两种情形。对其如何进行评价，存在"结果说"与"评价说"两种观点。如果依照"先刑后民"的原则，先通过司法途径确认是否构成犯罪，再进行民事案件的审理，这一问题则简单明了。也有观点认为，只要能够评价为违法犯罪行为，就应当作无效认定。笔者认为，"违法"与"犯罪"分属于不同的法律概念，"违法"不等于"犯罪"，其违法性可通过审判人员的评价进行认定，然而，犯罪非经刑事审判程序不能作出认定。本条规定将"违法"和"犯罪"一并进行规范，应当区别情况，区别对待。其中的

---

[1] 国家法官学院案例开发研究中心. 中国法院2022年度案例. 北京：中国法制出版社，2022：28-32.

"犯罪",应当以"先刑后民"的原则审查,"违法"则可以在民事审判程序中进行认定。

另外,该条第 2 项"以向其他营利法人借贷、向本单位职工集资,或者以向公众非法吸收存款等方式取得的资金转贷的"和第 3 项"未依法取得放贷资格的出借人,以营利为目的向社会不特定对象提供借款的"的规定,前者针对的是转贷合同,后者针对的是违法放贷合同。这些合同被确认为无效合同是不存在争议的。问题在于,第 2 项规定的情形中,出借人明知借款人是用于转贷的;第 3 项规定的情形中,出借人明知借款人是非法吸收存款然后违法放贷的,对该等合同的效力应如何认定,法律及司法解释均未明确规定,其有可能被认定为有效合同。

【案例 044】
按照对方当事人的指定进行付款应承担举证责任

裁判文书:最高人民法院(2015)民申字第 1371 号民事裁定书

裁定书认定事实:

中 1 公司再审申请称,在每次还款前,闽×公司工作人员董××都会以短信形式告知收款人姓名和收款账号,然后再将付款信息指示给泽×公司,泽×公司按照指示进行还款。中 1 公司主张已经通过保证人泽×公司向董××指示的账号进行了还款,但并未提交相关短信通知,也未提交其他证据对该诉请予以佐证。中 1 公司续称,在案件庭审中提出了大连市沙河口区人民法院(2012)沙民初字第 3648 号民事判决书认定,陈×新在该案中曾作为闽×公司法定代表人洪×明的代理人收取过欠款。经查,该判决文书中并未提及该案中陈×新收取的欠款是偿还本案借款。中 1 公司所主张的还款行为皆发生在 2012 年 6 月 19 日同闽×公司签订的还款计划之前,而该还款计划却并未提及中 1 公司所述称的还款行为,也没有任何欠款数额因还款行为而发生变化,故对于中 1 公司述称的还款行为,原审法院未予认可,并无不当。

≈≈≈ 作者简析 ≈≈≈

从本案认定的事实中,可以看出:一方面,中 1 公司再审申请称,在每次还款前,闽×公司工作人员董××都会以短信形式告知收款人姓名和收款账号,然后再将付款信息指示给泽×公司,泽×公司按照指示进行还款。另一方面,中 1 公司既未提交相关短信通知,也未提交其他证据对该诉请予以佐证,所以应当承担败诉的结果。就其案件事实而言,再审申请人有完成举证的可能。主要理由如下:

第一,司法解释相关规定已将电子数据这类证据作为书证对待。其相关规定为:《民法典》第 469 条,《民事诉讼法司法解释》(2023 年修订)第 116 条,《2019 证据规则》第 15 条、第 93 条、第 94 条分别对电子数据的证据形式、证明效力、评判标准进行了规定,证明再审申请人所称的"手机短信"是合法证据。

第二,关于证据形式问题。《2019 证据规则》第 15 条规定:"当事人以视听资料作为证据的，应当提供存储该视听资料的原始载体。当事人以电子数据作为证据的，应当提供原件。电子数据的制作者制作的与原件一致的副本，或者直接来源于电子数据的打印件或其他可以显示、识别的输出介质，视为电子数据的原件。"该条规定的电子数据的三种形式：电子数据的制作者制作的与原件一致的副本；直接来源于电子数据的打印件；直接来源于电子数据的其他可以显示、识别的输出介质，均可视为电子数据的原件。其中的打印件，与其他书证的不同之处在于，其他书证从形式上不具备有效要件，如银行转款凭证上没有银行印章的，一般不认为是原件；而电子数据的打印件被视为原件，如果制作者承认，就具有证明效力。如果对方当事人对其证据的真实性提出异议，其举证责任就转移到对方。从这一规定来看，再审申请人是完全可以履行举证义务的。

第三，类似情形的救济渠道。其一，如果有新的证据证明其案件事实，可以通过另案诉讼来解决。其二，申请再审。再审申请中必然涉及新证据的认定。有的情形下，当事人是逾期提交证据，但其确实无法寻求其他的救济途径，对此有的法院即将其作为新证据对待。

【案例045】

非金融机构企业以借贷为常业对外出借资金的效力认定

裁判文书：四川省内江市中级人民法院（2019）川10民再5号民事判决书

判决书认定事实：

关于涉案合同效力问题。经查明，垫×公司开展的垫付业务形式为：授予买方会员一定的信用额度，买方会员再使用额度购买卖方会员产品及服务，由垫×公司向卖方会员先行垫付，而后买方会员按约定将垫付款定期归还垫×公司，垫×公司向卖方会员收取一定额度的手续费。这种借助电子商务专业网络平台开展的信用额度垫付业务，其形式和性质类似于银行开展的信用卡透支业务。虽然垫×公司辩称垫×公司的主要业务并非发放贷款，主要盈利方式也不是来源于对资金使用权的让渡，业务对象仅限于会员之间，并非不特定的社会大众，客观上没有对货币供应量和信用量产生影响；但从本案查明事实来看，垫×公司向其广大会员的授信行为具有经常性、经营性和对象不特定性，其行为性质属于金融活动。金融活动属于国家特许经营的范围，而垫×公司营业执照登记的经营范围并未包括金融活动，其未经批准擅自从事经常性的放贷业务，属于从事非法金融业务活动，违反了《银行业监督管理法》第19条"未经国务院银行业监督管理机构批准，任何单位或者个人不得设立银行业金融机构或者从事银行业金融机构的业务活动"的规定。根据《最高人民法院关于适用〈中华人民共和国合同法〉若干问题的解释（一）》第10条"当事人超越经营范围订立合同，人民法院不因此认定合同无效。但违反国家限制经营、特许经营以及法律、行政法规禁止经营规定的除外"的规定，垫×公司未经批准从事金融活动，其发放借款的行为违反了金融监管规定，故垫×公司与陈×订立的合同应依法认定为无效合同，一审法院认定"垫×宝（垫付卡）领用合约"有效系适用法律错误，本院予以纠正。

～～～ 法官论述 ～～～

非金融机构的企业从事金融贷款活动应当认为合同无效。首先，由于民间借贷门槛低、主体多元、社会诚信机制不健全等原因，民间借贷也存在资金风险大、监管紊乱等诸多问题。作为生产经营型企业，如果以放贷为主要业务，或者以此作为主要收入来源，则可能导致该企业的性质发生改变，成为未经金融监管部门批准从事专门放贷业务的金融机构，这将严重扰乱我国金融市场，扰乱金融秩序，造成金融监管紊乱，危害社会资金安全。其次，根据《银行业监督管理法》第19条"未经国务院银行业监督管理机构批准，任何单位或者个人不得设立银行业金融机构或者从事银行业金融机构的业务活动"的规定，由于金融贷款业务直接关系国家金融管理秩序和社会资金安全，事关社会公共利益，属于效力性强制性规定。根据《民法典》第153条关于"违反法律、行政法规的强制性规定的民事法律行为无效"的规定，应认定其相关合同无效。①

～～～ 作者简析 ～～～

本案为新型的非金融机构企业从事金融贷款活动的案例。涉案企业的业务类似于银行开展的信用卡透支业务，如果放任发展，将严重扰乱金融秩序，造成金融监管紊乱，危害社会资金安全。《银行业监督管理法》属于法律，其第19条之规定，是类似案例认定合同无效的法律依据。

【案例046】
因赌博产生的债务不受保护

裁判文书：北京市第一中级人民法院（2016）京01民终1499号民事判决书②

判决书认定事实：

本案中，穆×主张与闫×之间存在民间借贷法律关系，并提交了闫×出具的借条证明其主张。闫×否认双方之间存在借贷关系，辩称借条涉及的3.8万元款项系因其参与穆×开设的赌局所欠的赌债，并提交了其与穆×的录音以证明该3.8万元为赌债。对此本院认为，穆×虽然提交了闫×出具的借条，但在向闫×催要钱款时，闫×在录音中多次提到开局，穆×并未予以否认，特别是闫×说道："你要不输钱，你也不开这局，我也不至于输这3.8万元……你也是输钱了，然后开局挣点钱，然后还别人"。穆×则答道："我这也输钱了，没招了，没法弄"。上述通话内容，可以表明穆×确曾开设赌局，闫×参加赌局并欠下了赌债。穆×未对上述录音真实性提出异议，亦未对录音内容中涉及的开局、输钱等作出合理解释，故本院认定本案诉争的3.8万元为赌债。赌博是我国法律所禁止的行为，

---

① 国家法官学院案例开发研究中心. 中国法院2021年度案例. 北京：中国法制出版社，2021：38-41.
② 该案被收录于：国家法官学院案例开发研究中心. 中国法院2018年度案例. 北京：中国法制出版社，2018：146-149.

赌博行为之所得为违法所得，不应受得到法律的保护。本案中，闫×向穆×出具的借条，系基于赌博行为而产生的债权债务关系，不具有法律效力，不应受保护，故本院对穆×的诉讼请求不予支持。

~~~ 作者简析 ~~~

关于民间借贷合同关系的成立，适用严格的证明标准。当证据载明的内容证明存在其他法律关系的可能性时，借款合同关系的成立受到质疑。此时，原告方应当进一步举示证据，并达到高度可能性的证明标准，该证据才有被采信的可能性。本案原告方举示了借条，证明借款合同关系的成立，但被告方举示了通话录音证据，证明案涉借款实际为赌债的可能性较大，此时，原告方未完成继续举证的义务，因此，生效判决认定民间借贷合同关系不成立。

【案例047】

通过虚构银行转账流水形成的民间借贷应认定为无效

裁判文书：江苏省扬州市中级人民法院（2018）苏10民终3068号民事判决书①

判决书认定事实：

关于2014年11月27、28日的转账62万元，经查明，该流水系同一笔11万元款项在臧×威、王×琴、梅×、王×梅、杨×娟等人的银行账户中循环转账形成，且钱款最终仍回到臧×威账户，臧×威对各银行账户之间短时间的频繁转账未能作合理解释，其所提供的银行流水不足以证明款项实际交付，对该62万元，本院不予支持。此外，关于现金交付的8万元，因本案中出现循环转账，对款项交付应当严格审查。虽案外人唐×辉陈述"亲眼看到臧×威带着一打现金，应该是8万元"，但唐×辉的身份为讼争"借款合同"签订的见证律师，其见证范围仅限于合同签订，不包括款项交付，故唐×辉的陈述属于证人证言，不能单独作为认定案件事实的依据，对现金交付的8万元，上诉人杨×及第三人臧×威均未提供其他证据佐证，本院亦不予支持。

~~~ 作者简析 ~~~

本案有以下几点值得借鉴：

一是如果依据原告举示的借条和转款凭证，完全可以得出借款合同已经成立的结论。但当被告方提出抗辩后，审判人员结合借贷金额、款项交付、当事人的经济能力、当地或者当事人之间的交易方式、交易习惯、当事人财产变动情况以及证人证言等事实和因素，综合判断查证借贷事实是否发生，而不是仅凭原告举示的证据作出简单判断。从举证能力上看，被告方抗辩时并不能举示与被告方无直接联系的款项走向证据，而要依靠原告的举

---

① 该案被收录于：国家法官学院案例开发研究中心. 中国法院2020年度案例. 北京：中国法制出版社，2020：20-23.

证，或者申请法院依法调取证据，查清资金走向的来龙去脉，才能体现出案件的全貌。本案正是在查清案涉相关事实的基础上，通过综合分析最后得出结论，充分体现了程序正义的要求。

二是在法律的适用上，适用《2015民间借贷司法解释》第15条的规定，而不适用第16条的规定。其理由是原告方通过循环转账，其款项最终仍回到臧×威手里，证明款项并未实际支付，不符合第16条规定的原告仅依据金融机构的转账凭证提起民间借贷诉讼的情形。

三是不要轻信证人证言。《民事诉讼法》第66条规定："证据必须查证属实，才能作为认定事实的根据。"案涉唐×辉的陈述属于证人证言，唐×辉作为讼争"借款合同"签订的见证律师，与委托人存在利害关系，因此，其证言不能单独作为认定案件事实的依据。在实践中，不论是套路贷，还是其他虚假诉讼，资金走向都具有多样性，不能简单将举证责任分配给某一方，否则，会得出错误的结论。

【案例048】

未经金融监管部门批准从事放贷业务的机构与相对人订立的民间借贷合同无效

裁判文书：江西省宜春市中级人民法院（2018）赣09民终410号民事判决书①

判决书认定事实：

垫×公司与黄×、吉×公司签订了"垫×宝（垫付卡）领用合约"、"卡车分期垫款服务及担保协议"、承诺函等合同，约定黄×向吉×公司购买车辆，由垫×公司先代黄×垫付购车款，黄×分期向垫×公司还款，并由吉×公司提供保证担保。本案审理过程中，黄×与吉×公司均称双方不存在车辆买卖或挂靠关系，其车辆交易是为了吉×公司向垫×公司借款而虚构的，垫×公司称对此不知情，其受到了黄×、吉×公司的欺诈。根据查明的事实，垫×公司的员工万×、封×代北京××车科技有限公司对吉×公司进行了尽职调查，万×自认参与了黄×等人与吉×公司的交易过程，并指导当事人进行网站操作，在与吉×公司的法定代表人欧×华商谈过程中，承认垫×公司垫付的款项实际是吉×公司借款，吉×公司偿还了部分借款。垫×公司对垫×宝网站会员的垫付申请，应审慎审查其交易的真实性及是否符合垫付条件，万×作为垫×公司员工，代表公司从事经营活动，执行公司事务，其行为的法律后果应由垫×公司承担，垫×公司在知晓黄×与吉×公司的虚假交易的情况下，仍向吉×公司付款，应视为垫×公司允许吉×公司以此方式取得借款。垫×公司称受到黄×、吉×公司的欺诈，本院不予采信。

《民法总则》（已失效，余同）第146条规定："行为人与相对人以虚假的意思表示实施的民事法律行为无效。以虚假的意思表示隐藏的民事法律行为的效力，依照有关法律规定处理。"行为人意思表示真实是民事法律行为的基本条件之一。黄×与吉×公司之间不存在真实的车辆买卖关系，垫×公司对此亦知情，三方当事人签订的"卡车分期垫款服务

---

① 该案被收录于：国家法官学院案例开发研究中心．中国法院2020年度案例．北京：中国法制出版社，2020：43－47．

及担保协议"中关于黄×向吉×公司购买车辆及垫×公司代黄×垫款的意思表示不真实，合同的该部分内容应为无效。合同中关于黄×购买车辆及借款的部分无效，自始没有法律约束力，垫×公司要求黄×偿还借款，本院不予支持。本案中，当事人订立合同的真实意思表示是吉×公司向垫×公司借款，垫×公司亦已向吉×公司发放了借款，垫×公司与吉×公司之间构成借款合同关系。对于上述合同中当事人隐藏的借款合同关系的效力，本院认为，根据本案查明的事实，垫×公司通过互联网平台与不特定的社会公众发生交易，其为垫×宝会员垫付消费款项的行为实质是发放贷款，属于金融活动。《最高人民法院关于适用〈中华人民共和国合同法〉若干问题的解释（一）》第10条规定："当事人超越经营范围订立合同，人民法院不因此认定合同无效。但违反国家限制经营、特许经营以及法律、行政法规禁止经营规定的除外。"根据《商业银行法》第11条第2款"未经国务院银行业监督管理机构批准，任何单位和个人不得从事吸收公众存款等商业银行业务，任何单位不得在名称中使用'银行'字样"和《银行业监督管理法》第19条"未经国务院银行业监督管理机构批准，任何单位或者个人不得设立银行业金融机构或者从事银行业金融机构的业务活动"之规定，金融活动属于国家特许经营的范围，垫×公司营业执照登记的经营范围并未包括金融活动，也无证据证明其经营的放贷业务取得了监管部门许可，故其与吉×公司的借款合同应认定为无效。其次，虽然《最高人民法院关于审理民间借贷案件适用法律若干问题的规定》（2015年）将企业纳入民间借贷的主体范围，但非金融企业对外放贷依然受到法律的严格限制，根据该司法解释第11条"法人之间、其他组织之间以及它们相互之间为生产、经营需要订立的民间借贷合同，除存在合同法第五十二条、本规定第十四条规定的情形外，当事人主张民间借贷合同有效的，人民法院应予支持"之规定，企业之间借贷仅限于为生产、经营需要的偶发性、临时性向特定对象的贷款活动，而垫×公司以消费垫付的形式向其会员发放贷款，显然不是为解决资金困难或生产经营急需的偶发性行为，而是具有经常性、经营性和对象不特定性，应否定其合同效力。据此，垫×公司与吉×公司的借款合同无效，对垫×公司主张的违约金本院不予支持，吉×公司因合同取得的财产即尚欠的借款本金166 660元应予返还，一审法院根据双方当事人的过错，判令吉×公司按照中国人民银行同期同类贷款利率向垫×公司支付资金占用期间的损失亦无不当。

作者简析

本案有两个方面的事实值得注意。一是以虚构买卖合同的形式从事贷款业务。二是其发放贷款具有经常性、经营性和对象不特定性的特点，应认定合同无效。企业之间借贷由不合法到有条件的合法，经历了漫长的过程，其间存在激烈争议。相关司法解释列入民间借贷调整范围的，仅限于为生产、经营需要的偶发性、临时性向特定对象的贷款活动，除此之外的企业间借贷活动会对国家金融秩序构成严重影响，应当作否定性的评价。实践中，中国人民银行和银行业监督管理机构作出的相关规定，可以作为认定合同无效的依据。其定性依据见《九民纪要》第31条规定。

（五）因诈骗签订的借款合同并不当然无效

相关规定

▼《民法典》

第146条　行为人与相对人以虚假的意思表示实施的民事法律行为无效。

以虚假的意思表示隐藏的民事法律行为的效力，依照有关法律规定处理。

第148条　一方以欺诈手段，使对方在违背真实意思的情况下实施的民事法律行为，受欺诈方有权请求人民法院或者仲裁机构予以撤销。

第149条　第三人实施欺诈行为，使一方在违背真实意思的情况下实施的民事法律行为，对方知道或者应当知道该欺诈行为的，受欺诈方有权请求人民法院或者仲裁机构予以撤销。

第155条　无效的或者被撤销的民事法律行为自始没有法律约束力。

【重点难点提示】

在签订合同过程中存在诈骗行为，证明其合同内容并不是当事人的真实意思表示。对此，《民法典》第146条作了相应规定。该条规定包含两层含义：

一是虚假的意思表示部分应认定为无效。

二是"虚假的意思表示隐藏的民事法律行为"，可能是当事人的真实意思表示。对该部分约定的效力，应当依照有关法律规定处理，证明其行为并不必然无效。法律赋予了当事人撤销权（见前述规定）。在被撤销之前，合同效力处于待定状态；被撤销之后，其民事法律行为自始没有法律约束力。

在实践中，要注意区分可撤销合同与无效合同，并采取相应的措施，保护当事人的合法权益不受侵害。

【最高人民法院指导性意见】

被告人在刑事上构成诈骗罪，其签订的民商事合同，从尊重合同相对人意志、保护相对人最佳利益的角度，可以将此类合同按可撤销合同对待。①

【权威观点】

以签订合同的形式实施诈骗，如果仅仅是合同一方的目的而非双方的共同目的，其并不属于"以合同形式掩盖非法目的"的情形，在效力认定上也得不出合同无效的结论。那种想当然地认为实施诈骗而签订的合同必然无效的观点，正是没有弄清楚这一点。推而广之，集资诈骗、强迫交易、敲诈勒索等行为构成犯罪的，与此相关的民事合同"并不当然无效"，同样属于可撤销合同。②

---

① 最高人民法院民事审判第一庭．民间借贷纠纷审判案例指导．北京：人民法院出版社，2015：239．

② 最高人民法院民事审判第一庭．最高人民法院新民间借贷司法解释理解与适用．北京：人民法院出版社，2021：218．

(六）确认合同无效的法律程序

在"民法典"及相关的司法解释中并未规定合同是否有效的确认程序是否必须由法院或仲裁机构进行。

首先，对合同是否有效，应由当事人自己进行判断。如果认为是无效合同，应及时向对方当事人宣布，以防止损失扩大。当然，是否向对方当事人宣布，并不影响合同效力的认定。对方当事人持有异议的，任何一方都可以向人民法院或仲裁机构提出确认申请；对方当事人无异议的，则无诉讼或仲裁的必要。

其次，在诉讼或仲裁过程中，关于合同是否有效，属于案件的基本事实，审判人员或仲裁员应当依照其职权主动审查，并不要求必须以当事人提出确认请求而启动。

（七）被确认为无效合同的法律后果

根据《民法典》第157条的规定，民事法律行为无效、被撤销或者确定不发生效力后，有下列几种救济方式：

（1）要求返还财产；

（2）折价补偿（不能返还或者没有必要返还的）；

（3）赔偿损失（按照过错原则进行确认。双方均有过错的，应当按照各自的过错各自承担相应的责任）。

实践中，要注意以下问题：

（1）签订借款合同后，发现签订的是无效合同，可以拒绝履行合同义务或主张权利。

比如：签订合同后，借款人发现是与职业放贷人签订的借款合同，因系无效合同，为了避免陷入套路贷、高利贷等陷阱中，可以拒绝接受借款。

（2）因出借人的原因签订的借款合同被确认无效，出借人只能主张返还本金。

依照规定，合同被确认无效，或者被依法撤销，当事人应当返还取得的财产。不能返还或者没有必要返还的，应当折价补偿。有过错的一方应当赔偿对方由此所受到的损失。

实践中，下列情形应当界定为违法行为：1）非法吸收存款；2）非法集资案件；3）赌博借贷；4）其他违法用途，如贩毒、制毒、吸毒等。

（3）因借款人的过错签订的借款合同被确认无效，除了要求借款人返还本金，出借人还可以参照银行同期同类贷款利率请求借款人支付资金占用损失。

一般情形下，过错责任在于出借人一方。但是，如果借款人知道或应当知道出借人的违法行为，仍然签订借款合同，就也有过错。在双方均存在过错的情况下，是否可以要求借款人承担资金占用损失，应当根据过错责任的大小确定。

（八）签订借款合同时如何防范合同无效或有效

防范合同无效主要从主体合法、内容真实、未违反国家强制性规定或公序良俗等方面进行。相反，借款人为了避免掉入高利贷等陷阱，应当收集并保存违法借贷的相关证据。主要体现在：

一是对于合同主体不合法的，要拒绝追认其合同效力。这包括无民事行为能力人或限制民事行为能力人的监护人，分支机构的法人主体或非法人组织，在确认是否追认合同效力时要持谨慎态度。原则上，对当事人有利的，可以进行追认；对当事人不利甚至可能造成损失的，应当拒绝追认。

二是签订合同不是其真实意思表示的，应当保存好相关证据，如有关胁迫、恐吓、敲诈勒索等证据。

三是保管好对方当事人知道或应当知道的证据。

三、效力待定合同

> 相关规定

▼《民法典》

第19条 八周岁以上的未成年人为限制民事行为能力人，实施民事法律行为由其法定代理人代理或者经其法定代理人同意、追认；但是，可以独立实施纯获利益的民事法律行为或者与其年龄、智力相适应的民事法律行为。

第22条 不能完全辨认自己行为的成年人为限制民事行为能力人，实施民事法律行为由其法定代理人代理或者经其法定代理人同意、追认；但是，可以独立实施纯获利益的民事法律行为或者与其智力、精神健康状况相适应的民事法律行为。

第145条 限制民事行为能力人实施的纯获利益的民事法律行为或者与其年龄、智力、精神健康状况相适应的民事法律行为有效；实施的其他民事法律行为经法定代理人同意或者追认后有效。

相对人可以催告法定代理人自收到通知之日起三十日内予以追认。法定代理人未作表示的，视为拒绝追认。民事法律行为被追认前，善意相对人有撤销的权利。撤销应当以通知的方式作出。

第146条 行为人与相对人以虚假的意思表示实施的民事法律行为无效。

以虚假的意思表示隐藏的民事法律行为的效力，依照有关法律规定处理。

第147条 基于重大误解实施的民事法律行为，行为人有权请求人民法院或者仲裁机构予以撤销。

第148条 一方以欺诈手段，使对方在违背真实意思的情况下实施的民事法律行为，受欺诈方有权请求人民法院或者仲裁机构予以撤销。

第149条 第三人实施欺诈行为，使一方在违背真实意思的情况下实施的民事法律行为，对方知道或者应当知道该欺诈行为的，受欺诈方有权请求人民法院或者仲裁机构予以撤销。

第150条 一方或者第三人以胁迫手段，使对方在违背真实意思的情况下实施的民事法律行为，受胁迫方有权请求人民法院或者仲裁机构予以撤销。

第 151 条　一方利用对方处于危困状态、缺乏判断能力等情形，致使民事法律行为成立时显失公平的，受损害方有权请求人民法院或者仲裁机构予以撤销。

第 152 条　有下列情形之一的，撤销权消灭：

（一）当事人自知道或者应当知道撤销事由之日起一年内、重大误解的当事人自知道或者应当知道撤销事由之日起九十日内没有行使撤销权；

（二）当事人受胁迫，自胁迫行为终止之日起一年内没有行使撤销权；

（三）当事人知道撤销事由后明确表示或者以自己的行为表明放弃撤销权。

当事人自民事法律行为发生之日起五年内没有行使撤销权的，撤销权消灭。

第 153 条第 1 款　违反法律、行政法规的强制性规定的民事法律行为无效。但是，该强制性规定不导致该民事法律行为无效的除外。

第 155 条　无效的或者被撤销的民事法律行为自始没有法律约束力。

第 157 条　民事法律行为无效、被撤销或者确定不发生效力后，行为人因该行为取得的财产，应当予以返还；不能返还或者没有必要返还的，应当折价补偿。有过错的一方应当赔偿对方由此所受到的损失；各方都有过错的，应当各自承担相应的责任。法律另有规定的，依照其规定。

第 168 条　代理人不得以被代理人的名义与自己实施民事法律行为，但是被代理人同意或者追认的除外。

代理人不得以被代理人的名义与自己同时代理的其他人实施民事法律行为，但是被代理的双方同意或者追认的除外。

第 169 条　代理人需要转委托第三人代理的，应当取得被代理人的同意或者追认。

转委托代理经被代理人同意或者追认的，被代理人可以就代理事务直接指示转委托的第三人，代理人仅就第三人的选任以及对第三人的指示承担责任。

转委托代理未经被代理人同意或者追认的，代理人应当对转委托的第三人的行为承担责任；但是，在紧急情况下代理人为了维护被代理人的利益需要转委托第三人代理的除外。

第 171 条第 1、2 款　行为人没有代理权、超越代理权或者代理权终止后，仍然实施代理行为，未经被代理人追认的，对被代理人不发生效力。

相对人可以催告被代理人自收到通知之日起三十日内予以追认。被代理人未作表示的，视为拒绝追认。行为人实施的行为被追认前，善意相对人有撤销的权利。撤销应当以通知的方式作出。

【重点难点提示】

（一）需要经过同意或追认才产生法律效力的合同

1. 限制民事行为能力人实施的非纯获利益的民事法律行为，并且与其年龄、智力、精神健康状况不相适应的民事法律行为（《民法典》第 19、22、145 条）。

2. 法律上对代理人的代理行为进行限制的情形下，需要被代理人的同意或追认，才产生法律效力。

3. 《民法典》第168、169、171条规定，需要经过同意或追认的情形包括：(1) 代理人以被代理人的名义与自己实施民事法律行为；(2) 代理人以被代理人的名义与自己同时代理的其他人实施民事法律行为；(3) 代理人需要转委托第三人代理；(4) 行为人没有代理权、超越代理权或者代理权终止后，仍然实施代理行为。

4. 关于追认的期限。按照规定，涉及追认产生法律效力的，一般是相对人可以催告被代理人自收到通知之日起30日内予以追认。被代理人未作表示的，视为拒绝追认。行为人实施的行为被追认前，善意相对人有撤销的权利。撤销应当以通知的方式作出。

我们认为，前述规定有两层含义：

一是催告追认，既是相对方的合同义务，也是其合同权利。针对需要追认才产生法律效力的合同，相对人有催告被代理人进行追认的义务。该义务应当在合理期限内履行。所谓的合理期限，应当指相对人知道或者应当知道代理人有需要追认的情形的合理时间范围。超出合理期限未进行催告的，相对方会丧失其要求追认的权利。所以，对法律条款中规定的"被代理人自收到通知之日起三十日内予以追认"，不能作无限期的扩大化解释。

二是被代理人享有追认、拒绝追认的权利。相对方送达了催告通知的，被代理人可以在30日内作出追认与拒绝追认的意思表示；在此期间未作出意思表示的，视为拒绝追认。那么，这是否意味着超过30日以后，被代理人就无权再作出追认的意思表示了呢？

我们认为，超过30日，被代理人又作出追认的意思表示，属于自由处分权范畴。因法律上对此并无禁止性规定，其追认仍然具有法律效力。其追认的意思表示，可以以语言形式，也可以以行为形式作出，即从语言上虽然没有追认，但其行为表明已经实际履行合同义务的，均应当认定为已经被追认。《民法典》第171条规定的追认，并不单指语言形式的追认，行为形式的追认也包含其中。

（二）需要当事人确定是否申请撤销才能确定合同的效力

法律上赋予当事人撤销权的合同，在当事人撤销以前，合同效力处于待定状态，需要视当事人是否提出撤销申请而最终确认其合同效力。实践中应注意以下问题：

1. 当事人行使撤销权应当符合的条件

(1) 具有法定或约定事由。法定事由包括《民法典》第147条至第151条规定的情形。具体包括：

一是基于重大误解实施的民事法律行为（《民法典》第147条）；

二是因欺诈而签订的合同，包括：1) 一方以欺诈手段，使对方在违背真实意思的情况下实施的民事法律行为（《民法典》第148条）；2) 第三人实施欺诈行为，使一方在违背真实意思的情况下实施的民事法律行为（《民法典》第149条）。

三是因胁迫而签订的合同（《民法典》第150条）

四是因危困状态签订的显失公平的合同（《民法典》第151条）。

上述条文中，对《民法典》第148条规定的"一方以欺诈手段，使对方在违背真实意思的情况下实施的民事法律行为"，只有受欺诈方才有权请求人民法院或者仲裁机构予以撤销。实施欺诈行为的一方当事人不享有此项权利。也就是说，即使是受欺诈而签订的合同，如果受欺诈一方自愿履行合同，则另一方无撤销权。只有当受欺诈一方不愿意履行合同时，受欺诈一方才享有此项权利。

相形之下，《民法典》第149条规定，如果因第三人实施欺诈行为而签订的合同，仅在受欺诈的相对人知道或者应当知道欺诈行为时，受欺诈方才享有撤销权。

对《民法典》第150条规定的"胁迫"，我们认为，只有符合以下条件才能加以认定：

1）具有胁迫的具体事实，且达到受胁迫一方产生恐惧的心理状态。对此，申请撤销的一方当事人负有举证责任。如果没有证据，只有口头陈述，其胁迫事实难以得到认定。

2）所谓胁迫的事实，应当是指超出法律允许范围的行为。如果系合法行为，不构成胁迫。如害怕对方提出诉讼、举报、上访等，对自己造成不好的影响，甚至害怕承担法律责任而陷入恐惧，不属于胁迫行为。

对《民法典》第151条规定的因危困状态签订的显失公平的合同。法律规定将"显失公平"限定在"一方利用对方处于危困状态、缺乏判断能力等情形，致使民事法律行为成立时显失公平的"，包括两层含义：一是当事人一方未利用对方处于危困状态、缺乏判断能力等情形，即使签订的合同显失公平，也不具有撤销权。二是根据法律条文规定的"等情形"，证明立法本意中"危困状态、缺乏判断能力"不属于并行条件。具备其中之一的，即可构成撤销显失公平合同的前提条件。

除上述情形外，《民法典》第199条还规定："法律规定或者当事人约定的撤销权、解除权等权利的存续期间……"这说明除前述法定事由外，当事人可以在合同中约定撤销事由。我们认为，除法定事由外，当事人约定可以撤销的情形，实际上属于约定解除合同的情形，二者在法律后果上是一致的。

（2）主张撤销的当事人应当是善意相对人。如果是非善意的，不得享有撤销权。

（3）应当在约定或规定的期限内行使权利。具体见《民法典》第152条的规定。

2. 撤销权行使的程序

当事人依照法定程序申请撤销的撤销权，必须在诉讼或仲裁程序中行使。因此，判断是否允许撤销，属于人民法院或者仲裁机构的职权范围。

3. 撤销权行使的期限即除斥期间

（1）因重大误解的，当事人自知道或者应当知道撤销事由之日起90日内；

（2）因其他事由的，当事人自知道或者应当知道撤销事由之日起1年内；

（3）当事人自民事法律行为发生之日起5年内。

在上述期限内没有行使撤销权的，撤销权消灭。撤销权消灭的法律后果是合同归于有效。

上述除斥期间与诉讼时效不同的是，诉讼时效会因为主张权利而使诉讼时效中断；除斥期间则是在法定期限内未主张权利的，其权利即归于消灭，不存在中止、中断的情形。

4. 撤销权的放弃

根据《民法典》第152条的规定，还有一种情形可以使撤销权归于消灭，那就是当事人知道撤销事由后明确表示或者以自己的行为表明放弃撤销权。我们认为，其放弃行为，有两层含义：一是享有撤销权的当事人在法定期限内未提出撤销权的主张；二是享有撤销权的当事人在法定期限内明确表示了放弃撤销权。

对于第二种情形，当事人放弃了撤销权的，就不得再行主张。

5. 合同被撤销的法律后果

首先，依照《民法典》第155条的规定，无效的或者被撤销的民事法律行为自始没有法律约束力。

其次，被撤销的合同，产生与无效合同相同的法律效果。即责任承担形式包括：（1）返还财产；（2）折价补偿；（3）赔偿损失。赔偿损失分为单方过错责任与双方过错责任。如果双方均有过错的，应各自承担责任。

【案例049】

财务公司对外发放贷款，违反了限制经营和特种经营的规定，依法应当认定确认借款合同无效

判决书认定事实：

四川省高级人民法院审理认为，财务公司向地基公司发放外汇贷款，超越其经营金融许可证和外汇许可证核准的经营范围，违反了限制经营和特种经营的规定，依法应当认定确认借款合同无效。

关于担保合同的效力问题。四川省高级人民法院审理认为，独立担保仅适用于国际经济活动，故本案中投资公司的担保仍为一般担保，该担保合同因借款合同无效而无效。因投资公司未尽到谨慎审查义务，为地基公司提供了文字上的独立担保，取得了财务公司的信赖而发放该笔借款，造成款项不能偿还，投资公司因此应当承担相应的赔偿责任。根据《担保法司法解释》第8条之规定，故投资公司应当承担地基公司不能清偿借款本金的三分之一。[①]

≈≈≈ 作者简析 ≈≈≈

需注意的问题：

一是《担保法司法解释》第8条之规定已被《最高人民法院关于适用〈中华人民共和

[①] 江必新，何东宁，程似锦. 最高人民法院指导性案例裁判规则理解与适用：担保卷：上册. 2版. 北京：中国法制出版社，2017：77.

国民法典〉有关担保制度的解释》（法释〔2020〕28号，以下简称《民法典担保制度司法解释》）第17条规定吸收。新的规定是：主合同有效而第三人提供的担保合同无效，人民法院应当区分不同情形确定担保人的赔偿责任：（1）债权人与担保人均有过错的，担保人承担的赔偿责任不应超过债务人不能清偿部分的1/2；（2）担保人有过错而债权人无过错的，担保人对债务人不能清偿的部分承担赔偿责任；（3）债权人有过错而担保人无过错的，担保人不承担赔偿责任。主合同无效导致第三人提供的担保合同无效，担保人无过错的，不承担赔偿责任；担保人有过错的，其承担的赔偿责任不应超过债务人不能清偿部分的1/3。

二是关于违反了限制经营和特种经营的规定，依法应当认定借款合同无效的问题。一般情形下，认定合同效力不能以部门规章为依据。但是，《九民纪要》第31条规定，违反规章一般情况下不影响合同效力，但该规章的内容涉及金融安全、市场秩序、国家宏观政策等公序良俗的，应当认定合同无效。人民法院在认定规章是否涉及公序良俗时，要在考查规范对象基础上，兼顾监管强度、交易安全保护以及社会影响等方面进行慎重考量，并在裁判文书中进行充分说理。

三是关于独立保函的从属性及效力的问题。一般情形下，无论是用于国际商事交易还是用于国内商事交易，独立保函都不具有从属性。但是，银行或者非银行金融机构之外的人开具的独立保函，以及当事人有关排除担保从属性的约定，最高人民法院不认可其独立性，并且强调了从属性的重要性，且认为"主合同无效，则该所谓的独立担保也随之无效"。具体见《九民纪要》第54条规定。

【案例050】

企业之间为生产经营进行临时性资金拆借所签的借款合同，如何认定合同效力

裁判文书：最高人民法院（2014）民一终字第39号民事判决书

判决书认定事实：

《最高人民法院关于对企业借贷合同借款方逾期不归还借款的应如何处理的批复》认定"企业借贷合同违反有关金融法规，属无效合同"，乃针对企业之间经常性的资金融通行为可能扰乱金融秩序的情形，一审法院关于双方之间发生的实质上是一种为生产经营所进行的临时性资金拆借行为，不属于违反国家金融管制的强制性规定的情形，"借款协议"有效的认定并无不当，本院亦予以确认。

~~~ 法官论述 ~~~

《最高人民法院关于对企业借贷合同借款方逾期不归还借款的应如何处理的批复》认

定"企业借贷合同违反有关金融法规，属无效合同"，系针对企业之间经常性的资金融通行为可能扰乱金融秩序的情形，但如果双方之间发生的实质上是一种为生产经营所进行的临时性资金拆借行为，则不属于违反国家金融管制的强制性规定的情形。加之借款协议是双方真实意思表示，且符合《合同法》第196条规定的借款合同的形式要件，因此合法有效。①

≈≈≈ 作者简析 ≈≈≈

实践中，应注意企业正常生产经营借贷与职业放贷的区别。对职业放贷人，《九民纪要》第53条有明确规定，主要以"同一出借人在一定期间内多次反复从事有偿民间借贷行为"为认定标准。不符合此条规定者，不能认定为职业放贷人。《最高人民法院关于对企业借贷合同借款方逾期不归还借款的应如何处理的批复》（法复〔1996〕15号）中规定："企业借贷合同违反有关金融法规，属无效合同"。其中的"法规"，一般认为是法律和国务院的行政法规，在适用时应作广义理解。理由是，《九民纪要》第31条对此作了详细规定。依照该条规定，中国人民银行发布的部门规章，可以作为认定合同无效的依据，但要注意适用条件。

附：最高人民法院关于对企业借贷合同借款方逾期不归还借款的应如何处理的批复（法复〔1996〕15号）

四川省高级人民法院：

你院《关于企业拆借合同期限届满后借款方不归还本金是否计算逾期利息及如何判决的请示》（川高法〔1995〕223号）收悉。经研究，答复如下：

企业借贷合同违反有关金融法规，属无效合同。对于合同期限届满后，借款方逾期不归还本金，当事人起诉到人民法院的，人民法院除应按照最高人民法院法（经）发〔1990〕27号《关于审理联营合同纠纷案件若干问题的解答》第四条第二项的有关规定判决外，对自双方当事人约定的还款期满之日起，至法院判决确定借款人返还本金期满期间内的利息，应当收缴，该利息按借贷双方原约定的利率计算，如果双方当事人对借款利息未约定，按同期银行贷款利率计算。借款人未按判决确定的期限归还本金的，应当依照《中华人民共和国民事诉讼法》（1991年）第232条（现为第264条）的规定加倍支付迟延履行期间的利息。

中华人民共和国最高人民法院
一九九六年九月二十三日

---

① 最高人民法院民事审判第一庭．民间借贷纠纷审判案例指导．北京：人民法院出版社，2015：205-210.

【案例051】
直系亲属之间的民间借贷纠纷,应如何认定和处理

裁判文书:浙江省高级人民法院(2008)民二终字第139号民事判决书①

判决书认定事实:

朱×金、赵×园夫妇于2003年11月15日与其子朱×兴签订借条,并在借条上签名捺印,对借条的形式真实性并无异议,但对1 365 000元款项的性质及债权转让是否通知存在重大争议。经审查,该借条反映的并不是单纯的借款关系,还与朱×金、赵×园54平方米房屋的所有权及居住权相关联。朱×兴将该借条项下的债权转让给朱×祥,其在一审用以证明已经向朱×金、赵×园履行了催款及债权转让通知义务的证据——两份申通快递详情单表明邮件系由浙江××律师事务所杨××律师和朱×祥经手办理,详情单上均没有载明寄送的材料名称,朱×金、赵×园也否认收到债权转让通知的事实。据此,本案争议的债权转让已经通知朱×金、赵×园的事实不能直接确认。另,朱×金、赵×园夫妇年过八旬,需要子女的关心和照顾,54平方米房屋系朱×金、赵×园的养老栖身之所,朱×兴作为负有赡养义务的子女,明知父母没有偿付能力,在律师参与下,经几易其稿,最终形成由其与父母签署约定四倍借款利息且包含严格违约责任的借条,后又将该债权转让给朱×祥。如按照借条约定的利息条款计算,现该1 365 000元款项的本息累积已达数百万元,原本可安享晚年的高龄父母将陷于债务困扰之中。朱×兴在本案中的相关行为不符合一般的家庭道德观念。法庭不是单纯的诉讼竞技场,保护老年人的合法权益,体现司法的人文关怀,始终是本院在审理本案中优先考虑的因素。综上,本院认定朱×兴和朱×祥之间债权转让不成立,朱×祥相应的诉讼请求亦不予支持。至于朱×兴和朱×祥,朱×兴和朱×金、赵×园之间的债务纠纷,宜通过其他合理合法途径解决。原判认定的部分事实不清,适用法律有误,实体处理不当,根据《民事诉讼法》(2007年)第153条第1款第3项、《合同法》第80条之规定,经本院审判委员会决定,判决如下:(1)撤销金华市中级人民法院(2007)金中民一初字第197号民事判决。(2)驳回朱×祥的诉讼请求。

≈≈≈ 法官论述 ≈≈≈

(1)法律并不禁止直系亲属之间形成包括借贷合同在内的交易关系,但对直系亲属之间交易关系和债权转让关系的审查和确认,应考虑特定当事人的经济状况以及有关当事人应依法承担的赡养、抚养义务等具体情况。

(2)处理涉及直系亲属间交易关系的纠纷时,在意思自治和公序良俗的利益考量中应更强调公序良俗的价值取向,案件的处理结果应符合社会主义家庭道德观念与善良习俗,优先考虑保护老年人等弱势群体的合法权益,符合实体正义的要求。②

---

① 该案例登载于:人民法院案例选:2009年第4辑.北京:人民法院出版社,2009.
② 最高人民法院民事审判第一庭.民间借贷纠纷审判案例指导.北京:人民法院出版社,2015:244.

≋≋≋ 作者简析 ≋≋≋

案涉借条由年过八旬的夫妇出具。生效判决认定，在考查直系亲属间是否真实存在民间借贷合同关系时，要注意有无其他法律关系的存在，比如赡养、抚养义务等具体情况。实际上倡导的公序良俗及其道德观念，其价值取向是值得肯定的。在确认是否履行了债权转让的通知义务时，因"详情单上均没有载明寄送的材料名称，朱×金、赵×园也否认收到债权转让通知的事实"，故法院认定其不能证明有关当事人履行了通知义务，该认定标准对实践具有指导意义。

【案例 052】

在企业内部以借款形式向职工筹集资金用于生产经营，属于民间借贷

裁判文书：广东省肇庆市中级人民法院（2014）肇中法民一终字第 135 号民事判决书

判决书认定事实：

关于本案借款属于企业内部集资还是民间借贷的问题。市建筑公司因工程需要向职工借款，虽文件说明向职工或家属借款，但实际操作中，仅有少数特定人员向公司提供借款，并不符合内部集资的特征。且从后续处理来看，对于其他职工或家属出借款项的处理，市建筑公司依据重新达成的协议履行，协议约定期限内仍按照约定支付利息。另外，市建筑公司既主张本案属于企业内部集资，又主张属于高层小圈子侵吞国有资产的行为，前后矛盾，本院不予采信。因此，市建筑公司认为本案借款属于企业内部集资的理由不成立，本院不予支持，如有证据证明本案涉及其他违反法律法规的行为，可另循途径解决。邓×与市建筑公司代理人谭×坤签订的"借款协议"内容真实合法，属于当事人真实意思表示，根据《最高人民法院关于如何确认公民与企业之间借贷行为效力问题的批复》（已失效，余同）的规定，应认定为有效合同。原审判决认定本案借款属于民间借贷，符合法律规定，本院予以维持。

≋≋≋ 法官论述 ≋≋≋

单位因建设工程需要向单位职工或家属借款，不属于向社会不特定对象吸收资金，不构成非法集资，并且对于其他职工或家属出借的款项，单位已经依据重新达成的协议履行，协议约定期限内仍按照约定支付利息。借贷合同不存在《合同法》第 52 条规定的情形，民间借贷合同有效。[①]

≋≋≋ 作者简析 ≋≋≋

除案例中列明的法律依据以外，以下规定可作为类似案件的参考依据：

《最高人民法院关于审理非法集资刑事案件具体应用法律若干问题的解释》（法释〔2010〕18 号）第 1 条第 2 款规定："未向社会公开宣传，在亲友或者单位内部针对特定对

[①] 最高人民法院民事审判第一庭. 民间借贷纠纷审判案例指导. 北京：人民法院出版社，2015：211-219.

象吸收资金的,不属于非法吸收或者变相吸收公众存款。"

《最高人民法院、最高人民检察院、公安部、司法部关于办理非法放贷刑事案件若干问题的意见》(2019年)第4条规定:"仅向亲友、单位内部人员等特定对象出借资金,不得适用本意见第一条的规定定罪处罚。但具有下列情形之一的,定罪量刑时应当与向不特定对象非法放贷的行为一并处理:(一)通过亲友、单位内部人员等特定对象向不特定对象发放贷款的;(二)以发放贷款为目的,将社会人员吸收为单位内部人员,并向其发放贷款的;(三)向社会公开宣传,同时向不特定多人和亲友、单位内部人员等特定对象发放贷款的。"

【案例053】

企业之间采用虚假贸易形式进行的借贷活动,不应受到法律的保护

裁判文书:最高人民法院(2010)民提字第110号民事判决书

判决书认定事实:

上述证据构成了一个完整的证据链,共同印证本案中所涉的钢卷买卖,是科×公司、豫××公司、天×公司以货物买卖形式掩盖的企业间的融资交易。

天×公司并不具有从事融资贷款业务的资质,其与豫××公司、科×公司采用虚假贸易形式进行的借贷活动,违反了国家相关金融法规的禁止性规定,属于以合法形式掩盖非法目的行为,根据《合同法》第52条第3项的规定,本案当事人签订的"代理采购协议""代理采购合同""销售合同"均属无效合同。"代理采购协议"无效后,天×公司请求豫××公司支付28万元代理费没有法律依据,本院不予保护。

法官论述

当事人出资购买和销售货物但不承担风险,且一定期限后收回本金并获得固定利息回报的,符合借款合同特征。当事人所签订的,名为购销合同,实为企业间借贷。当事人非为生产、经营需要签订的民间借贷合同,属于以合法形式掩盖非法目的的行为,应确认无效。①

作者简析

第一,判断法人之间、非法人组织之间的民间借贷合同,是否具有法律效力,应当以是否构成职业放贷为标准。

本案生效判决书认定:企业为生产、经营需要是指为解决资金困难或生产急需偶然为之,不能以此为主业、常业。企业以借款、放贷为业务,则具有经常性、经营性、对象不特定性等特征。作为生产经营型企业,如果以经常放贷为主要业务,或者以此作为主要收入来源,则有可能导致该企业质变为未经金融监管部门批准从事专门放贷业务的金融机

---

① 最高人民法院民事审判第一庭.民间借贷纠纷审判案例指导.北京:人民法院出版社,2015:255-268.

构,这将严重扰乱我国金融市场秩序。人民法院审理企业间借贷合同纠纷时,需注意识别借贷行为是否是"企业为生产、经营需要",在司法实践中具有指导意义。

第二,判断法人之间、非法人组织之间的民间借贷合同是否有效的法律依据。

《2020 民间借贷司法解释》第 10 条规定,法人之间、非法人组织之间以及它们相互之间为生产、经营需要订立的民间借贷合同,除存在《民法典》第 146 条、第 153 条、第 154 条以及本规定第 13 条规定的情形外,当事人主张民间借贷合同有效的,人民法院应予支持。

《民法典》相关法律条款分别规定如下:(1)行为人与相对人以虚假的意思表示实施的民事法律行为无效(第 146 条)。(2)违反法律、行政法规的强制性规定的民事法律行为无效。但是,该强制性规定不导致该民事法律行为无效的除外。违背公序良俗的民事法律行为无效(第 153 条)。(3)行为人与相对人恶意串通,损害他人合法权益的民事法律行为无效(第 154 条)。

第三,本案的虚假交易与名为买卖实为担保的区别。

本案界定的虚假交易行为,只签订了买卖合同,双方当事人并无实际履行合同的意愿,甚至连标的物也可能系虚构,更谈不上交付货物了。名为买卖实为担保,是由债务人将其所有权采取买卖的形式让渡给债权人,当债务人不履行债务时,债权人可以申请执行买卖的标的物。当债务人履行了债务时,买卖的标的物应回转至债务人。其买卖合同实际上是让与担保的一种形式。实践中要注意其区别。

【案例 054】

因欺诈签订的借款合同,未在除斥期内请求撤销的,继续有效

裁判文书:浙江省宁波市海曙区人民法院(2009)甬海商初字第 73 号民事判决书[1]

判决书认定事实:

被告罗×、英×于 2007 年 4 月 12 日共同向原告陆×借款并出具金额为人民币 30 万元借条一张,约定于借款之日起 10 日内还清。对于此笔借款被告英×称用于支付他人利息、还债等用途,与约定的借款用途不符,被告英×已于 2007 年 11 月 12 日被浙江省宁波市中级人民法院以诈骗罪、合同诈骗罪判处有期徒刑 20 年。被告英×的行为已构成欺诈,依照《合同法》第 54 条第 2 款之规定,被告罗×、英×与原告签订的借款合同应为可撤销合同,但原告在法定期限内并未向法院起诉要求撤销此借款合同,此借款合同继续有效,故对原告的诉讼请求本院予以支持。

---

[1] 该案例被收录于:人民法院案例选:2009 年第 4 辑. 北京:人民法院出版社,2009.

【案例055】

借贷行为涉嫌刑事犯罪，借款合同并非必然无效

裁判文书：安徽省芜湖市中级人民法院（2013）芜中民二初字第00406号民事判决书

判决书认定事实：

本案所涉的借款合同、企业融资申请书、股东会决议、保证合同、借款借据、贷款催收通知书等均系各方当事人真实意思表示，且不违反法律规定，应属有效，对合同各方均有法律约束力。××银行××支行已按约履行合同，新×针织未按合同约定履行还款义务，已构成违约，应按合同约定承担违约责任。故本院对××银行××支行要求新×针织归还借款本金及利息、逾期罚息的请求予以支持。（2013）弋刑初字第00127号判决已生效，且未对赃款进行处理，故××银行××支行可在本案中要求新×针织归还借款本息，至于借款到底被谁使用，新×针织可与弋江中×担保另行解决。

≋≋≋ 法官论述 ≋≋≋

（1）基于民事案件与刑事案件分别受理、审理的基本原则，民事案件的受理以及对于被告方损失的认定、民事责任的承担，应依据民事实体法和程序法的规定进行，而不受是否追赃的影响。

（2）刑事上构成诈骗罪的，在民事上应认定行为人在签订合同时主观上构成欺诈。该欺诈行为损害的是相对方或第三人的利益，应认定为合同可撤销。尤其在受欺诈方为金融企业，且签订有担保合同的情况下，是否赋予受欺诈方撤销权，认定主合同有效与否，对债权人担保权利的实现具有重要意义。[①]

≋≋≋ 作者简析 ≋≋≋

依据上述法官论述，刑事上构成诈骗罪的，在民事上应认定行为人在签订合同时主观上构成欺诈；该欺诈行为损害的是相对方或第三人的利益，应认定为可撤销合同。这是本案中未将案涉合同认定为无效合同的主要理由。但也有以"以合法形式掩盖非法目的"为由，判决认定相应合同为无效合同的案例。

既然认定为可撤销合同，必然涉及其除斥期间的起算时间。根据本案查明的事实，将主合同的借款人被追究刑事责任之时确认为除斥期间的起算日期较妥。即使受欺诈方在此时可能并不知道借款人被判处刑罚的事实，也可以认定为应当知道的情形。

将案涉担保合同认定为可撤销合同还是无效合同，其法律效果是不同的。认定为无效合同，还要考查担保人是否存在过错而承担过错责任。合同被撤销后，应当认定自始无

[①] 该案为安徽省芜湖市中级人民法院民二庭王琼法官主审的"芜湖扬子农村商业银行股份有限公司桥北支行诉芜湖市新远针织有限公司、王旭、黄霞、芜湖市弋江中小企业信用投资担保有限公司借款合同纠纷案"，其在最高人民法院中国应用法学研究所、最高人民法院机关团委联合组织的"'促公正·法官梦'第二届全国青年法官案例评选活动"中荣获一等奖。案例全文登载于：人民法院案例选，2015（2）．

效，而不应当考查担保人有无过错。

【案例056】

出借人明知借款被用于违法活动的，应当认定借款合同无效

判决书认定事实①：

2008年5月至2009年4月，李×陆续出借700万元给陈××用于发放高利贷，每月从陈××处获取4%或5%的利息。

重庆市第五中级人民法院经审理认为，李×、王×明知陈××借款系用于对外发放高利贷，但仍然向其提供借款资金，该行为损害了社会公共利益，根据《合同法》的相关规定，该借款行为应认定为无效。借款被认定无效后，陈××虽应返还借款本金及按中国人民银行同期同类贷款基准利率计算的利息，但对于陈××已支付的233万元利息中超过中国人民银行同期同类贷款基准利率计算的部分，应冲抵借款本金。对于冲抵后尚欠本息，陈××应予返还。

~~~ 作者简析 ~~~

出借人明知借款人将借款用于对外发放高利贷，仍然提供借款，其借款合同无效。此类情形下认证的难点在于：一是对于明知的举证责任应当由哪一方承担，二是对于明知的时间节点应如何认定。对于前者，提出诉讼请求的当事人一般是出借人，出借人的诉讼请求只有在借款合同具有合法性时才能成立。因此，出借人不可能主动承认"明知"的事实。相反，借款人为了逃避支付高额利息的责任，如果以出借人明知作为抗辩理由，借款人应当承担举证责任。对于后者，《2020民间借贷司法解释》第13条规定，出借人事先知道或者应当知道借款人借款用于违法犯罪活动仍然提供借款的，人民法院应当认定民间借贷合同无效。显然，这里的明知是在签订借款合同之前，或在签订借款合同之时。如果是事后得知，不应当影响合同效力的认定。

【案例057】

借贷双方合谋以签订借款合同方式骗取贷款构成犯罪的，所签订借款合同为无效合同

裁判文书：最高人民法院（2013）民二终字第51号民事判决书

判决书认定事实：

根据本案查明的事实，××木业公司与农行某支行在办理涉案固定资产贷款业务时存在犯罪行为，已经生效的盘锦市双台子区人民法院作出的（2010）双刑初字第183号刑事判决书和盘锦市中级人民法院作出的（2012）盘中刑二终字第18号刑事裁定书查明和认定，为获得涉案固定资产贷款，××木业公司制作虚假财务报告等文件申请贷款，并向农

---

① 《最高人民法院发布19起合同纠纷典型案例》第12号（2015年12月4日）。最高人民法院发布的典型案例汇编：2009—2021民事·商事卷. 北京：人民法院出版社，2021：349-350.

行某支行工作人员江×南等人行贿财物，为此，农行某支行工作人员江×南等人将虚假材料逐级上报，致使不符合贷款条件的××木业公司获得涉案贷款，其分别构成骗取贷款犯罪、单位行贿罪和非法发放贷款罪及受贿罪。因该"固定资产借款合同"的形成过程中，农行某支行工作人员存在上述刑事判决书和裁定书认定的犯罪行为，双方当事人明显以合法形式掩盖非法目的，侵犯了国家的金融制度，构成犯罪，依据《合同法》第52条第3项关于"以合法形式掩盖非法目的"的规定，农行某支行与××木业公司签订的"固定资产借款合同"应当认定无效，原审判决书在该院认为部分认为该合同合法有效不妥，本院予以纠正。

因涉案借款主合同应当认定无效，根据《担保法》第5条的规定，与涉案固定资产借款合同配套的兰×与农行某支行签订的"抵押合同"为从合同，亦应认定无效。根据《担保法司法解释》"主合同无效而导致担保合同无效，担保人无过错的，担保人不承担民事责任"的规定，农行某支行主张兰×承担涉案固定资产借款损失，应当举证证明兰×存在过错。在没有证明兰×参与了犯罪或者对该犯罪行为知情并仍然提供抵押担保的情况下，要求兰×承担民事责任没有法律依据。原审判决以江×南的讯问笔录为证据认定农行某支行明知××木业公司编造申贷材料，与已经生效的涉案刑事判决认定农行某支行工作人员在工作中疏忽大意违法发放本案贷款的事实不符，农行某支行的该上诉主张成立，对原审判决的相关认定，本院予以纠正。

法官论述

借款人与出借人的借贷行为涉嫌犯罪，或者已经生效的判决认定构成犯罪，其所签订的民间借贷合同效力应当根据《合同法》第52条……的规定来认定。借款人以骗取贷款罪、银行工作人员以非法发放贷款罪被追究刑事责任，可以认定双方当事人存在"以合法形式掩盖非法目的"的合谋与行为，故借款合同无效。在没有证据证明抵押人对借款人骗取贷款行为知情仍为其抵押时，抵押人不承担责任。[1]

作者简析

与前几个案例类似，本案中的借贷行为也涉嫌刑事犯罪，这种情况下的借款合同并非必然无效。"并非必然无效"本身包含了两层含义：一是可以认定为无效合同，二是可以认定为有效合同。本案中法院将其认定为无效合同，并不违反相关规定。理由是：借款人与银行工作人员串通，并有行贿行为，其借款目的不是满足生产经营周转需要，而是骗取银行贷款。此情形下，生效判决以"以合法形式掩盖非法目的"为由，认定案涉合同为无效合同，具有借鉴意义。

主合同无效，担保合同也无效。这里的关键是如何判断担保人是否应当承担过错责任。本案的担保人没有参与犯罪，对该犯罪行为不知情，判决认定担保人不应当承担过错责任。原判决以讯问笔录为据认定农行×支行有疏忽大意的过错，与客观事实不符，最高

---

[1] 最高人民法院民事审判第一庭. 民间借贷纠纷审判案例指导. 北京：人民法院出版社，2015：269-283.

人民法院对此进行了纠正。

【案例058】

保底合同无效，会导致整个委托理财合同无效

裁判文书：最高人民法院（2009）民二终字第1号民事判决书

判决书认定事实：

虽然我国《合同法》第56条规定："合同部分无效，不影响其他部分效力的，其他部分仍然有效"，但在本案订有保底条款的委托理财合同中，保底条款与合同其他内容条款不具有可分性，其并非可以独立分离出来的合同部分，而是与合同其他部分存在紧密的牵连关系。就本案中委托理财协议之缔约目的而言，委托人青基会除期待委托资产本金的安全外，尚期待高达10％的固定收益回报率。因此，可以说，若没有保底条款的存在，当事人双方尤其是委托人通常不会签订委托理财合同；在保底条款被确认无效后，委托人的缔约目的几乎丧失；若使合同其他部分继续有效并履行，不仅违背委托人的缔约目的，而且几无履约意义，将导致极不公平合理之结果。

本院认为，保底条款应属本案中委托理财协议之目的条款或核心条款，不能成为相对独立的合同无效部分，保底条款无效应导致委托理财协议整体无效。

【案例059】

保底条款作为委托理财合同的核心条款，会影响委托理财合同整体的法律效力

裁判文书：最高人民法院（2008）民申字第1090号民事裁定书

裁定书认定事实：

首先，××社会保障厅与××证券公司之间签订的"委托购买国债协议"及"补充协议"，名为委托购买国债协议，但当事人约定委托人将资产交由受委托人进行投资管理，受托人无论盈亏均保证委托人获得固定本息回报，超额投资收益均归受托人所有，即约定保证本息固定回报条款的（又称保底条款），属于名为委托理财，实为借贷关系的情形，应认定当事人之间成立借款合同关系，并适用借款相关法律、行政法规的规定。

根据《银行业监督管理法》《商业银行法》及相关行政法规的规定，禁止非金融机构经营金融业务，借贷属于金融业务。××社会保障厅与××证券公司之间的借款合同，因违反法律、行政法规禁止非金融法人发放贷款的强制性规定，应为无效借款合同。

其次，保底条款的约定不仅违反了民法和合同法规定的公平原则，违背了金融市场的基本规律和交易规则，应为无效；而且保底条款作为委托理财合同的核心条款，影响了委托理财合同整体的法律效力。[①]

[①] 苏泽林．最高人民法院立案庭．立案工作指导：2009年第3辑（总第22辑）．北京：人民法院出版社，2010：100-101.

≋≋≋ 作者简析 ≋≋≋

第一，实践中关于对保底条款是否有效的认定存在两种不同的观点。

【案例058】和【案例059】均涉及保底条款的效力问题。一种观点认为，对保底条款约定，投资者按照保本固定回报享有利润，不承担亏损，该约定无效。另一种观点认为，将保底的固定收益认定为对利息的约定，将有保底条款的合同称为名为投资理财、实为借款合同。

第二，保底条款的类型。

(1) 依据《最高人民法院关于审理联营合同纠纷案件若干问题的解答》(现已失效，余同) 第4条"关于联营合同中的保底条款问题"的规定，保底条款有以下类型：

一是联营合同中的保底条款，通常是指联营一方虽向联营体投资，并参与共同经营，分享联营的盈利，但不承担联营的亏损责任，在联营体亏损时，仍要收回其出资和收取固定利润的条款。保底条款违背了联营活动中应当遵循的共负盈亏、共担风险的原则，损害了其他联营方和联营体的债权人的合法权益，因此，应当确认无效。联营企业发生亏损的，联营一方依保底条款收取的固定利润，应当如数退出，用于补偿联营的亏损，如无亏损，或补偿后仍有剩余的，剩余部分可作为联营的盈余，由双方重新商定合理分配或按联营各方的投资比例重新分配。

二是企业法人、事业法人作为联营一方向联营体投资，但不参加共同经营，也不承担联营的风险责任，不论盈亏均按期收回本息，或者按期收取固定利润的，是明为联营、实为借贷，违反了有关金融法规，应当确认合同无效。除本金可以返还外，对出资方已经取得或者约定取得的利息应予收缴，对另一方则应处以相当于银行利息的罚款。

三是金融信托投资机构作为联营一方依法向联营体投资的，可以按照合同约定分享固定利润，亦应承担联营的亏损责任。

虽然该司法解释现已失效，但其对于实务工作中如何认定保底条款仍有指导意义。

(2) 受托投资管理合同的固定收益或分担损失的承诺。

《关于规范证券公司受托投资管理业务的通知》(中国证监会于2001年11月28日颁布，现已失效) 第4条第11项规定："受托投资管理合同中应列明具体的委托事项，受托人应根据在与委托人签订的受托投资管理合同中约定的方式为委托人管理受托投资，但不得向委托人承诺收益或者分担损失。"

(3) 证券买卖收益或赔偿损失的承诺。

《证券法》第135条规定："证券公司不得对客户证券买卖的收益或者赔偿证券买卖的损失作出承诺。"其承诺显然是保本收益的承诺。该承诺属于保底条款。

第三，应如何评价保底条款对合同效力的影响。

通常情况下，合同内容部分无效，不影响整个合同的效力。但是，【案例058】和【案例059】中审理法院均认为，若没有保底条款的存在，当事人双方尤其是委托人通常不会签订委托理财合同；在保底条款被确认无效后，委托人的缔约目的几乎丧失；若使合同其他部分继续有效并履行，不仅违背委托人的缔约目的，而且几无履约意义，将导致极不公平合理之结果，所以认定整个合同均无效。

前述认定实际上是将保底条款的内容作为合同目的来对待。如果丧失了保底条款的利益，其合同目的便无法实现。对于合同目的无法实现的合同，认定为无效合同是符合当事人主观缔约目的的。因保底条款体现的是合同目的，所以，合同中的保底条款是核心条款。如果离开保底条款的约定，当事人就不会签订合同，所以不能将保底条款从整个合同中分离出来，单独考查其法律效力。

第三节　职务行为

一、职务行为的分类

（一）职务代表行为

1. 法定代表人或负责人的职务代表行为

相关规定

▼《民法典》

第61条　依照法律或者法人章程的规定，代表法人从事民事活动的负责人，为法人的法定代表人。

法定代表人以法人名义从事的民事活动，其法律后果由法人承受。

法人章程或者法人权力机构对法定代表人代表权的限制，不得对抗善意相对人。

第62条　法定代表人因执行职务造成他人损害的，由法人承担民事责任。

法人承担民事责任后，依照法律或者法人章程的规定，可以向有过错的法定代表人追偿。

第102条　非法人组织是不具有法人资格，但是能够依法以自己的名义从事民事活动的组织。

非法人组织包括个人独资企业、合伙企业、不具有法人资格的专业服务机构等。

▼《民法典合同编司法解释》

第20条　法律、行政法规为限制法人的法定代表人或者非法人组织的负责人的代表权，规定合同所涉事项应当由法人、非法人组织的权力机构或者决策机构决议，或者应当由法人、非法人组织的执行机构决定，法定代表人、负责人未取得授权而以法人、非法人组织的名义订立合同，未尽到合理审查义务的相对人主张该合同对法人、非法人组织发生效力并由其承担违约责任的，人民法院不予支持，但是法人、非法人组织有过错的，可以参照民法典第一百五十七条的规定判决其承担相应的赔偿责任。相对人已尽到合理审查义务，构成表见代表的，人民法院应当依据民法典第五百零四条的规定处理。

合同所涉事项未超越法律、行政法规规定的法定代表人或者负责人的代表权限，但是超越法人、非法人组织的章程或者权力机构等对代表权的限制，相对人主张该合同对法人、非法人组织发生效力并由其承担违约责任的，人民法院依法予以支持。但是，法人、非法人组织举证证明相对人知道或者应当知道该限制的除外。

法人、非法人组织承担民事责任后，向有过错的法定代表人、负责人追偿因越权代表行为造成的损失的，人民法院依法予以支持。法律、司法解释对法定代表人、负责人的民事责任另有规定的，依照其规定。

第22条 法定代表人、负责人或者工作人员以法人、非法人组织的名义订立合同且未超越权限，法人、非法人组织仅以合同加盖的印章不是备案印章或者系伪造的印章为由主张该合同对其不发生效力的，人民法院不予支持。

合同系以法人、非法人组织的名义订立，但是仅有法定代表人、负责人或者工作人员签名或者按指印而未加盖法人、非法人组织的印章，相对人能够证明法定代表人、负责人或者工作人员在订立合同时未超越权限的，人民法院应当认定合同对法人、非法人组织发生效力。但是，当事人约定以加盖印章作为合同成立条件的除外。

合同仅加盖法人、非法人组织的印章而无人员签名或者按指印，相对人能够证明合同系法定代表人、负责人或者工作人员在其权限范围内订立的，人民法院应当认定该合同对法人、非法人组织发生效力。

在前三款规定的情形下，法定代表人、负责人或者工作人员在订立合同时虽然超越代表或者代理权限，但是依据民法典第五百零四条的规定构成表见代表，或者依据民法典第一百七十二条的规定构成表见代理的，人民法院应当认定合同对法人、非法人组织发生效力。

第23条 法定代表人、负责人或者代理人与相对人恶意串通，以法人、非法人组织的名义订立合同，损害法人、非法人组织的合法权益，法人、非法人组织主张不承担民事责任的，人民法院应予支持。

法人、非法人组织请求法定代表人、负责人或者代理人与相对人对因此受到的损失承担连带赔偿责任的，人民法院应予支持。

根据法人、非法人组织的举证，综合考虑当事人之间的交易习惯、合同在订立时是否显失公平、相关人员是否获取了不正当利益、合同的履行情况等因素，人民法院能够认定法定代表人、负责人或者代理人与相对人存在恶意串通的高度可能性的，可以要求前述人员就合同订立、履行的过程等相关事实作出陈述或者提供相应的证据。其无正当理由拒绝作出陈述，或者所作陈述不具合理性又不能提供相应证据的，人民法院可以认定恶意串通的事实成立。

▼《2020 民间借贷司法解释》

第 22 条　法人的法定代表人或者非法人组织的负责人以单位名义与出借人签订民间借贷合同，有证据证明所借款项系法定代表人或者负责人个人使用，出借人请求将法定代表人或者负责人列为共同被告或者第三人的，人民法院应予准许。

法人的法定代表人或者非法人组织的负责人以个人名义与出借人订立民间借贷合同，所借款项用于单位生产经营，出借人请求单位与个人共同承担责任的，人民法院应予支持。

【重点难点提示】

(1) 法定代表人的职务行为。

《民法典》第 61 条规定，依照法律或者法人章程的规定，代表法人从事民事活动的负责人，为法人的法定代表人。一般是指法人营业执照载明的法定代表人，和营业执照载明的负责人。

(2) 法定代表人的职务代表行为。

法定代表人是公司的领导机关、权力机关、意思机关和代表机关，其行为的性质在法理上属于职务代表行为，且该行为本身即被视为法人之行为。换言之，法定代表人的意志和法人之人格，在公司章程规定的职务范围之内，是融合为一的。职务代表行为和一般代理行为最大的区别在于"授权"：代理人为代理行为时的代理权通常须经被代理人的具体性授权或常规性授权，且程序性限制较为严格；而法定代表人的代表权由法定或章程规定，一般无须单独授权程序。正如梁慧星先生所言，"代表人与法人系名二而实一的关系，因此不发生由法人授权的问题；而代理人与法人系名二而实二的关系，因此必须有法人授权"。上述区别对于外部交易第三人判断相对方是否具有代理权或代表权是极为重要的。[①]

(3) 法定职务行为后果承担。

职务行为的法律后果应当由法人或非法人组织承担。在诉讼中，对于是否构成职务行为，一般争论比较激烈。鉴别要点是以行为人的意思表示主体是谁来进行判断。如果是以法人名义对外签订的借款合同，应当由法人承担其法律后果。但是，法人只是一个法律责任主体，其意思表示总是通过法定代表人或其他执行职务的人来表达。鉴于其身份的复杂性，其意思表示究竟是代表个人或是法人，有时会出现难以鉴别的情况。这就需要代理人从身份、代理内容、权利或义务的实际承受人等方面进行举证、质证，为法庭认定相关事实提供参考依据。《2020 民间借贷司法解释》第 22 条的规定，就是从权利的实际承受者来推断义务的履行者而作出的规定。其要点是：

---

① 肖明明. 浅析职务行为的判断标准. (2023-01-05) [2023-12-15]. https://www.chinacourt.org/article/detail/2013/01/id/809939.shtml.

一是以单位名义对外签订借款合同，但款项实际由法定代表人或负责人个人使用，应当作为共同借款人对待。

二是以个人名义对外签订借款合同，但款项实际由单位使用，依照司法解释的规定，作为共同借款人对待。

对第1款规定，很明显，法人的法定代表人或者非法人组织的负责人属于实际借款人。但是，在签订合同时，是以单位名义对外签订的借款合同。对此，笔者的理解是，此种情形下事实上等同于人格上的混同，因此，二者应共同承担还款责任（实际为连带责任）。从结果看，将单位作为借款人，但是款项又是归法定代表人个人（或负责人，下同）使用，无疑给单位增加了债务，同时，将借款归个人使用，显然减弱了单位偿债能力。因此，规定二者共同承担还款责任是有一定道理的。这种情况包括单位作为借款人，然后出具了将法定代表人指定为收款人的委托书的情形。

在实践中，借款人方在审查合同时应当注意人格混同的情况。假设以单位名义对外签订借款合同，实际的收款人也是单位，适用此条规定就没有前提条件。如果出现借款人出具委托书将款项指定法定代表人或他人收取，就应当考虑偿还借款的风险，建议将实际收款人作为保证人或担保人，承担连带还款责任。

第2款规定的情况，仍然是被作为人格混同的情形处理，即将签字人作为单独的借款人主体，同时又将财产转移至单位，导致公私财产不分的状况，司法解释对此规定由二者承担共同还款责任。值得探讨的是：当借款合同以法定代表人个人名义签订，但是款项又是指定付至单位银行账户时，是否构成职务行为？如果构成职务行为，其行为后果就不应当由签字人个人承担。如果借款合同的借款方签字人能在合同签字栏中写上单位名称和法定代表人（负责人）职务再签字，此款规定就失去了适用的前提条件。

2. 其他工作人员的职务行为

相关规定

▼《民法典》

第170条　执行法人或者非法人组织工作任务的人员，就其职权范围内的事项，以法人或者非法人组织的名义实施的民事法律行为，对法人或者非法人组织发生效力。

法人或者非法人组织对执行其工作任务的人员职权范围的限制，不得对抗善意相对人。

【重点难点提示】

其他工作人员主要包括以下三类：

（1）高级管理人员。

比如公司副总经理、副经理、财务总监等，一般情形下，这些高级管理人员有相应的职权范围。其在职权范围内实施的行为，也是代表法人或非法人组织作出的行为。比如财务部负责人（科长、经理）有对外确认债务的权利，还有代表法人对外催收债权的权利、办理款项结算的权利等。

（2）一般工作人员。

这些人员一般受高级管理人员的安排从事一定的职务活动。如果超出职权范围，一般应当有专门的授权委托书，否则，难以令人信服。在实践中，对于这部分人实施的行为是否构成职务行为，争议也较大。

法人的一般工作人员的职务代理行为呈现如下特征：1）法人与其他工作人员之间的代理法律关系是以委托或劳动等合同关系为基础关系而产生。这些基础关系也通常决定了代理人从事代理活动的范围和权限。2）其他工作人员进行职务代理行为时须有法人的明确授权，包括具体性授权和常规性授权。代理权是代理行为之法律后果归属于被代理人的必备条件之一。3）与代表行为不同，代理行为视为代理人的行为，只是该行为的法律后果依法应由法人予以承受。同样与法定代表人不同的是，代理人之意志与法人之人格是分离的，两者仅因存在基础法律关系之事实而发生联系。4）尽管同为代理，但职务代理行为和普通的民事代理是有区别的，主要表现在，相对人在交易过程中进行"外观判断"时所需持有的"注意程度"不同：对于职务代理行为，从外观来看，因代理人与法人存在劳动雇佣关系，而较容易使相对人对代理人是否具备充分代理权形成误判。①

（二）职务代理行为

相关规定

▼《民法典》

第161条　民事主体可以通过代理人实施民事法律行为。

依照法律规定、当事人约定或者民事法律行为的性质，应当由本人亲自实施的民事法律行为，不得代理。

第162条　代理人在代理权限内，以被代理人名义实施的民事法律行为，对被代理人发生效力。

▼《民法典合同编司法解释》

第21条　法人、非法人组织的工作人员就超越其职权范围的事项以法人、非法人组织的名义订立合同，相对人主张该合同对法人、非法人组织发生效力并由其承担违约责任的，人民法院不予支持。但是，法人、非法人组织有过错的，人民法院可以参照民法典第一百五十七条的规定判决其承担相应的赔偿责任。前述情形，构成表见代理的，人民法院应当依据民法典第一百七十二条的规定处理。

---

① 肖明明. 浅析职务行为的判断标准.（2023-01-05）[2023-12-15]. https://www.chinacourt.org/article/detail/2013/01/id/809939.shtml.

合同所涉事项有下列情形之一的，人民法院应当认定法人、非法人组织的工作人员在订立合同时超越其职权范围：

（一）依法应当由法人、非法人组织的权力机构或者决策机构决议的事项；

（二）依法应当由法人、非法人组织的执行机构决定的事项；

（三）依法应当由法定代表人、负责人代表法人、非法人组织实施的事项；

（四）不属于通常情形下依其职权可以处理的事项。

合同所涉事项未超越依据前款确定的职权范围，但是超越法人、非法人组织对工作人员职权范围的限制，相对人主张该合同对法人、非法人组织发生效力并由其承担违约责任的，人民法院应予支持。但是，法人、非法人组织举证证明相对人知道或者应当知道该限制的除外。

法人、非法人组织承担民事责任后，向故意或者有重大过失的工作人员追偿的，人民法院依法予以支持。

▼《建筑施工企业项目经理资质管理办法》（建建〔1995〕1号，已失效）

第8条　项目经理在承担工程项目施工的管理过程中，应当按照建筑施工企业与建设单位签订的工程承包合同，与本企业法定代表人签订项目承包合同，并在企业法定代表人授权范围内，行使以下管理权力：

（一）组织项目管理班子；

（二）以企业法定代表人的代表身份处理与所承担的工程项目有关的外部关系，受委托签署有关合同；

（三）指挥工程项目建设的生产经营活动，调配并管理进入工程项目的人力、资金、物资、机械设备等生产要素；

（四）选择施工作业队伍；

（五）进行合理的经济分配；

（六）企业法定代表人授予的其他管理权力。

【重点难点提示】

授权性职务行为产生的基础，是代理人的职务不足以实施职务行为，需要委托人出具授权委托书等授权性法律文件，才能将行为后果归由被代理人承担。主要基于两类人员产生。

一类是单位内部各职能部门的工作人员，但其执行的职务超出了其本身的职务范围，需要法定代表人或负责人的授权，依据授权范围实施民事行为。比如，委托企业内部的专门从事销售业务的工作人员，既授权签订销售合同，同时又授权收取合同价款。收取合同价款应当视为超出了本身的职权范围的事项。

另一类是非单位内部各职能部门的工作人员，系法人或非法人组织以外的第三人。其是由法人或非法人组织授权执行职务的人员，实施的一般是针对专业方面的技能需要聘请另外的专业人士代表法人或非法人组织才能实施的行为，如参与调解、诉讼案件，需要聘请律师；参与购买锅炉的商业谈判需要聘请锅炉方面的专家等。

授权性职务行为的要点，一是授权文件，二是符合职务行为的构成要件。

二、职务行为产生的合法依据

（一）法律及相关规定

凡是涉及对职务行为的定义、职权范围等进行规范的法律、司法解释、部门规章以及最高人民法院的全国民商事审判工作会议纪要，均可作为认定职务行为的依据。

（二）法人营业执照及非法人组织登记证书

依照法律规定，在法人营业执照上载明是"法定代表人"或非法人组织的"负责人"的，具有代表法人主体或非法人组织的权利。

特别是股东决议或章程修正案，决定对法定代表人进行了变更，但是尚未进行法人营业执照或登记证书备案的，相对方可以主张法人营业执照载明的法定代表人具有表见代理权限。

（三）章程

相关规定

▼《民法典》

第61条　依照法律或者法人章程的规定，代表法人从事民事活动的负责人，为法人的法定代表人。

法定代表人以法人名义从事的民事活动，其法律后果由法人承受。

法人章程或者法人权力机构对法定代表人代表权的限制，不得对抗善意相对人。

▼《公司法》

第5条　设立公司应当依法制定公司章程。公司章程对公司、股东、董事、监事、高级管理人员具有约束力。

第15条　公司向其他企业投资或者为他人提供担保，按照公司章程的规定，由董事会或者股东会决议；公司章程对投资或者担保的总额及单项投资或者担保的数额有限额规定的，不得超过规定的限额。

公司为公司股东或者实际控制人提供担保的，应当经股东会决议。

前款规定的股东或者受前款规定的实际控制人支配的股东，不得参加前款规定事项的表决。该项表决由出席会议的其他股东所持表决权的过半数通过。

第46条　有限责任公司章程应当载明下列事项：

（一）公司名称和住所；

（二）公司经营范围；

（三）公司注册资本；

（四）股东的姓名或者名称；

（五）股东的出资额、出资方式和出资日期；

（六）公司的机构及其产生办法、职权、议事规则；

（七）公司法定代表人的产生、变更办法；

（八）股东会认为需要规定的其他事项。

股东应当在公司章程上签名或者盖章。

▼《九民纪要》

17. 为防止法定代表人随意代表公司为他人提供担保给公司造成损失，损害中小股东利益，《公司法》第16条（现为第15条）对法定代表人的代表权进行了限制。根据该条规定，担保行为不是法定代表人所能单独决定的事项，而必须以公司股东（大）会、董事会等公司机关的决议作为授权的基础和来源。法定代表人未经授权擅自为他人提供担保的，构成越权代表，人民法院应当根据《合同法》第50条关于法定代表人越权代表的规定，区分订立合同时债权人是否善意分别认定合同效力：债权人善意的，合同有效；反之，合同无效。

【重点难点提示】

公司章程是股东之间为设立公司、股东权利义务、内部机构设置等达成的协议。公司章程如果对法定代表人、高级管理人员的职权范围作了限制性规定，而合同相对方明知这些规定的，则对外产生约束力。如果合同相对方不知道这些限制性规定，则其只能对内产生约束力，对外没有法律效力。一般而言，公司章程应当在市场监督管理部门备案。经过备案的章程，对外具有公示效力。如果公司章程对法定代表人的权力虽然作了限制性规定，但没有备案，也没有将相关内容告知合同相对方，那么，合同相对方就不可能明知其内容。

（1）根据《民法典》第61条的规定，法定代表人的职权有两个来源：一是法律规定，二是章程规定。

（2）《公司法》第46条规定，章程载明的事项包括"……（六）公司的机构及其产生办法、职权、议事规则；（七）公司法定代表人的产生、变更办法……"在章程内容中，通常还包含了法定代表人、董事、股东以及总经理等高级管理人员的职权范围。

（3）《公司法》第15条第1款规定："公司向其他企业投资或者为他人提供担保，按照公司章程的规定，由董事会或者股东会决议；公司章程对投资或者担保的总额及单项投资或者担保的数额有限额规定的，不得超过规定的限额。"对此，《九民纪要》第17条规定了前述限制性规定不能对抗善意第三人。

《九民纪要》第18条对"善意"的确认标准作了专门规定。

（四）股东会决议或董事会决议

如果重大事项经过股东会或董事会作出决议，公司人员根据其决议实施的民事行为，应当认定为职务行为。如果股东会决议或董事会决议对股东的权利、法定代表人的权利、公司管理人员的职权范围作了限制性规定，与公司章程一样，合同相对方明知的，则具有法律上的约束力；否则，对外没有法律效力。

（五）公司内部任职文件

公司内部任职文件是产生职务行为的直接证据，公司管理人员在其职权范围内从事的经营活动，应当认定为职务行为。值得注意的是，公司内部任职文件，一般情况下是行为人履行职务的合法证明。但只有任职文件对其职权范围规定清楚，或者根据文件内容可以推定行为人有对外借款或担保的权利，该文件才能作为评判借款或担保行为为职务行为的依据。在司法实践中，许多单位的任职文件中只有职务任命的内容，没有列明具体工作内容的职权范围，这种文件作为评判职务行为的依据，显然是缺乏要件的。法人主体为防止被任命人员滥用职权，也应当将其职权范围标注清楚。合同相对方如果认为相关人员的任职文件不足以证明职务行为成立，要及时请求法人或其法定代表人进行追认。

（六）劳动合同

劳动合同既是劳动者与用人单位之间存在劳动合同关系的证明，也是职工享有职务行为权限的重要依据。职工在职权范围内开展的经营活动，应当由用人单位承担责任；超出其职权范围的，应当取得授权证明，才能代表用人单位实施代理行为。

比如如果劳动合同中载明的工作岗位是会计，则说明其职权范围包括了款项的催收等。

（七）内部承包协议

如果某项目由企业内部具有劳动合同关系的人承包经营，并且签订了内部承包协议，该协议也是职务行为的证明。内部承包合同的显著特点，是内部承包者仍然是以被承包单位的名义对外开展经营活动。比如，涉及建筑工程项目的，必须以施工企业的名义开展活动，因为只有具有建筑资质的施工企业，才有对外承包工程的资格。自然人不具有承包工程的资质。当然，不涉及工程承包的其他内部承包合同，没有经营资质限制的，承包人既可以个人名义对外开展经营活动，也可以被承包单位的名义对外开展活动。虽然没有明确的授权，但合同相对方有足以相信签订借款合同的当事人是代表被承包单位的事实和理由，则有可能构成表见代理。在有明确授权的情形下，则构成职务行为。

（八）合伙协议

> **相关规定**

▼《民法典》

第102条　非法人组织是不具有法人资格，但是能够依法以自己的名义从事民事活动的组织。

非法人组织包括个人独资企业、合伙企业、不具有法人资格的专业服务机构等。

▼《合伙企业法》

第4条 合伙协议依法由全体合伙人协商一致、以书面形式订立。

第18条 合伙协议应当载明下列事项：

（一）合伙企业的名称和主要经营场所的地点；

（二）合伙目的和合伙经营范围；

（三）合伙人的姓名或者名称、住所；

（四）合伙人的出资方式、数额和缴付期限；

（五）利润分配、亏损分担方式；

（六）合伙事务的执行；

（七）入伙与退伙；

（八）争议解决办法；

（九）合伙企业的解散与清算；

（十）违约责任。

第19条 合伙协议经全体合伙人签名、盖章后生效。合伙人按照合伙协议享有权利，履行义务。

修改或者补充合伙协议，应当经全体合伙人一致同意；但是，合伙协议另有约定的除外。

合伙协议未约定或者约定不明确的事项，由合伙人协商决定；协商不成的，依照本法和其他有关法律、行政法规的规定处理。

【重点难点提示】

合伙协议是由全体合伙人签订，有关合伙人之间的权利义务，就合伙经营事项、共同出资、共同经营、共担风险、共负盈亏的协议。合伙协议一般以书面形式订立。合伙人根据合伙协议的约定，对外签订的借款合同，其债务应由全体合伙人共同承担。因此，合伙协议也是确认职务行为的证据之一。以合伙企业名义签订的借款合同，其借款用于家庭生活的，首先以合伙财产承担，不足部分由家庭财产承担。

（九）授权委托书

授权委托书是由借款合同中的当事人向代理人出具的，为载明签订借款合同、收取借款、偿还借款或其他相关授权范围的法律文件。因此，授权委托书从法律上建立起与当事人之间的联系，是当事人之间意思联络的合法依据。在民间借贷中，主要包括签订合同的授权委托书、委托收款的授权委托书、指定收款人的委托书等。代理人依据授权委托书授权范围而实施的民事行为，其法律后果应当由被代理人承担。

授权委托书的授权范围包括一般授权和特别授权。一般授权一般仅限于签订借款合同，不能代表委托人进行收款，也不履行相关义务。特别授权则要表明对某一项或几项的特别内容的授权，比如有代为收取借款的权利等。

一份完整的授权委托书，应当包括的主要内容有：委托人及其基本信息，代理人及其基本信息，委托代理事项，代理权限。如对代理人的代理权限有限制性约定，要加以说明。有的表现为阶段性的代理，即有一定的代理期限，约定逾期其代理权自然终止或者非经被代理人另行授权，其代理权终止；有的表现为职权范围，如有的只授权代为签订合同，对合同变更、解除等事项，需另行授权。

授权委托书（范本）

委托人姓名或单位名称等基本信息（是自然人的，应写明姓名、性别、民族、出生年月日、住所地、公民身份证号码。是法人单位的，应写明单位名称、法定代表人姓名及职务、住所地、公司登记号码等信息）。

代理人姓名或单位名称等基本信息（同上）。

委托人因……事项，现委托××为代理人。代理事项为：……代理权限为：□签订借款合同；□代为变更合同条款；□代为接受合同相对方履行的合同义务；□代为委托人履行合同义务；□代表本人宣布解除合同；□其他事项。（注意：选定的打√，不选的打×。）

（如果代为收款，应当写明收款人开户银行、账号等信息。）

（如果对其职权作了限制性规定的，可以作以下规定：）

代理人的职权范围为：……超出职权范围的行为被代理人不承担任何法律责任。（或者表述为：除前述选定的代理事项以外，代理人不得从事其他事项的代理行为，否则，其后果自行承担。）

如果对代理期限作了规定的，应当写明。如：仅代理委托方签订本次的借款合同，则写明：本授权委托书，仅限于签订本次的借款合同。本次借款合同签订后，其代理职权自行终止。

如果对代理期限作了规定，应当写明：本授权委托书在××××年××月××日前有效，逾期其代理职权自行终止等。

委托人签名或盖章：
××××年××月××日

三、职务行为的构成要件

（一）法定职务行为的构成要件

1. 有明确的职务；
2. 对外签订借款合同没有超出其职权范围。

(二) 授权性职务行为的构成要件

1. 行为人具有被代理人的合法授权。这是构成职务行为的核心要件。离开了合法授权就谈不上职务行为。其合法授权，一是证明其授权是法人或非法人组织的真实意思表示；二是其授权范围没有违反国家法律法规强制性规定，也没有违反公序良俗；三是授权范围是明确的，不存在歧义。

2. 行为人是以被代理人的名义或身份实施的代理行为。如果是行为人以自己的名义发生的民事行为，则不能归结为职务行为（隐名的职务代理除外）。

3. 代理行为与被代理人之间存在内在联系，如代理行为是为工作需要、符合被代理人的代理目的等。比如：行为人在法人或非法人组织的工作场所、工作时间内发生的代理行为，一般会被认定与被代理人有直接的关联性。

(三) 如何判断是否超出职权范围

1. 企业法定代表人或非法人组织的负责人的职权范围。企业法定代表人或其他组织的负责人的职权范围属于法律授权，被界定在企业或其他组织的经营活动范围内，但是，法律上对其对外签订担保合同给予了一定限制。如果章程或股东会决议对其职权作了限制性规定，应当以合同相对方是否为善意第三人来判断其约束力。

2. 因授权产生的职务行为（代理人），应根据授权范围确定。在授权范围内，允许当事人作出职权限制性规定。如果职权范围进行了限定，应当在限定的职权范围内从事代理行为。

在实践中，要注意以下情形：

第一，针对建设工程项目部负责人的职权范围。项目部负责人是根据法人主体的授权实施职务行为，其授权文件主要包括：（1）授权委托书。（2）关于成立项目部的文件。（3）关于相关职务的任职文件。其中（2）（3）两项为内部文件。当这些内部文件被公布于外，便被合同相对方合法知晓。一是职权范围内的事项可以直接认定为职务行为。二是超越职权范围的，合同相对方如果足以相信有代理权，可能构成表见代理。第（1）项一般应合同相对方要求而出示。授权方也可以主动提供给合同相对方，作为确认具有职权的依据。特别是授权委托书中有限制性规定的，要求合同相对方进行签收，以免产生"足以相信"的理由。

授权委托书是直接产生职务行为的合法依据，要谨慎出具。为防止项目部负责人将个人债务转嫁到法人名下，有必要对授权范围作出限制性规定。如：规定不得以公司名义对外签订借款合同，或者对借款限额作出明确规定，超过限额的应当由法人审查认可等。这些限制性内容一是对合同相对方起到风险提示作用，二是防止项目部负责人滥用职权，三是防止合同相对方对职务行为或表见代理产生错误认识。

第二，项目经理的职权范围。（1）根据法人主体的授权产生的职务行为，主要由授权委托书、成立项目部的文件或企业内部人员的任职文件等载明职权范围。没有载明职权范围的，属于概括授权，项目经理在企业该项目的经济活动范围内实施的代理行为，均应当由法人主体承担责任。（2）依据法律或部门规章的规定产生的职务行为。项目经理的职权见《建筑施工企业项目经理资质管理办法》（已失效）第8条的规定。

第三，分支机构或分公司负责人的职权范围。如果领取了营业执照，其负责人的职权范围应根据营业执照登记的经营范围确定。在实践中，如果超出了经营范围，只要属于分支机构或分公司的经营活动，均属于职务行为。没有领取营业执照的，应当在法人主体的授权范围内开展经营活动。关于对分支机构或分公司的授权问题，超出营业执照载明的经营范围，或者超出授权范围，但以法人名义对外签订借款合同的，应当获得法人的授权。关于分支机构或分公司承担债务的问题，如果以分支机构或分公司名义对外签订借款合同，且分支机构或分公司有独立财产，可以要求用其管理的财产偿还债务；不足部分，应由法人主体承担偿还责任。

在司法实践中，对于在授权委托书中有限制性规定的是否认定为职务行为，争议较大。有的生效判决书认定其既不构成职务行为，也不构成表见代理。有的生效判决书则有相反的认定。律师在作为诉讼代理人时，应当注意查找符合所代理一方诉讼目的的案例。

四、在审查授权性职务行为时应当注意的问题

（一）授权范围是否明确

1. 要严格审查在相关授权文件（如章程、合伙协议、出资协议、授权委托书、任职文件等）中关于被授权人在执行职务中是否有权利代表委托人对外签订借款合同、是否可以代表委托人收取借款或还款等的内容。这些与权利义务密切相关的事项，必须有明确的授权。

2. 审查其借款行为是否超出了授权范围，比如在是否可以借款以及约定借款的金额、借款期限、利息及违约责任等方面，是否超出了授权范围。

（二）如何理解概括授权与特别授权

有的授权没有单独的授权文件，而是由代理人直接在合同上的"代理人"处签名；有的授权委托书写明"××全权代理委托人处理与本合同相关的事宜"等，我们将其理解为概括授权。

对概括授权有两种认识上的倾向。一种认为概括授权包含了所有内容的授权，另一种认为概括授权属于一般代理。后者的理由是：代理分一般代理和特别代理，只有得到特别授权的才具有特别代理权限，不能将概括授权定义为比特别代理权限更加特别的授权形式。但是，概括授权最容易产生的法律后果是形成表见代理，即对方当事人基于对代理人的信赖而发生的经济事项，其法律后果有可能由被代理人承担。

代理，主要分为转达性的代理权限和处分性的代理权限。前者是将委托人的意思表示

通过代理人进行转达，代理人不能突破委托人的意思表示而表达另外的意思，更不能行使自主处分权利。后者的代理人则不但拥有转达性的代理权限，而且拥有授权范围内的处分权利。因此，针对特别授权，授权范围必须予以明确，比如：（1）签订借款合同的权利；（2）修改合同以及签订补充协议的权利；（3）代表被代理人履行合同义务的权利；（4）代表被代理人主张合同权利的权利；（5）宣布中止、终止合同履行、解除合同的权利；（6）提出合同异议的权利；（7）代表被代理人追究违约责任的权利。代理人有了这些权利，不需要被代理人另行签字或盖章，就可以立即享有履行合同或主张合同权利的权利。因此，委托人对这些授权应持谨慎态度。

（三）代理期限是否明确

无论是在合同、补充协议，还是在授权委托书、任职文件、项目部成立文件等有关的具有授权内容的法律文件中，代理有期限的，应当写明。其表达方式为："此委托代理期限至××××年××月××日前有效。逾期代理权限自然终止。"

如果没有代理期限，而是针对某一具体事务的代理，则可以写明："此委托代理期限至本事项代理完毕时自然终止"。

（四）授权委托书的送达依据

如果授权委托书等对委托代理的权限进行了限制，委托方应当持有对方当事人知道权限范围或限制性规定的证据。可以采用送达委托书的方式来固定对方当事人知道授权范围的事实。送达依据主要包括：（1）纸质送达签收回执；（2）纸质送达签收照片或影像资料；（3）手机短信、电子邮件等电子数据资料；（4）公证送达资料；（5）证人证明材料；（6）其他资料。依据这些证据可以否定对方当事人认为是职务行为或表见代理的意见。笔者认为，这里最简便的方式是：将授权委托书或指定收款人的委托书进行复印，送达对方当事人时要求其在复印件上签收（签字、盖章）。

五、代理人在接受委托、履行代理职责时应当注意的问题

从法律上，代理人实施民事行为的法律后果应由被代理人承担，其法律依据是代理人与被代理人建立了有效的委托代理合同关系。如果其代理行为不合法，有可能由行为人承担其法律后果。一般来讲，代理人在实施代理行为时，应当注意以下问题：

（1）一定要声明是代表被代理人实施的行为。在代为签订合同时，既要写明委托人的姓名或单位名称，也要写明代理人的姓名或单位名称。在代为收取借款时，要表明是代借款人收取借款。

（2）要在适当位置表明代理人的身份。签订合同时要找准签名位置。比如，合同中注明了"代理人"的，应在"代理人"处签字或盖章，不要错签在"借款人"或"担保人（保证人）"处。没有代理人位置的，要在签名处写明"代理人"的身份，或者在合同中写明授权签订合同的相关内容。

(3) 要在职权范围内实施代理行为。如果超出职权范围，给当事人造成损失的，有承担民事责任的风险。如果委托人出具了书面授权委托书，一般要求将代理权限在文件中写明。代理人应依照授权范围实施代理行为。如果授权委托书未写明代理权限，为防止代理人滥用职权给当事人造成损失，委托人要将代理权限及时通过其他形式（如手机短信）告知代理人和合同相对方。

(4) 代理内容要真实。如果委托人对合同内容或主要条款有专门的意思表示，代理人要将其意思表示如实转达，并依此尽到审查合同内容的义务。只有符合当事人的真实意思表示的，才能代为行使代理事项。委托人授权代理人可以根据自己意愿行使代理事项的，代理人才能根据自己的判断实施相关代理行为。

(5) 代理事项要合法。在司法实践中，除了办理专业性的代理事务时签订有委托代理合同（如专业律师的代理合同），一般不会签订委托代理合同。如果代理事项违法，有可能导致代理人承担连带责任。如：将借款用于赌博、制毒贩毒的，如果代理人明知被代理人的事务违法仍然予以代理，无论是否从中获取非法利益，均应当共同承担责任。

(6) 要保留合法代理的有关证据。

六、对职务行为的判断标准

（一）职权标准

在工作中拥有一定职务的人相应地拥有一定职权。法定代表人的职权主要是由法律授予，一部分由章程或股东会授予。其他工作人员，则由法定代表人或章程、股东会、董事会授予。在职权范围内实施的行为，一般会被认定为职务行为。超越职权的行为要么是狭义的无权代理，要么构成表见代理，而不是职务行为。

（二）时空标准

对行为人实施的行为，除与其职权相联系以外，还应从履职时间、地域范围、与委托人之间是否存在内在联系进行判断。如果是在其工作时间、工作场所实施行为的，一般认为成立职务行为。反之，其职务行为成立的可能性不大。

（三）身份标准

在通常情况下，凡是执行职务行为的人均具有一定的身份特征。如公司法定代表人、非法定代表人的总经理、经理、办公室主任、财务主管、部门经理，项目部负责人、项目经理等。职务行为应当与其身份特征相符。对相关人员履行的与其身份相符的行为，一般应当认定为职务行为。反之，不成立职务行为。

（四）目的标准

职务行为人的行为与其履职目的之间具有内在联系。同样是项目负责人，如果是处理个人债务纠纷的行为，与公司职务行为无关，就不能认定为职务行为。如公司法定代表人在履职过程中，将公司财物据为己有，或者收受贿赂，显然就不是履行职务行为。

【案例060】

民间借贷纠纷中法定代表人职务行为的责任主体认定

裁判文书：河南省安阳市滑县人民法院（2017）豫05民初3230号民事判决书

判决书认定事实：

庭审中，被告盛×公司要求对借条及借款合同上的印章进行鉴定，经法院审查认为，原、被告双方签订的借款合同中，除加盖被告盛×公司的公司印章、公司法定代表人张×个人印章外，其公司法定代表人张×有签字，被告盛×公司并未对其法定代表人张×的签字提出异议，即使其对公司印章的真实性提出异议，原告基于对张×的法定代表人身份真实性的依赖，已尽到合理的审查义务，原告有理由相信作为被告盛×公司法定代表人的张×履行职务行为的真实性，张×的行为仍然能够代表被告盛×公司的行为，张×作为法定代表人与原告签订借款合同及借据的行为仍为有效，故对被告盛×公司提出的鉴定公司印章的申请不予支持。

≋≋≋ 作者简析 ≋≋≋

该案之所以认定"原告有理由相信作为被告盛×公司法定代表人的张×履行职务行为的真实性"，是因为原告对张×的法定代表人身份真实性的依赖，已尽到合理的审查义务。在实践中，如果当事人明知对方当事人的签约代表是公司的法定代表人，签订合同时又是以公司名义签订的，依照《民法典》第61条第2款规定的"法定代表人以法人名义从事的民事活动，其法律后果由法人承受"，应当由法人承担责任。退一步讲，法定代表人以法人主体名义对外签订借款合同，其款项又是归个人使用的，依据《2020民间借贷司法解释》第22条的规定，出借人也可以请求公司法人和法定代表人共同承担还款责任。

实践中，如果存在借款人与收款人不是同一人的情况，出借人应当尽到合理注意义务。必要时，其可以要求提供授权委托书，或者指定收款人的证明。

【案例061】

法定代表人从事的民事活动，其法律后果是否一定由法人承受

裁判文书：湖南省岳阳市中级人民法院（2017）湘06民终2502号民事判决书[①]

判决书认定事实：

一审法院认为：一审原告出借金额为100万元，属较大金额民间借贷，应当尽到合理的审查义务。尽管一审原告陈述借款人为××公司，但借条中并未写明借款人为该公司，而一审原告也没有其他证据佐证系该公司借款，借款时该公司其他股东并不知情，且借条

[①] 该案被收录于：国家法官学院案例开发研究中心. 中国法院2019年度案例. 北京：人民法院出版社，2019：103-107.

上印文系伪造公章所盖，古×林陈述印章并非其自己所盖而自认借款为其个人借款，一审原告未能提供证据证实印章系××公司法定代表人所盖，作为较大金额借贷，借条中未约定利息和借款期限，形式过于草率。一审被告经批准成立合法经营的小额贷款公司，一审原告应当知道该公司对外发生借贷义务有借款合同等要件要求，但其没有尽到合理的审查义务，由此产生的风险责任应由一审原告承担。从款项流向、借款用途来看，该笔借款汇款至古×林个人账户，并未进入公司账户，由于古×林实际控制多家公司，涉案金额特别巨大，账目混乱，无法查清该笔借款实际用途，借款后，按一审原告陈述，利息一直由古×林个人支付，公司并没有直接偿还过借款，从一审原告提供的证据和古×林的陈述看，一审原告与一审被告之间并没有借贷的意思表示，双方事实上没有发生过资金往来，结合借款形式、资金交付、款项流向、借款用途、还款情况来看应认定一审原告与古×林个人之间的借贷关系，一审原告主张在其与一审被告之间形成了民间借贷关系证据不足，不能支持。

二审法院认为：该借据不符合《合同法》第196条、第197条关于借款合同的定义及合同形式要求，不是借款合同，该借据上的印章与××公司对外经营业务使用的公章不一致，与备案公章亦有明显区别。同时，古×林亦自认该欠条系其个人向文×的借款，否认在借据上盖章，否认其在该凭证中系以企业名义与被上诉人文×发生借贷关系。根据《最高人民法院关于适用〈中华人民共和国民事诉讼法〉的解释》第90条的规定："当事人对自己提出的诉讼请求所依据的事实或者反驳对方诉讼请求所依据的事实，应当提供证据加以证明，但法律另有规定的除外。在作出判决前，当事人未能提供证据或者证据不足以证明其事实主张的，由负有举证证明责任的当事人承担不利的后果。"对于上诉人的上诉理由，本院不予支持。

法官论述

本案涉及法定代表人行为的效果归属问题。在实践中因"法定代表人的权限无所不包"观念所引发的种种弊端引起社会各界的关注。1999年颁布的《合同法》开始对法定代表人的越权行为进行规范，该法第50条规定："法人或者其他组织的法定代表人、负责人超越权限订立的合同，除相对人知道或者应当知道其超越权限的以外，该代表行为有效。"2005年《公司法》的修订，则进一步剥夺了法定代表人对为他人提供担保、对外投资等事项的单独决定权。2017年《民法总则》施行，该法第61条规定："依照法律或者法人章程的规定，代表法人从事民事活动的负责人，为法人的法定代表人。法定代表人以法人名义从事的民事活动，其法律后果由法人承受。法人章程或者法人权力机构对法定代表人代表权的限制，不得对抗善意相对人。"该条较为明确地规定了法定代表人的定义、法律地位、行为的效果归属和越权行为效力。但在审判实践中法定代表人的行为到底是职务行为还是个人行为很难区分和判断。笔者认为，既然法定代表人是依据法律或法人章程产生，其代表权当然应当解释为来源于法律规定或者章程规定。也就是说，法定代表人不得超越法律或法人章程所规定的范围行使代表权。这不仅是文义解释的当然结果，更是法定代表人忠实义务的必然要求。在审判工作中，不能简单地以《民法总则》第61条第2款法条的表面文字表述得出"法定代表人所有以法人名义实施的行为均由法人承担后果"的结论，在判断代表人行为是否应当归属于法人时，首先应当着眼于是否为职务行为，并应当结合第1款和第3款的规定加以衡量。如何判断是否为职务行为，一般可按照是否以法人的名义、公章是否真实等形式标准来审查，同时要将《民法总则》第61条置于整个民商法体系中加以理解和把握，要有团体法意识的观念。因此，对超越法定限制的行为，法人原则上不承受该行为的效果，除非第三人能够证明自己的善意。①

≈≈≈ 作者简析 ≈≈≈

本案一、二审均认定××公司不应承担还款责任，主要理由是没有证据证明出借人与××公司之间形成了借款合同关系。具体来说：一是借条中并未写明借款人为××公司；二是借条上印文系伪造公章所盖；三是借条中未约定利息和借款期限，不符合常理。特别是针对小额贷款公司，借款合同是非常规范的，这已是行业习惯；四是从款项流向、借款用途来看，该笔借款汇款至古×林个人账户，并未进入公司账户。

因此，结合借款形式、资金交付、款项流向、借款用途、还款情况，认定原告与××公司形成了民间借贷关系证据不足。

上述情形中，难点是对"借条上印文系伪造公章所盖"的认定。实践中，借条往往只有一份，该借条由借款人出具之后交给出借人作为主张债权的凭据，客观上存在借款人加盖印章和出借人加盖印章的两种可能性，究竟是由谁方加盖，在双方均未举示证据的情形下，难以查清。此时，从举证责任分配角度看，因原告方就借款合同关系的成立负有举证责任，当被告方就印章的加盖提出质疑时，原告方应当就被告加盖的印章这一法律事实承担举证责任，否则，应当承担不利的法律后果。

案例中适用的《民法总则》第61条已被《民法典》第61条吸收。

【案例062】

担保公司的总经理使用公司印章，其行为系职务行为，其应承担相应的责任

裁判文书：最高人民法院（2019）最高法民申2915号民事裁定书

裁定书认定事实：

关于福×公司应否承担连带保证责任的问题。丰学×作为福×公司总经理，持有该公司公章，其对外代表公司进行的民事法律行为的后果应当由福×公司承担。福×公司主张丰学×系公司总经理，仅负责日常管理工作，其加盖公章的行为不对福×公司发生法律效

---

① 国家法官学院案例开发研究中心. 中国法院2019年度案例. 北京：人民法院出版社，2019：103-107.

力的理由不能成立，本院不予采信。

≈≈≈ 作者简析 ≈≈≈

一般情形下，即使持有公章的××不是公司的法定代表人，既然公章交由其保管与使用，也就应当视为法人对其进行了概括授权。被授权人在授权范围内实施的民事行为，其后果应当由法人承担。但是，对于公司法人对外提供担保，《公司法》第15条作了限制性规定。在该条规定下，即使是公司法定代表人使用公司法人公章，签订了担保合同，也不一定具有法律效力。因此，不能仅凭公章的真假及其使用来认定担保责任。

【案例063】

虽然股东决议变更了法定代表人，但未到登记机关备案的，登记档案上的法定代表人的行为仍然构成职务行为

裁判文书：最高人民法院（2015）执申字第39号执行裁定书

裁定书认定事实：

关于明×公司委托代理权的问题。依照法律或者法人组织章程规定，代表法人行使职权的负责人，是法人的法定代表人。公司法定代表人变更，应当办理变更登记。虽然闫×称其是明×公司实际负责人，但工商登记的明×公司法定代表人一直是郭×，故郭×的行为即构成明×公司的代表行为。

≈≈≈ 作者简析 ≈≈≈

一般情形下，公司对法定代表人进行变更，应当通过股东会形成决议，然后根据其决议向市场监督管理局备案。其法定代表人的变更从股东会决议形成之时便产生法律效力。也就是说，变更后的法定代表人具有职务身份。变更前的法定代表人，因其职权被股东会撤销，其职务身份已经被取消，其职务行为亦告终止。但是，如果职务变更依据未向市场监管局备案，则职务行为的外观表现即变更前的法定代表人的职务仍然存在，因此，本案例作出的判决是正确的。

笔者认为，根据前述理由，在变更文件备案之前，如果原来的法定代表人仍然以法人主体名义对外签订借款合同或担保合同，其行为界定为表见代理更为恰当。理由是：是否备案不是产生或终止法定代表人职权的合法依据，其合法依据是股东会（或股东大会）的决议。当股东会作出决议时，其履行职务行为的身份已经丧失，行为人再以法定代表人的身份以法人名义对外开展活动已经丧失了合法性，不能将其定义为职务行为。相反，合同相对方主观上相信其仍然拥有法定代表人的代理权限，是基于行为人的外观表现产生错误认识所致。这一特点符合表见代理的法律特征。

【案例064】

内部工作失职不能作为否定借款合同效力的依据

裁判文书：最高人民法院（2015）民一终字第353号民事判决书

判决书认定事实：

对于宝×公司多年以来与王×通过多次签订协议而反复确认债务的行为，是双方意思表示达成一致的结果，且宝×公司在庭审中始终没有否认2014年6月10日以及此后签订的多份"借款协议书"及"情况说明"、"收款收据"、转账支票等的真实性。现宝×公司一方面以其内部人员工作失职、受到王×胁迫为由否认17 590万元借款本金的存在；另一方面，又欲以双方此前签订的412份协议证明双方实际借款本金数额应当为117 688 703.93元。但根据本院二审查明的事实，涉案17 590万元的借款数额来源于双方此前的多笔款项，并在2012年中由双方以17份协议的形式将17 590万元予以确定。作为具有独立会计核算制度的公司法人，宝×公司应当对涉案如此巨大债务给予充分的、审慎的、理性的重视，其对于自身所出具的多份协议及债务凭证的法律后果应当明确知悉。即便如宝×公司主张其工作人员失误、其受到王×的胁迫，《合同法》第54条对于当事人陷入重大误解，或存在显失公平，抑或当事人受到欺诈、胁迫、乘人之危的情形而导致在意思表示不真实的情形下签订的合同，赋予了当事人行使撤销该合同的权利，该法第55条又对前述撤销权给予了1年的除斥期间；但，从宝×公司于2014年10月21日签订的最后一份"借款协议书"时起至二审庭审之日止，共一年有余的时间，其除提出所谓口头辩解外却从未主张行使撤销权。据此，宝×公司以其意思表示不真实为由而否定上述证据中记载的17 590万元借款本金的抗辩不能成立。

~~~ **作者简析** ~~~

本案的争议焦点是17份借款协议是否可以作为有效证据采信。对此，可以从以下几方面进行判断：一是17份借款协议的"三性"是否可以得到确认，特别是其真实性，是否有相反证据证明借条所载明的金额是错误的，或者是否存在司法解释规定的十种不合常理的情形。只有在举示证据证明存在错误或存在明显不符合常理的情形时，才有进一步审查证据的必要性。二是当事人一方提出有胁迫行为。胁迫行为可以分为两大类：一是因胁迫签订合同，但交易行为具有真实性，其合法性不能当然被否定。二是因胁迫签订合同，且交易行为本身具有虚假性。

于前一种情形，可以依据法律规定行使撤销权请求撤销。撤销请求权应当在除斥期间内行使。于后一种情形，如果交易行为本身具有虚假性，就说明其合同内容并非当事人真实意思表示。依据《民法典》第143条的规定，应当认定为无效合同。无效合同不受除斥期间的限制。

本案当事人未举示证据证明存在虚假以及具体的胁迫行为的情形，生效判决作出的认定是正确的。

【案例065】

以个人名义签订借款合同可以被认定为职务行为的情形

裁判文书：最高人民法院（2015）民一终字第1号民事判决书

判决书认定事实：

借款合同虽然是以（××）个人名义签订，但事后担任法定代表人的公司又出具了还款承诺书，此还款承诺书佐证了借款人主体是公司而非个人，还款承诺书也系借款合同而非担保合同，在前述情形下个人签订借款合同系职务行为。

≋≋≋ 作者简析 ≋≋≋

司法实践中，出具还款承诺书有以下情形：

一是借款合同未约定借款期限，或者约定的借款期限不明确，由债务人出具还款承诺书，确定债务履行期限。

二是在债务履行期限届满或届满前，因债务人无法按照先前约定的借款期限履行还款义务，以出具还款承诺书的形式，延缓还款期限，该承诺书实际为合同履行期限的变更文件。

三是债务人无力履行还款义务，由第三人代为履行还款义务而出具还款承诺书。该文件实际为债的加入。

本案例中，先由公司的法定代表人以个人名义对外签订借款合同，然后由公司法人出具了一份还款承诺书，可以推断该承诺书是以借款人的身份出具的，因此，不被认定为保证合同。该还款承诺书是对职务行为的追认文件，所以判决由单位承担还款义务。

本案的特殊性在于，借条或借款合同由××个人出具，该人员同时又是某公司的法定代表人。出借人究竟是与××个人，还是与公司法人主体之间形成的借款合同关系，双方对此存在争议。实践中，应结合合同的义务主体及权利主体进行分辨。比如，考查本案借款的收款人是谁。如果借条是法定代表人以个人身份签字，但款项实际用于单位，依据《2020民间借贷司法解释》第22条第2款的规定，可以请求单位与个人共同承担责任。

【案例066】

公章控制人与公司所订涉双方借贷合同的效力认定

裁判文书：福建省厦门市中级人民法院（2019）闽02民终1449号民事判决书①

判决书认定事实：

一审法院认为，马×安在自行控制公章期间订立"债务清偿协议"，确认厦门××公司欠马×安的债务，在厦门××公司不予认可的情况下，不能代表厦门××公司的真实意思表示。"债务清偿协议"未成立，对厦门××公司不具有法律上之约束力。因此，马×安依据"债务清偿协议"提出债权主张并要求张×、××公司承担补充清偿责任，缺乏事实及法律依据。至于马×安主张其他证据足以证明本案债权成立的问题，其中马×安个人债权的部分，马×安仅提交银行转账往来记录，无借款合意之证据，不足以证明厦门××

---

① 该案被收录于：国家法官学院案例开发研究中心．中国法院2021年度案例．北京：人民法院出版社，2021：102-105．

公司与马×安系借款关系。

二审法院认为：作为一审原告，马×安认为"债务清偿协议"有效并据此提出诉讼请求，因当事人主张的法律关系的性质与法院查明的事实不一致，在一审法院依法释明后，马×安仍坚持原先的诉讼请求，一审据此驳回马×安的诉讼请求并无不当。

〰〰 法官论述 〰〰

一种观点认为，公章是公司行使权利的直接有效凭证之一，在交易习惯中，人们也普遍认定印章就是公司意思表示的推定形式。本案中加盖的公章是真实的，公章对外即代表公司，具有证明力，"债务清偿协议"成立，公司应受其约束并承担相关的法律责任。另一种观点认为，在加盖真实公章的情况下，若有证据证明不是公司的真实意思表示，"债务清偿协议"不成立。

本案讼争的"债务清偿协议"是公章实际控制人与厦门××公司订立涉双方的借贷合同，其对厦门××公司强加了巨额的还款义务，有损厦门××公司的利益，在法定代表人出庭作证否认的情形下，应认定订立行为不是厦门××公司真实的意思表示，系马×安的个人行为，"债务清偿协议"未成立，对厦门××公司不具有法律上之约束力。[①]

〰〰 作者简析 〰〰

本案认定公章的实际控制人并不是公司的法定代表人。判决认定，公章持有人以加盖公章的形式签订"债务清偿协议"，会加重企业负担，并且有证据证明不是公司法定代表人的真实意思表示。因此，驳回原告的诉讼请求。

实践中，对于事后加盖印章（一般是法人公章）的效力应如何认定，存在较大争议。不同的观点主要有：

一是债的加入观点。笔者注意到，本案中加盖公章的法律文件为"债务清偿协议"，与原始的借款合同、借条或借据存在区别。如果在原始的借款合同、借条或借据就加盖了公司法人公章，则证明借款人是以公司名义形成的借款合同关系。如果在原始的借款合同、借条或借据上只有自然人的签字，之后在"债务清偿协议"中才加盖公司法人公章，此时，加盖的公章的证明效力应如何认定成为难点。《九民纪要》第23条规定："法定代表人以公司名义与债务人约定加入债务并通知债权人或者向债权人表示愿意加入债务，该约定的效力问题，参照本纪要关于公司为他人提供担保的有关规则处理。"依照《九民纪要》的规定，应当参照保证合同的相关规定执行。即使是法定代表人加盖的印章，其效力的认定尚需要依据是否有股东会、董事会的授权才能确定，更何况本案加盖印章的人不是法定代表人。因此，即使是债的加入，其合法性也存在疑问。

二是追认观点。如果将后加盖印章的行为视为对借款合同的追认，就必须符合当事人

[①] 国家法官学院案例开发研究中心. 中国法院2021年度案例. 北京：人民法院出版社，2021：102-105.

的真实意思表示,否则,其效力也难以认定。

三是形成新的合同关系。新的合同关系的形成必须以具有"合意"为基础。如果之前的借款合同或借条载明的借款人并不是加盖印章的当事人,之后在还款承诺书、债务清算协议等上加盖了法人公章,使借款人由一人变为多人,此时不能脱离印章当事人的真实意思表示来判断印章的效力。其后加盖的印章,并不一定改变之前已经形成的借款合同关系。

因此,判断上述合同的关键是考查当事人的真实意思表示。

【案例067】

股东签字借条上无公司签章不必然否定公司是借款人

裁判文书:河南省平顶山市中级人民法院(2020)豫04民终660号民事判决书

判决书认定事实:

虽然借条上担保人处××公司的名字为王×书写,但并未加盖印章,曹×作为善意出借人,基于对王×股东身份的认可,将款项按王×指示转账至该公司名下。××公司未提供就该笔款项如何进行处分的相关证据,结合本案证据,案涉款项并未完全用于王×个人,且从公司转出的款项,也是以借款的形式出借给了王×,该事实与案涉款项系王×个人之债的说法相互矛盾。参照《2020民间借贷司法解释》第23条第2款的规定,虽然××公司不应承担担保责任,但应就案涉借款承担共同还款责任。

~~~ 作者简析 ~~~

本案一审法院以担保合同并不成立为由,判决驳回原告对借款本金及利息承担连带清偿责任的诉讼请求,二审改判由××公司就案涉借款承担共同还款责任。其改判理由:一是借条由王×书写,王×是××公司的股东;二是曹×以出借人的身份,将款项按王×指示转账至该公司名下,××公司未提供就该笔款项如何进行处分的相关证据。

反对观点认为:仅凭股东身份不足以认定借款合同关系与谁方建立。其理由:一是,《2015民间借贷司法解释》第23条、《2020民间借贷司法解释》第22条的规定,规范的是企业法定代表人或负责人对外签订借款合同的情形,本案的当事人仅仅是公司的股东,不具有适用的前提条件。二是,在实践中,公司股东指示将借款转入公司账户,有多种情形。比如,股东为履行出资义务,以对外借款方式筹集出资款;公司为了开展生产经营活动,以公司名义对外借款。两种情形下,均可能将借款转入公司银行账户,但借款人的主体是不同的。前者的借款人是股东个人,后者的借款人主体是公司。于后者,股东履行的法人主体的职务行为,与其是否具有股东身份无关。构成职务行为的后果是,只能由被代理人承担法律上的后果,不可能由行为人和被代理人共同承担民事责任。

【案例068】

没有明确的授权范围,不能认定其借款行为系职务行为

裁判文书:重庆市高级人民法院(2015)渝高法民终字第00427号民事判决书

判决书认定事实：

一审法院重庆市第一中级人民法院审理查明：2009年12月10日，民×公司与重庆市××耐磨材料有限公司签订"房地产联合开发协议"，约定双方联合开发C2-5地块，由重庆市××耐磨材料有限公司提供项目的有关手续和证件，民×公司自筹资金2000万元对土地进行开发。该协议上，霍×作为民×公司的委托代理人签字。

同日，民×公司、重庆市××耐磨材料有限公司共同向霍×出具"授权委托书"，载明："……就潼南江××C2-5地块（其中39.614亩）的土地开发，全权委托霍×办理一切事宜，个人出资，自主经营，自负盈亏，独立承担民事责任。"

2011年4月6日，民×公司任命霍×为副总经理。

2014年7月30日，霍×向唐×出具"还款承诺书"，载明："民×公司为开发潼南江××项目，于2009年至2013年期间通过公司霍×先后向唐×（身份证：×），借款人民币壹仟叁佰零伍万元整（1305万元整）。借款时间金额详见备注。双方约定月利率为2%（即年利率为24%），以上借款全部用于潼南江××项目。截至2014年7月30日止，上述借款本息未归还，对此，民×公司和霍×承诺：保证于2015年1月30日前全部归还上述1305万元借款本金及月利率2%的全部利息。原借款借条收回作废，特此承诺！"此外，该承诺书项下的借款由若干笔组成，还载明了每笔款项形成的时间和金额。

"还款承诺书"下部借款人处加盖民×公司江××项目部印章及霍×签字。

一审法院重庆市第一中级人民法院认为：唐×举示的"授权委托书"，是由民×公司与重庆市××耐磨材料有限公司向霍×出具，全权委托霍×就潼南江××C2-5地块的土地开发办理一切事宜，同时，该委托书载明了由霍×个人出资，自主经营，自负盈亏，独立承担民事责任。因此，唐×在向霍×出借款项时，应当清楚其是与霍×个人发生借款法律关系。

唐×举示的"还款承诺书"上虽加盖了民×公司江××项目部印章，但该还款承诺书是唐×向霍×出借上述款项后向霍×催收时由霍×出具的，此时虽加盖民×公司江××项目部印章，但并不能因此改变借款人；并且，民×公司江××项目部并非独立的法人，其在未得到民×公司的授权的情形下，无权代表民×公司承认霍×的借款系民×公司的借款以及承诺对该款承担偿还责任。

二审法院重庆市高级人民法院认为：

1. 关于霍×个人签名与代理行为的关系。根据《民法通则》第38条："依照法律或者法人组织章程规定，代表法人行使职权的负责人，是法人的法定代表人。"霍×并非民×公司法定代表人，仅是民×公司副总经理。霍×也没有取得民×公司对外借款的授权，故霍×在借条及"还款承诺书"中的个人签名不能依法代表民×公司。同时，民×公司的副总经理不是企业法定代表人，即使唐×认为霍×是民×公司的副总经理，也不能成为唐×相信霍×有代理权的理由。霍×的个人签名行为既不构成有权代理也不构成表见代理。并且,唐×有部分借款是在霍×担任副总经理之前产生,该部分借款更与霍×的副总经理身份无关。

2. 关于"还款承诺书"中加盖江××项目部印章与代理行为的关系。"还款承诺书"并没有产生新的借款,属于霍×与唐×之间对民×公司承担本案债务的约定。江××项目部作为建设单位民×公司的下属部门,既不具有代表民×公司认可承担债务的主体资格和权限,也不能成为唐×相信江××项目部能够代表民×公司的理由。因此,尽管"还款承诺书"加盖了江××项目部印章,也不构成霍×有代理权或表见代理的理由。"还款承诺书"属于霍×与唐×之间对第三人民×公司承担债务的约定。根据《合同法》第3条:"合同当事人的法律地位平等,一方不得将自己的意志强加给另一方。""还款承诺书"在未得到民×公司认可的情况下,霍×与唐×自行约定的内容对民×公司不产生效力。

…………

4. 关于民×公司、重庆市××耐磨材料有限公司向霍×出具的"授权委托书"与代理行为的关系。"授权委托书"虽然授权霍×"……土地开发,……办理一切事宜",但结合之后"个人出资,自主经营,自负盈亏,独立承担民事责任"的内容,应当认为民×公司、重庆市××耐磨材料有限公司的真实意思表示中并没有包括授权霍×办理导致民×公司、重庆市××耐磨材料有限公司承担责任的相关事宜的意思表示——这包括并未授权霍×代表民×公司对外借款及认可债务。故"授权委托书"不能构成有权代理。即使按唐×的诉称,其因"授权委托书"而相信霍×有代理权,因"授权委托书"同时载明,该项目系霍×"个人出资,自主经营,自负盈亏,独立承担民事责任",根据《合同法》第49条:"行为人没有代理权、超越代理权或者代理权终止后以被代理人名义订立合同,相对人有理由相信行为人有代理权的,该代理行为有效",该条规定的"有理由相信",应指相对人是善意且无过失。唐×在明知霍×"独立承担民事责任"的前提下,仍然认为出借对象是民×公司,不符合《合同法》第49条规定的条件,"授权委托书"对唐×也不构成表见代理。

【案例069】
借条上加盖项目部印章的效力认定

裁判文书:安徽省淮南市中级人民法院(2020)皖04民终62号民事判决书

判决书认定事实:

借条上借款人处虽加盖湖南××公司潘三矿项目部印章,但从借款资金流动来看,款项均是转入吕×个人账户或者吕×指定账户,对于所借款项是否用于项目建设,无有效证据予以证明,同时也无证据证明湖南××公司以文件形式任命吕×为潘三矿项目负责人或者以其他合法形式对吕×予以有效的授权或事后追认。对于徐×提交的"建设项目结算审核表"的潘三矿项目部公章的来源,吕×称是湖南××公司合肥分公司邮寄给其的,但一审湖南××公司合肥分公司的负责人汪×龙出庭作证,该公司给吕×邮寄的公章系吕×在寿县承建的另一工程项目部的印章。对于审核表上负责人边××庆的签名，湖南××公司也不予认可。综上，仅凭借条、收条上的项目部印章不足以认定湖南××公司为共同借款人。①

~~~ 作者简析 ~~~

前述两个案例均涉及在借条上加盖了项目部的印章，关于该印章的效力应如何认定的问题，二者存在共同点，对类似案例具有指导意义。

第二个案例从以下方面认定公司法人主体不是共同借款人：

（1）从借款资金流动来看，款项均是转入吕×个人账户或者吕×指定账户；

（2）对借款用途、是否用于项目建设，无有效证据予以证明；

（3）无证据证明对项目负责人或者以其他合法形式进行了有效的授权或事后进行了追认；

（4）对印章的来源存在质疑，即吕×称是湖南××公司合肥分公司邮寄给其的，但一审湖南××公司合肥分公司的负责人汪×龙出庭作证，该公司给吕×邮寄的公章系吕×在寿县承建的另一工程项目部的印章；

（5）对于审核表上负责人边×庆的签名，湖南××公司也不予认可。

第四节　表见代理

相关规定

▼《民法典》

第171条　行为人没有代理权、超越代理权或者代理权终止后，仍然实施代理行为，未经被代理人追认的，对被代理人不发生效力。

相对人可以催告被代理人自收到通知之日起三十日内予以追认。被代理人未作表示的，视为拒绝追认。行为人实施的行为被追认前，善意相对人有撤销的权利。撤销应当以通知的方式作出。

行为人实施的行为未被追认的，善意相对人有权请求行为人履行债务或者就其受到的损害请求行为人赔偿。但是，赔偿的范围不得超过被代理人追认时相对人所能获得的利益。

相对人知道或者应当知道行为人无权代理的，相对人和行为人按照各自的过错承担责任。

第172条　行为人没有代理权、超越代理权或者代理权终止后，仍然实施代理行为，相对人有理由相信行为人有代理权的，代理行为有效。

---

① 国家法官学院案例开发研究中心. 中国法院2021年度案例. 北京：人民法院出版社，2021：108-113.

▼《九民纪要》

注意处理好民商事审判与行政监管的关系，通过穿透式审判思维，查明当事人的真实意思，探求真实法律关系；特别注意外观主义系民商法上的学理概括，并非现行法律规定的原则，现行法律只是规定了体现外观主义的具体规则……审判实务中应当依据有关具体法律规则进行判断，类推适用亦应当以法律规则设定的情形、条件为基础。从现行法律规则看，外观主义是为保护交易安全设置的例外规定，一般适用于因合理信赖权利外观或意思表示外观的交易行为。实际权利人与名义权利人的关系，应注重财产的实质归属，而不单纯地取决于公示外观。总之，审判实务中要准确把握外观主义的适用边界，避免泛化和滥用。

【重点难点提示】

代理人虽然没有合法的代理权，但是表现出具有代理权的外观，让合同相对方有理由相信其有代理权的，构成表见代理。外观主义是表见代理的高度概括。其构成要件有：

（一）行为人没有代理权

这是构成表见代理的前提条件。如果代理人有代理权，则不构成表见代理。

没有代理权的情形包括：（1）被代理人没有对行为人作出授权；（2）行为人超出了授权委托书确定的代理范围，可以称之为越权代理；（3）代理事项完成，行为人仍然实施代理行为；（4）代理权因委托代理的期限届满而终止，之后行为人仍然实施代理行为；（5）被代理人解除了行为人的代理权限，行为人仍然实施代理行为等。

（二）相对人有理由相信行为人具有代理权

这是构成表见代理的客观要件。

行为人与被代理人之间存在事实上或法律上的联系，是形成客观要件的基础。这种联系是否存在，是否足以使相对人相信行为人具有代理权，应当依一般交易习惯进行判断。比如：拿着他人的营业执照、印章、身份证原件办理担保借款；在此之前有类似代理行为，而且经被代理人追认或确认为有效代理等，合同相对方有理由相信行为人是代表被代理人作出的意思表示，可以构成表见代理。构成表见代理的理由，应当排除一切不合法的因素，如行为人不是完全民事行为能力人，或者行为人的意思表示本身是不真实的，或者代理事项违反国家法律法规强制性规定，或者合同相对方并非善意。

（三）相对人主观上善意且无过失

若相对人主观上存在恶意，知道或应当知道行为人没有代理权仍然与之发生民事行为的，不能构成表见代理。如果相对人有过失，也会抵减"足以相信"的理由。

（四）行为人与相对人之间的民事行为具备民事行为有效的要件

这些要件主要包括：行为人必须为完全民事行为能力人；行为人的意思表示真实，是在没有受到胁迫、诱骗等情形下作出的意思表示；代理事项没有违反国家法律法规强制性规定，也未违背公序良俗。这是民事法律行为合法有效的基本条件，也是表见代理是否成立的判断依据之一。

【权威观点】

除了交易相对人（第三人）一方须具备善意、信赖投资等条件，权利外观责任得以成立的一个必要条件是，客观存在一项信赖事实构成。至于哪些事实可构成法定信赖事实，须结合权利外观责任的具体形态进行分析。一般而言，信赖事实构成可划分为两类，即"人为的外观事实构成"与"自然的外观事实构成"。前者主要指各种各样的登记簿，如社团登记簿、不动产登记簿、夫妻财产制登记簿、商事登记簿等。后者的常见形态为：动产之占有；各种证书，如（代理权）授权书、债务证书、（债权）让与证书等；各种通知，如（代理权）授权通知、债权让与通知等；以及特定行为，或口头和书面的表示；等等。[①]

【案例070】

对外加盖未备案的公章可构成表见代理

裁判文书：最高人民法院（2015）民申字第418号民事裁定书

裁定书认定事实：

在"借款协议"签订之前，蔡×曾到盛×公司实地考察，陈×还提供了该公司的营业执照、组织机构代码证、财务报表等材料，陈×对此并未否认。在"借款协议"签订时，陈×在"借款协议"上使用了盛×公司的公章，虽然该公章未在行政主管部门处备案，但蔡×当时对此并不知情。在"借款协议"签订后，蔡×出借的1 900万元中的1 530万元汇入了盛×公司的银行账户。另一方面，盛×公司虽称陈×为无权代理，但其并未提交证据证明在本案诉讼之前，其曾经就此向蔡×提出过异议；盛×公司虽称蔡×并非善意，但也未提交证据证明。结合上述缔约人的身份、缔约前的审查工作、缔约时的客观表象、借款去向等因素，本院认为，蔡×有理由相信陈×有权代表盛×公司签字盖章，此种相信可以认定为善意且无过失，故即使陈×没有得到授权，依据《合同法》第49条规定，其代理行为也构成表见代理，盛×公司应对其行为承担责任，即对涉案债务承担连带保证责任。

≈≈≈ 作者简析 ≈≈≈

（1）构成表见代理，最简单的理解就是行为人不构成职务行为，但是相对人能够提供足以相信其具有代理权的事实和理由。本案认定构成表见代理的事实和理由主要有：

一是在签订借款合同以前，出借人到被代理人单位进行了实地考察；

二是代理人出示了被代理人单位的营业执照、组织机构代码证、财务报表等材料；

三是在"借款协议"签订时，陈×在"借款协议"上使用了盛×公司的公章；

[①] 最高人民法院民事审判第一庭.最高人民法院新民间借贷司法解释理解与适用.北京：人民法院出版社，2021：334.

四是前述公章虽然未在行政主管部门处备案,但作为出借人的蔡×当时对此并不知情;

五是借款的大部分款项汇入了被代理人的银行账户。

结合上述缔约人的身份、缔约前的审查工作、缔约时的客观表象、借款去向等因素,生效判决认定其表见代理成立。

(2) 需进一步探讨的问题。

一是裁判文书称:"陈×还提供了该公司的营业执照、组织机构代码证、财务报表等材料,陈×对此并未否认",显然是在举证、质证阶段,由原告一方举示了"公司的营业执照、组织机构代码证、财务报表等材料",并声称这些资料是陈×提供的。如果在法庭上遭到陈×的否认,原告方需进一步举示证据证明证据的来源。

二是关于"在'借款协议'签订后,蔡×出借的1 900万元中的1 530万元汇入了盛×公司的银行账户",如果公司的收款人受他人委托即是指定收款人,且保留有相关证据,原告方亦有进一步的证明责任。

三是关于是否"提出过异议":首先,没有提出异议,并不等于法律上的默认行为。其次,被告方可以提出异议的时间点应当为"知道或应当知道"之时,即被告方知道原告方要求其承担还款责任之时。如果属当事人不明知的情形,未提出异议在情理之中。此外,未提出异议与不提出异议具有本质区别。只有当事人明确表示不提出异议或者在明知的合理期间内未提出异议,才能理解为不提出异议。

本案给代理律师的启示是:在法律服务中,一是要全面掌握并收集证据,二是如果发生本案类似情形,应当提醒当事人及时提出异议,并妥善保管提出异议的相关证据。

【案例071】

员工超越职权订立的合同效力的认定

裁判文书:江苏省无锡市中级人民法院(2017)苏02民终1946号民事判决书[1]

判决书认定事实:

一审法院认为:关于7月18日合同借款主体,2013年7月17日最高额借款合同中,王×与×唐公司无锡分公司(以下简称无锡分公司)均系借款人,王×在合同上签字,并盖有无锡分公司公章;彼时,王×系无锡分公司负责人,款项汇入王×账户,亦属合理;至于双方就无锡分公司公章到底由谁亲手加盖于合同的分歧,基于当时王×掌控公章的情况及其对合同签订过程的陈述,不影响无锡分公司公章加盖于借款人处的效力,故王×、无锡分公司应为共同借款人。

二审法院认为:王×与孙×在2013年7月18日签订最高额借款合同时任无锡分公司

---

[1] 该案被收录于:国家法官学院案例开发研究中心. 中国法院2019年度案例. 北京:人民法院出版社,2019:99-103.

负责人，该合同的借款人明确为王×与无锡分公司两方，借款人落款处由王×签字，并盖有无锡分公司公章，故应当认定无锡分公司为共同借款人。×唐公司对无锡分公司借款是否知情和是否授权，均不影响无锡分公司对借款偿还责任的承担。故对×唐公司该上诉意见，本院不予采纳。

≋≋≋ 法官论述 ≋≋≋

笔者认为，相对人善意无过失地相信无权代理人有代理权，该代理表象是被代理人可控制的风险范围内的因素导致的，是构成表见代理的要件。在这里，由被代理人可控制的风险范围内的因素导致的代理外观不应被强化理解为被代理人存在过错，否则表见代理的适用范围将大大缩减。在相对人方面，只要客观上确实存在让其产生信赖的合理依据，法律上就推定其主观上善意、无过失，被代理人如有异议，则负有相对人主观上存在恶意的证明责任；在被代理人方面，只要相关风险是因其而生，其较相对人更易控制，应当判定其对表见代理的结果负有责任。本案中，对孙某而言，借款合同订立时，无锡分公司是×唐公司依法设立、具有相应的授权、领取了营业执照的分支机构，王×是该分支机构的负责人，亦是分公司公章的保管人，这两点已经构成其可以代表分公司做决策的代理表象；对无锡分公司及×唐公司而言，分公司对外经营、交易是由总公司授权的，公章的使用管理办法是可以把握控制的，相对孙某而言，其更容易控制导致无权代理的风险因素，因此应当承担表见代理的法律后果。[1]

≋≋≋ 作者简析 ≋≋≋

本案以对风险的控制能力大小为标准，来判断合同相对方是否具有善意。相对孙某而言，×唐公司更容易控制导致无权代理的风险因素，应当对风险的产生自行承担责任。

当然，上述观点也有值得商榷之处。其理由：一是分公司印章并不是法人公章。既然印章写明了是分公司，就等于明确告知了分公司无权代表公司法人对外开展经营活动。二是分公司的负责人不具有法定代表人的职权范围，这是众所周知的事实，且符合相关法律规定，无须其他证据予以证明。三是既然加盖的印章是分公司的印章，那么所借款项是否属于公司在使用，出借人一方对此有谨慎关注或合理关注的义务。原告主张由公司法人承担还款责任，其借款就应当汇入公司银行账户，或者公司指定的银行账户。没有前述条件，并不足以形成出借人对借款人是公司的信赖理由，所以，构成表见代理的理由不成立。

【案例072】

授权委托书对权利范围作出限制性规定，超出其职权范围的不构成职务行为，也不构成表见代理

裁判文书：最高人民法院（2015）民申字第1111号民事裁定书［原生效判决书：江

---

[1] 国家法官学院案例开发研究中心. 中国法院2019年度案例. 北京：人民法院出版社，2019：99-103.

苏省高级人民法院（2013）苏民终字第0174号民事判决书]

裁定书认定事实：

关于宗×的借款是否为履行职务行为问题。南通×建设公司向宗×出具的授权委托书载明，宗×仅有权代表南通×建设公司签署、澄清、说明、补正、递交、撤回、修改吉林省××房地产开发有限公司松原分公司××湖××工程相关标段施工投标文件、合同及处理有关事宜，但未明确授权宗×可代表南通×建设公司对外借款，且宗×出具的借条上也无南通×建设公司或项目部的印章，故宗×虽然系南通×建设公司的项目经理，但其借款行为不是南通×建设公司明确授权的履行职务行为。

关于宗×、许×的借款行为是否构成表见代理问题。构成表见代理不仅要求代理人的无权代理行为在客观上形成具有代理权的表象，而且要求相对人在主观上善意且无过失地相信行为人有代理权。具体到本案中，王×在借款前曾考察过涉案工程工地，宗×向其出示了相关施工合同、补充协议和授权委托书，而授权委托书上并未载明对外借款之授权，且授权委托期限已经届满。从借款行为的发生过程看，宗×、许×系以个人名义向王×出具借条，未加盖南通×建设公司或项目部的印章，款项也是汇至宗×个人账户，而非南通×建设公司的账户。因此，从表象上看，王×系与宗×、许×个人之间发生借贷关系；从主观上看，王×未尽到合理的注意义务，不能构成善意，由此可见宗×、许×的借款行为不构成表见代理。

裁定结果：驳回王×的再审申请。

≋≋≋ 作者简析 ≋≋≋

该案所反映出来的案件事实比较普遍，具有广泛的借鉴意义。

（1）仅仅具有项目经理的身份并不一定构成职务行为。

最高人民法院认为，南通×建设公司向宗×出具的授权委托书载明，宗×仅有权代表南通×建设公司签署、澄清、说明、补正、递交、撤回、修改吉林省××房地产开发有限公司松原分公司××湖××工程相关标段施工投标文件、合同及处理有关事宜，但未明确授权宗×可代表南通×建设公司对外借款，且宗×出具的借条上也无南通×建设公司或项目部的印章，故宗×虽然系南通×建设公司的项目经理，但其借款行为不是南通×建设公司明确授权的履行职务行为。

（2）本案不构成表见代理的理由。

一是王×（出借人）在借款前曾考察过涉案工程工地，宗×（共同借款人之一）向其出示了相关施工合同、补充协议和授权委托书；

二是授权委托书上并未载明对外借款之授权，且授权委托期限已经届满；

三是宗×、许×系以个人名义向王×出具借条；

四是借条上未加盖南通×建设公司或项目部的印章；

五是借款是汇至宗×个人账户，而非南通×建设公司的账户；

六是从主观上，王×未尽到合理的注意义务，不能构成善意。

本案例的评价语言规范，用语恰当，说理充分透彻，可供代理人发表辩论意见时参考。同时，本案中将"不构成善意"界定为"未尽到合理的注意义务"，具有借鉴意义。笔者认为，"未尽到合理的注意义务"，一是当事人一方提供的法律文件中明确了授权范围的，相对人应当根据其授权范围判断是否可以签订借款合同；二是即使对方当事人没有明确授权范围，相对人也应当根据常理（常识、习惯）进行谨慎判断。

【案例073】

小额贷款公司超出经营范围的不构成表见代理

裁判文书：最高人民法院（2015）民提字第32号民事判决书

判决书认定事实：

吴×的身份及与王×之间的信贷往来关系，不足以认定吴×的行为对王×构成表见代理。……认定吴×的行为对王×构成表见代理不符合法律关于汇×公司业务范围的规定。汇×公司是小额贷款公司，其业务范围不包括对外融资借款，王×对此应当明知。按照苏政办发（2007）142号江苏省人民政府办公厅《关于开展农村小额贷款组织试点工作的意见（试行）》的规定，小额贷款公司属于"只贷不存的非金融机构，即只能依靠其资本金发放贷款，而不能吸收公众存款"。故，发放贷款是汇×公司的业务范围，而对外融资借款则不属于其业务经营事项范围。既然汇×公司没有对外融资借款的权利，作为其员工的吴×当然更没有此权利。

~~~ 作者简析 ~~~

第一，本案的重大借鉴意义在于，确立了小额贷款公司超出经营范围的不构成表见代理。表见代理的要件之一是相对人主观是善意的。小额贷款公司的业务范围不包括对外融资借款，且其"对外融资借款"会扰乱国家金融秩序，行业主管部门应当严格监督。相关的规范性文件已出台，这一要点已经成为司法界的共识。

第二，实践中，虽然不构成表见代理，但如果构成职务行为，公司仍然应当承担相应的民事责任。

要认定为职务行为，关键在于原告的举证。实践中，原告方要完成举证义务具有一定难度，比如：

一是小额贷款公司多数是由自然人控制并实际经营的，这是行业中的普遍现象。如何将自然人的行为与公司联系起来，具有一定难度。

二是许多小额贷款公司已经超出经营范围从事非法吸收存款活动，但是针对单案而言，就其非法吸收存款的行为很难收集到证据。

三是对外借款是否作为了放贷的资金来源，单凭当事人自身无法完成调查取证。因此，需要向法院申请调取小额贷款公司的银行流水及对手信息等证据。如果法院不同意调查取证，很难完成举证义务。

【案例074】

在办公室签订合同并不一定构成表见代理

裁判文书：最高人民法院（2020）最高法民申6873号民事裁定书

裁定书认定事实：

根据原审已查明的事实可以认定，李××利用伪造的衡×银行印章擅自以衡×银行名义对外签订"资管计划受益权转让协议"，其行为除涉嫌犯罪外，在民事法律关系上亦属越权。虽然没有证据证明乌×银行对于李××利用伪造的衡×银行印章实施的犯罪行为事先知情或应当知情，但是乌×银行既不要求李××出示董事会决议，也不对相关情况进行了解，贸然在李××办公室签订案涉"资管计划受益权转让协议"，说明其对李××越权代表这一事实是应当知道的，无善意可言。根据《合同法》第50条规定，法人的法定代表人、负责人超越权限签订合同，除相对人知道或者应当知道其超越权限以外，该代表行为有效。易言之，相对人知道或应当知道法定代表人、负责人超越权限签订合同的，该代表行为对法人无效，亦即所签订的合同对法人不发生效力。在本案中，作为"资管计划受益权转让协议"相对人的乌×银行应当知道李××超越权限，原判决据此认定该协议无效有事实和法律依据，并无不当。

另外，本案交易是衡×银行副董事长李××勾结肖×等犯罪嫌疑人共同发起并实施的。且李××作为衡×银行的主要负责人，还多次勾结实际取得信贷资金的犯罪嫌疑人在衡×银行办公场所内以衡×银行名义实施类似犯罪行为，先后给全国多家银行造成巨额损失。显然，衡×银行主要负责人李××与用资人勾结涉嫌犯罪行为，是造成本案损失的主要原因。《最高人民法院关于在审理经济纠纷案件中涉及经济犯罪嫌疑若干问题的规定》第3条规定："单位直接负责的主管人员和其他直接责任人员，以该单位的名义对外签订经济合同，将取得的财物部分或全部占为己有构成犯罪的，除依法追究行为人的刑事责任外，该单位对行为人因签订、履行该经济合同造成的后果，依法应当承担民事责任。"据此，原判决认定李××行为所造成的本案损失应由其所在单位衡×银行承担，有事实和法律依据，并无不当。衡×银行申请再审称原判决适用《最高人民法院关于在审理经济纠纷案件中涉及经济犯罪嫌疑若干问题的规定》第3条属于适用法律错误，理由不能成立。

~~~ 作者简析 ~~~

本案的争议焦点：一是在办公室签订的合同是否当然构成表见代理；二是单位直接负责人以单位名义对外签订合同的，该单位对行为人签订、履行该经济合同造成的后果，是否应当承担民事责任。

（1）本案认定不构成表见代理的主要原因是当事人签订此合同时并非善意。事实依据是：虽然无证据证明乌×银行对于李××利用伪造的衡×银行印章实施的犯罪行为事先知情或应当知情，但是，乌×银行未要求李××出示董事会决议，也未对相关情况进行了解。

显然，本案生效判决认定的是过失责任。交易行为的谨慎注意义务，应当是一般注意义务。综观有关规定，除对外提供担保需要股东会决议以外，并未要求提供董事会决议。但若合同金额巨大，尽到合理的注意义务也是应当的。特别是本案的李××，并非公司法定代表人，在此情形下，应当要求出具授权委托书。其授权文件可以包括股东会决议、董事会决议等，而不局限于某一种形式，从这一意义上，本案的认定是有一定道理的。

严格来讲，仅凭印章来判断是否构成职务行为是不够的，因为法律规定授权委托书是由法定代表人出具，准确而言是由法定代表人代表法人主体作出的意思表示。本案中涉案合同是"受益权转让协议"，必然涉及转让方和受让方。如果缺少转让方的签字，加之印章系伪造，其实就等同于所谓的受让方单方签字。从国际通行的做法来看，个人签字的法律效力往往比印章的效力更高。因为印章可以被伪造，但是签字一般不会被伪造，即使伪造，也可以通过鉴定进行识别。因此，授权性的法律文件应当有法定代表人的签字。在司法实践中，这一严格条件往往被简单化，从而造成对于法律责任的认识处于模糊状态。

（2）对《最高人民法院关于在审理经济纠纷案中涉及经济犯罪嫌疑若干问题的规定》第3条规定的理解，需要注意的是，该条规定的前提条件是"单位直接负责的主管人员和其他直接责任人员，以该单位的名义对外签订经济合同，将取得的财物部分或全部占为己有"，按理说，据为己有的，应当由行为人承担责任。但是，由于从外观上显示出了职务性，出借人对于资金的实际用途并不在其控制或监管范围之内，因此，依照职务行为将法律责任归结由单位承担并无不妥。但是，如果"依法追究行为人的刑事责任"，应当排除在外。笔者的理解是，此时不单纯是民事责任的问题，而是转化为附带民事责任。附带民事责任应当由行为人承担。这是刑法上的归责原则。除此以外，如果是在"依法追究行为人的刑事责任"之前提起诉讼，或者虽然依法追究行为人的刑事责任，但其行为并不构成犯罪，则此时，可以依据职务行为外观认定单位承担责任。

除上述理解以外，是否还存在由单位与行为人共同承担责任的可能性，在实践中要结合具体案例进行仔细分析。

在实践中，我们主张对于签订重要合同，即使没有法定代表人的签字，也一定要通过合法途径进行函告，即在履行合同义务之前，要将合同文本函告对方当事人，对方当事人进行了确认或在合理期限内未提出异议，方能实际履行。前述事实可以证明当事人进行了谨慎关注或合理关注，避免因存在"疏忽大意"的过错而承担损失赔偿责任。

【案例075】

私刻（伪造）公章行为的法律效力

裁判文书：福建省厦门市中级人民法院（2017）闽02民终1554号民事判决书①

判决书认定事实：

徐×在与兴×成公司签订借款协议及××贸易公司出借款项时，徐×已长期担任××物资公司金属材料经营部的承包人，对外是以××物资公司的名义进行相关民事活动，本案兴×成公司出借的款项也是进入××物资公司的账户。在案涉"借款合同"中均盖有"德×县物资公司"的公章，不论该公章是否徐×伪造，仅就上述情形而言，××贸易公司有理由相信借款合同的相对方系××物资公司。××物资公司虽予以否认，但其无证据证明××贸易公司在签订案涉"借款合同"时，对徐×与××物资公司的内部关系明知或对徐×伪造公章的事实明知。至于××贸易公司汇入××物资公司的150万元是否系徐×缴纳的承包款系徐×与××物资公司的内部关系，与本案并无关联，也无法约束××贸易公司。同时，已生效的（2016）闽02民辖终317号裁定认为，××物资公司在经营活动中存在使用两枚不同合同专用章的事实。因此，××物资公司以讼争"借款合同"上的"德×县物资公司合同专用章"与其单方提交鉴定的印章样本不是同一枚印章所盖印为由主张"借款合同"非其签订，依据不足。综上所述，××物资公司上诉称其非合同相对方，无须承担还款责任等上诉理由不能成立，本院不予采信。

≈≈≈ 法官论述 ≈≈≈

公司的印章本应具有唯一性。但实践中，有些公司的公章并不唯一。如本案中的××物资公司，在讼争的"借款合同"上使用的"德×县物资公司合同专用章"虽然与××物资公司备案的合同专用章不符，但该公章在××物资公司与其他单位的往来交易中使用过……本案中，徐×虽未经××物资公司授权，以私刻公章盖印与××贸易公司签署借款合同，该行为不具有代理权；但是徐×长期担任××物资公司金属材料经营部的承包人，其确实多次使用私刻的合同专用章以××物资公司的名义从事一系列经营活动，××物资公司对该私刻公章的存在、使用是知晓的。尽管其主张公章伪造，但其在明知该公章存在并使用的情况下，未采取措施防止相对人的利益损害。据此，不能对同一印章的效力在不同的交易或诉讼中做不同选择。此即公司对外使用的公章已经在某一交易或诉讼中承认其效力，则不论公章是否经公司授权、是否系他人私刻甚至伪造、是否进行市场监督管理备案，均不得在另一交易或诉讼中否定其效力。本案原告作为交易相对人，并无审查签订合同所用印章是否为真实的义务，故其以××物资公司在其他的场合使用过该公章，且该公司没有否定其效力；徐×代表××物资公司使用该公章签订合同构成表见代理为由，主张

---

① 该案被收录于：国家法官学院案例开发研究中心. 中国法院2019年度案例. 北京：人民法院出版社，2019：118-121.

其合理信赖利益应受到保护，应予支持。①

≋ 作者简析 ≋

本案可以构成表见代理的理由主要有：

一是徐×拥有职务行为的特殊身份，即长期担任××物资公司金属材料经营部的承包人；

二是有争议的公章在××物资公司与其他单位的往来交易中被多次使用过；

三是原告方并无审查签订合同所用印章是否真实的义务。

显然，前两个理由是合同当事人相信行为人有代理权的外观表现，其合理信赖利益受到法律的保护，从而会构成表见代理。

【案例 076】

构成表见代理的借贷关系的偿还责任应由被代理人和代理人共同承担

裁判文书：云南省富宁县人民法院（2017）云 2628 民初 931 号民事判决书②

判决书认定事实：

本案是否系民间借贷纠纷。从双方签订的"合资合作协议书"中普×一组的合资合作款不参与风险投资、年红利为 15% 等内容来看，因普×一组不分担风险及实际的生产经营，且预先设定了利息，不论粤×电力公司的经营状况如何，普×一组均可按约定时间、金额收回有关款项，不符合投资合作中"共享利润、共担风险"的原则，而符合借贷法律关系的特征，应认定为民间借贷关系。

≋ 作者简析 ≋

该案为名为投资实为借款的纠纷。投资方不分担风险，不参与实际的生产经营，且合同中预先约定了利息，因此，应认定为民间借贷关系。

【案例 077】

建设工程承包人以施工方名义对外实施民事行为是否构成表见代理

裁判文书：浙江省××市中级人民法院（2017）浙 10 民终 1412 号民事判决书③

判决书认定事实：

根据审理查明的事实，原审被告张×系被上诉人浙江省台×市交通工程公司承建工程的委托管理人陈×宝的分包人，其并非被上诉人员工，其向上诉人出具借条之行为并非职务行为，也非其他有权代理行为。虽然上诉人上诉称因原审被告张×经常出入工地且自称

---

① 国家法官学院案例开发研究中心. 中国法院 2019 年度案例. 北京：人民法院出版社，2019：118-121.

② 该案被收录于：国家法官学院案例开发研究中心. 中国法院 2019 年度案例. 北京：人民出版社，2019：132-135.

③ 该案被收录于：国家法官学院案例开发研究中心. 中国法院 2019 年度案例. 北京：人民法院出版社，2019：125-131.

项目工程负责人，故其相信原审被告张×有权代表被上诉人出具借条之行为，即应认定该行为构成对被上诉人的表见代理行为。但我国民法通说理论认为，构成表见代理行为需具备以下五个构成要件：一是表见代理应当符合代理的表面要件，即表见代理人须以被代理人的名义进行活动，与第三人缔结民事关系；二是表见代理人与第三人之间的民事行为，须具备成立的有效条件；三是客观上须有使第三人相信表见代理人具有代理权的情形，并能够使第三人在主观上形成该代理人不容怀疑的具有代理权的认识；四是第三人须为善意且无过失；五是被代理人在主观上存在过失。结合本案案情本院进行综合分析认为，即使如上诉人所述，原审被告张×会经常出入被上诉人在建工程的工地且还自称项目工程负责人，上诉人向原审被告张×出借款项时，也应尽到善良人之注意义务，即须为善意且无过失，积极审查被上诉人对原审被告张×出具的授权文书或任职文件，并核实项目部公章之真实性。而对此上诉人在二审中陈述称，其既未要求张×提供被上诉人对其授权书，也未认真审查加盖在借条上公章的真实性，故上诉人之放任行为不可谓善意。况且上诉人在一、二审中均未提供证据证明被上诉人主观上存在过失且因被上诉人之过失行为客观上导致上诉人误认为张×具有代理权，相反因上诉人之疏忽审查，原审被告张×使用伪造的项目部印章加盖在借条上，故上诉人援引用表见代理制度主张被上诉人应承担民事责任的理由不能成立。

法官论述

施工负责人未经单位授权实施非工程所需行为，不认定为表见代理。根据《最高人民法院关于当前形势下审理民商事合同纠纷案件若干问题的指导意见》精神，对于建设工程采用转包等方式后出现的大量以单位部门、项目经理乃至个人名义签订或实践履行合同的情形，如若施工负责人未经单位授权实施确为建设工程所需的行为，是对建设工程有利的，应根据相对人有理由相信施工负责人是代表施工单位实施的民事行为。反之，诸如本案的借款，无法证明该民事行为为工程所需的，在施工负责人无授权的情况下实施的无权代理行为，不应认定构成表见代理。

施工单位分包人不能证明有代理权的，不能认定构成表见代理。结合本案中，若张×仅作为施工单位一个项目委托管理人的分包人，其并非浙江省×市交通工程公司员工，在其也无证据证明其有权代理浙江省×市交通工程公司的情形下，其对外实施的行为只是无权代理，并非表见代理。由于建设工程的特殊性，往往很多建设工程相关的民事行为由建设工程施工单位的特定项目对应负责人实施，由于项目负责人多为施工单位内部职工，其对外实施的民事行为往往视为代理公司实施的行为。但如果经过转包、分包行为，实施者为非建设工程施工单位内部人员，其不能证明有代理权的实施行为，不认定构成表见代理。[1]

作者简析

本案认定构成表见代理需符合五个要件，具有广泛的借鉴意义。其中，特别是对出借

---

[1] 国家法官学院案例开发研究中心．中国法院2019年度案例．北京：人民法院出版社，2019：125-131．

人应当尽到的合理注意义务,进行了客观评价。实践中,许多分包人或者包工头,时常以项目负责人自称,也经常出入项目部。即使如此,出借人仍然对是否具有授权、核实项目部印章有注意义务,本案的当事人未尽到合理注意义务,不能认为存在善意。

在上引法官论述中,以施工负责人未经单位授权实施确为建设工程所需的借款行为,对工程建设是否有利作为划分是有权代理还是无权代理的依据以及认为经过转包、分包行为,实施者为非建设工程施工单位内部人员,其不能证明有代理权的实施行为,不认定表见代理具有借鉴意义。

【案例078】
是否构成表见代理案例

裁判文书:山东省济南市中级人民法院(2020)鲁01民终13473号民事判决书[①]

判决书认定事实:

关于林×生的行为是否构成表见代理的问题。根据《合同法》第49条规定,"行为人没有代理权、超越代理权或者代理权终止后以被代理人名义订立合同,相对人有理由相信行为人有代理权的,该代理行为有效",本案中,杨×杰主张林×生以济北××维修项目负责人的身份借款,构成表见代理,××建设集团公司应承担还款责任;××建设集团公司则主张林×生并非其公司职工,没有代理权限,对涉案款项不知情也与其公司无关。杨×杰在一审中提供了其与林×生于2019年6月29日签订的"合伙协议",协议中的"甲方"为林×生本人签字,林×生未以××建设集团公司名义订立合同,也未表明其具有公司职务,××建设集团公司亦未盖章确认,因此,林×生系以个人名义与杨×杰签订协议,而非以××建设集团公司名义订立合同,不符合表见代理的法定构成要件。涉案借款支付至林×生个人账户,并未支付至××建设集团公司账户,现有证据亦无法证实××建设集团公司实际使用涉案借款。一审法院认定林×生的行为构成表见代理,××建设集团公司对涉案借款承担偿还责任于法无据,本院不予支持。

~~~ 法官论述 ~~~

本案中,林×生不是与××建设集团公司存在劳动关系的项目经理或其他工作人员,从事的借贷行为也不是履行职务的行为;林×生与××建设集团公司签有建设工程内部承包经营协议,即使其曾向杨×杰出示过该协议,造成有代理权的表象,但林×生与杨×杰签订涉案合伙协议时并未以××建设集团公司的名义,而是以其个人名义进行交易,系独立行为,应自行承担后果,不应当构成表见代理;涉案借款支付至林×生个人账户,并未支付至××建设集团公司账户,现有证据亦无法证实××建设集团公司实际使用涉案借款,综上分析,一审法院认定林×生的行为构成表见代理,××建设集团公司对涉案借款

[①] 该案被收录于:国家法官学院案例开发研究中心.中国法院2022年度案例.北京:人民法院出版社,2022:235-238.

承担偿还责任于法无据,二审法院对此予以改判。①

～～～ 作者简析 ～～～

前引法官论述中将不构成表见代理的理由说得非常充分,在实践中可以借鉴。其中,一审法院认为,林×生虽不是××建设集团公司工作人员,根据该内部承包协议第6条规定不得拖欠劳务队工人工资,若建设单位资金暂不到位,乙方必须积极筹措资金发放劳务队工人工资和材料款。杨×杰根据该内部承包协议内容,有理由相信林×生是××建设集团公司承包的山东省济北楼××修缮工程项目的实际负责人,并且有筹措资金的权限。一审法院认为:××建设集团公司认可林×生为工程施工项目管理的实际负责人,对工程独立核算、自负盈亏,且根据内部承包协议的约定,有明确的承包范围、承包方式和相应授权,林×生在客观上形成有代理权的表象。杨×杰据此相信林×生具有筹措资金的代理权,就所借款项注明为该工程项目投资款,且也实际应用于该工程项目,杨×杰主观上善意且已尽到一般注意义务,没有过失,故一审法院认定林×生的借款行为构成表见代理,××建设集团公司应当对向杨×杰的借款承担偿还责任。二审法院则认为,林×生与××建设集团公司签有建设工程内部承包经营协议,即使其曾向杨×杰出示过该协议,造成有代理权的表象,但林×生与杨×杰签订涉案合伙协议时并未以××建设集团公司的名义,而是以其个人名义进行交易,系独立行为,应自行承担后果,不应当构成表见代理。

笔者认为,一审中举示的承包协议写明了以下内容:"××建设集团公司以内部员工承包经营负责制的方式承包给林×生,由林×生负责承担全部管理责任;林×生对本工程实行独立核算、自负盈亏,并承担所承包工程发生的全部工程质量、安全、经济等法律责任",该约定恰好说明林×生没有以公司名义对外借款的权利,二审认定不构成表见代理是正确的。

【案例079】

项目负责人以公司名义借款,出借人未谨慎审查资金流向,
不能构成表见代理

裁判文书:黑龙江省高级人民法院(2020)黑民再194号民事判决书②

判决书认定事实:

表见代理是指代理人不具备代理权,但是具有代理关系的某些表面要件,并且这些表面要件足以使第三人相信其有代理权。构成表见代理需审查两个主要要件:一是代理人是否具有代理权表象;二是相对人是否善意无过失。本案中,刘×与林×、吴×之间存在两

---

① 国家法官学院案例开发研究中心.中国法院2022年度案例.北京:人民法院出版社,2022:235-238.
② 该案被收录于:国家法官学院案例开发研究中心.中国法院2022年度案例.北京:人民法院出版社,2022:105-110.

笔借款，即 2013 年 9 月 24 日借款 80 万元、2014 年 8 月 13 日借款 45.5 万元，除此以外，各方之间还存在多笔借款，均是刘×将借款转入林×或吴×个人账户，还款亦是由林×个人账户偿还，转出和转入款项均未曾经过×源公司账户，不具有林×代表×源公司的表象。虽然案涉借据上加盖了×源公司的公章，但林×认可该公章是其私刻，并认可案涉借款是其个人借款，与×源公司无关，同时，对于款项均转入个人账户的情况，刘×从未向×源公司进行核实。2017 年刘×以案涉 45.5 万元中的 30 万元向富锦市人民法院提起诉讼，向林×、吴×、×源公司主张各方存在房屋买卖合同关系，要求林×、吴×、×源公司交付房屋。林×、吴×抗辩主张其与刘×之间不存在房屋买卖合同关系，其个人向刘×借款，×源公司以签订房屋买卖合同方式提供担保，富锦市人民法院作出的（2017）黑 0882 民初 3004 号民事调解书亦体现由林×、吴×偿还借款，×源公司仅对借款承担担保责任，还约定刘×再有诉讼林×、吴×有关债务的纠纷案件，该笔借款从总债务中予以扣除。综上，能够确认刘×在借款发生时知晓其将款项出借给林×、吴×个人，故林×、吴×向刘×借款行为不构成表见代理。二审判决认定×源公司系案涉借款合同相对人，属于认定事实错误，本院予以纠正。

法官论述

一般而言，项目负责人对外从事与所管理工程有关的交易，即属于项目负责人职权范围的事项，只要其具有公司的一般性授权认可，结合工程现场的公示牌、项目部印章等即可认定构成表见代理的表象。由于项目负责人以项目部或公司名义对外借款，超出了项目负责人的职权范围，故代理权表象的认定应当更为严格。本案中，林×系挂靠在房地产公司进行开发，双方当事人均未提交证据证实房地产公司对林×具体授权范围，房地产公司及林×均认可房地产公司不曾授权林×对外借款，庭审中刘×亦认可其并未看到房地产公司授权林×对外借款的授权手续，故林×并不具备表见代理的表象。[①]

作者简析

本案中涉案行为不构成职务行为，理由是项目负责人并不是公司法定代表人，其职务行为针对职权范围内的事项，超过其职权范围的应当有法人的授权，才能构成职务行为。其也不构成表见代理。主要理由是没有形成相对人足以信赖其有代理权的外观表现：一是所有的借款并未进入公司账户，而是转入项目负责人的个人账户，并且通过个人账户偿还了部分借款，证明这些款项与公司没有关联性。二是虽然加盖了法人公章，但该公章是由项目负责人私刻的，证明其使用公章的行为并不是公司的意思表示。

对前述两方面的事实，出借人均负有合理关注义务。对于未进入公司银行账户的借款，因未得到公司指定收款人的合法依据，出借人未向公司核实，其主观上存在疏忽大意

---

① 国家法官学院案例开发研究中心. 中国法院 2022 年度案例. 北京：人民法院出版社，2022：105-110.

的过错。对于公章的使用,出借人明知林×只是项目负责人,加盖公章的地点与公司无关,故其显然应当关注林×加盖公章的合法性。

双务合同中的权利和义务是对等的。没有享受权利,就不应当承担义务。履行了义务,就应当享受权利。对于借款合同,借款人之所以有还款义务,是因为他在先已经享有了获取借款的权利。如果忽视了权利的存在,片面认定负有还款义务,无异于将双务合同的性质改变为了单务合同,这不利于保护当事人的合法权益,也不符合公平的法律原则。

【案例080】
不构成职务行为,也不构成表见代理的案例

裁判文书:重庆市第一中级人民法院(2016)渝01民初151号民事判决书,最高人民法院(2018)最高法民申2773号民事裁定书

判决书认定事实:

原告夏×与被告重庆民×建设工程有限公司(以下简称"民×公司")、霍×、杨×、曾×民间借贷纠纷一案,本院于2016年3月7日立案受理后,依法适用普通程序公开开庭进行了审理。本案现已审理终结。

原告夏×向本院提出诉讼请求:(1)判令霍×偿还夏×借款本金460万元。(2)判令霍×按中国人民银行同期贷款利率的四倍向夏×支付利息至本金还清之日(具体为:以100万元为基数,从2010年12月24日起计算利息;以150万元为基数,从2011年1月24日起计算利息;以50万元为基数,从2011年1月27日起计算利息;以50万元为基数,从2011年1月30日起计算利息;以110万元为基数,从2011年2月18日起计算利息)。(3)判令杨×、曾×对霍×的上述债务承担连带清偿责任。(4)判令民×公司以其名下的在潼南江××项目范围内的资产为限对霍×的上述债务向夏×承担还款责任。(5)本案诉讼费由各被告共同承担。事实和理由:民×公司为开发建设潼南江××项目部,于2010年至2011年期间通过公司副总经理霍×先后向夏×借款本金460万元,并约定利息,夏×通过银行转账的方式向霍×支付了借款。对于所借款项,民×公司承诺于2014年7月31日一并偿还本息,但截止到最后还款日仍未偿还借款本息。后民×公司、霍×出具"还款承诺书",承诺于2014年11月30日前全部归还本金460万元及全部利息。民×公司是该项目的受益人,是霍×借款的实际受益人,因为借款用途是用于该项目开发,生效法律文书查明该项目民×公司没有进行投入,且实际投入人是霍×,故民×公司应在该项目范围内的资产为霍×借款承担还款责任。霍×、杨×、曾×三方是个人合伙关系,依据《民法通则》第34条、第35条,合伙人对合伙债务应承担连带责任,故杨×、曾×与霍×一并承担还款责任。

本院认为……"还款承诺书"载明,借款系民×公司为开发潼南江××项目并加盖项目部印章,但借款打入霍×账户,实际由霍×经办和使用,民×公司江××项目部并非独立的法人,霍×或项目部在未得到民×公司授权的情形下,均无权代表民×公司承诺对借

款承担偿还责任。民×公司亦未以其财产为霍×借款提供抵押担保等，故本案借款系霍×的个人借款。夏×认为民×公司是该项目的受益人，是霍×借款的实际受益人，要求民×公司以其名下的在潼南江××项目资产为限对霍×债务承担还款责任并无法律依据，本院依法不予支持。夏×另称，霍×、杨×、曾×三方是个人合伙关系，故杨×、曾×作为合伙人，对于合伙事务应与霍×一并承担还款责任。本院认为，霍×并未以合伙名义对外借款，亦无证据证明霍×借款用于合伙事务，夏×的该项诉讼请求本院依法不予支持。

裁定书认定事实：

本院经审查认为，本案的争议焦点为民×公司是否应当以其名下的江××项目范围内的资产为限，对本案的债务承担还款责任。关于霍×的借款是个人行为还是职务行为。从时间上看，霍×与夏×之间发生借款关系在先，霍×被任命为民×公司的项目部负责人在后。现有证据无法证明霍×具有为工程项目借款的权限，案涉借款也均是夏×通过银行转账打入霍×的个人账户，夏×不能证明案涉借款系用于江××项目的开发与建设。因此霍×的借款行为应认定为个人行为，而非职务行为。关于霍×向夏×借款的行为是否构成表见代理。《合同法》第49条规定，行为人没有代理权、超越代理权或者代理权终止后以被代理人名义订立合同，相对人有理由相信行为人有代理权的，该代理行为有效。构成表见代理的条件是行为人具有明显的权利外观，本案中夏×无法证明其在与霍×发生借款关系时，霍×具有××建设公司对其为江××项目而借款的授权。夏×所举示的"合作开发房地产合同""房地产联合开发协议"，均不足以证明霍×有借款的权限。夏×在出借款项前，按照常理，应主动向民×公司核实霍×的借款权限，但夏×并未进行必要的审慎审查。综上，霍×的行为不构成表见代理。关于霍×与民×公司之间是否属于挂靠关系。夏×以（2016）渝01民终854号民事判决作为证据证明，霍×与民×公司之间属于挂靠关系。该证据不属于再审程序的新证据，且该证据与本案属于不同的法律事实与法律关系，一审、二审法院认为与本案无关而不予采信是正确的。另外，夏×再审申请中要求民×公司基于挂靠关系承担连带责任，属于再审程序变更原审诉讼请求，根据《最高人民法院关于适用审判监督程序若干问题的解释》第33条之规定，不属于再审审理范围。关于申请人夏×再审提交的新证据，签订时间均为借款发生以后，与本案不具有关联性，不予采信。综上，夏×的再审请求与理由不符合《民事诉讼法》（2017年）第200条（现为第211条）规定的情形。依照《民事诉讼法》（2017年）第204条第1款（现为第215条）、《民事诉讼法司法解释》第395条第2款（现为第393条）之规定，裁定如下：

裁定结果：驳回夏×的再审申请。

作者简析

本案值得借鉴的内容主要有：

（1）形成借款关系在前，任命职务在后，款项未用于法人企业，而是由出借人直接支付给个人，不能构成职务行为。

（2）构成表见代理的条件是行为人具有明显的权利外观。没有授权委托，若行为人称是职务行为，按照常理，出借人应主动核实借款权限，出借人未尽必要的谨慎义务，不构成表见代理。

（3）本案中，在借款合同关系形成时，先前是由霍某以个人名义出具借条，尔后，因霍某丧失偿债能力后，出借人才要求以加盖项目部印章的形式、以共同借款人的形式出具了还款承诺书。一审判决书认定还款承诺书不能改变原有的借款合同关系，这一司法裁判观点值得借鉴。

第三章

债务请求权的确认

针对借款合同产生的债务请求权,主要包括借款人请求出借人履行支付借款的权利,出借人请求借款人还款和支付利息的权利。我们重点探讨债务请求权的形成基础,以及债务请求权的行使方式。

第一节 债权人主体被确定

一、出借人

相关规定

▼《民法典》

第667条 借款合同是借款人向贷款人借款,到期返还借款并支付利息的合同。

第675条 借款人应当按照约定的期限返还借款。

▼《2020民间借贷司法解释》

第2条 出借人向人民法院提起民间借贷诉讼时,应当提供借据、收据、欠条等债权凭证以及其他能够证明借贷法律关系存在的证据。

【重点难点提示】

根据合同权利与义务的相对性,借款人有按照约定的期限返还借款的义务,出借人则有要求借款人偿还借款的权利。相关主体包括:

(一) 贷款人

《民法典》将借款合同中提供借款给另一方当事人使用并按期收回借款的当事人称为贷款人。

依照借款合同当事人有无金融机构、非金融机构的参与，合同又分为金融性借款合同和民间借款合同两大类别。因此，《民法典》对贷款人的定义，包括金融借款合同中提供借款的当事人主体，也包含民间借款合同中提供借款的当事人主体。

（二）出借人

在《2020民间借贷司法解释》中，向借款人提供资金一方被称为"出借人"。在《民法典》的借款合同一章中，其被称为"贷款人"。其法律身份及地位是完全相同的。

（三）共同出借人

在借款合同中，出借人一方的当事人是二人或二人以上的，为共同出借人。共同出借人应当共同对借款人承担支付借款的义务，同时，对借款人享有共同债权。

在共同借款合同中，约定了共同出借人的出借份额的，按照约定的份额执行；未约定出借份额的，按照等额计算。合同中约定共同出借人对借款人承担支付借款的义务的，为连带债务。合同约定共同出借人对借款人享有债权的，为连带债权。

二、债权转让的受让人

> **相关规定**

▼《民法典》

第524条 债务人不履行债务，第三人对履行该债务具有合法利益的，第三人有权向债权人代为履行；但是，根据债务性质、按照当事人约定或者依照法律规定只能由债务人履行的除外。

债权人接受第三人履行后，其对债务人的债权转让给第三人，但是债务人和第三人另有约定的除外。

第545条 债权人可以将债权的全部或者部分转让给第三人，但是有下列情形之一的除外：

（一）根据债权性质不得转让；

（二）按照当事人约定不得转让；

（三）依照法律规定不得转让。

当事人约定非金钱债权不得转让的，不得对抗善意第三人。当事人约定金钱债权不得转让的，不得对抗第三人。

第546条 债权人转让债权，未通知债务人的，该转让对债务人不发生效力。

债权转让的通知不得撤销，但是经受让人同意的除外。

第547条 债权人转让债权的，受让人取得与债权有关的从权利，但是该从权利专属于债权人自身的除外。

受让人取得从权利不因该从权利未办理转移登记手续或者未转移占有而受到影响。

第548条　债务人接到债权转让通知后，债务人对让与人的抗辩，可以向受让人主张。

第549条　有下列情形之一的，债务人可以向受让人主张抵销：

（一）债务人接到债权转让通知时，债务人对让与人享有债权，且债务人的债权先于转让的债权到期或者同时到期；

（二）债务人的债权与转让的债权是基于同一合同产生。

▼《民法典合同编司法解释》

第47条　债权转让后，债务人向受让人主张其对让与人的抗辩的，人民法院可以追加让与人为第三人。

债务转移后，新债务人主张原债务人对债权人的抗辩的，人民法院可以追加原债务人为第三人。

当事人一方将合同权利义务一并转让后，对方就合同权利义务向受让人主张抗辩或者受让人就合同权利义务向对方主张抗辩的，人民法院可以追加让与人为第三人。

第48条　债务人在接到债权转让通知前已经向让与人履行，受让人请求债务人履行的，人民法院不予支持；债务人接到债权转让通知后仍然向让与人履行，受让人请求债务人履行的，人民法院应予支持。

让与人未通知债务人，受让人直接起诉债务人请求履行债务，人民法院经审理确认债权转让事实的，应当认定债权转让自起诉状副本送达时对债务人发生效力。债务人主张因未通知而给其增加的费用或者造成的损失从认定的债权数额中扣除的，人民法院依法予以支持。

第49条　债务人接到债权转让通知后，让与人以债权转让合同不成立、无效、被撤销或者确定不发生效力为由请求债务人向其履行的，人民法院不予支持。但是，该债权转让通知被依法撤销的除外。

受让人基于债务人对债权真实存在的确认受让债权后，债务人又以该债权不存在为由拒绝向受让人履行的，人民法院不予支持。但是，受让人知道或者应当知道该债权不存在的除外。

第50条　让与人将同一债权转让给两个以上受让人，债务人以已经向最先通知的受让人履行为由主张其不再履行债务的，人民法院应予支持。债务人明知接受履行的受让人不是最先通知的受让人，最先通知的受让人请求债务人继续履行债务或者依据债权转让协议请求让与人承担违约责任的，人民法院应予支持；最先通知的受让人请求接受履行的受让人返还其接受的财产的，人民法院不予支持，但是接受履行的受让人明知该债权在其受让前已经转让给其他受让人的除外。

前款所称最先通知的受让人，是指最先到达债务人的转让通知中载明的受让人。当事人之间对通知到达时间有争议的，人民法院应当结合通知的方式等因素综合判断，而不能仅根据债务人认可的通知时间或者通知记载的时间予以认定。当事人采用邮寄、通讯电子系统等方式发出通知的，人民法院应当以邮戳时间或者通讯电子系统记载的时间等作为认定通知到达时间的依据。

【重点难点提示】

(一) 债权转让协议

前面已述，出借人履行了支付借款的义务，便享有了要求借款人依照合同约定偿还借款的权利。该项权利，可以由出借人自己行使，也可以转让给第三人，由债权受让人行使。

所谓债权转让，是债权人将自己对债务人享有的合法债权，与第三人签订协议，约定将其债权全部或部分转让给第三人的民事法律行为。在借款合同中，一般是指出借人对借款人享有的债权对外转让。

我们认为，债权转让协议成立的前提是债权已经形成。如果是出借人在履行支付借款义务以前，将向借款人收取还款及利息的权利转让给他人，则此时，转让协议不能生效，理由是债权尚未确定。

如果借款合同签订后，在出借人履行支付义务以前，借款人将向出借人收取借款的权利转让给他人，也属债权转让。但是，该项转让是不是以通知为生效条件，值得商榷。理由是：其权利转让后，履行还款义务的主体是否发生变更？如果不发生变化，归还借款的义务仍然由借款人承担，而他未获得权利，显然有失公平。如果允许合同中的借款人将收取借款的权利转让给他人却未取得出借人的同意，实际取得借款的当事人的偿还能力又存疑，则可能加大出借人的借款风险。在实践中，有些合同虽然没有明确为债权转让，但是借款人往往指定第三人为收款人，其中有的第三人是代为收款，有的是实际借款人，有的是借款人的债权人。如果三方之间的合同关系未约定清楚，就会造成履行合同的混乱，也可能加大出借人的借款风险。

在上述情形下，如果将第三人作为借款人的连带责任保证人，可以减少借款风险。

(二) 债权转让通知

1. 通知义务

依照法律规定，债权转让应通知债务人。未经通知，该转让对债务人不发生效力。债权人转让权利的通知不得撤销，但经受让人同意的除外。

2. 通知方式

(1) 书面通知。采用书面通知方式，自通知到达债务人时生效。

(2) 提起诉讼或申请仲裁方式。采取诉讼或仲裁方式履行通知义务的，从债务人收到起诉状副本或传票时生效。如果债务人下落不明采用公告送达的，自公告期限届满之日视为送达。

(3) 债务人参与签订债权转让协议。债务人在债权转让协议中签字、盖章或按指印，同意债权转让的，视为履行了通知义务。

(4) 其他方式，比如微信、微博、电子邮件、QQ聊天记录、电话通知、口头通知等，要注意采这些方式时的证据保留。

(三) 债权转让的特殊规定

《民法典》第524条规定，债务人不履行债务，第三人对履行该债务具有合法利益的，第三人有权向债权人代为履行。债权人接受第三人履行后，其对债务人的债权转让给第三人。该规定属于特殊规定，其注意要点有：

一是对合法利益的理解。合法利益应当是广泛的民事权利的概念，包括债权或者其他财产权利。

二是对代为履行的理解。对代为履行可以理解为代债务人实际履行债务的行为，也可以理解为债务的抵销等履行行为。

由第三人履行债务的情形包括：(1) 由第三人主动承担债务；(2) 由第三人受让债务人的债务；(3) 由第三人代为履行后抵销第三人与债务人之间的债务；(4) 由第三人代为履行后可以解除抵押登记，从而通过合法受让，取得抵押财产的所有权，减少交易风险；(5) 其他情形。

《民法典》第524条的规定显然不是针对第一、二种情形。关于这两种情形另有法律规定。

对第三种情形，假设存在三角债务关系，即甲为乙的债权人、乙为丙的债权人，丙向甲履行债务后，可以主张抵销与乙的债务。这当中，又分为以下情形：

一是在三角债权债务关系中，如果三方的债权债务关系均未到期，此时甲方急需资金而乙又不愿提前偿还债务，而丙方资金充足，甲与丙协商，由丙方代为履行后，甲将对乙的债权转让给丙方。在协商过程中，丙方可能获取以下利益：(1) 债权折扣收益。如果甲急需资金，可以在本金或利息方面作出让步，让丙方支付更少的代价，获取借款合同的全部债权；(2) 丙代为清偿后，以后产生的利息等收益归丙方所有。

二是甲方急需资金，其债权虽然到期，但乙无偿还能力，此时丙对乙的债务已经到期，丙代为履行后，可以直接主张抵销与乙的债务。

三是在三角债权债务关系中，其债权的到期日期不一致，丙代为履行后，可以期待成为到期债权后再主张抵销。

上述情形不同于代位请求权。代位请求权的前提是，债务人怠于行使到期债权。如果债务人没有怠于行使权利的行为，或者债权未到期，均不能行使代位请求权。

对第四种情形，假设第三人有意受让债务人的抵押财产，签订转让合同后，应当对抵押权人承担担保责任。第三人在承担担保责任之前为了解除抵押登记，以便于办理过户登记手续，可以代债务人履行债务，债权人将其债权转让给第三人，第三人再主张与债务人之间进行债权债务抵销。

(四) 如何利用债权转让协议，破解房地产开发市场的融资难题

目前，房地产开发市场的融资主要有两种模式，即无担保的融资模式（包含保证）、有担保的融资模式。这两种模式均不能给予出借人安全保障，所以出现融资难的问题。笔者建议在前述两种模式基础上，探索第三种模式，即债权转让融资模式。

具体做法为：一是将借款人主体由房地产开发商变为建筑商，二是由建筑商将对房地产开发商的工程款优先受偿权按照借款本金及利息的同等金额转让给出借人，三是出借人与建筑商之间、建筑商与房地产开发商之间的债权债务关系在债权转让协议生效的同时归于消灭，四是由出借人代替建筑商与房地产开发商形成债权债务关系。

出借人也可以将借款以支付转让款的形式支付给建筑商。此种情形下，其债权转让协议中的转让款有一个折价，其差额相当于利息。

上述模式下，因"出借人"取得工程款优先受偿权的法律地位，可以对抗抵押权的优先权，显然降低了出借人收回借款的风险。

关于此种模式也存在争议，主要是关于工程价款优先受偿权是否为建筑商专属权。一种观点认为属于专属权，受让人不享有优先受偿权。另一种观点认为不属于专属权，其权利是可以转让的。为了规避其中的风险，在债权转让协议中应当约定：一是优先受偿权随着债权一起转让，二是开发商自愿放弃优先受偿权的抗辩。合同中应当写明，工程价款优先受偿权是经过开发商同意后，由建筑商转让给债权受让人的。

【案例 081】

债权受让人是债权转让通知义务履行的适格主体，只要实施了有效的通知行为，就有资格向债务人主张权利

裁判文书：广西壮族自治区高级人民法院（2019）桂民再 487 号民事判决书[①]

判决书认定事实：

一审法院经审理认为：本案李×、姚×连、姚×名不应偿还张×东款项 100 万元。理由如下：首先，《合同法》第 80 条第 1 款规定，"债权人转让权利的，应当通知债务人。未经通知，该转让对债务人不发生效力"。本案潘×忠未将债权转让通知李×、姚×连、姚×名。张×东提供的债权转让通知分别邮寄给被告李×、姚×连、姚×名的邮寄回执不能证实李×、姚×连、姚×名已签收；且在本案重审时，李×、姚×连、姚×名否认收到张×东邮寄的债权转让的通知。因此，本案债权转让对李×、姚×连、姚×名不发生法律效力。其次，根据本案查明的事实，李×系绿×公司的法定代表人，潘×忠系龙×公司法定代表人。李×、姚×连、姚×名向潘×忠借款 100 万元与龙×公司兼并绿×公司应支付

[①] 该案被收录于：国家法官学院案例开发研究中心. 中国法院 2021 年度案例. 北京：中国法制出版社，2021：178-182.

的款项具有一定的关联性，与本案不是同一法律关系，潘×忠可另行向李×、姚×连、姚×名主张权利，本案不予审理。因此，张×东的诉讼请求，没有事实和法律依据，该院不予支持。据此，一审法院判决驳回张×东的诉讼请求。

二审法院认为：（1）本案债权转让通知义务主体确定的问题。《合同法》第80条第1款规定："债权人转让权利的，应当通知债务人。未经通知，该转让对债务人不发生效力"。《合同法》中只规定了由债权人进行通知，其基本出发点在于平衡合同双方当事人利益，规定债权人转让权利时负有通知债务人的义务，更有利于保护债务人的合法利益。法律规定债权的自由转让必须是在不损害债务人现存利益的前提下进行，债务人不应因债权的让与而增加自己的负担或者丧失应有的权利，包括对债权抗辩的权利。简言之，债权转让通知义务主体原则上应为债权人，对明确、无争议、可直接证实的债权，由债权受让人作为转让通知义务主体亦并不与相关法律规定立法本意相悖。本案中，李×、姚×连、姚×名抗辩涉案债权已因龙×公司兼并绿×公司兼并款的支付行为而消灭，即债务人李×、姚×连、姚×名与债权人潘×忠就涉案债权尚存争议，该争议又不是本案审理范围，故潘×忠应是本案涉案债权转让的通知义务人，张×东作为债权受让人以自己的名义直接通知债务人，债权转让对债务人李×、姚×连、姚×名不发生效力。（2）本案债权转让通知债务人李×、姚×连、姚×名的问题。首先，张×东以自己名义邮寄给李×、姚×连、姚×名的快递回单未载明快递材料名称、内容，收件人签名处仅有"姚""李"等字样的签字，该快递回单无法证实李×、姚×连、姚×名收到了张×东邮寄的债权转让通知、债权人潘×忠委托书等材料。其次，李×、姚×连、姚×名的原委托诉讼代理人唐×律师在该案纠纷第一次一审庭审中，对快递回单真实性无异议，并且表示李×、姚×连、姚×名收到快递的陈述，属于自认行为。根据《最高人民法院关于民事诉讼证据的若干规定》第8条第3款规定："当事人委托代理人参加诉讼的，代理人的承认视为当事人的承认。但未经特别授权的代理人对事实的承认直接导致承认对方诉讼请求的除外；当事人在场但对其代理人的承认不作否认表示的，视为当事人的承认"。唐×律师作为李×、姚×连、姚×名当时的委托诉讼代理人，代理权限为一般诉讼代理，且李×、姚×连、姚×名当时未出庭参加诉讼，唐×律师对该份快递回单的承认，将直接导致承认张×东要求履行转让债权的诉讼请求的后果，因此，唐×律师对该事实的承认不能视为李×、姚×连、姚×名的自认。再次，潘×忠作为债权人在本案重审庭审后出具给李×、姚×连、姚×名的债权转让告知函载明："李×、姚×连、姚×铭、杨×立、李×辉：本人潘×忠已于2015年4月28日把本人对你们拥有的债权转让给了张×东并在象州县公证处做了公证，本人又于2015年5月25日授权委托张×东给你们送达债权转让的公证书。现本人再次把公证书邮寄给你们，望查收。签字：潘×忠，时间：2017.7.6"。该函件未作为证据在重审期间出示，李×、姚×连、姚×名不认可收到了潘×忠邮寄的债权转让公证书，张×东及潘×忠亦未提交任何证据证实李×、姚×连、姚×名收到了潘×忠邮寄的债权转让公证书，故潘×忠的该份函件不属于债权人潘×忠将债权转让通知了债务人的行为。

再审法院认为：根据《合同法》第80条第1款"债权人转让权利的，应当通知债务人。未经通知，该转让对债务人不发生效力"的规定，在认定债权转让通知对债务人的法律效力时，应当将债务人是否知晓以及能否确认债权转让事实作为认定债权转让效力的关键。在可以确认债权转让真实性的前提下，不应否定受让人为该通知的法律效力。受让人直接通过向人民法院提起诉讼的方式向债务人主张权利的，亦可认定为通知债权转让的一种方式，在相关诉讼材料送达债务人时，该债权转让通知对债务人发生法律效力。本案中，涉案债权转让的事实有象州县公证处出具的（2015）桂象证字第135号公证书为证，且由潘×忠作为债权人在本案重审庭审后出具给李×、姚×连、姚×名的债权转让告知函……可知，涉案债权转让是存在的。此外，张×东不仅通过向法院提起诉讼的方式且亦通过向李×、姚×连、姚×名以邮政快递的形式主张涉案债权已转让并要求偿还借款，故可认定李×、姚×连、姚×名已知道债权转让的通知。

≋≋≋ 作者简析 ≋≋≋

本案对债权转让通知的争议，存在以下裁判观点：

一审认为不发生法律效力，理由是债务人否认收到债权转让通知书。

二审认为不发生法律效力，理由是债权转让通知的义务人应当是债权人而非债权受让人。虽然债权受让人发出了债权转让通知，该通知对债务人不发生法律效力。

再审则认为，受让人直接通过向人民法院提起诉讼的方式向债务人主张权利的，亦可认定为通知债权转让的一种方式，在相关诉讼材料送达债务人时，该债权转让通知对债务人发生法律效力。

笔者认为，无论由谁通知，只要债务人知道债权被转让的事实，就应当向新的债权人履行债务。退一步讲，当债务人接到债权转让的通知时，对其转让事实产生合理怀疑，可以直接向债权人进行询证。《民法典》第546条规定："债权人转让债权，未通知债务人的，该转让对债务人不发生效力。"该规定与《合同法》第80条相比较，显然弱化了通知义务，只是强调"未经通知，该转让对债务人不发生效力"。《合同法》及《民法典》均未明确规定通知方式以及履行通知义务的当事人，说明由债权受让人通知，或者由受让人采取诉讼的方式履行通知义务并未违反法律规定，应当属于有效行为。

三、法人或非法人组织的合并（含收购）与分立产生的权利继受人

相关规定

▼《民法典》

第67条　法人合并的，其权利和义务由合并后的法人享有和承担。

法人分立的，其权利和义务由分立后的法人享有连带债权，承担连带债务，但是债权

人和债务人另有约定的除外。

▼《公司法》

第218条 公司合并可以采取吸收合并或者新设合并。

一个公司吸收其他公司为吸收合并，被吸收的公司解散。两个以上公司合并设立一个新的公司为新设合并，合并各方解散。

第220条 公司合并，应当由合并各方签订合并协议，并编制资产负债表及财产清单。公司应当自作出合并决议之日起十日内通知债权人，并于三十日内在报纸上或者国家企业信用信息公示系统公告。债权人自接到通知之日起三十日内，未接到通知的自公告之日起四十五日内，可以要求公司清偿债务或者提供相应的担保。

第221条 公司合并时，合并各方的债权、债务，应当由合并后存续的公司或者新设的公司承继。

▼《民事诉讼法司法解释》（2022年修订）

第63条 企业法人合并的，因合并前的民事活动发生的纠纷，以合并后的企业为当事人；企业法人分立的，因分立前的民事活动发生的纠纷，以分立后的企业为共同诉讼人。

【重点难点提示】

依照《民法典》的规定，出借人是法人的，法人合并后，应由合并后的法人享有其债权。

依照公司法的规定，公司合并分为吸收合并和新设合并两大类。其中，一个公司吸收其他公司为吸收合并，被吸收的公司解散；两个以上公司合并设立一个新的公司为新设合并，合并各方解散。前者，被吸收的公司的债权债务转移至吸收的公司。后者，合并以前的两个或两个以上的被合并的公司，其债权债务转移至新设立的公司。

法人被收购的，应当适用前述规定。不同的是，如果收购后未成立新的法人主体，原来的法人主体仍然存在，债权人的法人主体不变。此种方式实际上属于股东变更，法人主体未变更。如果收购后成立新的法人主体法人，应当以新的法人主体为债权人。如果收购后并入收购方的法人主体，以收购方作为债权人。

根据《民法典》第67条的规定，出借人是法人的，法人分立后，由分立后的法人享有连带债权。对此，应分以下层次进行理解：

第一个层次：关于分立后债权继受人的法人主体的确认。具体分为两种情形：

（1）一个法人主体将其全部资产及债权债务分立出去，分别设立两个以上新的公司的，原债权人的法人主体解散。

（2）一个法人主体将部分资产及债权债务分立出去，成立了新的公司，但原法人主体未解散。

第二个层次：在上述情形下，究竟应当由哪个法人主体享有债权的继受权，原则上，应当根据其合并或分立协议确定。在协议中可以约定享有连带债权的份额，或者直接约定分别享有的债权的具体数额。债务人应当依照履行通知载明的债权人主体及其享有的债权份额或数额履行相应的义务。

第三个层次：前述协议明确了债权分配份额或数额的，按照协议的约定执行；未约定具体份额或数额的，按照连带债权执行。这里引申出两个问题：

一是连带债权人均有权利向债务人提出偿还借款本金及利息的请求，在诉讼中列为共同原告。债权实现后，在债权人之间如何分配，属于内部合同关系，由连带债权人另行协商解决。

二是约定了债权人各自享有的债权份额或数额的，谁先主张权利的问题。如果在协议中约定了具体份额，可以认为债权人之间仍然是享有连带债权，实现债权后按照约定的份额比例进行分配。如果在协议中约定了具体数额，且已经通知了债务人，则此时，事实上由一个借款合同关系转化为多个合同关系。每一个债权人都可以独立向债务人提出履行债务的请求。此时，先行使权利者，其权利被实现的可能性相对较大。后行使权利的，可能只能实现部分债权，甚至全部不能实现债权。

四、遗产继承人（或受赠人）

相关规定

▼《民法典》

第1130条 同一顺序继承人继承遗产的份额，一般应当均等……继承人协商同意的，也可以不均等。

第1133条 自然人可以依照本法规定立遗嘱处分个人财产，并可以指定遗嘱执行人。

自然人可以立遗嘱将个人财产指定由法定继承人中的一人或者数人继承。

【重点难点提示】

上述法律规定虽然未指明被继承的财产范围包括被继承人依法享有的债权，但是，债权属于遗产范围，是众所周知的事实。在继承时，如果被继承人只有一人，则由该继承人享有债权的全部权利。如果有数人享有继承权，则有三种方式：

一是由全部继承人作为连带债权的债权人，共同主张权利。实现债权后，按照实际金额进行分配。

二是债权分配协议中注明了各继承人享有的具体数额的，各继承人可以分别向债务人主张权利。

三是债权由部分继承人继承，其他继承人放弃继承权利的，由部分债权人享有连带债权。仅由其中一人继承的，由该继承人享有债权。

部分继承人放弃继承权利的，应当提供相应的证据支持。

五、债权凭证

> **相关规定**

▼《2020民间借贷司法解释》

第2条 出借人向人民法院提起民间借贷诉讼时,应当提供借据、收据、欠条等债权凭证以及其他能够证明借贷法律关系存在的证据。

【重点难点提示】

(一)债权凭证的证明效力与当事人真实意思表示相关

以借条为例。借条是由借款人向出借人出具的,其性质属于借款合同。其本来含义在于确认债权债务关系,是双方形成借款合同关系的证明。

一般而言,只要借款人是完全民事行为能力人,出具借条是其真实意思表示,就应当作为有效证据采信。如果意思表示不真实,就不能证明借款合同关系成立。

(二)债权凭证的证明效力与债权凭证的出具时间密切相关

债权凭证的出具时间一般分为以下情形:

1. 在出借人履行支付借款之前出具。实践中,有的出借人因为要经过内部研究,有的因为支付借款前要明确款项性质及债权债务关系,往往要求先出具借据再支付借款;

2. 在出借人支付借款的同时由借款人向出借人出具;

3. 在出借人支付借款之后由借款人向出借人出具。

对于第三种情形,一般是借贷双方存在特殊关系,如亲戚或朋友关系、同学或战友关系,或者是先前有多次借贷关系,彼此之间形成了高度信任的关系。

第二种情形,往往是借款合同关系成立的证明,特别是自然人之间的民间借贷,以支付借款作为借款合同成立的要件,此时可以证明借款合同关系成立。但作为出借人要取得并保存好履行支付义务的证据,不要给借款人赖账造成可乘之机。当证据出现缺失时,往往出借人处于劣势,这是由出借人应当承担举证责任所决定的。

第一种情形往往较为普遍。在借款合同关系中,因借款人有资金需求而求助于出借人,出借人往往具有地位上的优势。一旦借款完成支付,出借人往往担心借款人是否具有还款能力,甚至产生信用危机方面的忧虑,也是正常的。因此,在形成借款后,出借人会从优势地位转入劣势地位。法律上规定由出借人对借款关系的成立、借款人就偿还借款的事实分别承担举证责任,可以弥补各方当事人劣势地位的不足。

(三)债权凭证的证明效力与对方当事人先前履行的合同义务相关

对方当事人取得债权凭证的前提是,是履行了合同义务而应当获取合同权利。如果有证据证明，对方当事人并未履行合同义务，其权利就不应当获取。比如，先出具借条的自然人，在出借人未履行借款的支付义务之前，该借款合同并未成立。

其他内容，如债权凭证的形式、内容及其真实性、合法性、关联性等，具体见证据审查的相关内容，这里从略。

实践中，为了避免产生争议，在借据中有必要对借款关系的形成，以及出借人是否履行支付借款的义务，特别是借款人在出具借据时是否已经收到借款，借款的支付方式以及收款人及其账户信息等，进行明确约定。

第二节　个人债务的认定

除普通的自然人债务外，下列情形属于特殊的自然人债务。

一、个体工商户的债务

相关规定

▼《民法典》

第54条　自然人从事工商业经营，经依法登记，为个体工商户。个体工商户可以起字号。

第56条第1款　个体工商户的债务，个人经营的，以个人财产承担；家庭经营的，以家庭财产承担；无法区分的，以家庭财产承担。

【重点难点提示】

个体工商户应取得营业执照。其经营模式有个人经营、家庭经营。原则上，个人（家庭）经营的，以个人（家庭）财产对债务承担责任。二者无法区分的，即个人财产与家庭财产混同的，以家庭财产对债务承担责任。

个人财产与家庭财产的混同还有以下情形：一是个体工商户的开办资金，来源于其他家庭成员。二是个体工商户的收入，供家庭成员共同生活使用。三是虽然登记为个人经营，但实际上由家庭成员共同经营。但是，此种情况要将其他家庭成员共同经营与其他家庭成员帮助经营区分开来，其区分要点是其收入是否为家庭收支来源。四是其他家庭成员对外签订的借款合同，但其借款实际用于个体经营。

作为出借人，要求借款人对其还款能力增加保障能力，在对于个人财产与家庭财产难以区分，或者存在收集相关证据较难等情形下，可以要求借款人的其他家庭成员作为连带责任保证人签订合同。

二、农村承包经营户的债务

相关规定

▼《民法典》

第55条 农村集体经济组织的成员,依法取得农村土地承包经营权,从事家庭承包经营的,为农村承包经营户。

第56条第2款 农村承包经营户的债务,以从事农村土地承包经营的农户财产承担;事实上由农户部分成员经营的,以该部分成员的财产承担。

【重点难点提示】

笔者认为,农村土地承包经营制度是以家庭为承包单位,而农村承包经营户所标明的个人名字是家庭承包的代表人,因此,凡是以农村承包经营户的名义签订借款合同,或者以个人名义签订借款合同,但其借款实际用于家庭承包经营,如购买农资、农机等的,应当以家庭共同财产承担偿还义务。

在实践中,为了避免引发更多的争议,在签订借款合同时,涉及家庭承包经营的,可以要求其家庭成员作为"共同借款人"签字或盖章。

【最高人民法院指导性意见】

自然人之间发生借贷行为时,当事人书写欠条有时不规范,易把名字写为同音字,或者写成熟称等其他称谓。持有债权凭证的当事人提起民间借贷诉讼,人民法院应予受理,并综合其他证据进行判断,在被告对债权人资格提出抗辩但无法举证证明时,可以认定原告的诉讼主体资格,即(认定其)为实际出借人。[1]

【权威观点】

从民间借贷历史溯源可知,最早的民间借贷就发生在自然人之间,是自然人基于个人或家庭日常生活、生产等需要,而在具有血缘、地缘等密切关系的亲朋好友之间进行的少量资金融通活动。当然,自然人之间的借贷不仅包括自然人之间,广义上还应当包括发生在家庭之间的借贷。随着社会经济的不断发展和进步,人类生产生活形态也开始发生重大变化,民间借贷的目的也从以往为满足个人或家庭日常基本、生产生活需要而进行的借贷,演变为以生产经营、风险投资等获取高额利润为目的的借贷。此外,关于自然人,根据《民法典》总则编的章节结构可知自然人还包括个体工商户和农村承包经

---

[1] 最高人民法院民事审判第一庭. 民间借贷纠纷审判案例指导. 北京:人民法院出版社,2015:17-21.

营户。因此，本条中自然人应作扩大解释，将个体工商户和农村承包经营户纳入其中。①

【案例082】

借条所载出借人的姓名与出借人本人姓名同音不同字，如何认定本人是出借人

裁判文书：浙江省衢州市中级人民法院（2011）浙衢商终字第87号民事判决书

判决书认定事实：

2008年4月1日应××所出具的借条上虽载明出借人姓名为"余贾"，但与被上诉人余甲的姓名属同音字，且该借条现为余甲所实际持有，故可推定余甲为本案所涉借款的出借人，具有原告的诉讼主体资格。

~~~~ 作者简析 ~~~~

在债权凭证中未写明债权人的，一般是以债权凭证持有人为债权人。被告或第三人对于原告的债权人资格提出异议的，应当承担举证责任。这些证据包括签订借款合同、形成借款合意的证据，履行借款合同义务的证据等。其法律依据为《2020民间借贷司法解释》第2条第2款、《2015民间借贷司法解释》第2条第2款。

【案例083】

借条上未载明出借人，能否推定借条持有人为出借人

裁判文书：浙江省台州市中级人民法院（2010）浙台商终字第443号民事判决书

判决书认定事实：

本案争议的是被上诉人林×海是否向上诉人卢×才借款200 000元。上诉人提供的借条除借款时间、还款时间、借款人、借款金额等是填写的外，其他条款均事先打印。双方一致认可借条上"林×海"的签名及指印是被上诉人林×海所为，借款时间等其他空白处均由应×焕填写，出具借条时出借人一栏空白，"卢×才"三个字是上诉人卢×才事后填写。因此，借条能够证明借款时应×焕在场，而不能证明上诉人同时也在现场。如果存在被上诉人向上诉人借款，即使出借人没有在场，借条上也应当载明出借人，而不是该栏空白，由债权人事后填写，这显然不符合常情。上诉人在二审中陈述：当时向谁借款不确定，应×焕和卢×才两人谁出钱就写谁的名字。即便如此，也说明出具借条时债权人尚未确定。由于出借人一栏空白，上诉人也没有提供证据证明被上诉人明知上诉人是出借人，而且应×焕系联系人及经办人，被上诉人有理由相信所借款项系应×焕筹集，故其向应×焕履行债务并无不当。虽然上诉人持有借条原件，但该借条明显存在瑕疵，而且上诉人在一、二审中对款项来源及借款经过等陈述存在矛盾，又无相关证据证明自己是本案借款的

---

① 最高人民法院民事审判第一庭. 最高人民法院新民间借贷司法解释理解与适用. 北京：人民法院出版社，2021：51-52.

出借人。鉴于被上诉人已向应×焕履行了债务,且属于善意履行,上诉人虽持有债权凭证,但其要求被上诉人偿还借款的主张,本院不予支持。

作者简析

本案对于谁持有借条这一事实没有争议。有争议的是:在借条持有人提出诉讼之前,借款人已经向案外人履行了还款义务;尔后,借条持有人提出诉讼,其请求是否应当得到支持。

1. 关于善意履行的认定

如果在起诉之前此款尚未归还,一般情况下,应当认定借条的持有人为出借人。本案是在借款人已经归还借款的情形下,又遭遇借条持有人的诉讼,如果判决其诉讼请求成立,势必造成借款人重复承担债务的后果。本案审理法院以"善意履行"为由,驳回了借条持有人的诉讼请求。

本案中借款人被认定为善意履行,主观上无过错。其一,借款人对自己出具了借条这一事实是明知的,从内心认定接受借条的人就是出借人。其二,初次接受借条的人并未向借款人披露实际出借人另有其人。其三,初次接受借条的人将借条交付给他人后,并未将此事实告知借款人。其四,借款人取得借款时的付款人是初次接受借条的人;其五,借款人归还借款时的收款人仍然是初次接受借条的人。

综上,借款人客观上积极履行了还款义务,主观上并无损害债权人合法权益的故意,且借款人有理由相信初次接受借条的人就是出借人,向其履行债务并无过错。至于归还借款时未要求出借人交还借条的情况,如果借款人要求初次接受借条的人出具了收条,或者其归还借款是通过银行转账支付,则借款人未收回借条并不影响债权债务关系已经消灭的事实认定。

相反,如果初次接受借条的人向借款人披露了实际的出借人,则借款人归还借款时向初次接受借条的人履行还款义务的,显然主观上存在疏忽大意的过错。因为既然所披露的实际出借人另有其人,证明初次接受借条并支付借款的行为,均是受实际出借人的委托发生的代理行为;而借款人在归还借款时该收款人并未取得委托人的收取还款的授权,借款人对此显然主观上存在过错。

2. 是否应当将原告如何取得借条纳入本案的争议焦点问题

笔者认为,应当纳入本案的争议焦点进行审查。理由是:按照被上诉人的陈述,借条是由应×焕书写的,书写借条时本案上诉人卢×才并不在场,那么,该借条是如何转移至上诉人手里的呢?要么是由应×焕转交的,要么是应×焕遗失被上诉人拾得。所以,不但应当将该内容纳入审理范围,而且从程序上应当将应×焕列为第三人,以便查清案件基本事实。如果系应×焕转交,证明应×焕明知自己不是出借人,取得还款,既无法律上的依据,也无合同上的依据,属于不当得利,借款人可以要求返还。借款人也可以以表见代理为由提出抗辩,理由是:出借人并未取消代理人的委托,借款人使用取得借款的渠道归还借款、且代理人在收取还款时并未表示拒绝继续代理，而使借款人有理由相信是在向出借人归还借款。

如果代理人明知自己没有出借款项，却谎称自己是出借人（故意掩盖代理行为），从而骗取借款人向其"还款"，我们认为，已涉嫌合同诈骗，可以通过报案交由公安机关来处理。如果构成犯罪，依照合同相对性原则，借款人仍然应当承担还款责任，另外通过附带民事诉讼的方式挽回损失。

3.关于借条的瑕疵的认定

本案中针对借条中"出借人"栏是空白的以及系事后填写的说法，如果借款属实，何时填写出借人对于本案的定性并无影响。借款人没有填写出借人的姓名，然后由出借人本人填写，也在情理之中。相反，如果借款人在出借人处写明了出借人的姓名，无论其是否为真实的出借人，事后向该出借人履行了还款义务，均应当认定为已经履行了还款义务。至于借条的持有人与出借人之间系另外的法律关系，应当另案解决。

三、合伙债务

相关规定

▼《民法典》

第972条 合伙的利润分配和亏损分担，按照合伙合同的约定办理；合伙合同没有约定或者约定不明确的，由合伙人协商决定；协商不成的，由合伙人按照实缴出资比例分配、分担；无法确定出资比例的，由合伙人平均分配、分担。

第973条 合伙人对合伙债务承担连带责任。清偿合伙债务超过自己应当承担份额的合伙人，有权向其他合伙人追偿。

第974条 除合伙合同另有约定外，合伙人向合伙人以外的人转让其全部或者部分财产份额的，须经其他合伙人一致同意。

【重点难点提示】

实践中对于合伙债务的主要争议是案涉借款究竟是个人债务还是合伙人的共同债务。其确认原则如下：

（1）合伙经营期间，个人以合伙企业（或合伙组织）的名义借款，用于合伙经营事务的，应认定为合伙人的共同债务。

（2）合伙经营期间，合伙人以个人名义对外借款，无论是否用于合伙经营，其他合伙人认可是合伙企业（或合伙组织）借款的，是合伙人共同债务；未认可的，是个人债务。

（3）合伙经营期间，以个人名义对外借款，且借款人不能证明借款被用于合伙经营的，应认定为个人债务。

（4）个人财产与合伙企业（或合伙组织）的财产混同的，应当认定为合伙人的共同债务。

四、夫妻共同债务

> 相关规定

▼《民法典》

第1064条　夫妻双方共同签名或者夫妻一方事后追认等共同意思表示所负的债务，以及夫妻一方在婚姻关系存续期间以个人名义为家庭日常生活需要所负的债务，属于夫妻共同债务。

夫妻一方在婚姻关系存续期间以个人名义超出家庭日常生活需要所负的债务，不属于夫妻共同债务；但是，债权人能够证明该债务用于夫妻共同生活、共同生产经营或者基于夫妻双方共同意思表示的除外。

第1065条　夫妻对婚姻关系存续期间所得的财产约定归各自所有，夫或者妻一方对外所负的债务，相对人知道该约定的，以夫或者妻一方的个人财产清偿。

▼《最高人民法院关于适用〈中华人民共和国民法典〉婚姻家庭编的解释（一）》（法释〔2020〕22号）（以下简称《2020民法典婚姻家庭解释》）

第33条　债权人就一方婚前所负个人债务向债务人的配偶主张权利的，人民法院不予支持。但债权人能够证明所负债务用于婚后家庭共同生活的除外。

第34条　夫妻一方与第三人串通，虚构债务，第三人主张该债务为夫妻共同债务的，人民法院不予支持。

夫妻一方在从事赌博、吸毒等违法犯罪活动中所负债务，第三人主张该债务为夫妻共同债务的，人民法院不予支持。

第35条　当事人的离婚协议或者人民法院生效判决、裁定、调解书已经对夫妻财产分割问题作出处理的，债权人仍有权就夫妻共同债务向男女双方主张权利。

一方就夫妻共同债务承担清偿责任后，主张由另一方按照离婚协议或者人民法院的法律文书承担相应债务的，人民法院应予支持。

第36条　夫或者妻一方死亡的，生存一方应当对婚姻关系存续期间的夫妻共同债务承担清偿责任。

第37条　民法典第一千零六十五条第三款所称"相对人知道该约定的"，夫妻一方对此负有举证责任。

【重点难点提示】

构成夫妻共同债务的情形有：一是夫妻共同对外借款；二是在婚姻关系存续期间，夫妻一方对外借款，但其将借款用于了夫妻共同生活或共同经营活动；三是债务虽然是在夫妻关系形成以前形成，但有证据证明借款用于了婚后的共同生活。

是否属于夫妻共同债务，一直争议较大。历史上经历了从"共债原则"向"共债共签原则"的转变。"共债共签原则"的含义，一是无论其债务作何种用途，只要夫妻共同签字确认或追认，应当认定为夫妻共同债务；二是夫或妻没有共同签字，则要根据借款的实际用途确定，如用于了共同生产经营、家庭日常生活，应当认定为夫妻共同债务。

此外，从"共债原则"向"共债共签原则"的转变，直接导致举证责任的转变。即是否属于夫妻共同债务，原来规定是由债务人对不是夫妻共同债务承担举证责任，《民法典》规定由债权人对夫妻共同债务承担举证责任。

【最高人民法院指导性意见】

最高人民法院民一庭意见：婚姻关系存续期间的借贷行为已为生效刑事判决认定为犯罪，但所借款项未用于夫妻共同生活的，不能认定为夫妻共同债务。[①]

【案例084】

以夫妻感情是否破裂作为判断是否属于夫妻共同债务的标准

裁判文书：江苏省南京市中级人民法院（2014）宁民终字第5338号民事判决书

判决书认定事实：

本案中，被上诉人吕×与方×之间共发生了4笔借款，二审法院认定如下：（1）2012年11月5日的3万元。因该笔借款发生在邢×与方×夫妻关系存续期间，且夫妻生活正常，夫妻感情并未破裂，原审法院将该笔债务认定为夫妻共同债务并无不当。（2）2013年5月5日的1.4万元和2013年6月9日的0.3万元。根据邢×与方×2013年5月3日的离婚协议，结合方×在2013年5月3日至2013年7月16日集中大额举债之后即离家出走，以及邢×及其儿子工作稳定且有固定生活收入的事实，可以证明从2013年5月3日开始，邢×与方×夫妻感情已经不和，邢×并不知晓该笔债务的存在，方×的举债目的并非为了家庭生活，邢×及其儿子亦未因上述借款而实际受益。故对于上诉人邢×认为上述两笔借款没有用于夫妻共同生活，应认定为方×个人债务的主张，本院予以采信，原审法院将上述两笔借款认定为夫妻共同债务不当，本院予以纠正。（3）2013年7月5日的0.3万元，因该笔借款发生在邢×与方×登记离婚之后，该笔债务应认定为方×的个人债务。综上，吕×出借给方×的5万元借款中，3万元应认定为邢×与方×的夫妻共同债务，由方×和邢×共同偿还；2万元应认定为方×个人债务，由方×个人偿还。上诉人邢×的部分上诉请求成立，本院予以支持。原审判决认定事实部分错误，本院依法予以纠正。

[①] 最高人民法院民一庭. 民事审判指导与参考：2016年卷. 北京：人民法院出版社，2016：530.

≋≋≋ 作者简析 ≋≋≋

如果夫妻感情破裂，长期闹离婚，一般而言，存在共同债务的可能性小。债权人认为是夫妻共同债务的，应承担举证证明责任，本案的裁判观点符合《民法典》的规定。主张属于夫妻共同债务的当事人，举证证明的要点有：一是债务形成于夫妻关系存续期间，二是该债务是否为夫妻共同生产经营或共同生活所负。因此，在认定该债务是否为夫妻共同生活所负时，应着重考虑举债是否为了夫妻共同生活，举债之后的利益是否由夫妻共同享有等因素综合判断。

【案例085】

妻子不是借条上载明的借款人，但借款经过了其银行账户，应当认定为夫妻共同债务

裁判文书：最高人民法院（2017）最高法民申3507号民事裁定书

裁定书认定事实：

关于黄栋×的借款是否属于夫妻共同债务的问题。本案中，虽然黄栋×是以个人名义向王×借款以偿还××印染公司的债务，但从资金流向上看，王×将款项汇入黄栋×账户后，黄栋×随即将款项汇给黄美×，经由黄美×账户汇给××印染公司，由此可知黄美×对该笔借款应为明知并实际参与。因此原审依据《婚姻法解释（二）》第24条关于"债权人就婚姻关系存续期间夫妻一方以个人名义所负债务主张权利的，应当按夫妻共同债务处理"的规定，认定黄栋×的借款为夫妻共同债务，符合本案实际情况。黄美×认为原审适用法律错误的申请理由，与本案事实不符，本院不予支持。

【案例086】

如何认定夫妻一方所借款项用于夫妻共同生活，进而由夫妻双方共同承担还款责任

裁判文书：浙江省高级人民法院（2012）浙商终字第32号民事判决书

判决书认定事实：

关于借款是否构成夫妻共同债务的问题。林××、张乙虽于2011年6月起分居，而借款实际发生于2007年至2009年，彼时林××、张乙的夫妻关系尚处于稳定状态。六笔案涉借款中，最后一笔2009年2月9日的1 000万元直接打入张乙的账户，张乙对丈夫林××与丈夫好友张甲之间的经济往来应系明知，张甲作为债权人亦有理由相信林××的举债行为系出于夫妻共同意思表示。且根据查明的事实，张乙系全职家庭主妇，无收入来源，家庭日常生活开支均由林××负担。林××所借款项无论系用于投资经营或日常生活，其借款利益均及于配偶张乙，故本案所涉借款应认定为夫妻共同债务。

≋≋≋ 法官论述 ≋≋≋

在双方当事人就债务性质为举债之人的个人债务还是夫妻共同债务存在争议的情况下，人民法院必须对该债务的性质作出判断。是否用于夫妻共同生活多以夫妻二人各自的工作、经济情况以及二人之间夫妻关系、对家庭经济的贡献等综合进行判断。在债务人的配偶能够举证证明债务人所借债务确实未用于夫妻共同生活的情况下，可以允许其配偶不承担清偿责任，如果能够证明所借债务用于夫妻共同生活，则应承担偿还责任。[①]

≋≋ 作者简析 ≋≋

本案所涉借款被认定为夫妻共同债务的理由是：

第一，借款发生在林××与张乙二人夫妻关系处于稳定状态期间；

第二，案涉借款共计六笔，虽然都是以丈夫的名义借款，但其中一笔1 000万元的借款是直接打入妻子的银行账户；

第三，妻子系全职家庭主妇，无收入来源，家庭靠丈夫的收入维系生活；

第四，本案诉讼过程中，夫妻关系仍然存续。

其中值得关注的是第二点，即借款打入借款人的妻子的账户，即使借条中没有列明其名字，也应当认定为夫妻共同债务，理由是夫妻二人系借款的共同使用人，该转账事实能够证明夫妻二人对借款已经形成了合意的可能性较大。

【案例087】
不知情不能成为夫妻一方规避夫妻共同债务的法定理由

裁判文书：陕西省汉中市中级人民法院（2017）陕07民终736号民事判决书[②]

判决书认定事实：

本案借款发生于胡×与余×婚姻关系存续期间，胡×并未提供证据证明李×与余×明确约定该债务为余×的个人债务，亦无证据证明其与余×婚姻关系存续期间约定所得的财产归各自所有且李×知道该约定，因此本案债务应当认定为夫妻共同债务，余×死亡后，胡×应当对该笔债务承担连带清偿责任。

≋≋ 作者简析 ≋≋

"不知情"是否可以成为认定不是夫妻共同债务的理由，应根据具体情况具体分析。如果所负债务并不是夫妻共签形成，夫或妻一方也未追认为共同借款，夫或妻一方在法庭上陈述"不知情"，其目的就在于否定借款合同关系的成立。《民事诉讼法司法解释》第91条规定，主张法律关系存在的当事人，应当对产生该法律关系的基本事实承担举证证明责任。如果被告方否认借款合同关系的成立，原告方应对借款合同关系的成立承担相应的举证责任。在原告方举证不能的情形下，"不知情"才能成为不是夫妻共同债务的合理理由。

相反，如果原告方举证证明其借款被实际用于了夫妻共同生产经营或家庭日常生活，无论夫或妻一方是否知情，均应当认定为夫妻共同债务。

---

① 最高人民法院民事审判第一庭. 民间借贷纠纷审判案例指导. 北京：人民法院出版社，2015：375-388.
② 该案被收录于：国家法官学院案例开发研究中心. 中国法院2019年度案例. 北京：中国法制出版社，2019：69-73.

【案例088】

以夫妻名义借款炒股能否认定为夫妻共同债务

裁判文书：河南省安阳市殷都区人民法院（2016）豫0505民初964号民事判决书①

判决书认定事实：

被告郝×辩称其未在借据上签名，对其借款不知情，被告李×所借原告秦×、闫×国、张×恩27万元全部用于个人炒股，并未用于家庭及夫妻共同生活，该债务系被告李×个人债务，其不应承担责任的意见，经查，被告李×向原告借款虽发生在夫妻关系存续期间，但根据司法鉴定意见书，在公证处签订借据时郝×指纹不是其本人所捺，现场出现的也非郝×本人，以此可以证明郝×对借款并不知情，及李×有意隐瞒郝×借款的事实，且根据本院调查李×的银行账户明细显示，该笔借款大部分用于炒股，并非用于夫妻共同生活；其次，原告既然选择公证，并要求李×及妻子郝×到场共同签字，其主观上具有让该二人共同承担责任的明确意图，原告作为债权人在公证时有义务也有责任来辨别到场的是否是李×妻子本人，原告未尽该义务应承担相应责任。故该债务应为被告李×的个人债务，被告郝×不应承担共同偿还责任。

≋≋≋ 作者简析 ≋≋≋

实践中夫妻被起诉要求共同承担还款责任，被告方常会辩解对借款并不知情。对此，应当查明相关事实。本案以在公证书上签字捺印的并非妻子本人这一事实，证明妻子并不知情一节确系事实。另外，本案从原告方要求办理公证时"主观上具有让该二人共同承担责任的明确意图"，认为原告作为债权人在公证时有义务也有责任来辨别到场的是否是李×妻子本人，原告未尽该义务应承担相应责任，具有借鉴意义。

【案例089】

夫妻分居阶段的债务归属及借款关系证据审查标准

裁判文书：天津市第一中级人民法院（2017）津01民终932号民事判决书②

判决书认定事实：

关于孟×是否应承担连带责任的问题，根据段×主张，涉案借款是现金交付，段×的资金来源于纪×，纪×也是现金交付，但对于段×向纪×借款的交付地点、借条收回情况，段×的陈述与纪×的陈述不一致，段×对其向纪×借款是否还清、刘×借款的用途陈述前后不一致，且涉案借款发生在孟×起诉刘×离婚之后，以及孟×与刘×经离婚判决书认定的分居期间。虽然段×提交了录像视频光盘，但视频内容未明确体现出涉案借款。综合考虑以上情

---

① 该案被收录于：国家法官学院案例开发研究中心．中国法院2018年度案例．北京：中国法制出版社，2018：106-111．

② 该案被收录于：国家法官学院案例开发研究中心．中国法院2019年度案例．北京：中国法制出版社，2019：73-79．

形，段×目前提供的证据，不能支持其要求孟×对涉案借款承担连带偿还责任的请求。

≋≋≋ 作者简析 ≋≋≋

一般而言，夫妻处于分居状态，说明感情已经破裂，对外共同举债的可能性极小。在举证质证阶段，当被告方举示了夫妻处于分居状态的证据，且其作为夫妻中的一方没有在借款合同中签字时，应当认定当事人一方对于没有发生借款进行了合理说明。此时，无论原告是否仅依据借据、收据、欠条等债权凭证提起民间借贷诉讼，原告均应当对其认为是夫妻共同债务承担举证责任。从证据载明的事实来看，原告举示的借款合同或借条，如果只有夫妻中一人签字，或者形式上有夫妻二人共同签字，但其中一人的签字是另一人代签，且没有提供授权委托书，则其只能证明出借人与签字的借款人形成了借款合同关系，不能直接证明出借人与夫妻中的另一方也形成了借款合同关系。依照《民事诉讼法司法解释》第91条的规定，证明借款合同关系成立的举证责任在于原告而非被告。在此情形下，原告方虽然举示了借款合同或借条，但并未完成初次举证义务，从而不会发生举证责任的转移，所以应由原告承担进一步的举证责任。

【案例090】

夫妻一方对外借款，若缺乏夫妻共同生活的条件，不宜认定成立夫妻共同债务

裁判文书：浙江省绍兴市中级人民法院（2019）浙06民终5230号民事判决书[①]

判决书认定事实：

本案二审的争议焦点为案涉借款是否属于夫妻共同债务。首先，本案讼争发生于金×与王×的离婚诉讼期间，除本案外，同期尚有（2019）浙0683民初7479号案件，也系民间借贷纠纷，该案的原告方亦主张夫妻共同债务，后以原告方撤诉结案，故本案应更加严格审查主张夫妻共同债务一方的举证责任。其次，案涉借条仅有金×一人签名，缺乏王×的借款意思表示，案涉款项系汇入金×的支付宝账号，而王×收到转账系通过金×的招商银行账户，虽如金×上诉所述两次转账时间相差仅数小时，但并不能据此确认系同笔款项，更无法确认王×从案涉借款中获益。最后，据金×的招商银行账户明细显示，2017年8月22日15时20分（借款转账之前），账户余额为32 503.69元；8时29分，账户余额为42 254.80元；另据金×的浦发银行账户明细显示，借款当日，该账户资金最多的时候为64 757.44元。虽然金×的借款行为与其是否有存款不存在直接必然的关系，但金×的账户情况可以印证王×的抗辩具有一定的合理性。综上，本院认为案涉借款缺乏夫妻共同借款的意思表示，亦缺乏证据证明案涉借款系用于家庭共同生活，一审判决未予支持沈×要求王×承担共同还款的诉讼请求，于法有据。

[①] 该案被收录于：国家法官学院案例开发研究中心.中国法院2021年度案例.北京：中国法制出版社，2021：89-92.

~~~ 作者简析 ~~~

本案借款虽然形成于夫妻关系存续期间，但实际讼争发生于夫妻离婚诉讼期间。《2020民法典婚姻家庭解释》第33条规定的家庭共同生活，包含了夫妻关系共同生活。言下之意，因夫妻共同生活所发生的债务，应当由夫妻共同承担还款责任。反之，则不成立。夫妻共同生活以感情基础为纽带，以财产共同使用为客观要件。从情理上说，失去了感情基础，夫妻一方一般不会将借款用于夫妻共同生活，这一情形在离婚诉讼阶段尤其明显。在感情进入破裂阶段后，夫妻中一方对外发生的借款，一般不被认定为夫妻共同债务，是符合情理的。原告坚持认为是夫妻共同债务，应当承担举证责任。

【案例091】

夫妻有共同经营的企业，或用双方账户进行借款、还款的，应认定案涉债务为夫妻共同债务

裁判文书：山东省淄博市中级人民法院（2018）鲁03民终1078号民事判决书[①]

判决书认定事实：

本案中，上诉人于×主张涉案借款其均用于投资淄博×矿产品有限公司，而上诉人朱×提供的淄博×矿产品有限公司工商查询信息显示，上诉人朱×系该公司的股东及监事。且上诉人朱×提供的银行活期存款账户历史明细亦证实淄博×矿产品有限公司多次向其账户转款，朱×亦通过其账户向被上诉人还款。上述事实足以证实涉案借款为上诉人于×及朱×系用于共同生产经营，且系双方共同意思的表示。故原审认定上诉人于×与朱×对涉案借款承担共同还款责任，并无不当。

~~~ 作者简析 ~~~

本案为如何认定是共同经营而形成的夫妻共同债务提供了参考意见。虽然借款合同或借条中只有夫妻中的一人签字，但是，可以依据下列事实认定为夫妻共同债务：一是所借款项转入了公司银行账户；二是未签字的夫妻一方是公司的股东，在身份上与公司存在关系；三是夫妻一方长期与公司之间存在资金往来关系；四是有部分（或全部）还款是通过公司账户向出借人方支付。上述事实可以证明所借款项被用于了夫妻共同经营。

实践中，关于股东身份与共同经营之间的联系，存在以下争议：

一是签订借款合同的当事人是公司股东，夫妻的另一方并不是公司股东、董事或监事，则不能证明借款必然被用于了共同经营。

二是在借款合同上签字的人并不是公司股东，而夫妻的另一方是公司股东，且借款实际上转入了公司银行账户，此时，发出借款支付指令的当事人无论是夫妻中一方还是双

[①] 该案被收录于：国家法官学院案例开发研究中心. 中国法院2020年度案例. 北京：中国法制出版社，2020：76-79.

方，均可以认定借款被实际用于夫妻共同经营。理由是，不是公司股东的借款人指令将借款支付至公司银行账户，证明有将借款用于公司经营的目的。而夫妻中的另一方是公司股东，也存在公司经营行为，事实上形成了夫妻共同经营的法律关系。而且，签订借款合同的当事人不是公司股东却发出将借款转入公司银行账户的支付指令的，应当认定公司银行账户是由夫妻中的另一方提供，证明夫妻之间存在共同借款的意思联络。

三是如果借款并未被转入公司银行账户，则不能以夫妻共同经营来判断是否为夫妻共同债务，而只能依据借款是否被用于夫妻日常生活来进行判断。

此外，本案中还存在案涉借款是个人债务还是公司债务的争议，对此具体要根据是否存在职务行为来进行判断。这里从略。

【案例 092】

夫妻一方签订借款合同，款项实际用于夫妻作为股东的公司的，应认定成立夫妻共同债务

裁判文书：北京市第三中级人民法院（2020）京 03 民终 6591 号民事判决书[1]

判决书认定事实：

《最高人民法院关于审理涉及夫妻债务纠纷案件适用法律有关问题的解释》第 3 条规定，夫妻一方在婚姻关系存续期间以个人名义超出家庭日常生活需要所负的债务，债权人以属于夫妻共同债务为由主张权利的，人民法院不予支持，但债权人能够证明该债务用于夫妻共同生活、共同生产经营或者基于夫妻双方共同意思表示的除外。本案中，涉案借款发生在凌×、王×夫妻关系存续期间，且根据王×、凌×离婚协议可知，凌×并未分得财产，双方约定婚后购买房屋归王×所有。王×上诉主张借款金额超出了家庭日常生活需要，其对借款不知道，王×亦不参与嘉×（北京）××公司的经营。但根据审理查明，王×是嘉×（北京）××公司的股东、法定代表人，王×、凌×对于嘉×（北京）××公司的股权并未进行分割，且根据王×自述，王×自 2013 年至今没有工作，其不知道凌×是什么工作、什么收入，故可以认定凌×、王×的家庭收入来源于凌×和该公司的经营收益。王×的上诉主张缺乏依据，本院不予支持。王×上诉主张婚姻关系存续期间未购买大额商品，没有用于夫妻生活，缺乏依据，本院不予支持。一审法院认定本案债务为夫妻共同债务并无不当，本院予以确认。

≋≋≋ 作者简析 ≋≋≋

与前案不同的是，本案中在借款合同上没有签字的人（与签字的人存在夫妻关系），既是公司股东又是法定代表人，借款转入公司的，应当认定为夫妻共同债务。在实践中，借解除夫妻关系逃避债务的案例时有发生，应当引起重视。

---

[1] 该案被收录于：国家法官学院案例开发研究中心. 中国法院 2022 年度案例. 北京：中国法制出版社，2022：72-75.

【案例093】

夫妻共同债务中对夫妻共同生产经营的认定问题

裁判文书：北京市第一中级人民法院（2019）京01民终6918号民事判决书①

判决书认定事实：

案涉第一笔和第二笔借款发生于陈×与王×的夫妻关系存续期间，款项用途为北京思×有限公司（以下简称思××公司）经营，王×为债务人。两笔借款发生之时，陈×系思××公司的股东及法定代表人，即陈×也在经营思××公司，故应认定两笔借款被用于了夫妻共同生产经营，应作为陈×和王×的夫妻共同债务。第三笔借款虽然发生于夫妻关系存续期间，但其主债务人为思××公司，并非王×的个人债务，王×基于2014年之后的思××公司一人有限责任公司的股东身份而就第三笔债务承担了连带清偿责任，并非基于司法解释所指向的夫妻关系存续期间的共同生产经营活动而负债，故该笔债务不应认定为陈×与王×的夫妻共同债务。

【案例094】

经常性赌博一方短期内的大额借款不宜被认定为夫妻共同债务

裁判文书：江苏省南通市中级人民法院（2016）苏06民终4388号民事判决书②

判决书认定事实：

夫妻一方以个人名义在婚姻关系存续期间所负债务原则上应推定为夫妻共同债务，但如能证明所负债务与夫妻共同生活无任何关联、且债权人对此属于明知或应知的，可以推翻上述推定，举债人配偶一方不承担偿还责任。首先，案涉借款不能证明被用于徐×与冯×的夫妻共同生活。徐×在短时间内向于×借款几十万元，明显超出日常生活及生产经营所需，且在案涉借款发生时间前后，徐×还向其他人多次举债，加之徐×有赌博的恶习，在于×未有充分证据证明其借款系被用于冯×与徐×夫妻共同生活的情况下，应承担对其不利的法律后果。其次，于×对案涉借款未被用于徐×与冯×的夫妻共同生活应是明知的。于×作为徐×在同一个镇上的朋友，对徐×所从事的生意乃至其个人品行应该是了解的，其向徐×出借巨额款项，对于实际用途亦应知晓。而根据于×庭审陈述，其与冯×原为同村居民，并在同一个镇上生活，在本案诉讼前却从未向冯×主张过案涉借款，也从侧面表明，对于徐×借款后未将借款用于与冯×的夫妻共同生活，于×是知道的。此外，案涉借条均为徐×个人出具的格式借条，也不能证明冯×与其存在共同借贷的合意。

≋ 作者简析 ≋

本案中，审理法院认定在夫妻一方具有赌博恶习的情形下，案涉借款是否被用于夫

---

① 该案被收录于：国家法官学院案例开发研究中心. 中国法院2021年度案例. 北京：中国法制出版社，2021：71-77.

② 该案被收录于：国家法官学院案例开发研究中心. 中国法院2019年度案例. 北京：中国法制出版社，2019：54-59.

妻共同生活的举证责任分配由原告承担，符合民法典的相关规定。实践中应注意以下问题：

一是注意法律条款的适用。《2020民法典婚姻家庭解释》第34条第2款规定："夫妻一方在从事赌博、吸毒等违法犯罪活动中所负债务，第三人主张该债务为夫妻共同债务的，人民法院不予支持。"本案相关案情与该条规定的情况具有区别。该规定的含义，一是指债务是因赌博、吸毒等形成，二是其赌博、吸毒系违法犯罪活动。本案的当事人只是具有赌博恶习，并不是因赌博形成的借款。其借款是否被用于夫妻共同生活或共同生产经营，要根据原告方是否能够完成举证责任来进行判断。

二是即使是夫妻一方因赌博形成的债务，如果符合《民法典》上规定的"共签原则"，也应当认定为夫妻共同债务。至于所签借款合同是否有效，则要看出借人是否明知借款被用于赌博的事实。不符合"共签原则"的，不宜认定为夫妻共同债务。

【案例095】

夫妻一方与第三人恶意串通，虚构婚内债务的民间借贷纠纷的认定与处理

裁判文书：山东省茌平县人民法院（2016）鲁1523民初2580号民事判决书

判决书认定事实：

当事人对自己提出的诉讼请求所依据的事实或者反驳对方诉讼请求所依据的事实有责任提供证据加以证明。没有证据或者证据不足以证明当事人的事实主张的，由负有举证责任的当事人承担不利后果。本案中，原、被告双方已围绕离婚诉讼以及房屋所有权确认纠纷进行了两起诉讼，均由一审、二审两级法院进行裁判，并进行了多次庭审。通过两起诉讼生效的法律文书可以确认，案涉借条虽形成于上述诉讼期间，但作为借条出具方的被告耿×绪及作为借条持有者的原告耿×春均未向法院提及或者陈述有此借条。且在二被告离婚诉讼的庭审过程中，当法官询问耿×绪"有无夫妻共同债务"时，其明确回答"没有"，因案涉借条在此期间早已存在，耿×绪却并未提及，其做法与常理不符。且在本案庭审中，当法官询问耿×绪"为什么没有在离婚诉讼中陈述本案借款"时，其回答"当时不认为案涉楼房为二被告共同所有，以为应属其父母即本案原告夫妇所有，所以未向法院陈述本案债务"，耿×绪的解释存在逻辑矛盾，因为二审法院已于2015年11月份对案涉楼房所有权确认诉讼作出终审判决，确认了案涉楼房由本案二被告共同所有，也即耿×绪于2015年11月份已明知案涉楼房并非其父母所有，而此时二被告的离婚纠纷仍在一审诉讼阶段，按照耿×绪的解释，此时其已经向原告出具借条，在此情形下，耿×绪有足够的时间及理由向法院陈述本案债务的存在，但是根据在案材料，其不但没有向法院提及案涉债务的存在而且陈述没有夫妻共同债务。现在本案中其又认可夫妻共同债务的存在，可见耿×绪的陈述前后自相矛盾，无法自圆其说。……结合上述分析及在卷材料，本院有理由相信如原告确有出资，在无法证明其属出借的情形下，将该出资理解为对被告二人购房的赠与更符合常理及本地习俗。此种赠与，按照相关法律法规及司法解释，应认定为原告对二被告的共同赠与,对于原告的赠与款,二被告早已接受,并用于购房所需,现在的情形亦不符合赠与撤销的法定条件,故原告已无权要求二被告返还案涉赠与款。

作者简析

本案中,审理法院将父母的出资认定为赠与,主要理由是:在夫妻离婚纠纷中,夫或妻一方陈述没有共同债务,在本案中又陈述为借款,其陈述自相矛盾。实践中应注意以下问题:

一是子女离婚判决书认定的事实是否可以作为判断父母出资是借款还是赠与的依据。

笔者认为,不能将其认定为赠与依据。理由是,两个纠纷法律关系不同,且在离婚纠纷中父母一方并不是案件的当事人,有关事实的查明并未征求父母的意见,应当认定与本案不存在关联性。况且在离婚纠纷中,并未审查夫妻共同财产的形成依据。在审查是否属于夫妻共同财产以及该财产是否因父母的赠与形成时,是否存在赠与合同关系,也应当由主张赠与关系成立的人承担举证责任。

二是是否适用推论原则来确认赠与事实。

本案审理法院将案涉款项认定为赠与,是依据推论形成,并无实据。在无实据的情形下,如果可以推断为赠与,那同样可以推断为借款。在双方均无优势证据的前提下,这两种结论是对等的。本案审理法院在推断时将父母方的意思表示排除在外,在程序上是存在疏漏或瑕疵的。

三是当赠与与借款两种性质的法律关系出现争议时,应当由哪一方承担举证责任。

一般情形下,主张为借款,对出借人与借款人双方均不会造成权利的失衡;而如果认定为赠与,接受赠与一方会无偿取得财产,提供赠与一方则会失去财产,从而造成一方取得财产另一方失去财产的后果。因此,从客观上应当要求主张赠与一方承担更为严格的证明责任。此外,在审查赠与法律关系是否成立时,还应当考查赠与的前提条件。父母对子女的赠与,一是以血亲关系为基础,二是父母希望子女为其养老送终,三是应当考虑对公序良俗和社会公德的影响。目前,司法界的主流观点是:(1)举证责任应当由主张赠与一方当事人承担;(2)赠与关系成立的证明应当达到严格的证明标准;(3)当父母向子女提供财产时,如果未明确表示为赠与,原则上应当认定为借款。具体见相关案例,这里从略。

【案例 096】

借贷行为构成刑事犯罪,但所借款项未被用于夫妻共同生活的,不能认定为夫妻共同债务

判决书认定事实[①]:

---

① 最高人民法院民一庭. 民事审判指导与参考:2016 年卷. 北京:人民法院出版社,2016:530.

本案中邢某的借款用于经营，购买房屋后，抵押所借贷款没有证明去向，邢某与周某签订借款合同时，并未明确约定是个人债务，赵某亦不能证明其夫妻二人对夫妻关系存续期间财产约定了各自所有，故应按夫妻共同债务处理。赵某与邢某属共同债务人，二人应共同承担偿还责任。综上，一审法院判令赵某、邢某共同返还周某借款本金及利息损失。

赵某不服一审判决，提起上诉，请求撤销一审判决，驳回周某对赵某的诉讼请求。二审法院判决：撤销一审判决，支持赵某上诉请求。

法官论述

对赵某应否承担偿还责任，也即案涉债务是否构成夫妻共同债务，存在以下两种观点：

一种观点认为，赵某与邢某系夫妻，所涉借款行为发生在婚姻关系存续期间，根据法律及司法解释的相关规定，案涉债务应认定为夫妻共同债务，赵某应承担偿还责任。

另一种观点认为，本案所涉借款行为虽发生在赵某、邢某婚姻关系存续期间，但已生效的刑事判决认定邢某犯合同诈骗罪，邢某骗取周某的借款为邢某犯罪所得。邢某将向周某借得的资金用于购买房屋，并未用于夫妻共同生活，赵某对涉案房屋既未使用也未控制，赵某对邢某所付债务不应承担偿还责任。

第二种观点更具有合理性。[1]

作者简析

本案的突出特点是借款金额巨大，无论将其认定为个人债务还是夫妻共同债务，对出借人和借款人均会产生经济利益上的巨大影响，在认定时应持谨慎态度。

根据《民法典》第1064条的规定，本案案涉借款金额为8 000万元，显然超出了"家庭日常生活需要"的范围，只有在债权人能够证明该借款被用于夫妻共同生活、共同生产经营或者是基于夫妻双方共同意思表示的情形下，才能被认定为夫妻共同债务。

因案涉借款的用途为购买房屋。首先应审查买卖合同的购买人是夫妻中的一人还是二人；其次，已经取得不动产权证的，应查明产权人是夫妻中的一人还是二人；其三，如果该房产已经投入使用，应查明实际使用人是夫妻中的一人还是二人；其四，如果该房产被用于生产经营，应查明是否为夫妻共同行为。

实践中，如果案涉借款未被认定为夫妻共同债务，且以该笔借款所购房屋登记在借款人名下，债权人可以通过财产保全措施，判决生效后再申请强制执行，通过拍卖方式实现其债权。其中的法律风险：一是该房屋上存在其他优先债权，如抵押权；二是以拍卖取得的价款清偿债务，可能存在债务清偿不足的问题。如果其房屋产权登记在他人名下，则要考查该他人是否支付了对价。如果其系无偿取得财产，债权人可通过法律程序请求撤销；

---

[1] 最高人民法院民一庭. 民事审判指导与参考：2016年卷. 北京：人民法院出版社，2016：530.

如果其尚有余款未支付,债权人可以对该笔债权申请财产保全,从而获得法律救济。从风险控制的角度看,对于巨额借款,出借人应当充分考虑借款风险。实践中,可以采取让与担保的方式将买卖合同的买受人或不动产权证的业主姓名登记为出借人或出借人指定的第三人;如果是现房交易,应及时办理房屋的抵押登记等。

【案例097】

夫妻一方以家庭农场的名义对外借款,是否应当认定为夫妻共同债务

裁判文书:最高人民法院(2020)最高法知民终219号民事裁定书

裁定书认定事实:

关于陈×、陈×超是否为适格被告。《民法总则》(已失效,余同)第56条第1款规定:"个体工商户的债务,个人经营的,以个人财产承担;家庭经营的,以家庭财产承担;无法区分的,以家庭财产承担。"具体到本案,×家庭农场系个体工商户,经营者以×家庭农场名义对外经营,徐×和陈×超系×家庭农场登记经营者(家庭成员),陈×虽然没有被最新登记为×家庭农场经营者(家庭成员),但陈×与徐×、陈×超系共同家庭成员,且其实际参与了该家庭农场经营。另外,没有充分的证据证明×家庭农场系徐×以个人财产出资、经营收益用于个人消费。原审将陈×、陈×超列为共同被告于法有据。

≋≋ 作者简析 ≋≋

本案涉及对未被工商登记为经营者的家庭成员的对外债务是否应当由家庭经营者共同承担的问题。首先,通过工商注册登记的经营者,应当对其发生的债务承担责任。其次,借款人虽然没有被登记为经营者,但系家庭共同成员,且实际参与了经营的,应当由家庭经营者共同承担责任。除此以外,本案裁定书认定,"没有充分的证据证明×家庭农场系徐×以个人财产出资、经营收益用于个人消费"也是其原因之一。言下之意,如果有证据证明该个体工商户属于个人财产出资、经营收益用于个人消费,则不属于共同债务,这也是《民法总则》第56条(已为《民法典》第56条所吸收)确定的原则。

【案例098】

夫妻一方对外举债用于个体经营,是否认定为夫妻共同债务

裁判文书:北京市石景山区人民法院(2016)京0107民初5624号民事判决书[①]

判决书认定事实:

经本院审理查明,被告温×与臧×系夫妻关系,2007年6月6日登记结婚,2010年11月24日成立北京××孕婴童用品专营店(类型个体,经营者温×),2015年5月19日成立北京××儿童用品有限公司(自然人独资,法定代表人臧×)。……借条上有温×签

[①] 该案被收录于:国家法官学院案例开发研究中心. 中国法院2018年度案例. 北京:中国法制出版社,2018:74-77.

名、捺印，加盖了温×的人名章、北京××孕婴童用品专营店的印章。

根据《婚姻法解释（二）》第24条的相关规定，债权人就婚姻关系存续期间夫妻一方以个人名义所负债务主张权利的，应当按夫妻共同债务处理，但夫妻一方能够证明债权人与债务人明确约定为个人债务的除外。本案中借条上明确载明了借款人温×并加盖了温×人名章和北京××孕婴童用品专营店的印章，该借款发生在温×与臧×夫妻关系存续期间，被告臧×虽然对借款金额不予认可并主张该借款系温×个人债务，但未向法庭提交相关证据，其抗辩理由，本院不予支持。同时，结合本案借款目的、北京××孕婴童用品专营店与北京××儿童用品有限公司的经营性质，庭审中二被告的自认等情况，本院亦可判定借条上所载债务为温×与臧×为家庭共同生活、共同经营使用，应属夫妻共同债务。

~~~ 作者简析 ~~~

实践中应注意以下问题：

第一，要将夫妻共同经营，与公司财产混同相区分。本案需要查明的案件事实是案涉借款是否被用于夫妻共同经营，在诉讼中原告并未将北京××孕婴童用品专营店与北京×××儿童用品有限公司列为被告，所以不能以二者之间存在内部合同关系，或者财产混同为由要求其承担责任。

第二，要将夫妻共同债务与公司债务相区分。笔者注意到，本案中的借条上除签名、捺印以外，还加盖有北京××孕婴童用品专营店的印章。该印章所代表的真实身份应当进一步审查。如果其表明的是借款人身份，且北京××孕婴童用品专营店是北京××儿童用品有限公司的分支机构，那么，还款责任应当由公司承担。此外，应查明该专营店与公司是否为夫妻共同经营。在公司债务成立的前提下，应当进一步审查认定借条上的个人签名是否构成职务行为或表见代理。

【案例099】

夫妻一方与他人"合伙"所举之债不应被认定为夫妻共同债务

裁判文书：福建省泉州市泉港区人民法院（2017）闽0505民初1518号民事判决书[①]

判决书认定事实：

原告提供的"结婚申请书"可证明涉诉借款发生在被告甲与被告丙婚姻关系存续期间，但未提供证据证实涉诉借款发生在被告乙与丁婚姻关系存续期间；且涉诉借款系用于经营性活动，无法体现所获利益由夫妻双方共同分享，并非系为共同生活所负；同时无法确定涉诉借款由哪对夫妻使用，即难以确定属于哪对夫妻的共同债务；况且，所借款项被某对夫妻消耗后，就不可能再由另一对夫妻消耗，即涉诉借款不可能既属于被告乙与被告丁夫妻共同债务，又属于被告甲与被告丙夫妻共同债务，故原告主张涉诉借款同属于两对夫妻

[①] 该案被收录于：国家法官学院案例开发研究中心. 中国法院2019年度案例. 北京：中国法制出版社，2019：65-68.

共同债务,不符合实际,不予采纳。因此,对于原告以此为由请求被告丁及被告丙对涉诉借款承担共同偿还责任,本院不予支持。

≋≋≋ 作者简析 ≋≋≋

甲、乙二人为合伙人,甲和丙、乙和丁分别存在夫妻关系。原告主张甲丙、乙丁两对夫妻应承担连带还款责任。但原告举示的证据,仅能证明借款发生于甲与丙的夫妻关系存续期间,不能证明发生在乙与丁的夫妻关系存续期间。法院认为,涉诉借款系用于经营性活动,未证明所获利益由夫妻双方共同分享,且借款被其中一对夫妻消耗后,不可能再被另一对夫妻消耗,因此,原告的诉讼请求未获支持。

【案例 100】

夫妻一方为投资移民负担的大额债务不能被认定为夫妻共同债务

裁判文书:北京市第一中级人民法院(2019)京01民终197号民事判决书[①]

判决书认定事实:

本案的争议焦点系涉案借款是否属于夫妻共同债务。《最高人民法院关于审理涉及夫妻债务纠纷案件适用法律有关问题的解释》(已失效)第1条规定:"夫妻双方共同签字或者夫妻一方事后追认等共同意思表示所负的债务,应当认定为夫妻共同债务。"第2条规定:"夫妻一方在婚姻关系存续期间以个人名义为家庭日常生活需要所负的债务,债权人以属于夫妻共同债务为由主张权利的,人民法院应予支持。"第3条规定:"夫妻一方在婚姻关系存续期间以个人名义超出家庭日常生活需要所负的债务,债权人以属于夫妻共同债务为由主张权利的,人民法院不予支持,但债权人能够证明该债务用于夫妻共同生活、共同生产经营或者基于夫妻双方共同意思表示的除外。"本院认为,上述规定对夫妻共同债务的认定确立了"共同签字共同承担"的原则,并依据债务是否属于"家庭日常生活需要"实行举证责任的二元分配;对于超出"家庭日常生活需要"的部分,债权人需要证明该债务被用于夫妻共同生活、共同生产经营或基于双方的意思表示。

具体到本案中,涉案借款属于李×单方签字的借款,借款数额为350万元,借款期限为两年,明显超出了必要的家庭日常生活所需。而陶×亦明确表示对该债务不知晓、不认可。也就是说,本案属于适用《最高人民法院关于审理涉及夫妻债务纠纷案件适用法律有关问题的解释》第3条,考查债权人是否能够证明涉案借款被用于了"夫妻共同生活、共同生产经营"的情形。

对此,杨×、李×主张,借款用于投资移民,如果成功,陶×也能享受优惠移民政策,只是由于投资失败,款项投入国外的公司以后就没有了,夫妻对此债务应当共担。陶×则主张,李×借款时,自己正在西藏支教,其对借款用于投资移民不清楚,对李×的移

[①] 该案被收录于:国家法官学院案例开发研究中心.中国法院2021年度案例.北京:中国法制出版社,2021:77-81.

民计划亦不同意。《最高人民法院关于适用〈中华人民共和国民事诉讼法〉的解释》第90条规定……杨×、李×并未举证证明350万元被用于有陶×参与的"夫妻共同生活",因此,杨×、李×应当承担举证不能的不利后果。

~~~ 作者简析 ~~~

本案审理法院认为,夫妻一方所借债务应由夫妻共同承担还款责任的,具有三种情形:该债务因夫妻共同生活、共同生产经营或基于双方的意思表示形成。其判决认定,依据举证责任的二元分配原则,对于超出"家庭日常生活需要"的部分,债权人应当承担举证责任,符合《民法典》第1064条及《2020民法典婚姻家庭解释》第33条的规定。

【案例101】

夫妻一方只在借条上借款人配偶/担保人姓名处签名,而没有在借款人姓名处签名,是否应当认定为夫妻共同债务

裁判文书:广西壮族自治区南宁市中级人民法院(2018)桂01民终7577号民事判决书[①]

判决书认定事实:

关于本案借款债务是否属于乔×和黎×的夫妻共同债务。根据乔×出具给卢×的借条,其向卢×借款30万元,借期仅为两个月,从借款的数额和期限,结合广西统计局发布的广西城镇居民人均消费数据来看,该笔款项已明显超出夫妻家庭日常生活需要。上诉人在一审庭审中亦陈述乔×告知其借款将用于农产品生意投资,而非夫妻家庭日常生活需要。根据《最高人民法院关于审理涉及夫妻债务纠纷案件适用法律有关问题的解释》(已失效)第3条,夫妻一方在婚姻关系存续期间以个人名义超出家庭日常生活需要所负的债务,债权人以属于夫妻共同债务为由主张权利的,人民法院不予支持,但债权人能够证明该债务用于夫妻共同生活、共同生产经营或者基于夫妻双方共同意思表示的除外。现因上诉人没有证据证实本案借款债务用于夫妻共同生活、共同生产经营,同时,本案中黎×只在借条上借款人配偶/担保人姓名处签名,而没有在借款人姓名处签名,故本案借款是乔×以其个人名义所借,卢×对此是明知的并予以认可,否则其应要求黎×在借款人处签名,因此对上诉人主张本案借款为夫妻共同债务,要求黎×承担共同清偿责任,理由不充分,本院不予支持。

~~~ 作者简析 ~~~

本案原告方请求夫妻共同承担还款责任,主要应查明借款是否为夫妻共同意思表示形

[①] 该案被收录于:国家法官学院案例开发研究中心.中国法院2020年度案例.北京:中国法制出版社,2020:89-92.

成。本案中虽然黎×在借条上签名是真实的，但是其并未表明借款人的身份。即：黎×只在借条上借款人配偶/担保人姓名处签名，而没有在借款人姓名处签名，因而不能证明该笔借款系夫妻共同意思表示形成。依照新的司法解释规定，主张夫妻共同承担还款责任，应由原告方承担举证责任。如果举证不能，应承担不利的法律后果。

第三节 公司债务

一、公司应当对法定代表人等的职务行为产生的债务承担责任

【相关规定】

▼《民法典》

第61条 依照法律或者法人章程的规定，代表法人从事民事活动的负责人，为法人的法定代表人。

法定代表人以法人名义从事的民事活动，其法律后果由法人承受。

法人章程或者法人权力机构对法定代表人代表权的限制，不得对抗善意相对人。

▼《公司法》

第15条 公司向其他企业投资或者为他人提供担保，按照公司章程的规定，由董事会或者股东会决议；公司章程对投资或者担保的总额及单项投资或者担保的数额有限额规定的，不得超过规定的限额。

公司为公司股东或者实际控制人提供担保的，应当经股东会决议。

前款规定的股东或者受前款规定的实际控制人支配的股东，不得参加前款规定事项的表决。该项表决由出席会议的其他股东所持表决权的过半数通过。

▼《九民纪要》

18.（略）

【重点难点提示】

如果股东会决议或章程对法定代表人的代表权作了限制性规定，其规定不能对抗善意第三人。

第一，根据《民法典》第85条的规定，营利法人的权力机构、执行机构作出决议的会议召集程序、表决方式违反法律、行政法规、法人章程，或者决议内容违反法人章程的，营利法人的出资人可以请求人民法院撤销该决议。但是，营利法人依据该决议与善意相对人形成的民事法律关系不受影响。

第二，是否属于善意的判断，应当以合同相对方对其限制性规定是否明知或者应当明知为标准。因此，即使其决议有系法定代表人伪造或者变造、决议程序违法、签名或盖章

不实、担保金额超过职权范围等事由,如果合同相对方处于不知情的主观状态,作为当事人一方的股东或法人主体以决议违法或违章为由提出抗辩的,也不能成立。只有在当事人一方有证据证明合同相对方知道或应当知道其限制性规定时,其抗辩理由才成立。

二、分公司或分支机构的责任承担

(一)分公司的法律责任应当由法人承担

【相关规定】

▼《公司法》

第13条第2款 公司可以设立分公司。分公司不具有法人资格,其民事责任由公司承担。

【重点难点提示】

分公司由法人设立。在实践中,有的分公司经合法登记领取了营业执照,有的则未经登记,对外只能以法人主体名义开展活动;有的分公司有可独立支配的财产,有的分公司没有独立财产。

一般而言,领取营业执照的分公司有经营范围。在经营范围内,其民事责任应当由公司法人主体承担。超过经营范围的,原则上应当有法人主体的授权。

"分公司不具有法人资格,其民事责任由公司承担"中的民事责任是法律主体责任。依照有关规定,分公司无对外担保的民事行为能力。如果对外签订担保合同,应当经过法定代表人授权,并且通过公司股东会形成决议。具体见本书关于担保的内容。因此,前述法律规定的"民事责任由公司承担",就分公司对外担保而言,应当仅指符合规定的担保责任。

【案例102】

法人主体应当对项目部非法吸收公众存款承担民事责任,同时对担保合同的无效承担过错责任

裁判文书:最高人民法院(2015)民申字第1018号民事裁定书

裁定书认定事实:

金×公司、武×称其担保对象仅为中×集团公司,但现有的证据证明金×公司和武×均知晓具体实施借款行为的人是盛×,而且知晓盛×以中×集团公司金×国际城项目部的名义对外借款。此外,武×在公安机关询问时还陈述,盛×没有偿还能力,但为了盛×能够为金×公司开发的项目施工,其仍然帮他宣传、介绍、担保了1 000多万元的借款。由此可见,金×公司、武×的上述行为为盛×能够向不特定的多数人借款提供了便利。现借款合同因盛×构成非法吸收公众存款罪而无效,进而导致担保合同无效,金×公司、武×作为担保人对主合同的无效存有过错。根据本院《担保法司法解释》第8条的规定,金×

公司、武×应当承担责任。故二审判令金×公司、武×对不能偿还涉案借款的部分承担三分之一的责任,并无不当。

〰〰〰 作者简析 〰〰〰

本案是关于担保合同无效过错责任的认定。判决认定担保人存在过错,其理由是:"武×在公安机关询问时还陈述,盛×没有偿还能力,但为了盛×能够为金×公司开发的项目施工,其仍然帮他宣传、介绍、担保了1 000多万元的借款",也就是说,担保人明知借款人无偿还能力,仍然为其提供担保。

在实践中,担保人明知借款人无偿还能力仍然为其提供担保,该种情形十分罕见。需要警惕:一是借款人骗取担保人为其提供担保;二是出借人与借款人共同骗取担保人为其提供担保;三是担保人在担保合同中存在过错。上述第二种情形是防不胜防的,各有关主体一定要增强风险防范意识和能力。

(二)分支机构的法律责任

相关规定

▼《民法典》

第74条　法人可以依法设立分支机构。法律、行政法规规定分支机构应当登记的,依照其规定。

分支机构以自己的名义从事民事活动,产生的民事责任由法人承担;也可以先以该分支机构管理的财产承担,不足以承担的,由法人承担。

▼《民事诉讼法司法解释》(2022年修订)

第53条　法人非依法设立的分支机构,或者虽依法设立,但没有领取营业执照的分支机构,以设立该分支机构的法人为当事人。

【重点难点提示】

法人可以依法设立分支机构。分支机构是否是承担民事责任的主体,应当根据以下标准进行判断:

一是是否领取营业执照。没有领取营业执照的分支机构,不具有法律主体资格。

二是是否以法人名义从事经营活动。即使是领取了营业执照的分支机构,如果其是以法人名义从事经营活动,也应当认定企业法人为合同主体;如果是以分支机构的名义签订的合同,则应当认定分支机构是合同主体。

承担责任的方式:没有领取营业执照的分支机构从事经营活动,产生的民事责任由法人承担。领取了营业执照的分支机构从事经营活动,其民事责任可以先由该分支机构的财产承担,不足部分由法人财产承担责任;也可先由法人承担,然后按照内部约定进行追偿。

【案例103】

项目部以签单形式出具了借条，其效力及于公司法人主体

裁判文书：湖南省高级人民法院（2014）湘高法民三终字第37号民事判决书

判决书认定事实：

本案二审期间争议的焦点问题是上诉人中×建设集团有限公司是否应当承担向被上诉人黄×兰偿还借款本息之连带清偿责任。

首先，2010年12月18日借据上有被上诉人刘×明的签名和××工程建设总公司××高速公路第35合同段的签章，现被上诉人刘×明对其签名认可，各方当事人均未提交证据证明借据上××工程建设总公司××高速公路第35合同段印章系盗用或私刻，因此，应认定××高速公路第35合同段项目经理部、刘×明与黄×兰之间形成借款合同关系，××高速公路第35合同段和刘×明为本案共同借款人，应当承担共同的还款责任，因××高速公路第35合同段项目经理部系中×建设集团有限公司内设机构，无独立法人资格，该偿还本息之法律责任依法应由中×建设集团有限公司承担。其次，涉案借款确用于缴纳涉案工程履约保证金及工程建设费用等项目开支。……再者，涉案工程施工期间，被上诉人刘×明被公安机关立案侦查……刘×明已经将该项目债权债务移交上诉人中×建设集团有限公司，该公司实际接管涉案项目工程建设，也就是说中×建设集团有限公司系涉案借款实际受益人。综上所述，被上诉人刘×明、上诉人中×建设集团有限公司应共同承担向被上诉人黄×兰偿还本金和利息的民事责任。

~~~ 作者简析 ~~~

本案值得关注的是，在借条上加盖的印章是项目部印章，其效力是否当然及于法人主体，是值得探讨的。在类似案例中，基本上形成了两种观点，一种观点是，如果项目部的印章是真实的，因项目部由公司法人设立，公司授权项目部使用印章，是概括授权行为，应当由委托人即公司法人承担法律责任。另一种观点是，既然借条上加盖的印章是项目部印章，合同相对方就是明知该项目部不具有法人主体资格，只能在其职权范围内开展工作，如果超过项目部的职权范围，应当获得法人的授权，否则，其后果不应由法人主体承担。因此，合同相对方应当关注项目部印章的使用范围或者公司法人主体的授权。

笔者认为，所谓概括授权的说法有些牵强。理由是，一个具有法人主体资格的公司，会设置若干部门，这些部门分工明确，是依其职权范围开展活动。并不是因为这些部门是由法人主体设立的，其就享有与法人主体相同的权利。否则，其法定代表人的职权范围就被削弱了。实践中，有的项目部印章，并非由法人主体刻制，而是由项目部负责人刻制，在此情形下，其概括授权的说法更不能成立。

《2020民间借贷司法解释》第22条中规定的负责人写明了是非法人组织的负责人，而

不是指企业内设机构的负责人。不能将项目部负责人的签字等同于负责人签字对待。

如果项目部得到公司法人的授权，签订借款合同是为工程建设项目筹集资金，那么，其行为就是履行职责的职务行为，其后果当然应当由法人主体承担。

三、子公司的法律责任应由子公司独立承担

《公司法》第13条规定："公司可以设立子公司。子公司具有法人资格，依法独立承担民事责任。"对此规定，实践中并无争议，这里从略。

四、挂靠人与被挂靠单位的责任承担

相关规定

▼《中华人民共和国建筑法》（以下简称《建筑法》）

第26条　承包建筑工程的单位应当持有依法取得的资质证书，并在其资质等级许可的业务范围内承揽工程。

禁止建筑施工企业超越本企业资质等级许可的业务范围或者以任何形式用其他建筑施工企业的名义承揽工程。禁止建筑施工企业以任何形式允许其他单位或者个人使用本企业的资质证书、营业执照，以本企业的名义承揽工程。

▼《建设工程质量管理条例》（2019年4月23日）

第25条　施工单位应当依法取得相应等级的资质证书，并在其资质等级许可的范围内承揽工程。

禁止施工单位超越本单位资质等级许可的业务范围或者以其他施工单位的名义承揽工程。禁止施工单位允许其他单位或者个人以本单位的名义承揽工程。

▼《民事诉讼法司法解释》（2022年修订）

第54条　以挂靠形式从事民事活动，当事人请求由挂靠人和被挂靠人依法承担民事责任的，该挂靠人和被挂靠人为共同诉讼人。

【重点难点提示】

对于挂靠的法律责任，经查，除《建筑法》规定工程质量应由挂靠人与被挂靠人承担连带责任外，其他法律中并无特别规定。

挂靠关系属于内部合同关系，对外没有对抗效力。在实践中，如果挂靠人以被挂靠单位的名义对外签订借款合同，被挂靠单位与挂靠人应当承担连带还款责任。分两种情形：一是出借人明知借款人与单位存在挂靠关系的，二者应当承担连带责任。二是挂靠关系是隐匿的，借款人是以被挂靠的单位名义签订的借款合同，且得到被挂靠人的认可，应当以被挂靠人为法律责任主体。被挂靠人承担责任后，可以按照内部约定向挂靠人追偿。

《民事诉讼法司法解释》（2022年修订）第54条规定的"以挂靠形式从事民事活动"，

即挂靠人是以被挂靠人的名义从事民事活动。具体形式包括利用被挂靠单位的经营资质，使用被挂靠单位的介绍信、使用被挂靠单位的银行账户等。如果没有"以挂靠形式从事民事活动"，则不能要求共同承担责任。

五、公司合并与分立的责任承担

相关规定

▼《民法典》

第67条 法人合并的，其权利和义务由合并后的法人享有和承担。

法人分立的，其权利和义务由分立后的法人享有连带债权，承担连带债务，但是债权人和债务人另有约定的除外。

▼《民事诉讼法司法解释》（2022年修订）

第63条 企业法人合并的，因合并前的民事活动发生的纠纷，以合并后的企业为当事人；企业法人分立的，因分立前的民事活动发生的纠纷，以分立后的企业为共同诉讼人。

【重点难点提示】

原则上，法人合并的，其权利和义务由合并后的法人享有和承担；法人分立的，其权利和义务由分立后的法人享有连带债权，承担连带债务。在实践中，应当根据具体情况分别进行判断，即：

法人分立，是否由分立后的法人享有连带债权，可以根据分立后的法人之间的协议确定。协议约定由分立后的一方法人主体独立享有债权的，只要履行了通知义务，其协议对债务人应当具有约束力。

法人分立，是否由分立后的法人承担连带债务，也可以通过协议约定。但是，如果协议约定由分立后的法律主体一方或部分主体承担债务，必须征得债权人的同意。债权人不同意的，应由分立后的法人主体承担连带责任。实践中，由分立后一方法人主体承担偿还借款的义务，是有可能的。比如：其借款形成的资产被一方法人主体享有，或者合同约定将分立前的法人财产主要分给了某一个法人主体的，该法人主体应当承担偿还借款的责任，或者偿还大部分借款的义务。

【案例104】

将借款用于其他公司未取得对价，并且未成为股东，构成实质性的分立，相关主体应承担连带清偿责任

裁判文书：最高人民法院（2014）民申字第622号民事裁定书

裁定书认定事实（有删减）：

本案审查的重点是，原审判决认定阳×公司与鑫××公司存在人格混同，阳×公司应

就案涉债务承担连带责任是否妥当。

首先，鑫××公司为投资广东省×经济开发区污水处理厂（一期）BOT工程（以下简称污水处理厂工程），自2010年3月3日至2011年5月9日期间先后共向李×借款302.5万元。根据2011年10月11日鑫××公司与李×签订的《关于×经济开发区污水处理厂（一期）工程合作投资处理意见》等证据来看，鑫××公司始终认可上述款项是用于污水处理厂工程，而污水处理厂正是阳×公司的主要资产。

其次，根据阳×公司的章程、公司核准设立登记通知书等证据可知，鑫××公司从李×处获得的借款也实际用于污水处理厂工程。

最后，鑫××公司将其从李×处取得的借款用于污水处理厂工程并使其成为阳×公司财产的一部分，鑫××公司并未获得相应的对价，相反，而是由鑫××公司的股东黄×、谭×冠以及案外人邓×强作为阳×公司的股东，鑫××公司的此种行为在实质上构成了公司的分立，极大地影响了债权人的利益。根据《公司法》（2005年修订）第177条的规定，阳×公司应当对鑫××公司的债务承担连带责任。

～～～ 作者简析 ～～～

（1）最高人民法院认定构成公司分立的理由。从裁定书内容可知，其主要理由一是"未取得对价"。二是借款人将款项投资于第三人，却未成为其股东，其投资未约定为借款，也未取得还款。依据《公司法》第223条"公司分立前的债务由分立后的公司承担连带责任。但是，公司在分立前与债权人就债务清偿达成的书面协议另有约定的除外"的规定，分立后的公司应当对分立的债务承担连带清偿责任。

（2）实践中应注意，将借款支付给第三人如果有合同或法律上的依据，不能轻易认定第三人应当承担连带责任。比如：借款合同约定了资金使用人是第三人，借款人与第三人之间存有投资合同关系，显然第三人与出借人之间不会形成借款合同关系。理由是：如果既存在借款合同关系承担还款义务，又因与借款人之间存有投资合同关系而要分配利润，必然会造成第三人重复承担法律义务的结果。对案例中取得"对价"的理解，是在借款人于第三人处没有取得任何权利的情形下才成立。

六、股东对公司对外债务承担偿还责任的情形

（一）股东未按照章程或协议履行出资义务的法律责任

相关规定

▼《公司法》

第3条　公司是企业法人，有独立的法人财产，享有法人财产权。公司以其全部财产对公司的债务承担责任。

公司的合法权益受法律保护，不受侵犯。

第4条 有限责任公司的股东以其认缴的出资额为限对公司承担责任；股份有限公司的股东以其认购的股份为限对公司承担责任。

公司股东对公司依法享有资产收益、参与重大决策和选择管理者等权利。

▼《最高人民法院关于适用〈中华人民共和国公司法〉若干问题的规定（三）》[以下简称《公司法司法解释（三）》]

第9条 出资人以非货币财产出资，未依法评估作价，公司、其他股东或者公司债权人请求认定出资人未履行出资义务的，人民法院应当委托具有合法资格的评估机构对该财产评估作价。评估确定的价额显著低于公司章程所定价额的，人民法院应当认定出资人未依法全面履行出资义务。

第11条 出资人以其他公司股权出资，符合下列条件的，人民法院应当认定出资人已履行出资义务：

（一）出资的股权由出资人合法持有并依法可以转让；

（二）出资的股权无权利瑕疵或者权利负担；

（三）出资人已履行关于股权转让的法定手续；

（四）出资的股权已依法进行了价值评估。

股权出资不符合前款第（一）、（二）、（三）项的规定，公司、其他股东或者公司债权人请求认定出资人未履行出资义务的，人民法院应当责令该出资人在指定的合理期间内采取补正措施，以符合上述条件；逾期未补正的，人民法院应当认定其未依法全面履行出资义务。

股权出资不符合本条第一款第（四）项的规定，公司、其他股东或者公司债权人请求认定出资人未履行出资义务的，人民法院应当按照本规定第九条的规定处理。

第13条 股东未履行或者未全面履行出资义务，公司或者其他股东请求其向公司依法全面履行出资义务的，人民法院应予支持。

公司债权人请求未履行或者未全面履行出资义务的股东在未出资本息范围内对公司债务不能清偿的部分承担补充赔偿责任的，人民法院应予支持；未履行或者未全面履行出资义务的股东已经承担上述责任，其他债权人提出相同请求的，人民法院不予支持。

股东在公司设立时未履行或者未全面履行出资义务，依照本条第一款或者第二款提起诉讼的原告，请求公司的发起人与被告股东承担连带责任的，人民法院应予支持；公司的发起人承担责任后，可以向被告股东追偿。

股东在公司增资时未履行或者未全面履行出资义务，依照本条第一款或者第二款提起诉讼的原告，请求未尽公司法（2018年修正）第一百四十七条第一款规定的义务而使出资未缴足的董事、高级管理人员承担相应责任的，人民法院应予支持；董事、高级管理人员承担责任后，可以向被告股东追偿。

▼《九民纪要》

6. 在注册资本认缴制下，股东依法享有期限利益。债权人以公司不能清偿到期债务为由，请求未届出资期限的股东在未出资范围内对公司不能清偿的债务承担补充赔偿责任的，人民法院不予支持。但是，下列情形除外：（1）公司作为被执行人的案件，人民法院穷尽执行措施无财产可供执行，已具备破产原因，但不申请破产的；（2）在公司债务产生后，公司股东（大）会决议或以其他方式延长股东出资期限的。

【重点难点提示】

1. 股东应当以认缴的出资额为限对公司债务承担责任。如果其认缴的出资期限届满但尚未履行出资义务，债权人可以请求以出资额为限承担清偿责任。

2. 如果认缴的注册资本金未到履行期限，股东享有期限权益。但下列情形除外：

（1）公司作为被执行人的案件，人民法院穷尽执行措施无财产可供执行，已具备破产条件，但不申请破产的。

（2）在公司债务产生后，公司股东会决议或以其他方式延长股东出资期限的，无论股东认缴注册资本金的期限是否届满，其都负有缴齐出资的义务。

通常情况下，股东按照章程约定的期限缴纳出资，是其应当承担的义务。其按期缴纳的出资，可形成公司财产从而清偿对外债务。股东未履行该项义务应当承担连带责任，是符合情理的。需要注意的是，《九民纪要》规定的"在公司债务产生后，公司股东会决议或以其他方式延长股东出资期限的"，应当是在债务产生以前，股东就具有出资义务。如果是在债务形成之后，通过股东会决议增加出资，尔后又通过股东会决议减少出资，则不属于前述情形。此外，股东未缴纳出资，可能是因为丧失支付能力。一方面，股东丧失了出资能力；另一方面，又不存在"在公司债务产生后，公司股东会决议或以其他方式延长股东出资期限的"情形，此时应当如何确定股东的连带清偿责任，值得进一步探讨。

3. 如果经过合法程序由股东会作出减资决议，股东是否对先前未履行出资义务的行为承担责任。

笔者认为，如果经过合法程序缩减注册资本金，相应地应减少股东的出资额。如果其实际出资额等于减资后应当履行的出资额，应当认定股东履行了出资义务。但是，其减资决议应形成于案涉债务发生之前。如果形成于债务发生之后，可能存在通过减资程序逃避债务的故意。

4. 如果经过合法程序由股东会作出增资决议，股东是否对之后未履行出资义务的行为承担责任。

无论债权形成于增资决议作出之前或之后，公司均应当以法人财产对外债务承担清偿责任。股东未履行出资义务，证明公司财产因为股东的过错而减少，股东应在未履行出资义务的范围内对公司的债务承担连带责任。

5. 有担保的债权人，是否有权利要求股东在未履行出资义务的范围内对公司债务承担连带责任。

笔者认为，有担保的债权，证明限定了履行还款义务的财产范围，与公司其他资产无必然的联系。股东是否足额履行出资义务，与该笔债权的实现客观上无关联性。实践中，值得争议的问题是：担保财产因市场贬值或毁损导致其债权未能实现或者未全部实现，未实现的债权是否可以要求未足额出资的股东承担连带责任？如果在债权人请求公司法人履行还款义务之前，已经经过股东会形成决议进行了减资，股东的出资义务已经缩减；其已经履行出资义务的部分并不存在虚假出资的情形，此时，股东不应承担连带责任。理由是减资行为具有合法性。相反，在债权人提出请求后，股东尚有出资义务而未履行的，则应当承担连带责任。

6. 被担保的债权人怠于行使权利致使担保财产发生市场贬值或毁损导致其债权未能实现或者未全部实现，是否可就未实现的债权要求未足额出资的股东承担连带责任。

实践中对此存在争议。一种观点认为该股东不应承担连带责任。理由是债权未实现的金额与股东未出资之间不存在关联性，见前述，这里从略。另一种观点是应当承担连带责任。理由是公司法人以公司财产对外承担责任是法定的，股东履行出资义务也是法定的。股东履行出资义务必然导致公司财产增加，相应地会增加清偿债务的财产数额。股东未履行出资义务，相应地减少了公司财产数额。证明股东出资行为与公司财产之间存在关联性。

现实中，无论是金融借款，还是民间借贷，一般情形下，担保人提供的财产都是足值的，且存在超值的情形。比如，按照评估价值的一定折扣比例计算担保物价值。在此情形下，债权人往往为了获取更多的财产利益，如高额利息，在债务履行期限届满后并不积极通过法律程序主张债权，而是通过催收的方式让诉讼时效反复中断。在法律上又未强制规定被担保人必须在一定期限内行使权利。之后，担保物发生市场贬值或毁损，不但未获取高额利息，而且可能连借款本金都难以收回。在此情形下，仅以股东未足额履行出资义务的过错追究股东的出资责任，而忽视债权人的过错，对股东而言显失公平。为防止类似情形发生，有必要在担保合同中约定处置担保物的期限，否则，对于未清偿的债权不能要求公司承担还款责任。在此情形下，要求股东承担责任的基础条件丧失，股东也不应当承担连带责任。

【案例 105】

公司股东在出资义务尚未到期的情况下转让股权，对公司债务不承担补充赔偿责任

裁判文书：最高人民法院（2020）最高法民申 2285 号民事裁定书

裁定书认定事实：

中×公司的再审申请事由不能成立。《公司法司法解释（三）》第 13 条第 2 款规定，公司债权人请求未履行或者未全面履行出资义务的股东在未出资本息范围内对公司债务不

能清偿的部分承担补充赔偿责任，人民法院应予支持。第18条第1款规定，有限责任公司的股东未履行或者未全面履行出资义务即转让股权，受让人对此知道或者应当知道，公司请求该股东履行出资义务、受让人对此承担连带责任的，人民法院应予支持；公司债权人依照本规定第13条第2款向该股东提起诉讼，同时请求前述受让人对此承担连带责任的，人民法院应予支持。

原审已查明，聂×作为中×通信公司设立时的股东，认缴出资1000万元，实缴出资200万元。按照中×通信公司《公司章程》的规定，聂×认缴部分的剩余800万元应于2014年12月9日缴纳。2013年1月21日，聂×将其持有的中×通信公司全部股权转让给符×2，并于同年1月29日办理了工商变更登记手续。中×公司主张聂×系中×通信公司的发起人，身份有别于其他股东，应当以认缴额对公司承担责任。然而，中×公司起诉请求并未明确主张聂×承担发起人的出资违约责任。且中×通信公司成立后，聂×系中×通信公司占比10%的股东，原判决认定聂×在出资义务尚未到期的情况下转让股权，不属于出资期限届满而不履行出资义务的情形，不构成前述司法解释规定的"未履行或者未全面履行出资义务即转让股权"的情形，并无不当。中×公司主张聂×承担中×通信公司对中×公司债务的补充赔偿责任，依据不足。中×公司关于原判决适用法律确有错误的再审申请事由不能成立。

≈≈≈ **作者简析** ≈≈≈

最高人民法院认定，原判决认定聂×在出资义务尚未到期的情况下转让股权，不属于出资期限届满而不履行出资义务的情形，不构成前述司法解释规定的"未履行或者未全面履行出资义务即转让股权"，具有广泛的借鉴意义。事实上，公司股东在出资义务尚未到期的情况下签订股权转让协议，其出资人主体已经发生变更，应由接受股权转让的人承担出资义务。相反，在出资义务已经到期的情况下，出资人未履行出资义务而将股权转让给他人的，前出资人和后出资人可能承担连带责任。继受的出资人履行了部分出资义务的，应当抵减原出资人相应的责任。

【案例106】

为去除股东身份而确认工商登记内容的"被登记"股东无须对公司债务不能清偿部分承担补充清偿责任

裁判文书：江苏省南通市中级人民法院（2018）苏06民终2014号民事判决书[①]

判决书认定事实：

本案中，本院已确认朱×在2010年4月至2011年9月期间具有饲料公司的股东身份，通常情况下，如果朱×未向公司履行增资义务，则其应当依法对公司不能清偿的债务

[①] 该案被收录于：国家法官学院案例开发研究中心. 中国法院2020年度案例. 北京：中国法制出版社，2020：161-166.

承担补充赔偿责任，但本案基于以下几点理由，本院判定朱×无须承担上述责任。首先，抽逃出资，是指公司成立后，股东非经法定程序，从公司抽回相当于已缴纳出资数额的财产，同时继续持有公司股份。该行为的实质为股东滥用股权和有限责任，不履行或者只履行部分出资义务，却仍享有投资收益、公司管理等股东权利。本案中，如前所述，没有证据证明在饲料公司增资时，朱×自愿增资或者代持资本，也没有证据证明朱×知晓或者参与400万元转入公司账户、验资后转出的过程，更没有证据证明朱×在成为持股比例达83%以上（400万元/480万元）的股东后，实际参与公司经营管理或者领取分红，难以认定朱×具有先增资、后抽逃的主观故意或者客观行为。其次，朱×向工商部门出具的承诺书，从形式上而言，其已对股东身份表示确认。但即使朱×以此方式认同身份，也不代表其清楚400万元经丁×操作从公司转出，更不代表其对公司资本缺失具有过错。纵观饲料公司增资、朱×确认身份以及转让股权的全过程，本案实系他人以朱×的名义安排增资并将朱×登记为股东，朱×知晓后又将股权转让给丁×，且现有证据未能反映朱×收取任何对价。朱×的行为没有造成公司资本减少，难以认定其为谋取私利而损害公司利益。最后，王×纯作为饲料公司的债权人，与饲料公司之间的案涉借款往来发生于2012年4月。当时具有公示效力的工商登记材料反映饲料公司股东信息为丁×出资448万元、王×出资32万元，朱×当时并非公司股东。本案没有证据显示王×纯系基于对朱×曾为饲料公司股东的特殊信赖而向饲料公司出借款项，即朱×并未给债权人造成公司资本充实的假象，使债权人无法尽到相当的注意义务和作出正确的选择。在朱×不具有真实增资意愿，其行为不构成抽逃出资且未侵害公司责任资本，而王×纯对于朱×的原股东身份不具有特别信赖的情形下，如执意以保护债权人合法权益为由判令朱×对饲料公司的债务承担补充清偿责任，显然有违错与责任相当、对价与责任相当的法律规则，有失公正。综上，本院确认朱×在本案中无须对饲料公司不能清偿的债务承担补充清偿的责任，对一审该部分裁判内容，本院依法予以纠正。

作者简析

关于冒名股东的问题，主要有以下情形：一是利用亲属关系，将自己的父母、兄弟姐妹登记为股东；二是利用掌握的身份信息，将公司员工登记为股东；三是利用其他渠道获取的身份信息，将其登记为股东。这些被冒名登记的股东实际上并不是公司的出资人，未参与经营管理，未享受利润分配，其幕后操作者另有其人。在这些冒名股东中，除自愿登记为股东的以外，有的被冒名者根本不知道自己是股东的事实。本案是公司实际控制人利用掌握的身份信息，将公司员工登记为股东，尔后，该员工知道事实真相后，为了除去股东身份，向登记机关出具了先前的登记资料真实合法的承诺书。由于其股东身份系冒名登记形成，并不构成法律上的虚假出资和抽逃出资，不应当承担法律责任。当然，为了规避出资风险，公司员工等被冒名的股东，为了除去股东身份，应当申请公司注册登记机构撤销其注册登记，而不要轻易作出与本案类似的书面承诺。

(二) 资本显著不足的情形下，股东应对公司债务承担连带责任

相关规定

▼《九民纪要》

12. 资本显著不足指的是，公司设立后在经营过程中，股东实际投入公司的资本数额与公司经营所隐含的风险相比明显不匹配。股东利用较少资本从事力所不及的经营，表明其没有从事公司经营的诚意，实质是恶意利用公司独立人格和股东有限责任把投资风险转嫁给债权人。由于资本显著不足的判断标准有很大的模糊性，特别是要与公司采取"以小博大"的正常经营方式相区分，因此在适用时要十分谨慎，应当与其他因素结合起来综合判断。

【重点难点提示】

实践中对本条规定的争议较大。主要的争议点是资本显著不足的判断标准具有很大的模糊性。实践中有以下问题值得注意：

（1）关于超出社会平均利润水平的借款利息导致经营风险的问题。

如果公司有对外借款，资金的借入，会增加企业资产总额。如果不考虑借款利息，借入时资产增加，还款时资产减少，从理论上具有对等性；如果考虑借款利息，则其利息要么由借入资金所创造的增值承担，要么由股东投入资本承担。我们认为，如果借款利息与其增值比较接近，证明没有潜在风险；如果借款利息远远高于其创造的增值，就需要股东投入资金进行支付。如果股东投入严重不足，连利息都支付不了，此时就存在潜在的风险了。

（2）关于经营性亏损导致投资能力减弱的问题。

股东投入资本金，是否应当具有承担经营亏损的能力，才证明"股东实际投入公司的资本数额与公司经营所隐含的风险相匹配"？我们认为，如此认定并无法律上的依据。首先，发生亏损的原因具有多样性，比如企业经营管理水平的原因、国家宏观调控政策原因等，这些原因中有许多因素不具有可控性。针对国家宏观调控政策，商业银行紧缩银根，企业为了避免资金链断裂，被迫对外举债。社会融资成本远远高于商业银行资金的利息。最高人民法院的司法解释对借贷利率上限的规定从原来的24%到现在的一年期贷款市场报价利率的4倍，都普遍高于社会平均利润水平。高利息明显超出股东投资抗风险的能力。其次，当亏损发生后，可能吞噬股东的全部或部分投资。反映到对借款的偿还能力上，就有可能无法支付资金利息，甚至连借款本金也无法偿还。也就是说，企业亏损必然削弱偿还借款的能力。按照公司法的规定，股东是以出资额为限承担责任。当亏损发生后，股东并无补足出资的义务。因此，我们认为，企业正常亏损的责任不能转嫁由股东承担。

笔者认为，《九民纪要》规定的"股东实际投入公司的资本数额与公司经营所隐含的风险相比明显不匹配"，强调的是经营所隐含的风险，而非投资资本数额与经营所需资金相匹配。因此，要将资本显著不足与公司"以小博大"的正常经营相区分，在适用时避免作任意扩大化解释。

在实践中，应当将经营性亏损导致偿债能力减弱与"资本显著不足"导致的偿债能力不足区分开来。在确认股东应当承担连带责任的数额时，应当考虑经营性亏损等因素。不能将股东应当承担的责任由"不足的金额"扩大为全部未实现的债权金额。

需要注意的是，针对大的经营性项目需要对外借款时，公司法人主体应当委托第三方中介机构制作可行性研究报告，报告中应详细列明在正常经营情况下的投资规模、盈利水平、风险测算以及还款保证，以减少股东投资风险。

(3) 对挂靠人的投资能力不足，是否可以认定为资本显著不足的问题。

目前，建筑行业普遍存在自然人作为投资主体的挂靠模式。《九民纪要》写明的是"公司设立后在经营过程中，股东实际投入公司的资本数额与公司经营所隐含的风险相比明显不匹配"，显然不包括此种情形在内。但是，当存在挂靠或联合（合作）经营行为时，是否还以股东的出资显著不足追究股东的连带责任呢？该条款显然不是针对挂靠模式作出的规定，因此，对其作出肯定性的认定缺少法律依据。

(4) 针对房地产开发企业和建筑企业，相关法律规定的最低注册资本，是否可以作为评价具有抵御潜在风险的能力的标准？这也是值得商榷的问题。

(5) 不能将《九民纪要》规定的"资本显著不足"与股东抽逃出资后形成的资本显著不足相提并论。股东抽逃出资后，必然导致抵御风险能力降低，股东应当在抽逃出资的金额范围内承担责任。资本显著不足，不应包括股东抽逃出资后造成的资本显著不足这一情形。

该条款实际上赋予了法官相当大的自由裁量权。在运用时，要防止自由裁量权的滥用：一是要防止将股东在"不足"的金额范围内承担责任扩大到债务金额的全部，二是要防止将经营风险转嫁由股东承担。

(三) 股东抽逃出资的责任

相关规定

▼《公司法》

第53条第1款　公司成立后，股东不得抽逃出资。

▼《公司法司法解释（三）》

第12条　公司成立后，公司、股东或者公司债权人以相关股东的行为符合下列情形之一且损害公司权益为由，请求认定该股东抽逃出资的，人民法院应予支持：

（一）制作虚假财务会计报表虚增利润进行分配；

（二）通过虚构债权债务关系将其出资转出；

（三）利用关联交易将出资转出；

（四）其他未经法定程序将出资抽回的行为。

第14条第2款　公司债权人请求抽逃出资的股东在抽逃出资本息范围内对公司债务不能清偿的部分承担补充赔偿责任、协助抽逃出资的其他股东、董事、高级管理人员或者实际控制人对此承担连带责任的，人民法院应予支持；抽逃出资的股东已经承担上述责任，其他债权人提出相同请求的，人民法院不予支持。

【重点难点提示】

（1）股东履行了出资义务之后，又以签订借款合同或出具借条的方式向公司借款，然后归个人使用的，是否应当认定为股东抽逃出资行为？笔者认为，对此应当从三个方面进行考查：

第一，借款合同的内容是否是真实意思表示，比如，是否约定了利息，约定的利息是否合理。如果未约定利息，则表明股东有无偿占用公司资产的主观意图。

第二，是否依照合同约定的期限履行还款义务。如果股东长时间占用公司资金，公司财产又不足以清偿对外债务，股东拒不归还借款的表明其有抽逃出资的意图。

第三，如果是临时性周转借款，有可靠的还款保证，不应当认定为抽逃出资行为。

（2）股东将个人银行账户用于保管公司资金，公司向个人账户支付款项的行为，是否应当被认定为抽逃出资行为？

笔者认为，因公司银行账户被查封，或者其他原因，公司为了规避法律风险，往往将资金存入个人账户内，此种情形下，应当审查其资金是否被用于股东的个人支出；被用于个人支出的，还要审查其使用金额是否对其出资构成影响，没有影响的，不应当认定为抽逃出资行为。如果相关证据表明，股东个人银行账户内的资金主要被用于发放员工工资、支付公司对外正常经济活动所购买的原材料贷款、清偿公司对外债务等，均不构成抽逃出资。不应当将抽逃出资行为任意扩大化。

（3）股东抽逃出资的法律责任。

依照《公司法司法解释（三）》第14条第2款的规定，抽逃出资的股东是在抽逃出资本息范围内对公司债务不能清偿的部分承担补充赔偿责任。其是指承担补充赔偿责任的金额受以下条件的限制：一是在抽逃出资的本息范围内，二是应对公司债务不能清偿的部分债务承担责任。其中，抽逃出资的利息应当参照当时一年期贷款市场报价利率标准进行计算。其补充责任是对不能清偿的部分债务承担责任，在程序上应当是先由公司财产对外债务进行清偿，对不足部分才能请求抽逃出资的股东承担责任。

（四）股东滥用权利的民事责任

相关规定

▼《民法典》

第83条　营利法人的出资人不得滥用法人独立地位和出资人有限责任损害法人债权人的利益；滥用法人独立地位和出资人有限责任，逃避债务，严重损害法人债权人的利益的，应当对法人债务承担连带责任。

▼《公司法》

第21条　公司股东应当遵守法律、行政法规和公司章程，依法行使股东权利，不得滥用股东权利损害公司或者其他股东的利益。

公司股东滥用股东权利给公司或者其他股东造成损失的，应当承担赔偿责任。

第23条第1款　公司股东滥用公司法人独立地位和股东有限责任，逃避债务，严重损害公司债权人利益的，应当对公司债务承担连带责任。

▼《九民纪要》

（四）关于公司人格否认

公司人格独立和股东有限责任是公司法的基本原则。否认公司独立人格，由滥用公司法人独立地位和股东有限责任的股东对公司债务承担连带责任，是股东有限责任的例外情形，旨在矫正有限责任制度在特定法律事实发生时对债权人保护的失衡现象。

【重点难点提示】

依照规定，公司股东滥用公司法人独立地位和股东有限责任，逃避债务，严重损害公司债权人利益的，应由滥用权利的股东对公司债务承担连带责任。在有关规定中，对股东"滥用权利"的具体形式并无明确规定，对此存在争议。虽然法条规定的是承担连带责任，但在实践中实质上是要求承担过错责任。如果股东没有过错，则不应当承担连带责任。根据《公司法》的规定，公司法人是以公司财产对外承担民事责任，因此，股东滥用权利逃避债务有两个方面的表现：

一是利用权利转移公司财产（如利用关联企业低价或无偿转移财产而没有取得对价），在对外债务总额不变的情形下，使公司财产从数量上减少，降低对外债务的偿还能力。

二是虚构债务，在公司财产从总量上保持不变的情形下，增加对外债务的金额，降低公司对外债务的偿还能力。

如果公司股东没有前述过错的，不应当承担责任。比如，因经营决策失误导致亏损，从而引起对外债务的偿还能力降低，但并不追究股东的过错责任。

（五）股东与公司人格混同应承担连带债务

相关规定

▼《九民纪要》

10.认定公司人格与股东人格是否存在混同，最根本的判断标准是公司是否具有独立意思和独立财产,最主要的表现是公司的财产与股东的财产是否混同且无法区分。在认定是否构成人格混同时,应当综合考虑以下因素:(1)股东无偿使用公司资金或者财产,不作财务记载的;(2)股东用公司的资金偿还股东的债务,或者将公司的资金供关联公司无偿使用,不作财务记载的;(3)公司账簿与股东账簿不分,致使公司财产与股东财产无法区分的;(4)股东自身收益与公司盈利不加区分,致使双方利益不清的;(5)公司的财产记载于股东名下,由股东占有、使用的;(6)人格混同的其他情形。

在出现人格混同的情况下,往往同时出现以下混同:公司业务和股东业务混同;公司员工与股东员工混同,特别是财务人员混同;公司住所与股东住所混同。人民法院在审理案件时,关键要审查是否构成人格混同,而不要求同时具备其他方面的混同,其他方面的混同往往只是人格混同的补强。

【重点难点提示】

上述规定对公司人格与股东人格是否存在混同规定得非常详细,具有较强的适用性。依据上述规定,如果在会计核算、财产的管理使用、盈利的所得等方面作了详细的区分,不至于造成人格混同的情形,则股东不应当承担连带责任。

(六)股东的公司清算责任

相关规定

▼《最高人民法院关于适用〈中华人民共和国公司法〉若干问题的规定(二)》[以下简称《公司法司法解释(二)》]

第18条 有限责任公司的股东、股份有限公司的董事和控股股东未在法定期限内成立清算组开始清算,导致公司财产贬值、流失、毁损或者灭失,债权人主张其在造成损失范围内对公司债务承担赔偿责任的,人民法院应依法予以支持。

有限责任公司的股东、股份有限公司的董事和控股股东因怠于履行义务,导致公司主要财产、账册、重要文件等灭失,无法进行清算,债权人主张其对公司债务承担连带清偿责任的,人民法院应依法予以支持。

上述情形系实际控制人原因造成,债权人主张实际控制人对公司债务承担相应民事责任的,人民法院应依法予以支持。

▼《九民纪要》

14. 公司法司法解释(二)第18条第2款规定的"怠于履行义务",是指有限责任公司的股东在法定清算事由出现后,在能够履行清算义务的情况下,故意拖延、拒绝履行清算义务,或者因过失导致无法进行清算的消极行为。股东举证证明其已经为履行清算义务采取了积极措施,或者小股东举证证明其既不是公司董事会或者监事会成员,也没有选派人员担任该机关成员,且从未参与公司经营管理,以不构成"怠于履行义务"为由,主张其不应当对公司债务承担连带清偿责任的，人民法院依法予以支持。

【重点难点提示】

股东应承担公司未清算的法律责任，其前提是股东未按照法律规定及时履行义务。这里的义务是指《公司法司法解释（二）》第18条规定的有限责任公司的股东和控股股东未在法定期限内成立清算组开始清算。实践中，怠于清算存在两种情形：一是未及时组成清算组，无法开展清算工作；二是清算组成立后不开始清算。前者属于股东责任，后者与股东无关，即：股东只要按照法定期限及时组成了清算组，其义务即告完成。

股东应承担的责任包括两种情形：

一是因股东怠于履行义务，未及时组成清算组，导致公司财产贬值、流失、毁损或者灭失，股东应当在造成损失范围内对公司债务承担赔偿责任。

二是因股东的怠于履行义务的过错，导致无法进行清算的，股东应对公司债务承担连带清偿责任。

上述两种情形下，股东均存在过错。但是造成的结果不同，股东承担责任的形式也不同。

七、董事等高级管理人员的监管责任

相关规定

▼《公司法》

第180条 董事、监事、高级管理人员对公司负有忠实义务，应当采取措施避免自身利益与公司利益冲突，不得利用职权牟取不正当利益。

董事、监事、高级管理人员对公司负有勤勉义务，执行职务应当为公司的最大利益尽到管理者通常应有的合理注意。

公司的控股股东、实际控制人不担任公司董事但实际执行公司事务的，适用前两款规定。

第181条 董事、监事、高级管理人员不得有下列行为：

（一）侵占公司财产、挪用公司资金；

（二）将公司资金以其个人名义或者以其他个人名义开立账户存储；

（三）利用职权贿赂或者收受其他非法收入；

（四）接受他人与公司交易的佣金归为己有；

（五）擅自披露公司秘密；

（六）违反对公司忠实义务的其他行为。

第188条 董事、监事、高级管理人员执行职务违反法律、行政法规或者公司章程的规定，给公司造成损失的，应当承担赔偿责任。

▼《公司法司法解释（三）》

第13条第4款　股东在公司增资时未履行或者未全面履行出资义务，依照本条第一款或者第二款提起诉讼的原告，请求未尽公司法（2018年修正）第一百四十七条第一款规定的义务而使出资未缴足的董事、高级管理人员承担相应责任的，人民法院应予支持；董事、高级管理人员承担责任后，可以向被告股东追偿。

第14条　股东抽逃出资，公司或者其他股东请求其向公司返还出资本息、协助抽逃出资的其他股东、董事、高级管理人员或者实际控制人对此承担连带责任的，人民法院应予支持。

公司债权人请求抽逃出资的股东在抽逃出资本息范围内对公司债务不能清偿的部分承担补充赔偿责任、协助抽逃出资的其他股东、董事、高级管理人员或者实际控制人对此承担连带责任的，人民法院应予支持；抽逃出资的股东已经承担上述责任，其他债权人提出相同请求的，人民法院不予支持。

【重点难点提示】

一是公司董事、高级管理人员违反法律禁止性规定，给公司财产造成损失的，应承担赔偿责任（见《公司法》第181条和第188条规定）。

二是公司董事、高级管理人员未尽到《公司法》第180条规定的"勤勉义务"，债权人可以请求公司董事、高级管理人员在股东未履行出资义务的范围内承担连带责任。

三是针对前述第二种情形，公司董事、高级管理人员承担连带责任后，可以向股东进行追偿。

前引法条对于"勤勉义务"的具体形式并未作出明确规定。实践中，对履行出资义务的期限届满而未足额出资的股东或者有抽逃出资的股东，只要履行了催告义务，即可认定尽到"勤勉义务"。为了合法规避法律责任，应当保留催告的证据。法律上并未规定必须通过诉讼的形式进行催告，只要进行了口头或书面催告，就应当认定履行了相应的义务。

股东未足额出资，客观存在两种情形：一是股东失去履行出资义务的意愿，二是股东丧失出资能力。如果公司董事、监事及时召开了股东会，并形成了减资决议，也应当认定尽到"勤勉义务"。

此外，公司董事、监事、高级管理人员，如果有帮助股东虚假出资或者抽逃出资的行为，应当在股东承担责任的范围内承担连带责任。

【案例107】

股东未按照章程规定履行出资义务，董事等高级管理人员未尽到勤勉义务的，应承担损失赔偿责任

裁判文书：最高人民法院（2018）最高法民再366号民事判决书

判决书认定事实：

本案系损害公司利益责任纠纷。根据斯×科技公司的再审申请理由以及史×、贺×、王×的答辩意见，本案争议焦点是胡×等六名董事是否应对斯×科技公司股东所欠出资承担赔偿责任。

根据《中华人民共和国公司法》（2018年修正，下同）第一百四十七条第一款的规定，董事、监事、高级管理人员应当遵守法律、行政法规和公司章程，对公司负有忠实义务和勤勉义务。上述规定并没有列举董事勤勉义务的具体情形，但是董事负有向未履行或未全面履行出资义务的股东催缴出资的义务，这是由董事的职能定位和公司资本的重要作用决定的。根据董事会的职能定位，董事会负责公司业务经营和事务管理，董事会由董事组成，董事是公司的业务执行者和事务管理者。股东全面履行出资是公司正常经营的基础，董事监督股东履行出资是保障公司正常经营的需要。

综上，胡×等六名董事未履行向股东催缴出资的勤勉义务，违反了《中华人民共和国公司法》第一百四十七条第一款规定，对斯×科技公司遭受的股东出资未到位的损失，应承担相应的赔偿责任。

≈≈≈ 作者简析 ≈≈≈

董事、监事、高级管理人员违反勤勉义务，应承担赔偿责任，其责任要件为：

第一，公司董事等有怠于履行职责的行为。在法条中，对于"忠实义务和勤勉义务"没有具体规定。本案例将其界定为"董事负有向未履行或未全面履行出资义务的股东催缴出资的义务"。如果董事等对未履行出资义务的股东进行了催告，则不应当承担未尽勤勉义务的法律责任。

第二，公司董事等怠于履行职责的行为，给公司财产造成了损失。结合本案的实际，只有公司股东丧失了缴纳出资的能力，才会给公司财产造成损失。

第三，前述行为与损失结果之间存在因果关系。如果公司董事等通过会议纪要、催告函等形式，履行了催告义务，即使股东丧失出资能力给公司造成了损失，其结果也与董事等的行为没有任何关系，其不应当承担此项责任。

董事、监事、高级管理人员承担了赔偿责任后，对股东享有追偿权。

类似案例的难点在于如何作出以下认定：一是股东未履行出资义务给公司财产造成了损失，二是董事等未履行职责应承担过错责任。其损失和过错的界定存在争议。依照《公司法》的规定，股东应当按照章程或约定履行出资义务。《九民纪要》第6条也规定："在注册资本认缴制下，股东依法享有期限利益。"实践中，股东未在章程载明的股东出资义务届满之日履行出资义务，存在多种情形，如：股东有出资能力，但故意不履行；在章程载明的股东出资义务届满之日，股东已经丧失了出资能力。对前一种情形，董事等只要履行了催告义务，就证明其没有过错。对后一种情形，无论董事等是否履行了催告义务，股东均无法履行出资义务，证明其损失与董事等的过错没有因果关系。

八、一人公司的股东责任

相关规定

▼《公司法》

第23条 公司股东滥用公司法人独立地位和股东有限责任，逃避债务，严重损害公司债权人利益的，应当对公司债务承担连带责任。

股东利用其控制的两个以上公司实施前款规定行为的，各公司应当对任一公司的债务承担连带责任。

只有一个股东的公司，股东不能证明公司财产独立于股东自己的财产的，应当对公司债务承担连带责任。

【重点难点提示】

（一）关于举证责任

综合考虑一人公司的股东和一人有限责任公司的财产有人格混同的极大可能性，且股东有证明其个人财产不属于公司财产的能力。因此，在诉讼中，债权人以人格混同为由要求股东承担连带责任的，其举证责任应当由股东一方承担。如果股东能够证明公司财产独立于股东自己的财产，就不应当对公司债务承担连带责任，否则应当承担连带责任。对此，笔者有以下建议：

第一，对一人公司以及合伙企业，股东或合伙人要将公司财产或合伙企业财产，通过会计核算记录清楚完整，在日常管理中要将公司财产（或合伙企业财产）与个人财产分清，分别进行管理。

第二，钱卡分享。如果将公司（或合伙企业）的资金转入个人银行账号进行管理，最好实行专卡专用，避免将个人资金转入管理公司资金的银行账号内，以防承担连带责任。

第三，一人公司的股东对外签订借款合同或担保合同时，未注明是公司债务还是个人债务，债权人享有追诉对象的选择权。为了规避该项风险，一人公司的股东在签订合同时应当将其身份写清楚。作为债权人一方，究竟是追究公司还是股东，甚至是要求公司及股东承担连带责任，需要掌握相应的证据。比如，虽然借款合同是以个人名义签订，但是借款是进入公司账户的，就可以要求二者承担连带责任，反之亦然。

（二）一人公司对股东权利没有限制性规定

与多人为股东的有限责任公司不同，一人公司的股东享有独立的决策权，因此，其在对外签订担保合同时不需要提供股东会决议等授权性法律文件。但是，其合同不是其股东亲自签名的，需要提供得到公司股东同意签订合同的授权证明，如授权委托书。

九、人格混同时关联公司应承担连带债务

对于关联公司的人格混同，其表征主要为：

一是人员混同。包括组织机构和人员的安排有交叉、重叠现象。如一套人马，几块牌子。

二是业务混同。比如同一业务，可以由关联公司中的任意一家进行，其外在表现是造成对方当事人无法分清是与哪家公司进行的交易活动。

三是财务混同。如公司银行账户混同，或者公司的出纳会计人员相互兼任，会计账簿混同，或者两者之间不当冲账。

实践中，应将关联公司的人格混同与关联公司合并财税报表行为进行严格区分。在分开记账、支取自由前提下的集中现金管理，不应认定为人员混同、财务混同。

【案例108】

B欠A债务，A以B和C人格混同为由，要求C承担偿付责任。其诉讼请求是否应当得到支持

裁判文书：最高人民法院（2013）民提字第18号民事裁定书

裁定书认定事实：

根据《企业破产法》的规定，破产申请受理时属于债务人的全部财产，以及破产申请受理后至破产程序终结前债务人取得的财产，甚至破产程序终结后发现的债务人的应当供分配的其他财产，均为破产财产。基于破产财产的个别清偿行为均为无效。××银行在人民法院受理其债务人金属材料公司破产申请后，以本案原审被告交易公司与案外人金属材料公司人格严重混同、人员财产无法区分为由，请求法院判令交易公司以其财产直接偿付金属材料公司所欠其3 200万元债务的诉讼请求，不符合法律规定。如××银行关于交易公司与金属材料公司人格严重混同的主张成立，则交易公司的财产当属金属材料公司破产财产的一部分，应当由管理人通过实体合并破产等有关制度将其纳入破产财产中一并管理和处分，而不能仅以此部分破产财产优先满足于个别债权人受偿，否则，将与破产法公平受偿的基本原则相违背。虽然，在认定交易公司与金属材料公司人格严重混同后追收回来的破产财产，在清偿破产费用、共益债务、职工债权、税收债权等后，尚有剩余时可以按比例清偿××银行及其他普通破产债权人的相关债权，无权要求以金属材料公司的破产财产单独清偿其个别债权。

≈≈≈ 作者简析 ≈≈≈

最高人民法院经审理认为，根据《企业破产法》的规定，破产申请受理时属于债务人的全部财产，以及破产申请受理后至破产程序终结前债务人取得的财产，甚至破产程序终

结后发现的债务人的应当用于分配的其他财产,均属于破产财产范围。基于破产财产的个别清偿行为均为无效。

案例中原告直接以被告交易公司与案外人金属材料公司人格严重混同、人员财产无法区分为由,请求法院判令交易公司以其财产直接偿付金属材料公司所欠其3 200万元债务的诉讼请求,并不符合法律规定。既然存在人格混同,那么,交易公司的财产应当纳入破产财产范围,通过清算进行分配。

类似案例其实存在两个请求:一是个案的债务请求权,二是破产请求权。在两个诉求中,哪一个诉求应当优先呢?破产法属于特别法,优先于一般债权法,因此,关联公司与破产企业存在人格混同的财产,应当被纳入破产财产范围。同时,关联公司或破产企业的债权债务也应被纳入破产清算范围。此时,单纯的债务请求权已经并入破产清算请求权中,所以应当通过破产程序进行清算。

【案例109】
关联公司人格混同的证明标准

裁判文书:江苏省高级人民法院(2011)苏商终字第0107号民事判决书[①]

判决书认定事实:

川交×公司与瑞×公司、川×机械公司人格混同,瑞×公司、川×机械公司应对川交×公司的债务承担连带清偿责任。

一、川交×公司、川×机械公司、瑞×公司人员混同

1. 川×机械公司与瑞×公司的股东相同,均为王×等人。川交×公司虽股东与之不同,但拥有90%股份的控股股东张×系王×之妻。此外,川交×公司的其他股东均为川×机械公司的高级管理人员。

2. 川×机械公司从1994年4月成立至2007年10月期间,法定代表人为王×。瑞×公司从2004年9月成立至今,法定代表人亦为王×。川交×公司的法定代表人吴×是川×机械公司的综合部行政经理。

3. 三公司的财务负责人均为凌×,出纳会计均为卢×,工商手续经办人均为张×。

4. 根据公司章程,三公司行使主持生产经营管理工作等职权的均为经理,且三公司聘任的经理均为王×。

5. 根据2008年9月1日《××机械时讯报》简讯内容,免去过××的川交×公司副总经理职务的决定系由川×机械公司作出,且原因是川×机械公司业务板块建设等工作需要。同时,过××仍有另一身份,即川×机械公司的销售部销售经理。

综上,三公司的股东、法定代表人或相同或具有密切关联,三公司主持生产经营管理

[①] 最高人民法院指导案例15号。

的经理均为王×，在人事任免上存在统一调配使用的情形，其他高级管理人员存在交叉任职，且重要部门任职人员相同，构成人员混同。

二、川交×公司、川×机械公司、瑞×公司业务混同

（一）川交×公司、川×机械公司、瑞×公司的经营范围基本重合

在案涉交易发生期间，三公司在工商行政管理部门登记的经营范围均涉及工程机械且基本重合，其中，川×工贸公司的经营范围被川×机械公司的经营范围完全覆盖。此外，在实际经营中，三公司均经营工程机械相关业务，且在仅有瑞×公司的经营范围曾包括公路及市政工程施工等情况下，川×机械公司实际经营着市政工程施工等业务，并将之确定为三大业务板块之一。

（二）川交×公司、瑞×公司、川×机械公司在对外进行宣传时信息混同、未作区分

1. 根据重庆市公证处（2008）渝证字第26233号公证书，川交×公司、瑞×公司在网上共同招聘员工且所留联系方法等招聘信息一致；在网上对企业进行宣传时未进行区分，如以川交×公司、瑞×公司名义所发布的招聘信息中包括了大量川×机械公司的介绍，在以川交×公司名义作出的招聘信息中列明的是瑞×公司的介绍以及川×机械公司的成立时间、企业精神等。

2. 川×机械公司登记的地址为四川省成都市武侯区××镇××村×组，川交×公司登记的住所地为四川省成都市金牛区××大道××路×号××二库内。但是，《××机械时讯报》所载的地址并非川×机械公司的地址，而是川交×公司的地址。

3. 《××机械时讯报》将川交×公司的人事任免情况作为简讯进行刊登。

（三）川交×公司、川×机械公司、瑞×公司在工程机械销售等业务中不分彼此

1. 根据三公司于2005年8月15日共同出具的"说明"以及川交×公司、瑞×公司于2006年12月7日共同出具的"申请"，在三公司均与徐工科技公司存在业务往来的前提下，三公司不仅要求将相关业务统计于川交×公司名下，还表示今后的业务尽量以川交×公司的名义操作。因此，川交×公司是三公司相关交易的名义相对人，记载于川交×公司名下的交易还包括川×机械公司与瑞×公司的业务。可见，在案涉交易模式中，三公司将自身视为一体，刻意要求不进行明确区分。

2. 川交×公司与瑞×公司共用统一格式的"销售部业务手册"，且封面载有上述两公司的名称，手册中载明两公司的结算开票资料，其中结算账户为两公司共同的财务人员卢×的个人银行账户，而手册中的"徐工样机发货申请单"表明该手册用于徐工工程机械的销售。该事实表明，川交×公司、瑞×公司在销售徐工工程机械时对以谁的名义进行销售是不加区分或者视为等同的。

3. 川×机械公司以徐工科技公司四川地区（攀枝花除外）唯一经销商的身份对外宣传并开展相关业务，在制作的《川×机械2007年徐工科技产品二级经销协议》中明确要扩大川×机械公司所销售产品的市场占有率，要求二级经销商在制作广告牌时应突出"川

"×机械"的品牌,但在该协议上作为合同签约人盖章的是川交×公司。以上事实表明,以唯一经销商身份经营相关业务时,川×机械公司与川交×公司未区分彼此。

4. 在川交×公司向其客户开具的收据中,有的盖有川交×公司的财务专用章,有的盖有瑞×公司的财务专用章,而一个公司签订的合同由另一个公司履行是业务混同在实践中的重要表现情形之一。

三、川交×公司、川×机械公司、瑞×公司财务混同

1. 川交×公司、川×机械公司、瑞×公司使用共同的账户。根据川交×公司与瑞×公司共用的"销售部业务手册"、三公司共同的财务管理人员卢×、凌×个人银行账户的往来情况以及卢×、凌×在公安部门向其调查时所作的陈述,三公司均使用卢×、凌×的个人银行账户,往来资金金额巨大,其中凌×的个人账户资金往来达1 300余万元,卢×的个人账户资金往来高达8 800余万元。

2. 川交×公司、川×机械公司、瑞×公司未提供证据证明对共同使用的银行账户中相关资金的支配进行了区分。根据卢×向公安部门进行的陈述,川交×公司、川×机械公司、瑞×公司高达8 800余万元的款项在进入其个人银行账户后,具体用款的依据仅是三公司经理王×的签字,资金走向中包括瑞×公司,亦包括对外支付工程保证金、施工材料款等。在原审法院明确要求瑞×公司、川交×公司、川×机械公司进一步举证的情况下,三公司并未提供充分证据证明三公司共同的财务人员对三公司共同使用的账户中的资金进行了必要的区分并有相应的记载。

3. 根据2005年8月15日的"说明"及2006年12月7日的"申请",三公司与徐工科技公司之间的债权债务、业绩、账务均计算至川交×公司名下。

4. 三公司与徐工科技公司之间业务往来的返利均统计在川交×公司账户内尚未分配,且对返利的分配未作约定,即对相关业务的收益未加区分。

综上,川交×公司、川×机械公司、瑞×公司在经营中无视各自的独立人格,随意混淆业务、财务、资金,相互之间界限模糊,无法严格区分,使得交易相对人难以区分准确的交易对象。在均与徐工科技公司有业务往来的情况下,三公司还刻意安排将业务统计于川交×公司的名下,客观上削弱了川交×公司的偿债能力,有滥用公司独立人格以逃废债务之嫌。三公司虽在工商登记部门登记为彼此独立的企业法人,但实际上人员混同、业务混同、财务混同,已构成人格混同,损害了债权人的利益,违背了法人制度设立的宗旨,其危害性与《公司法》(2005年)第20条(现为第23条,下同)规定的股东滥用公司法人独立地位和股东有限责任的情形相当。为保护债权人的合法利益,规范公司行为,参照《公司法》(2005年)第20条的规定,川×机械公司、瑞×公司应当对川交×公司的债务承担连带清偿责任。上诉人川×机械公司、瑞×公司关于川交×公司、川×机械公司、瑞×公司为各自独立的法人,应各自承担责任的理由不能成立。原审判决认定的基本事实清楚,处理结果公正,应予维持。

~~~ 作者简析 ~~~

本案例中法院从人员混同、业务混同、财务混同三个方面，详细阐述了构成人格混同的事实和理由，以及如何收集并举示证据，具有较强的借鉴意义。认定人格混同的要点是：数个关联公司在经营中无视各自的独立人格，随意混淆业务、财务、资金，相互之间界限模糊，无法严格区分，使交易相对人难以区分准确的交易对象。

人格混同客观上会削弱债务人的偿债能力，有滥用公司独立人格以逃避债务之嫌，应当将关联公司的财产纳入共同承担债务清偿的范围。

【案例110】

仅有股权交叉（人员交叉），未提供证据证明两公司之间存在财产混同，并不构成人格混同

裁判文书：最高人民法院（2016）最高法民申2011号民事裁定书

裁定书认定事实：

公司独立财产是独立承担责任的基础，审查公司之间人格混同的重要标准是审查是否存在人员混同、经营混同及财产混同，其中核心是财产混同。如两公司之间财产混同，无法区分，失去独立人格，则构成人格混同，对外债务应当承担连带责任。反之，如两公司之间财产相互独立，不存在混同，则对外不应承担连带责任。本案中，宝×公司在原审中所提供证据仅证明了涉案"工业品买卖合同"签订时大×公司与华威公司股东及管理人员存在交叉，但并未提供初步证据证明两公司之间存在财产混同，宝×公司应当承担举证不能的法律后果。

~~~ 作者简析 ~~~

审查公司之间人格混同的重要标准是审查是否存在人员混同、业务混同及财产混同，其核心是财产混同。两个或两个以上多个法人主体之间出现财产混同，且无法严格区分，失去独立人格，则构成人格混同，关联主体应当对债务承担连带责任。反之，如其财产相互独立，不存在混同，则关联主体不应当对债务承担连带责任。这是判断关联公司是否人格混同的主流观点，具有广泛的适用价值。

本案例中的两个公司之间仅有股东及管理人员存在交叉，但无证据证明存在财产混同，不能认定为人格混同。该案例中，被告方证明了其对财产的管理是规范的，会计核算是清楚的。在诉讼中，被告方举示的证据也是充分的，证明不存在财产混同，所以不应当承担连带责任。

实践中，如果数个法律主体中，只有一个主体对财产的管理混乱无法进行区分，而其他法律主体的会计核算是清楚的，能够严格区分各自的财产，在此情形下不宜认定为人格混同。

【案例 111】

二公司的法定代表人相同以及二公司的招标文件、在网上发布的广告、放假通知等，并不能证明人格混同

裁判文书：最高人民法院（2016）最高法民申 430 号民事判决书

判决书认定事实：

首先，煤业公司未能证明冶金厂与重型集团之间存在资产混同。本案中，重型集团系国有独资公司，其股东为唐山市国资委，仅是重型集团增加的注册资本系唐山市国资委委托冶金厂支付，不能以此认定二企业具有投资关系，亦不能认定二者资产混同。其次，煤业公司未能证明冶金厂与重型集团之间存在人员混同。二企业的法定代表人虽然均是同一人，但不能以此认定二者人格混同，煤业公司也没有提供其他证据证明二企业存在人员、机构混同的情形。再次，煤业公司未能证明冶金厂和重型集团存在业务混同以及滥用公司法人独立地位和股东有限责任，逃避债务，严重损害债权人利益的情形。最后，煤业公司提供的招标文件和重型集团在网上发布的广告以及冶金厂发布的放假通知，均不能证明冶金厂与重型集团之间存在人格混同的情形。

≋≋≋ 作者简析 ≋≋≋

本案例从是否存在资产混同、人员混同、业务混同，以及滥用公司法人独立地位和股东有限责任，逃避债务等方面判断是否构成人格混同，进行了详细分析与评价，具有借鉴意义。

依据《民事诉讼法司法解释》第 91 条的规定，主张法律关系存在的当事人，应当对产生该法律关系的基本事实承担举证证明责任。从案件查明的事实来看，初看时会觉得原告方的主张证据比较充分，然而，细究之后，还是有值得商榷的地方。人格混同中最重要的是财产混同。虽然数个法律主体的法定代表人是同一人，但是，从财务角度，如果对各自的收支、往来及其财产，分别进行了会计核算，记录清楚，就不存在财产混同的情形。本案就财产混同，原告方只举示了重型集团增加的注册资本系冶金厂支付这一事实依据，但是，冶金厂并不是投资人的法律主体。重型集团的投资人（股东）是唐山市国资委，国资委委托冶金厂履行支付义务，属于委托代理关系。况且股东与企业之间并不会仅仅因为投资行为产生人格混同的法律后果，即便冶金厂是其股东，也不会因此构成人格混同。因此，原告以人格混同为由，主张承担连带责任，证据不足，不能得到支持。

实践中，原告方以人格混同为由，要求被告方承担连带责任，存在举证难的问题。《九民纪要》第 10 条规定，认定公司人格与股东人格是否存在混同，最根本的判断标准是公司是否具有独立意思和独立财产，最主要的表现是公司的财产与股东的财产是否混同且无法区分，并且列举了财产混同的五种情形。该规定可以作为认定财产混同的依据。目前，司法界普遍认为，构成人格混同需同时存在人员混同、业务混同和财产混同。其人员混同有外观表现，容易识别和举证。但对业务混同，只能举示原告方亲历了的部分。但个别业务中可能存在因委托代理行为而产生业务重合的现象，不能认定为业务混同。人格混同中，财产混同是关键，仅有其他混同，不足以认定为人格混同。而认定财产混同的关键证据是被告方的财务会计核算资料，这些证据不由原告方持有，原告无法进行举示。在此情形下，如果申请责令对方举示，首先应当提供证据证明对方当事人持有这些证据，其申请才有可能得到支持。

第四节 债的转移、加入或承担

一、债务转移

相关规定

▼《民法典》

第551条 债务人将债务的全部或者部分转移给第三人的，应当经债权人同意。

债务人或者第三人可以催告债权人在合理期限内予以同意，债权人未作表示的，视为不同意。

第553条 债务人转移债务的，新债务人可以主张原债务人对债权人的抗辩；原债务人对债权人享有债权的，新债务人不得向债权人主张抵销。

第554条 债务人转移债务的，新债务人应当承担与主债务有关的从债务，但是该从债务专属于原债务人自身的除外。

第555条 当事人一方经对方同意，可以将自己在合同中的权利和义务一并转让给第三人。

第556条 合同的权利和义务一并转让的，适用债权转让、债务转移的有关规定。

【重点难点提示】

债务转移包括债务转移和债权债务概括转让两种情形，后者是指借款合同的一方当事人将其在借款合同中的权利和义务一并转让给第三人的行为。

债务转移包括两种类型：一是协议转移，即在征得对方当事人同意的情形下，一方当事人将其权利义务一并转让给第三人，并与第三人签订合同权利义务转移协议。二是法定转移。如企业被收购、合并或分立，均可能引起债权债务的概括转让，概括转让中包含了债务转移，应当征得债权人的同意。

实践中，判断是否具有债务转移合同的性质，关键是审查债务人主体是否发生变更。

例如：

2012年5月，冀女士给詹先生借款200万元，并由詹先生与冀女士签订了书面的借款合同。借款用途为用于高楚公司与C县林业局签订的"苗木采购合同"的施工。

2012年8月，詹先生将该工程项目转让给苍先生、容先生，转让费230万元。詹先生以高楚公司名义与苍先生签订了内部承包协议书，约定由苍先生、容先生对该项目实行全额承包，独立核算，自负盈亏。该项目实施过程中涉及的所有费用以及由此产生的法律责任、债权债务等，均由苍先生自行承担责任。

2012年10月，冀女士向詹先生催讨借款。苍先生、容先生及詹先生共同协商后，三方达成一致意见：詹先生所欠冀女士的借款本息200万元之中160万元的债务转移给苍先生、容先生，由苍先生、容先生向冀女士偿还，剩余的40万元由詹先生自行偿还。并向冀女士出具借条一份，其内容为："今借到冀女士现金人民币1 600 000元，大写壹佰陆拾万元整，用于C县开发区火炬树、千头椿等苗木采购工程项目投资，定于2012年12月底归还，不管该工程亏与盈，必须按时归还。如到期不按时归还，以该工程所有工程款抵押支付，冀女士有权依法从C县林业局该工程款中领取，并以我们二人工作单位作担保。该借款还清时，由冀女士将该工程保证金及工程转让金凭条交给借款人"。借条中有苍先生、容先生及原债务人詹先生签字。书写借条的同时当场销毁了詹先生与冀女士签订的借款合同。

笔者认为，此借条的性质应当是债务转移合同。根据借条的意思表示，借条签订后，詹先生对原债务金额160万元的偿还义务转由苍先生和容先生承担，同时免除了詹先生的还款义务。此时，苍先生和容先生与冀女士并未建立新的借款合同关系，而是在詹先生与冀女士原签订的借款合同的基础上，针对偿还债务的义务人主体进行了变更，属于债务转移。

【案例112】

公司总经理以公司名义出具欠据，并加盖了公章，公司法人是否应当承担还款责任

裁判文书：最高人民法院（2019）最高法民申2915号民事裁定书

裁定书认定事实：

关于丰2、鞠×应否承担还款责任的问题。丰2、鞠×、福×公司于2017年5月12日向福×公司出具欠据，载明："人民币：肆仟陆佰伍拾万元整，46 500 000。上述款项肆仟陆佰伍拾万元整系丰3生前购买粮库自2014年到2017年借款，此款经与王×对账，丰2、鞠×同意偿还，并用吉林市×粮食收储有限公司所有资产做担保，任何单位与个人无权对粮库资产进行分割。担保人：丰2、鞠×。担保公司：吉林市×粮食收储有限公司，法人：初××。备注：吉林市×粮食收储有限公司资产的70％（百分之七十）归王×所有。"上述内容表明，丰2、鞠×自愿偿还丰3生前向王×的借款，经核对欠款金额为4 650万元。虽然落款处丰2、鞠×以担保人身份签名，但从欠据主文内容看，丰2、鞠×

承担的是债务人的还款义务，而非履行担保责任，其应按照承诺向王×承担还款义务。福×公司申请再审主张欠据不是丰2、鞠×的真实意思表示、不应承担还款责任，但并未提供证据证明，且丰2、鞠×并未申请再审。原审法院判决丰2、鞠×承担还款责任，并无不当。

~~~ 作者简析 ~~~

关于本案争议较大。

一种观点认为：公司总经理持有该公司公章，对外代表公司开展民事活动，其后果应当由公司法人主体承担。公司一方辩解公司总经理仅负责日常管理工作、其加盖公章的行为不对公司发生法律效力的理由不能成立。

另一种观点认为：本案涉及债务金额达4 650万元，如果仅以加盖公司法人公章即判决承担责任，可能影响公司的生存与发展。在确认责任时，应当持谨慎态度。其要点是查明公司的真实身份。理由是：

其一，应查明该公司是否为借款人的身份。

如果不是，公司在本案居于何种身份和地位。假设原借款合同的借款人是自然人，尔后才在欠条形成时加盖了公司的法人公章。在此情形下，应当进一步查明加盖公司法人公章是否是公司的真实意思表示。公司总经理毕竟不是公司法定代表人，必须明确其在加盖印章时是否有法人的授权。如果有，证明是职务行为；如果没有，是否符合表见代理的法律特征。如果既不是职务行为，又不是表见代理，公司法人主体就不应当承担责任。在查明存在真实授权的情形下，再进一步探讨加盖印章的本意是什么。究竟是共同借款人，还是债的加入，或者是保证人。

其二，应查明该公司是否为保证人的身份。

《九民纪要》第17条规定认为，《公司法》第15条对法定代表人的代表权进行了限制。根据该条规定，担保行为不是法定代表人所能单独决定的事项，而必须以公司股东会、董事会等公司机关的决议作为授权的基础和来源。其法定代表人对外签订担保合同的权利尚且受到限制，何况本案的总经理并非公司法定代表人，显然没有对外签订保证合同的职权。在此情形下，总经理对外签订担保性质的合同，不但应当获得法人的授权，而且应当由公司股东会、董事会作出同意的决议。债权人对《公司法》第15条的规定是明知的，应当就总经理的职权范围进行合理关注。公司总经理持公司法人公章，对外签订担保合同，如果未经过公司股东（大）会或董事会的决议，显然属于无效合同。

其三，应查明在欠据中加盖法人公章是否为债的加入。具体见下列内容。

【案例113】

未经公司其他股东同意并不构成对外签订的债务转移协议的对抗效力

裁判文书：最高人民法院（2014）民申字第1815号民事裁定书

裁定书认定事实：

经审查查明……二、关于借款关系是否真实的问题……根据"借款协议"内容，原景×所欠唐×的960万元债务，通过"借款协议"的方式，转由×置地公司承担，即景×与×置地公司之间构成债务转移，×置地公司对景×债务进行免责的债务承担。上述行为不违反法律规定，应予确认。至于×生物公司认为×置地公司承接该债务未经得公司另一股东同意，是否存在损害该股东权益的问题，因属公司内部事宜，应由该股东自行决定是否需要向公司主张相关权益，不影响债务转移的效力。

≋≋≋ 作者简析 ≋≋≋

债务承担者不享受权利，只会增加债务上的负担，因此，在认定债务承担协议的效力时应持慎重态度。

如果公司股东会或董事会对法定代表人的职权进行了限制，这些限制性规定记载于公司章程，且对章程进行了备案；那么，经备案的章程具有公示效力，证明第三人对其限制条件是知道或应当知道的。如果有其他证据，证明在签订债务承担协议以前，第三人就知晓其限制规定的事实，不能认定第三人的行为具有善意。在实践中，不能完全排除法定代表人与对方当事人串通，恶意损害公司其他股东或其他债权人的合法权益的可能性，因此，对第三人签订债务承担协议时主观上是否善意，应作仔细审查。

二、债的加入

> 相关规定

▼《民法典》

第552条　第三人与债务人约定加入债务并通知债权人，或者第三人向债权人表示愿意加入债务，债权人未在合理期限内明确拒绝的，债权人可以请求第三人在其愿意承担的债务范围内和债务人承担连带债务。

▼《民法典合同编司法解释》

第51条　第三人加入债务并与债务人约定了追偿权，其履行债务后主张向债务人追偿的，人民法院应予支持；没有约定追偿权，第三人依照民法典关于不当得利等的规定，在其已经向债权人履行债务的范围内请求债务人向其履行的，人民法院应予支持，但是第三人知道或者应当知道加入债务会损害债务人利益的除外。

债务人就其对债权人享有的抗辩向加入债务的第三人主张的，人民法院应予支持。

▼《九民纪要》

17.（略）

18.（略）

23.法定代表人以公司名义与债务人约定加入债务并通知债权人或者向债权人表示

愿意加入债务,该约定的效力问题,参照本纪要关于公司为他人提供担保的有关规则处理。

【重点难点提示】

债的加入,一般被称为并存的债务承担,是指原债务人并未脱离原有的合同关系,而第三人又加入原债权债务关系中,与债务人共同承担债务。

(一)债的加入形式

1. 以签订债的加入协议的形式加入。

2. 以签订借款合同的形式加入。如:企业法人先是另一借款合同的担保人,双方成立了担保合同关系。之后,企业法定代表人又以借款人的名义与出借人签订了"借款合同"。对此应当理解为债的加入,而非借款合同的变更,应把握好二者的区别。

(二)企业法定代表人以企业名义对外签订债的加入协议,其权利受到限制的特殊规定

根据《九民纪要》第17条和第23条的规定,如果法定代表人以公司名义与债务人约定加入债务并通知债权人或者向债权人表示愿意加入债务,该约定的效力应当受到限制。其要点为:

第一,确认法定代表人以企业法人名义对外签订加入债务的协议,不是法定代表人所能单独决定的事项。从这一点上,已经否定了《民法典》第61条中规定的法定代表人对外签订担保合同的绝对职权性。也就是说,当存在权利限制时,当事人不能以《民法典》第61条的规定作为法定代表人具有职权范围的抗辩理由。

第二,其否定是相对的,即法定代表人的越权代理行为不能对抗善意第三人。也就是说,对善意第三人仍然有效。

这里的"善意",明确规定为"债权人",而非债的加入一方的法定代表人。因此,即使其法定代表人认为是为了企业或其他股东的利益签订债的加入协议,也不在其善意之列。其次,其善意的判断标准应当是"知道或应当知道"。其"知道"是明示的结果,也就是作为担保人的企业法人将其股东会或董事会的限制性规定以各种方式明确告知了债权人,证明"债权人知道"。其"应当知道",存在以下情形:

一是债权人是企业股东会、董事会或监事会成员的,证明其对内部规定应当是知情的。

二是如果其限制性规定明确记载于公司章程内,而且公司章程已在主管部门备案,其备案行为具有公示效力,无论债权人是否真实知晓,均应当推定债权人"应当知道"。

三是以债的加入形式成为债务人,本身就会加重企业法人的债务负担,债权人一方有企业股东会或董事会是否同意的关注义务。特别是债权金额特别巨大,签订债的加入协议会严重加重企业债务负担的,更应当关注法定代表人的职权是否受到限制。如果未尽合理

的关注义务，应当推定为债权人应当知道。

四是债权人知晓债的加入一方本身就负债累累，比如欠缴巨额税收、巨额债务，又以债的加入身份清偿债务，会严重影响其他合法债权人的利益。

五是债权人与企业法人的法定代表人串通一气，以担保形式帮助企业逃避债务的。

上述情形下均应当推定债权人"应当知道"。

第三，法定代表人对外签订债的加入协议应当取得股东会或董事会的明确授权。既然法定代表人对外签订债的加入协议会构成越权代理，作为合同相对方应当要求提供企业股东会或董事会的授权委托书。值得注意的是，这里的授权并非企业法人主体的授权，而是股东会或董事会的授权。至于应当由股东会还是董事会进行授权，应当根据章程对于职权范围的划分来确定。

（三）债的加入的民事责任

首先，对债的加入合同的性质应如何认定。

普通的债的加入协议，如果被确认有效，债的加入者与债务人成为共同债务人，但公司法人对外签订债的加入协议并不当然有效。如果法定代表人以公司名义与债务人约定加入债务并通知债权人或者向债权人表示愿意加入债务，该约定的效力问题，依据《九民纪要》第23条的规定，参照本纪要关于公司为他人提供担保的有关规则处理。经查阅，《九民纪要》中关于公司为他人提供担保的有关规定主要有：第17条，违反《公司法》第15条构成越权代表；第18条，善意的认定；第19条，无须机关决议的例外情况。如果是因为法定代表人越权签订债的加入协议，合同相对方主观上不具有善意，其债的加入协议无效。否则，应认定为有效。原则上，公司法定代表人对外签订债的加入协议，应当经过公司股东会或董事会作出决议才具有法律效力，但《九民纪要》第19条规定的情形例外。这一规定一方面表明了法定代表人职务行为的严格性，另一方面旨在排除表见代理的任意适用。

其次，责任的承担。

虽然《九民纪要》第23条规定"参照本纪要关于公司为他人提供担保的有关规则处理"，但是债的加入并不是担保合同。有效的债的加入协议中，债的加入者的身份应为共同借款人，按照《民法典》第552条的规定，债的加入者应当在其愿意承担的债务范围内和债务人承担连带责任。在理解该条法律规定时应注意，如果债的加入者愿意承担的债务少于债务人的债务金额，应当以其愿意承担的债务为限；愿意承担的债务等于债务人的债务金额时，应对全部债务承担连带责任。

【案例114】
担保人与出借人签订的借款协议或还款协议系债的加入案例

裁判文书：最高人民法院（2014）民申字第1993号民事裁定书

裁定书认定事实：

关于黄×借款协议是否属对蓝×公司借款协议的变更问题。根据原审及审查期间查明的事实，黄×作为蓝×公司借款协议的保证人，在蓝×公司无法按期偿还到期借款的情况下，自愿与邱×签订2012年9月10日的借款协议，对蓝×公司的借款予以展期并成为借款人，该约定的实质是黄×对邱×借款债务的自愿加入。虽蓝×公司借款协议与黄×借款协议在借款主体、担保人及内容方面均有变化，但原审据此认为黄×借款协议属对蓝×公司借款协议的变更，确有不妥，本院予以纠正。再审申请中，黄×及三都×公司认为黄×的借款协议具有独立性并主张该协议未实际履行，即否认两借款协议的关联性。经查，黄×不仅于2013年4月11日及同年4月12日在罗源县公安局所作的询问笔录中承认自己的债务人身份；同时，在其2012年9月10日出具给刘×卫的授权委托书中亦特别注明"两张欠条计500万元"，承诺如未按期还款500万元，同意委托刘×卫办理其名下房产的抵押手续。黄×在公安局询问笔录中所作陈述与刘×卫的书面证言相互印证，原审据此认定两份借款协议为同一笔借款，证据充分，也符合情理，并无不当。根据黄×债务加入的事实，邱×是否与黄×存在真实的借款关系，并不影响黄×债务加入协议的效力。

作者简析

（1）关于债的加入的认定。

判决书认定：黄×先是蓝×公司借款协议的保证人。在蓝×公司无法按期偿还到期借款的情况下，其自愿与邱×签订2012年9月10日的借款协议，对蓝×公司的借款予以展期并成为借款人，该约定的实质是黄×对邱×借款债务的自愿加入。

关于债的加入的事实依据，一是黄×在公安机关的询问笔录中承认自己的债务人身份；二是在其出具的授权委托书中写明"两张欠条计500万元"，承诺如未按期还款500万元，同意委托刘×卫办理其名下房产的抵押手续。原一审将其认定为合同的变更，属于合同性质认定错误。

（2）关于法律依据。类似案例应适用《九民纪要》第17条和第23条的规定。具体内容略。

（3）关于授权依据。关于债的加入协议，如何认定其效力，应当参照公司法定代表人对外签订担保合同的相关规定，要求提供股东会或董事会的决议，否则，应认定债的加入协议无效。

例：在某案件中，原告方举示了借款结算协议和借条各一份。其中：2018年12月4日，各方签订了"借款结算协议"，借款金额为83.4万元，为不定期借款，丙为保证人。甲、乙、丙三方分别在合同中签字或加盖印章。

2020年6月4日，保证人丙又以借款人的身份为甲出具了一份借条，除了确认前述借款83.4万元的本金，还写明欠83.4万元的利息25万元。

分析：该借条的性质是债的加入协议还是借款合同？

笔者认为，在三方签订的"借款结算协议"中，丙的保证人身份是确定的。之后，丙又出具了借条。该借条应当认定为债的加入。因债的加入适用担保法律的相关规定，故丙的保证人身份并无实质性改变。

【案例 115】

次债务人向债权人出具借据是否构成债的加入

裁判文书：北京市第二中级人民法院（2016）京 02 民终 8326 号民事判决书①

判决书认定事实：

根据本院查明的事实，蒋×曾向柴×给付 90 万元用于偿还柴×名下的房屋贷款，蒋×据此享有对柴×的 90 万元债权，又因蒋×向柴×借款，经过折抵后柴×仍欠蒋×款项。钊×认可涉案 80 万元系上述 90 万元款项扣除蒋×欠柴×的 10 万元得来，蒋×亦在一审中作证称其同意柴×将该 80 万元向钊×进行偿还，此外，柴×通过向钊×出具借据的方式承诺向其履行还款义务，故钊×就涉案债权的取得符合法律规定。现柴×主张其系在钊×的逼迫下出具的本案借据，但并未提供证据予以证明，故本院对其主张不予采信。综上，本院认为，钊×对柴×依法享有 80 万元债权。

～～～ 法官论述 ～～～

在我国现行民法体系中，《合同法》对"债务加入"并无明确规定，但司法实务中并不鲜见。债务加入是指第三人加入既存的债的关系，与原债务人共同承担债务，原债务人不脱离既存债务，故又称并存的债务承担。第三人若为与既存的债的关系丝毫无关之人，则其向债权人出具借据的行为很显然是债务加入。②

～～～ 作者简析 ～～～

本案一审法院认为柴×向钊×出具借据的行为使得柴×与钊×之间建立了新的债权债务关系，二审法院认为其系债务加入。上引法官论述中也认为是债务加入。实践中应重点考查第三人是否为既存的债权债务关系的当事人。对此，法官论述中阐述得很清楚，这里不予多述。

纵观本案情形，本来是柴×欠蒋×80 万元，而蒋×同意将此笔债权向本案原告钊×履行，此时，构成债权转移。在债权转移的情形下，柴×向钊×履行债务，视为向蒋×履行债务。之后，由柴×向钊×出具了借据，从而引起对该行为性质的争议。如果纯粹是债务加入，柴×加入钊×与蒋×的债权债务关系时，柴×与蒋×之间的债权债务关系并未终结，可能导致柴×重复履行债务。以消灭债权债务关系为目的与他人订立的借款合同，其性质究竟应如何认定，目前法律上并无明确规定。根据本案查明的事实，柴×向钊×出具借条的行为，更多的含义是同意将向蒋×履行的债务转而向钊×履行，这是债权转让后履

---

① 该案被收录于：国家法官学院案例开发研究中心. 中国法院 2018 年度案例. 北京：中国法制出版社，2018：58-62.

② 国家法官学院案例开发研究中心. 中国法院 2018 年度案例. 北京：中国法制出版社，2018：58-62.

行对象的确定。在实践中,为了避免产生歧义,应当由三方签订债权转让协议而非债务人单方另行出具借条或借据。

本案一审法院认为相关当事人是建立了新的债权债务关系的观点,值得进一步探讨。《合同法》第210条规定:"自然人之间的借款合同,自贷款人提供借款时生效"。《民法典》第679条规定:"自然人之间的借款合同,自贷款人提供借款时成立。"因柴×与钊×之间并不存在借款的支付事实,依照《合同法》的规定,合同虽然成立但并未生效,当事人亦无权请求返还;依照《民法典》的规定则合同并未成立,更不能提出前述请求。

三、债的承担

相关规定

▼《民法典》

第523条 当事人约定由第三人向债权人履行债务,第三人不履行债务或者履行债务不符合约定的,债务人应当向债权人承担违约责任。

【重点难点提示】

上述规定是对第三人承担债务的规定。实践中包含以下情形:

一是由债权人与债务人约定,由第三人代债务人偿还债务;

二是由债权人与债务人无合同约定,但第三人自愿代债务人偿还债务。

后一种情形比较普遍,如父债子还、子债父还、妻债夫还等。其特点是,第三人并不是合同的当事人,也没有发生债的加入或债的转移,不构成法律上的承诺,第三人没有履行债务的义务。

第三人自愿履行债务时与债权人约定了折扣或减免的,该约定对债务人具有相同的法律效力。

第五节 如何确认债权债务金额

一、关于借款本金的确认

(一)本金认定的总原则

相关规定

▼《2020民间借贷司法解释》

第26条 借据、收据、欠条等债权凭证载明的借款金额,一般认定为本金。

【重点难点提示】

在没有其他应当扣减借款本金的情况下,一般是将借据、收据、欠条等债权凭证载明的借款金额,认定为本金。

(二)确认借款本金的依据

主要包括:一是借款合同(包括借款合同、借条、借据、欠条等);二是履行支付义务的依据,如转账付款凭证、收条等;三是欠付本金的依据。如果存在未偿还的借款,其欠付的本金等于总的借款本金减去已经偿还的本金数额。

一般而言,以合同或借条上载明的数额确认为本金,是指双方对借款本金数额没有争议所采用的确认方式。如果双方有争议,确认借款合同的本金则有一定难度。主要体现在,借款本金属于案件基本事实。基本事实是在庭审活动中必须查清的事实。查清这一事实,需要充分的证据支持。

(1)借款合同关系成立的证据。这些证据应当包括形成借款合同合意的书面合同、借条、手机短信等电子数据、第三人的证人证言等。实践中,有当事人举证不能的情况。比如,证人碍于情面,不愿意出庭作证。

(2)出借人已经履行了支付借款的义务的证据。包括取款凭证、转账付款凭证、收条以及现金交付的现场照片、录音录像、电话通话记录等。需要注意的是:其履行证据与合同成立之间应形成证据链。比如,单纯的收条并不能证明借款合同关系成立,也不能证明出借人履行的是支付借款的义务。此外,如果只是口头约定,或者只有转款凭证,达到证明目的比较困难。在实践中,当事人往往未考虑到会打官司,因此,有些关键的证据未形成,或者未收集、保管。

对借条的审查需要特别注意:借款合同或借条是否原始形成。有的是将多次出具的借条收回最后出具一份总的借条,有的是每取得一笔还款就更换一次借条。出具总借条或更换借条时,将前面的借条予以销毁。此时,借款支付的时间、支付金额与借条之间可能存在矛盾。为了避免其风险,出借人有必要在出具总借条或新借条时,在其中写明原借条作为本次借条的附件,而非销毁原借条。作为借款人一方,要防止出借人故意以借条被销毁为由,逃避举证责任,甚至以虚构债务而发生虚假诉讼的情形。

对将前期的利息计入借款本金并重新出具借条的情形,出借人方潜在的风险是:给当事人的举证带来难度,特别是在有现金交付,或者由第三人代为支付借款的情形下,难以形成履行了支付义务的证据链。对于借款人,其风险在于:在自觉履行合同义务时,有可能导致超过国家规定的利息上限;在发生诉讼时,也有可能因为借款本金与利息难以分割而多付利息。

（三）借款利息预先从本金中扣除的本金计算方法

> 相关规定

▼《民法典》

第670条 借款的利息不得预先在本金中扣除。利息预先在本金中扣除的，应当按照实际借款数额返还借款并计算利息。

▼《2020民间借贷司法解释》

第26条 预先在本金中扣除利息的，人民法院应当将实际出借的金额认定为本金。

【重点难点提示】

如果将借款利息预先从本金中扣除，应当将实际支付的本金数额确认为借款本金。在此情形下，原告方应当举示实际支付借款的依据，包括付款凭证、收条等。

实践中，存在以下情形：一是在支付借款时直接扣除一定期间的利息，将其余的本金数额支付给借款人；二是按照借款合同的本金数额履行支付义务，同时，要求借款人将一定期间的利息支付给出借人（有的是在同一天进行，有的在非常短的时间内进行）。

司法实践中存在的争议是：一种观点认为，上述两种情形均属于《2020民间借贷司法解释》第26条规定的"预先在本金中扣除利息的"情形。另一种观点认为，前述第二种情形不属于"预先在本金中扣除利息的"情形。理由是，所谓的利息并未"预先"扣除，而是在支付了借款本金之后形成的支付行为。

（四）将利息计入借款本金后本金的确认方法

> 相关规定

▼《2015民间借贷司法解释》

第28条 借贷双方对前期借款本息结算后将利息计入后期借款本金并重新出具债权凭证，如果前期利率没有超过年利率24%，重新出具的债权凭证载明的金额可认定为后期借款本金；超过部分的利息不能计入后期借款本金。约定的利率超过年利率24%，当事人主张超过部分的利息不能计入后期借款本金的，人民法院应予支持。

按前款计算，借款人在借款期间届满后应当支付的本息之和，不能超过最初借款本金与以最初借款本金为基数，以年利率24%计算的整个借款期间的利息之和。出借人请求借款人支付超过部分的，人民法院不予支持。

▼《2020民间借贷司法解释》

第27条 借贷双方对前期借款本息结算后将利息计入后期借款本金并重新出具债权凭证，如果前期利率没有超过合同成立时一年期贷款市场报价利率四倍，重新出具的债权凭证载明的金额可认定为后期借款本金。超过部分的利息，不应认定为后期借款本金。

按前款计算，借款人在借款期间届满后应当支付的本息之和，超过以最初借款本金与以最初借款本金为基数、以合同成立时一年期贷款市场报价利率四倍计算的整个借款期间的利息之和的，人民法院不予支持。

【重点难点提示】

上述两条规定除了利息上限的规定不同，其法理是相同的。

1. 将利息计入本金后本金的确认方法

原则上，以最后一次将利息计入本金的金额，确认为借款本金，但不能超过司法解释规定的年利率上限。

第一次重新出具借条的本金计算

本金×利率×借款期限	利息
加原始借条的本金	本金
重新出具借条的本金	合计

第二次重新出具借条的本金计算，依次类推

本金×利率×借款期限	利息
加前次重新出具借条的本金	本金
再次出具借条的本金	合计

在计算时有两个条件：

第一，在2015年9月1日至2020年8月19日，年利率上限规定为24%。2020年8月20日之后，年利率上限规定为合同成立时一年期贷款市场报价利率四倍。如果超过规定上限的部分，不能计入借款本金。

第二，借款人在借款期间届满后应当支付的本息之和，不能超过最初借款本金与以最初借款本金为基数，以司法解释规定的年利率上限计算的整个借款期间的利息之和。超过部分不能主张。

在实践中，有的在借款合同中约定的年利率等于或超过司法解释规定的年利率上限，此时，如果将利息再计入本金，很明显会超过司法解释规定的年利率上限，因此，没有计算复息的必要。

如果合同约定的利息低于司法解释规定的年利率上限，此时要分析应当计入本金的利息比例。比如：双方约定的月利息为1.5%，则年利率为18%。如果以一年期、年利率18%计算的利息全部计入本金，其第一年的利息为18%，第二年期的利息为：(1+18%)×18%＝21.24%。两年平均年利率为(18%+21.24%)÷2＝19.62%，未超过《2015民间借贷司法解释》规定的利息上限24%，可以得到主张。

如果双方约定的年利率为22%，依照前述方法计算的平均年利率则为24.42%，超过24%的利息上限0.42%，该部分利息不能计入本金。

如前述利息以《2020民间借贷司法解释》规定的一年期贷款市场报价利率4倍为上限，则前例中18%、22%的年利率均已超过借款合同成立时的上限规定（以LPR3.85%为例），所以不能将其再计入本金。

2. 举证责任

将利息计入本金后，对于本金的确认比较复杂。这里区分两种情形：一是当事人确认有利息计入本金的，二是当事人否认有利息计入本金的。

当事人确认有利息计入本金的，其举证责任较为简单。只需要计算出：（1）按借条或借款合同计算出借款人在借款期间届满后的本息之和。（2）以最初借款本金为基数，以司法解释规定的年利率上限计算的整个借款期间的利息之和，再加上最初借款本金，为应当支付的本息之和。（3）二者比较。如果未超过，则约定有效。如果超过，超过部分无效。

当事人否认有利息计入本金的，往往是计算出的本息已经超过规定的利息上限。在此情形下，由于在借款本金计入了高额利息，一般没有相应的付款凭证支持。此时，如果借款人抗辩借款并未实际发生，或者作出合理说明的，应当适用《2020民间借贷司法解释》第15条第2款的规定："被告抗辩借贷行为尚未实际发生并能作出合理说明的，人民法院应当结合借贷金额、款项交付、当事人的经济能力、当地或者当事人之间的交易方式、交易习惯、当事人财产变动情况以及证人证言等事实和因素，综合判断查证借贷事实是否发生"。

【权威观点】

需要注意的是，当事人约定的利率大于等于年利率24％时，如果将前期借款利息计入后期借款本金，计算复利后将导致借款人应当支付的本息之和，超过最初借款本金与以最初借款本金为基数，以年利率24％计算的整个借款期间的利息之和，根据《规定》第28条第2款的规定，从便利计算的角度出发，可不再单独认定后期借款本金，而直接以最初借款本金为基数，以年利率24％计算整个借款期间的利息。另外，在债务人偿还部分款项后致本金数额减少，又重新出具债权凭证的情形下，本息和上限的计算应当以本金数额减少后的实际数额为基数计算，而非以"最初借款本金"数额为基数。本金数额多次减少的，分段予以计算。注：其中24％的利息上限，已由新的司法解释变更。[1]

（五）最高额借款合同的本金计算

相关规定

▼《民法典》

第423条 有下列情形之一的，抵押权人的债权确定：

（一）约定的债权确定期间届满；

（二）没有约定债权确定期间或者约定不明确，抵押权人或者抵押人自最高额抵押权设立之日起满二年后请求确定债权；

---

[1] 最高人民法院民事审判第一庭. 民间借贷纠纷审判案例指导. 北京：人民法院出版社，2015：498.

（三）新的债权不可能发生；

（四）抵押权人知道或者应当知道抵押财产被查封、扣押；

（五）债务人、抵押人被宣告破产或者解散；

（六）法律规定债权确定的其他情形。

第439条　出质人与质权人可以协议设立最高额质权。

最高额质权除适用本节有关规定外，参照适用本编第十七章第二节的有关规定。

第690条　保证人与债权人可以协商订立最高额保证的合同，约定在最高债权额限度内就一定期间连续发生的债权提供保证。

【重点难点提示】

最高额借款合同的难点在于债权的确定。

1. 借款确定的时间

在法律和司法解释中只规定了最高额保证合同和最高额抵押合同，并未规定最高额借款合同。对于借款时间的确定，其要点有：

（1）合同中约定了借款发生期间的，自约定的期限届满；

（2）没有约定债权确定期间或者约定不明确，抵押权人（或债权人）或者抵押人（或债务人）均可以向对方发出请求确认借款期间届满的请求；或者向对方发出不再继续发生借款，或者终止借款合同关系的请求；

（3）新的债权不可能发生；

（4）签订了最高额抵押合同的，抵押权人知道或者应当知道抵押财产被查封、扣押之时；

（5）如果债务人、抵押人被宣告破产或者解散；

（6）法律规定债权确定的其他情形。

2. 借款本金数额的确定

最高额借款合同的债权数额被确定，就意味着借款人在借款范围内承担偿还责任，担保人承担相应的担保责任。

合同履行时，分两种情形：

（1）双方签订最高额借款合同后，不另行签订单笔的借款合同，实际履行时，以实际支付的每笔借款为准，计算本金和利息。

（2）双方在最高额借款合同中约定，当借款发生时，需另行签订单笔的借款合同，其本金和利息的确认则以签订的单笔借款合同为准。

在第二种情形下，其最高额借款合同，相当于预约合同。如果在约定的最高额限度内，借款人提出单笔借款，而出借人不再签订单笔的借款合同，或者拒绝履行支付借款义务，则出借人应当按照预约合同的约定承担违约责任。

（六）实践性借款合同与诺成性借款合同对本金计算的影响

1. 实践性借款合同

出借人与借款人均为自然人的，其签订的借款合同，属于实践性合同；出借人与借款人双方或其中一方是非自然人的，如果当事人在合同中约定以支付借款为合同成立或生效条件，也应当认定为实践性合同。

对于实践性合同，其借款本金应当以实际支付的借款金额为借款本金。

2. 诺成性借款合同

《民法典》第671条第2款规定："借款人未按照约定的日期、数额收取借款的，应当按照约定的日期、数额支付利息。"

对诺成性借款合同，如果借款人存在未按照约定的日期、数额收取借款的过错，计算利息的借款本金及日期应当按照合同约定计算。但对于借款本金的确认，应当以实际履行支付义务的金额计算。因此，该法条规定的情况不包括实践性合同在内。

【案例116】

借款合同本金的确认原则

判决书认定[①]事实：

综合对全案证据证明力的判断，本案借款协议及借条关于高额无息借款本金的约定，与正常民间借贷交易惯例不符。在借款人不予认可且已提供相应证据证明其主张的情形下，出借人应就借贷关系的成立承担举证责任。现经本案再审审理查明，曾××作为出借人，不能就借贷资金来源、支付时间及顺序、具体支付方式等涉及现金借贷关系是否实际发生的案件主要事实提供充分证据予以举证证明，且就其诉请主张存在诸多前后不一、相互矛盾的庭审陈述及证据出示，对此，曾××应承担举证不能的法律后果。

≈≈≈ **法官论述** ≈≈≈

在民间借贷案件审理中，对于仅提供借据的大额现金支付，借款人提出合理怀疑之抗辩的，除就债权凭证进行审查外，应结合借贷金额、款项交付、当事人的经济能力、当地或者当事人之间的交易方式、交易习惯、当事人财产变动情况等事实和因素，综合判断查证借贷事实是否发生。[②]

≈≈≈ **作者简析** ≈≈≈

本案涉及巨额现金交付的问题，判决认定其交付事实不成立，主要理由是：

[①] 最高人民法院民一庭. 民事审判指导与参考：2014年第2辑（总第58辑）. 北京：人民法院出版社，2014：293.

[②] 同①.

一是对借款的交付细节，庭审陈述前后不一、相互矛盾；

二是本案借款协议及借条关于高额无息借款本金的约定，与正常民间借贷交易惯例不符。

【案例117】

砍头息的确认
案件（一）

裁判文书：最高人民法院（2018）最高法民申5047号民事裁定书

裁定书认定事实：

顺×公司在涉案两笔借款当天转回给高×公司员工陈×900万元和1 350万元，结合借贷双方交易习惯和相关借款合同还款期限，原审认定该两笔回款为预扣合同期内利息也即砍头息，实际借款数额为9 100万元和10 650万元并无不当。高×公司申请再审主张本案不存在"砍头息"、利息是顺×公司自愿给付，理据不足。

案件（二）

裁判文书：最高人民法院（2020）最高法民终282号民事判决书

判决书认定事实：

关于本案借款本金认定的问题。×企业委托××银行于2016年9月23日发放2亿元贷款至××公司账户，于该贷款发放当日××公司即向×企业支付16 222 222.22元作为该笔贷款第一年的利息，根据《合同法》第200条"借款的利息不得预先在本金中扣除。利息预先在本金中扣除的，应当按照实际借款数额返还借款并计算利息"之规定，该笔利息16 222 222.22元应当在借款本金中予以核减，且×企业对此亦无异议，故一审法院认为××公司实际尚欠的借款本金为183 777 777.78元。

≈≈≈ 作者简析 ≈≈≈

案件（一）是在借款当天，借款人向出借人的单位职工转回的款项，应当认定为砍头息，并从借款本金中扣除。案件（二）是在借款当天，借款人向出借人转回的利息，也应当从借款本金中扣除。

《民法典》第670条规定："借款的利息不得预先在本金中扣除。利息预先在本金中扣除的，应当按照实际借款数额返还借款并计算利息。"案件（一）的情形与前述规定并不一致。法条中规定的是利息不得预先在本金中扣除。本案的情形是出借人在支付借款的当天，又由借款人将一部分金额转回至出借人。该种情形仍然应当认定为砍头息。

在实践中还应注意，案件（二）中的情形比较容易认定。而案件（一）则采取了迂回的战术，给当事人举示证据和查明案件事实增添了难度。

"砍头息"应当从本金中扣除，这是没有争议的。如果当事人在计算利息时，将没有扣除"砍头息"的金额作为本金，就可能出现计算的利息总额高于司法解释规定的利息上限标准的情况。因此，应当重新计算利息。

【案例118】

因借条书写错误而存有瑕疵导致当事人对借款数额有争议的，应如何认定借款本金数额

裁判文书：福建省三明市中级人民法院（2014）三民终字第249号民事判决书

判决书认定事实：

1. 涉案借条的内容为："今向刘×借人民币壹拾伍元正。利率2‰（每月叁仟元正）借期壹年，借款人邱×"。该借条约定的借款本息与借款利息明显不符交易习惯，根据《合同法》第125条第1款规定："当事人对合同条款的理解有争议的，应当按照合同所使用的词句、合同的有关条款、合同的目的、交易习惯以及诚实信用原则，确定该条款的真实意思。"从借条前后表述的意思上看，该借款的本金应确认为15万元，而不是邱×所主张的15元。刘×向原审法院提交了2011年3月4日、2011年3月5日两张取款分别为49 000元和10万元的凭证，两份取款凭证上取款人栏的签名为"刘×春"，刘×陈述该签名系其亲笔所签，刘×春系其侄女。两份取款凭证，反映出刘×取款149 000元的事实，足以证实其借款来源和其支付现金的能力。因此，刘×所提交的借条和两份取款凭证，可证实涉案借贷关系成立，本院予以确认。

2. 刘×自认邱×偿还过借款10个月的利息，未加重邱×承担责任的范围，本院予以确认。

≈≈≈ 法官论述 ≈≈≈

借条在借款数额方面存在瑕疵时，人民法院可以从出借人实际支付的借款金额，结合借款利率、月利息数额、借款期限以及生活经验等内容综合判断，如对利息数额的约定是否与借款数额相符进行判断。《合同法》第210条规定，自然人之间的借款合同，自贷款人提供借款时生效。根据《规定》第5条第1项的规定，以现金支付的，借款合同自借款人收到借款时生效。民间借贷纠纷中，借条是人民法院认定借款事实的主要依据，但并非认定借款事实存在与否的唯一证据。正如出借人未交付借条所载的借款时，人民法院认定借贷事实不存在一样，当借条存有瑕疵而致当事人对借款数额有争议时，也不应当仅看借条表面所载瑕疵数额，而应当按照借条所使用的词句、有关条款、目的、交易习惯以及诚实信用原则，确定其真实意思，并以据此确定的实际款项往来作为认定借款数额的依据。[①]

≈≈≈ 作者简析 ≈≈≈

当借条存有瑕疵而致当事人对借款数额有争议时，不应当仅看借条表面所载借款数额，而应当根据借条内容、借款目的、款项往来、当事人经济能力等综合判断借贷事实是

---

① 最高人民法院民事审判第一庭．民间借贷纠纷审判案例指导．北京：人民法院出版社，2015：329-335.

否发生。

小额借贷，不签订借款合同也不出具借条，随借随还，比较符合常理。本案例非常特殊，涉及的借款只有15元，却出具了借条，明显是书写错误。在实践中，书写错误的借款数额可能不止几十元这么简单，甚至产生数百万元的差异。那么，当借条在借款数额方面存在瑕疵时，应当如何审查认定借款数额？

第一，结合出借人履行支付借款的相关证据审查认定借款数额。包括电汇凭证等、现场照片、音像资料、手机短信、证人证言等证据。

第二，根据双方对利息约定，反推计算出借款数额。如果当事人一方提供了某个时段的利息计算金额及计算比例，可以推算出借款数额。

第三，借款数额属于借款合同纠纷中的基本事实，可以要求当事人亲自到庭说明情况。《2015民间借贷司法解释》第18条和《2020民间借贷司法解释》第17条均规定：依据《最高人民法院关于适用〈中华人民共和国民事诉讼法〉的解释》（2015年）第174条第2款之规定，负有举证责任的原告无正当理由拒不到庭，经审查现有证据无法确认借贷行为、借贷金额、支付方式等案件主要事实的，人民法院对原告主张的事实不予认定。

第四，按照对方当事人确认的数额进行确认。

第五，结合出借人是否具备出借能力，出借人起诉所依据的事实和理由是否符合常理，借款合同或借条、借据、收条、欠条等债权凭证是否存在伪造的可能等因素，综合判断是否存在虚假诉讼的可能性。法律依据为《2015民间借贷司法解释》第19条和《2020民间借贷司法解释》第18条。

【案例119】

欠款数额中包含本金、利息和违约金，应如何确认其本金数额

裁判文书：最高人民法院（2015）民申字第1585号民事裁定书

裁定书认定事实：

（一）关于果×公司主张有新的证据足以推翻原判决的问题

经审查，果×公司虽以该事由申请再审，但是并未提交新的证据，故其该申请再审事由不能成立。

（二）关于果×公司主张原判决认定的基本事实缺乏证据证明的问题

1. 关于果×公司主张原判决认定1 500万元借款数额证据不足的问题。经审查，二审法院对本案争议的李×从王×处的8笔借款本金、利息及违约金以及李×向王×的还款均逐笔进行了审查，并经审查认定截至2013年10月7日李×从王×处8笔借款本金、利息和违约金共计3 506.69万元，减除李×已偿还数额1 599.5万元，余1 907.19万元应认定为借款本金。2013年10月7日李×和刘×向王×出具的"借款合同"确认截至该日共欠王×1 500万元，将于2013年12月末前一次还清。李×、刘×对"借款合同"真实性没有异议，虽对数额有异议但未能举证证明2013年10月7日后偿还借款的事实。王×对

1 500万元欠款数额也认可,并出具承诺书明确只主张1 500万元本金及逾期利息。故二审法院对1 500万元本金予以确认。该借款数额的认定有王×提供的"借款合同"、李×向王×出具的"借款合同说明"、李×和刘×签订的"借款合同"、李×向王×出具的借款收据、银行电汇凭证等证据证明,证据充足,并无不当。因刘×与李×签订的"借款合同"中明确刘×作为实际用款人,自愿向王×承担还款的数额为1 500万元,因此,果×公司申请再审主张原判决没有查清1 500万元款项是否实际借给刘×的公司的问题,不影响原审对本案欠款数额的认定。果×公司提出合同金额与银行汇款单金额之间存在差额的理由,也不足以证明原审认定本案欠款数额存在错误。果×公司未举证证明其主张的实际汇款2 001万元的具体构成及在原审认定李×偿还王×1 599.5万元之外还存在偿还本案借款的事实。据此,果×公司申请再审主张原判决认定欠款数额为1 500万元缺乏证据证明的申请再审事由,证据不足,理由不成立。

2. 关于果×公司在本院审查期间补充的其他理由,经审查,刘×和李×向王×出具的"借款合同"中,刘×以实际用款人身份承诺偿还王×欠款,果×公司主张该合同对王×无效,理由不成立。果×公司对其诉讼主张,有责任提供证据证明,其以原审法院未予调取汇款给王×300万元到400万元的记录为由,主张原审认定的基本事实缺乏证据证明,理由不成立。关于利息问题,二审判决对8笔借款的利息逐笔进行了认定,对于第一、二笔借款,因双方无利息约定,视为不支付利息。第三笔到第八笔,存在借款合同、收据金额与实际借款存在差额的情况,原判决据此认定差额是双方实际履行的利息数额,因该数额过高,依法予以调整,并无不当。果×公司主张案涉借款不应计付利息,与事实不符。一审法院鉴于刘×为果×公司法定代表人,有权代表公司对外签订合同,且其与李×共同向王×出具的"借款合同"中明确以果×公司相关财产为上述欠款做担保,在一审期间果×公司没有对刘×的行为予以否认,对王×诉请果×公司承担连带责任予以支持。一审判决后,果×公司和刘×均未上诉,二审法院对一审判决该判项予以维持并无不当。现果×公司以刘×无权代表果×公司及原审未查清李×是否汇款给果×公司为由,主张原审判决刘×和果×公司对案涉欠款承担相关责任缺乏证据证明,理由不成立,本院不予支持。

∽∽∽ **作者简析** ∽∽∽

在此,仅就新证据的定义及认定标准进行探讨。

1. 应当认定为"新证据"的情形

再审程序中的新证据,是指在原审庭审结束后新发现、新产生的证据。实践中,在下列情形下,应视为新证据:(1)在原审庭审结束前已经存在,因客观原因于庭审结束后才发现的;(2)在原审庭审结束前已经发现,但因客观原因无法取得或者在规定的期限内不能提供的;(3)该证据在原审中已经客观存在,且当事人无法据此另行提起诉讼的;(4)再审申请人提交的证据在原审中已经提供,原审人民法院未组织质证且未作为裁判根据的;(5)原审中仅提供了证据的复印件,对方当事人拒绝质证。在再审阶段又获得证据原件并举示的;(6)原审中申请了法院调查取证,未获批准,之后又获取了相关证据或证据线索重新申请调查取证的。

但是,原审人民法院依照《民事诉讼法》第68条规定不予采纳的除外。

2.是否属于"新证据"的判断标准

(1)时间标准,即申请再审程序中的新证据是指原审庭审结束新发现、新产生的证据。

(2)证明标准。《民事诉讼法》第211条第1项规定,当事人的申请:"有新的证据,足以推翻原判决、裁定的",人民法院应当再审。《民事诉讼法司法解释》第385条第1款规定:"再审申请人提供的新的证据,能够证明原判决、裁定认定基本事实或者裁判结果错误的,应当认定为民事诉讼法第二百零七条第一项规定的情形。"

注意:《民事诉讼法》第68条规定的"足以推翻原判决、裁定"是基于立案庭的判断标准。在再审立案阶段,如果认定新证据确实存在且能够达到"足以推翻原判决、裁定"的,应当裁定再审。至于是否能够真正"推翻原判决、裁定",还要经过审判监督程序审理后,才能确定。

(3)过错标准。如果不属于当事人故意或者出于重大过失逾期提供的证据,应当认定为新证据。《民事诉讼法司法解释》第102条规定:"当事人因故意或者重大过失逾期提供的证据,人民法院不予采纳……当事人非因故意或者重大过失逾期提供的证据,人民法院应当采纳,并对当事人予以训诫。"

(4)基本事实标准。无论是否属于当事人故意或者出于重大过失逾期提供的证据,只要与案件基本事实有关,应当视为新证据。《民事诉讼法司法解释》第102条规定:"当事人因故意或者重大过失逾期提供的证据,人民法院不予采纳。但该证据与案件基本事实有关的,人民法院应当采纳,并依照民事诉讼法第六十八条、第一百一十八条第一款的规定予以训诫、罚款。"

本案果×公司举示的证据不符合新证据的认定标准,所以其申请再审的请求未获支持。

【案例120】

多次出具借据的,应当严格审查借款金额的真实性

裁判文书:江苏省泰州市中级人民法院(2019)苏12民再95号民事裁定书

裁定书认定事实:

一审法院认定的事实:陆×提交的17份借条发生在2013年8月至2014年8月短短一年之间,绝大部分借条均是不到一个月内连续出具,有的甚至仅相隔一天,且陆×在蒋×多次借款未还情况下继续借款,有违生活常理。加之2013年以来,陆×先后多次在泰州市海陵区人民法院、兴化市人民法院、泰州医药高新技术产业开发区人民法院提起过民间借贷的诉讼。故本案中应严格审查原告借款的资金来源,以及借条中借款交付的情况,但陆×除借条15所载明的110 000元附有银行取款凭条及蒋×在凭条上的签名捺印外，其余借条均无交付的依据。陆×陈述系现金交付，不能清楚陈述现金来源、交付地点等事实。因此，陆×关于借条中现金交付的陈述可信度不高；至于其提交的佐证借条14的银行个人活期明细信息，该信息中载明的是其于2014年2月22日现金支取70 000元，而借条14是2014年2月25日出具，且并无证据证明该70 000元被交付给蒋×，故亦不予采信。鉴于蒋×对借条中的部分借款金额的交付予以认可，以蒋×认可的数额为准，合计金额为62 100元（注：其中借条9蒋×认可是16 000元或17 000元，结合被告答辩意见，确认数额为17 000元）。至于蒋×对借条15所载明的110 000元质证意见，无证据证明，该110 000元亦应作为案涉借款。综上，陆×与蒋×之间的借款金额确认为172 100元。

再审法院确认的事实：根据《最高人民法院关于在审理经济纠纷案件中涉及经济犯罪嫌疑若干问题的规定》第11条的规定，人民法院作为经济纠纷受理的案件，经审理认为不属经济纠纷案件而有经济犯罪嫌疑的，应当裁定驳回起诉，将有关材料移送公安机关或检察机关。综合本案现有证据，本案借贷行为可能存在涉嫌"套路贷"的犯罪嫌疑，一审再审裁定驳回上诉人陆×的起诉并已将案涉材料移送公安机关，符合法律规定。

法官论述

《2015民间借贷司法解释》第19条（注：《2020民间借贷司法解释》为第18条）仅仅是对虚假民事诉讼的认定，而实践中往往是真实的借贷与虚假的借贷并存，需要审理法官运用该条的规则原理，以自身的审判经验和对生活的认知加以判断。本案就具有一定的典型性。笔者认为，这类案件首先是要确认当事人双方借款合同关系是否存在，在确认借款合同关系存在的基础上，对涉案的借条加以甄别，确定涉案借款的实际数额，尽量还原借款的真实面貌，而不能仅以原告借条上的数额来认定。故应严格审查借贷发生的原因、时间、地点、款项来源、交付方式、款项流向以及借贷双方的关系、经济状况等事实，根据审理情况合理分配举证责任，并结合生活常理、人之常情，综合判断，剔除未实际发生的借款或高利，维护各方当事人的合法权益。[①]

作者简析

有的案例中，审理法院认为多次出具借条的行为可以印证借款事实的成立。本案审理中认定的事实恰好相反，且符合常理，在类案中值得借鉴。

本案的特殊性在于：一是案涉借条特别多。在一年的时间内，共计出具了17份借条，有的借条之间仅相隔一天，在借款人多次借款未还的情况下又多次继续发生借款，有违常理。二是原告在一定期间内多次发生民间借贷的诉讼，可能涉嫌"套路贷"犯罪，故一审、再审裁定驳回上诉人陆×的起诉并将案涉材料移送公安机关。

---

① 国家法官学院案例开发研究中心．中国法院2018年度案例．北京：中国法制出版社，2018：233－236．

在实践中，如果出现借款人多次出具借条，或者基于同一份借款合同多次发生借款的情形，就要考查前面的借款及利息是否已经偿还。如果尚未偿还，又继续发生新的借款，则要严格审查借款事实的真实性。

【案例 121】
原告方自愿放弃有争议的借款金额得到法院的支持

裁判文书：最高人民法院（2017）最高法民终82号民事判决书①

判决书认定事实：

关于借条中4 621.2万元是否包含3 500万元的本金及该3 500万元是否偿还的问题。蔚×于2014年9月30日向陈×出具借条，借条记载本金为1.3亿元，利息及它项款4 621.2万元。但该借条所载明的金额不是出具借条当天实际发生的借款金额，而是蔚×对此前所借款项未归还部分经结算后的金额。被上诉人陈×在一审中主张该借条中4 621.2万元包含3 500万元本金，但在二审庭审中明确表示放弃要求上诉人及原审被告蔚×偿还3 500万元借款本金的请求，上诉人金×公司亦表示同意。被上诉人陈×在诉讼过程中依法处分自己的民事权利，没有损害原审被告蔚×的合法权益，本院予以确认。故双方关于借条中4 621.2万元是否包含3 500万元的本金及该3 500万元是否偿还的争议已经解决，应从原审判决蔚×、金×公司支付陈×借款176 165 334元数额中减去3 500万元。

≋≋≋ 作者简析 ≋≋≋

本案中，对3 500万元是否属于结算协议载明的借款本金，双方存在争议，且双方均未形成优势证据。在此情形下，通过合议庭成员、法官助理分头做双方工作，由债权人与担保人达成协议，被上诉人自愿放弃3 500万元的请求，法院认为该协议未损害主债务人的权益，故予以确认。

二、关于利息的确认

相关规定

▼《民法典》

第671条第2款　借款人未按照约定的日期、数额收取借款的，应当按照约定的日期、数额支付利息。

第674条　借款人应当按照约定的期限支付利息。对支付利息的期限没有约定或者约定不明确，依据本法第五百一十条的规定仍不能确定，借款期间不满一年的，应当在返还

---

① 《最高人民法院第四巡回法庭当庭宣判十大案例》第3号（2017年12月25日），该案被收录于：人民法院出版社. 最高人民法院发布的典型案例汇编：2009—2021民事·商事卷. 北京：人民法院出版社，2022：356-357.

借款时一并支付；借款期间一年以上的，应当在每届满一年时支付，剩余期间不满一年的，应当在返还借款时一并支付。

第675条 借款人应当按照约定的期限返还借款。对借款期限没有约定或者约定不明确，依据本法第五百一十条的规定仍不能确定的，借款人可以随时返还；贷款人可以催告借款人在合理期限内返还。

第676条 借款人未按照约定的期限返还借款的，应当按照约定或者国家有关规定支付逾期利息。

第677条 借款人提前返还借款的，除当事人另有约定外，应当按照实际借款的期间计算利息。

第678条 借款人可以在还款期限届满前向贷款人申请展期；贷款人同意的，可以展期。

第679条 自然人之间的借款合同，自贷款人提供借款时成立。

第680条 禁止高利放贷，借款的利率不得违反国家有关规定。

借款合同对支付利息没有约定的，视为没有利息。

借款合同对支付利息约定不明确，当事人不能达成补充协议的，按照当地或者当事人的交易方式、交易习惯、市场利率等因素确定利息；自然人之间借款的，视为没有利息。

▼《民法典合同编司法解释》

第2条 下列情形，不违反法律、行政法规的强制性规定且不违背公序良俗的，人民法院可以认定为民法典所称的"交易习惯"：

（一）当事人之间在交易活动中的惯常做法；

（二）在交易行为当地或者某一领域、某一行业通常采用并为交易对方订立合同时所知道或者应当知道的做法。

对于交易习惯，由提出主张的当事人一方承担举证责任。

▼《2015民间借贷司法解释》

第28条 借贷双方对前期借款本息结算后将利息计入后期借款本金并重新出具债权凭证，如果前期利率没有超过年利率24%，重新出具的债权凭证载明的金额可认定为后期借款本金；超过部分的利息不能计入后期借款本金。约定的利率超过年利率24%，当事人主张超过部分的利息不能计入后期借款本金的，人民法院应予支持。

按前款计算，借款人在借款期间届满后应当支付的本息之和，不能超过最初借款本金与以最初借款本金为基数，以年利率24%计算的整个借款期间的利息之和。出借人请求借款人支付超过部分的，人民法院不予支持。

▼《2020民间借贷司法解释》

第24条 借贷双方没有约定利息，出借人主张支付利息的，人民法院不予支持。

自然人之间借贷对利息约定不明，出借人主张支付利息的，人民法院不予支持。除自然人之间借贷的外，借贷双方对借贷利息约定不明，出借人主张利息的，人民法院应当结合民间借贷合同的内容，并根据当地或者当事人的交易方式、交易习惯、市场报价利率等因素确定利息。

第 25 条　出借人请求借款人按照合同约定利率支付利息的，人民法院应予支持，但是双方约定的利率超过合同成立时一年期贷款市场报价利率四倍的除外。

前款所称"一年期贷款市场报价利率"，是指中国人民银行授权全国银行间同业拆借中心自 2019 年 8 月 20 日起每月发布的一年期贷款市场报价利率。

第 27 条　借贷双方对前期借款本息结算后将利息计入后期借款本金并重新出具债权凭证，如果前期利率没有超过合同成立时一年期贷款市场报价利率四倍，重新出具的债权凭证载明的金额可认定为后期借款本金。超过部分的利息，不应认定为后期借款本金。

按前款计算，借款人在借款期间届满后应当支付的本息之和，超过以最初借款本金与以最初借款本金为基数、以合同成立时一年期贷款市场报价利率四倍计算的整个借款期间的利息之和的，人民法院不予支持。

第 29 条　出借人与借款人既约定了逾期利率，又约定了违约金或者其他费用，出借人可以选择主张逾期利息、违约金或者其他费用，也可以一并主张，但是总计超过合同成立时一年期贷款市场报价利率四倍的部分，人民法院不予支持。

第 31 条　本规定施行后，人民法院新受理的一审民间借贷纠纷案件，适用本规定。

2020 年 8 月 20 日之后新受理的一审民间借贷案件，借贷合同成立于 2020 年 8 月 20 日之前，当事人请求适用当时的司法解释计算自合同成立到 2020 年 8 月 19 日的利息部分的，人民法院应予支持；对于自 2020 年 8 月 20 日到借款返还之日的利息部分，适用起诉时本规定的利率保护标准计算。

【重点难点提示】

（一）没有约定利息的处理

在任何情形下，合同中没有约定利息的，视为不支付利息。借款人自愿支付的除外。借款合同无利息的约定而借款人自愿支付利息，实际上属于合同的变更或补充。在补充协议中约定了利息的，不属于《民法典》或《2020 民间借贷司法解释》中规定的未约定利息的情形。

（二）利息约定不明的处理

在借款合同中虽然约定了要支付利息，但是没有约定具体计算依据和标准的，为利息约定不明。对利息约定不明者的处理，因属于自然人之间或其他合同主体之间的合同而有区别。

1. 双方当事人均是自然人的借款合同，利息约定不明者，视为没有约定利息。

2. 其他借款合同利息约定不明的，当事人之间可以补充约定。不能达成补充协议的，按照当地或者当事人的交易方式、交易习惯、市场利率等因素确定利息。主张利息的当事人应当承担举证责任。

实践中，首先应注意对交易习惯的认定。交易习惯，应当是指在交易行为地或行业中通常的做法。如果当事人一方不是交易行为地的居民，或者不是从事某种行业的业内人士，可能对交易习惯有不了解的客观情况。此时，是否适用交易习惯就值得推敲。其次要分清是未约定利息，还是利息约定不明。如果有利息的约定，只是对利息的标准约定不明，比如未注明是月利率，还是年利率，则要根据当地普遍的借款利率进行认定。

（三）借款人未按照约定日期、数额收取借款，其利息应如何计算

《民法典》第671条第2款规定，借款人未按照约定的日期、数额收取借款的，应当按照约定的日期、数额支付利息。该种情形是针对借款人的过错而作的特别规定。非借款人的过错导致未及时收取借款的，不适用此条规定。

（四）提前还款的利息计算

《2020民间借贷司法解释》第30条规定："借款人可以提前偿还借款，但是当事人另有约定的除外。借款人提前偿还借款并主张按照实际借款期限计算利息的，人民法院应予支持。"

对该条司法解释的规定，笔者的理解为：

第1款是原则性规定。即当事人另有约定的，借款人不得提前归还借款。

第2款是借款人通过诉讼程序提出"提前偿还借款并主张按照实际借款期限计算利息的"，人民法院应当支持。

（五）何种情形下允许借款人只归还借款本金而不支付利息

一般来说，下列情形下可以只归还借款本金，不支付利息：

1. 没有证据证明约定了利息的情形。包括合同中未约定利息，或者虽然口头约定了利息，但在诉讼中无法证明约定了利息的情形。

2. 自然人之间利息约定不明的情形。对于自然人之间，没有约定利息或者约定不明者，视为未约定利息，可以不支付利息。

3. 超过诉讼时效的借款，借款人可以拒绝支付利息，也可拒绝偿还本金。

4. 民间借贷合同被确认为无效合同，当事人可以不支付利息。具体见《民法典》第144、146、153、154条以及《2020民间借贷司法解释》第13条所规定的六种情形。

（六）利息的约定不得超过司法解释规定的上限

我国司法解释对利息的规范，大致经历了以下过程（见表3-1）：

1991年8月13日至2015年8月31日，借款合同约定的利息最高不得超过银行同类贷款利率的4倍（包含利率本数）。

2015年9月1日至2020年8月19日期间，《2015民间借贷司法解释》规定的年利率上限为24%。年利率24%～36%范围内的，可以有条件的支持。即已经支付了的利息不得要求返还。未予支付的，不得提出主张。年利率超过36%的部分，为无效合同的约定，一律不予支持。

2020年8月20日以后，年利率的上限按照合同成立时一年期贷款市场报价利率4倍计算。

表3-1 利率规定上限调整一览表

时间范围	利率（上限）
1991年8月13日—2015年8月31日	银行同类贷款利率的4倍（已失效）
2015年9月1日—2020年8月19日	约定了利息的，可以请求年利率24%支付利息
	已经支付的，超过年利率36%的部分，可要求返还；超过24%至36%之内的部分，无权要求返还
2020年8月20日以后（2020年8月20日之后新受理，但合同成立于2020年8月20日之前）	当事人可以请求适用当时的司法解释计算自合同成立到2020年8月19日；之后，利率上限按照起诉时一年期贷款市场报价利率4倍计算
2020年8月20日以后（合同成立于2020年8月20日之后）	出借人请求借款人按照合同约定利率支付利息的，人民法院应予支持，但是双方约定的利率超过合同成立时一年期贷款市场报价利率4倍的除外

上述规定中的利息，包含了合同约定的利息、逾期利息、滞纳金、违约金、服务费、中介费、保证金、延期费等在内。

（七）利息的计算公式

利息的计算，因合同约定的利息支付期限不同而不同。它主要分为以下情形：

1. 合同约定的偿还借款的期限届满，一次性还本付息的，其利息的计算为：

利息＝应偿还的借款本金×利率×资金占用期

2. 如果合同约定，是在偿还借款的期限内分期偿还借款本金，并且分段计算利息，其计算公式为：

本期应当支付的利息＝（前期未偿还的借款本金－本期已经偿还的借款本金）×利率×本期资金占用期

或者

本期应当支付的利息＝（借款本金－累计已经偿还的本金）×利率×本期资金占用期

共计应当支付的利息＝以前尚未支付的利息合计数＋本期应当支付的利息

（八）当事人没有约定利息但自愿支付，或者自愿支付高于约定利息的是否可以主张返还（含逾期利息或违约金）

上述情形下，借款人一般不得要求出借人返还，理由是当事人以实际履行行为变更了合同约定的内容。但是超过利息规定上限的除外。

（九）关于变相利息的认定

对于变相利息，法律中并无明确规定。《九民纪要》第51条对于金融借款合同中的变相利息进行了规定,可以参照适用。《2020民间借贷司法解释》第29条规定的"其他费用",是一个兜底条款,可以理解为包括但不限于《九民纪要》第51条规定的情形。存在变相利息的情形,利息总额不能超过司法解释规定的利息上限。

(十)关于复息的计算及实际执行的利率问题

1. 复息的计算方法

在借贷双方对前期借款本息结算后将利息计入后期借款本金并重新出具债权凭证后,其利息的计算标准就发生了变化。即实际执行的利率包括合同约定的利率标准所计算的利息,同时包括前期借款本息结算后将利息计入后期借款本金所产生的复息在内。

$$复息的计算公式=前期借款的利息计入后期借款本金的金额 \times 本阶段的借款期限 \times 合同约定的利率$$

$$实际执行的利率=合同约定的利率+(复息 \div 借款本金) \times 100\%$$

由于复息的计算与前期借款的利息计入后期借款本金的金额和本阶段新增借款期限的长短有关,因此,实际执行的利率并不是固定的。如果存在多阶段分段计算利息,各阶段的复息可能存在不一致的情形。比如:

借款本金200万元,借款期限为一年,月利率为2.5%。一年期限届满,借款人未履行还款义务。双方经过结算,该期间的利息为60万元(=200万元×2.5%×12个月)。实际欠付的利息为20万元,将欠付的利息计入后期借款的本金,其本金就为220万元。后期约定的借款期限为6个月。

复息=20万元×2.5%×12个月=6万元。

第二阶段实际执行的利率=30%+6万元÷200万元×2×100%=30%+6%=36%。

一、二阶段实际执行的利率=(30%+36%)÷2=33%。

2. 在计算复息的情形下,实际执行的利率并非约定不明

虽然约定了复息后,利息的计算比例不一定是一个固定比例,但是其不属于利息约定不明的情形。因为复息的计算公式是确定的,计算的结果也是确定的。当计算的结果,即借款人在借款期间届满后应当支付的本息之和超过以最初借款本金与以最初借款本金为基数、以合同约定的利息计算比例计算的整个借款期间的利息之和,超过司法解释规定的利息上限标准的,超过部分不能得到主张。这就是《2020民间借贷司法解释》第27条第2款规定的立法本意。

3. 出借人将收到的借款人支付的利息再行借给借款人的,属于重新签订的借款合同,不属于复息的计算

借款人将欠付的利息支付给出借人,出借人又将此金额借给借款人的,不属于重复计算利息(复息),而是重新形成的借款合同关系。在实践中,出借人一方可以采取走账的

方式规避法律风险,即先收取利息,再将收取的利息作为借款支付给借款人。

4. 实际履行合同过程中以换借条的方式将复利加入借款本金,属于利息约定的变更

有的复息是在借款合同或借条中就进行了约定。有的当事人在原始借款合同或借条中只约定了利率,并未约定复息,但其后在实际履行过程中,又采取换取借条或合同的方式,将前期利息计入后期借款本金,此时,应当视为对利息约定的变更。

因变更增加的复息计算条款,究竟属于利息性质还是违约金性质,应视合同约定而定。在债务履行期届满前,双方签订补充协议或者采取重新出具借条的方式,增加复息计算条款的,应视为利息的补充约定。当合同约定的债务履行期限届满,因债务人未履行债务,双方采取换借条的方式增加复息的计算条款的,实际上是增加债务人负担,以达到促使债务人尽早履行债务的合同目的,因而其具有惩罚性质,此时的复息,可视为违约金。

【权威观点】

《最高人民法院关于人民法院审理借贷案件的若干意见》第6条确立了人民法院对民间借贷利率不超过银行同类贷款利率的4倍的原则。根据客观情况及人民法院审判实践,《2015民间借贷司法解释》规定,借贷双方约定的利率未超过年利率24%,出借人请求借款人按照约定的利率支付利息的,人民法院应予支持。若出借人与借款人既约定了逾期利率,又约定了违约金或者其他费用,出借人可以选择主张逾期利息、违约金或者其他费用,也可以一并主张,但总计超过年利率24%的部分,人民法院不予支持。①〔注:借贷合同成立于2020年8月20日之前,可按此计算;成立于2020年8月20日以后,则应当按照新的标准即以一年期贷款市场报价利率4倍为限(《2020民间借贷司法解释》第28条)。下同。〕

【案例122】

借款本金证据补强对"砍头息"认定的影响

裁判文书:北京市第二中级人民法院(2019)京02民终12898号民事判决书②

判决书认定事实:

北京市东城区人民法院经审理认为:任×虽抗辩只收到龚×借款30万元,另20万元是龚×扣除的砍头息,但法院根据任×于2017年6月15日向龚×出具的延期偿还龚×50万元借款的借条及任×于2017年12月30日与龚×签订的债权债务清偿初步意向协议中

---

① 最高人民法院民事审判第一庭. 民间借贷纠纷审判案例指导. 北京:人民法院出版社,2015:505.
② 该案被收录于:国家法官学院案例开发研究中心. 中国法院2021年度案例. 北京:中国法制出版社,2021:139-142.

认可尚欠龚×113万元的事实（其中63万元已另案解决），且庭审中任×针对113万元借款未能作出合理解释，故法院对任×的抗辩不予采信。

≈≈≈ 作者简析 ≈≈≈

原告举示了借条以后，被告抗辩其中部分金额属于砍头息，要求从借款本金中扣除。此时，对举证责任如何进行分配是处理类似案件的关键所在。

本案中，原告除了举示借条，针对被告方提出的抗辩又举示了延期偿还借款的借条以及延期偿还借款的初步意向协议书，这两份证据均对借款本金进行了确认。此时，第一份借条中载明的借款本金是实际借款金额的可能性较大。被告仍然坚持其抗辩理由，就应当承担存在砍头息的举证责任。

【案例123】

存在多笔借款，且未约定结算后的利息是否可以作为本金重新计算利息

裁判文书：江西省渝水区人民法院（2016）赣0502民初798号民事判决书①

判决书认定事实：

因原告自认被告李×归还18万元借款本金，尚欠本金10+30+22－18＝44万元，故对于原告要求被告李×归还借款本金44万元的诉讼请求，本院予以支持。至于利息，其中40万元借款本金双方约定的是月利率2%，故对于该40万元原告要求按月利率2%计算自2016年1月1日起至还清之日止的利息的诉讼请求，本院予以支持。至于剩余4万元借款本金，因未约定借款利息，本院仅支持被告李×按年利率6%支付自借款到期之日即2016年1月1日起至还清之日止的利息。

≈≈≈ 作者简析 ≈≈≈

一审法院认定：原告分别于2015年1月12日、2015年3月27日、2015年5月15日借给被告10万元、30万元、22万元。并自认被告李×借款到期后，仅归还18万元借款本金并按月利率2%支付了2016年1月1日之前的利息，原告陈述该18万元系清偿22万元借款，其余借款本金及利息未归还。这里着重探讨已经归还的18万元本金及利息，是归还的哪一笔借款。

笔者认为，18万元还款系归还最后一笔22万元的一部分本金，以及按照月利息2%计算的利息，并不一定能够成立。理由是：

第一，三笔借款中前两笔约定的利息是月利率2%，最后一笔本金22万元未约定利息。既然未约定利息，就不应当支付利息。

第二，从时间排列上，10万元的借款排列在前，其后依次是30万元和22万元的借款。如果归还了利息，应当首先计算为10万元和30万元的借款利息。剩余部分再按约定

---

① 该案被收录于：国家法官学院案例开发研究中心．中国法院2018年度案例．北京：中国法制出版社，2018：160－162．

冲抵前述本金。三份借条排列的还款期限分别为 2015 年 10 月 12 日（10 万元），2015 年 10 月 27 日（30 万元），2015 年 5 月 25 日（22 万元）。依照前述约定，归还的 18 万元，应当冲抵 22 万元的借款，利息部分应当首先冲抵 10 万元的借款利息，剩余部分再冲抵 30 万元的借款利息。

【案例 124】

经结算的利息可以计入本金但应符合法律规定

裁判文书：黑龙江省方正县人民法院（2016）黑 0124 民初 1820 号民事判决书[①]

判决书认定事实：

原告 45 万元借据系结算后重新书写的借据，具有债权凭证作用，但其中含有依据利率计算的利息 10 万元，故该部分应予从本金中去除，去掉 2015 年 8 月 15 日已支付 10 万元本金及返回索纳塔 8 轿车部分的折价款项，现该欠据中应欠原告本金 15 万元，对该事实予以确认。

本院认为：被告魏×多次向原告借款，结算后的借据是具有约束力的债权凭证，但该借据中含有超出法定利率标准计付利息加入本金的行为，对其中含有超过法律规定的利率计算的利息部分，本院不予支持，符合法律规定不超出年利率 24% 计算的利息（25 万元 × 24% ÷ 12 月 × 4 个月 = 20 000.00 元）计入本金部分，本院予以支持。

~~~ 作者简析 ~~~

该案确认的事实，符合《2020 民间借贷司法解释》第 27 条的规定，即：借贷双方对前期借款本息结算后将利息计入后期借款本金并重新出具债权凭证，如果前期利率没有超过合同成立时一年期贷款市场报价利率 4 倍，重新出具的债权凭证载明的金额可认定为后期借款本金。超过规定上限的利息，不应认定为后期借款本金。一、二审认定事实不同的是，一审中将计入本金的利息全部剔除。二审改判将超出司法解释规定利息上限的部分予以扣除，其余部分认定为借款本金。

【案例 125】

民间借贷合同中诸如"利率为 1‰"的约定，是否属于对利息约定不明

裁判文书：广东省高级人民法院（2011）粤高法民二提字第 13 号民事判决书

判决书认定事实：

蔡×辉于 2000 年 12 月 20 日向蔡×满出具的借条约定"利息以 1‰ 计算"，双方对该约定应否适用《合同法》第 211 条第 1 款之规定产生争议。依照《合同法》第 125 条规定，当事人对合同条款的理解有争议的，应当按照合同所使用的词句、合同的有关条款、

[①] 该案被收录于：国家法官学院案例开发研究中心. 中国法院 2018 年度案例. 北京：中国法制出版社，2018：189 - 192.

合同的目的、交易习惯以及诚实信用原则，确定该条款的真实意思。首先，上述借条明确约定了蔡×辉向蔡×满借款须支付利息，但蔡×辉在案中主张其无须向蔡×满支付利息，违反了《民法通则》（现已失效）第4条关于民事活动应当遵循诚实信用原则的规定。其次，另一借款人许×林在二审期间出具书面证言证实上述借条约定的利率为月利率1%。蔡×辉不能否认该证言的真实性，参照许×林陈述的事实，双方约定的利息计算标准应为月利率1%。再次，蔡×满借款给蔡×辉系用于营利性的生产经营，并非日常生活所需，双方约定的1%的利率应认定为月利率更符合日常的交易惯例。二审判决认为应按照民间交易习惯对借条的内容进行解释，该意见并非蔡×满的主张，而是二审法院的观点，故广东省人民检察院认为应由蔡×满承担交易习惯的举证责任不当。最后，蔡×辉在一审期间提交一份"协议"，以证明本案借款无须支付利息。但是，从该"协议"的内容看，蔡×满在还款的时间和金额之后签名确认，其真实的意思表示是对蔡×辉还款事实的确认，并非对该"协议"上半部分关于本案总的应还款金额为1万元的确认。因此蔡×辉提交的该"协议"不能证明本案借款无须支付利息。

法官论述

在民间借贷中，借条上载明的"利率为1%"不应轻易认定属于《合同法》第211条第1款规定的"自然人之间的借款合同对支付利息没有约定或者约定不明确的，视为不支付利息"的情形，而是应充分探究当事人之间对约定的真实意思。当事人对合同条款的理解有争议的，可以按照合同所使用的词句、合同的有关条款、合同的目的、交易习惯以及诚实信用原则，确定该条款的真实意思。①

【案例126】

借条约定"利息1%"，应当认定为月息还是年息

裁判文书：安徽省淮南市田家庵区人民法院（2017）皖0403民初4042号民事判决书②

判决书认定事实：

关于借条中约定的利息为月利率还是年利率的问题。根据《合同法》第125条之规定："当事人对合同条款的理解有争议的，应当按照合同所使用的词句、合同的有关条款、合同的目的、交易习惯以及诚实信用原则，确定该条款的真实意思。"王×将资金借给张×做生意，不是向生活所需要的亲朋好友提供无偿帮助，其目的应是通过提供借款来获取利益；张×书写借条承诺"利息为壹分整"，说明该借款是要支付利息的，而不是无息借款；民间借贷基于计算方便等考虑，对利率的约定通常是约定月利率而不是约定年利率。

---

① 最高人民法院民事审判第一庭. 民间借贷纠纷审判案例指导. 北京：人民法院出版社，2015：427-437.
② 该案被收录于：国家法官学院案例开发研究中心. 中国法院2019年度案例. 北京：中国法制出版社，2019：152-154.

综上，遵循合同解释的原则以及日常的借贷规则，借条记载的"利息为壹分整"，应当理解为月利率1‰。因此，对于原告要求张×按月利率1‰支付利息的请求，本院依法予以支持。

≈≈≈ 作者简析 ≈≈≈

当利息约定为1‰时，可以从以下方面进行理解：第一，双方合同约定利息为1‰，不是没有约定利息，而是约定了利息。第二，对利息的认定，应当遵循交易惯例。本案给出的答案是，当事人约定利息，一般是月利息而非年利息。同时，在资金融通市场上，对借款利息亦有一般标准，可以参考当地的习惯进行认定。第三，对利息的认定，应结合借款期限以及司法解释规定的利息上限进行判断。本案没有写明借款期限。实践中，如果注明的借款期限是若干月，相对应的可以将利息理解为月利息。如果注明的借款期限是若干年，相对应的可以将利息理解为年利息。第四，对利息的认定，应结合司法解释规定的利息上限进行判断。如果将其理解为月利息，而经过计算其利息总额超过司法解释规定的利息上限，超过部分无效。

【案例127】

同一笔借款存在两个不同借款合同且对利息的约定不一致时，应如何认定借款利息

裁判文书：江苏省无锡市中级人民法院（2017）苏02民终3755号民事判决书[①]

判决书认定事实：

首先，本案共有两份借款合同，手写版借款合同系张×书写，没有约定利息；打印版借款合同系张×应余×的要求签了名，由余×星填写了利息内容，张×称余×星补写利息内容未经其同意。由于两份借款合同对利息的约定不一致，造成待证事实真伪不明，因此，余×作为主张借款存在利息约定的一方，应负有举证证明的责任。其次，打印版借款合同约定"利息每月结算一次"，实际上张×从未按照该约定支付过利息，余×也未能举证证明曾按照约定向张×催讨过利息。第三，在张×及其姐、弟共计归还10万元借款后，余×出具了收条，收条上仅载明了借款本金数额，未提及利息，也未说明结欠利息情况；余×同时还归还了张×手写的借款合同，可以理解为借款清偿后的交接手续。综上，余×提交的证据尚不足以证明涉案借款存在利息约定，一审认定双方之间的民间借贷系无息借贷并无不当。余×的上诉请求依据不足，本院不予支持。

≈≈≈ 作者简析 ≈≈≈

本案的难点在于同一笔借款签订了两份借款合同。其中，手写合同的内容没有利息的约定，打印版的合同有利息的约定。争议焦点是案涉借款是否约定了利息。生效判决认定

[①] 该案被收录于：国家法官学院案例开发研究中心. 中国法院2019年度案例. 北京：中国法制出版社，2019：155-158.

没有约定利息。理由是：

第一，对于打印版的借条，对利息的约定内容系手写体，被告方不予认可。

第二，在被告不认可的情形下，原告方应当对约定了利息承担举证责任。现有证据存在相互矛盾、真伪不明的情形。

第三，下列事实可以佐证双方并未约定利息：一是原告从未主张过利息；二是被告归还借款时，原告出具了收条，收到载明的是借款本金；三是被告归还借款时，原告将手写体的借条（未约定利息的借条）归还给了被告，可以理解为借款清偿后的交接手续。笔者将其理解为证明双方的债权债务关系已经消灭。

实践中，应当注意：一是打印版的合同中，对利息的约定系手写体添加内容。对此应考查该手写体的文字是谁添加的。如果是被告的笔迹添加的，说明双方对利息有补充约定。如果不是被告书写，被告不认可该事实的陈述，视为提出了抗辩并且说明了理由，应当由原告方继续承担举证责任。二是打印版合同的份数。如果打印版的合同系一式两份，由原、被告各保存一份，原告方能够证明被告持有一份，为了查明案件基本事实，可以请求责令被告方举示其持有的借款合同。如果被告方举示的借款合同，同样有利息约定的内容，证明其添加内容是双方的合意，而非原告单方添加。在此情形下，之前原告退还被告的借条的行为，只能证明双方已经就本金已经结清，对利息仍有主张权利。如果被告持有的合同无手写体的内容，则证明对利息的约定系原告单方添加的可能性大，该部分内容不是双方当事人的合意形成，对合同相对方没有约束力。

【案例128】

"砍头息"及按月支付同样金额的行为对利息约定的证明作用

裁判文书：福建省泉州市中级人民法院（2019）闽05民终508号民事判决书①

判决书认定事实：

虽然借条中载明的借款金额为10万元，但陈×实际仅转账98 500元给刘×，陈×自认预先扣除了1 500元的利息。根据《2015民间借贷司法解释》第27条规定，本案借款金额应认定为98 500元，现陈×请求判决刘×偿还借款10万元，对其合法部分予以支持。借条虽未载明利息，但陈×在出借款项时已扣除利息1 500元，且借款之后，刘×每月转账1 500元至陈×光账户，双方均认可该款项是利息，据此，可以认定双方约定利息为月利率1.5%。

~~~ 作者简析 ~~~

虽然双方在借款合同中未约定利息，但是，原告在支付借款时扣除了利息，之后被告按月向原告支付同等金额的行为，可以印证双方实际上进行了利息的约定。如果被告方抗

---

① 本案被收录于：国家法官学院案例开发研究中心. 中国法院2021年度案例. 北京：中国法制出版社，2021：136-139.

辩其按月支付的金额是归还的借款本金,应当由被告方承担举证责任,否则,认定为利息的可能性更大。

【案例 129】

当事人提前还款约定不明时,应当优先冲抵到期利息,剩余部分冲抵本金

裁判文书:最高人民法院(2016)最高法民再 230 号民事判决书

判决书认定事实:

原判认定金×公司与杨×并未约定何时归还利息,可视为归还案涉借款利息不当。首先,根据《合同法》规定,借款合同是借款人向贷款人借款,到期返还借款并支付利息的合同。借款合同中,出借人的主要义务是提供借款,借款人的主要义务是偿还所借款项并支付利息。利息就其性质而言,为借款人使用本金按约定利率计算的法定孳息,应当是借款人完全支配和使用借款本金所承担的成本。《合同法》对于提前扣除利息采取否定性评价,《合同法》第 200 条规定,借款的利息不得预先在本金中扣除。利息预先在本金中扣除的,应当按照实际借款数额返还借款并计算利息。如果事先从借款本金中扣除利息,那么借款人并没有完全支配和使用借款本金,使其创造经济效益的资金条件受到明显制约,对于借款人而言是不公平的。其次,《合同法》第 205 条规定:借款人应当按照约定的期限支付利息。根据查明事实,"借款协议书"第五条约定,金×公司还款方式为按月付息到期一次还本,金×公司提前还款的,利息按实际借款期限计算(借款不满一月的,按日平均利率计算)。即根据合同约定,金×公司偿还利息方式为按月付息,原判认定当事人并没有约定利息归还时间,属事实认定错误,本院予以纠正。

法官论述

我们认为,对于提前归还的款项,首先分析当事人的约定,以确定其性质为本金抑或利息。在当事人约定利息偿还期限但对提前归还款项性质没有约定或约定不明的情况下,结合利息性质,一般先认定为到期利息,剩余款项可抵扣本金,抵扣之后的本金根据约定归还本息。《最高人民法院关于适用〈中华人民共和国合同法〉若干问题的解释(二)》第 21 条规定,债务人除主债务之外还应当支付利息和费用,当其给付不足以清偿全部债务时,当事人没有约定的,人民法院应当按照下列顺序抵充:(1)实现债权的有关费用;(2)利息;(3)主债务。结合利息的性质为借款人使用本金按约定利率计算的法定孳息,利息应当是借款人完全支配和使用借款本金所承担的成本。当事人对于提前归还的款项性质没有约定的,归还的款项应当优先冲抵到期利息,剩余部分抵充本金,所欠本金以实际数额为准,以此为规律运行递归算法。[①]

[①] 最高人民法院民一庭. 民事审判指导与参考:2017 年第 1 辑(总第 69 辑). 北京:人民法院出版社,2017:307.

~~~~ **作者简析** ~~~~

实践中，当事人往往对借款合同期限到期后利息应如何计算进行了约定，而对于提前还款的利息应如何计算却被忽视。《民法典》第561条规定："债务人在履行主债务外还应当支付利息和实现债权的有关费用，其给付不足以清偿全部债务的，除当事人另有约定外，应当按照下列顺序履行：（一）实现债权的有关费用；（二）利息；（三）主债务。"第677条规定："借款人提前返还借款的，除当事人另有约定外，应当按照实际借款的期间计算利息。"依照前述规定，原则上归还的款项应当先抵扣利息，剩余部分再计算为归还的本金。对于提前还款的，原则上应当以实际借款的期间计算利息。

【案例130】

当事人在合同中约定的贷款手续费、调整还款日手续费及行政管理费，是否应当认定为利息

裁判文书：广东省深圳前海合作区人民法院（2016）粤0391民初691号民事判决书

判决书认定事实：

按照我国法律规定，借款人向贷款人所支付款项只有本金、利息和逾期利息，当事人在合同中以各种名义约定的由借款人向贷款人支付的款项均应视为上述三种款项当中的一种。双方当事人在合同中所约定的贷款手续费、调整还款日手续费、行政管理费等费用，其性质与利息相同，均应当视为利息。利息不得预先在本金中扣除，利息预先在本金中扣除的，应当按照实际借款数额返还借款并计算利息。原告在发放借款时以贷款手续费与调整还款日手续费的名义扣除了3 719元，其行为性质与预先在本金中扣除利息相同，因此应当按照原告实际向被告发放借款数额认定借款本金。

双方约定利率及行政管理费合计为每月2.3%，这两项费用均应视为利息，双方约定的实际利率超过了年利率24%，对超过年利率24%的部分，本院不予支持。

~~~~ **法官论述** ~~~~

民间借贷古今中外皆有，是人们解决处理生活消费或生产经营急需的普遍现象。而利率向来是研究民间借贷的核心，我国民间借贷利率规制的历史，可以说是一部由统一性的严格监管逐步向复合性的利率市场化演进的变迁史。国家管制与民间习惯的二元对立自古存在，在高利贷问题上表现尤为突出。例如，"利滚利"、"印字钱"、多计借款日期、本利并作本金等，通过隐蔽的办法，规避政府打压。本案或属其中典型，主要涉及"阴阳利率"的司法审查。本案通过较为缜密的法律解释适用，规制不当的借贷行为，警示当事人合规交易。[①]

---

① 国家法官学院案例开发研究中心. 中国法院2019年度案例. 北京：中国法制出版社，2019：148-151.

~~~ 作者简析 ~~~

民间借贷司法解释对于变相利息并无明确规定。《九民纪要》第51条关于"变相利息"的规定可参照适用。存在变相利息的,利息总额不能超过司法解释规定的上限。

【案例131】

<p align="center">借条中的"风险效益损失"是否认定为利息</p>

裁判文书:贵州省贵阳市中级人民法院(2016)黔01民终字第1443号民事判决书①

判决书认定事实:

关于借款的利息,2005年1月31日被告邓×与第三人签订的借据上约定"附带偿还风险效益损失1万元",应视为对借款期间利息的约定。

【案例132】

<p align="center">以第三人名义收取的借款手续费性质如何认定</p>

裁判文书:江苏省扬州市邗江区人民法院(2015)扬邗民初字第2244号民事判决书②

判决书认定事实:

本案中,双方约定借款本金金额为116 716元,但滕×实际得到的借款本金为99 800元,差额部分费用被×金公司、×城公司、×民公司以审核费、咨询费、服务费、信访咨询费的名义收取,并未汇入滕×账户,而且上述单位与夏×均具有关联关系,故本院认定滕×实际得到的金额99 800元为借款本金。

~~~ 作者简析 ~~~

案例中的审核费、咨询费、服务费、信访咨询费,属于《2020民间借贷司法解释》第29条规定的"其他费用"。由于对前述费用事先在借款本金中扣除,应当按照实际支付的金额认定为借款本金。

【案例133】

民间借贷中好处费的性质认定

裁判文书:河南省安阳市中级人民法院(2019)豫05民终3033号民事判决书③

判决书认定事实:

河南省滑县人民法院经审理认为:合法的借贷关系受法律保护。本案中,暴×主张崔

---

① 该案被收录于:国家法官学院案例开发研究中心.中国法院2018年度案例.北京:中国法制出版社,2018:186-189.

② 该案被收录于:国家法官学院案例开发研究中心.中国法院2018年度案例.北京:中国法制出版社,2018:15-17.

③ 该案被收录于:国家法官学院案例开发研究中心.中国法院2021年度案例.北京:中国法制出版社,2021:50-53.

×向其借款36万元，但是在庭审中双方均认可36万元中仅有16万元借款本金，另20万元为辛苦费，涉案借款的实际金额应为16万元，故崔×应当偿还暴×16万元。对于暴×诉请的另20万元，不符合法律规定，于法无据，不予支持。

~~~ 作者简析 ~~~

案涉好处费，应当被视为《2020民间借贷司法解释》第29条规定的"其他费用"，应当被认定为利息。由于对前述利息事先在借款本金中扣除，应当将实际支付的金额认定为借款本金。

三、逾期利息或违约金的确认

（一）出借人的违约责任

相关规定

▼《民法典》

第671条　贷款人未按照约定的日期、数额提供借款，造成借款人损失的，应当赔偿损失。

▼《2020民间借贷司法解释》

第29条　出借人与借款人既约定了逾期利率，又约定了违约金或者其他费用，出借人可以选择主张逾期利息、违约金或者其他费用，也可以一并主张，但是总计超过合同成立时一年期贷款市场报价利率四倍的部分，人民法院不予支持。

【重点难点提示】

我们认为，法条中的损失，一是指违约金。如果在合同中约定有违约金，其损失可以依据违约金进行计算。二是指实际损失。如果在合同中未约定违约金，当事人只能按照实际损失请求对方承担违约责任。其实际损失包括：一是借款人一方期待利益的损失，如用借款去支付工程施工合同的保证金，因出借人未履行借款的支付义务，借款人失去签订工程施工合同的机会。二是造成对第三方的违约责任。如：用该笔借款去偿还银行贷款，出借人违约导致贷款未按期偿还，而承担的罚息，就是实际损失。又如用该笔借款去支付采购原材料、设备款，出借人的原因导致借款人向供货方支付了违约金的，支付的违约金就是实际损失。

对实际损失的数额及关联性，借款人负有举证责任。

（二）逾期利息

相关规定

▼《2020民间借贷司法解释》

第28条　借贷双方对逾期利率有约定的，从其约定，但是以不超过合同成立时一年期贷款市场报价利率四倍为限。

未约定逾期利率或者约定不明的，人民法院可以区分不同情况处理：

（一）既未约定借期内利率，也未约定逾期利率，出借人主张借款人自逾期还款之日起参照当时一年期贷款市场报价利率标准计算的利息承担逾期还款违约责任的，人民法院应予支持；

（二）约定了借期内利率但是未约定逾期利率，出借人主张借款人自逾期还款之日起按照借期内利率支付资金占用期间利息的，人民法院应予支持。

【重点难点提示】

1. 借款合同中约定了逾期利息的情形

借贷双方对逾期利率有约定的，从其约定，但不超过规定上限，具体参照上文表3-1"利率规定上限调整一览表"。

2. 约定了借期内利率但是未约定逾期利率的情形

依照《2020民间借贷司法解释》第28条第2款第2项的规定，出借人可以主张借款人自逾期还款之日起按照借期内利率支付资金占用期间的利息。

3. 未约定借款期内利息，也未约定逾期利率或者约定不明的情形

根据司法解释的规定，民间借贷纠纷中，借贷双方对逾期利率有约定的，未超过年利率24%的从其约定。未约定逾期利率或者约定不明的，可以区分不同情况处理：既未约定借期内的利率，也未约定逾期利率，出借人主张借款人自逾期还款之日起按照年利率6%支付资金占用期间利息的（注：借贷合同成立于2020年8月20日之前的，可按此计算；成立于之后的，则应当参照当时一年期贷款市场报价利率标准计算。见《2020民间借贷司法解释》第28、31条，下同）。

（三）既约定了逾期利率，又约定了违约金或者其他费用的情形

《2020民间借贷司法解释》第29条规定，出借人与借款人既约定了逾期利率，又约定了违约金或者其他费用，出借人可以选择主张逾期利息、违约金或者其他费用，也可以一并主张，但是总计超过合同成立时一年期贷款市场报价利率4倍的部分，人民法院不予支持。

（四）司法解释规定的年利率上限，并不是判断其他合同违约金是否过高的标准

相关规定

▼《民法典》

第584条　当事人一方不履行合同义务或者履行合同义务不符合约定，造成对方损失的，损失赔偿额应当相当于因违约所造成的损失，包括合同履行后可以获得的利益；但

是，不得超过违约一方订立合同时预见到或者应当预见到的因违约可能造成的损失。

▼《九民纪要》

50.认定约定违约金是否过高，一般应当以《合同法》第113条规定的损失为基础进行判断，这里的损失包括合同履行后可以获得的利益。除借款合同外的双务合同，作为对价的价款或者报酬给付之债，并非借款合同项下的还款义务，不能以受法律保护的民间借贷利率上限作为判断违约金是否过高的标准，而应当兼顾合同履行情况、当事人过错程度以及预期利益等因素综合确定。主张违约金过高的违约方应当对违约金是否过高承担举证责任。

【重点难点提示】

首先，司法解释规定的利息上限，并不是判断违约金过高过低的标准。

违约金是否过高或过低，应当以实际损失为判断依据。因违约所造成的损失，包括合同履行后可以获得的利益；但是，不得超过违约一方订立合同时预见到或者应当预见到的因违约可能造成的损失。

其次，司法解释规定的利息上限，并不是判断借款合同以外的其他合同的违约金是否合理的标准。

依照《九民纪要》的规定，于除借款合同外的双务合同，不能以受法律保护的民间借贷利率上限作为判断违约金是否过高的标准，而应当兼顾合同履行情况、当事人过错程度以及预期利益等因素综合确定。

最后，主张违约金过高的违约方应当对违约金是否过高承担举证责任。

《九民纪要》中提及的《合同法》第113条已被《民法典》第584条吸收。

四、债务清偿顺序的确认

相关规定

▼《民法典》

第561条　债务人在履行主债务外还应当支付利息和实现债权的有关费用，其给付不足以清偿全部债务的，除当事人另有约定外，应当按照下列顺序履行：

（一）实现债权的有关费用；

（二）利息；

（三）主债务。

第585条第3款　当事人就迟延履行约定违约金的，违约方支付违约金后，还应当履行债务。

【重点难点提示】

（一）当只欠付借款本金、利息或实现债权的费用时，如何确定清偿顺序

应当根据实际欠付金额计算利息。但除利息外，如有其他费用，应为利息加上其他费用，不得超过司法解释规定的利息上限。

（二）当同时存在违约金、利息、借款本金时，如何确定清偿顺序

依照《民法典》第561条的规定，其先后顺序是：

(1) 实现债权的有关费用；

(2) 利息；

(3) 主债务。法条中的主债务包括借款本金。

我们认为，当同时存在违约金、利息、借款本金时，其中的利息和本金，应当视为正常债务的组成部分。而违约金则具有加重债务人负担的惩罚性质。

当合同中约定了复息时，其复息也具有加重债务人负担的惩罚性质，因此，具有违约金的性质，只是违约金的计算方式不同而已。

当违约金、复息、利息与本金并存时，其清偿顺序应当是违约金、复息、利息，最后是本金。但是，清偿的违约金、复息、利息总额不能超过司法解释规定的利息上限。

第六节　债务请求权的行使方式

在借款合同中，如果借款人未按照合同约定履行偿还借款本金和支付利息的义务，出借人应当及时进行债务催收。催收的法律意义在于：一是在诉讼时效之内的催收行为可以导致诉讼时效的中断。二是催收行为可以佐证借款合同关系的成立及履行。催收的主要方式有以下几种。

一、电话催收

这是债权人普遍采用的催收方式。这种方式有利于当事人之间进行直接沟通，了解借款人没有及时履行义务的原因，确定应对措施。债权人对于经多次催收对方不予理睬，或者态度暧昧，有进一步的违约趋向的，为防止对方当事人否认催收事实，可以采取通话录音或者保留人证、书证（如邮政部门出具的寄送函件的收据）等方式证明催收的事实。

通话录音要作为有效证据采信。需要注意的问题有：一是能够确定当事人的身份；二是通话内容明确，有催收的相关内容；三是通话录音内容完整，不能有剪接、加工行为。有关录音如果不能确定当事人的身份，通话录音效果差，环境嘈杂，或者有剪接、加工行为，不能作为有效证据采信。

二、邮寄送达催收

相关规定

▼《最高人民法院关于债权人在保证期间以特快专递向保证人发出逾期贷款催收通知书但缺乏保证人对邮件签收或拒收的证据能否认定债权人向保证人主张权利的请示的复函》(〔2003〕民二他字第6号)

债权人通过邮局以特快专递的方式向保证人发出逾期贷款催收通知书,在债权人能够提供特快专递邮件存根及内容的情况下,除非保证人有相反证据推翻债权人所提供的证据,应当认定债权人向保证人主张了权利。

【重点难点提示】

出借人以发出催告函的形式进行催收,一般是基于借款数额较大,或者逾期时间相对较长,或者需要给借款人合理的还款时间安排等。此时的催告函,属于书面证据,也是直接证据,证据效力相对较强。出借人应当保留已经送达的证据。

(一) 应当催告的情形

为了维护债权人的合法权益,在下列情形下,可以发送催款通知或催告函。

(1) 在借款期限即将届满时,为了提醒债务人履行债务,有必要发送催款通知。催款通知载明的内容,除敦促债务人按期履行债务以外,还可以指明债务人未按期履约会造成的损失。如:

> 原计划将此笔还款用于……项目,如果未及时归还,将向其他人举债,会造成利息损失_____元。如果筹集不到资金,将导致丧失该项目招投标机会,会造成前期费用损失_____元等。

(2) 在履行期限届满后,要求借款人履行还款义务。

(3) 对于未约定借款期限的合同,要求借款人履行还款义务并给予合理的宽限期。

(二) 催告函的送达方式

(1) 电子数据形式,如微信、电子邮件;

(2) 直接送达方式;

(3) 委托第三方送达方式(如公证送达方式);

(4) 邮寄送达方式。

最高人民法院在相关审判案例中认为,(2003)民二他字第6号司法解释规定的邮寄方式是特定的,即通过邮局的特快专递。通过并非邮局的顺丰公司等一般快递公司送达法律文件,不产生诉讼时效中断的法律效果。目前,当事人通过一般快递公司送达法律文件的现象比较普遍,应当引起重视。

（三）催告函范本

要求偿还借款的催告函（样本）

单位名称（或自然人姓名）：

第一部分：借款合同签订及履行的基本事实，主要包括以下内容：签订借款合同的时间、借款本金、支付方式（如有借款人指定收款人的，应当写明）、借款人履行还款义务的事实（已归还或者未归还的本金、利息）、未偿还的本金及利息。例：

2016年2月4日，重庆市××建筑工程有限公司向何××提出借款200万元，何××同意后，向重庆市××建筑工程有限公司转款200万元，之后还发生多笔借款。2018年12月4日，由何××（甲方、出借人）、重庆市××建筑工程有限公司（乙方、借款人）、廖×（丙方、担保人）签订"借款结算协议"，将2016年2月4日至结算日期间发生的借款事项办理了结算，三方签字或盖章予以确认：包含前述借款在内，截至2018年12月4日，乙方向甲方借款本金共计2 834 000元（大写贰佰捌拾叁万肆仟元整），利息依照合同约定执行。合同约定"本借款期限为不定期借款"。合同第六条约定："丙方为乙方借款提供连带保证责任"。何××依照有关规定向建筑公司和廖×分别寄送了催告函（略）。

第二部分：催告事项。主要包括：要求借款人履行还款义务的期限。如果签订的是非固定期限的借款合同，则应当给予借款人宽限期。宽限期应当写明宽限天数，并注明从何年何月何日开始起算，宽限期届满之日为×年×月×日。以及逾期未履行还款义务，催告人将进一步采取法律措施的声明。如：逾期未履行还款义务，我方将进一步采取法律措施保护合法权益不受损害等。

特此函告。

催告人（出借人）签字：
年　　月　　日

（四）因拒绝签收或无人签收，邮件被退回的，应如何处理

1. 当事人应妥善保管被退回邮件的原貌

首先，采用邮寄送达方式，当事人需要注意的是，当邮件被退回时，是否应当保持邮件的完好状态。如果擅自拆封，是否可以起到证明作用，值得探讨。为了避免产生不必要的纠纷，建议当事人保持完好状态。在诉讼中可以当庭拆封、当场验证其证明内容。

其次，当邮件被不慎拆封的情况下，主张权利一方，应当举示证据，证明只存在本案合同纠纷，并无其他合同关系，从而证明邮寄送达文件具有唯一性。在此情形下，可以通过推定方式确认邮寄送达文件是与本案有关的债务催收文件。

2. 抗辩理由

首先，如果被退回的邮件被擅自拆封，其证明效力相对减弱。也就是说，不能证明债

权人邮寄了催收函这一法律事实。特别是在当事人之间因不同的案件或合同关系，存在多份催告函的情形下，如何证明与本案的关联性，明显存在证据缺陷。在法庭上，对方当事人可以依据相关事实和理由提出抗辩。

其次，要分析送达地址及签收人是否正确。出借人对借款人作出催收债务的意思表示，应当以意思表示到达对方当事人时产生法律效力。未送达对方，一般情况下不产生法律效力。但是，对自然人如果是按照居民身份证载明的住所地，或者是按照公安部门户籍登记地送达的，应当视为送达。对凡是领取了营业执照的企业法人或非法人组织，按照营业执照载明的住所地寄送的，也应当视为送达。

最后，要分析邮寄送达的途径。一般来说只有通过邮局寄送的才有法律效力，一般的快递公司寄送的不具有法律效力。

【案例134】

法院按照当事人的身份证地址送达诉讼文书，当事人的成年亲属签收，视为已经送达

裁判文书：最高人民法院（2019）最高法民辖终272号民事裁定书

裁定书认定事实：

关于一审管辖异议相关材料的送达是否合法有效。

首先，一审法院按照朱×的身份证住址向朱×邮寄送达了相关诉讼材料，朱×的父亲朱×奕在不知道快递材料系法院诉讼材料的时候予以签收，在收到第一份材料即起诉状副本及证据副本后，对之后的诉讼材料认为其无法联系到其子朱×后予以拒收。在朱×奕未提供进一步证据证明其子朱×下落不明、确系无法联系的情况下，本院视为朱×已收到×信托公司的起诉材料，即起诉状副本及证据副本。

其次，在大连×娱乐公司、朱×均收到起诉状副本及证据副本的情况下，答辩期内仅有大连×娱乐公司提出管辖权异议，朱×并未对管辖权提出异议，视为朱×对一审法院管辖权的认可。无论大连×娱乐公司对管辖权的异议申请以及一审驳回大连×娱乐公司管辖异议的裁定是否送达，在朱×对一审法院管辖权认可的前提下，均未影响朱×的诉讼权利。

最后，退一步讲，即使朱×的父亲朱×奕确能提供充分材料证明朱×已下落不明，本案中大连×娱乐公司仅就一审法院未向朱×送达管辖异议申请书及驳回管辖异议裁定书提起上诉，并未对一审送达起诉状及证据持有异议，故大连×娱乐公司该项上诉理由不成立，不予支持。

≈≈≈ 作者简析 ≈≈≈

依照有关规定，直接送达有困难的，可以采取邮寄送达。不能确认送达地址的，自然人以其户籍登记的住所或者在经常居住地登记的住址为送达地址。本案例中，一审法院按照当事人的身份证住址邮寄送达了相关诉讼材料，由当事人的父亲（成年亲属）签收。在上诉时，当事人并未对一审送达起诉状副本及证据副本的事实提出异议，应当认定为已经送达。

【案例135】
按照合同约定的联系地址寄送材料具有法律效力

裁判文书：最高人民法院（2010）民提字第30号民事判决书

判决书认定事实：

关于原债权人中国银行××市分行是否已在保证期间内向投资公司主张了相应权利问题。中国银行××市分行与投资公司签订的"保证合同"约定，保证期间为1999年9月30日至2002年9月30日止，投资公司的通讯地址为上海市中山北路2981号，"保证合同"项下的任何通知、付款要求或各种通讯联系均按该地址送达对方，"保证合同"任何一方的通讯地址发生变化应立即通知对方。本案中，信×公司××办事处提供的（2002）沪闵证经字第3568号公证书载明，2002年9月19日下午，中国银行××市分行的委托代理人朱×来到上海市邮电局闵行区局莘庄邮政支局，以挂号的方式向投资公司办公室邮寄信函一封，该信函中包括给投资公司的"敦促履行担保责任的函"一份，收信地址为上海市中山北路2981号。信×公司××办事处提供的第0111号"国内挂号函件收据"载明，上海市邮电局闵行区局莘庄邮政支局于2002年9月19日18时收寄了该挂号信函。一、二审法院对于上述事实已予以确认。上述事实表明，本案原债权人中国银行××市分行已在保证期间内向投资公司主张了相应权利。现有证据虽不能证明投资公司收到了该挂号信函，但不能因此而否认原债权人中国银行××市分行已向其主张了相应权利这一事实。二审法院认定没有充分的证据证明原债权人中国银行××市分行在合同约定的保证期间要求保证人投资公司承担保证责任不当，应当予以纠正。信×公司××办事处关于其在保证责任期间内向保证人行使了要求保证人承担保证责任的权利的主张成立，本院予以支持。

作者简析

本案例中，当事人为了证明催收事实，举示了两份证据：

一是合同约定的通信地址。"保证合同"约定了双方的通信地址，并且约定，任何一方的通信地址发生变化应立即通知对方。换言之，如果没有收到地址变更的通知，视为未变更。当事人按照原约定的地址进行邮寄，主观上没有过错。

二是邮政部门出具的"国内挂号函件收据"，证明邮政部门在某年某月某日收寄了该挂号信函的事实。

送达催收函，是当事人主张权利的方式之一。最高人民法院在本案中认为，现有证据虽不能证明投资公司（保证人）收到了该挂号信函，但不能因此而否认原债权人中国银行××市分行已向其主张了相应权利这一事实。该认定证明，当事人只要以合理方式主张了权利就会产生相应的法律效果，而不以对方当事人收到相关请求为生效要件，具有借鉴意义。

【案例136】

通过并非邮局的一般快递公司送达法律文件，不产生诉讼时效中断的法律效果

裁判文书：最高人民法院（2015）民申字第134号民事裁定书

裁定书认定事实：

××农行申请再审的法律依据主要是法释〔2008〕11号第10条的规定和〔2003〕民二他字第6号答复。根据法释〔2008〕11号第10条第2项的规定，当事人一方以发送信件或者数据电文方式主张权利，信件或者数据电文到达或者应当到达对方当事人的，应当认定为《民法通则》第140条规定的"当事人一方提出要求"，产生诉讼时效中断的效力。〔2003〕民二他字第6号答复主要内容为：债权人通过邮局以特快专递的方式向保证人发出逾期贷款催收通知书，在债权人能够提供特快专递邮件存根及内容的情况下，除非保证人有相反证据推翻债权人所提供的证据，应当认定债权人向保证人主张了权利。××农行主张其于2009年4月1日、2010年12月28日、2012年11月20日通过信件向××酒公司主张了债权，并提交了相应的证据。其2009年4月1日向××酒公司主张债权是通过顺丰公司寄送邮件，其证据为顺丰公司的寄件存根。该证据能够证明××农行已将邮件交邮，但是不能证明邮件到达或者应当到达××酒公司。〔2003〕民二他字第6号规定的邮寄方式是特定的，即通过邮局的特快专递。

顺丰公司并非邮局，仅是一般快递公司。××农行应提供邮件回执等证据证明邮件已经到达××酒公司，但是××农行并未提交。二审判决认为××农行未有效催收债权，不产生诉讼时效中断的效力，不属于适用法律确有错误。无论××酒公司当时的营业状态如何，因××农行的证据尚不能证明其已经送达了催收信件，原审认定××酒公司营业状态是否缺乏证据证明并不影响案件的审理结果。故本院对××农行的第二个再审申请理由不再审查。

~~~ 作者简析 ~~~

最高人民法院对〔2003〕民二他字第6号答复的理解具有借鉴意义。该文件规定的邮寄方式是特定的，即通过邮局的特快专递，在实践中应予以高度重视。

三、通过手机短信、电子邮件、微信等电子数据催收

依照《九民纪要》的规定，手机短信、电子邮件、微信等电子数据亦属于书面证据，具有书面证据的证明效力。但是，当事人应当保留催收证据及载体。比如，某人通过手机短信催收债务后，在未举示证据前，擅自将短信从手机里删除，如果不能恢复，则不能作为有效证据采信。

四、委托第三人进行催收

委托第三人进行催收,一般是为避免当事人之间直接产生矛盾,或者出于碍于情面等原因,但又必须获取证据证明有催收事实的催收方式。第三人接受委托后,则可能采取上门催收、短信催收等方式。第三人属于律师事务所的,可以通过发送律师函的形式进行催收。

第三人可能是自然人、律师事务所、公证机构。委托第三人催收的,要保存好两方面的证据:一是委托第三人进行催收的证据,二是第三人进行了催收的事实依据。

五、上门催收

就是当事人亲自或委托第三人到债务人住所地进行催收。无论是当事人上门,还是委托第三人上门催收,一定要合法催收。不能采取上门恐吓、威胁等暴力方式进行催收,更不能采取直接暴力方式进行催收,以免变合法催收为非法催收,甚至因涉嫌扫黑除恶而承担刑事责任。

据报道,余某和A公司法定代表人徐某之间有债务纠纷。为逼迫徐某偿还债务,余某纠集亲友六人,以断电、堵门等方式,四次破坏A公司及租用该公司场地的其他五家企业正常生产经营。后法院以破坏生产经营罪判处余某拘役5个月。[①]

六、调解

当事人可以委托社区、居民委员会、村社等组织进行调解,促使当事人自觉履行债务。如果通过调解,当事人达成一致意见,可以向法院申请制作民事调解书。在制作调解书时,对于涉及以物抵债协议的,应当持慎重态度,是否涉及第三人的合法权益,辨明是否属于为了逃避债务而进行的虚假诉讼。

七、诉讼

通过法院诉讼的途径实现其债权的方式,一是要准备好证明合法债权的证据,二是要经过庭审或调解程序才能结案,一般简易程序的审理期限为3个月,普通程序为6个月。一审程序之后可能还有二审程序。在判决生效之日起6个月内,当事人还可以申请再审。如果再审立案进入审判监督程序,还要经过审判监督程序。这种方式较为复杂,且时间相对较长。在实践中,当事人因为诉讼结案时间长、碍于情面等原因,一般不轻易进行诉讼,进而失去财产保全的机会的情况较多,应当引以为戒。

---

① 多次堵门又断电,此种催债方式不可取.澎湃新闻.

八、申请仲裁

如果当事人之间订立有仲裁条款，可以通过申请仲裁的途径实现债权。对仲裁条款的要求有二：一是当事人有愿意通过仲裁解决纠纷的意思表示，二是选择的仲裁机构必须明确。如果只有仲裁的意思表示，没有选择仲裁机构，或者选择的仲裁机构不具体明确，在争议产生后又不能对选择仲裁机构达成补充协议，视为没有仲裁条款。当事人可以通过向法院提出诉讼解决争议。

九、公告送达方式

如果被催告人下落不明，无法采用其他方式进行催收，当事人又不想通过诉讼或仲裁的方式进行催收，可以采用公告送达的方式进行催收。

关于公告送达方式，要注意的问题有：（1）公告送达的适用条件；（2）公告送达的媒体；（3）公告送达的次数。

一般而言，未穷尽其他方式催收的，不宜采用公告送达方式。

【案例137】
公告送达符合适用条件方具有法律效力

裁判文书：最高人民法院（2017）最高法民再178号民事判决书

判决书认定事实：

关于陈2于2013年10月28日在《淮海商报》上刊登公告要求陈1承担担保责任是否构成在保证责任期间内向其主张了权利的问题。本院认为……就公告送达方式的适用条件，《最高人民法院关于审理民事案件适用诉讼时效制度若干问题的规定》（法释〔2008〕11号）第10条第1款第4项规定："当事人一方下落不明，对方当事人在国家级或者下落不明的当事人一方住所地的省级有影响的媒体上刊登具有主张权利内容的公告的，但法律和司法解释另有特别规定的，适用其规定"。据此，债权人在保证期间内以公告方式向保证人主张权利应当符合以下三个条件：第一，保证人下落不明，债权人无法采用其他直接送达的方式向其主张权利。这一前提要件表明，债权人要求保证人承担责任的意思表示，原则上必须由保证人实际受领或能够实际受领方能发生法律效力，只有在因保证人下落不明的原因导致无法受领的情况下，才能以公告送达这一拟制受领的方式主张权利。第二，公告的内容需有主张权利的意思表示。第三，公告的媒体应当是国家级或者保证人住所地省级有影响的媒体。本案中，被申请人陈2和申请人陈1均一致认可，在保证期间内，保证人陈1一直在其任职的单位正常上班和履职，故本案中并不存在因陈1下落不明导致债权人无法在保证期间内向其主张权利的情形，且从陈2选择的公告媒体来看，《淮海商报》并非省级有影响力的媒体。故本案中被申请人陈2以在《淮海商报》上刊登公告的方式向保证人主张权利，不符合法律规定，依法不能产生主张权利的法律效果。

~~~ 作者简析 ~~~

最高人民法院认为，以公告送达方式主张权利应当符合以下三个条件：一是保证人下落不明，债权人无法采用其他直接送达的方式向其主张权利；二是公告的内容需有主张权利的意思表示；三是公告的媒体应当是国家级或者保证人住所地省级有影响的媒体。

如果可以采用其他方式进行催收，一般不适用公告送达方式催收债务。前述条件，不仅限于债权人向保证人主张权利，向债务人主张权利也是适用的。

【案例138】

资产管理公司发布的债权转让公告或者通知，不能证明在保证期间内向保证人主张过权利

裁判文书：最高人民法院（2007）民二终字第208号民事判决书

判决书认定事实：

《最高人民法院关于贯彻执行最高人民法院"十二条"司法解释有关问题的函》中"金融资产管理公司在全国或省级有影响的报纸上发布的有催收内容的债权转让公告或通知所构成的诉讼时效中断，可以溯及至金融资产管理公司受让原债权银行债权之日；金融资产管理公司对已承接的债权，可以在上述报纸上发布催收公告的方式取得诉讼时效中断（主张权利）的证据"的规定，是对金融资产管理公司对已承接的债权如何主张债权诉讼时效中断的规定，并不涉及保证合同与保证期间的问题，不能依此认定信×公司××办事处在1999年12月2日向兴×电力公司（保证人）主张过权利。因此，上诉人关于原审法院适用《最高人民法院关于贯彻执行最高人民法院"十二条"司法解释有关问题的函》的规定属于法律适用错误的主张，本院予以支持。

~~~ 作者简析 ~~~

对《最高人民法院关于贯彻执行最高人民法院"十二条"司法解释有关问题的函》中有关债权转让公告或通知如何理解的问题，最高人民法院在本案例中认为，资产管理公司发布有催收内容的债权转让公告或者通知，可以构成诉讼时效中断，但不能依此认定在保证期间内向保证人主张过权利，具有广泛的借鉴意义。

附：最高人民法院对《关于贯彻执行最高人民法院"十二条"司法解释有关问题的函》的答复（法函〔2002〕3号）

信达、华融、长城、东方资产管理公司：

你们于2001年10月15日发出的"信总报〔2001〕64号"关于贯彻执行最高人民法院"十二条"司法解释有关问题的函收悉。经研究，现就函中所提出问题答复如下：

依据我院《关于审理涉及金融资产管理公司收购、管理、处置国有银行不良贷款形成的资产的案件适用法律若干问题的规定》（以下简称《规定》）第十条规定，为了

最大限度地保全国有资产,金融资产管理公司在全国或省级有影响的报纸上发布的有催收内容的债权转让公告或通知所构成的诉讼时效中断,可以溯及至金融资产管理公司受让原债权银行债权之日;金融资产管理公司对已承接的债权,可以在上述报纸上以发布催收公告的方式取得诉讼时效中断(主张权利)的证据。关于涉及资产管理公司清收不良资产的诉讼案件,其"管辖问题"应按《规定》执行。

最高人民法院
二〇〇二年一月七日

第七节 债的免除

相关规定

▼《民法典》

第557条 有下列情形之一的,债权债务终止:……

(四)债权人免除债务。

【重点难点提示】

免除债务人的债务,属于当事人行使民事处分权,并不违反法律强制性规定,应当合法有效,这是没有争议的。争议较大的是,当债务人为数人时,债权人免除其中一人的债务,其效力是否及于其他债务人。

在实践中,免除债务包括明示的免除债务和默示的免除债务。后者包括两种情形:一是在执行阶段对免除债务的债务不申请强制执行,如减少申请执行的金额或不提供其财产线索,致使债务人事实上不承担其债务;二是通过强制执行或自愿履行后,债权人将取得的财产返还给债务人。

笔者认为,免除债务虽然属于当事人的自主处分权,但是前提是不得加重其他债务人的负担。也就是说,不得将免除的债务加于其他债务人身上。再者就是追偿权的问题。如果债务人承担的债务超过其应当承担的债务份额,合同约定各债务人对债权人承担连带责任的,对超过其份额的部分享有向其他债务人进行追偿的权利。

【案例139】

对部分连带债务人的债务免除,效力及于其他连带债务人

裁判文书:福建省高级人民法院(2019)闽民再341号再审民事判决书[1]

---

[1] 该案被收录于:国家法官学院案例开发研究中心.中国法院2020年度案例.北京:中国法制出版社,2020:131-133.

判决书认定事实：

原审期间，许×与麒×公司签订"和解协议书"，约定麒×公司再向许×支付700万元，许×承诺就本案借款不再向麒×公司主张权利，剩余款项向黄×、黄×珠继续追讨。该"和解协议书"未征得黄×、黄×珠同意，对二人不发生法律效力。而且，迟延还款的责任在麒×公司，许×同意免除麒×公司对剩余债务的还款责任，却要求无法控制和支配执行款的黄×承担该部分债务，有违公平原则。许×自愿放弃对麒×公司享有的部分债权，系对自身权利的合法处分，但在"补充协议"明确麒×公司承担履行还款义务主体责任的情况下，对债务的豁免应及于其他共同借款人，即黄×在许×放弃权利的范围内也应免除还款责任。因此，对许×要求黄×偿还剩余借款、资金占用费及保全申请费的诉讼请求，依法不予支持。

法官论述

债权人可以选择向部分连带债务人主张权利，但不得妨碍该部分连带债务人对超过其应当负担的份额依法行使追偿权。债权人免除部分连带债务人的债务，势必导致其他连带债务人在承担债务后不能向该债务人追偿，显然有悖于法律规定。而且，连带债务人对外均负有清偿全部债务的义务，一人的清偿行为对其他连带债务人均发生效力。依照《合同法》第91条第5项规定，债权人免除债务的，合同权利义务终止。因此，债权人对部分连带债务人免除债务的，其行为效力应当及于其他连带债务人，相应的债权债务关系归于消灭。[1]

作者简析

《民法典》第557条规定，债权人免除债务的，债权债务终止。那么，在债务免除情形下，连带债务人应当怎样承担清偿责任呢？

债务免除，包括全部免除和部分免除。在全部免除的情形下，自然不会产生法律上的争议。关键是部分免除。部分免除，包括针对全部债务人的部分债务免除和针对部分债务人的债务免除两种类型。对于前者，因利益均沾，权利与义务具有平等性，并无争议。针对部分债务人的债务免除，实践中则争议较大。

一种观点认为，免除部分共同借款人的还款义务，不等于免除其他共同借款人的还款义务。在此情形下，可以要求其他共同借款人在其应当承担的份额内承担清偿责任。法律依据是《民法典》第177条："二人以上依法承担按份责任，能够确定责任大小的，各自承担相应的责任；难以确定责任大小的，平均承担责任。"

另一种观点认为，免除部分共同借款人的还款义务，应当视为同时免除了其他共同借款人的还款义务。仅从妨碍其他债务人行使追偿权的角度看，其抗辩理由应当只是妨碍追

---

[1] 国家法官学院案例开发研究中心. 中国法院2020年度案例. 北京：中国法制出版社，2020：131-133.

偿权的部分。从公平角度看，该观点还是站得住脚的。其理由是，既然是共同借款人，就有共同还款义务。如果当事人采取欺诈行为，以共同借款为由，诱使其他当事人在借款合同中签字，然后又免除部分借款人的债务，这里的免除，就不是当事人行使民事权利的处分权，而是欺诈行为的表现。为了防止类似情形产生，认定免除部分共同借款人的还款义务，应当同时免除其他共同借款人的还款义务是有道理的。

还有观点认为，按照公平原则，既然是连带债务，就应当义务均担，权利共享。免除部分债务人的债务，应当由全部共同借款人均享。

此外，还有的争议是：对连带债务人自己应当承担的份额，是否也属于免除债务的范围？债务免除是债权人行使自主处分权的结果，并不违反法律强制性规定，应当得到支持。但是，针对其他连带债务人承担了连带责任以后就超出其应当承担的份额向连带债务人行使追偿权时，是否免除的决定权不再属于债权人本人，而是属于行使追偿权的债务人。因此，对连带债务人自己应当承担的份额，并不属于免除债务的范围。

在实践中，债权人要免除其中部分债务人的还款责任，可通过以下途径实施：

一是只起诉部分债务人。法律依据为《民法典》第178条："二人以上依法承担连带责任的，权利人有权请求部分或者全部连带责任人承担责任。"

二是只对部分债务人申请执行。债权人取得生效的法律文书后，在申请强制执行阶段，只提供了部分债务人的可供执行的财产线索，而该财产又足以清偿债务，或者虽然不足以清偿债务，但未提供另一部分债务人的财产线索可供执行的，可能只执行部分债务人的财产，从而达到免除另一部分债务人的债务的目的。

三是无论是否通过执行程序，债权人先取得所有债务人的还款，然后返还部分债务人承担的债务金额，也会达到免除部分债务人的债务的目的。

第四章

债务的履行及其后果

第一节 债务履行期限

一、债务履行期限

相关规定

▼《民法典》

第667条 借款合同是借款人向贷款人借款,到期返还借款并支付利息的合同。

第668条 借款合同应当采用书面形式,但是自然人之间借款另有约定的除外。

借款合同的内容一般包括借款种类、币种、用途、数额、利率、期限和还款方式等条款。

第671条 贷款人未按照约定的日期、数额提供借款,造成借款人损失的,应当赔偿损失。

借款人未按照约定的日期、数额收取借款的,应当按照约定的日期、数额支付利息。

第675条 借款人应当按照约定的期限返还借款。对借款期限没有约定或者约定不明确,依据本法第五百一十条的规定仍不能确定的,借款人可以随时返还;贷款人可以催告借款人在合理期限内返还。

第676条 借款人未按照约定的期限返还借款的,应当按照约定或者国家有关规定支付逾期利息。

第677条 借款人提前返还借款的,除当事人另有约定外,应当按照实际借款的期间计算利息。

第678条 借款人可以在还款期限届满前向贷款人申请展期;贷款人同意的,可以展期。

第510条　合同生效后，当事人就质量、价款或者报酬、履行地点等内容没有约定或者约定不明确的，可以协议补充；不能达成补充协议的，按照合同相关条款或者交易习惯确定。

第511条　当事人就有关合同内容约定不明确，依据前条规定仍不能确定的，适用下列规定：

……

（四）履行期限不明确的，债务人可以随时履行，债权人也可以随时请求履行，但是应当给对方必要的准备时间。

▼《2020民间借贷司法解释》

第28条　借贷双方对逾期利率有约定的，从其约定，但是以不超过合同成立时一年期贷款市场报价利率四倍为限。

未约定逾期利率或者约定不明的，人民法院可以区分不同情况处理：

（一）既未约定借期内利率，也未约定逾期利率，出借人主张借款人自逾期还款之日起参照当时一年期贷款市场报价利率标准计算的利息承担逾期还款违约责任的，人民法院应予支持；

（二）约定了借期内利率但是未约定逾期利率，出借人主张借款人自逾期还款之日起按照借期内利率支付资金占用期间利息的，人民法院应予支持。

第29条　出借人与借款人既约定了逾期利率，又约定了违约金或者其他费用，出借人可以选择主张逾期利息、违约金或者其他费用，也可以一并主张，但是总计超过合同成立时一年期贷款市场报价利率四倍的部分，人民法院不予支持。

第30条　借款人可以提前偿还借款，但是当事人另有约定的除外。

借款人提前偿还借款并主张按照实际借款期限计算利息的，人民法院应予支持。

【重点难点提示】

（一）固定履行期限

固定履行期限包括出借人按照约定提供借款的期限（《民法典》第671条），借款人按照合同约定的期限履行还款义务的期限（《民法典》第675条）。

合同期限是当事人的债务请求权是否形成的重要依据。

1. 一次性偿还或分次偿还

关于同一笔借款，可以约定一次性偿还，也可以约定分次偿还。分次偿还的，在借款合同中写明每次偿还的时间、金额。

2. 借款合同期限的变更

经对方当事人同意的"展期"和"提前还款"，均属于合同变更。针对提前还款，借款人可以向出借人提出申请。《2020民间借贷司法解释》第30条规定："借款人可以提前偿还借款，但是当事人另有约定的除外。"该条规定有以下含义。

第一，如果双方在合同中约定了借款人可以提前还款，无须再征得出借人的同意。

第二，如果双方在合同中约定了借款人不能提前还款，原则上借款人不能提前偿还借款。

对此，我们的理解是，无论是否作前述约定，只要借款人提前履行还款义务，出借人均应当接收还款。不同的是，如果约定了不能提前还款，出借人一方有权利按照约定收取全部利息。如果出借人提前接收了还款，借款人一方可能提出合同履行期限已经变更的抗辩，为了避免造成歧义，出借人在接收还款时应当予以声明。当然，出借人提前接收还款，也可以放弃剩余借款期限的利息。

第三，如果借款合同中没有前述第一项或第二项的约定，"借款人提前偿还借款并主张按照实际借款期限计算利息的"，人民法院会给予支持。

对借款合同约定的期限进行变更时，要考虑借款期限的延长对担保期限的影响。担保合同是从合同，担保期限一般应根据主合同约定的借款期限确定。

《担保法》实施后至《担保法司法解释》出台前，借款合同的展期，未经保证人书面同意的，保证人不再承担保证责任。但该司法解释出台后发生借款合同的展期的，保证人承担保证责任的期间不受影响，即超过按原合同约定的保证期间范围的，保证人不应再承担保证责任。

3. 未按照合同约定期限履行还款义务的，应支付逾期利息或承担违约责任

借款人未按照合同约定期限履行还款义务的，应当承担支付逾期利息的责任。其逾期利息在2020年8月20日前以不超过年利率24%为限，2020年8月20日以后则以起诉时一年期贷款市场报价利率4倍为限。同时，要注意借款合同中对未约定逾期利率或者约定不明的处理（《2020民间借贷司法解释》第28条）。

违约金与逾期利息以及其他费用，可以一并主张。但是总计在2020年8月20日前要以不超过年利率24%为限，自2020年8月20日到借款返还之日不能超过合同成立时一年期贷款市场报价利率的4倍。

（二）非固定履行期限

依照《民法典》第675条的规定，对借款期限没有约定或者约定不明确的，按下列方式确定：（1）按照补充协议执行；（2）不能达成补充协议者，借款人可以随时返还，贷款人可以催告借款人在合理期限内返还。

上述规定有三层含义：第一，借款合同对债务履行期限有约定的，按照约定执行。

第二，没有约定或者约定不明的，可以补充约定。

第三，不能达成补充协议的，债务人可以随时履行，债权人也可以随时请求履行，但是应当给对方必要的准备时间，即合理的宽限期。

在实践中，往往存在以下误区。一是将非固定期限的借款合同与固定期限的借款合同相混淆，认为在签订借款合同时诉讼时效就应开始计算。二是对非固定期限的借款合同转化为固定期限的借款合同，存在认识上的错误。判断是否发生了这种转换的关键在于看出借人是否进行了还款催告。实践中，对于不定期合同，借款人往往有多次还款的记录，形成的这些记录究竟是借款人在出借人催告下履行了还款义务，还是借款人主动分次履行了还款义务，二者是有本质区别的，在司法实践中应当予以高度重视。关于催告函的格式及内容，见本书第三章"催告函"相关内容。

【最高人民法院指导性意见】

债权人与债务人之间未约定债权债务的履行期限，债务人持续性地部分履行债务，债权人接受，且双方未就剩余债务的履行期限另行约定的，应当认为债务人可随时向债权人履行剩余债务，债权人亦可随时要求债务人履行剩余债务，但应给予必要的履行宽限期。①

【案例140】

债权人持续接受债务人部分履行，且对剩余债务未约定履行期限的，债权人可以随时要求债务人履行剩余债务

判决书认定事实②：

从现有证据看，不能认定双方之间债权债务关系已经终止，当事人之间的行为应界定为持续的债务履行行为。在万×出卖最后一套房屋后，因双方对尚未清偿部分未约定履行期限，故甲公司作为债务人，可随时向万×履行债务，万×作为债权人可随时向甲公司要求履行债务，只需给予其必要的宽限期，且诉讼时效应当自万×给予甲公司的履行宽限期届满时开始起算。

~~~~ 法官论述 ~~~~

本案的争议焦点主要是万×对甲公司的起诉时间是否超过了法律规定的诉讼时效期间。对此问题有两种观点。

第一种观点认为，"还本分利决定"中关于甲公司从乙公司处所得款项首先偿还万×投资款的约定系对还款期限的约定。万×在2000年9月5日从乙公司处代甲公司收取款项及房屋的行为，应当视为万×向甲公司主张了债权，故应当发生诉讼时效的中断，即从2000年9月5日起诉讼时效期间重新开始起算。此后万×虽然在2004年6月9日前一直

---

① 沈丹丹．债权人持续接受债务人部分履行未约定履行期限的债务且对剩余债务未约定履行期限的，债权人可以随时要求债务人履行剩余债务//最高人民法院民一庭．民事审判指导与参考：2011年第2辑（总第46辑）．北京：人民法院出版社，2011：274．

② 同①．

在出售从乙公司处接收的商品房，但这是对其自己财产的处分，而不是向甲公司主张债权，因此不发生诉讼时效的中断。万×在2005年2月16日提起对甲公司债权之诉，已经超过了法律规定的两年的诉讼时效期间，因而丧失了胜诉权。

第二种观点认为："还本分利决定"中关于甲公司从乙公司处所得款项首先偿还万×投资款的约定系对还款方式的约定。万×与甲公司之间的债权债务系未约定履行期限的债权债务，万×虽代甲公司向乙公司收取了款项和房屋，但双方并未约定以此抵偿甲公司所欠万×的全部债务。万×代为收取房屋并在2000年9月5日到2004年6月9日间销售房屋的行为，应当视为甲公司持续向万×履行债务、万×持续接受履行债务的行为。双方就尚未清偿的债务未进行新的约定，故剩余部分债务仍应视为未约定履行期限的债务，万×可对剩余债务随时向甲公司主张，因此其于2005年2月16日起诉未超过法律规定的诉讼时效期间。

我们认为，第二种观点更为合理。[①]

≈≈≈ 作者简析 ≈≈≈

实践中，要注意区分"债务人持续性地部分履行债务"，是债务人主动履行债务，还是应债权人的请求分次履行义务。如果系债权人请求债务人履行债务，债务人分次履行部分债务的，具有诉讼时效中断的效果，这是毫无疑问的。如果对债务履行期限并未约定，债务人主动履行债务的，债权人虽然予以接受，但是否会引起诉讼时效的中断，值得探讨。如债权人在接受债务人持续性地部分履行债务之外，并未对剩余债务重新约定明确的还款期限，应视为未到期债权，故诉讼时效尚未起算。

二、对履行期限没有约定或者约定不明的，应如何确定履行债务的期限

相关规定

▼《民法典》

第674条　借款人应当按照约定的期限支付利息。对支付利息的期限没有约定或者约定不明确，依据本法第五百一十条的规定仍不能确定，借款期间不满一年的，应当在返还借款时一并支付；借款期间一年以上的，应当在每届满一年时支付，剩余期间不满一年的，应当在返还借款时一并支付。

第675条　借款人应当按照约定的期限返还借款。对借款期限没有约定或者约定不明确，依据本法第五百一十条的规定仍不能确定的，借款人可以随时返还；贷款人可以催告

[①] 沈丹丹. 债权人持续接受债务人部分履行未约定履行期限的债务且对剩余债务未约定履行期限的，债权人可以随时要求债务人履行剩余债务//最高人民法院民一庭. 民事审判指导与参考：2011年第2辑（总第46辑）. 北京：人民法院出版社，2011：274.

借款人在合理期限内返还。

第 676 条　借款人未按照约定的期限返还借款的，应当按照约定或者国家有关规定支付逾期利息。

【重点难点提示】

原则上，对还款或支付利息的期限没有约定或者约定不明者，按照下列方法确定履行期限：

（1）当事人可以补充约定。补充约定达成协议的，按照补充约定执行。

（2）如果不能达成补充协议，按照合同有关条款或者交易习惯确定。实践中，可以参照合同目的进行确定。

（3）对支付利息，按前述方法仍无法确定者，按照下列方法确定：1）借款期间不满 1 年的，应当在返还借款时一并支付；2）借款期间 1 年以上的，应当在每届满 1 年时支付，剩余期间不满 1 年的，应当在返还借款时一并支付。

三、对是否可以提前还款没有约定的处理

相关规定

▼《民法典》

第 677 条　借款人提前返还借款的，除当事人另有约定外，应当按照实际借款的期间计算利息。

▼《2020 民间借贷司法解释》

第 30 条　借款人可以提前偿还借款，但是当事人另有约定的除外。

借款人提前偿还借款并主张按照实际借款期限计算利息的，人民法院应予支持。

【重点难点提示】

当事人在合同中约定了不得提前归还借款的，按照合同约定执行；在合同中没有作"不得提前归还借款"的限制性约定的，借款人可以提前偿还借款，并且可以主张按照实际借款时间计算利息。

四、借款人未按照约定日期、数额收取借款的，应如何处理

相关规定

▼《民法典》

第 671 条第 2 款　借款人未按照约定的日期、数额收取借款的，应当按照约定的日期、数额支付利息。

【重点难点提示】

借款人未按照约定日期、数额收取借款的，应当按照合同约定的日期、数额计算并支付利息。在此需要注意以下问题：

一是合同中约定了出借人提供借款的时间和数额的，借款人应当在约定的期限和数额内接受借款。

二是合同中没有约定出借人提供借款的数额的，此时对于借款合同是否成立尚存争议。笔者认为，如果未约定借款数额，属于合同标的不明确，表明双方对借款金额未形成合意，合同并未成立。

三是借款人约定了具体数额但未约定提供借款的时间，借款人可以随时要求出借人履行支付借款的义务，但应当给予出借人合理的准备时间。

四是双方当事人均是自然人的，法律规定是以出借人实际支付借款时借款合同成立，因此，这里不存在"借款人未按照约定日期、数额收取借款"的情况。

因此，只有在上述第一种情形下，借款人未按照约定日期、数额收取借款的，才适用《民法典》第671条第2款的规定。实践中，借款合同虽然对提供借款的时间未作约定，但是，按照常理，当出借人履行借款的支付义务时，借款人就应当收取借款。

第二节 现金或转账支付方式

一般情形下，借款或还款的支付方式有以下几种：一是现金支付方式，这适合于数额较小的借款。如果是大额现金交易，则应当有合理的理由，否则，不符合交易习惯。二是转账支付方式，包括同城支票转账、电汇、手机银行转账等方式。三是以物抵债。四是其他特殊履行，如债务抵销等。

一、现金支付方式

相关规定

▼《2020民间借贷司法解释》

第9条　自然人之间的借款合同具有下列情形之一的，可以视为合同成立：

（一）以现金支付的，自借款人收到借款时……

▼《最高人民法院关于依法妥善审理民间借贷案件的通知》（法〔2018〕215号）

三、依法严守法定利率红线……对于"出借人主张系以现金方式支付大额贷款本金""借款人抗辩所谓现金支付本金系出借人预先扣除的高额利息"的，要加强对出借人主张的现金支付款项来源、交付情况等证据的审查，依法认定借贷本金数额和高额利息扣收事实。发现交易平台、交易对手、交易模式等以"创新"为名行高利贷之实的，应当及时采取发送司法建议函等有效方式，坚决予以遏制。

▼《最高人民法院关于依法妥善审理民间借贷纠纷案件促进经济发展维护社会稳定的通知》（法〔2011〕336号）

七、注意防范、制裁虚假诉讼。人民法院在审理民间借贷纠纷案件过程中，要依法全面、客观地审核双方当事人提交的全部证据，从各证据与案件事实的关联程度、各证据之间的联系等方面进行综合审查判断。对现金交付的借贷，可根据交付凭证、支付能力、交易习惯、借贷金额的大小、当事人间关系以及当事人陈述的交易细节经过等因素综合判断。对形式有瑕疵的"欠条"或者"收条"，要结合其他证据认定是否存在借贷关系。发现有虚假诉讼嫌疑的，要及时依职权或者提请有关部门调查取证，查清事实真相。经查证确属虚假诉讼的，驳回其诉讼请求，并对其妨害民事诉讼的行为依法予以制裁；对于以骗取财物、逃废债务为目的实施虚假诉讼，构成犯罪的，依法追究刑事责任。

【重点难点提示】

实践中，对于小额现金交付，因为其比较符合常理，一般不存在争议。对于巨额现金交付，则争议较大。这主要是因为巨额现金交付的事实难以认定。

（一）根据司法解释的规定，对巨额现金交付的事实，应当从严审查

目前比较普遍的观点是：对现金交付的借贷，可根据交付凭证、支付能力、资金来源、取现记录、交易习惯、借贷金额的大小、当事人间关系以及当事人陈述的交易细节经过等因素综合判断。这就要求，要证明确实存在现金交付的情形，需要当事人保留好关于交易真实性的全部证据。《2015民间借贷司法解释》第16条规定，原告仅依据借据、收据、欠条等债权凭证提起民间借贷诉讼，被告抗辩借贷行为尚未实际发生并能作出合理说明，人民法院应当结合借贷金额、款项交付、当事人的经济能力、当地或者当事人之间的交易方式、交易习惯、当事人财产变动情况以及证人证言等事实和因素，综合判断查证借贷事实是否发生。《2020民间借贷司法解释》第15条规定，原告仅依据借据、收据、欠条等债权凭证提起民间借贷诉讼，被告抗辩已经偿还借款的，被告应当对其主张提供证据证明。被告提供相应证据证明其主张后，原告仍应就借贷关系的存续承担举证责任。被告抗辩借贷行为尚未实际发生并能作出合理说明的，人民法院应当结合借贷金额、款项交付、当事人的经济能力、当地或者当事人之间的交易方式、交易习惯、当事人财产变动情况以及证人证言等事实和因素，综合判断查证借贷事实是否发生。

对于前述情形，《2020民间借贷司法解释》规定的是"应当"而非"可以"，这明显压缩了审判人员的自由裁量权空间，并且将充分的自由裁量权逐步转变为严格审查义务。

（二）巨额现金交付的风险及证据

无论是出借人使用现金支付借款，还是借款人使用现金支付偿还借款，均具有较大风险。其风险源自：一是证据难以固定，二是有关司法解释的规定对于现金支付的审查较

严，这些规定提醒我们尽量不要使用现金交付。如果必须使用现金交付，一定要保存好相关证据。我们建议大额借款的一般不要使用现金进行支付。如果必须使用现金完成支付，应当注意以下事项。

（1）按照合同约定方式履行支付义务。使用现金完成支付的，应当在借款合同或借条中进行约定。合同相对方按照合同约定履行支付义务，具有合同依据。

（2）保留履行支付义务的直接证据。这些证据包括但不限于：现场照片、现场音像材料；手机通话记录、微信、电子邮件等书面证据（包括对方当事人要求交付现金的通话记录、事后确认完成交付义务的电话记录）等。

采取现场拍照的，拍摄内容要完整，要能够反映出借人、借款人在场，有证明人在场的还应当反映证明人，以及能反映现金交付事实等内容。

实践中，针对数百万元的巨额现金交付，有的当事人陈述是在路边或车上完成的交付，但没有举示现场照片等相关证据，这显然是不符合情理的。

（3）允许采用对质方式审查认定证人证言的真实性。比如，最高人民法院法官沈丹丹在《民间借贷案件审理中的举证责任分配和事实认定标准问题》中称，在认定证人证言的时候，还可以灵活运用对质等方法，以便更好地查清案件事实，具有借鉴意义。[1]

（4）及时要求收款人出具收到款项的确认书等。

【最高人民法院指导性意见】

在民间借贷中，出借人对大额现金交付事实应承担举证证明责任，举证证明标准应达到《民事诉讼法司法解释》第108条规定的"高度可能性"标准。在出借人提供的收据与借款合同载明金额一致，但借款人对出借人主张的现金交付事实不予认可的情况下，人民法院应当综合交付凭证、支付能力、交易习惯、借贷金额、当事人关系以及当事人陈述的交易细节经过等因素审查当事人的举证，以认定是否存在借贷关系，而不能简单依据优势证据原则认定大额现金交付事实存在。[2]

【权威观点】

▼《规范民间借贷，统一裁判标准》——杜万华就《最高人民法院关于审理民间借贷案件适用法律若干问题的规定》答记者问

民间借贷的事实审查，是民间借贷案件审理的难点和重点。民间借贷案件的基本事实，包括借贷合意是否形成、款项是否交付、本金数额、利息约定等多个方面，其中借贷

---

[1] 沈丹丹．民间借贷案件审理中的举证责任分配和事实认定标准问题//最高人民法院民一庭．民事审判指导与参考：2015年第3辑（总第63辑）．北京：人民法院出版社，2015：460．

[2] 潘杰．民间借贷中大额现金交付事实的举证证明责任与证明标准//最高人民法院民一庭．民事审判指导与参考：2015年第3辑（总第63辑）．北京：人民法院出版社，2015：549-552．

事实是否真实发生是民间借贷案件的首要基本事实,也是全案展开的基本依据。

现实中,原告提起诉讼往往仅依据借据等债权凭证或者仅依据金融机构转账凭证作为证明借贷关系已经发生的证据,如果被告抗辩已经偿还借款,或者抗辩转账系偿还双方之前借款或其他债务,在此情况下,就存在证明责任的承担问题,而不能仅仅依据借据、收据、欠条等,简单地认定借贷关系已经发生以及已经发生的借贷关系的内容。为此,《规定》(指《2015民间借贷司法解释》——引者注)提出了有关举证责任分配的要求,即被告应当对其抗辩的主张提出相应的证据加以证明,而不能仅仅一辩了之。如果被告提不出相应的证据,或者提供的证据不足以证明其主张的,则一般要认定借贷关系已经发生。当然,如果被告提供了证据证明其主张的,此时举证证明责任发生转移,应当由原告就借贷关系的成立承担举证证明责任。

需要强调的是,对于当事人主张系现金交付的民间借贷,《规定》明确要求应当结合借贷金额、款项交付、当事人的经济能力、当地或者当事人之间的交易方式、交易习惯、当事人财产变动情况以及证人证言等事实和因素,综合判断查证借贷事实是否发生。[①]

▼民间借贷中,收据或收条除在借款人收到借款时出具,从而作为出借人主张借贷关系的证据外,还可能在借款人归还借款的时候由出借人出具,从而作为借款人凭以抗辩借款已经实际归还的证据。收据或收条从内容上和性质上看,与借款合同和借据不同,更强调款项的实际给付而不是双方之间的借款合意。

巨额的现金交易还是较为少见。在司法实践中,出借人对于难以证明实际交付的借款,往往主张系现金方式交易从而逃避举证证明款项已经实际交付的事实,对此应当谨慎对待。对于出借人主张以现金交付的借款,则应当对交付时间、交付地点、交付人和接受交付人等交付细节进一步予以审查确认,从而力求查明款项交付的事实。

当事人的经济能力。审查当事人的经济能力,主要是对出借人的经济状况和钱款来源进行审查,同时也可以结合案件具体情况,对借款人的经济状况和借款用途予以审查,从而更好地查清案件事实,形成借贷事实是否真实发生的内心确信。

证人证言。在认定证人证言的时候,还可以灵活运用对质等方法,以便更好地查清案件事实。

除了证人证言,在民间借贷案件审理中,人民法院对借贷双方当事人本人或者经办人的陈述也应当予以重视。作为交易亲历者,当事人本人或者经办人,应当可以完整、清晰地记述借贷交易的原因、款项交付时间、地点、款项来源、借款用途等细节。要求其到庭

---

① 最高人民法院民一庭.民事审判指导与参考:2015年第3辑(总第63辑).北京:人民法院出版社,2015:449.

接受法庭询问和当事人的交叉询问，对于查清案件具有帮助。①

▼对数额巨大的借贷，出借人以借据主张债权并称以现金方式交付，而借款人又抗辩借据载明的借款没有实际交付的，通常情况下，如果仅有一张借据，法官会对借据载明的本金数额是否交付产生合理怀疑。因此，可以确定由出借人就借据本金数额的真实性及交付承担举证责任。在出借人尽到了其所能及的举证责任后，人民法院可以结合借贷金额、款项交付、当事人的经济能力、当地或者当事人之间的交易方式、交易习惯、当事人财产变动情况等事实和因素，综合判断查证借贷事实是否发生。②

【案例141】

对民间借贷中大额现金是否完成交付的事实，应结合交付细节、支付能力等因素进行综合判断③

案情简介：在王某与张某民间借贷纠纷一案中，原告张某举示的借条载明借款金额为2850万元，其中1500万元通过转账方式支付，另1350万元以现金方式交付。

判决书认定事实：

二审法院经审理认为，本案应由出借人张某举证证明交付1350万元现金的事实。为证明上述现金交付事实，张某在本案一审、二审中提交了借款合同和收据等相应书证。虽然收据载明的收款数额与借款合同约定的借款数额、出借主体、借款时间一致，但张某在本案一、二审庭审中对资金来源和交付过程、借款关系形成过程以及借款内容所作的陈述前后矛盾，难以自圆其说，不能与其所举书证相互印证而达到"高度可能性"的证明标准，故对张某所持借款本金2850万元已经实际交付给王某的主张，二审法院不予支持。一审法院未依据《民事诉讼法》（2012年）第64条第3款（现为第67条）的规定全面地、客观地审查核实张某的举证和陈述，依据优势证据原则作出判决理据不足，二审法院予以纠正。据此，二审法院判决撤销一审判决，改判王某在判决生效之日起10日内偿还张某借款1500万元及利息。

≈≈≈ 法官论述 ≈≈≈

本案争议的法律问题是：对于民间借贷中大额现金交付的事实，出借人提交的收据与借款合同载明金额一致的，能否认定出借人对大额现金交付事实尽到了举证证明责任，借款合同上载明的借款金额为借款本金。在本案一审和二审审理中，对于上述问题存在两种相互对立的观点。

第一种观点：同意一审法院的观点，即作为履约证据的收据与作为立约证据的借款合

---

① 沈丹丹. 民间借贷案件审理中的举证责任分配和事实认定标准问题//最高人民法院民一庭. 民事审判指导与参考：2015年第3辑（总第63辑）. 北京：人民法院出版社，2015：460.
② 最高人民法院民事审判第一庭. 民间借贷纠纷审判案例指导. 北京：人民法院出版社，2015：297-309.
③ 潘杰. 民间借贷中大额现金交付事实的举证证明责任与证明标准//最高人民法院民一庭. 民事审判指导与参考：2015年第3辑（总第63辑）. 北京：人民法院出版社，2015：549-552.

同所载明的借款金额一致,在借款人无相反证据推翻的情况下,应认定借款合同所载明的借款金额一致,在借款人无相反证据推翻的情况下,应认定借款合同与收据上载明的金额为借款本金,出借人张某对1 350万元现金交付事实尽到了举证证明责任。

第二种观点：同意二审法院的观点,即尽管出借人提供的借款合同与收据载明的借款金额一致,在借款人对现金交付事实不予认可的情况下,人民法院仍应当根据交付凭证、支付能力、交易习惯、借贷金额、当事人关系以及当事人陈述的交付细节经过等因素综合判断是否存在借贷关系。张某所举证证据不能充分证明其交付1 350万元现金的事实,故仅能认定以转账方式支付的1 500万元为借款本金。

我们认为,第二种观点是正确的。①

≋≋≋ 作者简析 ≋≋≋

目前,就大额现金支付,司法实务中几乎已达成共识,那就是应当达到高度可能性的证明标准,否则不予确认。其要点有以下几个方面。

首先,对大额现金支付的事实,对方当事人在庭审中提出了异议。

其次,应当按照《2020民间借贷司法解释》第15条的规定,即原告仅依据借据、收据、欠条等债权凭证提起民间借贷诉讼,被告抗辩借贷行为尚未实际发生并能作出合理说明的,人民法院应当结合借贷金额、款项交付、当事人的经济能力、当地或者当事人之间的交易方式、交易习惯、当事人财产变动情况以及证人证言等事实和因素,综合判断查证借贷事实是否发生。

最后,应当按照《2020民间借贷司法解释》第18条的规定,人民法院审理民间借贷纠纷案件时发现有下列情形之一的应当严格审查借贷发生的原因、时间、地点、款项来源、交付方式、款项流向以及借贷双方的关系、经济状况等事实,综合判断是否属于虚假民事诉讼：(1)出借人明显不具备出借能力；(2)出借人起诉所依据的事实和理由明显不符合常理；(3)出借人不能提交债权凭证或者提交的债权凭证存在伪造的可能……

【案例142】

对大额现金交付,在交付时间、交付地点方面如果主张前后矛盾,不能认定支付事实成立

裁判文书：最高人民法院（2015）民申字第1001号民事裁定书

裁定书确认事实：

关于原判决认定赵×向×分公司出借本金为350万元是否有误的问题。本院认为,本案中,赵×以债权人身份向×分公司主张出借本金是525万元,并要求依此偿还本金及相

---

① 潘杰.民间借贷中大额现金交付事实的举证证明责任与证明标准//最高人民法院民一庭.民事审判指导与参考：2015年第3辑（总第63辑）.北京：人民法院出版社,2015：549-552.

应利息。关于本金数额，双方当事人对其中的 350 万元借款认可，对 175 万元以现金方式支付的借款存有争议。依据原判决查明事实，赵×主张出借的 175 万元现金由两张收条证明。一张内容是 2010 年 6 月 28 日 120 万元，另一张的是 2010 年 7 月 20 日 55 万元。对 175 万元出借现金的来源，赵×虽提供相关银行取款凭证，但与 120 万元现金收条对应的三笔取款凭证上载明的提取时间是在借条出具之后，该取款时间与收条出具时间不能相互印证。对于现金支付的原因，赵×称因×分公司的账户被监管，故在银行汇款之外又采取了现金交付的方式。根据原判决查明事实，高×的个人账户并未被监管，且双方当事人没有争议的 350 万元即是赵×通过银行汇款至高×个人账户的，即从高×个人账户提取现金并无障碍，赵×对 175 万元现金支付的原因未作出合理解释。对于现金交付地点，赵×在原一审审理过程中，称 175 万元现金给付的地点是办公室；在重审之后的诉讼过程中，其又称现金交付是在淮阴区典当公司门口进行，前后陈述不一。且其出借 525 万元本金的主张与赵×第一次就本案以房屋买卖纠纷为由进行的相关诉求不能相关印证。综上，原判决依据民间借贷市场的普遍习惯、当事人的陈述是否存在矛盾等，结合查明事实，认定赵×实际向×分公司出借款项为 350 万元并无不当。赵×称其借款为 525 万元的再审理由不能成立，本院不予采信。

作者简析

1. 本案中从三个方面审查现金的交付是否完成实际支付

当事人请求确认的借款本金为 525 万元，裁判确认的本金为 350 万元，另 175 万元出借人主张系以现金方式支付，因从以下三个方面审查存疑，故审理法院未予确认：

一是从交付时间上审查。经审查，出借人取款时间在后，出具收条的时间在前，不能证明取款事实与收条相关。

二是从现金支付的理由上审查。出借人称因账户被监管，故以现金的方式进行支付。这一陈述与另外 350 万元是通过银行转账方式进行支付的事实相矛盾。

三是对现金交付地点的审查。出借人前后陈述自相矛盾，不能证明交付事实成立。

在市场经济日渐成熟的今天，支付手段的多样化，给当事人履行支付义务带来了方便。当事人采取转账等方式履行支付义务，既可以保证交付的安全，又可以留下交付事实的证据。当事人用巨额现金履行支付义务，本来就不符合常理，有的当事人陈述是先从银行取款然后以现金方式完成支付，与交易习惯相悖。在诉讼过程中，出借人作为当事人，当涉及金额巨大时，出于对自身利益的保护，其对于交付完成的细节，应当是了如指掌，在接受法庭询问时，不应会闪烁其词，甚至前后陈述自相矛盾，否则就不能排除对巨额现金是否支付产生的合理怀疑。

2. 出借人应当履行的举证义务

出借人要证明自己确实完成了巨额现金的支付，应当有充分的证据。这些证据主要包括：

（1）借款人要求以现金方式支付的事实依据，如手机短信、微信信息。对以口头形式提出要求的，要有证人证言等相关证据。

（2）交付现金的现场照片，或者视听资料。对视听资料，应当提交其载体。

（3）证明资金来源的证明。如果所出借现金来源于银行取款，有对应的银行取款记录；如果系平时保存积累而成，也应提交相关证据。取款时间与现金交付时间应当有对应关系，不能前后矛盾。

【案例143】

当事人举示的证据形成证据链条，能够达到高度盖然性的证明标准时，可以认定交付巨额现金的事实成立

裁判文书：最高人民法院（2015）民一终字第116号民事判决书

判决书认定事实：

关于借款本金数额是7 123.27万元还是6 107.397 4万元的问题。

沈×依据借款合同、支付款项的银行汇款证明、创×书店出具的收条、创×书店支付利息的银行凭证等一系列证据材料诉请创×书店偿还借款本金7 123.27万元，并请求支付逾期利息及违约金。创×书店抗辩称借款本金为6 107.397 4万元，1 015.872 6万元现金并未实际交付……本案双方于2010年5月19日、2010年9月6日、2010年9月14日签订的三份借款合同中分别约定，创×书店向沈×的借款本金为746万元、1 049.27万元、5 328万元……上述三份借款合同分别经海南省海口市琼州公证处（2010）琼州证字第3940号具有强制执行效力的债权文书公证书、（2010）琼州证字第6800号具有强制执行效力的债权文书公证书、海南省三亚市公证处（2010）三证内字第3340号公证书公证。创×书店于2010年3月26日、同年6月24日、同年9月9日、同年9月21日、同年9月23日、同年9月28日、2011年1月28日共出具十份收条，对三次借款合同中收到的银行转账及现金进行了确认，其中对应三次借款合同分别收到的现金为46万元、49.27万元、920.602 6万元。后创×书店对上述前两份借款合同以借款本金746万元、1 049.27万元分别支付了9个月、4个月的利息，对第三份借款合同共分七次支付利息3 837 346元。由此，双方签订的借款合同均明确了借款本金数额，创×书店也以借款合同载明的本金数额实际履行了部分利息，且双方之间的借款合同均经公证处出具的有效公证文书证明，结合各证据之间的关联程度，并结合沈×的支付能力等因素，应认为沈×提交的证据已经形成完整的证据链条，能够达到高度盖然性的证明标准，可以证明其已向创×书店全额支付了双方争议的涉案1 015.872 6万元现金……需要明确的是，关于双方借款本金7 123.27万元的事实业已为生效的民事判决和有效公证文书所确认。创×书店虽主张1 015.8726万元现金未实际交付，但未能对沈×提交的上述证据提出充分的反驳证据，故对双方借贷本金应为7 123.27万元的事实应予确认。

~~~~ 作者简析 ~~~~

（1）对于现金交付的证明，如何认定其达到高度可能性的盖然性标准，本案给出了三个方面的裁判理由：一是借款人向出借人出具了十份收条，每份收条对收到的银行转账及现金进行了注明；二是借款人针对借款中的现金计算并支付了利息；三是争议的事实经生效判决和公证文书确认。

结合双方经公证处公证的借款合同、各证据之间的关联程度，以及出借人的支付能力等因素，认定出借人提交的证据已经形成完整的证据链，能够达到高度盖然性的证明标准，可以证明双方争议的涉案1 015.872 6万元现金交付事实成立。同时，创×书店虽然认为1 015.872 6万元的现金并未实际交付，但未提供充足的反驳证据，故对双方借贷本金应为7 123.27万元的事实应予确认。

（2）相关司法解释本意并不是从根本上否定巨额现金交付事实的成立。

本案运用的《2015民间借贷司法解释》第16条（《2020民间借贷司法解释》第15条）的规定的要点为：一方面，若出借人不能就借贷金额、款项交付、当事人的经济能力、当地或者当事人之间的交易方式、交易习惯、当事人财产变动情况以及证人证言等方面完成举证义务，巨额现金交付的事实极有可能不被确认。另一方面，如果出借人举示的证据达到高度可能性的证明标准，而借款人没有举世足以推翻现金交付事实的证据，其现金交付事实被确认的可能性较大。本案审理法院在判决书中的认定对双方的举证责任进行了明确阐述。

【案例144】

对大额现金方式支付借款出借人履行了恰当的举证义务的，可以认定借款事实成立

裁判文书：江苏省高级人民法院（2014）苏民再提字第0098号民事判决书

判决书认定事实：

在自然人之间的借贷纠纷中，借款合同、借条或借据等证据系证明双方当事人之间存在借贷关系的直接证据。本案中，万×主张张×向其借款1 400万元，提供了由张×本人书写的借条，载明"今借万×人民币壹仟肆佰万元整　借款人张×　2009.7.21"。张×对该借条的真实性并无异议，但辩称万×并未实际交付1 400万元借款，在此情形下，一、二审以及江苏省无锡市中级人民法院再审中均要求万×进一步举证证明是否将1 400万元借款实际交付给张×。但由于万×主张该1 400万元系现金交付，且现金交付时并无其他人员在场，故万×无法提供款项交付的直接证据，仅能提供其出借款项前后时间银行卡存取款明细单，证明其具有出借1 400万元现金的能力。万×还详细陈述了该1 400万元分四次交付的时间、交付地点、交付方式等具体细节事实。江苏省无锡市中级人民法院再审过程中，还至宜兴当地走访调查，了解到万×确实有大笔现金交易的习惯。因此，万×已

尽到了关于款项交付的举证责任,万×与张×之间存在1 400万元的借贷关系。张×认为一、二审以及再审判决举证责任分配错误,万×未尽到举证责任的理由不能成立,本院不予支持。

≋≋≋ 作者简析 ≋≋≋

《2020民间借贷司法解释》第15条规定,原告依据借据、收据、欠条等债权凭证提起民间借贷诉讼,并主张款项以现金方式交付的,人民法院可根据交付凭证、支付能力、交易习惯、借贷金额的大小、当事人间关系以及当事人陈述的交易细节经过等因素综合认定借贷事实是否发生。本案例中,原告方仅依借条提出诉讼,并称借款是以现金方式支付,而被告方进行了抗辩。在此情形下,原告方详细陈述了1 400万元分四次交付的时间、交付地点、交付方式等具体细节事实。在再审过程中,再审申请人虽然提供了证人证言,以及其他抗辩理由,但不足以推翻原告所陈述的事实。加之对本案公安机关经侦查,认为并不存在相关违法事实,不予立案。综合各种因素,再审判决书维持了原二审判决。

【案例145】

大额现金出借款项,不能将在未查明案件基本事实的基础上形成的民事调解书作为证据直接采信

裁判文书:最高人民法院(2013)民提字第151号民事判决书

判决书认定事实:

(2008)襄中民三终字第326号民事调解书应否撤销问题。《民事诉讼法》(2012年)第93条(现为第96条)规定,"人民法院审理民事案件,根据当事人自愿的原则,在事实清楚的基础上,分清是非,进行调解"。第96条(现为第99条)规定,"调解达成协议,必须双方自愿,不得强迫。调解协议的内容不得违反法律规定"。根据前述本院审理认定的事实,襄阳中院在二审审理过程中,未查明案涉实际借款数额以及是否存在违法高息的情况,即以民事调解书的形式对当事人达成的和解协议予以确认,与《民事诉讼法》及《最高人民法院关于人民法院审理借贷案件的若干意见》(已失效)的规定精神相悖。曾××关于该调解协议内容不违反法律规定的申请再审主张,与事实及法律规定不符,应不予支持。湖北高院再审判决关于依法撤销(2008)襄中民三终字第326号民事调解书的认定,于法有据,本院亦予维持。

≋≋≋ 法官论述 ≋≋≋

在民间借贷案件审理中,对于仅提供借据的大额现金支付,借款人提出合理怀疑之抗辩的,除就债权凭证进行审查外,还应结合借贷金额、款项交付、当事人的经济能力、当地或者当事人之间的交易方式、交易习惯、当事人财产变动情况等事实和因素,综合判断查证借贷事实是否发生。人民法院未查明案涉实际借款数额以及是否存在违法高息的情况,即以民事调解书的形式对当事人达成的和解协议予以确认,与《民事诉讼法》及《规

定》的规定精神相悖，应予以撤销。①

≋≋≋ 作者简析 ≋≋≋

《民事诉讼法司法解释》（2022年修订）第142条规定："人民法院受理案件后，经审查，认为法律关系明确、事实清楚，在征得当事人双方同意后，可以径行调解。"该规定中的"法律关系明确、事实清楚"是调解结案的基本原则。该司法解释第144条规定："人民法院审理民事案件，发现当事人之间恶意串通，企图通过和解、调解方式侵害他人合法权益的，应当依照民事诉讼法第一百一十五条的规定处理。"

《2020民间借贷司法解释》第18条列举了可能存在虚假民间借贷诉讼的10种情形。此外，该司法解释还对原告仅依据借据、收据、欠条等债权凭证，或者原告仅依据金融机构的转账凭证提起民间借贷诉讼的举证责任划分进行了明确规定，其目的都是查清案件的基本事实。

上述规定说明，在认定民事调解书的效力时，应严格审查是否具有"事实清楚"的调解基础，是否存在可能是虚假诉讼的情形。本案，一是未查明案涉实际借款数额，二是没有查明是否存在违法高息的情况，属于在案件基本事实未查清的情形下作出民事调解书，应依法撤销。

【案例146】

延期还款承诺是否可以印证已经收到借款的事实

裁判文书：最高人民法院（2014）民四终字第42号民事判决书

判决书认定事实：

本案系民间借贷纠纷，郑×通过自己账户以及委托他人，分多笔向陈×支付了案涉借款，虽然其主张的实际借款数额2 502.08万元与合同约定的数额2 500万元有2.08万元的差额，且两份金额各为1 000万元的借款合同约定借款期限自2012年10月26日起算，而郑×主张的汇款时间分别为2012年10月26日、2012年10月30日、2012年11月1日及2012年11月2日，但上述情形在民间借贷中并不属于明显违反常理的情况。反之，根据查明的事实，2013年4月24日，即两份1 000万元金额的借款合同借款期满前一天，各方协商一致后在合同落款处签注："本借款延期六个月，借款期到2013年10月24日，相关担保责任顺延到还款期满后两年。"陈×和樱×公司分别签字、盖章确认。2013年1月8日，即500万元金额的借款合同借款期满前一天，各方协商一致后在合同落款处签注："本借款延期六个月，借款期到2013年7月8日止，相关担保责任顺延到还款期满后两年。"陈×和樱×公司分别签字、盖章确认。根据常理，如果陈×未收到案涉借款，其不应在合同约定的借款期限到期后再签署延期还款的承诺。故综合考虑本案所涉证据，扣

---

① 最高人民法院民事审判第一庭. 民间借贷纠纷审判案例指导. 北京：人民法院出版社，2015：310 - 328.

除郑×在汇款时预扣的利息23万元，福建高院认定郑×实际向陈×支付借款2 477万元是正确的。郑×已经提交充分证据证明其履行了借款合同中约定的出借款项的义务。

~~~ 作者简析 ~~~

本案中原告方举示了借款合同，同时举示了付款凭证、延期还款计划，这些不但能够证明借款合同关系成立，而且能证明原告履行了借款的支付义务，其诉讼请求应当得到支持。

如果原告方举示了付款凭证和还款计划，我们认为，还款计划是对付款凭证款项性质的确认依据，能够证明借款合同关系的成立。

如果原告方只举示了借款合同（借条），不能举示付款凭证，其对借款合同关系是否成立，应当承担继续举证的责任，特别是对巨额现金的交付，更要有充足的证据予以证明，否则，不被确认的可能性较大。

对于当事人只举示了还款计划的，是否能够证明借款合同关系的成立，实践中争议较大。从理论上讲，对还款的承诺，能够证明借款事实的存在。但是，还款承诺书的内容与事实存在矛盾，或者对于争议的内容没有相关证据支持的，其证明效力不一定被确认。民间借贷中的虚假诉讼问题比较突出，根据谨慎性原则，司法解释规定了详细审查的必要性。

二、取得票据权利的支付方式

相关规定

▼《票据法》

第2条　本法所称票据，是指汇票、本票和支票。

第4条　票据出票人制作票据，应当按照法定条件在票据上签章，并按照所记载的事项承担票据责任。

持票人行使票据权利，应当按照法定程序在票据上签章，并出示票据。

其他票据债务人在票据上签章的，按照票据所记载的事项承担票据责任。

本法所称票据权利，是指持票人向票据债务人请求支付票据金额的权利，包括付款请求权和追索权。

本法所称票据责任，是指票据债务人向持票人支付票据金额的义务。

第6条　无民事行为能力人或者限制民事行为能力人在票据上签章的，其签章无效，但是不影响其他签章的效力。

第9条　票据金额、日期、收款人名称不得更改，更改的票据无效。

对票据上的其他记载事项，原记载人可以更改，更改时应当由原记载人签章证明。

第10条　票据的签发、取得和转让，应当遵循诚实信用的原则，具有真实的交易关系和债权债务关系。

票据的取得，必须给付对价，即应当给付票据双方当事人认可的相对应的代价。

第14条　票据上的记载事项应当真实，不得伪造、变造。伪造、变造票据上的签章和其他记载事项的，应当承担法律责任。

票据上有伪造、变造的签章的，不影响票据上其他真实签章的效力。

票据上其他记载事项被变造的，在变造之前签章的人，对原记载事项负责；在变造之后签章的人，对变造之后的记载事项负责；不能辨别是在票据被变造之前或者之后签章的，视同在变造之前签章。

第19条　汇票是出票人签发的，委托付款人在见票时或者在指定日期无条件支付确定的金额给收款人或者持票人的票据。

第73条　本票是出票人签发的，承诺自己在见票时无条件支付确定的金额给收款人或者持票人的票据。

第81条　支票是出票人签发的，委托办理支票存款业务的银行或者其他金融机构在见票时无条件支付确定的金额给收款人或者持票人的票据。

▼《2020民间借贷司法解释》

第9条　自然人之间的借款合同具有下列情形之一的，可以视为合同成立：

（一）以现金支付的，自借款人收到借款时；

（二）以银行转账、网上电子汇款等形式支付的，自资金到达借款人账户时；

（三）以票据交付的，自借款人依法取得票据权利时；

（四）出借人将特定资金账户支配权授权给借款人的，自借款人取得对该账户实际支配权时……

【重点难点提示】

票据交付及借款人已取得票据权利的证据是非常重要的，应当进行妥善保管。同时，要注意《2020民间借贷司法解释》第9条规定的"以票据交付的，自借款人依法取得票据权利时"，这里的票据应当是有效票据，并且以能够兑现为前提。如果是无效票据，借款人取得票据却并未获取票据权利，此时合同并未成立。

三、以特定资金账户的支配权履行支付义务

依照《2020民间借贷司法解释》第9条第4项的规定，出借人将特定资金账户支配权授权给借款人的，自借款人取得对该账户实际支配权时，借款合同成立。此时，特定资金账户的户名可能是出借人的户名，也可能是受出借人实际控制的其他人的户名，当借款人实际取得其账户的支配权时，这意味着借款人可以随时支用账户内的资金。其借款合同关系是否成立，取决于账户内的资金余额是否符合合同约定的借款金额。余额不足的，借款金额以实际能够支配的资金数额为准。余额大于借款合同的金额的，对多余的部分借款人

无支配权。

四、出借银行账户的当事人可能要担责

相关规定

▼《民事诉讼法司法解释》（2022年修订）

第65条 借用业务介绍信、合同专用章、盖章的空白合同书或者银行账户的，出借单位和借用人为共同诉讼人。

▼《人民币银行结算账户管理办法》

第65条 存款人……不得……出租、出借银行结算账户。

【重点难点提示】

上述规定说明，出借银行账户的，可能承担民事责任。适用时，应根据具体情形确定。

1. 损害过错责任

如果当事人有通过出借账户行为从中受益，或者给他人造成损失等情形，出借银行账户的人和借款人应恰当确定承担责任的比例。

2. 承担还款责任

如果出借银行账户，使当事人一方确信与其是与出借账户一方形成借款合同关系的，如使出借人确信其是与出借账户的单位形成的借款合同关系，可能构成表见代理，出借银行账户的当事人可能就要承担还款责任。

如果受借款人指示或出借人与借款人约定将借款转入他人账户，因该他人不是合同当事人，与借款人之间是委托代理关系，不构成表见代理，就不应当承担责任。

【案例147】

借款人偿还借款至出借人当初支付借款的第三人的银行账户的，应由出借人承担举证责任

判决书认定事实：

郑×欢要想证明"债权转让及还款确认协议书"确认的许×忠的借款本金11 676万元都是由违约金转化而来，则必须证明其在该确认协议书之前已实际偿还了全部借款本金……一审法院将华×公司向宏××公司、××物业公司转款4 634万元认定为归还本案借款本金的事实，许×忠虽提出异议，但并未就此提起上诉。从一审已查明的事实看，宏××公司、××物业公司系许×忠指定的案涉借款的出款主体，且许×忠通过持股伟××公司的方式实际控股宏××公司，这表明许×忠与宏××公司存在身份关联。对于向宏××公司、××物业公司的这两笔转款是否属于偿还本案借款，许×忠存在更多的举证便

利。在许×忠未能举证证明华×公司向宏××公司、××物业公司转款4 634万元系基于其他债权债务事实的情况下，一审法院根据举证责任的分配规则以及由此形成的内心确信认定该4 634万元系用于偿还借款本金，并无不当。

≋≋≋ 法官论述 ≋≋≋

在民间借贷纠纷案件中，借款人往往根据出借人口头指令，将还款支付到其他公司或个人账户，而产生诉讼后出借人对此不予认可。依据民事诉讼法"谁主张，谁举证"的原则，民间借贷纠纷案件中通常由借款人就履行还款义务承担举证证明责任。但当借款人支付还款款项的账户为出借账户时，应由出借人承担举证证明责任。①

≋≋≋ 作者简析 ≋≋≋

本案存在争议的问题主要有：一是第三人是否有代表出借人收取归还的借款的权利，二是举证责任应由哪一方承担。

1. 第三人是否有代表出借人收取归还的借款的代理权限问题

首先，值得肯定的是，如果华×公司与宏××公司二者之间没有一定的法律关系，前者向后者支付4 643万元的巨额款项，显然是不合常理的。从金额上看，该款属于巨额款项；从支付次数上看，这是分三次发生的转款行为，显然不是一时疏忽所致，而是有意为之。行为的背后是目的，对于为什么会发生转款行为，被告方的解释是归还借款。

其次，原一审判决将先前的代理行为与之后的代理行为区分开来，单独审查后一代理行为的合法性即是否获得授权，而未审查前后代理之间的内在联系；且在审查后一代理行为时只审查了具有授权委托书的职务行为，没有审查前后行为是否构成表见代理的事实，在程序上不具有公正性。

最后，即使许×忠否认宏××公司实施的是委托收款的职务行为，其也可以构成表见代理。理由如下：

一是有先前的代理行为，即许×忠向被告支付的借款是由宏××公司代为支付的，金额巨大，达6 676万元，且是由宏××公司多次付款形成。还款金额达4 643万元，同样是由多次付款形成。前后相同的情形使被告方确信了宏××公司有代理权。

二是许×忠与宏××公司之间的特殊关系，进一步补充了华×公司认为宏××公司具有代理权的合法依据。既然许×忠是宏××公司的实际控股人，至少可以推断并确认许×忠对华×公司向宏××公司支付了4 643万元这一事实是明知的。结合先前通过宏××公司向华×公司支付借款6 676万元的事实，可以认定4 643万元具有归还借款的性质。理由是：借款金额为6 676万元，而只有4 643万元产生争议，证明双方对其余借款本金2 033万元是没有争议的。无论2 033万元借款本金是否归还，均可形成金额上的对应关

---

① 王毓莹，陈亚. 民间借贷案件中举证证明责任的分配//最高人民法院民一庭. 民事审判指导与参考：2017年第3辑（总第71辑）. 北京：人民法院出版社，2017（71）：499-513.

系,也就是说,没有争议的借款本金加上有争议的款项金额,等于借款总额。由此,可以得出的结论:有争议的款项4 643万元是归还6 676万元借款的一部分。

三是许×忠认可了通过宏××公司向华×公司支付借款6 676万元的事实(其中2009年5月25日支付1 400万元,2009年5月26日、27日支付30万元、4 746万元、500万元),这证明许×忠与宏××公司之间存在委托代理关系。原一审也查明,"宏××公司、××物业公司确认上述划款系受许×忠委托代付"。但许×忠一直未声明取消了委托,使华×公司从内心确认了委托代理关系的继续存在。

四是华×公司向宏××公司还款的金额为4 643万元,从金额上没有超过宏××公司向华×公司支付借款的金额6 676万元,可以认为这仍在宏××公司的代理权限内。

五是宏××公司没有否认代表许×忠收取借款的事实。庭审也查明,宏××公司虽出具说明进行了简单否认,但并未否定资金的性质。

六是宏××公司收到的4 643万元最后的实际支配人不明,相关当事人宏××公司也没有提供4 643万元的资金最终走向是否与许×忠无关提供相关材料。宏××公司收到4 643万元后可能存在的资金走向有:(1)由宏××公司直接支付给许×忠;(2)许×忠指示宏××公司将该笔款项支付给另外的第三人,比如用于偿还其个人债务;(3)用于宏××公司的生产经营;(4)被宏××公司以分配利润的形式支付给公司股东;(5)该笔资金仍在宏××公司银行账户内,未作任何支配。由于许×忠是宏××公司的实际控股人,双方存在利益上的关系,在上述各种情形下均应当认定许×忠实际获取了该笔借款的所有权及使用权。如果该笔资金仍在宏××公司银行账户内,许×忠也可以随时获取该笔资金的支配权。也就是说,许×忠作为出借人,不会因为该笔资金转入宏××公司而遭受利益上的损失。

2. 举证责任应当由哪一方承担的问题

被告方举示了4 643万元的付款依据,并举示了借款形成时有"宏××公司代许×忠支付6 676万元借款的相关事实",还举示了许×忠与宏××公司之间具有特殊控股关系的证据,这些都是构成表见代理的证据。在此基础上,许×忠否认4 643万元是还款,认为存在其他法律关系,则应由许×忠承担举证责任。在许×忠未证明存在其他法律关系或者未对还款事实构成根本性的否定时,并未发生举证责任的转移。

【案例148】
银行卡出借人在民间借贷关系中的责任认定

裁判文书:江西省宜春市中级人民法院(2019)赣09民终418号民事判决书[①]

判决书认定事实:

本案的争议焦点在于李×是否需要对自己的出借银行账户行为承担还款责任。(1)依

[①] 该案被收录于:国家法官学院案例开发研究中心. 中国法院2021年度案例. 北京:中国法制出版社,2021:148-151.

据合同相对性原则，合同条款仅对签订合同的当事人具有约束力，对非合同当事人不具有约束力。本案所涉民间借贷合同是李×龙和李×牙签订的，李×牙是按照李×龙的指示或者说按照双方的口头约定，将借款转入李×的账户，还款也是李×龙在占用该账户期间，通过该账户进行转账，因此该合同仅对李×龙和李×牙具有约束力，对李×不具有约束力。（2）李×虽然出借了银行账户，但本案没有证据证明李×通过出借银行账户获取利益。因此根据权利义务对等的公平原则，李×不需承担还款责任。

≈≈≈ 作者简析 ≈≈≈

本案中，审理法院依据合同相对性原则，阐述了为什么出借银行账户的人不应当承担还款责任。出借人是按照借款人的指示或者双方的口头约定，将借款转入第三人账户的，第三人并非合同当事人。同时，本案法院查明第三人没有以出借银行账户而获利，判决认定第三人不应承担还款责任。

虽然《民事诉讼法司法解释》第65条规定"出借单位和借用人为共同诉讼人"，但在实践中，出借账户的单位是否应当承担还款责任，应根据具体情形具体分析。比如：借款人与出借银行账户的单位或个人人格混同；借款人是出借账户的单位的法定代表人或负责人，出借人有理由相应出借银行账户的单位与借款人是共同借款的情况下，没有合法事由，不能要求出借账户的单位承担共同还款责任。因为出借账户的单位不是合同当事人，没有偿还借款的法定义务。

【案例149】

当事人否认还款并主张双方因存在另外的经济往来而形成付款的，应负有举证证明责任

裁判文书：最高人民法院（2014）民申字第945号民事裁定书

裁定书认定事实：

本案高×依据2007年1月22日"协议"要求×房产公司偿还500万元借款及相应利息，而×房产公司举证证明其已偿还高×2007年1月22日"协议"项下1 072万元本息。高×主张×房产公司偿还的这1 072万元并非本案协议项下的借款，而是其他经济往来款，其应当承担举证责任。但高×并不能举证证明其主张的是事实。

≈≈≈ 作者简析 ≈≈≈

依照对抗式的审判规则，原告完成了对借款合同的成立以及支付借款的举证义务，即视为完成了初步举证责任。此时，举证责任转移至被告一方。当被告一方仅举示了还款凭证，却没有举示出借人收到还款的收据，而出借人否认有还款事实时，应由出借人一方承担举证责任。

从本案裁定书认定的事实来看，否认还款事实是原告即出借人一方提出的抗辩，故应由原告一方承担举证证明责任。

实践中，一方起诉还款，并称本金未归还，或者利息未支付，或者本息未归还，而实际上在有关银行流水中又反映出借款人曾向出借人支付款项的事实，借款人依据此事实抗辩已经偿还（或部分偿还）借款，出借人否认的，应由出借人承担举证责任，不应将举证责任分配给借款人承担。

第三节　以物抵债

相关规定

▼《民法典》

第311条　无处分权人将不动产或者动产转让给受让人的，所有权人有权追回；除法律另有规定外，符合下列情形的，受让人取得该不动产或者动产的所有权：

（一）受让人受让该不动产或者动产时是善意；

（二）以合理的价格转让；

（三）转让的不动产或者动产依照法律规定应当登记的已经登记，不需要登记的已经交付给受让人。

受让人依据前款规定取得不动产或者动产的所有权的，原所有权人有权向无处分权人请求损害赔偿。

当事人善意取得其他物权的，参照适用前两款规定。

第538条　债务人以放弃其债权、放弃债权担保、无偿转让财产等方式无偿处分财产权益，或者恶意延长其到期债权的履行期限，影响债权人的债权实现的，债权人可以请求人民法院撤销债务人的行为。

第539条　债务人以明显不合理的低价转让财产、以明显不合理的高价受让他人财产或者为他人的债务提供担保，影响债权人的债权实现，债务人的相对人知道或者应当知道该情形的，债权人可以请求人民法院撤销债务人的行为。

▼《民法典合同编司法解释》

第19条　以转让或者设定财产权利为目的订立的合同，当事人或者真正权利人仅以让与人在订立合同时对标的物没有所有权或者处分权为由主张合同无效的，人民法院不予支持；因未取得真正权利人事后同意或者让与人事后未取得处分权导致合同不能履行，受让人主张解除合同并请求让与人承担违反合同的赔偿责任的，人民法院依法予以支持。

前款规定的合同被认定有效，且让与人已经将财产交付或者移转登记至受让人，真正权利人请求认定财产权利未发生变动或者请求返还财产的，人民法院应予支持。但是，受让人依据民法典第三百一十一条等规定善意取得财产权利的除外。

第27条　债务人或者第三人与债权人在债务履行期限届满后达成以物抵债协议，不存在影响合同效力情形的，人民法院应当认定该协议自当事人意思表示一致时生效。

债务人或者第三人履行以物抵债协议后，人民法院应当认定相应的原债务同时消灭；债务人或者第三人未按照约定履行以物抵债协议，经催告后在合理期限内仍不履行，债权人选择请求履行原债务或者以物抵债协议的，人民法院应予支持，但是法律另有规定或者当事人另有约定的除外。

前款规定的以物抵债协议经人民法院确认或者人民法院根据当事人达成的以物抵债协议制作成调解书，债权人主张财产权利自确认书、调解书生效时发生变动或者具有对抗善意第三人效力的，人民法院不予支持。

债务人或者第三人以自己不享有所有权或者处分权的财产权利订立以物抵债协议的，依据本解释第十九条的规定处理。

第28条　债务人或者第三人与债权人在债务履行期限届满前达成以物抵债协议的，人民法院应当在审理债权债务关系的基础上认定该协议的效力。

当事人约定债务人到期没有清偿债务，债权人可以对抵债财产拍卖、变卖、折价以实现债权的，人民法院应当认定该约定有效。当事人约定债务人到期没有清偿债务，抵债财产归债权人所有的，人民法院应当认定该约定无效，但是不影响其他部分的效力；债权人请求对抵债财产拍卖、变卖、折价以实现债权的，人民法院应予支持。

当事人订立前款规定的以物抵债协议后，债务人或者第三人未将财产权利转移至债权人名下，债权人主张优先受偿的，人民法院不予支持；债务人或者第三人已将财产权利转移至债权人名下的，依据《最高人民法院关于适用〈中华人民共和国民法典〉有关担保制度的解释》第六十八条的规定处理。

第42条　对于民法典第五百三十九条规定的"明显不合理"的低价或者高价，人民法院应当按照交易当地一般经营者的判断，并参考交易时交易地的市场交易价或者物价部门指导价予以认定。

转让价格未达到交易时交易地的市场交易价或者指导价百分之七十的，一般可以认定为"明显不合理的低价"；受让价格高于交易时交易地的市场交易价或者指导价百分之三十的，一般可以认定为"明显不合理的高价"。

债务人与相对人存在亲属关系、关联关系的，不受前款规定的百分之七十、百分之三十的限制。

第43条　债务人以明显不合理的价格，实施互易财产、以物抵债、出租或者承租财产、知识产权许可使用等行为，影响债权人的债权实现，债务人的相对人知道或者应当知道该情形，债权人请求撤销债务人的行为的，人民法院应当依据民法典第五百三十九条的规定予以支持。

▼《最高人民法院关于审理建设工程施工合同纠纷案件适用法律问题的解释（一）》（法释〔2020〕25号）

第36条　承包人根据民法典第八百零七条规定享有的建设工程价款优先受偿权优于抵押权和其他债权。

▼《最高人民法院关于人民法院办理执行异议和复议案件若干问题的规定》（法释〔2020〕21号）

第29条　金钱债权执行中，买受人对登记在被执行的房地产开发企业名下的商品房提出异议，符合下列情形且其权利能够排除执行的，人民法院应予支持：

（一）在人民法院查封之前已签订合法有效的书面买卖合同；

（二）所购商品房系用于居住且买受人名下无其他用于居住的房屋；

（三）已支付的价款超过合同约定总价款的百分之五十。

▼ 2015年《会议纪要》

31. 在债权债务案件诉讼过程中，当事人自愿达成以房抵债协议，并要求法院制作调解书的，人民法院应当严格审查，防止当事人利用虚假诉讼，损害其他债权人利益。一经发现属于虚假诉讼的，要严格按照民事诉讼法第一百一十二条（现为第115条）的规定处理。

32. 当事人在债务未届清偿期之前约定以房屋进行抵债，并明确约定债务清偿后可以回赎，且双方根据约定已办理了房屋产权转移手续的，债务人未履行债务，债权人主张根据以房抵债协议请求确认共对房屋享有所有权的，债权人应当履行清算义务。

33. 当事人在债务清偿届满后达成以房抵债协议并已经办理了产权转移手续后，一方反悔，要求确认以房抵债协议无效的，一般不予支持。如果以房抵债行为具有《合同法》第54条规定的可变更、可撤销情形的，可以依法请求变更或撤销。

▼《第八次全国法院民事商事审判工作会议（民事部分）纪要（2016）》（以下简称《八民纪要》）

16. 当事人达成以房抵债协议，并要求制作调解书的，人民法院应当严格审查协议是否在平等自愿基础上达成；对存在重大误解或显失公平的，应当予以释明；对利用协议损害其他债权人利益或者规避公共管理政策的，不能制作调解书；对当事人行为构成虚假诉讼的，严格按照民事诉讼法第112条（现为第115条）和《最高人民法院关于适用〈中华人民共和国民事诉讼法〉的解释》（2015年）第190条、第191条的规定处理；涉嫌犯罪的，移送刑事侦查机关处理。

17. 当事人在债务清偿期届满后达成以房抵债协议并已经办理了产权转移手续，一方要求确认以房抵债协议无效或者变更、撤销，经审查不属于合同法第52条、第54条规定情形的，对其主张不予支持。

▼《九民纪要》

44. 当事人在债务履行期限届满后达成以物抵债协议，抵债物尚未交付债权人，债权人请求债务人交付的，人民法院要着重审查以物抵债协议是否存在恶意损害第三人合法权益等情形，避免虚假诉讼的发生。经审查，不存在以上情况，且无其他无效事由的，人民法院依法予以支持。

当事人在一审程序中因达成以物抵债协议申请撤回起诉的，人民法院可予准许。当事人在二审程序中申请撤回上诉的，人民法院应当告知其申请撤回起诉。当事人申请撤回起诉，经审查不损害国家利益、社会公共利益、他人合法权益的，人民法院可予准许。当事人不申请撤回起诉，请求人民法院出具调解书对以物抵债协议予以确认的，因债务人完全可以立即履行该协议，没有必要由人民法院出具调解书，故人民法院不应准许，同时应当继续对原债权债务关系进行审理。

45. 当事人在债务履行期届满前达成以物抵债协议，抵债物尚未交付债权人，债权人请求债务人交付的，因此种情况不同于本纪要第71条规定的让与担保，人民法院应当向其释明，其应当根据原债权债务关系提起诉讼。经释明后当事人仍拒绝变更诉讼请求的，应当驳回其诉讼请求，但不影响其根据原债权债务关系另行提起诉讼。

一、以物抵债合同生效的条件

使用以物抵债方式清偿债务，在民间借贷中比较普遍。

此类合同的生效除应具备一般合同的成立与生效要件以外，还应具备以下条件：

（1）基础法律关系合法。即所抵偿的债务应当是真实合法的。

（2）借款人对抵债之物具有法律上的处分权。如果借款人并非物的所有权人或者未获得处分该物的授权，其就不能与合同相对方签订以物抵债协议。

（3）以物抵债的物是可以合法处分之物而非禁止转让之物。否则，不发生抵债的法律效果。

二、以物抵债协议的性质判断

（一）以物抵债协议在什么情形下因属于流质契约而无效

出借人与借款人在归还借款履行期届满前签订以物抵债协议，直接约定物的所有权归出借人所有以冲抵债务的，属于流质契约，因而无效。此时的协议无效，只是针对流质契约的约定无效，并不是指以物抵债协议的内容全部无效。

（二）债务清偿期届满后签订的以物抵债协议的效力及实现方式

一般而言，除当事人明确约定外，当事人于债务清偿期届满后签订的以物抵债协议，并不以债权人现实的受领抵债物，或取得抵债物所有权、使用权等财产权利，为成立或生效要件。只要双方当事人的意思表示真实，合同内容不违反法律、行政法规的强制性规定，合同即为有效。具体的认定标准是《民法典》第143条关于民事法律行为有效的三个条件的规定。其中"不违反法律、行政法规的强制性规定"，包括没有利用签订以物抵债协议故意损害他人合法权益的情形。

三、以物抵债协议的对抗效力

【重点难点提示】

以物抵债协议不得对抗工程款优先受偿权和消费性购房的买受人。根据《最高人民法院关于审理建设工程施工合同纠纷案件适用法律问题的解释（一）》（法释〔2020〕25号）第36条和《最高人民法院关于人民法院办理执行异议和复议案件若干问题的规定》第29条的规定，当涉案房屋存在消费者的物权期待权、建设工程款优先受偿权时，各权利人的清偿顺序是：房屋消费者的物权期待权→建设工程款优先受偿权。以物抵债方式取得建设工程所有权的第三人，不能对抗房屋消费者的物权期待权和建设工程款优先受偿权。

【最高人民法院指导性意见】

最高人民法院民一庭倾向性意见：通过以物抵债方式取得建设工程所有权的第三人，不是《最高人民法院关于建设工程价款优先受偿权问题的批复》第2条规定的消费者，不能对抗承包人行使建设工程价款优先受偿权。[1]

【权威观点】

关于以物抵债协议纠纷案件的审理问题。

第一，关于债务履行期届满前约定的以物抵债。债权人与债务人在债务履行期届满前就作出以物抵债的约定，由于债权尚未到期，债权数额与抵债物的价值可能存在较大差距。如果此时直接认定该约定有效，可能会导致双方利益显失公平。所以在处理上一般认为，应参照物权法关于禁止流押、流质的相关规定，不确认该种情形下签订的以物抵债协议的效力。在后果处理上，(1)如果此时抵债物尚未交付给债权人，而债权人请求确认享有抵债物所有权并要求债务人交付的，不予支持。(2)如果此时抵债物已交付给债权人，参照物权法中质押的有关规定，债务人请求债权人履行清算义务或主张回赎的，法院应予支持。

第二，关于债务履行期届满后约定的以物抵债。债务履行期届满后，债权数额就得以确定，在此基础上达成的以物抵债协议，一般不会存在显失公平的问题。在以物抵债行为

---

[1] 司伟. 通过以物抵债方式取得建设工程所有权的第三人，不能对抗承包人行使建设工程价款优先受偿权//最高人民法院民一庭. 民事审判指导与参考：2012年第3辑（总第51辑）. 北京：人民法院出版社，2012：511.

不存在违反法律、行政法规禁止性规定的情形下,应当尊重当事人的意思自治。在后果的处理上,(1)如果此时抵债物尚未交付给债权人,债务人反悔但未能提供证据证明有能力继续履行原债务,债权人请求债务人履行以物抵债约定的,应予支持。(2)如果抵债物已交付给债权人,债务人反悔的,不予支持。但为防止当事人利用以物抵债损害对方的合法权益,当存在《合同法》第54条规定的情形时,债权人、债务人均可请求变更或撤销以物抵债行为。对当事人以物抵债恶意逃债,第三人既可依据《合同法》第52条的规定主张抵债行为无效,也可依据《合同法》第74条的规定行使撤销权。①

【案例150】

通过以物抵债方式取得建设工程所有权的第三人,不能对抗承包人行使建设工程价款优先受偿权

判决书认定事实:

一审法院认为,对于福×建筑公司请求优先受偿权问题,2009年10月9日福×建筑公司与丰×公司所签订的"工程付款协议"明确约定如丰×公司不能以现金方式支付给福×建筑公司,则以丰×悦华购物中心营业楼的房屋清偿所欠工程价款本金及利息,该约定应视为福×建筑公司以就该工程折价的方式向丰×公司主张了工程价款优先受偿权。鉴于该工程于2009年6月25日竣工,丰×公司于2009年10月9日主张1 700万元工程款及利息的优先受偿权未超过《最高人民法院关于建设工程价款优先受偿权问题的批复》(法释〔2002〕16号,现已失效,以下简称《批复》)所规定的6个月除斥期间,故福×建筑公司在法定的期限内行使了优先权,福×建筑公司的该项诉讼主张应予支持。②

~~~ 作者简析 ~~~

该案例强调了以下观点:一是承包人以"以物抵债"方式依法主张了工程价款优先受偿权的,其他普通债权不能对抗其以物抵债协议的效力。二是案例中强调双方在合同中约定了不能以现金方式支付工程款,应视为承包人已向发包人主张了工程价款优先受偿权。该观点符合客观实际,值得借鉴。

四、以房抵债协议的善意取得

【重点难点提示】

构成《民法典》第311条规定的善意取得,不能仅具备从主观要件,而是要同时具备

---

① 杨临萍.关于当前商事审判工作中的若干具体问题.人民司法(应用),2016(4).
② 司伟.通过以物抵债方式取得建设工程所有权的第三人,不能对抗承包人行使建设工程价款优先受偿权//最高人民法院民一庭.民事审判指导与参考:2012年第3辑(总第51辑).北京:人民法院出版社,2012:507.

主客观要件,即受让人主观上是善意的,客观上看满足转让价格合理、已办理不动产过户手续或动产完成交付的条件。

(一) 关于善意

对第一个问题,法律上只规定了"受让人受让该不动产或者动产时是善意"。司法实践中,不能只考查受让方主观上是否善意,而应当对转让方与受让方主观上是否善意同时进行考查。理由是:根据《民法典》第538条、第539条规定的无偿转让财产或低价转让财产等情形,如果对出借人以外的债权人(借款合同以外的第三方)构成影响,债权人可以请求撤销。

(二) 关于交易价格

仅以交易价格是否合理为标准,不能明确判断出相关主体主观上是否具有恶意。当借款人低价或无偿转让财产,损害其他债权人的合法权益时,如果要求提出异议的其他债权人承担举证责任,其很难完成,因为其他债权人难以掌握双方恶意串通损害他人合法权益的事实依据。

(三) 关于不动产的过户或动产的交付

如果未完成不动产的过户,或者未完成动产的交付,说明所有权尚未发生转移。所有权未发生转移,说明交易尚未完成。如果在交易未完成时,其他债权人提出了异议,则此时,如果受让方继续进行交易,其主观上显然不再是善意而是转为恶意。

【最高人民法院指导性意见】

最高人民法院在民事审判信箱就"未办理完成房屋所有权属变更登记手续,不能构成《物权法》第106条(《民法典》第311条)规定的善意取得"进行的解答。

> 问:我善意购买了某人的房屋,价格是合理的,并且我已经占有了该房屋,我能够基于《物权法》第106条的规定取得该房屋的所有权吗?
>
> 答:《物权法》第106条规定,善意取得需要具备以下几个方面的条件:(1)受让人受让该不动产或者动产时是善意的;(2)以合理的价格转让;(3)转让的不动产或者动产依照法律规定应当登记的已经登记,不需要登记的已经交付给受让人。上述三个条件缺一不可。虽然你受让某人的房屋的时候是善意的,价格是合理的,并且你已经占有了该房屋,但是由于你所受让的该房屋并没有办理完成不动产权属变更登记手续,即不符合《物权法》第106条善意取得规定的"转让的不动产或者动产依照法律规定应当登记的已经登记"条件,故你不能根据该条的规定取得该房屋的所有权。[①]

[①] 最高人民法院民一庭. 民事审判指导与参考:2014年第1辑(总第57辑). 北京:人民法院出版社,2014:190.

五、以物抵债协议的法律效力

关于以物抵债协议的合同效力，实践中争议较大。笔者认为：

首先，以物抵债协议是对债务履行方式的变更，即由原来的货币履行方式变更为以物抵债的方式。既然是对履行方式的变更，理论上就需要根据实际履行效果来判断是否产生消灭债权债务关系的法律效力。

其次，以物抵债协议产生消灭债权债务关系的法律效力，需要具备以下条件：

一是以物抵债协议属于有效合同，即合同内容是当事人真实意思表示，不违反国家法律法规的强制性规定。

二是以物抵债协议的标的物不属于法律法规禁止转让的物。比如，属于权利人可以正常处理的物；该物的所有权不存在争议；签订以物抵债协议时，该标的物并未被查封、扣押等。

三是签订以物抵债协议不损害他人的合法权益等。

四是当以物抵债协议不能履行时，旧的债权债务关系并未消灭，债权人仍然可以要求债务人履行其债务。因此，只有当以物抵债协议能够履行，或者已经被实际履行时，其才能产生消灭债权债务关系的法律效力。

六、以物抵债协议的审查义务

从前述规定可以看出，历次全国性的审判工作会议中均强调了以物抵债的相关问题，这证明以物抵债问题中产生的法律问题争议较大。《九民纪要》第44条强调的"人民法院要着重审查以物抵债协议是否存在恶意损害第三人合法权益等情形，避免虚假诉讼的发生"，往往会被忽略。在实践中，还存在限制第三人参加诉讼、不同意追加第三人的情况，应当予以高度重视。

七、以物抵债的难点问题

（一）关于以物抵债协议中的法律关系的分析

以以房抵债协议为例，说明如下：

第一步：分析以房抵债协议中的真实法律关系。

以房抵债协议不是一个单独的法律关系。通常情形下，它背后隐藏的基础法律关系包括借款合同关系、买卖合同关系、施工合同关系，甚至投资合同关系等。我们应在分析基础法律关系的基础上，再分析其合同的有效性，即确认其是有效合同、无效合同还是效力待定合同。对无效合同，当事人可以提出合同自始无效的抗辩。当事人未提出抗辩的，法庭也负有主动审查义务。对效力待定合同，请求撤销之诉是抗辩方式之一。

第二步：分析研究以房抵债协议是否违反禁止流押、流质条款。

主要分析以房抵债协议签订的时间：如果是在债务履行期限届满之前签订，则有违反禁止性规定之嫌；如果是在债务履行期限届满之后签订，则可能被认定为有效合同。

第三步：分析以房抵债协议的性质是支付手段，还是对债务的担保。

如果以房抵债协议的基础法律关系是借款合同关系，以房抵债协议有可能是对借款的清偿，也可能是对借款的担保。在此情形下，一是要考查在相关合同、协议中有无担保的意思表示；二是要考查有无回购约定，包括在以房抵债协议中有无回购条款，或者是否另行签订了回购协议等。在有回购协议的情形下，当事人的真实目的并非取得商品房的所有权，一般应认定为担保。

（二）债务人对以房抵债协议的真实性和合法性持有异议，应当如何提出抗辩

在以房抵债的情况下，通常会存在以房抵债协议和商品房买卖合同两份合同。对此，当事人是直接提出请求确认商品房买卖合同无效之诉或撤销权之诉，还是先起诉确认以房抵债协议无效（含部分无效）之诉或者撤销权之诉，再提出确认商品房买卖合同无效之诉或撤销权之诉，在诉讼策略上，是非常值得研究的。

如果先提出商品房买卖合同无效之诉或撤销权之诉，对方当事人必然以签订的以房抵债协议作为抗辩。此时，以房抵债协议的合法性并非本案审查的重点，甚至可能被忽视。因此，实现诉讼目的的可能性较小。

如果先提出以房抵债协议无效（含部分无效）之诉或者撤销权之诉，那么，法庭审查的重点内容是以房抵债协议的真实性和合法性。如果以房抵债协议所隐藏的法律关系或法律事实是虚假的，那么，这种方式对于债务人而言无疑是最有利的。在第一步实现了诉讼目的之后，再提出确认商品房买卖合同无效之诉或撤销权之诉，可能要容易些。

（三）债务人对以房抵债协议的真实性和合法性无异议，但认为其是担保合同的，应如何提出抗辩

异议方应当就具有担保合同的性质承担举证责任。如果具有担保合同的性质，依据《2020民间借贷司法解释》第23条的规定，债权人不能直接取得商品房的所有权。出借人可以通过申请拍卖标的物的方式实现其债权。

（四）名为商品房买卖合同实为以房抵债协议

在通常情况下，虽然签订了以房抵债协议，但由于办证机构不能凭以房抵债协议办理产权过户登记手续，所以，债权人和债务人往往采取签订商品房买卖合同的形式来实现以房抵债的合同目的。

如果签订的商品房买卖合同，违反了法律禁止流押、流质条款，也可以依据《2020民间借贷司法解释》第23条的规定，通过申请拍卖标的物的方式实现其债权。

八、以物抵债的风险与防范

【重点难点提示】

值得肯定的是，真实、合法的以物抵债方式，对于了结债务、避免矛盾升级发挥了重要作用。但是，采用这种方式也有诸多风险，比如：

1. 不能依据流押、流质条款内容取得标的物所有权的风险。禁止流质与流押，就是禁止在合同中约定直接将物的所有权归债权人所有。《民法典》实施后，虽然未直接规定流押、流质条款无效，但仍不能达到直接获得抵押物、质押物所有权的效果，仅可以就抵押物、质押物价款优先受偿。

2. 权利瑕疵风险。具体如：（1）在一审辩论终结以前尚未取得商品房预售许可证的，约定以商品房抵偿债务的合同无效。（2）标的物属于产权不明的物。（3）标的物属于被司法查封的物。（4）在标的物上设立有他项权，如抵押权等。这些权利上的风险，可能存在于签订以物抵债协议以前，也可能是在签订以物抵债协议之后但尚未办理产权过户登记以前形成的。

3. 借款人拒不履行以物抵债协议的风险。如果债务人在产权过户前，反悔不履行以物抵债协议，原则上只能要求其履行旧的债务。

4. 侵害他人优先受偿权的风险。最常见的是：一是作为消费性购房的业主；二是工程款优先受偿权，三是抵押权的优先受偿权等。

可见，采用以物抵债方式清偿债务，其风险还是比较大的。一方面，我们不要被风险吓倒；另一方面，要尽量避免风险和减少损失。这些措施主要包括：一是在签订以物抵债协议前要确认在该物上是否设立了他项权，是否存在权利瑕疵。二是在签订了以物抵债协议后，要同时或者尽快完成物的交付。三是尽快完结产权过户手续。四是不能及时完成交付与过户手续的，要及时采取法律措施，确保权利不受损害，如提起诉讼并采取司法查封措施。除此之外，还要经常了解债务人对外负债情况，如果发现风险增大，要及时采取应对措施。

【最高人民法院指导性意见】

最高人民法院民一庭意见：债务清偿期届满后当事人达成以物抵债协议，在办理物权转移手续前，债务人反悔不履行抵债协议，债权人要求继续履行抵债协议或要求确认所抵之物的所有权归自己的，人民法院应驳回其诉讼请求。但经释明，当事人要求继续履行原债权债务合同的，人民法院应当继续审理。[1]

---

[1] 最高人民法院民一庭. 民事审判指导与参考：2014 年第 2 辑（总第 58 辑）. 北京：人民法院出版社，2014：284.

【案例151】

债务清偿期届满后签订的以物抵债协议属于新债务协议，应当首先履行新债务协议；新债务协议不能履行时，可以履行旧的债务协议

裁判文书：最高人民法院（2016）最高法民终字第484号民事判决书

判决书认定事实：

关于供水×大厦A座9层抵顶工程款是否应计入已付工程款中的问题。

首先……本案中，兴×公司与通×建总呼和浩特分公司第二工程处2012年1月13日签订的"房屋抵顶工程款协议书"，是双方当事人的真实意思表示，不存在违反法律、行政法规规定的情形，故该协议书有效。

其次，当事人于债务清偿期届满后达成的以物抵债协议，可能构成债的更改，即成立新债务，同时消灭旧债务；亦可能属于新债清偿，即成立新债务，与旧债务并存。基于保护债权的理念，债的更改一般需有当事人明确消灭旧债的合意，否则，当事人于债务清偿期届满后达成的以物抵债协议，性质一般应为新债清偿。换言之，债务清偿期届满后，债权人与债务人所签订的以物抵债协议，如未约定消灭原有的金钱给付债务，应认定系双方当事人另行增加一种清偿债务的履行方式，而非原金钱给付债务的消灭。本案中，双方当事人签订了"房屋抵顶工程款协议书"，但并未约定因此而消灭相应金额的工程款债务，故该协议在性质上应属于新债清偿协议。

再次，所谓清偿，是指依照债之本旨实现债务内容的给付行为，其本意在于按约履行。若债务人未实际履行以物抵债协议，则债权人与债务人之间的旧债务并未消灭。也就是说，在新债清偿时，旧债于新债务履行之前不消灭，旧债务和新债务处于衔接并存的状态；在新债务合法有效并得以履行完毕后，因完成了债务清偿义务，旧债务才归于消灭。据此，本案中，仅凭当事人签订"房屋抵顶工程款协议书"的事实，尚不足以认定该协议书约定的供水×大厦A座9层房屋抵顶工程款应计入已付工程款，从而消灭相应金额的工程款债务，是否应计为已付工程款并在欠付工程款金额中予以相应扣除，还应根据该协议书的实际履行情况加以判定……供水×大厦A座9层房屋既未交付通×建总实际占有使用，亦未办理所有权转移登记于通×建总名下，兴×公司并未履行"房屋抵顶工程款协议书"约定的义务，故通×建总对于该协议书约定的拟以房抵顶的相应工程款债权并未消灭。

≈≈≈ **法官论述** ≈≈≈

认定债务清偿期届满后的以物抵债协议的性质时，应以尊重当事人的意思自治为基本原则；约定不明的，一般应认定以物抵债协议为诺成性的新债清偿协议。在协议的履行问题上，债权人的选择应受到必要限制，一般应先行使新债务履行请求权，但在新债务届期未得到履行，致使以物抵债协议目的不能实现时，债权人有权请求债务人履行旧债务。[①]

[①] 司伟.债务清偿期届满后的以物抵债协议的性质与履行//最高人民法院民一庭.民事审判指导与参考：2017年合订本（总第70辑）.北京：人民法院出版社，2017：274.

~~~ 作者简析 ~~~

本案以签订以物抵债协议时旧债是否消灭为标准，将以物抵债协议划分为消灭旧债的新债务和与旧债并存的新债务两种类型，并最终认定："供水×大厦 A 座 9 层房屋既未交付通×建总实际占有使用，亦未办理所有权转移登记于通×建总名下，兴×公司并未履行'房屋抵顶工程款协议书'约定的义务，故通×建总对于该协议书约定的拟以房抵顶的相应工程款债权并未消灭。"本案对以物抵债协议合同类型的划分以及将"房屋抵顶工程款协议书"的性质认定为新债清偿协议，具有借鉴意义。

实践中，当事人虽然在以物抵债协议中约定本协议生效时原债权债务关系消灭，但该约定是否产生原债权债务关系消灭的法律后果，应当以是否能够实现以物抵债协议的合同目的为判断标准。如果因为客观原因导致不能实现以物抵债的合同目的，则并未产生原债权债务关系消灭的法律效果。比如，以物抵债的房屋因未取得商品房预售许可证，不能实现过户登记或转卖；被工程优先受偿权的债权人申请强制执行；属于抵押财产等。

【案例 152】

债务清偿期届满后签订了以物抵债协议，在办理物权转移手续前债务人反悔的，债权人是否取得所抵之物的所有权

判决书认定事实[①]：

陈×虽在承诺书中承诺将诉争房屋出卖给廖×，借款转化为购房款，但"存量房买卖合同"上只有陈×的签名，未填写任何内容，廖×也一直未签名。从合同的履行情况看，双方之间存在的是借贷关系，廖×就诉争房屋主张的房屋买卖合同关系，因物权尚未转移，故不成立。现廖×要求陈×协助其办理房屋过户手续，依据不足，不予支持。故二审法院判决：撤销原判，驳回廖×的诉讼请求。

~~~ 法官论述 ~~~

本案争议的焦点是：当事人在债务已届清偿期后约定以物抵债，在办理物权转移手续前，该抵债协议的效力如何？对此问题，有两种观点。

第一种观点认为，当事人在债务已届清偿期后约定以物抵债，该约定实为债务的清偿，且系以他物替代清偿，因代物清偿行为为实践性法律行为，在办理物权转移手续前，清偿行为尚不成立，故当事人要求履行抵债协议或根据抵债协议主张所有权的，人民法院应不予支持。

第二种观点认为，当事人在债务已届清偿期后约定以物抵债，该约定为双方真实的意

[①] 最高人民法院民一庭. 民事审判指导与参考：2014 年第 2 辑（总第 58 辑）. 北京：人民法院出版社，2014：284.

思表示，法律上对此没有禁止性规定，故应认定以物抵债协议已经成立并合法有效，故当事人要求履行抵债协议或根据抵债协议主张所有权的，人民法院应予支持。

我们认为，第一种观点更为合理。[①]

≈≈≈ 作者简析 ≈≈≈

本案中，当事人实际上以签订"存量房买卖合同"的形式实现以物抵债。其抵款是否成立，关键在于是否办理产权转移登记。最高人民法院民一庭的意见，显然包含了两层含义：一是办理物权转移手续之前，债权人要求继续履行抵债协议或要求确认所抵之物的所有权归自己，但是债务人反悔的，人民法院应当驳回其诉讼请求。二是办理物权转移手续之后，债务人反悔的，其反悔无效。上引法官论述将以物抵债协议归类为实践性合同，具有现实意义和法律意义。

【案例153】

在执行查封之前签订的以物抵债协议是否可以阻却强制执行

裁判文书：最高人民法院（2019）最高法民申4491号民事裁定书

裁定书认定事实：

孟×申请再审的理由不能成立。首先，本案为案外人执行异议之诉，主要争议焦点在于再审申请人孟×是否对执行标的享有足以排除强制执行的民事权益。根据《最高人民法院关于适用〈中华人民共和国民事诉讼法〉的解释》（2015年）第311条规定，孟×提起本案执行异议之诉应当就其对执行标的享有足以排除强制执行的民事权益承担举证责任。《最高人民法院关于人民法院办理执行异议和复议案件若干问题的规定》（2015年）第29条的规定，是对房屋消费者的物权期待权的保护，而以物抵债协议首先以消灭金钱债务为目的，物的交付仅为以物抵债的实际履行方式，此即与《最高人民法院关于人民法院民事执行中查封、扣押、冻结财产的规定》《最高人民法院关于办理人民法院办理执行异议和复议案件若干问题的规定》中基于买卖产生的物权期待权有基础性的差别。因而，基于以物抵债而拟受让不动产的受让人，在完成不动产法定登记之前，该以物抵债协议并不足以形成优先于一般债权的权益。就本案而言，原审已查明，孟×虽在查封前与梅×公司签订了合同，并以工程款抵扣了全部购房款，但此房屋已于查封前抵押给了×小贷公司，并在鄂州市房屋产权登记中心办理了抵押登记，而且此房屋亦未交付孟×居住。双方所签以工程款抵扣购房款的买卖合同实际是孟×实现自己债权的一种方式，孟×并非购买房屋居住的消费者，故孟×对涉案房屋亦不可能产生物权期待权。其次，本案系案外人提起的执行异议之诉，建设工程价款优先权仅是在房屋变价款分配顺位上的优先权

[①] 最高人民法院民一庭．民事审判指导与参考：2014年第2辑（总第58辑）．北京：人民法院出版社，2014：284.

利,不能达到阻却执行的效果,且孟×提交的证据不足以证明其对涉案房屋享有优先权,故原审据此认定孟×提交的证据不足以排除强制执行的基本事实并不缺乏证据证明,适用法律亦无不当。

裁判结果:驳回孟×的再审申请。

作者简析

本案的司法裁判观点,即基于以物抵债而拟受让不动产的受让人,在完成不动产法定登记之前,该以物抵债协议并不足以形成优先于一般债权的权益,已成为司法界的共识。本案着重探讨两个问题。

1. 关于物权期待权的认定问题

如果双方所签以购房款抵扣工程款的买卖合同实际上是实现债权的一种方式,合同中的买受人并非购买房屋居住的消费者,此时并不产生物权期待权。

我国法律对"物权期待权"尚无明确的定义。因其权利属性客观存在,有学者基于该权利的"期待性"(将来有取得与实现的可能性),认为其处于物权和债权之间的一个独立的中间位置,是一项含有物权和债权两大领域要素的特殊性权利。结合执行异议、执行异议之诉的司法实务,我们认为可将物权期待权定义为"对争议标的物享有期待权的准所有权人,为了对抗申请执行人对争议标的物的主张,通过执行异议、执行异议之诉等法律程序来保障自身主张的一种权利"。

2. 具有工程款优先权签订的以物抵债协议是否能够阻却他人申请的强制执行

目前普遍的观点是不具有阻却效力,理由是:建设工程价款优先权仅是在房屋变价款分配顺位上的优先权利,不能达到阻却强制执行的效果。由此可能产生消极和积极的两种法律后果。

一是当执行标的物可能实现的价值明显低于优先受偿权的欠付工程款时,根据他人的申请继续强制执行,可能给具有优先受偿权的债权人造成巨大经济损失。

二是当执行标的物可能实现的价值明显多于优先受偿权的欠付工程款时,他人为了实现自身债权,会千方百计获取更高的拍卖价款,具有积极效果。

【案例154】

当事人不得以存在物权争议的标的物签订以物抵债协议

裁判文书:最高人民法院(2015)民再字第3号民事裁定书

裁定书认定事实:

×石油公司、于×、郭×在二审期间达成以案涉国有土地使用权抵偿债务的调解协议时,×石油公司提交了该土地的国有土地使用证,现××村委会提交了调解抵债土地的地籍档案资料等证据,用以证明其属于该国有土地使用权的实际权利人。上述事实表明,案涉国有土地使用权权属存有争议。鉴于××村委会对案涉调解标的物的使用权权属提出异议，且提供相关证据予以证明，该事实需经一审审理作出认定。为进一步查明案件事实，经本院审判委员会讨论决定，依照《民事诉讼法》（2012年）第170条（现为第177条）第1款第3项、第207条（现为第214条）以及《最高人民法院关于民事审判监督程序严格依法适用指令再审和发回重审若干问题的规定》第4条之规定，裁定如下：（1）撤销本院（2012）民二终字第12号民事调解书及辽宁省高级人民法院（2011）辽民二初字第12号民事判决；（2）本案发回辽宁省高级人民法院重审。

≈≈≈ 作者简析 ≈≈≈

本案中，当事人双方均提供了国有土地使用权的证明，但其证明内容并不相同，证明案涉国有土地使用权的权属存有争议。

标的物可能有争议的，在解决争议后才能确定签订的抵债协议是否有效。本案一审判决在没有解决争议的情形下径直作出，属于事实认定不清，故最高人民法院裁定撤销一审判决，发回重审。

第四节 债务履行证明

一、银行转账付款凭据

相关规定

▼《2020民间借贷司法解释》

第16条 原告仅依据金融机构的转账凭证提起民间借贷诉讼，被告抗辩转账系偿还双方之前借款或者其他债务的，被告应当对其主张提供证据证明。被告提供相应证据证明其主张后，原告仍应就借贷关系的成立承担举证责任。

第18条 人民法院审理民间借贷纠纷案件时发现有下列情形之一的，应当严格审查借贷发生的原因、时间、地点、款项来源、交付方式、款项流向以及借贷双方的关系、经济状况等事实，综合判断是否属于虚假民事诉讼：

（一）出借人明显不具备出借能力；

（二）出借人起诉所依据的事实和理由明显不符合常理；

（三）出借人不能提交债权凭证或者提交的债权凭证存在伪造的可能……

▼ 2015年《会议纪要》

23. 原告持借据、收据、欠条等债权凭证起诉后，被告对债权凭证的真实性提出异议的，当事人双方均可以申请司法鉴定。

当事人双方均不申请司法鉴定的，人民法院根据以下情形分别作出处理：

（一）被告虽对债权凭证的真实性提出异议，但未提供反驳证据或者提供的证据不足以证明债权凭证的真实性存在疑点的，可以认定该债权凭证的真实性。

（二）被告提供了相应证据能够证明债权凭证真实性存在疑点的，人民法院不予认定该债权凭证的真实性。

【重点难点提示】

（一）实践中应注意因收款人或付款人不是合同的当事人容易引起的争议

采用银行付款方式，对当事人是否履行支付义务，本来属于有据可查，但是实践中往往因收款人或付款人不是合同的当事人而引起争议。当事人之间既存在借款合同关系，又存在其他合同关系的；或者存在多次资金相互往来关系的，要鉴别当事人举示的付款凭证是否与本案的借款合同相关具有一定难度。实践中，要特别注意辨别下列情形：

（1）利用当事人之间因为其他经济往来关系（如商品买卖合同）而留下的往来资金支付痕迹，谎称其是由履行借款合同的支付义务形成。

（2）当事人之间长期存在资金相互拆借行为，是否将单方的支付凭据作为支付借款的依据。比如，将明明是归还借款的款项称为借款，将还款凭据称为支付借款的凭据，将借款人身份谎称为出借人。

（3）要确定收款人是否为合同的相对方。如果出借人或借款人指定第三人付款或者收款，要取得当事人的授权委托等书面文件，否则，可能造成付款和收款不能得到确认。

（4）在填写转账付款的票据时应注意：资金用途一栏要填写准确、完整。比如：出借人向借款人支付借款的，其资金用途最好填写"借款"；出借人履行还款义务的，则注明是"还款"。如果是第三人代为履行支付义务，如系出借人委托支付借款，则写明"受某某委托支付借款"；如系借款人委托支付借款，则写明"受某某委托偿还借款"。切忌将借款用途故意写为其他用途。

（5）妥善保存相关证据。主要包括：一是履行了支付义务的证据，如转账凭证、电汇凭证等；二是其他相关证据，如手机短信通知、电子邮件、聊天记录、音像视听资料等。

（6）单独的一份付款凭证，只能证明某一时点的支付事实，不能证明当事人双方业已存在的先前交易事实以及连续交易事实。需结合银行流水才能形成完整的证据链，达到证明目的或反驳目的。

（二）举证责任

对《2020民间借贷司法解释》第16条的规定，可理解如下。

1. 被告的举证责任

条款中规定的"被告抗辩转账系偿还双方之前借款或者其他债务的，被告应当对其主张提供证据证明"，分为下列两种情形：

第一种情形：如果被告人的主体是单一的，其提出此项抗辩的举证责任并不难完成。

因为被告手里持有相关的证据。

第二种情形：如果被告人的主体有多人，而相关转账属于"偿还双方之前借款或者其他债务的"，则原告有可能只与多名被告人之一存在资金往来关系。此时，如果实际发生交易的被告不提出抗辩，其余被告几乎没有提出抗辩的机会和可能。因为其余被告手里往往没有相关证据，即使提出抗辩，也很难完成举证义务。

后一种情形，往往在挂靠合同关系、工程内部承包关系中容易发生。司法实践中，曾出现挂靠人或者内部承包人故意将债务伪造为被挂靠单位或法人主体的对外债务的情形，需引起警惕。

2. 原告的举证责任

民间借贷诉讼中，原告应当就其借款合同关系的成立承担举证责任。如果原告仅依据金融机构的转账凭证提起民间借贷诉讼，不能证明民间借贷合同关系的必然成立。那么，值得探讨的是，按照"被告提供相应证据证明其主张后，原告仍应就借贷关系的成立承担举证责任"的规定，此处原告方承担的是补充证明责任，还是本应当承担的证明责任呢？

如果原告方承担的是补充证明责任，说明在被告方未完成"被告抗辩转账系偿还双方之前借款或者其他债务的，被告应当对其主张提供证据证明"之前，原告方不应承担此项证明责任。如果其承担的不是补充证明责任，而被告方无论是否完成其抗辩的举证，原告均应当就其民间借贷合同关系的成立承担举证证明责任。

笔者认为，原告承担的此项证明责任为补充证明责任。

第一种情形：双方形成往来关系的证明。

如果双方并未签订书面的借款合同，也未出具借条，但是，从转款凭证或者银行流水中反映出来，双方存在相互转款的情形，任何一方未提供证据证明有其他法律关系的，应当认定借款合同关系成立。因为借款合同属于双务合同，彼此之间的资金往来，符合双务合同的特点。在排除了其他合同关系的情形下，双方相互发生资金往来，对于其中一方的款项可能属于借款，对于另一方可能属于还款。但是，相互往来的资金，其借款和还款：一是在时间上应当具有先后顺序的逻辑关系；二是从数额上应有对应关系。其还款数额，应当根据凭证载明的金额进行分析。如果还款金额小于借款金额，证明还有未偿还的本金。如果还款金额大于借款本金，超过部分属于支付的利息。当然利息不能超过有关司法解释规定的上限。具体见本书关于利息的内容。

第二种情形：如果仅有一方当事人向另一方转账付款的凭证，如何证明出借人履行了支付借款的义务。

依照《2020民间借贷司法解释》的规定，借款合同关系成立的证明责任在主张借款合同关系成立一方，即出借人一方。在庭审中，如果双方认可不存在其他任何法律关系，也不属于替第三方代为履行支付义务，应当认定借款合同关系成立。参照最高人民法院的指导案例，如果由借款人一方主张双方存在其他合同关系，应由借款人承担举证责任。在前述情形下，不能完成举证责任的当事人，可能承担不利的法律后果。

第三种情形：如果出借人用转账方式支付的借款，而借款人是用现金还款，当没有其他证据证明还款事实时，借款人有可能承担再次还款的法律责任。如果出借人是用现金支付的借款，而借款人是用转账方式履行的还款义务，事后，借款人有可能以不当得利为由，主张出借人返还其借款；借款人也有可能变成出借人，造成本末倒置。

二、汇票付款凭据

《2020民间借贷司法解释》第9条第3项规定以票据交付的，自借款人依法取得票据权利时合同成立。

（一）什么是票据权利

根据《票据法》第4条规定，票据权利，是指持票人向票据债务人请求支付票据金额的权利，包括付款请求权和追索权。

（二）如何取得票据权利

1. 出票取得

出票取得即出借人以借款人为收款人出具票据。票据记载事项必须符合票据法的规定，包括票据必须记载事项应当真实完整，票据金额以中文大写和数码同时记载，二者必须一致，票据金额、日期、收款人名称不得更改。不存在其他无效事项的情况下，借款人非以欺诈、偷盗、胁迫等手段取得符合法定条件的票据即取得票据权利。

2. 背书转让取得

背书转让取得即背书人将票据以背书转让的方式背书给借款人，在满足票据记载事项符合票据法规定的情形下，同时满足背书连续，借款人取得票据权利。

借款人特别需要注意的是，因背书连续是持票人享有票据权利最为直接的证明，故实践中以背书转让取得票据权利的方式支付借款的，借款人一定注意背书应当连续，如背书不连续可能导致无法取得票据权利。而出借人特别需要注意的是，以票据权利作为借款支付的形式，出借人应与借款人签订书面借款合同，明确借款出借方式，同时要求借款人出具收条证明已收到相关票据，该收条应当载明票据编号等信息并将票据复印件交借款人签字并由其注明"票据原件已收到"后留档保存，避免事后借款人以未收到票据为由主张出借人未支付借款。

三、收条

> 相关规定

▼《2020民间借贷司法解释》

第15条 原告仅依据借据、收据、欠条等债权凭证提起民间借贷诉讼，被告抗辩已经偿还借款的，被告应当对其主张提供证据证明。被告提供相应证据证明其主张后，原告仍应就借贷关系的存续承担举证责任。

被告抗辩借贷行为尚未实际发生并能作出合理说明的，人民法院应当结合借贷金额、款项交付、当事人的经济能力、当地或者当事人之间的交易方式、交易习惯、当事人财产变动情况以及证人证言等事实和因素，综合判断查证借贷事实是否发生。

▼《最高人民法院关于依法妥善审理民间借贷纠纷案件促进经济发展维护社会稳定的通知》（法〔2011〕336号）

七、注意防范、制裁虚假诉讼。人民法院在审理民间借贷纠纷案件过程中，要依法全面、客观地审核双方当事人提交的全部证据，从各证据与案件事实的关联程度、各证据之间的联系等方面进行综合审查判断。对形式有瑕疵的"欠条"或者"收条"，要结合其他证据认定是否存在借贷关系；对现金交付的借贷，可根据交付凭证、支付能力、交易习惯、借贷金额的大小、当事人间关系以及当事人陈述的交易细节经过等因素综合判断。发现有虚假诉讼嫌疑的，要及时依职权或者提请有关部门调查取证，查清事实真相。经查证确属虚假诉讼的，驳回其诉讼请求，并对其妨害民事诉讼的行为依法予以制裁；对于以骗取财物、逃废债务为目的实施虚假诉讼，构成犯罪的，依法追究刑事责任。

【重点难点提示】

(一) 收条的格式和内容

收条是当事人一方向合同相对方出具的证明收到有关款项的证明。在借款合同关系中，一般基于以下情形出具收条：（1）借款人向出借人出具的，证明收到出借人支付的借款。（2）出借人向借款人出具的，证明收到借款人偿还借款本金或者利息。

一份完整的收条，其内容应当包括：（1）载明合同当事人，即履行义务的当事人和享有权利的当事人主体。当事人的姓名或名称应当与借款合同或借条中的一致。实践中，借条中存在未写明出借人的情形，应当确认持有借条的人为出借人。（2）要写明收款事由。也就是要结合具有对应关系的借款合同或借条来写。（3）要写明收款方式。（4）要写明款项性质。比如，该金额包含的本金为多少元，利息为多少元。有逾期利息或者违约金的，也要予以写明。（5）如有多次收款行为，可以写明累计收款金额，但最好写明每次收款的时间、金额以及收款方式。（6）如有尚欠金额，可以写明尚欠的金额及剩余款项的履行期限。（7）如系其他人代为收款，要提供合法的授权证明或其他证据。（8）如系他人代为支付款项，要写明代为支付人的姓名或单位名称，以及代为支付款项的合法证明。

在实践中，因支付方式不同、支付款项的是否为当事人本人不同，收条的格式有所不同。

收 条（以现金方式支付借款）

收款人与付款人于××××年××月××日签订了借款合同，出借人×××为了履行借款合同的支付义务,现通过现金方式向本人支付了人民币×元(大写金额元)。

(如果双方是自然人的,应注明:此收条是证明借款合同关系成立的证明。如果双方或一方不是自然人的,则注明:此收条是证明出借人向借款人履行借款合同支付借款义务的证明。)

[如果有交付行为现场拍照的,将照片注明为附件(下同)。]

落款签字或盖章
××××年××月××日

收　条（以现金方式偿还借款）

收款人与付款人于××××年××月××日签订了借款合同,借款人×××为了履行还款义务,现通过现金方式向本人支付了人民币×元(大写金额元)。此收条载明的金额包含偿还的借款本金为×元,利息×元,违约金×元。

落款签字或盖章
××××年××月××日

收　条（以转账方式偿还借款）

收款人与付款人于××××年××月××日签订了借款合同,出借人×××为了履行借款合同的支付义务,现通过转账方式向本人支付了人民币×元(大写金额元)。此收条载明的金额包含偿还的借款本金为×元,利息×元,违约金×元。

(同时应分别注明:付款人和收款人开户行名称、账号、转账支付的日期。如果在出具收条时,如相关款项尚未到账,应注明:具体收款金额以到达收款人银行××账户的金额为准。)

落款签字或盖章
××××年××月××日

收　条（第三人以转账方式支付借款）

借款人与出借人于××××年××月××日签订了借款合同,出借人×××为了履行借款合同的支付义务,现委托第三人××通过转账方式向本人支付了人民币×元(大写金额元)。此收条载明的金额包含偿还的借款本金为×元,利息×元,违约金×元。

(如系转账方式,则分别注明:付款人和收款人开户行名称、账号、转账支付的日期。如果在出具收条时,如相关款项尚未到账,应注明:具体收款金额以到达本人银行××账户的金额为准。)

落款签字或盖章
××××年××月××日

(二)收条的证明效力

(1)收条属于书面证据。

(2) 收条一般不能单独证明借款合同关系的成立，以及支付的款项性质。

对于形式上存在瑕疵的收条或欠条，由于其记载的内容并不能直接表明借款合同的性质，可能需要结合其他证据才能确认其证明效力。如果在收条中写明了借款事实和合同性质，此份收条实际可作为借条。

(3) 结合借款合同或借条，收条的证明作用如下。

1) 证明借款合同关系成立。

2) 当事人一方履行了借款合同的全部或部分支付义务或偿还义务。

3) 就一次性还款或者累计还款出具的收条，能够证明债务已经清结或部分还款事实。但是，累计还款的情形下，还应当保留其他相关证据。

(4) 对大额现金支付，收条的证明效力有限，要结合其他证据严格审查其证明效力。

相关法律依据为《2015民间借贷司法解释》第19条、《2020民间借贷司法解释》第18条。

【权威观点】

在民间借贷中，收据或收条除了在借款人收到借款时由借款人出具，从而作为出借人主张借贷关系的证据，还可能在借款人归还借款的时候由出借人出具，从而作为借款人凭以抗辩借款已经实际归还的证据。收据或收条从内容和性质上看，与借款合同和借条不同，其更强调款项的实际给付而不是双方之间的借款合意。[1]

【案例155】

同一借款合同的多份收条是否可以印证出借人履行了支付借款的事实

裁判文书：最高人民法院（2015）民一终字第1号民事判决书

判决书认定事实：

"借款协议"经涉案各方当事人共同签字捺印后，张×分别于2012年9月4日、9月20日、10月9日、11月5日出具收条，确认收到"借款协议"约定款项。

最高人民法院经审理认为："借款协议"经涉案各方当事人共同签字捺印后，张×分别于2012年9月4日、9月20日、10月9日、11月5日出具收条，确认收到"借款协议"约定款项。上述查明事实表明，案涉"借款协议"系各方当事人合意形成，张×作为借款人签字确认，且出具收款收条与"借款协议"反映内容相互印证。故一审判决关于詹×出借款项给张×个人，未违反法律、行政法规的强制性规定，"借款协议"应为有效的认定，认定事实清楚，适用法律正确，应予维持。

---

[1] 沈丹丹. 民间借贷案件审理中的举证责任分配和事实认定标准问题//最高人民法院民一庭. 民事审判指导与参考：2015年第3辑（总第63辑）. 北京：人民法院出版社，2015：460.

〰〰〰 作者简析 〰〰〰

在民间借贷中,借款合同、借条或收条,以及履行债务的相关记录都是重要的证据,应当妥善保管。在个别情况下债务已经还清,但出借人没有出具收条,也没有把借条返还借款人,而是利用各种借口推脱,如说借条丢了。过一段时间,出借人又持借条向借款人索要还款,或者提出诉讼,要求偿还借款。在此情形下要证明借款合同关系已经因为债务偿还而消灭的事实,可以关注以下几个要点。

(1) 举示付款凭证,如转账支票及进账单、电汇凭证等。

(2) 举示银行流水(要求有对手信息),证明有款项支付事实。

(3) 提供手机银行、微信、支付宝、手机短信、电子邮箱记录等电子数据的书面证据。

(4) 如系现金支付,需举示现场照片、录音录像以及现场证人的证人证言等。

(5) 如果收款人非出借人本人,应举示出借人要求将款项支付至第三人的证据,如授权委托书、手机短信等。

(6) 如果付款人是出借人或借款人委托的第三人,在诉讼中,可以将付款人作为证人申请其出庭作证。

(7) 如果有第三人代出借人或借款人收款的情形,在诉讼中,可以将收款人列为第三人。

四、银行流水及对手信息

(一) 证明内容

民间借贷中的银行流水及对于信息证明的内容主要包括:(1) 收款人的收款时间、收款金额以及付款人的信息。(2) 某个连续时段内,当事人之间多次发生交易的事实。(3) 某个连续时段内,当事人之间多次发生的交易,属于何种性质的事实。如果当事人在付款凭证中未写明资金用途,则银行流水上只能反映收付款记录,无法反映款项性质,此时应结合其他证据进一步履行证明义务。

(二) 证据形式及效力

(1) 银行流水等在证据形式上属于书证。其由第三方出具,证据效力较强。

(2) 通过分析银行流水的连续记录,可以分析借款事实是否成立。

(3) 凡是通过银行转账方式发生的支付行为,均有记载,可以证明有无支付借款、偿还借款以及支付利息的行为。

五、以收回借款合同(含借条,下同)、宣布借款合同作废或者销毁借款合同的方式履行债务

(一) 对是否收回或销毁借款合同,应当有相关证据支持

在实践中,以收回借款合同的方式履行债务的情况较为普遍。这种方式等于直接宣布借款合同终止。

(二) 双方以销毁、收回借款合同的方式履行债务的风险分析

如果出借人向借款人以转账方式支付借款，而借款人是用现金归还借款，那么，日后，出借人可能会持转账凭证再次要求借款人还款。这种情形往往是在双方产生激烈矛盾的情况下才会发生，应当予以避免。

在一般情形下，借条或借据是由借款人向出借人出具的。假设出借人支付借款和借款人归还借款，都是通过银行转账方式进行，此时无论是否收回借条或借据，风险都较小。如果出借人支付借款或借款人归还借款，其中一方是现金支付，另一方以转账方式支付，此时容易产生争议。比如：出借人支付的是现金，借款人通过转账方式归还借款，此时借款人将借条或借据收回，在出借人手里就没有了证明双方存在借款合同的证据。如果借款人反悔，以归还借款的转账凭证作为依据，主张出借人一方返还借款，在没有其他强有力的反驳证据的情况下，法院很可能会作出与客观事实相反的认定。

借款人忘记收回或销毁借条，付款人一方又没有要求收款人方出具收条的，可能引起重复主张权利的纠纷。特别是在由第三方代为履行支付义务的情形下，如果证据缺失，风险较大。

(三) 风险规避

笔者认为，如果双方持有借款合同，最好由双方互相在对方的借款合同上注明："此合同已履行完毕，作废。"

如果是出借人单方持有借条，借款人在归还借款时应当予以收回，并要求出借人在借条上写明："借款已还清，收回作废。"最好不要将借条收回直接销毁。

六、对账单

对账单是证明已经履行了支付义务或未履行支付义务的事实依据。

对账单的借款结算方式通常是在双方存在多笔借款或多笔还款，或者在最高额借款合同下发生多次签订借款合同的情形下采用。其法律效果应当区别情况对待。

当事人单方持有对账单的，如果另一方当事人没有提出异议，应当确认其证明效力；如果对方当事人提出异议，提出异议的当事人应承担举证责任。

如果双方当事人互相持有对方提供的对账单，对双方对账单所记载的事实完全一致的部分，应当具有证明效力；对于不一致的部分（若有），持有异议的一方应当承担举证责任，包括证明对账单的内容是否存在变造、添加等情形。

对账单

××××年××月××日，由出借人×××（或某公司会计人员×××）与借款人×××（或某公司会计人员×××），在×××地点，对双方借款及归还借款的情况进行了核对。双方确认，出借人于××××年××月××日（或某个期间内）向借款人支付的借款金额为×元，借款人已经向出借人归还借款本金×元，支付利息×元，尚欠借款本金×元、利息×元。具体款项支付的记录如下：

时间	收款人	银行账号	付款人	银行账号	金额

出借人（或代理人）签字：　　　　　　借款人（或代理人）签字：

七、还款证明

（一）以还款证明作为借款人履行了合同义务的证明，应当具备的条件

（1）双方当事人对还款证明书载明的还款事实无争议。

（2）还款证明有付款凭证等相关证据支持。

（二）在特殊情形下，还款证明不能作为已经归还借款的依据

一般情形下，还款证明能够证明借款人已经偿还借款的事实。但是，针对巨额借款，特别是涉及巨额现金交付的还款证明，还应有相关的付款依据佐证，才能形成证据链，达到证实已经还款的证明目的。还款证明不能作为已经归还借款的依据情况如下。

（1）双方对还款事实产生争议。

（2）还款证明载明的内容与有关证据载明的事实相矛盾。

【案例156】

"还款证明"不能证明已经还款事实的案例

裁判文书：最高人民法院（2019）最高法民再114号民事判决书

判决书认定事实：

关于本案借款是否全部还清问题。毛×林等人主张本案借款已经还清的主要证据是"还款证明"，并提供了其单方制作的"江西×宇、金×市政、金×建设、毛×林、徐××与江西×宾馆有限公司借贷清算表"（以下简称"借贷清算表"）、相关银行转款凭证，以及余某等人的证言，用以佐证"还款证明"内容的真实性。第一，"还款证明"虽表述毛×林等人已还清了"欠款及还款承诺书"项下的本金及利息，但×宾馆对"还款证明"所述内容的真实性不予认可，在此情形下，需结合毛×林等人提供的其他佐证证据，对"还款证明"内容的真实性进行认定。第二，毛×林等人单方制作的"借贷清算表"项下，通过银行转账还款的款项有：2014年3月20日还款50万元、同年4月4日还款200万元、同年4月30日还款200万元、同年7月9日还款9万元、同年7月28日还款110万元、同年9月22日还款1 184 777元，上述款项合计6 874 777元；以购房款冲抵借款269万元；现金支付241万元；以一尊和田玉佛像冲抵借款180万元。上述毛×林等人主张的已还款项，×宾馆对银行转账还款和以购房款冲抵借款的合计款9 564 777元无异议；而对现金支付及以玉佛像还款合计421万元不予认可。且毛×林等人就现金交付的时间、地点、方式，以及以玉佛像抵债180万元双方已经达成合意等事实，未提供充分证据证明。第三，本院再审中，毛×林等人申请证人余某、王某、蔡某、刘某出庭作证，用以证明"还款证明"内容真实。上述证人中，余某虽然曾建议毛×林应让债权人出具一份还款凭证，但余某并未陈述此后其已实际看到过"还款证明"；而王某、蔡某、刘某均与毛×林系朋友关系，其证言不能单独作为证明案件事实的依据。故上述证人证言亦不能证明"还款证明"内容真实。据此，原审判决以毛×林等人就"借贷清算表"项下的两项还款即现金还款和以玉佛像抵款，仅有单方陈述而未有其他证据佐证为由，认定"还款证明"不能证明案涉借款已经还清，毛×林等人仍应归还所欠×宾馆的借款，并无不当。

〰〰 作者简析 〰〰

案涉还款证明不应得到采信。其理由有以下几个方面。

（1）被告方否认其证据效力，从而引起争议，需进一步审查证据效力。

（2）该份证据不具备产生法律效力的形式要件，即出具的"还款证明"未加法人真实公章，也没有法定代表人的签字，应进一步审查是否具有合法授权或是否构成表见代理。

（3）原告方未举示出属于职务行为的授权委托书。该份证据涉及对外合同关系的确认终止，且涉及金额巨大，与被告方的利害关系密切相关，显然超出了普通职员的职权范围，应当将所涉职员的行为是否具有合法授权作为认定证据效力的依据。

（4）诉讼中，原告方未举示足以构成表见代理的事实依据。本案涉案金额巨大，没有相关事实进行佐证，不能确认构成表见代理。

八、指定收款人证明

一般情形下，借款合同中注明的相对方是接受另一方履行合同义务的当事人，即收款人。但在特殊情况下，也有收款人不是合同当事人的情形。

(一) 出借人指定收款人的情形

出借人指定了收取偿还借款本金和利息的第三人的，第三人为收款人。

出借人指定收款人的原因包括但不限于以下几种。

（1）因出借人履行项目出资义务，指定借款人将偿还的借款支付至第三人名下。

（2）因出借人偿还第三人的借款，为减少中间付款环节，指定借款人将偿还的借款支付至第三人名下。

（3）因出借人的银行账户被查封、冻结，为规避资金风险，指定借款人将偿还的借款支付至第三人名下等。

(二) 借款人指定收款人的情形

借款人指定了收取借款的第三人的，第三人为收款人。借款人指定第三人为收款人的情形主要包括以下几种。

（1）借款人因偿还第三人的债务，指定第三人为收款人。

（2）借款人为项目投资需要而融资，往往指定接受投资的人为收款人。

（3）借款人为他人代为融资而签订的借款合同，往往指定他人（实际借款人）为收款人。

在借款人指定了第三人为收款人的情形下，如果处理不当，会带来履约风险。为避免风险，出借人有必要要求借款人出具书面的授权委托书或指定收款人的委托书。如果当时不便于要求借款人出具前述书面文件，也需要通过手机短信、电子邮件、微信等方式出具书面文件。最好要求借款人出具纸质的书面文件。如果合同约定向第三人履行支付义务，未按照合同约定履行义务的，应当承担违约责任。

（三）指定收款人证明书

如果合同相对方委托他人代为收取款项，履行义务一方当事人应当要求相对方出具指定他人代为收款证明书。其格式如下。

指定他人代为收款证明书

收款人姓名或单位名称：

本人于××××年××月××日作为借款人（或出借人），与你签订了借款合同一份，合同约定的支付借款的期限为××××年××月××日（或者为分次履行支付借款方式）。依照合同约定，你方应于××××年××月××日前履行支付义务（如系出借人应当履行的支付义务，则写明：你方应当支付的借款本金×元。如系借款人应当履行的支付义务，则写明：你方应当支付的金额为×元，其中属于偿还借款本金×元、利息×元、逾期利息×元、违约金×元，其他费用×元。）

本人因……原因，不能前来收取前述款项，现委托×××前来向你收取。收取的款项视为你方已向我方履行合同约定的义务。

（如果对收款人的权利作了限定性规定，则写明：上列款项禁止用现金方式进行支付。现指定的收款人姓名、身份证号码以及开户银行及账号等。未向本人指定的收款人账号履行支付义务的无效。）

委托人签字或盖章

代理人签字或盖章

××××年××月××日

【案例157】

未按合同约定的账户还款为支付对象错误，不能认定为履行了还款义务

裁判文书：江苏省扬州市中级人民法院（2018）苏10民终1342号民事判决书[①]

[①] 该案被收录于：国家法官学院案例开发研究中心. 中国法院2020年度案例. 北京：中国法制出版社，2020：124-127.

判决书认定事实：

2号借款合同明确约定借款应还至胡×的指定账户，××集团第一笔100万元也是还至该账户，从××集团提供的2017年1月26日的100万元承兑汇票收条中注明"陈×代胡×"也可以看出，其在合同履行过程中明知应向胡×还款。由"扬州新天地商铺买卖协议"、"商铺买卖委托支付协议"、"扬州新天地商铺买卖协议（ALT20160808）、商铺买卖支付协议（ALT20160808-1）、商铺买卖借款合同（JALT20160808-2、JALT20160808-3、JALT20160808-4）补充协议"也可以看出，××集团法定代表人李×程参与合同签订，而胡×与陈×分别单独作为合同一方出现，××集团对两者系不同委托借款人的身份及关系是清楚的。即使按××集团所述，两份借款合同同时签订，而两份借款合同除金额外，唯一的不同就在于分别应向胡×和陈×的指定账户还款，对此××集团在还款时应负有高度的注意义务。陈×虽然是××房产公司副总经理，但并非××房产公司的法定代表人，其携带公章签订借款合同，但在合同签订后便无权随意更改合同内容。借款合同第十一条明确约定就变更事项达成的书面补充协议才与本合同具有同等法律效力，而××集团在没有书面变更支付对象的情况下，没有充分的理由相信向胡×的还款可以还给陈×。××集团关于通过陈×向××房产公司还款仅欠4 120 400元的辩称，缺乏事实和法律依据，依法不予采纳。

≈≈≈ 作者简析 ≈≈≈

归还借款时因支付对象错误而引起争议，主要是因为归还借款时的收款人并不是出借人。将借款归还至第三人银行账户，可能存在以下情形：一是受出借人的指定，将借款归还至第三人账户；二是借款人按照收取借款时出借人的银行付款账户归还借款；三是因第三人是出借人的债权人，第三人要求借款人将借款归还至第三人账户等。如果不是受出借人的指定，将借款擅自归还至他人，可能为支付对象错误。

对前述第二种情形，借款人按照收取借款时出借人的银行付款账户归还借款，但如果支付借款时的账户并非出借人所有，借款人按照原路偿还借款，可能损害出借人的合法权益。理由是，出借人委托第三人支付借款，但并不一定委托第三人收取归还的借款。

在第三种情形中，一是因第三人申请强制执行后经过强制执行程序划款，不属于支付对象错误；二是如果第三人将其对出借人的债权转让给本案的借款人，借款人将借款归还至第三人账户，以作为债权转让款形式支付给第三人，亦不属于支付错误，但其前提是第三人与出借人互负债务可以主张抵销。如果第三人将未到履行期的债权转让给借款人，则借款人不能主张与出借人的债权债务抵销，可能仍须自行承担责任。

本案中存在两笔借款，两笔借款的出借人不是同一人，并且分别指定了收取还款的银行账户，借款人在还款时应负有高度的注意义务。借款人不按照指定账户归还借款，同时收取还款的又不是当事人本人。其间，作为出借人之一的××房产公司，其副总经理指定将款项支付给另一出借人，而副总经理并非该公司的法定代表人，对这一常识性的问题，判决认定其未尽到"负有高度的注意义务"是符合情理的。实践中，如果要将借款归还至第三人，必须取得当事人的同意或合法授权，否则，还是归还至出借人本人比较妥当。

九、指定付款人的委托书

借款合同注明的应当履行合同支付义务的当事人是付款人。在特殊情况下，也有以下付款人不是合同当事人的情形。

1. 出借人为了支付借款，指定或委托第三人代为支付的，第三人为付款人。这种情形主要基于：

（1）出借人对第三人享有债权，委托第三人直接将还款支付给借款人。

（2）在共同出借人中，只由其中一人与借款人签订借款合同，其借款有可能由其他出借人直接付至借款人。

2. 借款人为偿还借款本金和利息，指定了第三人代为支付还款的，第三人为付款人。其情形主要包括：

（1）借款人对第三人享有债权的，委托第三人直接将款项付给出借人，用于偿还借款或支付利息。

（2）第三人为资金实际使用人，借款人指定第三人为付款人。

（3）第三人自愿承担该笔债务，指定第三人为付款人等。

3. 风险提示：在付款人为第三人的情形下，借款合同关系上处理不当的，可能造成混乱。比如，明明第三人是代借款人履行对出借人的债务而实施支付行为，因为当时未履行委托支付的相关手续，事后却被相关当事人主张第三人的支付行为与本案无关。为避免风险，可以采取以下措施：

（1）要求出借人或借款人出具书面的授权委托书或指定付款人的委托书。

（2）要求第三人直接出具代为履行支付义务的证明或其他相关证据。

如果合同相对方委托他人代为支付款项，接受义务一方当事人应当要求相对方出具指定他人代为付款的证明书。其格式如下。

指定付款人的委托书

收款人姓名或单位名称：

本人于××××年××月××日作为借款人或出借人，与你签订了借款合同一份，合同约定的支付借款的期限为××××年××月××日（或者为分次履行支付借款方式）。依照合同约定，你方应于××××年××月××日前履行支付义务。如系出借人应当履行的支付义务，则写明：你方应当支付的借款本金×元。如系借款人应当履行的支付义务，则写明：你方应当支付的金额为×元，其中属于偿还借款本金×元、利息×元、逾期利息×元、违约金×元，其他费用×元。

本人为了履行支付义务，现委托××（自然人或单位）代为履行支付义务。现将收款人信息告知如下，请收款人向本人指定的付款人收取上列款项。付款人不得以现金方式履行支付义务。

本函件到达之后，请付款人向你方开户行及账户履行支付义务（具体信息如后）。如果收款人的收款人开户行及账号有变更的，请及时告知。

特此函告。

出借人签字或盖章
（或借款人签字或盖章）
代理人签字或单位盖章
××××年××月××日

第三人代为履行支付义务的证明书

收款人姓名或单位名称：

本人于××××年××月××日通过……向你支付的×元（大写金额），是受×××委托，作为由本人代×××向你方履行借款合同的借款（或者偿还借款本金或利息）的支付义务。特此证明。

付款人签字或盖章
××××年××月××日

如果双方约定的借款期限较长，借款金额巨大，借款或还款次数较多；或者是用巨额现金履行了支付义务；或者既有现金支付又用了转账支付方式的；或者双方之间存在互相拆借的常态，没有签订书面的借款合同或出具借条，在双方债务已经了结或部分结清时，应当出具"债务结算证明"，证明已经实际偿还的债务。部分清结的，还应注明尚未履行的债务。

其"债务结算证明"的格式及内容要求应当包括：

(1) 合同当事人，包括出借人、借款人、担保人的姓名或单位名称及基本信息。

(2) 内容。1) 借款合同的基本内容，包括借款金额、还款期限等。2) 出借人支付借款的事实。3) 还款事实的记载。如果有多笔支付行为，应当一一列出每笔还款的时间、方式、收款人。4) 截至××××年××月××日尚欠借款本金或利息的金额。

(3) 署名。应当由合同当事人签字，包括出借人、借款人及担保人（如有）的签字或盖章。

(4) 附件。如：1) 转账支票及进账单、电汇凭证及复印件等；2) 出借人的银行流水（要求有对手信息）；3) 手机银行、微信、支付宝、手机短信、电子邮箱记录等电子数据的书面证据；4) 对现金支付的现场拍照、音像资料等证据；5) 如有无利害关系的第三方证明人，应当由证明人签字；6) 如果收款人非出借人本人，应保留出借人要求将款项支付至第三人的证据，如授权委托书、手机短信等。

十、款项结算协议

（一）关于款项结算协议的效力

相关规定

▼《2020民间借贷司法解释》

第14条　原告以借据、收据、欠条等债权凭证为依据提起民间借贷诉讼，被告依据基础法律关系提出抗辩或者反诉，并提供证据证明债权纠纷非民间借贷行为引起的，人民法院应当依据查明的案件事实，按照基础法律关系审理。

当事人通过调解、和解或者清算达成的债权债务协议，不适用前款规定。

【重点难点提示】

双方就已经发生的借款以及偿还情况进行结算，并签订结算协议。此协议的效力如何？

一般情况下，在结算协议中，要对借款本金、已经偿还借款及利息、尚欠借款本金及利息等事项进行确认。因此，该协议是证明借款合同关系是否成立以及是否已经偿还债务的书面证据之一。就其内容，一般分两种情形。

第一种情形：结算协议对多笔借款的借款本金、已经偿还借款及利息、尚欠借款本金及利息等事项进行确认，可以作为日后债权人继续追偿的依据。该协议也是诉讼时效中断的证据。

第二种情形：结算协议在确认前述事项的基础上，对还款期限、利率以及违约责任重新进行了约定。因此，该份协议既是借款合同关系成立的证据，也是一份合同条款变更的协议。

提示：结算协议涉及借款期限、利率等变更的，要考虑对担保责任的影响。

（二）非因合同的权利义务关系终止而签订的款项结算协议不受《民法典》第567条规定的约束

相关规定

▼《民法典》

第567条　合同的权利义务关系终止，不影响合同中结算和清理条款的效力。

【重点难点提示】

《民法典》第567条规定的前提是"合同的权利义务关系终止"。如果不是因为双方借款合同关系终止而签订的结算协议，则不受此条法律规定的约束。因此，在借款合同履行过程中形成的款项结算协议，仍然具有民间借贷合同性质，应当受到《2020民间借贷司法解释》的约束。

(三) 无效合同下的结算协议是否属于有效约定的问题

(1)《民法典》第567条规定的"合同的权利义务关系终止"中的"合同",应当是指有效合同。

(2) 如果是无效合同,并不能当然得出"不影响合同中结算和清理条款的效力"的结论。笔者认为,如果合同是无效合同,其结算和清理条款针对基础合同关系的权利义务的约定仍然是无效的;但是,针对因无效合同的过错而承担损失的约定属于有效约定。

【案例 158】

合同无效但清算条款有效的主张并无法律依据,不能得到支持

裁判文书:最高人民法院(2020)最高法民申331号民事裁定书

裁定书认定事实:

一审法院查明,2014年4月4日,王×以新×公司×分公司的名义与朱×签订"工程施工补充协议",将案涉工程转包给朱×。因朱×未取得建筑施工企业资质,根据《最高人民法院关于审理建设工程施工合同纠纷案件适用法律问题的解释》第1条的规定,案涉"工程施工补充协议"无效。《合同法》第98条关于"合同的权利义务终止,不影响合同中结算和清理条款的效力"的规定,并不涵盖合同无效情形。朱×关于该"工程施工补充协议"虽无效但其中清算条款有效的主张,没有法律依据。"工程施工补充协议"关于迟延支付工程款需要承担的违约金责任的计算方式的约定,也因合同无效而无约束力。在案涉"工程施工补充协议"无效的情况下,一、二审法院酌定新×公司按照中国人民银行同期同类贷款利率计算工程款利息,并无不当。朱×的此项申请再审理由,不能成立。

~~~ 作者简析 ~~~

该裁定书认定,《合同法》第98条关于"合同的权利义务终止,不影响合同中结算和清理条款的效力"的规定并不涵盖合同无效情形,具有借鉴意义。

案例中引用的《合同法》第98条规定已被《民法典》第567条吸收。

(四) 在借款结算协议中包含利息转为本金的复息约定是否能够得到支持

相关规定

▼《2020民间借贷司法解释》

第27条 借贷双方对前期借款本息结算后将利息计入后期借款本金并重新出具债权凭证,如果前期利率没有超过合同成立时一年期贷款市场报价利率四倍,重新出具的债权凭证载明的金额可认定为后期借款本金。超过部分的利息,不应认定为后期借款本金。

按前款计算,借款人在借款期间届满后应当支付的本息之和,超过以最初借款本金与以最初借款本金为基数、以合同成立时一年期贷款市场报价利率四倍计算的整个借款期间

的利息之和的，人民法院不予支持。

▼《2015民间借贷司法解释》

第26条 借贷双方约定的利率未超过年利率24%，出借人请求借款人按照约定的利率支付利息的，人民法院应予支持。

借贷双方约定的利率超过年利率36%，超过部分的利息约定无效。借款人请求出借人返还已支付的超过年利率36%部分的利息的，人民法院应予支持。

第28条 借贷双方对前期借款本息结算后将利息计入后期借款本金并重新出具债权凭证，如果前期利率没有超过年利率24%，重新出具的债权凭证载明的金额可认定为后期借款本金；超过部分的利息不能计入后期借款本金。约定的利率超过年利率24%，当事人主张超过部分的利息不能计入后期借款本金的，人民法院应予支持。

按前款计算，借款人在借款期间届满后应当支付的本息之和，不能超过最初借款本金与以最初借款本金为基数，以年利率24%计算的整个借款期间的利息之和。出借人请求借款人支付超过部分的，人民法院不予支持。

【重点难点提示】

1. 关于复息是否可以计算的问题

根据上述规定，前期利率没有超过年利率的上限的，可以计入借款本金，计算复息超出的则不能计入本金。

在2015年6月23日至2020年8月20日期间，计算复息后约定利率未超过年利率24%的，应当得到支持；超过24%至36%的部分，已经支付的不得请求退还，没有支付的不得请求支付。

2020年8月20日以后，计算复息后的利息不得超过按合同成立时一年期贷款市场报价利率计算利息的4倍。

2. 结算协议中既存在息转本又存在增加借款的情形应如何处理的问题

（1）单纯的息转本不存在增加借款本金的情形，计算复息并判断是否超过规定上限比较容易。

1）如果本金未归还，直接以借款本金为计算基数，以有关司法解释规定的利息的上限为计算标准，计算出应当计算的利息，然后将其与结算协议中约定的全部利息金额进行比较。如果后者未超过前者，则对该利息可以支持；如果超过，则超过部分的主张不能得到支持。

2）如果借款本金部分已经归还，则应当以分段计算方式计算出每一阶段应当计算的利息，然后加总；将其合计数与结算协议中的全部利息金额进行比较。如果未超过规定上限，可以得到支持；如果超过，超过部分不能得到支持。

（2）对于既存在息转本又存在增加借款本金的情形，如何将复息与本金分离开的计算相对较复杂。

此种情形，最好采取分段计算方法进行计算。例如，以下对已经计入借款本金中的复息进行的还原计算。

某借款结算协议的内容载明：

2016年2月4日，乙方向甲方支付借款50万元。

2016年5月3日，乙方向甲方借到现金10万元。

2016年9月1日，乙方向甲方借到现金15万元。

2017年7月20日，乙方向甲方借到现金84 000元。

2018年12月4日，乙方以转账方式支付利息99 993元，在该日以前利息全部结清。该协议载明借款利息为月利率2％。

根据原告方陈述，前述在2016年5月3日至2017年7月20日期间发生的借款共计33.4万元，其实部分是利息转为本金，部分是现金借款。在此，要判断其中的利息是否超过规定上限，就需要还原计算。

结算协议载明的第二笔借款，即2016年5月3日，乙方向甲方借款10万元，经计算，在此笔借款发生以前的利息实际为3万元（＝本金50万元×2％×3，即借款期限3个月）。说明该10万元中包含了之前的利息3万元，本次实际借取现金为7万元。

结算协议载明：2016年9月1日，乙方向甲方借款15万元。经计算，在此笔借款发生以前的利息应当为45 600元（＝本金57万元×2％×4，因当事人约定按4个月计算）。按照复息计算，其结果为48 000元（＝本金60万元×2％×4，因当事人约定按4个月计算），说明复息为2 400元（＝48 000元－45 600元）。本次借款本金实际为102 000元（＝150 000元－45 600元－2 400元）。这证明此次借款15万元，实际为借款102 000元、利息45 600元、复息2 400元。因加上复息超过了以年利率24％计算所得利息的上限，故复息主张不能得到支持。

结算协议载明：2017年7月20日，乙方向甲方借款84 000元。经计算，2016年9月1日至2017年7月20日期间，以实际借款本金67.2万元为基数，按月利率2％计算出的利息为141 120元（＝67.2万元×2％×10.5个月）。同时以息转本后的本金75万元为基数，按月利率2％计算出的利息为157 500元（＝75万元×2％×10.5个月），证明其中因息转本计算出的复息为16 380元（＝157 500元－141 120元）。因本次借款数额仅为84 000元，说明本次已经支付利息的金额为73 500元（＝157 500元－84 000元），未支付利息的金额为84 000元。未支付的利息全部转为本金。其中包含了复息16 380元。

结算协议载明：2018年12月4日，乙方以转账方式支付利息99 993元，在该日以前利息全部结清。经计算，2017年7月21日至2018年12月4日，按照复息计算的结果为利息总额27.522万元（＝83.4万元×2％×16.5个月）。以实际借款本金67.2万元为基数，按月利率2％计算出的利息为22.176万元（＝67.2万元×2％×16.5个月）。复息为

5.346万元（＝27.522万元－22.176万元）。此次借款利息（含复息在内）27.522万元已经全部付清。其中转账方式支付99 993元、现金方式支付175 227元。因为支付利息连同复息在内，并未超过36％的上限规定，所以乙方对其已支付的超过24％的部分不能主张返还。

以上合计，截至2018年12月4日，结算协议中载明的欠付本金83.4万元，实际为借款本金67.2万元（50万元＋7万元＋10.2万元），利息14.322万元（3万元＋4.56万元＋8.4万元－1.638万元）、复息18 780元（＝2 400元＋16 380元）。因复息超出了按年利率24％计算所得利息的上限，所以未支付的该部分利息不能得到支持。

十一、债务结清证明

如果双方借款期限较长，借款金额巨大，借款或还款次数较多；或者是用巨额现金履行了支付义务；或者既有现金支付又用了转账支付方式；或者双方之间存在互相拆借的常态，那么若双方债务从总体上已经结清，或者分阶段已经结清，应当出具"债务结清证明"对其予以证明。债务结清证明的格式与"债务结算证明"的基本相同，只需删除后者关于部分还款、尚存部分债务的内容即可。

债务结清证明

借款人×××（自然人基本信息、法人基本信息）：

我与你或你单位于××××年××月××日签订的借款合同，借款合同本金为×××元，利息按照年（月、天）利率×％计算。现你已通过现金或转账方式向本人偿还了全部借款合同本金及利息。特此证明。

（如果是通过第三人转账偿还，有必要予以注明。）

（如果实际偿还的借款本金或实际支付的利息少于合同约定的金额，应当注明：）对剩余借款本金或利息，出借人放弃要求借款人继续偿还的权利。

（如果双方之间存在若干笔借款，则注明清结的合同名称及日期，以及偿还此笔借款的付款方式、日期、金额等，以示区别。）

出借人签名或盖章
××××年××月××日

债务结清证明（分阶段）

借款人×××（自然人基本信息、法人基本信息）：

我与你或你单位在××××年××月××日至××××年××月××日期间的借款，借款本金为×元，利息按照年（月、天）利率×％计算。现你已通过现金或转账方式向本人偿还了全部借款合同本金及利息。特此证明。

出借人签名或盖章
××××年××月××日

第五节 抗辩权

一、抗辩权的种类

所谓抗辩权,就是针对合同相对方请求履行合同义务,法律赋予合同义务方可以不予履行合同义务,或者不再继续履行合同义务,或者中止履行合同义务的合法权利。归纳起来,借款合同中的抗辩权主要有:(1)借款合同未成立抗辩权;(2)借款合同未生效抗辩权;(3)无效合同抗辩权;(4)效力待定抗辩权;(5)债务被履行抗辩权;(6)债务被抵销抗辩权;(7)中止履行合同义务抗辩权;(8)解除合同的抗辩权等。

二、原告不是适格的债权人抗辩权

相关规定

▼《2020民间借贷司法解释》

第2条第2款 ……被告对原告的债权人资格提出有事实依据的抗辩,人民法院经审查认为原告不具有债权人资格的,裁定驳回起诉。

【重点难点提示】

条文中"抗辩"一词,表明被告对原告的债权人资格进行了否认。但是,被告仅仅从语言上进行否认是不够的,还必须举示证据证明原告不具有债权人的资格。

【权威观点】

被告要想否定未载明债权人的姓名或名称的持有人身份,不能通过简单否认的形式,而必须附理由否认并带有事实依据。如果被告提出了有事实依据的抗辩,则意味着原告提出的本证证明力被极大动摇。此时,原告应就其具有债权人资格这一事实提交补强证据。否则,人民法院就应根据《民事诉讼法司法解释》第108条第2款"对一方当事人为反驳负有举证证明责任的当事人所主张事实而提供的证据,人民法院经审查并结合相关事实,认为待证事实真伪不明的,应当认定该事实不存在"的规定,如本条第2款所规定,"人民法院经审查认为原告不具有债权人资格的,裁定驳回起诉"[1]。

---

[1] 最高人民法院民事审判第一庭. 最高人民法院新民间借贷司法解释理解与适用. 北京:人民法院出版社,2021:75-76.

三、债务被抵销抗辩权

相关规定

▼《民法典》

第549条 有下列情形之一的,债务人可以向受让人主张抵销:

(一)债务人接到债权转让通知时,债务人对让与人享有债权,且债务人的债权先于转让的债权到期或者同时到期;

(二)债务人的债权与转让的债权是基于同一合同产生。

第568条 当事人互负债务,该债务的标的物种类、品质相同的,任何一方可以将自己的债务与对方的到期债务抵销;但是,根据债务性质、按照当事人约定或者依照法律规定不得抵销的除外。

当事人主张抵销的,应当通知对方。通知自到达对方时生效。抵销不得附条件或者附期限。

第569条 当事人互负债务,标的物种类、品质不相同的,经协商一致,也可以抵销。

▼《民法典合同编司法解释》

第55条 当事人一方依据民法典第五百六十八条的规定主张抵销,人民法院经审理认为抵销权成立的,应当认定通知到达对方时双方互负的主债务、利息、违约金或者损害赔偿金等债务在同等数额内消灭。

第56条 行使抵销权的一方负担的数项债务种类相同,但是享有的债权不足以抵销全部债务,当事人因抵销的顺序发生争议的,人民法院可以参照民法典第五百六十条的规定处理。

行使抵销权的一方享有的债权不足以抵销其负担的包括主债务、利息、实现债权的有关费用在内的全部债务,当事人因抵销的顺序发生争议的,人民法院可以参照民法典第五百六十一条的规定处理。

第57条 因侵害自然人人身权益,或者故意、重大过失侵害他人财产权益产生的损害赔偿债务,侵权人主张抵销的,人民法院不予支持。

第58条 当事人互负债务,一方以其诉讼时效期间已经届满的债权通知对方主张抵销,对方提出诉讼时效抗辩的,人民法院对该抗辩应予支持。一方的债权诉讼时效期间已经届满,对方主张抵销的,人民法院应予支持。

▼《九民纪要》

43.抵销权既可以通知的方式行使,也可以提出抗辩或者提起反诉的方式行使。抵销的意思表示自到达对方时生效,抵销一经生效,其效力溯及自抵销条件成就之时,双方互负的债务在同等数额内消灭。双方互负的债务数额,是截至抵销条件成就之时各自负有的包括主债务、利息、违约金、赔偿金等在内的全部债务数额。行使抵销权一方享有的债权不足以抵销全部债务数额，当事人对抵销顺序又没有特别约定的，应当根据实现债权的费用、利息、主债务的顺序进行抵销。

【重点难点提示】

（一）债务抵销的种类

1. 约定抵销

当事人互负债务，无论标的物的种类、品质是否相同，也无论互负债务是否到期，经双方协商一致，均可以抵销。

2. 法定抵销

法定抵销分为以下两种情形。

第一种情形，即《民法典》第568条规定的"当事人互负债务，该债务的标的物种类、品质相同的，任何一方可以将自己的债务与对方的到期债务抵销；但是，根据债务性质、按照当事人约定或者依照法律规定不得抵销的除外"。也就是说，在当事人互负债务，该债务的标的物种类、品质相同的情形下，只要不属于根据债务性质、按照当事人约定或者依照法律规定不得抵销的情形，任何一方当事人均可主张抵销。

第二种情形：根据《民法典》第549条的规定，在债权转让的情形下，满足下列情形之一的，债务人可以向受让人主张抵销：（1）债务人接到债权转让通知时，债务人对让与人享有债权，且债务人的债权先于转让的债权到期或者同时到期；（2）债务人的债权与转让的债权是基于同一合同产生。

（二）债务抵销通知

依照法律规定，当事人主张抵销的，负有通知义务。通知自到达对方当事人时生效。抵销不得附条件或者附期限。

（三）债务抵销的效力

1. 通知到达时生效

具有《民法典》第568条规定的情形的，其抵销通知自到达对方时生效。

2. 协商同意抵销时生效

《民法典》第569条规定的"当事人互负债务，标的物种类、品质不相同的"，则要协商一致才能产生抵销的法律效力。

（四）债务抵销的异议

如果不符合前述法定抵销的条件，当事人错误地发出通知，即使通知到达对方，也不产生法律效力。换言之，"当事人互负债务，标的物种类、品质不相同的"，没有经过一方当事人的同意，不产生抵销的法律后果。

【案例159】

对借款本金、利息进行抵销的顺序问题

裁判文书：最高人民法院（2019）最高法民再12号民事判决书

判决书认定事实：

原一审认定，天×公司与九×公司之间存在的两份"企业询证函"仅为双方业务往来中复核账目之用，不能证明其上所载明的账目所对应的实际法律关系下的权利、义务，亦不能证明该"企业询证函"与本案债务种类、性质一致。天×公司在本案中主张债务抵销，不符合法律规定，该院不予支持。二审查明"企业询证函"载明："本函仅为复核账目之用，并非催款结算"，作了维持一审判决的认定。

最高人民法院经再审后认定：

关于九×公司对天×公司负有的8 296 517.52元债务能否抵销及其法律效果问题。

关于九×公司对天×公司负有的8 296 517.52元债务是否存在以及何时到期问题。"企业询证函""专项审核报告"等证据表明，截至2015年12月31日，九×公司尚欠天×公司8 296 517.52元。但本案中，双方存在长期的资金与业务往来关系，而"企业询证函"的目的"仅为复核账目之用，并非催款结算"。因此，尽管截至2015年12月31日，九×公司尚欠天×公司8 296 517.52元债务，但并不能据此表明该笔债务已于该日到期。鉴于双方并未就该笔债务的履行期限作出明确约定，根据《合同法》第64条第4项有关"履行期限不明确的，债务人可以随时履行，债权人也可以随时要求履行，但应当给对方必要的准备时间"的规定，其履行期限从债权人要求履行之日起届满。2017年7月20日，天×公司发出的"债务抵销通知书"到达九×公司，该通知中有关债务抵销的意思表示表明天×公司有要求九×公司履行该笔债务的意思，故抵销通知到达之时，同时也是该笔债务履行期限届满之时。据此，九×公司对天×公司负有的8 296 517.52元债务已于2017年7月20日到期。

关于通知公司是否行使以及何时抵销权问题。抵销的意思表示既可以通知的方式行使，也可通过提出抗辩或者反诉的方式行使。本案中，天×公司先是于诉讼前向九×公司发送抵销通知，后又在本案诉讼中提出抵销的抗辩，尽管其在提出反诉后又撤诉，但在其并未明示撤回抵销意思表示的情况下，应当认定其已经行使了抵销权。九×公司关于天×公司撤回反诉即表示放弃行使抵销权的主张于法无据，本院不予支持。抵销的意思表示一经到达对方，其效力就溯及抵销条件成就之日，即主动债权履行期限届满之日的2017年7月20日，故应当认定本案中双方互负的债务于该日抵销。

关于抵销的法律效果问题。天×公司据以行使抵销权的债权不足以抵销其对九×公司负有的全部债务，参照《最高人民法院关于适用〈中华人民共和国合同法〉若干问题的解释（二）》第21条的规定，应当按照实现债权的有关费用、利息、主债务的顺序进行抵销，即天×公司对九×公司享有的8 296 517.52元债权，先用于抵销其对九×公司负有的

5 000万元债务中的利息,然后再用于抵销本金。天×公司有关8 296 517.52元先用于抵销5 000万元本金的再审申请缺乏事实和法律依据,本院不予支持。

裁判结果:(1)撤销天津市高级人民法院(2018)津民终43号民事判决;(2)维持天津市第二中级人民法院(2017)津02民初225号民事判决第一项、第二项;(3)天津市九×实业发展有限公司对天津××棉纺织品物流有限公司所负的8 296 517.52元到期债务,于2017年7月20日与天津××棉纺织品物流有限公司对天津市九×实业发展有限公司所负的5 000万元债务及其利息相互抵销,抵销顺序为:先用于抵销5 000万元债务对应的利息,再用于抵销本金。

≋≋≋ 作者简析 ≋≋≋

1. 关于债务履行期限是否届满的问题

本案涉及债务抵销,首先应当明确互负债务是否均已到期。裁判中提及两份证据:一是"企业询证函",二是"债务抵销通知书"。对于前者,最高人民法院认定,"企业询证函"的目的"仅为复核账目之用,并非催款结算"。这是实践中应当注意的问题,特别是针对本案债务履行期限不明确的情形,要以催收通知(或催告函)为主张权利的依据。法律依据为《合同法》第62条第4项(现为《民法典》第511条第4项)的规定:"履行期限不明确的,债务人可以随时履行,债权人也可以随时请求履行,但是应当给对方必要的准备时间。"本案中的"债务抵销通知书"即含有催收债务的意思表示,故可以据此认定其债务已经到期。

2. 关于互负债务的抵销权的行使方式问题

本案一方当事人先是提出了债务抵销的反诉,后又撤回反诉。对方当事人认为不能主张抵销,对此,最高人民法院认为:抵销的意思表示既可以通知的方式行使,也可通过提出抗辩或者反诉的方式行使。本案中,天×公司先是于诉讼前向九×公司发送抵销通知,后又在本案诉讼中提出抵销的抗辩,尽管其提出反诉后又撤诉,但在其并未明示撤回抵销意思表示的情况下,应当认定其已经行使了抵销权。

也就是说,提出反诉并不是主张抵销的唯一法律途径。在反诉与抗辩并存的情形下,撤回反诉,但未撤回抗辩。因此,其主张抵销的抗辩是成立的。

四、合同被解除抗辩权

根据《民法典》第557条的规定,合同被解除,其引起的法律效果是合同的权利义务关系终止。在民间借款合同中,约定的解除合同的条件成就或者符合解除合同的法定条件时,守约方可以依据合同的约定或法律规定,向违约方发出解除合同的通知,通知到达对方当事人时生效。合同的解除分为约定解除与法定解除。

(一) 约定解除合同

相关规定

▼《民法典》

第562条　当事人协商一致，可以解除合同。

当事人可以约定一方解除合同的事由。解除合同的事由发生时，解除权人可以解除合同。

▼《民法典合同编司法解释》

第67条第4款　当事人约定定金性质为解约定金，交付定金的一方主张以丧失定金为代价解除合同的，或者收受定金的一方主张以双倍返还定金为代价解除合同的，人民法院应予支持。

第68条　双方当事人均具有致使不能实现合同目的的违约行为，其中一方请求适用定金罚则的，人民法院不予支持。当事人一方仅有轻微违约，对方具有致使不能实现合同目的的违约行为，轻微违约方主张适用定金罚则，对方以轻微违约方也构成违约为由抗辩的，人民法院对该抗辩不予支持。

当事人一方已经部分履行合同，对方接受并主张按照未履行部分所占比例适用定金罚则的，人民法院应予支持。对方主张按照合同整体适用定金罚则的，人民法院不予支持，但是部分未履行致使不能实现合同目的的除外。

因不可抗力致使合同不能履行，非违约方主张适用定金罚则的，人民法院不予支持。

▼《九民纪要》

47. 合同约定的解除条件成就时，守约方以此为由请求解除合同的，人民法院应当审查违约方的违约程度是否显著轻微，是否影响守约方合同目的实现，根据诚实信用原则，确定合同应否解除。违约方的违约程度显著轻微，不影响守约方合同目的实现，守约方请求解除合同的，人民法院不予支持；反之，则依法予以支持。

【重点难点提示】

1. 约定解除合同的条件

依照法律规定，通过协商一致，当事人可以随时解除合同。如果在合同中约定了解除合同的条件，待条件具备时一方有宣布解除合同的权利。在此基础上，合同解除成立的要件为：

(1)"当事人协商一致"即形成合意，只要形成合意，就可以解除合同。

(2) 内容明确，具有解除合同的真实意思表示。

(3) 如果法律法规规定或合同约定需要经批准或登记，按照规定或约定执行。

(4) 合同约定了解除条件的，解除条件成就时合同任意一方当事人可以宣布解除合同。

2. 被解除的合同必须是有效合同

解除合同是以原合同已生效为基础的。如果原合同属于无效合同，就不存在合同解除的问题。合同解除协议应当符合合同成立与生效的基本要件。比如：合同内容是当事人真实意思表示，不违反法律法规强制性规定，以及附条件的合同自条件成就时生效等。

3. 合同解除协议范本

合同解除协议

甲方：×××

乙方：×××

关于××××年×月×日于×地签订的借款合同或者借款预约合同，因……原因，致使该合同无法继续履行。因此，经双方协商一致，从××××年×月×日起解除（或者表述为：因×方提出解除协议，×方表示同意）。

解除合同后，双方互不承担违约责任。

（如果双方协商由某一方承担违约责任，则应当注明。）

（如果因解除合同涉及需要返还财产的，应当注明具体金额、返还期限，以及未按照约定期限返还的违约责任。）

（其他需要特别说明的事项。）

（末尾署名、日期等。）

（二）法定解除合同

`相关规定`

▼《民法典》

第533条　合同成立后，合同的基础条件发生了当事人在订立合同时无法预见的、不属于商业风险的重大变化，继续履行合同对于当事人一方明显不公平的，受不利影响的当事人可以与对方重新协商；在合理期限内协商不成的，当事人可以请求人民法院或者仲裁机构变更或者解除合同。

人民法院或者仲裁机构应当结合案件的实际情况，根据公平原则变更或者解除合同。

第563条　有下列情形之一的，当事人可以解除合同：

（一）因不可抗力致使不能实现合同目的；

（二）在履行期限届满前，当事人一方明确表示或者以自己的行为表明不履行主要债务；

（三）当事人一方迟延履行主要债务，经催告后在合理期限内仍未履行；

（四）当事人一方迟延履行债务或者有其他违约行为致使不能实现合同目的；

（五）法律规定的其他情形。

以持续履行的债务为内容的不定期合同，当事人可以随时解除合同，但是应当在合理期限之前通知对方。

第564条　法律规定或者当事人约定解除权行使期限，期限届满当事人不行使的，该权利消灭。

法律没有规定或者当事人没有约定解除权行使期限，自解除权人知道或者应当知道解除事由之日起一年内不行使，或者经对方催告后在合理期限内不行使的，该权利消灭。

第565条　当事人一方依法主张解除合同的，应当通知对方。合同自通知到达对方时解除；通知载明债务人在一定期限内不履行债务则合同自动解除，债务人在该期限内未履行债务的，合同自通知载明的期限届满时解除。对方对解除合同有异议的，任何一方当事人均可以请求人民法院或者仲裁机构确认解除行为的效力。

当事人一方未通知对方，直接以提起诉讼或者申请仲裁的方式依法主张解除合同，人民法院或者仲裁机构确认该主张的，合同自起诉状副本或者仲裁申请书副本送达对方时解除。

第580条　当事人一方不履行非金钱债务或者履行非金钱债务不符合约定的，对方可以请求履行，但是有下列情形之一的除外：

（一）法律上或者事实上不能履行；

（二）债务的标的不适于强制履行或者履行费用过高；

（三）债权人在合理期限内未请求履行。有前款规定的除外情形之一，致使不能实现合同目的的，人民法院或者仲裁机构可以根据当事人的请求终止合同权利义务关系，但是不影响违约责任的承担。

▼《民法典合同编司法解释》

第31条　当事人互负债务，一方以对方没有履行非主要债务为由拒绝履行自己的主要债务的，人民法院不予支持。但是，对方不履行非主要债务致使不能实现合同目的或者当事人另有约定的除外。

当事人一方起诉请求对方履行债务，被告依据民法典第五百二十五条的规定主张双方同时履行的抗辩且抗辩成立，被告未提起反诉的，人民法院应当判决被告在原告履行债务的同时履行自己的债务，并在判项中明确原告申请强制执行的，人民法院应当在原告履行自己的债务后对被告采取执行行为；被告提起反诉的，人民法院应当判决双方同时履行自己的债务，并在判项中明确任何一方申请强制执行的，人民法院应当在该当事人履行自己的债务后对对方采取执行行为。

当事人一方起诉请求对方履行债务，被告依据民法典第五百二十六条的规定主张原告应先履行的抗辩且抗辩成立的，人民法院应当驳回原告的诉讼请求，但是不影响原告履行债务后另行提起诉讼。

第32条　合同成立后，因政策调整或者市场供求关系异常变动等原因导致价格发生当事人在订立合同时无法预见的、不属于商业风险的涨跌，继续履行合同对于当事人一方明显不公平的，人民法院应当认定合同的基础条件发生了民法典第五百三十三条第一款规定的"重大变化"。但是，合同涉及市场属性活跃、长期以来价格波动较大的大宗商品以及股票、期货等风险投资型金融产品的除外。

合同的基础条件发生了民法典第五百三十三条第一款规定的重大变化，当事人请求变更合同的，人民法院不得解除合同；当事人一方请求变更合同，对方请求解除合同的，或者当事人一方请求解除合同，对方请求变更合同的，人民法院应当结合案件的实际情况，根据公平原则判决变更或者解除合同。

人民法院依据民法典第五百三十三条的规定判决变更或者解除合同的，应当综合考虑合同基础条件发生重大变化的时间、当事人重新协商的情况以及因合同变更或者解除给当事人造成的损失等因素，在判项中明确合同变更或者解除的时间。

当事人事先约定排除民法典第五百三十三条适用的，人民法院应当认定该约定无效。

第52条 当事人就解除合同协商一致时未对合同解除后的违约责任、结算和清理等问题作出处理，一方主张合同已经解除的，人民法院应予支持。但是，当事人另有约定的除外。

有下列情形之一的，除当事人一方另有意思表示外，人民法院可以认定合同解除：

（一）当事人一方主张行使法律规定或者合同约定的解除权，经审理认为不符合解除权行使条件但是对方同意解除；

（二）双方当事人均不符合解除权行使的条件但是均主张解除合同。

前两款情形下的违约责任、结算和清理等问题，人民法院应当依据民法典第五百六十六条、第五百六十七条和有关违约责任的规定处理。

第53条 当事人一方以通知方式解除合同，并以对方未在约定的异议期限或者其他合理期限内提出异议为由主张合同已经解除的，人民法院应当对其是否享有法律规定或者合同约定的解除权进行审查。经审查，享有解除权的，合同自通知到达对方时解除；不享有解除权的，不发生合同解除的效力。

第54条 当事人一方未通知对方，直接以提起诉讼的方式主张解除合同，撤诉后再次起诉主张解除合同，人民法院经审理支持该主张的，合同自再次起诉的起诉状副本送达对方时解除。但是，当事人一方撤诉后又通知对方解除合同且该通知已经到达对方的除外。

第61条 在以持续履行的债务为内容的定期合同中，一方不履行支付价款、租金等金钱债务，对方请求解除合同，人民法院经审理认为合同应当依法解除的，可以根据当事人的主张，参考合同主体、交易类型、市场价格变化、剩余履行期限等因素确定非违约方寻找替代交易的合理期限，并按照该期限对应的价款、租金等扣除非违约方应当支付的相应履约成本确定合同履行后可以获得的利益。

非违约方主张按照合同解除后剩余履行期限相应的价款、租金等扣除履约成本确定合同履行后可以获得的利益的,人民法院不予支持。但是,剩余履行期限少于寻找替代交易的合理期限的除外。

▼《九民纪要》

38. 须经行政机关批准生效的合同,对报批义务及未履行报批义务的违约责任等相关内容作出专门约定的,该约定独立生效。一方因另一方不履行报批义务,请求解除合同并请求其承担合同约定的相应违约责任的,人民法院依法予以支持。

39. 须经行政机关批准生效的合同,一方请求另一方履行合同主要权利义务的,人民法院应当向其释明,将诉讼请求变更为请求履行报批义务。一方变更诉讼请求的,人民法院依法予以支持;经释明后当事人拒绝变更的,应当驳回其诉讼请求,但不影响其另行提起诉讼。

40. 人民法院判决一方履行报批义务后,该当事人拒绝履行,经人民法院强制执行仍未履行,对方请求其承担合同违约责任的,人民法院依法予以支持。一方依据判决履行报批义务,行政机关予以批准,合同发生完全的法律效力,其请求对方履行合同的,人民法院依法予以支持;行政机关没有批准,合同不具有法律上的可履行性,一方请求解除合同的,人民法院依法予以支持。

47. 合同约定的解除条件成就时,守约方以此为由请求解除合同的,人民法院应当审查违约方的违约程度是否显著轻微,是否影响守约方合同目的实现,根据诚实信用原则,确定合同应否解除。违约方的违约程度显著轻微,不影响守约方合同目的实现,守约方请求解除合同的,人民法院不予支持;反之,则依法予以支持。

48. 违约方不享有单方解除合同的权利。但是,在一些长期性合同如房屋租赁合同履行过程中,双方形成合同僵局,一概不允许违约方通过起诉的方式解除合同,有时对双方都不利。在此前提下,符合下列条件,违约方起诉请求解除合同的,人民法院依法予以支持:(1)违约方不存在恶意违约的情形;(2)违约方继续履行合同,对其显失公平;(3)守约方拒绝解除合同,违反诚实信用原则。

人民法院判决解除合同的,违约方本应当承担的违约责任不能因解除合同而减少或者免除。

50. 认定约定违约金是否过高,一般应当以《合同法》第113条规定的损失为基础进行判断,这里的损失包括合同履行后可以获得的利益。除借款合同外的双务合同,作为对价的价款或者报酬给付之债,并非借款合同项下的还款义务,不能以受法律保护的民间借贷利率上限作为判断违约金是否过高的标准,而应当兼顾合同履行情况、当事人过错程度以及预期利益等因素综合确定。主张违约金过高的违约方应当对违约金是否过高承担举证责任。

【重点难点提示】

1. 法定解除的概念

在民间借款合同中,基于合同相对方违约且达到法律规定的可以单方宣布解除合同的条件,当事人一方宣布解除合同的,称为法定解除。

2. 行使解除权的当事人

(1) 原则上,仅守约方享有宣布解除合同的权利。

在法定解除权中,只有守约方才享有合同解除权。如果守约方能够容忍违约方的违约行为,也可以不宣布解除合同。《民法典》第563条规定了当事人可以解除合同的五种情形,其中最主要的是当事人的违约行为属于根本性违约。

1) 出借人宣布解除合同的情形。

在民间借贷合同纠纷中,借款人因为丧失偿还债务的能力,往往有"拆东墙补西墙",或者经营状况持续恶化,靠借钱发工资等表现。出借人如果有确切证据证明借款人丧失偿还能力,可以宣布中止履行合同,同时要求借款人提供担保。如果借款人未提供担保,或者提供的担保不足值,出借人可以宣布解除合同。

出借人宣布解除合同的,如果尚未支付借款,没有损失产生;如果产生了评估费、审计费、公证费,可以向借款人主张;如果已经支付了部分借款,则从合同解除之日起出借人有权利要求借款人返还借款本金及赔偿资金占用损失。

2) 借款人宣布解除合同的情形。

一般而言,在出借人履行了借款支付义务后,借款人具有还款和支付利息的义务,不具有解除合同的权利。如果有证据证明出借人不履行支付借款的义务,属于不履行主要债务的行为,借款人可以宣布解除合同。解除合同造成损失的,借款人可以要求出借人赔偿,此情形通常存在于非自然人之间的借贷中。比如,借款人用此款去支付购买设备款,由于出借人的违约,其无法向出卖方履行支付义务,并承担了违约责任的,对该违约金损失可以向出借人主张。《民法典》第679条规定:"自然人之间的借款合同,自贷款人提供借款时成立。"对双方当事人均是自然人的借款合同,在出借人未履行借款的支付义务前,借款合同尚未成立,因此,不存在因出借人违约借款人宣布解除合同的情形。

(2) 特殊情形下,违约方可以要求解除合同。

《民法典》第580条规定:"当事人一方不履行非金钱债务或者履行非金钱债务不符合约定的,对方可以请求履行,但是有下列情形之一的除外:(一)法律上或者事实上不能履行;(二)债务的标的不适于强制履行或者履行费用过高;(三)债权人在合理期限内未请求履行。有前款规定的除外情形之一,致使不能实现合同目的的,人民法院或者仲裁机构可以根据当事人的请求终止合同权利义务关系,但是不影响违约责任的承担。"

根据《九民纪要》第48条的规定,违约方有权利要求解除合同的情形主要包括:a. 违约方不存在恶意违约的情形;b. 违约方继续履行合同,对其显失公平;c. 守约方拒绝解除合同,违反诚实信用原则。

此外,根据最高人民法院的指导案例,如果继续履行合同义务不能实现合同目的,违约方在愿意赔偿损失的前提下,也可以宣布解除合同。笔者认为,该项认定是对《民法典》

第 580 条规定的"法律上或者事实上不能履行"的具体理解与适用，具有实践指导意义。

归纳起来，违约方可以提出解除合同的情形包括：

1）双方在借款合同中约定，任何一方均具有解除合同的权利的，实际上属于守约方同意了违约方拥有解除合同的权利。解除合同的条件具备时，违约方同样有权宣布解除合同。

2）违约方提出解除合同，守约方表示同意的，双方可以宣布解除合同。这属于当事人协商一致解除合同的情形。

3）违约方有根本性违约行为，守约方不愿继续履行合同的，违约方可以宣布解除合同。

4）违约方愿意赔偿损失换取解除合同的。

5）继续履行合同对违约方显失公平，如继续履行合同对违约方会造成重大经济损失的。

6）法律上或者事实上不能履行的合同，即使履行也不能实现合同目的的。

7）债务的标的不适于强制履行或者履行费用过高的。

8）债权人在合理期限内未请求履行的。

9）违约方宣布解除合同主观没有恶意等。

对第 8）项，笔者认为，只有在有关合同中未约定履行期限，债务人又没有及时履行债务的情况下，债权人才能在合理期限内请求履行债务。如果债权人未在合理期限内请求履行，债务人可以请求解除合同（《民法典》第 675 条）。如果合同中约定了履行期限，则不能适用此条规定。

（3）须经行政机关批准生效的合同，合同相对方不履行报批手续的，当事人可以请求相对方履行报批手续，也可以提出解除合同。

3. 行使法定解除权的条件

归纳起来，其条件包括两个：一是因发生不可抗力事件，继续履行合同也不能实现合同目的。二是违约方具有根本性违约行为，守约方才有宣布解除合同的权利。如果违约行为轻微不构成根本性违约，守约方不得宣布解除合同。

《九民纪要》第 47 条规定的解除合同条件，需达到影响守约方合同目的的实现的程度。如果违约程度显著轻微，不影响守约方的合同目的的实现，守约方请求解除合同的，人民法院不予支持；反之，则依法予以支持。

4. 法定解除权的难点

第一，关于合同目的的定义存在争议。合同目的存在广义与狭义之分。从广义上讲，出借人签订借款合同的目的是取得利息，借款人的合同目的则是取得借款。从狭义上讲，借款人的合同目的则是满足资金用途上的需要。具体应当采用广义还是狭义的概念，应当根据合同约定内容确定。如果合同中未约定具体用途，应当从广义角度进行理解。

第二，主张合同目的不能实现的当事人需承担举证责任。比如：因出借人未按照合同约定期限提供借款，致使借款人参与项目招投标的机会丧失的，应当认定合同目的不能实现。又如：对于连续借款行为，在借款人前期借款本金或利息均未按照合同约定期限偿还的情形下，可以推断出借款人的偿还能力出现了危机，此时，如果出借人继续支付借款，很可能受到损失。

第三，解除合同的请求应当在合理期限内提出。一般情形下，是在对方当事人未履行合同义务，或者只履行少部分合同义务而继续履行明显不能实现合同目的时，才能提出解除合同的请求。如果合同履行殆尽时，守约方不得要求解除合同。

第四，合同成立后因客观情况发生变化，当事人一方提出变更合同或解除合同。

（1）《民法典》第533条及《民法典合同编司法解释》第32条所称的"重大变化"，是指当事人在订立合同时无法预见的、非不可抗力造成的、不属于商业风险的重大变化。在订立合同时可以预见或已经预见的变化，和因不可抗力的原因形成的变化，以及仅仅是一般性的变化，均不属于此规定范围。

（2）提出变更或解除的请求的条件指具备以下两种情形之一：

继续履行合同对一方当事人明显不公平，或者不能实现合同目的。

（3）是否变更或解除，应由双方协商确定。如果双方不能形成一致意见，应当由守约方提出主张。在诉讼程序中，应由法院依职权判断。

5. 宣布解除合同的催告程序

（1）民法典规定的催告程序的适用范围。

《民法典》第563条第1款规定了当事人可以解除合同的五种情形，其中，第3项为："当事人一方迟延履行主要债务，经催告后在合理期限内仍未履行。"依照该项规定，针对"当事人一方迟延履行主要债务"，催告程序是宣布解除合同的前置条件。对催告程序的理解，笔者认为：其一，催告程序并非适用于该条法律规定的全部五种情形，而只适用于其中的第三种情形，其他条款并无催告程序的规定。其二，第三种情形将有确切证据证明合同目的不能实现的情形排除在外。也就是说，违约方愿意继续履行合同且仍可实现合同目的的，守约方才适用催告程序。如果即使违约方愿意继续履行合同也不能实现合同目的，则不适用此条规定。

（2）催告方式及证据。

催告的证据包括但不限于催告函、通知、手机短信信息、微信聊天记录、电子邮件、电话催告的录音、请第三方代为催告的第三方证言等。这些证据中有的是书面证据，有的是当事人陈述，有的是证人证言。无论采取哪种催告形式，均要有确实的证据，否则，不能进一步行使解除权。

（3）催告期限。

在催告函中要给予对方当事人履行合同义务的合理期限。立法对这里的合理期限，并无统一界定，也不能单凭对方当事人的具体情况确定，而应依照惯例或其他标准。如果没有惯例可循，那么，应当根据当事人一方发出的催告函中确定的期限确定。

实践中，有的当事人会认为催告函中所给的期限太短，不是合理期限。但如果进入诉讼阶段，经历了一定时间后相关当事人仍然没有履行债务，则不能说明催告函中所给的期限太短，而是反映了接受催告函一方的当事人并无履行债务的意思表示或者已经丧失实际履行能力。

（4）关于催告程序的正常扩大适用与滥用。

1）当事人未经催告程序擅自解除合同的后果。

实践中有一种倾向：当事人根本未履行催告程序，就宣布解除合同。在此情况下，当事人单方面擅自宣布解除合同，给对方造成损失的，应当负有赔偿责任。这里的损失包括实现合同目的应当取得的收益（《民法典》第584条）。

2）针对《民法典》第563条规定的五种情形，当事人均可采取催告方式。

对于第三种情形以外的其他情形，虽然法律未规定催告是必经程序，但也未作出禁止性规定。守约方可以适用催告程序，也可以不适用催告程序。

3）在诉讼程序中，要防止催告程序的滥用。

将《民法典》第563条规定的五种情形均理解为需要经过催告程序后才能宣布解除合同，实际上属于对催告程序的滥用。要防止催告程序的滥用，正确的做法是主动履行举证义务，即当事人主张解除合同的，如果存在除《民法典》第563条第1款第3项规定以外的其他情形，确实存在不能实现合同目的，应当举示证据证明；否则，可能承担败诉的后果。

一方当事人在履行合同过程中存在违约行为，并不必然导致另一方当事人享有合同解除权。只有在一方当事人的违约行为已构成根本性违约致使合同对方当事人不能实现合同目的时，另一方当事人才享有法定解除权。反之，其解除合同的诉讼请求将不被支持。[1]

≋≋≋ 法官论述 ≋≋≋

根据《合同法》第110条（该条规定被《民法典》第580条吸收）的规定，有违约行为的一方当事人请求解除合同，没有违约行为的一方当事人要求继续履行合同，当违约方继续履行所需的财力、物力超过合同双方基于合同履行所能获得的利益，合同已不具备继续履行的条件时，为衡平双方当事人利益，允许违约方解除合同，但必须由违约方向对方承担赔偿责任，以保证对方当事人的现实既得利益不因合同解除而减少。[2]

（三）解除合同的通知

相关规定

▼《民事诉讼法》（2023年修正）

第90条　经受送达人同意，人民法院可以采用能够确认其收悉的电子方式送达诉讼

---

[1] 最高人民法院司法观点集成：民事卷.3版.北京：人民法院出版社，2017：1331-1332.
[2] 同[1]1354-1355.

文书。通过电子方式送达的判决书、裁定书、调解书，受送达人提出需要纸质文书的，人民法院应当提供。

采用前款方式送达的，以送达信息到达受送达人特定系统的日期为送达日期。

第141条 法庭调查按照下列顺序进行：

（一）当事人陈述；

（二）告知证人的权利义务，证人作证，宣读未到庭的证人证言；

（三）出示书证、物证、视听资料和电子数据；

（四）宣读鉴定意见；

（五）宣读勘验笔录。

▼《民事诉讼法司法解释》（2022年修正）

第116条 视听资料包括录音资料和影像资料。

电子数据是指通过电子邮件、电子数据交换、网上聊天记录、博客、微博客、手机短信、电子签名、域名等形成或者存储在电子介质中的信息。

存储在电子介质中的录音资料和影像资料，适用电子数据的规定。

第135条 电子送达可以采用传真、电子邮件、移动通信等即时收悉的特定系统作为送达媒介。

民事诉讼法第九十条第二款规定的到达受送达人特定系统的日期，为人民法院对应系统显示发送成功的日期，但受送达人证明到达其特定系统的日期与人民法院对应系统显示发送成功的日期不一致的，以受送达人证明到达其特定系统的日期为准。

▼《2019证据规则》

第14条 电子数据包括下列信息、电子文件：

（一）网页、博客、微博客等网络平台发布的信息；

（二）手机短信、电子邮件、即时通信、通讯群组等网络应用服务的通信信息；

（三）用户注册信息、身份认证信息、电子交易记录、通信记录、登录日志等信息；

（四）文档、图片、音频、视频、数字证书、计算机程序等电子文件；

（五）其他以数字化形式存储、处理、传输的能够证明案件事实的信息。

第15条 当事人以视听资料作为证据的，应当提供存储该视听资料的原始载体。

当事人以电子数据作为证据的，应当提供原件。电子数据的制作者制作的与原件一致的副本，或者直接来源于电子数据的打印件或其他可以显示、识别的输出介质，视为电子数据的原件。

▼《九民纪要》

46. 审判实践中，部分人民法院对合同法司法解释（二）第24条的理解存在偏差，认为不论发出解除通知的一方有无解除权，只要另一方未在异议期限内以起诉方式提出异议，就判令解除合同，这不符合合同法关于合同解除权行使的有关规定。对该条的准确理解是，只有享有法定或者约定解除权的当事人才能以通知方式解除合同。不享有解除权的一方向另一方发出解除通知，另一方即便未在异议期限内提起诉讼，也不发生合同解除的效果。人民法院在审理案件时，应当审查发出解除通知的一方是否享有约定或者法定的解除权来决定合同应否解除，不能仅以受通知一方在约定或者法定的异议期限届满内未起诉这一事实就认定合同已经解除。

49. 合同解除时，一方依据合同中有关违约金、约定损害赔偿的计算方法、定金责任等违约责任条款的约定，请求另一方承担违约责任的，人民法院依法予以支持。

双务合同解除时人民法院的释明问题，参照本纪要第36条的相关规定处理。

【重点难点提示】

依照法律规定，当事人一方宣布解除合同，必须向合同相对方发出通知。没有发出通知的，不产生解除合同的效力。其通知生效应满足以下条件。

1. 应当在具备解除条件的有效期限内因行使解除权而发出通知

（1）依照法律或合同约定的期限行使解除权。

法律规定或者当事人约定解除权行使的期限，期限届满当事人不行使的，该权利消灭（《民法典》第564条第1款）。

（2）在合理期限之内通知解除。

以持续履行的债务为内容的不定期合同，当事人可以随时解除合同，但是应当在合理期限之内通知对方。《民法典》第563条第2款规定："以持续履行的债务为内容的不定期合同，当事人可以随时解除合同，但是应当在合理期限之前通知对方。"对于该规定中的"合理期限之前"，应当理解为合理期限届满之前还是合理期限之内，笔者认为，后者更符合立法本意。

（3）最长期限。

法律没有规定或者当事人没有约定解除权行使期限，自解除权人知道或者应当知道解除事由之日起一年内不行使，或者经对方催告后在合理期限内不行使的，该权利消灭（《民法典》第564条第2款）。

2. 解除合同的通知经送达产生法律效力

（1）采用邮寄送达方式的。

以受送达人在签收回执上的签收日期为送达日期［《民事诉讼法》（2023年修正）第87条、第88条］。

（2）采用传真、电子邮件等电子数据送达的。

电子数据是指通过电子邮件、电子数据交换、网上聊天记录、博客、微博客、手机短信、电子签名、域名等形成或者存储在电子介质中的信息。

2012年《民事诉讼法》首次将电子数据作为一种新的证据形式。之后，随着信息化的推进，电子数据在签订合同或诉讼活动中的运用越来越广泛，特别是随着大数据、云计算、区块链等新技术的迅猛发展，使电子数据的作用越来越突出。2015年《民事诉讼法司法解释》对电子数据的含义作了原则性、概括性规定。修改后规定的新增内容，对电子数据的审查判断规则规定得更加细化。

根据前述规定，除有足以反驳的相反证据之外，人民法院确认电子数据真实性的情形包括：由当事人提交或者保管的于己不利的电子数据；由记录和保存电子数据的中立第三方平台提供或者确认的；在正常业务活动中形成的；以档案管理方式保管的；以当事人约定的方式保存、传输、提取的。电子数据内容经公证机关公证的，人民法院应当确认其真实性。

因此，电子数据可以作为当事人行使合同解除权，发出解除合同的通知的一种方式。

依照《2019证据规则》第15条的规定，当事人以电子数据作为证据的，应当提供原件。电子数据的制作者制作的与原件一致的副本，或者直接来源于电子数据的打印件或其他可以显示、识别的输出介质，视为电子数据的原件。

（3）采用电话通知或现场通知方式的。

以通话记录的时间或现场视听资料载明的时间为送达时间。

（4）以诉讼方式送达的。

如果双方发生诉讼，诉讼请求中包含有解除合同的内容的，以起诉状副本送达给被告方的时间为送达时间（《民法典》第565条）。

（5）以公告方式送达的。

法律上对于合同当事人之间是否适用公告送达没有作出规定。笔者认为，在满足下列情形下，可以适用公告送达：第一，穷尽了其他送达方式无法送达的；第二，送达人主观上不存在恶意。

法律上无规定便无禁止。因此，在实践中适用公告送达方式仍具有法律效力。在采用公告送达时需要注意的问题有：一是要在一定区域内有影响力的报刊或新闻媒体上登载或播放；二是公告送达应当预留合理的生效期限，不可能一经登载马上产生法律效力。

（四）合同被解除的时间

1. 通知到达时解除

《民法典》第565条规定："当事人一方依法主张解除合同的，应当通知对方。合同自通知到达对方时解除。"

2. 期限届满时解除

《民法典》第565条规定："通知载明债务人在一定期限内不履行债务则合同自动解除，债务人在该期限内未履行债务的，合同自通知载明的期限届满时解除。"

3. 以起诉状副本或者仲裁申请书副本送达时解除

《民法典》第565条规定："当事人一方未通知对方，直接以提起诉讼或者申请仲裁的方式依法主张解除合同,人民法院或者仲裁机构确认该主张的,合同自起诉状副本或者仲裁申请书副本送达对方时解除。"

(五)宣布解除合同的异议及异议期

《民法典》第565条规定:"对方对解除合同有异议的,任何一方当事人均可以请求人民法院或者仲裁机构确认解除行为的效力。"同时,《九民纪要》第46条规定:只有享有法定或者约定解除权的当事人才能以通知方式解除合同。不享有解除权的一方向另一方发出解除通知,另一方即便未在异议期限内提起诉讼,也不发生合同解除的效果。

上述规定的要点如下:

(1)只有享有法定或者约定解除权的当事人才能以通知方式解除合同。通常的理解是:只有守约方才享有以通知方式解除合同的权利,但要注意前述违约方可以解除合同的情形。

(2)一方当事人通知解除合同,另一方当事人有异议的,可以请求人民法院或者仲裁机构确认解除行为的效力。如果判决或裁定支持了其请求,《民法典合同编司法解释》解除合同的通知无效;如果驳回了其请求,解除合同的通知自送达时生效。

(3)《最高人民法院关于适用〈中华人民共和国合同法〉若干问题的解释(二)》第24条规定,对方当事人享有异议权的期限是3个月,从收到解除合同的通知之日起计算。目前,《民法典》及《民法典合同编司法解释》将异议期规定为"约定的异议期或者其他合理期限内",并未作出与前述相同之规定,故3个月的规定已经失效。

(六)解除权的放弃

(1)以明示行为,放弃解除权;

(2)解除权成就后,仍然按照合同履行;

(3)在合同约定的期限内未向违约方发出解除合同的通知;

(4)合同约定的解除条件具备后,又向违约方发出要求继续履行合同义务的催告函等。

上述行为均被视为对解除权的放弃。解除权的放弃,属于当事人的自由处分权,只要是当事人真实意思表示,不违反国家法律法规的强制性规定,就应当得到支持。

(七)解除合同的后果

相关规定

▼《民法典》

第566条 合同解除后,尚未履行的,终止履行;已经履行的,根据履行情况和合同性质,当事人可以请求恢复原状或者采取其他补救措施,并有权请求赔偿损失。

合同因违约解除的,解除权人可以请求违约方承担违约责任,但是当事人另有约定的除外。

主合同解除后，担保人对债务人应当承担的民事责任仍应当承担担保责任，但是担保合同另有约定的除外。

▼《九民纪要》

49. 合同解除时，一方依据合同中有关违约金、约定损害赔偿的计算方法、定金责任等违约责任条款的约定，请求另一方承担违约责任的，人民法院依法予以支持。

双务合同解除时人民法院的释明问题，参照本纪要第36条的相关规定处理。

36. 在双务合同中，原告起诉请求确认合同有效并请求继续履行合同，被告主张合同无效的，或者原告起诉请求确认合同无效并返还财产，而被告主张合同有效的，都要防止机械适用"不告不理"原则，仅就当事人的诉讼请求进行审理，而应向原告释明变更或者增加诉讼请求，或者向被告释明提出同时履行抗辩，尽可能一次性解决纠纷。例如，基于合同有给付行为的原告请求确认合同无效，但并未提出返还原物或者折价补偿、赔偿损失等请求的，人民法院应当向其释明，告知其一并提出相应诉讼请求；原告请求确认合同无效并要求被告返还原物或者赔偿损失，被告基于合同也有给付行为的，人民法院同样应当向被告释明，告知其也可以提出返还请求；人民法院经审理认定合同无效的，除了要在判决书"本院认为"部分对同时返还作出认定外，还应当在判项中作出明确表述，避免因判令单方返还而出现不公平的结果。

第一审人民法院未予释明，第二审人民法院认为应当对合同不成立、无效或者被撤销的法律后果作出判决的，可以直接释明并改判。当然，如果返还财产或者赔偿损失的范围确实难以确定或者双方争议较大的，也可以告知当事人通过另行起诉等方式解决，并在裁判文书中予以明确。

当事人按照释明变更诉讼请求或者提出抗辩的，人民法院应当将其归纳为案件争议焦点，组织当事人充分举证、质证、辩论。

【重点难点提示】

根据《民法典》第566条、《民法典合同编司法解释》第29条第2款和《九民纪要》第49条的规定，合同解除的法律后果主要包括：（1）合同尚未履行的，终止履行；（2）恢复原状、返还财产或采取其他补救措施；（3）赔偿损失；（4）承担违约责任。

在司法实践中，应当注意有关解除合同的诉讼请求以及要求返还财产、赔偿损失等请求应一并提出。同时，审判人员有释明的义务。

【案例160】

主债权已经超过诉讼时效，是否可以认定为超过行使合同解除权的合理期限而丧失解除权

裁判文书：最高人民法院（2016）最高法民申2402号民事裁定书

裁定书认定事实：

《合同法》第九十四条第三项规定:"有下列情形之一的,当事人可以解除合同:……(三)当事人一方迟延履行主要债务,经催告后在合理期限内仍未履行。"……由于"协议书"并未约定解除合同的相关事项,麦×新要求行使的是合同的法定解除权。依据该条法律的规定,只有违约方不履行合同主要义务,足以导致合同目的不能实现,构成根本性违约的,合同另一方当事人才能行使法定解除权。由上所述,李×已履行了"协议书"的主要义务,并未构成根本性违约,"协议书"的目的也基本得到实现,故而本案中麦×新并未取得"协议书"的解除权。即便退一步讲,麦×新对于李×享有的支付股权转让余款这一债权已过了2年诉讼时效期间,不再受法律保护。合同解除权亦需要在合理的期限内行使。如果对已过诉讼时效的债权又允许当事人通过解除合同的方式寻求法律恢复对该相应利益的保护,明显与诉讼时效制度相冲突。所以,已过诉讼时效的债权,应已超过相应合同解除权行使的合理期限。因此,麦×新不仅未获得合同法定解除权,且已超过合同解除权行使的合理期限,不得再主张解除案涉相关合同。

作者简析

本案例认定当事人不享有合同解除权,理由有二:

一是未达到法定解除合同的条件,即当事人履行了合同的主要义务,并未构成根本性违约。

二是裁定书认定:对已过诉讼时效的债权又允许当事人通过解除合同的方式寻求法律恢复对该相应利益的保护,明显与诉讼时效制度相冲突。所以,已过诉讼时效的债权,应已超过相应合同解除权行使的合理期限。该认定具有参考价值。

《合同法》第94条的规定已被《民法典》第563条吸收。

【案例161】
合同履行殆尽时,守约方不得依约解除合同

最高人民法院二审认定事实:

××建设集团公司主张,银×公司逾期付款已超过两个月,××建设集团公司依约有权单方解除合同。银×公司则主张其没有违约,××建设集团公司无权解除合同。最高人民法院认为,尽管合同的约定解除权优于法定解除,但不得滥用,更不得违反法律的强制性规定。本案中,银×公司支付的土地转让款已达合同总额的98.1%,已履行了绝大部分合同义务,因履行瑕疵解除合同,不利于维护合同的稳定性和交易安全。××建设集团公司虽主张解除合同,但并未依法向银×公司履行通知义务,不产生解除合同的效力。银×公司已将其兴建的蓝×别墅区出售给诸多第三人,解除合同将会损害第三人的合法权益,客观上已不具备解除的条件。故对××建设集团公司关于解除合同的主张,不予支持。

~~~ 法官论述 ~~~

合同解除导致合同关系归于消灭,其法律后果不表现为违约责任,这体现了对守约方的保护。但是,在合同履行殆尽的情况下,守约方再依约解除合同,会使合同目的无法实现,甚至会损害第三人的利益,不符合当事人缔约时的初衷和尽量使合同有效的立法目的。故对守约方滥用合同解除权的行为,人民法院应当加以限制,以平衡双方当事人的利益,维护公平正义。①

~~~ 作者简析 ~~~

本案中,最高人民法院没有支持当事人的解除合同的主张,主要理由是:

一是合同履行殆尽,即已支付土地转让款达合同总额的98.1%。

二是当事人一方虽主张解除合同,但并未依法履行通知义务,不产生解除合同的效力。

三是案涉房屋已经出售给诸多第三人,解除合同将会损害第三人的合法权益,客观上已不具备解除的条件。

在实践中,确定是否具备根本性违约的条件时,需要考查以下内容:一是合同已经履行的程度。当合同接近履行完毕时,当事人为了减少经济上的负担,往往单方面宣布解除合同,其实这是一种违约行为。二是是否具备继续履行的条件。如果当事人同意继续履行,又同意依照合同的约定承担延期履行的违约金,不能认为构成根本性违约。法律上规定,一方迟延履行债务,经守约方催告后在合理期限内仍不履行的,应当视为不具有继续履行的条件,当事人可以宣布解除合同。三是是否影响合同目的的实现。具体见《民法典》第563条第1款第4项规定。

【案例162】

当违约方继续履约不能实现合同目的时,可以允许违约方解除合同,用赔偿损失来代替继续履行

判决书认定事实②:

《合同法》第110条规定:"当事人一方不履行非金钱债务或者履行非金钱债务不符合约定的,对方可以要求履行,但有下列情形之一的除外:(一)法律上或者事实上不能履行;(二)债务的标的不适于强制履行或者履行费用过高;(三)债权人在合理期限内未要求履行。"此条规定了不适用继续履行的几种情形,其中第2项规定的"履行费用过高",可以根据履约成本是否超过各方所获利益来进行判断。当违约方继续履约所需的财力、物

---

① 张进先. 合同履行殆尽时,守约方不得依约解除合同//最高人民法院民一庭. 民事审判指导与参考:2011年第2辑(总第46辑). 北京:人民法院出版社,2011;288;最高人民法院司法观点集成:民事卷. 3版. 北京:人民法院出版社,2017;1382-1383.

② 该案例登载于:最高人民法院公报,2006(6).

力超过合同双方基于合同履行所能获得的利益时，应该允许违约方解除合同，用赔偿损失来代替继续履行。在本案中，如果让新×公司继续履行合同，则新×公司必须以其6万余平方米的建筑面积来为冯×的22.50平方米商铺提供服务，支付的履行费用过高；而在6万余平方米已失去经商环境和氛围的建筑中经营22.50平方米的商铺，事实上也达不到冯×要求继续履行合同的目的。一审衡平双方当事人利益，判决解除商铺买卖合同，符合法律规定，是正确的。冯×关于继续履行合同的上诉理由，不能成立。

考虑到上诉人冯×在商铺买卖合同的履行过程中没有任何违约行为，一审在判决解除商铺买卖合同后，一并判决被上诉人新×公司向冯×返还商铺价款、赔偿商铺增值款，并向冯×给付违约金及赔偿其他经济损失。这虽然不是应冯×请求作出的判决，但此举有利于公平合理地解决纠纷，也使当事人避免了讼累，并无不当。在二审中，新×公司表示其愿给冯×增加20万元赔偿款，应当允许。

~~~ 作者简析 ~~~

本案判决认定支持解除合同，主要理由如下：

一是履行费用过高。对原《合同法》第110条第2项规定的"履行费用过高"，可以根据履约成本是否超过各方所获利益来进行判断。

二是不能实现合同目的。《民法典》第580条在吸收原《合同法》第110条的规定基础上，作了如下规定："当事人一方不履行非金钱债务或者履行非金钱债务不符合约定的，对方可以请求履行，但是有下列情形之一的除外：（一）法律上或者事实上不能履行；（二）债务的标的不适于强制履行或者履行费用过高；（三）债权人在合理期限内未请求履行。有前款规定的除外情形之一，致使不能实现合同目的的，人民法院或者仲裁机构可以根据当事人的请求终止合同权利义务关系，但是不影响违约责任的承担。"两条规定相比较，《民法典》增加了"不能实现合同目的"等内容，证明新的法律规定是将不能实现合同目的作为请求终止合同权利义务关系的条件之一。本案判决书认定"事实上也达不到冯×要求继续履行合同的目的"，符合前述《民法典》的规定。

三是违约方愿意以赔偿损失作为解除合同的代价。该认定与《民法典》规定的"不影响违约责任的承担"相符。

【案例163】

双方均有违约行为的，应当根据违约程度大小等综合因素，判断何方享有解除权

裁判文书：最高人民法院（2012）民一终字第126号民事判决书

判决书认定事实：

在双务合同中，双方均存在违约的情况下，应根据合同义务分配情况、合同履行程度以及各方违约程度大小等综合考虑合同当事人是否享有解除权。综合全案情况看，××房产公司承担了联建项目中的主要工作，并已经履行了大部分合同义务，案涉项目主体工程已经完

工,在各方均存在违约的情况下,认定永×商贸公司和农×机电公司享有法定解除权,无事实和法律依据,并导致合同双方利益的显著失衡。原判决解除合同不妥,本院予以纠正。同时,根据《合同法》第112条规定,当事人一方不履行合同义务或者履行合同义务不符合约定的,在履行义务或采取补救措施后,对方还有其他损失的,应当赔偿损失。因此,合同继续履行并不影响各方要求对方承担违约责任的权利。

≋≋≋ 法官论述 ≋≋≋

在双务合同中双方均存在违约的情况下,应根据合同义务分配情况、合同履行程度以及各方违约程度大小等综合因素,判断合同当事人是否享有解除权。①

≋≋≋ 作者简析 ≋≋≋

最高人民法院改判并驳回当事人要求解除合同的诉讼请求,主要理由是:

一是违约方已经履行了大部分合同义务,也就是合同履行殆尽。

二是根据《合同法》第112条的规定,当事人一方不履行合同义务或者履行合同义务不符合约定的,在履行义务或采取补救措施后,对方还有其他损失的,应当赔偿损失。也就是说,对于继续履行合同,对于守约方还有其他损失的,法律给予了救济途径。在本案中,当事人可以另行主张损失赔偿责任。

《合同法》第112条的规定已被《民法典》第583条吸收。

【案例164】

当事人一方发出了限期履行义务的催告函,宽限期并未届至时是否产生解除合同的法律效果

裁判文书:最高人民法院(2003)民一终字第47号民事判决书②

判决书认定事实:

永×公司发给万×公司的"4.1函"的内容有二:(1)请万×公司在4月15日前将土地出让金7 897.5万元及三通一平等各类费用计800余万元汇入义乌永×公司;(2)如果不能按时把资金汇入指定的银行,则作为万×公司自动解除协议。原《中华人民共和国涉外经济合同法》(已失效)第29条第2项及第32条规定,另一方在合同约定的期限内没有履行合同,在被允许推迟履行的合理期限内仍未履行的,当事人一方有权通知另一方解除合同。解除合同的通知,应当采用书面形式。结合"4.1函"的内容以及上述法律条款的规定看,永×公司只有在万×公司于被允许推迟履行的合理期限内仍未履行合同义务时才能享有合同解除权。永×公司在发出"4.1函"时,宽限期并未届至,故其还不享有合同解除权。

---

① 最高人民法院公报,2015(5);人民法院出版社.最高人民法院司法观点集成:民事卷.3版.北京:人民法院出版社,2017:1349.

② 该案例登载于:最高人民法院公报,2005(3).

~~~ 法官论述 ~~~

(1) 催告对方履行合同的当事人应当是守约方，处于违约状态的当事人不享有基于催告对方仍不履行而产生的合同解除权。

(2) 合同解除权的行使须以解除权成就为前提，解除行为应当符合法律规定的程序，否则不能引起合同解除的法律后果。①

~~~ 作者简析 ~~~

根据《涉外经济合同法》第29条的规定："有下列情形之一的，当事人一方有权通知另一方解除合同：一、另一方违反合同，以致严重影响订立合同所期望的经济利益；二、另一方在合同约定的期限内没有履行合同，且在被允许推迟履行的合理期限内仍未履行的；三、发生不可抗力事件，致使合同的全部义务不能履行；四、合同约定的解除合同的条件已经出现。"第32条规定："变更或者解除合同的通知或者协议，应当采用书面形式"，生效判决书认为，另一方在合同约定的期限内没有履行合同，且在被允许推迟履行的合理期限内仍未履行的，当事人一方有权通知另一方解除合同。本案中永×公司在发出解除函件时，宽限期并未届至，故其不享有合同解除权。

【案例165】

合同中约定了解除合同的条件，但当事人未宣布解除合同，是否会产生解除合同的法律效力

裁判文书：最高人民法院（2010）民提字第153号民事判决书②

判决书认定事实：

因"合作合同书"中载明的当事人××物业公司否认该合同书的真实性，且主张该合同书系申诉人利用"合作协议书"的相关签约文件变造而成，故该"合作合同书"系真伪不明。××物业公司要使其签订的"合作协议书"失效或者解除"合作协议书"，应当向"合作协议书"的当事人作出表示，但夏×凤、苏×并不是"合作协议书"的当事人，所以即使"合作合同书"真实有效，该合同中有关"合作协议书"自动失效的约定也不能发生"合作协议书"解除的效果。申诉人主张"合作合同书"解除了"合作协议书"，不能成立，本院对其主张不予支持。

~~~ 法官论述 ~~~

在当事人订立合同后，一方要解除合同应当向对方当事人提出。解除合同方未向对方提出而是在其他合同中与他人约定解除合同的，不发生合同解除的效果。③

---

① 人民法院出版社. 最高人民法院司法观点集成：民事卷. 3版. 北京：人民法院出版社，2017：1344.
② 该案例登载于：最高人民法院公报，2012（5）.
③ 人民法院出版社. 最高人民法院司法观点集成. 民事卷. 3版. 北京：人民法院出版社：1352.

~~~~ 作者简析 ~~~~

合同当事人是否达成解除合同的协议，存在两种情形：一是在合同中约定了解除合同的条件，待条件成就时可以宣布解除合同，二是在合同履行过程中达成解除合同的协议。

在实践中，未达成协议的，主要有以下两种情形：第一种是一方当事人提出解除合同，对方当事人明确表示反对的；第二种是虽然签订了解除合同的协议，但该协议属于无效合同，如解除协议并非由当事人本人签订。本案属于第二种情形。具体到本案中，一是认为"合作合同书"是一份附条件的合同，条件未成就，所以"合作合同书"并未成立。二是认为"合作合同书"是一份无效合同。笔者认为，本案中所涉合同认定为条件未成就较为恰当。本案中解除协议的合同由第三人代为签订，而只有当事人本人同意解除合同的，其解除协议才能成立生效。

对于前述第一种情形，对方当事人反对解除合同的，要分析提出解除合同的一方是否具备法定解除条件，否则不能解除合同。第二种情形在实践中往往被忽视，甚至有人认为当事人配偶有权利代表当事人签字，这是极其错误的。

实践中，常常有当事人达成协议，约定：如果本合同生效，则另一合同自动解除。此时，如果两个合同的当事人相同，其约定有效；如果两个合同的当事人不同，则其约定不一定产生法律效力。本案判决书认定，即使"合作合同书"真实有效，该合同中有关"合作协议书"自动失效的约定也不能发生"合作协议书"解除的效果。该认定对司法实践具有借鉴意义。

【案例166】

当事人一方在合理期限内未行使解除权，接受对方当事人逾期履行合同义务后，是否继续享有解除权

裁判文书：最高人民法院（2013）民二终字第54号民事判决书

判决书认定事实：

××旅游公司、刘×以其于2011年2月22日、7月26日、28日发出的三份"解除函"为据，主张其再次向××建设集团公司发出了解除合同的通知，并主张其在××建设集团公司违约的情况下，有权根据合同约定随时行使合同解除权，该权利并不因××建设集团公司向法院提起诉讼而消灭。此三份"解除函"虽明确包含了××旅游公司、刘×解除合同的意思表示，但在合同当事人因对合同履行情况发生争议，起诉到人民法院后，对于该合同的效力及履行情况，应当由人民法院依法作出认定。××旅游公司、刘×在本案一审诉讼期间发出解除合同通知的行为，并不能改变本案诉讼前已经确定的合同效力及履行状态。诉前事实表明，××旅游公司、刘×在享有合同解除权的情况下，未行使合同解除权，并接受了××建设集团公司逾期支付的价款而未提出异议，这表明其已接受××建设集团公司继续履行合同的事实，故"股权转让协议"及其"补充协议"并未解除，仍在履行之中。根据合同约定，5 460万元款项支付完毕后，××建设集团公司已将×置业顾问公司的股权转让款支付完毕，合同的履行义务转移到××旅游公司、刘×一方，即应当由××旅游公司、刘×负责办理×置业顾问公司的股权变更手续。此时××旅游公司、刘×既未对逾期支付的款项提出异议，也未办理×置业顾问公司的股权变更手续，而是将已经约定转让给××建设集团公司的案涉股权再次转让给了鼎×公司、合众公司并办理了工商登记变更手续，阻碍生效合同的继续履行，已构成违约。××旅游公司、刘×在××建设集团公司提起本案及（2011）川民初字第3号案件的诉讼过程中行使合同解除权，以对抗××建设集团公司要求其继续履行合同的诉讼请求，有违诚信原则，一审判决根据《合同法》第6条"当事人行使权利、履行义务应当遵循诚实信用原则"的规定，认定××旅游公司、刘×在本案及（2011）川民初字第2号案件的诉讼过程中行使合同解除权的行为不能产生解除合同的法律效果，并无不妥，本院予以维持。

法官论述

解除合同的通知，虽有解除合同的意思表示，但在合同当事人因对合同履行情况发生争议起诉到人民法院后，对于该合同的效力及履行情况，应当由人民法院依法作出认定。[①]

作者简析

本案涉及两个重要问题：一是解除权的放弃，二是解除权的丧失。

关于解除权的放弃。本案的情况是，在一方当事人已经构成根本性违约的情形下，另一方当事人享有合同解除权而未行使，且接受了违约方对合同义务的逾期履行。在此情形下，一种观点认为这表明对解除权的放弃，另一种观点认为这是对合同履行期限的变更。笔者认为，第一种观点是正确的。解除权的放弃，并不意味着追究违约责任的放弃。而追究违约责任必须以超过合同约定的履行期限为前提。因此，本案不属于对履行期限的变更。

关于解除权的丧失。当事人一方以接受违约方逾期履行合同义务的方式放弃了解除权，之后，如果没有出现新的合同约定或法定解除事由，当事人一方不再享有合同的解除权，即解除权已经丧失。在此情形下，其又以原有事由宣布解除合同，显然不会得到支持。

另外，关于解除权的行使期限，《民法典》第564条规定："法律规定或者当事人约定解除权行使期限，期限届满当事人不行使的，该权利消灭。法律没有规定或者当事人没有约定解除权行使期限，自解除权人知道或者应当知道解除事由之日起一年内不行使，或者经对方催告后在合理期限内不行使的，该权利消灭。"本案的情况与该条中规定的情况不同，在违约方逾期履行义务的情况下，本案中的守约方仍然接受了该履行，这表明了其对

---

① 最高人民法院民事审判第二庭. 商事审判指导：2013年第4辑（总第36辑）. 北京：人民法院出版社，2014：210-232；最高人民法院司法观点集成：民事卷. 3版. 北京：人民法院出版社，2017：1372-1373.

解除权的放弃。解除权的放弃不受是否超过解除权行使期限的限制。

【案例 167】

当事人就协议书的继续履行达成了新的约定，不再享有解除合同的请求权

裁判文书：最高人民法院（2013）民申字第652号民事裁定书

裁定书认定事实：

关于××塑料公司提出的因开发总公司迟延付款故本案所涉协议书应予解除的主张。开发总公司确实存在迟延履行付款义务的行为，经××塑料公司催告后，在其自身承诺的最后付款期限内亦没有付清款项，构成违约，××塑料公司据此享有解除合同的权利。但是从本案查明事实看，××塑料公司并没有针对开发总公司的违约行为行使合同解除权，通知开发总公司解除合同。相反，××塑料公司委托代理人韩×明确告知开发总公司"要么付款，要么返还资产"，在开发总公司告知韩×其愿意付款的情形下，韩×提供了××塑料公司的银行账户账号，开发总公司汇入了剩余款项，韩×向开发总公司出具了收款收据……综上，××塑料公司关于开发总公司未付清余款、合同应予解除的申请再审理由不能成立。

≋≋≋ 法官论述 ≋≋≋

合同一方当事人的行为表明其放弃行使合同解除权，且与对方当事人就协议书的继续履行达成了新的约定的，当事人不得再行请求解除合同。①

≋≋≋ 作者简析 ≋≋≋

当事人一方构成根本性违约，另一方享有解除合同的权利，但守约方在合同约定的期限内并未行使解除权，反而与违约方达成新的协议的情形在实践中并不少见。本案中，守约一方的当事人在发生上述情形之后又请求解除合同，审理法院对其请求作出了否定性的结论应当予以重视。

宣布解除合同的意思表示要准确。本案中当事人"要么付款，要么返还资产"的通知，存在选择性的意思表示，并不是法律意义上的解除合同的通知。如果当事人将该通知修改为"限在收到本函件之日起×日内履行支付义务，否则，本合同自动解除。我方不再另行通知"，则有解除合同的意思表示，也符合《民法典》第563条第1款第4项的规定。

【案例 168】

只要解除权人通过一定形式向对方表达了解除合同的意思且该意思表示为对方所知悉，即可发生解除合同的效力

案件名称：佛山市顺德区××电厂有限公司（以下简称××电厂）与广东××石油有限公司（以下简称××石油公司）、广东省××企业集团燃料油有限公司买卖合同纠纷案

---

① 最高人民法院司法观点集成：民事卷.3版.北京：人民法院出版社，2017：1364.

裁判文书：最高人民法院（2006）民二终字第200号民事判决书

判决书认定事实：

《合同法》第96条第1款关于"当事人一方……主张解除合同的，应当通知对方"之规定，表明合同解除权条件成就后，行使解除权的关键在于解除权人是否向对方当事人传达了解除合同的意思表示。只要解除权人通过一定的形式向对方当事人表达了解除合同的意思且该意思表示为对方所知悉，即可发生解除合同的效力，并不一定非要采取书面文字通知的方式，更不需要被通知人的同意。根据本案查明的事实，××电厂在一审起诉时已经自认，××石油公司在2004年9月10日供油6 970.48吨后，就于同年9月28日来电明确表示不再供油。同年10月27日，××电厂通过银行汇款的方式支付了最后一批油的货款。同年10月28日，××电厂向××石油公司发出"关于严格履行粤石南字2004ND05号合同函"，要求××石油公司必须严格履行年度合同及交货计划，并在收到该函后5个工作日内将拖欠的9—10月应交而未交的燃料油如数交付给××电厂。同年11月1日××石油公司向××电厂发出"关于执行合同事宜的复函"，指出××石油公司对于合同的履行是全面及时的，但××电厂未能依约定方式和时间付款，属于多次违约；××电厂对××石油公司于2004年9月10日供应的6 970.48吨燃料油的款项延期支付达40天以上，给其造成巨大的经济损失。在××电厂违约的情况下，××石油公司完全有权按合同的约定决定是否向其供油。

≈≈≈≈ **法官论述** ≈≈≈≈

《合同法》第96条第1款关于"当事人一方……主张解除合同的，应当通知对方"之规定，表明合同解除权条件成就后，行使解除权的关键在于解除权人是否向对方当事人传达了解除合同的意思表示。只要解除权人通过一定的形式向对方当事人表达了解除合同的意思且该意思表示为对方所知悉，即可发生解除合同的效力，并不一定非要采取书面文字通知的方式，更不需要被通知人的同意。[1]

≈≈≈≈ **作者简析** ≈≈≈≈

对《民法典》第565条规定的"通知"，应作广义理解。除非当事人另有约定，不应当将其限定为必须以书面方式或电话方式履行通知义务。解除合同的意思表示到达对方当事人即可，并非必须经过对方当事人的同意，才会产生解除合同的法律效力。

《民法典》第565条规定的"通知载明债务人在一定期限内不履行债务则合同自动解除，债务人在该期限内未履行债务的，合同自通知载明的期限届满时解除"，应视为附期限的通知。当期限届满时，合同自动解除，而无须另行通知。

---

[1] 最高人民法院民事审判庭第二庭.最高人民法院商事审判指导案例：合同卷.北京：中国法制出版社，2011：506-515；最高人民法院司法观点集成：民事卷.3版.北京：人民法院出版社，2017：1369.

当事人一方直接以提起诉讼或者申请仲裁的方式依法主张解除合同，具备解除条件的，合同自起诉状副本或者仲裁申请书副本送达对方时解除。是否具备解除条件，应当由人民法院或者仲裁机构进行确认。

当事人未明确作出解除合同的意思表示，而是通过不作为的方式主张解除合同的，是否产生解除合同的法律效力？如果当事人明确作出了不继续履行合同义务的意思表示，亦有解除合同的意思表示，同样会产生解除合同的法律效力。

本案例的裁判观点是："只要解除权人通过一定的形式向对方当事人表达了解除合同的意思且该意思表示为对方所知悉，即可发生解除合同的效力，并不一定非要采取书面文字通知的方式，更不需要被通知人的同意"，具有借鉴意义。

【案例169】

不能实现合同目的，当事人可以依约或依法解除合同

裁判文书：最高人民法院（2010）民一终字第45号民事判决书

判决书认定事实：

福×公司有权解除其与富×公司之间的"合作投资兴建三星花园合同书"。由于项目建设中富×公司构成根本违约，该未完工程作为深圳市52个问题楼盘之一被列为清理对象，致使双方签订合同的目的无法实现。鉴于此，作为守约一方的福×公司委托律师向富×公司发函，提出解除双方之间的"合作投资兴建三星花园合同书"，是享有合同解除权的一方行使法定解除权，并无不当。

～～～ 作者简析 ～～～

本案审理法院以继续履行合同是否能够达到合同目的作为判断解除条件是否具备的标准：不能实现其合同目的的，当事人可以行使解除权（《民法典》第563条第1款第4项）；能够实现合同目的的，不能单方宣布解除合同，但可以双方协商解除合同。

本案中当事人一方只履行了少部分合同义务，且无法在约定期限内实现合同目的，属于根本性违约，守约方享有解除合同的法定权利。

【案例170】

一方提出解除合同后，拒绝对方当事人提出的减少损失的建议的，其损失应当自行承担

判决书认定事实[1]：

一方当事人提出解除合同时，有权要求对方当事人采取合理措施，尽可能减少因解除合同所造成的损失，但无权在未与对方协商一致的情况下即单方面强行解除合同，并要求

---

[1] 该案例登载于：最高人民法院公报，2005（2）.

对方承担解除合同的全部损失。本案中，上诉人提出解除合同和要求退款是可以理解的，但中×旅行社亦有权提出异议。在双方没有达成一致意见时，仍应继续履行合同所规定的权利和义务，违反合同约定的一方，应承担合同违约的责任。上诉人在双方未对是否解除合同达成一致意见时，拒绝对方减少损失的建议，坚持要求对方承担解除合同的全部损失，并放弃履行合同，致使损害结果发生，故应承担全部责任。

法官论述

一方当事人提出解除合同后，在未与对方协商一致的情况下，拒绝对方提出的减少其损失的建议，坚持要求对方承担解除合同的全部损失，并放弃履行合同，致使自身利益受到损害的，应自负全部责任。[1]

作者简析

对于本案中当事人是否具备解除合同的条件，此处不予探讨。在此仅就解除合同引起的损失应当由谁承担的问题进行探讨。通常情况下，其是由违约方承担。但是，有的情况下违约方提出了减少损失的合理化建议，而守约方不予采纳；或者守约方在提出解除合同时，就提出了减少损失的建议，而违约方不予采纳，由此造成了损失的扩大。对于前者属于未采取适当措施导致损失扩大，就扩大的损失应由守约方自行承担（《民法典》第591条）。后者则是违约行为的继续，此时违约方不但要对未采取适当措施导致己方损失扩大的部分自行承担责任，同时对造成守约方损失继续扩大的部分，也要承担民事责任。

【案例171】

对当事人一方宣布解除合同持有异议，应当通过诉讼或仲裁解决争议

裁判文书：最高人民法院（2012）民二终字第116号民事判决书

判决书认定事实：

再×公司以无处理残留危化物的资质致使合同目的不能实现为由要求解除合同，并不符合法律规定的行使解除权的条件。而且，本案中双方的合同目的是处置无锡××公司的旧生产设备及地上建构筑物，如前所述，虽然再×公司没有处置残留危化物的资质，但现行法律法规并未禁止其委托具备相关资质的第三方对残留危化物进行处置，故该目的并非不能实现。原审判决对再×公司解除"处置合同"的诉讼请求未予支持，事实和法律依据充分，本院予以维持。

法官论述

《合同法》第96条规定，"当事人一方依照本法第九十三条第二款、第九十四条的规定主张解除合同的，应当通知对方。合同自通知到达对方时解除。对方有异议的，可以请求人民法院或者仲裁机构确认解除合同的效力"。该条对就解除通知有异议的当事人的救

---

[1] 最高人民法院司法观点集成.民事卷.3版.北京：人民法院出版社，2017：1353.

济方式的规定为"可以",即赋予其"可以"通过请求人民法院或者仲裁机构确认解除合同的效力的方式来救济,而未采用"必须",即并未限定此为唯一的救济方式。对方以诉请继续履行合同的方式否定解除通知、解除效力进行救济,并不违反该条规定。故主张解除合同的一方以其发出的解除合同的通知送达对方即已产生合同解除的效果,如对方对解除有异议,须首先向人民法院提起确认解除合同的效力后,方可请求法院判令继续履行合同的主张,人民法院不予支持。①

≈≈≈ 作者简析 ≈≈≈

在案中,一方当事人提出解除合同,另一方要求继续履行合同,等于是对当事人一方的解除合同的通知提出了异议,这是没有争议的。我们需要讨论的是,一方提出继续履行合同,另一方主张合同已经解除的,是应当提出反诉呢,还是直接提出抗辩理由?提起诉讼要求解决争议的应当是对解除合同持有异议的当事人。判决书认定的"主张解除合同的一方以其发出的解除合同的通知送达对方即已产生合同解除的效果,如对方对解除有异议,须首先向人民法院提起确认解除合同的效力后,方可请求法院判令继续履行合同的主张,人民法院不予支持","须首先提出确认之诉"的当事人应当是要求继续履行合同的当事人。在此情形下,主张解除合同一方当事人在应诉中,只需要提出抗辩理由即可。其抗辩理由包括解除合同的约定事由或者法定事由,以及主张解除权的相关事实,不需要提出反诉或者另行诉讼。

这里探讨一个问题,即解除合同的通知送达后,因对方当事人不同意解除而提出确认之诉的,在提出诉讼至诉讼终结之间这段时间,解除通知的效力是否处于效力待定状态?笔者认为,不属于效力待定。理由是:其一,效力待定合同的效力自追认、放弃撤销权或撤销权的诉讼被驳回之日起产生法律效力,而解除通知是从通知送达之日起生效。其二,解除权的法律效果是使双方合同权利义务关系归于终结,而效力待定合同的最终效力是使合同有效或无效,二者的法律后果是不同的。其三,如果解除事由合法,对方当事人又拒绝解除合同,因此给当事人一方造成损失扩大的,对方当事人应当承担民事责任。当事人一方有解除合同的合法事由,不行使解除权造成损失扩大的,其扩大的损失应当由该方当事人承担。

【案例172】

在签订合同以前就已经知晓相关政策规定,而后提出解除合同请求,不适用情势变更原则

裁判文书:最高人民法院(2016)最高法民终781号民事判决书

---

① 最高人民法院民事审判第二庭. 商事审判指导:2012年第4辑(总第31辑). 北京:人民法院出版社,2013:253-256.

判决书认定事实：

任××主张贵州省人民政府办公厅于2012年12月19日印发了《贵州省煤矿企业兼并重组工作方案（试行）》，对"转让协议"而言属于情势变更。但基于方案的内容可以看出，煤矿企业的兼并重组工作于2010年即开始启动，国务院办公厅、贵州省人民政府也就煤矿企业兼并重组颁发了相关规范性文件。任××作为签约人，在决策购买地质煤矿时应当了解、知晓国家关于煤炭资源整合、煤矿企业兼并重组的相关政策，对于一定规模以下的煤矿可能存在被兼并重组、甚至被关闭的商业风险应该是有预期的，不存在客观情况发生了任××在订立合同时无法预见的、非不可抗力造成的不属于商业风险的重大变化。任××主张依情势变更请求解除"转让协议"，没有事实和法律依据，不予支持。

~~~ 作者简析 ~~~

本案应适用《民法典》第533条的规定。该条规定与《最高人民法院关于适用〈中华人民共和国合同法〉若干问题的解释（二）》第26条相比的内容变化主要体现在：《民法典》的规定取消了"或者不能实现合同目的"的规定，但是不能实现合同目的显然包含在"继续履行合同对于当事人一方明显不公平的"情形之内。

在实践中，对是属于情势变更还是属于正常的商业风险，需要参照合同约定，并从是否具有可预见性、可归责性及其后果等方面进行综合分析。法律规定的情势变更事由，应当是指合同成立后，合同的基础条件发生了较大变化，这种变化是当事人在订立合同时无法预见的，且不属于商业风险。要防止当事人将商业风险认作情势变更并以此为由提出变更或解除合同。

五、合同被撤销抗辩权

相关规定

▼《民法典》

第141条　行为人可以撤回意思表示。撤回意思表示的通知应当在意思表示到达相对人前或者与意思表示同时到达相对人。

第145条　限制民事行为能力人实施的纯获利益的民事法律行为或者与其年龄、智力、精神健康状况相适应的民事法律行为有效；实施的其他民事法律行为经法定代理人同意或者追认后有效。

相对人可以催告法定代理人自收到通知之日起三十日内予以追认。法定代理人未作表示的，视为拒绝追认。民事法律行为被追认前，善意相对人有撤销的权利。撤销应当以通知的方式作出。

第147条　基于重大误解实施的民事法律行为，行为人有权请求人民法院或者仲裁机构予以撤销。

第 148 条　一方以欺诈手段，使对方在违背真实意思的情况下实施的民事法律行为，受欺诈方有权请求人民法院或者仲裁机构予以撤销。

第 149 条　第三人实施欺诈行为，使一方在违背真实意思的情况下实施的民事法律行为，对方知道或者应当知道该欺诈行为的，受欺诈方有权请求人民法院或者仲裁机构予以撤销。

第 150 条　一方或者第三人以胁迫手段，使对方在违背真实意思的情况下实施的民事法律行为，受胁迫方有权请求人民法院或者仲裁机构予以撤销。

第 151 条　一方利用对方处于危困状态、缺乏判断能力等情形，致使民事法律行为成立时显失公平的，受损害方有权请求人民法院或者仲裁机构予以撤销。

第 152 条　有下列情形之一的，撤销权消灭：

（一）当事人自知道或者应当知道撤销事由之日起一年内、重大误解的当事人自知道或者应当知道撤销事由之日起九十日内没有行使撤销权；

（二）当事人受胁迫，自胁迫行为终止之日起一年内没有行使撤销权；

（三）当事人知道撤销事由后明确表示或者以自己的行为表明放弃撤销权。

当事人自民事法律行为发生之日起五年内没有行使撤销权的，撤销权消灭。

第 155 条　无效的或者被撤销的民事法律行为自始没有法律约束力。

第 485 条　承诺可以撤回。承诺的撤回适用本法第一百四十一条的规定。

▼《民法典合同编司法解释》

第 3 条第 3 款　当事人主张合同无效或者请求撤销、解除合同等，人民法院认为合同不成立的，应当依据《最高人民法院关于民事诉讼证据的若干规定》第五十三条的规定将合同是否成立作为焦点问题进行审理，并可以根据案件的具体情况重新指定举证期限。

第 5 条　第三人实施欺诈、胁迫行为，使当事人在违背真实意思的情况下订立合同，受到损失的当事人请求第三人承担赔偿责任的，人民法院依法予以支持；当事人亦有违背诚信原则的行为的，人民法院应当根据各自的过错确定相应的责任。但是，法律、司法解释对当事人与第三人的民事责任另有规定的，依照其规定。

第 13 条　合同存在无效或者可撤销的情形，当事人以该合同已在有关行政管理部门办理备案、已经批准机关批准或者已依据该合同办理财产权利的变更登记、移转登记等为由主张合同有效的，人民法院不予支持。

第 18 条　法律、行政法规的规定虽然有"应当""必须"或者"不得"等表述，但是该规定旨在限制或者赋予民事权利，行为人违反该规定将构成无权处分、无权代理、越权代表等，或者导致合同相对人、第三人因此获得撤销权、解除权等民事权利的，人民法院应当依据法律、行政法规规定的关于违反该规定的民事法律后果认定合同效力。

【重点难点提示】

（一）关于撤销权的行使阶段

1. 在合同订立阶段享有的撤销权

当事人可以在合同订立阶段撤销承诺的情形主要包括：

（1）根据《民法典》第145条的规定，针对限制民事行为能力人实施的需经法定代理人同意或者追认后有效的民事行为，民事法律行为被追认前，善意相对人有撤销的权利。

（2）根据《民法典》第141条的规定，行为人可以撤回的意思表示包括：要约邀请、要约及承诺，即在合同订立的各个阶段，只要其在意思表示未到达对方以前，均可以声明撤回。

（3）《民法典》第485条规定，承诺可以撤回。

2. 在合同成立后享有的撤销权

主要撤销事由包括：（1）重大误解（《民法典》第147条）；（2）合同一方实施欺诈行为（《民法典》第148条）；（3）第三人实施欺诈行为（《民法典》第149条）；（4）胁迫行为（《民法典》第150条）；（5）显失公平（《民法典》第151条）。

在上述情形下，受害人一方作出非真实意思表示的，可以请求人民法院或仲裁机构撤销。

《民法典》第149条关于"第三人实施欺诈行为"的规定，客观上存在两种情形：一是双方当事人均不知道或者不应当知道该欺诈行为的；二是双方当事人中只有一方当事人明知或应当明知的。

对第一种情形，显然双方签订合同的意思表示没有受到外力的影响，是真实的意思表示，所以，不需要撤销。

只有在第二种情形下，当一方当事人处于明知或者应当明知的状态，明知一方明显有利用第三人的欺诈行为达到签订合同的目的时，从维护公平正义角度，赋予另一方以撤销权才是符合情理的。

《民法典》第151条关于"一方利用对方处于危困状态、缺乏判断能力等情形"，同时需要达到"显失公平"的程度，受损害方才可以申请撤销。不但如此，对于显失公平的判断，应当以民事法律行为成立时的时间点来进行。比如：开发商通过虚假宣传，诱导消费者与其签订了"商品房买卖合同"。虽然签订合同时的价格明显高于市场价格，但是，可能经过一段时间后因房价上涨而变为公平。此时，仍应当以签订商品房买卖合同时的价格作为判断依据。

（二）撤销权的行使方式

根据上述法律规定，其撤销权的行使方式有如下几种。

（1）在合同订立阶段行使撤销权，只需要向相对方作出撤销的意思表示即可。撤销的效力自意思表示到达对方当事人时生效。

（2）针对合同成立后可以行使撤销权的五种情形，应当由行为人或受损害一方当事人向人民法院提出诉讼请求或者向仲裁机构提出仲裁申请，请求撤销。

（三）撤销权行使的法律后果

根据《民法典》第155条规定的"无效的或者被撤销的民事法律行为自始没有法律约束力"，由此产生的法律后果主要有：（1）请求返还财产；（2）请求赔偿损失。

（四）除斥期间

除斥期间，是指法律规定的某种民事权利存在的有效期间。权利人在此期间内不行使民事权利的，当除斥期间届满时该民事权利消灭。其特点主要有如下几个方面（见表4-1）。

1. 除斥期间规定的是权利人行使某项权利的固定期限，或称为不变期间。不因任何事由而中止、中断或者延长。

2. 除斥期间自相应的实体权利成立之时起算。

3. 除斥期间届满消灭的是权利人主张撤销的程序权利，如追认权、撤销权、解除权等。具体撤销事由、除斥期间及判断标准见表4-1。

表4-1 撤销权的除斥期间一览表

撤销事由	除斥期间	判断标准
重大误解	90日	知道或应当知道之日起
欺诈	1年	知道或应当知道之日起
胁迫	1年	自胁迫行为终止之日起
显失公平	1年	知道或应当知道之日起
最长除斥期间	5年	自民事法律行为发生之日起
放弃撤销权	在除斥期间明确放弃；在除斥期间未主张权利的，视为放弃	当事人知道撤销事由后明确表示或者以自己的行为表明放弃撤销权

【案例173】

当事人为他人设定质权担保，但未获取相应对价，相关债权人申请撤销其质权担保

裁判文书号：最高人民法院（2020）最高法民终261号民事判决书

判决书认定事实：

《合同法》第74条规定："因债务人放弃其到期债权或者无偿转让财产，对债权人造成损害的，债权人可以请求人民法院撤销债务人的行为。债务人以明显不合理的低价转让财产，对债权人造成损害，并且受让人知道该情形的，债权人也可以请求人民法院撤销债务人的行为。"《最高人民法院关于适用〈中华人民共和国合同法〉若干问题的解释（二）》第18条规定："债务人放弃其未到期的债权或者放弃债权担保，或者恶意延长到期债权的履行期，对债权人造成损害，债权人依照合同法第七十四条的规定提起撤销权诉讼的，人

民法院应当支持。"《担保法司法解释》第69条规定："债务人有多个普通债权人的,在清偿债务时,债务人与其中一个债权人恶意串通,将其全部或者部分财产抵押给该债权人,因此丧失了履行其他债务的能力,损害了其他债权人的合法权益,受损害的其他债权人可以请求人民法院撤销该抵押行为。"从上述相关规定列举的情形来看,债权人撤销权的对象是债务人实施的导致债务人责任财产减少或增加财产负担,以致影响其正常清偿能力,进而对债权人造成损害的行为。其立法目的在于恢复债务人的责任财产,使债务人的责任财产维持在适当状态,以保障债权人的债权得以实现。就本案而言,根据查明的事实,恒×公司将其持有的西部资源公司4 500万股股份为牛×设定质押担保,但未获取相应对价的行为,实质上限制了该质押标的物作为恒×公司责任财产的正常流转与处置,客观上妨碍了××信托公司债权人权利的正常行使与实现,对其债权造成了损害。该行为与前述法律及司法解释规定的可撤销行为,在对债权人权益造成损害方面并无本质差异,相关债权人应依法有权主张予以撤销。

~~~ 作者简析 ~~~

本案存在以下法律事实:一是××信托公司是恒×公司的债权人;二是恒×公司与牛×之间签订了"股权质押合同",恒×公司是牛×的担保人。

讨论的问题是:××信托公司是否享有撤销恒×公司与牛×之间签订的"股权质押合同"的权利?

对此,判决书从两个方面进行了评价。一是从"股权质押合同"是从合同的角度:因为主债权并未实际形成,所以从合同也未成立。二是恒×公司怠于行使对"股权质押合同"的撤销权对××信托公司是否构成实质性的影响。因为在案件执行过程中,××信托公司对恒×公司的债权尚有2亿余元未获清偿,而除本案争议的4 500万股股份被设定了质押外,恒×公司并无其他财产可供执行。因此,认定恒×公司的行为妨碍了债权人××信托公司的债权的实现,准许撤销该"股权质押合同"。

六、合同履行抗辩权

相关规定

▼《民法典》

第525条 当事人互负债务,没有先后履行顺序的,应当同时履行。一方在对方履行之前有权拒绝其履行请求。一方在对方履行债务不符合约定时,有权拒绝其相应的履行请求。

第526条 当事人互负债务,有先后履行顺序,应当先履行债务一方未履行的,后履行一方有权拒绝其履行请求。先履行一方履行债务不符合约定的,后履行一方有权拒绝其相应的履行请求。

第527条 应当先履行债务的当事人,有确切证据证明对方有下列情形之一的,可以中止履行:

(一) 经营状况严重恶化;

(二) 转移财产、抽逃资金,以逃避债务;

(三) 丧失商业信誉;

(四) 有丧失或者可能丧失履行债务能力的其他情形。

当事人没有确切证据中止履行的,应当承担违约责任。

第528条 当事人依据前条规定中止履行的,应当及时通知对方。对方提供适当担保的,应当恢复履行。中止履行后,对方在合理期限内未恢复履行能力且未提供适当担保的,视为以自己的行为表明不履行主要债务,中止履行的一方可以解除合同并可以请求对方承担违约责任。

【重点难点提示】

合同履行过程中行使抗辩权是为了切实保护当事人的合法权益不受损失或防止损失继续扩大。它包括同时履行抗辩权、先履行抗辩权、不安抗辩权。(见表4-2)

表4-2 抗辩权的比较分析

抗辩权名称	履行顺序	主要内容	《民法典》
同时履行抗辩权	无先后顺序	在对方履行前有权拒绝	第525条
先履行抗辩权	有先后顺序	先履行一方未履行	第526条
不安抗辩权	有先后顺序	先履行一方担心后履行一方丧失履行能力	第527条

《民法典》第525条规定的无履行先后顺序的同时履行抗辩权,有两种情形:一是在对方未履行合同义务前有权拒绝履行,使双方均处于未履行合同义务的状态;二是当对方履行债务不符合约定时,当事人一方也有权拒绝履行义务,也就是说,其应当履行的义务与对方当事人所履行的义务相匹配。在这两种情形下,同时履行抗辩权的行使结果是使当事人事实上处于公平状态。

第526条规定的先履行抗辩权也有两种情形。一是当事人互负债务,有先后履行顺序,应当先履行债务一方未履行的,后履行一方有权拒绝其履行请求。二是先履行一方履行债务不符合约定的,后履行一方有权拒绝其相应的履行请求。与第525条不同的是,此条规定的"不安",不仅仅是内心的担忧,先履行一方未履行或者履行债务不符合约定,说明先履行一方具有违约的现实表现。

第527条规定的不安抗辩权,则比较特殊:先履行合同义务一方当事人也可以行使不安抗辩权,但是,其条件比较苛刻。一般情形下,由于行使抗辩权的一方当事人具有先行履行义务，在没有确切证据证明确实存在"不安"的情形下，不得拒绝履行自己合同义务。从法律上则为其专门设置了中止履行权和解除合同权，即分两步实施抗辩权。前述第525条、第526条规定的两种抗辩权均是一步到位，即行使抗辩权一方直接可以拒绝履行合同义务。而第527条中所规定的中止履行只是权宜之计，即为了进一步掌握后履行一方是否已经丧失了履行债务的能力。只有其确实丧失了履行债务的能力，抗辩权人才能够宣布解除合同。

法律上规定的比较严格的解除条件还包括：

一是宣布中止履行合同义务之前，必须掌握后履行一方丧失了偿债能力的证据，包括：（1）经营状况严重恶化；（2）转移财产、抽逃资金，以逃避债务；（3）丧失商业信誉；（4）有丧失或者可能丧失履行债务能力的其他情形。

二是宣布中止履行一方当事人有及时履行通知的义务。其通知方式见解除权的通知相关内容。

三是当合同相对方恢复履行能力或提供了适当担保时，应当恢复履行合同义务。

四是中止履行后，对方在合理期限内未恢复履行能力且未提供适当担保的，视为不具有继续履行合同义务的能力，中止履行的一方即可以解除合同并且请求对方承担违约责任。

七、诉讼时效抗辩权

相关规定

▼《民法典》

第188条　向人民法院请求保护民事权利的诉讼时效期间为三年。法律另有规定的，依照其规定。

诉讼时效期间自权利人知道或者应当知道权利受到损害以及义务人之日起计算。法律另有规定的，依照其规定。但是，自权利受到损害之日起超过二十年的，人民法院不予保护，有特殊情况的，人民法院可以根据权利人的申请决定延长。

第192条　诉讼时效期间届满的，义务人可以提出不履行义务的抗辩。

诉讼时效期间届满后，义务人同意履行的，不得以诉讼时效期间届满为由抗辩；义务人已经自愿履行的，不得请求返还。

【重点难点提示】

超过诉讼时效的，应当根据债务人的意愿决定是否履行债务。

（1）不履行义务的抗辩，即债务人可以拒绝履行债务。

出借人未在合同期限或法定期限内主张还款，超过诉讼时效的，借款人可以根据自愿原则履行还款义务。出借人诉至法院的，因超过诉讼时效，法院在查明事实的情形下裁定驳回其诉讼请求。

（2）债务人愿意继续履行债务的，履行债务的金额由债务人自主决定。实践中存在两种情形：一是口头或书面承诺愿意继续履行债务，二是以实际还款行为表示愿意继续履行债务。

《民法典》第192条中规定的"义务人同意履行的"，系当事人作出"愿意履行债务"的意思表示，不在于是否已经实际履行。也就是说，依照本条规定，如果当事人放弃了诉讼时效的抗辩权，则不得再以诉讼时效届满作为抗辩理由。这主要是指当事人同意履行但尚未履行的情形。

当事人的"自愿偿还"包括以下情形：一是按照合同约定偿还本金，支付利息；二是只偿还本金，不支付利息；三是偿还本金，支付部分利息；四是只偿还部分本金，不支付利息。

（3）债务人放弃诉讼时效抗辩权的，不得以超过诉讼时效为由，要求债权人返还已经履行的债务。

第六节　违约责任

一、承担违约责任的方式

（一）继续履行

相关规定

▼《民法典》

第577条　当事人一方不履行合同义务或者履行合同义务不符合约定的，应当承担继续履行、采取补救措施或者赔偿损失等违约责任。

第579条　当事人一方未支付价款、报酬、租金、利息，或者不履行其他金钱债务的，对方可以请求其支付。

▼《民法典合同编司法解释》

第7条　预约合同生效后，当事人一方拒绝订立本约合同或者在磋商订立本约合同时违背诚信原则导致未能订立本约合同的，人民法院应当认定该当事人不履行预约合同约定的义务。

人民法院认定当事人一方在磋商订立本约合同时是否违背诚信原则，应当综合考虑该当事人在磋商时提出的条件是否明显背离预约合同约定的内容以及是否已尽合理努力进行协商等因素。

第8条　预约合同生效后，当事人一方不履行订立本约合同的义务，对方请求其赔偿因此造成的损失的，人民法院依法予以支持。

前款规定的损失赔偿，当事人有约定的，按照约定；没有约定的，人民法院应当综合考虑预约合同在内容上的完备程度以及订立本约合同的条件的成就程度等因素酌定。

第12条　合同依法成立后，负有报批义务的当事人不履行报批义务或者履行报批义务不符合合同的约定或者法律、行政法规的规定，对方请求其继续履行报批义务的，人民法院应予支持；对方主张解除合同并请求其承担违反报批义务的赔偿责任的，人民法院应予支持。

人民法院判决当事人一方履行报批义务后，其仍不履行，对方主张解除合同并参照违反合同的违约责任请求其承担赔偿责任的，人民法院应予支持。

合同获得批准前，当事人一方起诉请求对方履行合同约定的主要义务，经释明后拒绝变更诉讼请求的，人民法院应当判决驳回其诉讼请求，但是不影响其另行提起诉讼。

负有报批义务的当事人已经办理申请批准等手续或者已经履行生效判决确定的报批义务，批准机关决定不予批准，对方请求其承担赔偿责任的，人民法院不予支持。但是，因迟延履行报批义务等可归责于当事人的原因导致合同未获批准，对方请求赔偿因此受到的损失的，人民法院应当依据民法典第一百五十七条的规定处理。

【重点难点提示】

对于继续履行，比较容易理解。难点在于：《民法典》第577条规定的"应当承担继续履行、采取补救措施或者赔偿损失等违约责任"，这里规定的赔偿损失与继续履行之间是并列关系，还是选择性执行条件？

笔者认为，应当分两种情形进行探讨。

第一，当事人违约，如果给守约方造成经济损失，理所当然应当承担损失赔偿责任。同时，守约方有权利要求违约方继续履行。此时，因守约方同时选择的是继续履行、赔偿损失等承担违约责任的形式，所以，其赔偿损失的金额中不应包括合同不能履行所造成的损失，仅指违约方迟延履行合同义务给守约方造成的实际损失。

第二，如果违约方愿意以赔偿损失换取解除合同，即终止合同的履行，那么，此时的损失包括了实现合同目的后应当取得的收益。也就是说，该损失包含了不继续履行所带来的损失。

（二）支付逾期利息

相关规定

▼《2020民间借贷司法解释》

第28条　借贷双方对逾期利率有约定的，从其约定，但是以不超过合同成立时一年期贷款市场报价利率四倍为限。

未约定逾期利率或者约定不明的，人民法院可以区分不同情况处理：

（一）既未约定借期内利率，也未约定逾期利率，出借人主张借款人自逾期还款之日起参照当时一年期贷款市场报价利率标准计算的利息承担逾期还款违约责任的，人民法院应予支持；

（二）约定了借期内利率但是未约定逾期利率，出借人主张借款人自逾期还款之日起按照借期内利率支付资金占用期间利息的，人民法院应予支持。

【重点难点提示】

实践中，逾期利息是否属于违约责任性质，存在争议。

第一种情形：在借款合同中专门约定了逾期利息，而且约定的逾期利息比借款利息高，此时合同中约定的逾期利息明显具有惩罚性质。但是，利息及逾期利息均不能超过规定的利息上限。

第二种情形：合同中未约定逾期利息的，依照《2020民间借贷司法解释》第28条的规定，按照下列原则进行处理。

（1）合同中既未约定借款期内利率，也未约定逾期利率的，出借人可以主张借款人自逾期还款之日起参照当时一年期贷款市场报价利率标准计算的利息承担逾期还款违约责任。

（2）合同中约定了借款期内利率但是未约定逾期利率的，出借人可以主张借款人自逾期还款之日起按照借款期内利率支付资金占用期间利息。

笔者注意到，在前述第（1）种情形下，司法解释规定中采用了"承担逾期还款违约责任"的表述，证明了逾期利息的违约责任性质。即使在合同中只约定了借款期内利率而未约定逾期利率，出借人主张的借款人自逾期还款之日起按照借款期内利率支付资金占用期间利息，也是对逾期占用资金期间的损失的补偿，只不过其补偿的标准参照约定的利息执行。

（三）支付违约金

相关规定

▼《民法典》

第585条　当事人可以约定一方违约时应当根据违约情况向对方支付一定数额的违约金，也可以约定因违约产生的损失赔偿额的计算方法。

约定的违约金低于造成的损失的，人民法院或者仲裁机构可以根据当事人的请求予以增加；约定的违约金过分高于造成的损失的，人民法院或者仲裁机构可以根据当事人的请求予以适当减少。

当事人就迟延履行约定违约金的，违约方支付违约金后，还应当履行债务。

▼《民法典合同编司法解释》

第 67 条第 1、2 款　当事人交付留置金、担保金、保证金、订约金、押金或者订金等，但是没有约定定金性质，一方主张适用民法典第五百八十七条规定的定金罚则的，人民法院不予支持。当事人约定了定金性质，但是未约定定金类型或者约定不明，一方主张为违约定金的，人民法院应予支持。

当事人约定以交付定金作为订立合同的担保，一方拒绝订立合同或者在磋商订立合同时违背诚信原则导致未能订立合同，对方主张适用民法典第五百八十七条规定的定金罚则的，人民法院应予支持。

▼《2020 民间借贷司法解释》

第 29 条　出借人与借款人既约定了逾期利率，又约定了违约金或者其他费用，出借人可以选择主张逾期利息、违约金或者其他费用，也可以一并主张，但是总计超过合同成立时一年期贷款市场报价利率四倍的部分，人民法院不予支持。

【重点难点提示】

1. 违约金的约定形式

合同中约定的违约金有以下形式：一是固定金额的违约金；二是违约金的计算比例；三是将保证金转化为违约金予以没收；四是将定金转化为违约金予以没收。

上述四种形式均受"不得超过合同成立时一年期贷款市场报价利率四倍"的限制。其中，定金形式的违约金受两个条件的限制：一是定金数额不能超过合同金额的 20%，二是同样"不得超过合同成立时一年期贷款市场报价利率四倍"。

2. 违约金偏离实际损失的认定和处理

法律上赋予当事人请求变更权。因具体请求不同，其形成变更权的标准也不同。

（1）约定的违约金低于实际损失的，人民法院或者仲裁机构可以根据当事人的请求予以增加。

（2）约定的违约金过分高于实际损失的，人民法院或者仲裁机构可以根据当事人的请求予以适当减少。

对前述第二种情形，法律强调是"过分高于"，如果不是过分高于，当事人不得提出此项主张。同时，其请求权的内容也不是将"过分高于"的金额全部减除，而只能请求"适当减少"。

（四）没收保证金

相关规定

▼《民法典担保司法解释》

第 70 条　债务人或者第三人为担保债务的履行，设立专门的保证金账户并由债权人实际控制,或者将其资金存入债权人设立的保证金账户,债权人主张就账户内的款项优先受偿的,人民法院应予支持。当事人以保证金账户内的款项浮动为由,主张实际控制该账户的债权人对账户内的款项不享有优先受偿权的,人民法院不予支持。

在银行账户下设立的保证金分户,参照前款规定处理。

当事人约定的保证金并非为担保债务的履行设立,或者不符合前两款规定的情形,债权人主张就保证金优先受偿的,人民法院不予支持,但是不影响当事人依照法律的规定或者按照当事人的约定主张权利。

【重点难点提示】

保证金具有担保的合同性质,这是不容置疑的。当缴纳保证金的一方违约时,其保证金就转化为违约金,无权要求返还。具体见本书第五章"债的担保"的相关内容。

（五）适用定金罚则

相关规定

▼《民法典》

第586条　当事人可以约定一方向对方给付定金作为债权的担保。定金合同自实际交付定金时成立。

定金的数额由当事人约定；但是,不得超过主合同标的额的百分之二十,超过部分不产生定金的效力。实际交付的定金数额多于或者少于约定数额的,视为变更约定的定金数额。

第587条　债务人履行债务的,定金应当抵作价款或者收回。给付定金的一方不履行债务或者履行债务不符合约定,致使不能实现合同目的的,无权请求返还定金；收受定金的一方不履行债务或者履行债务不符合约定,致使不能实现合同目的的,应当双倍返还定金。

第588条　当事人既约定违约金,又约定定金的,一方违约时,对方可以选择适用违约金或者定金条款。

定金不足以弥补一方违约造成的损失的,对方可以请求赔偿超过定金数额的损失。

【重点难点提示】

定金具有担保的合同性质。当交纳定金的一方违约时,其定金就转化为违约金,无权要求返还。收取定金一方当事人违约的,除返还定金外,还应当支付与定金同等金额的违约金。

（六）返还财产

相关规定

▼《民法典》

第53条　被撤销死亡宣告的人有权请求依照本法第六编取得其财产的民事主体返还

财产；无法返还的，应当给予适当补偿。

利害关系人隐瞒真实情况，致使他人被宣告死亡而取得其财产的，除应当返还财产外，还应当对由此造成的损失承担赔偿责任。

第122条　因他人没有法律根据，取得不当利益，受损失的人有权请求其返还不当利益。

第157条　民事法律行为无效、被撤销或者确定不发生效力后，行为人因该行为取得的财产，应当予以返还；不能返还或者没有必要返还的，应当折价补偿。有过错的一方应当赔偿对方由此所受到的损失；各方都有过错的，应当各自承担相应的责任。法律另有规定的，依照其规定。

第192条　诉讼时效期间届满的，义务人可以提出不履行义务的抗辩。

诉讼时效期间届满后，义务人同意履行的，不得以诉讼时效期间届满为由抗辩；义务人已经自愿履行的，不得请求返还。

▼《民法典合同编司法解释》

第29条　民法典第五百二十二条第二款规定的第三人请求债务人向自己履行债务的，人民法院应予支持；请求行使撤销权、解除权等民事权利的，人民法院不予支持，但是法律另有规定的除外。

合同依法被撤销或者被解除，债务人请求债权人返还财产的，人民法院应予支持。

债务人按照约定向第三人履行债务，第三人拒绝受领，债权人请求债务人向自己履行债务的，人民法院应予支持，但是债务人已经采取提存等方式消灭债务的除外。第三人拒绝受领或者受领迟延，债务人请求债权人赔偿因此造成的损失的，人民法院依法予以支持。

【重点难点提示】

1. 被撤销死亡宣告的人有权请求返还财产

针对《民法典》第53条的规定：被撤销死亡宣告的人有权请求依照《民法典》第六编取得其财产的民事主体返还财产；无法返还的，应当给予适当补偿。比如：因民间借贷合同关系产生的债权，在债权人被宣告死亡而后又被撤销死亡宣告的情形下，其遗产继承人依照遗嘱或法定继承的规定取得债权的，债权人可以要求返还。

2. 《民法典》第122条关于返还不当得利的规定

在司法实践中，当事人先以民间借贷合同关系提出诉讼，但生效法律文书认定其借款合同关系不成立并驳回其诉讼请求，当事人再以不当得利为由提出诉讼的，能否得到法院支持？此时，主要考查当事人取得财产是否具有法律依据。这里的法律依据包括合同依据。如果有关财产的取得既无合同依据，也无法律规定的依据，相关当事人可以要求返还；反之，如果存在其他法律关系或其他合同关系，则其要求返还的请求不能得到支持。

3. 借款合同无效或被撤销的，应当返还财产

根据《民法典》第157条的规定：借款合同无效或者被撤销，当事人依据借款合同取得的财产，应当予以返还。在返还财产的同时，如果当事人一方存在过错，给对方当事人造成损失，还应当承担损失赔偿责任。

4. 诉讼时效届满后，借款人自愿偿还的借款或支付的利息，不得要求返还

法律依据为《民法典》第192条的规定。在适用该法律条款时应注意：一是诉讼时效的抗辩权，二是请求返还财产权。

法律规定"诉讼时效期间届满后，义务人同意履行的，不得以诉讼时效期间届满为由抗辩"，此时并不以是否实际履行为要件。只要当事人是自愿履行的，对方当事人就可以要求承诺人履行偿还义务。

"义务人已经自愿履行的，不得请求返还"，意味着即使在诉讼时效期间届满后才履行债务的，也不得请求返还。

前述两种情形均是指债务人放弃了诉讼时效届满的抗辩权，放弃权利后不得再主张。

【案例174】

不当得利案

裁判书文号：重庆市第一中级人民法院（2017）渝01民终6707号民事判决书

判决书认定事实：

一审法院认为，不当得利法律关系是指，没有合法根据取得不当利益，造成他人损失引起的债之关系；其构成要件包括：一方受益、他方受损、损益间有因果关系但无法律上的依据。所谓法律上依据是指基于当事人之间的合法约定或者法律规定产生的受领及保有财产的依据；本案的争议焦点为该笔款项是否为不当得利所获取。原告在之前起诉的商品房买卖合同纠纷中主张其向被告汇款的300万元为购房款，因举示的证据不足该主张被一审法院判决驳回，遂诉至一审法院主张该款为不当得利，但在诉状中仍然陈述300万元为支付的购房款。可见原告两次诉讼的请求前后自相矛盾，若该款项为购房款则不构成不当得利。原告因其主张所汇款项300万元为购房款被法院驳回就变更主张被告获得该款项系不当得利，这是对不当得利的不正确理解，也即原告300万元为购房款的主张因举证不能被驳回，并不能直接推定这300万元即为不当得利。并且根据被告举示的证据，案外人霍××与原告××投资公司之间一直有资金往来，不排除该300万元系××投资公司支付给霍××的借款的合理怀疑。

二审法院认为，上诉人向被上诉人账户转入了300万元款项是事实。在另案中，上诉人主张该款项为向被上诉人支付的购房的款项，已被生效法律文书确认上诉人的该主张不成立。在本案中，被上诉人举示了证明上诉人与案外人霍××之间存在债权债务关系，而霍××与被上诉人之间存在合资合作关系的证据。被上诉人还举示了证明上诉人向被上诉人账户转入的该300万元被霍××认领为与被上诉人合资合作关系中投入的资金的证据。

同时，被上诉人还举示了证人证言，证实上诉人向被上诉人账户转入的300万元，为霍××对外融资的款项。上诉人主张该300万元为不当得利，则应当举示证据证明向特定的账户转入300万元，究竟是属于账户填写有误，还是不当操作等原因导致错误转账的行为。被上诉人始终认为收取该300万元有合理的来源和理由，而上诉人的现有证据不足以证明上诉人转入被上诉人账户的该300万元为不当得利。

作者简析

本案一审原告方先以商品房买卖合同纠纷起诉要求交付房屋并办理过户登记，被驳回后，又以不当得利为由请求返还"已经支付的购房款"，一、二审法院均认定不构成不当得利。

1. 一审法院认为不构成不当得利的理由

（1）原告在之前起诉的商品房买卖合同纠纷中主张其向被告汇款的300万元为购房款，因举示的证据不足该主张被一审法院判决驳回。原告遂诉至一审法院主张该款为不当得利，但在诉状中仍然陈述300万元为支付的购房款。可见原告两次诉讼的请求前后自相矛盾——若该款项为购房款则不构成不当得利。

（2）原告关于300万元为购房款的主张因举证不能被驳回，并不能直接推定这300万元即为不当得利。

（3）根据被告举示的证据，案外人霍××与原告××投资公司之间一直有资金往来，因此不排除该300万元系××投资公司支付给霍××的借款的合理怀疑。

2. 二审法院认为不构成不当得利的理由

被上诉人始终认为收取该300万元有合理的来源和理由。相关事实为：

（1）在另案中，上诉人主张该款项为向被上诉人支付的购房的款项，已被生效法律文书确认上诉人的该主张不成立。

（2）在本案中，被上诉人举示了证明上诉人与案外人霍××之间存在债权债务关系，而霍××与被上诉人之间存在合资合作关系的证据。

（3）被上诉人还举示了上诉人向被上诉人账户转入的该300万元被霍××认可为向被上诉人因合作关系的投资款的证据。

（4）被上诉人还举示了证人证言，证实上诉人向被上诉人账户转入的300万元是霍××以个人名义对外借款形成的款项。

上诉人的现有证据不足以证明上诉人转入被上诉人账户的该300万元为不当得利，其应当承担举证不能的法律后果。

（七）赔偿损失

相关规定

▼《民法典》

第583条 当事人一方不履行合同义务或者履行合同义务不符合约定的，在履行义务或者采取补救措施后，对方还有其他损失的，应当赔偿损失。

第584条 当事人一方不履行合同义务或者履行合同义务不符合约定，造成对方损失的，损失赔偿额应当相当于因违约所造成的损失，包括合同履行后可以获得的利益；但是，不得超过违约一方订立合同时预见到或者应当预见到的因违约可能造成的损失。

【重点难点提示】

赔偿损失责任中的损失，包括违反预约合同的损失、恶意磋商的损失、违约损失、解除合同的损失等。赔偿损失的违约责任有以下几点应予注意。

1. 损失与违约金不同

违约金是双方约定的具有一定惩罚性质的金额。违约金的适用有三种情形：（1）对违约行为的惩罚；（2）对守约方经济损失的补偿；（3）既是对违约行为的惩罚，又是对守约方经济损失的补偿。

对第（1）种情形，无论是否给守约方造成了实际损失，均可成立。第（2）种情形下违约金则是对守约方经济损失的补偿。但无论是惩罚性违约金，还是补偿性违约金，均要与实际损失相适应。《民法典》第585条规定了可以请求调整的违约金，就可以理解为惩罚或补偿要适度，不能过分高于实际损失。

2. 主张赔偿损失要承担举证责任

笔者认为，损失是指因一方的违约行为导致另一方实际支出的增加，或者是可得利益的减少。前者增加了负担，后者减少了收益。

对于增加了负担的损失，要举示实际承担损失的事实依据。比如，因原告方的错误保全冻结了银行账户，致使用于生产经营的流动资金受到影响，被保全方不得已向第三方进行融资，因融资产生的利息支出减去保全账户所产生的存款利息收入，便为实际损失。

对于收益减少的损失，同样要承担举证责任。要能够计算出实现合同目的可以取得的收益。这里的收益应当是净收益，而不是全部收入。因为取得全部收入时当事人同样要花费成本费用，其成本费用包含税金等应当从中扣除。

3. 对《民法典》第584条规定的可得利益的理解和适用

《民法典》第584条规定损失"包括合同履行后可以获得的利益"，但是，不得超过违约一方订立合同时预见到或者应当预见到的因违约可能造成的损失。笔者认为，对于该项规定的适用条件，应当准确把握。既然法律条文规定为可以包括"合同履行后可以获得的利益"，那么如果合同被实际履行，一般情形下其可得利益已经获取，就显然不在损失的计算范围内。但是，如果迟延履行义务造成守约方可得利益减少，其利益减少的损失应当由违约方承担。如果合同未实际履行，守约方未取得"合同履行后可以获得的利益"是必然的。所以，该条法律规定只有在全部合同目的未实现（如解除合同、合同终止履行），或者部分合同目的未实现（如履行了一部分，实际履行的部分不存在损失的计算）时才能够适用。如果对所有违约行为都计算其收益损失,则可能存在重复主张权利的问题。

4. 关于《民法典》第 591 条规定的扩大损失问题

当对方当事人存在违约行为时,守约方有采取措施防止损失扩大的义务,否则,不能就扩大的损失请求赔偿。这里要求守约方采取的措施,应当具有合理性。如果守约方不能预见到损失将要产生,也就失去了采取合理措施的合理性,要求其承担违约损失也就失去了合法性。

二、其他具体违约责任

(一) 合同缔结过错责任

1. 关于预约合同的违约责任

【相关规定】

▼《民法典》

第 495 条　当事人约定在将来一定期限内订立合同的认购书、订购书、预订书等,构成预约合同。

当事人一方不履行预约合同约定的订立合同义务的,对方可以请求其承担预约合同的违约责任。

第 591 条　当事人一方违约后,对方应当采取适当措施防止损失的扩大;没有采取适当措施致使损失扩大的,不得就扩大的损失请求赔偿。

当事人因防止损失扩大而支出的合理费用,由违约方负担。

【重点难点提示】

(1) 关于预约合同的违约责任,应当限于预约合同约定的违约行为所产生的违约责任,主要包括:

1) 合同约定了违约金的,按照合同约定的违约金计算。

2) 合同约定了保证金的,按照实际交纳的保证金计算。

3) 合同约定了定金的,按照实际交纳的定金计算。

(2) 预约合同的损失不应当包括"实现合同目的所实现的收益"。

其理由是:在签订预约合同阶段,是否需要签订正式的借款合同,尚处于不确定阶段。因此,预约合同的损失不能包括借款合同的目的实现后应当取得的收益。

比如为了参与某项目的招投标需要融资而签订的预约合同。在预约合同中约定的签订借款合同的条件是乙方取得中标通知书。在取得中标通知书以前,甲方反悔的,构成预约合同的违约。此时,造成的损失应当指乙方参与招投标所产生的损失,而不应当包括中标后签订施工合同后产生的收益。中标后签订施工合同后产生的收益属于另外的合同关系。在取得中标通知书后,甲方违约不愿意与乙方签订正式的借款合同时,甲方承担的违约责任也是限于乙方基于另行融资所增加的费用而产生的实际损失,而不应当包括签订借款合同后所能产生的收益。影响签订借款合同后所能产生的收益的因素较多,要明确区分直接原因和间接原因,可能存在难度。因此,将其界定为因此而增加的融资成本是比较科学的。

(3) 签订预约合同的当事人仍然负有防止损失扩大的义务。

如果一方违约,另一方未采取措施防止损失,就扩大的损失其无权要求赔偿。但是,当事人因防止损失扩大而支出的合理费用,应当由违约方负担。

2. 关于恶意磋商等违约责任

相关规定

▼《民法典》

第500条 当事人在订立合同过程中有下列情形之一,造成对方损失的,应当承担赔偿责任:

(一) 假借订立合同,恶意进行磋商;

(二) 故意隐瞒与订立合同有关的重要事实或者提供虚假情况;

(三) 有其他违背诚信原则的行为。

【重点难点提示】

关于恶意磋商所造成的损失,一般在合同中并无约定,因此,只能适用赔偿损失的违约责任。在司法实践中,对于恶意磋商,在确认权利主张时存在一定难度,主要原因:一是关于恶意磋商的证据难以收集,二是对于损害后果难以界定。

尽管如此,在实践中还是可以采取一些积极预防措施,防止损失的产生。比如,在整个商业谈判过程中,要做好对谈判过程中所产生的证据如音像资料、文字资料的收集与保管。当谈判不成功时,一方面要分析是否存在恶意磋商的情节;另一方面,要注意对相关信息的收集。比如,当甲得知乙要向丙借款,甲也需要资金,于是,甲向乙说,他可以提供借款,然后与其进入反复的谈判环节。其间,甲与丙进行秘密接触,并成功签订了借款合同,致使乙向丙借款的目的落空。对此,乙如果掌握了有关证据,可以要求甲承担相关损失。

(二) 关于合同无效或被撤销的民事责任

相关规定

▼《民法典》

第157条 民事法律行为无效、被撤销或者确定不发生效力后,行为人因该行为取得的财产,应当予以返还;不能返还或者没有必要返还的,应当折价补偿。有过错的一方应当赔偿对方由此所受到的损失;各方都有过错的,应当各自承担相应的责任。法律另有规定的，依照其规定。

▼《2020民间借贷司法解释》

第13条 具有下列情形之一的，人民法院应当认定民间借贷合同无效：

（一）套取金融机构贷款转贷的；

（二）以向其他营利法人借贷、向本单位职工集资，或者以向公众非法吸收存款等方式取得的资金转贷的；

（三）未依法取得放贷资格的出借人，以营利为目的向社会不特定对象提供借款的；

（四）出借人事先知道或者应当知道借款人借款用于违法犯罪活动仍然提供借款的；

（五）违反法律、行政法规强制性规定的；

（六）违背公序良俗的。

【重点难点提示】

对于民间借贷纠纷，因合同无效或被撤销，行为人应承担的责任主要有：（1）返还财产；（2）赔偿损失。

当事人在主张赔偿损失时，应当注意：

一是应当依照过错原则承担损失赔偿责任。对此，应当收集并举示对方当事人有过错责任的证据，同时要收集好造成实际损失的证据。

二是因合同无效或被撤销所造成的损失，不应当包括实现合同目的所能获取的收益。理由是：赔偿实现合同目的所能获取的收益的损失是基于有效合同所作出的规定。合同无效或被撤销的，双方均失去了履行合同义务的基础，因此，不会产生实现合同目的的收益。

（三）中止履行合同义务的违约责任

相关规定

▼《民法典》

第525条 当事人互负债务，没有先后履行顺序的，应当同时履行。一方在对方履行之前有权拒绝其履行请求。一方在对方履行债务不符合约定时，有权拒绝其相应的履行请求。

第526条 当事人互负债务，有先后履行顺序，应当先履行债务一方未履行的，后履行一方有权拒绝其履行请求。先履行一方履行债务不符合约定的，后履行一方有权拒绝其相应的履行请求。

第527条 应当先履行债务的当事人，有确切证据证明对方有下列情形之一的，可以中止履行：

（一）经营状况严重恶化；

（二）转移财产、抽逃资金，以逃避债务；

（三）丧失商业信誉；

（四）有丧失或者可能丧失履行债务能力的其他情形。

当事人没有确切证据中止履行的，应当承担违约责任。

【重点难点提示】

根据《民法典》第527条的规定，对方当事人有丧失履行能力的四种情形之一的，当事人一方可以宣布中止履行合同义务，但是，后者必须有确切证据。言下之意，没有确切证据而擅自中止履行，给对方造成损失的，应当承担赔偿责任。

对于《民法典》第525条、第526条规定的情形，虽然没有明确规定可以中止履行，但如果有对方拒绝履行或丧失履行能力的情况，当事人也可以宣布中止履行合同义务。也就是说，既然法条中规定可以拒绝履行义务，其自然包括中止履行的含义在内。理由是：当对方当事人履行义务后，拒绝履行一方应当恢复履行。但是，这两条法律规定与第527条规定不同的是，中止履行并非拒绝履行的前置条件。相应地，当事人也没有中止履行的通知义务。当然，本着诚信原则，决定中止履行的，还是及时履行通知义务为好，这样可以减少纠纷。

《民法典》第525条和第526条的规定，与第527条规定的不同点还有，在收集证据方面：第527条规定收集的是不能履行即丧失履约能力方面的证据，而第525条和第526条的规定，是收集未履行的证据。收集未履行的证据显然容易得多。

对于违约责任，针对《民法典》第525条和第526条的规定，如果对方当事人履行了合同义务，当事人一方也应当履行相应的义务，否则，给对方当事人造成损失的，同样要承担赔偿责任。

第五章

债的担保

第一节 保证担保（信用担保）

一、保证合同

相关规定

▼《民法典》

第684条 保证合同的内容一般包括被保证的主债权的种类、数额，债务人履行债务的期限，保证的方式、范围和期间等条款。

第685条 保证合同可以是单独订立的书面合同，也可以是主债权债务合同中的保证条款。

第三人单方以书面形式向债权人作出保证，债权人接收且未提出异议的，保证合同成立。

【重点难点提示】

（一）被保证的债权金额与主债权金额不一定相同

虽然法律规定保证合同包括被保证的主债权的种类、数额，债务人履行债务的期限，保证的方式、范围和期间等条款，但被保证的债权金额与主债权金额不一定相同，可以是主债权金额的全部，也可以是其中一部分。具体到民间借贷合同，可以只对借款本金或利息的全部或部分提供保证，也可以只对某一期间内发生的本金及利息提供保证。

（二）合同中，应对一般保证或连带责任保证进行准确约定

简而言之，一般保证属于补充责任保证，连带责任保证的保证人类似于共同借款人。当事人既可以只要求借款人承担还款责任，也可以直接要求连带责任保证的保证人承担责任。

二、保证期间

> 相关规定

▼《民法典》

第 692 条 保证期间是确定保证人承担保证责任的期间,不发生中止、中断和延长。

债权人与保证人可以约定保证期间,但是约定的保证期间早于主债务履行期限或者与主债务履行期限同时届满的,视为没有约定;没有约定或者约定不明确的,保证期间为主债务履行期限届满之日起六个月。

债权人与债务人对主债务履行期限没有约定或者约定不明确的,保证期间自债权人请求债务人履行债务的宽限期届满之日起计算。

第 693 条 一般保证的债权人未在保证期间对债务人提起诉讼或者申请仲裁的,保证人不再承担保证责任。

连带责任保证的债权人未在保证期间请求保证人承担保证责任的,保证人不再承担保证责任。

【重点难点提示】

(一) 一般保证的保证期间如何确定

一般保证的权利期限为担保合同约定的保证期间。在未约定保证期间的情形下,一般保证的保证期间为主债务履行期限届满之日起 6 个月。在此期间,债权人未对债务人提起诉讼或者申请仲裁的,保证人免除保证责任。

(二) 连带责任保证的保证期间如何确定

连带责任保证人的担保责任起于主债务的借款人产生还款义务之日,止于合同约定的保证期间届满之日;未约定保证期间的,担保责任自主债务履行期届满之日起 6 个月止。

在连带责任保证方式中,没有经起诉或仲裁会引起诉讼时效中断的规定。也就是说,只要在双方约定的保证期间内,或者法定的 6 个月保证期间内,债权人未要求保证人承担保证责任的,保证人免除保证责任。

(三) 保证期间经过的法律后果

原则上,债权人未在保证期间内请求保证人承担保证责任的,保证责任被免除。

(1) 一般保证的债权人未在保证期间对债务人提起诉讼或者申请仲裁的,保证人不再承担保证责任。

(2) 连带责任保证的债权人未在保证期间请求保证人承担保证责任的,保证人不再承担保证责任。

【最高人民法院指导性意见】

对保证期间是否经过的案件事实,人民法院应依职权主动审查。不应仅因保证人未主动提出保证期间经过的抗辩，而对保证期间是否经过的事实不予审查，并直接认定保证人应当就已超过保证期间的债务承担保证责任。①

【案例175】

人民法院应当依职权主动审查保证期间是否经过的案件事实

裁定书认定事实②：

本案是甲乙之间存在3000万元的民间借贷，丙公司为其提供连带责任担保的纠纷案。一审、二审均认定丙公司应当承担担保责任。丙公司不服，以超过保证责任期间为由提出申诉。

再审审查法院认为，保证期间是否经过，属于案件的基本事实。虽然丙公司在一审、二审过程中，并未明确提出保证期间已经经过的抗辩，但法院仍应依职权对该事实予以审查。一审、二审法院均未对保证期间是否经过的事实予以审查，即认定丙公司应对本案借款承担连带清偿责任，属于《民事诉讼法》（2012年）第200条第2项规定的认定基本事实缺乏证据证明的情况，故裁定再审本案。

法官论述

首先，《担保法》第26条规定：连带责任保证的保证人与债权人未约定保证期间的，债权人有权自主债务履行期届满之日起6个月内要求保证人承担保证责任。在合同约定的保证期间和前款规定的保证期间，债权人未要求保证人承担保证责任的，保证人免除保证责任……保证期间经过后，债权人要求保证人履行保证责任的请求权基础即告丧失……在债权人诉请保证人承担保证责任的情况下，法院应当对该请求的请求权基础是否存在予以审查，以作出正确裁判。从这个角度看，保证期间是否经过，属于案件基本事实，法院应当主动予以审查，而不应因保证人未提出相应抗辩而免于审查。

其次，《担保法司法解释》第31条规定："保证期间不因任何事由发生中断、中止、延长的法律后果。"最高人民法院在制定该解释过程中的意见认为，保证期间在性质应属于除斥期间，因而不适用中断、中止、延长的规定。从除斥期间的适用上看，其应当属于法院依职权予以审查的事项，而不属于依当事人抗辩审查的事项。

最后，从保证人的责任特点看，保证责任不同于一般民事责任，实际上保证人是为了其他人而承担责任，在债权人、保证人与债务人之间形成的三者关系中，保证人通常所承担的是单务、无偿的法律责任，并不享有要求对方对待给付的请求权。因此，法律有必要设定一段特殊的不变期间加以限制，以解决仅适用诉讼时效可能出现的问题，防止保证人

---

① 沈丹丹.对保证期间是否经过的案件事实，人民法院应依职权主动审查//最高人民法院民一庭.民事审判指导与参考：2015年第3辑（总第63辑）.北京：人民法院出版社，2015：553.

② 同①.

无限期地承担保证责任。[1]

~~~ 作者简析 ~~~

保证期间是否经过，属于案件的基本事实。在诉讼中，无论保证人是否提出抗辩，审判人员均应当进行主动审查。

【案例 176】

保证期间已经过，保证人与债权人又形成新的保证合同关系

裁判文书：最高人民法院（2007）民二终字第 86 号民事判决书

判决书认定事实：

2002 年 7 月 8 日××银行、中×公司和珠×公司三方签订的"会谈纪要"确立的珠×公司的保证责任认定是本案各方当事人争议的焦点。根据一审查明的事实，上述"会谈纪要"签订时，（00）字第 058 号保证合同约定的 2 年保证期间已过，保证人珠×公司已经免除担保责任。但在 2002 年 7 月 8 日××银行与中×公司、珠×公司三方会谈中，珠×公司明确表示同意承担（00）字第 058 号保证合同项下的担保责任，不同意承担（00）中营信保字第 001 号保证合同项下保证责任。××银行亦明确表示，鉴于（00）中营信保字第 001 号保证合同系历史遗留问题，如保证人珠×公司履行了（00）字第 058 号保证合同项下的担保责任，××银行可以不再要求其履行（00）中营信保字第 001 号保证合同项下保证责任。据此，××银行与珠×公司已就珠×公司继续承担（00）字第 058 号保证合同项下的担保责任达成新的合意，符合合同法与担保法中有关合同成立的法律规定，双方形成了新的保证合同法律关系。因此，原审关于双方构成新的保证合同关系的认定正确，本院予以维持。

本案各方虽就继续承担（00）字第 058 号保证合同项下担保责任进行了约定，但对担保方式和保证期间并未具体明确。原审法院将（00）字第 058 号保证合同的保证期间作为新的保证合同的保证期间的认定错误，本院予以纠正。

~~~ 作者简析 ~~~

1. 如何认定形成了新的保证合同关系

本案的裁判观点是，保证期间超过，证明双方的保证合同关系已经终止，保证人的"同意"即继续承担保证责任的意思表示，构成了新的保证合同关系，而无论是否签订新的保证合同。

2. 新的保证合同关系中保证期间如何认定的问题

在案例中，虽然保证人愿意继续承担保证责任，但三方签订的"会谈纪要"中并未明

---

[1] 沈丹丹．对保证期间是否经过的案件事实，人民法院应依职权主动审查//最高人民法院民一庭．民事审判指导与参考：2015 年第 3 辑（总第 63 辑）．北京：人民法院出版社，2015：553.

确保证期间。对此，原一审法院认定，应当以原合同约定的保证期间为准。最高人民法院则认为，不能适用原保证合同中的保证期间，应当以保证期间约定不明为由，将主债务履行期限届满之后6个月确定为保证期间。

3. 在实践中，仅在要求承担保证责任的通知书中签字，未明确表示愿意承担保证责任的，不应当认定为形成了新的保证合同关系

《民法典担保制度司法解释》第34条规定："债权人在保证期间内未依法行使权利的，保证责任消灭。保证责任消灭后，债权人书面通知保证人要求承担保证责任，保证人在通知书上签字、盖章或者按指印，债权人请求保证人继续承担保证责任的，人民法院不予支持，但是债权人有证据证明成立了新的保证合同的除外。"区分是否形成了新的保证合同关系，其要点是保证人是否作出了愿意继续承担保证责任的意思表示。

4. 应注意对保证合同的变更与成立了新的合同关系的区别

由于上述司法解释规定"债权人在保证期间内未依法行使权利的，保证责任消灭"，如果是在保证期间届满之后作出的愿意继续承担保证责任的意思表示，应当认定为成立了新的保证合同关系；如果是在保证期间届满前，就保证期间由定期约定为不定期，或者由不定期约定为定期，则应当视为合同的变更。

【案例177】
保证人在保证期间内支付了债务利息，无权再以保证期间经过为由，要求免除保证责任

裁判文书：最高人民法院（2016）最高法民申621号民事裁定书

裁定书认定事实：

结合上述对余×铨行为性质的认定，余×铨在借款后至2013年2月5日持续从自己的账户向债权人高×、董×支付利息的行为，应当认定为××房产公司在自动履行保证义务。××房产公司的自动履行行为业已为债权人高×、董×所接受，实际上已经达到了债权人在保证期间内要求保证人承担保证责任的法律效果。在此情况下，债务持续履行行为本身就足以表明债权人要求保证人承担保证责任，债权人有无口头或书面表示形式，并非所问。《担保法司法解释》第34条第2款规定："连带责任保证的债权人在保证期间届满前要求保证人承担保证责任的，从债权人要求保证人承担保证责任之日起，开始计算保证合同的诉讼时效。"鉴于当事人在法定保证期间届满后仍持续履行债务，诉讼时效应适用《民法通则》第137条的规定，从××房产公司最后一次支付利息时间即2013年2月5日起计算诉讼时效。本案主债务届满之日为2011年7月18日，其后六个月即为2012年1月18日。即便依照上述司法解释，诉讼时效也应当是在2012年1月18日前，××房产公司最后一次支付利息之日起算，即不可能早于2011年7月18日。因此，高×、董×于2013年5月6日提起诉讼，要求保证人承担保证责任并未超过二年诉讼时效。

~~~ 作者简析 ~~~

保证人在保证期间经过后又支付借款利息，该项实际履行行为证明保证人作出了愿意继续承担保证责任的意思表示，此时，应当视为成立了新的保证合同关系。之后，保证人又以原合同约定的保证期间经过为由提出抗辩，属于反悔。原合同的保证期间已经经过，但新的保证合同的保证期间（包括约定不明的情形）并没有经过，故此项抗辩不应得到支持。

【案例178】

主债务履行期限没有约定或约定不明的，保证期间自债权人要求债务人履行义务的宽限期届满之日起计算

裁判文书：最高人民法院（2017）最高法民申1625号民事裁定书

裁定书认定事实：

2009年9月1日，洪3向洪1出具一张"借条"，内容为"今向洪1借来人民币叁百万元正，利息按25‰计算"。在洪3签名落款的下方，洪2作为担保人签字；同时，"借条"下方还书写了"由洪2转来"的字样。2010年、2011年、2012年，洪3分三次向洪1还款148.5万元。2011年2月10日，泉州仲裁委员会审理（2011）泉仲字129号案件（申请人为洪2，被申请人为洪3）制作的"调解笔录"载明："洪2认可2009年1月1日，洪2与洪3结算，洪3欠款530万元；洪3偿还30万元后，还欠500万元；洪3于2009年9月1日替洪2偿还洪1一笔欠款300万元，还欠200万元；还洪1 300万元有利息约定，月息2.5％"。2013年8月28日，洪1以洪3、洪2等为被告向人民法院提起诉讼，请求判令偿还借款300万元并支付利息241.5万元。原判决在"借条"没有约定债务履行期限的情况下，依照《合同法》第62条关于"当事人就有关合同内容约定不明确，依照本法第六十一条的规定仍不能确定的，适用下列规定：……（四）履行期限不明确的，债务人可以随时履行，债权人也可以随时要求履行，但应当给对方必要的准备时间"的规定，以洪1向人民法院提起诉讼的日期认定为洪3的债务履行期，并在此基础上依照《担保法司法解释》第33条关于"主合同对主债务履行期限没有约定或者约定不明的，保证期间自债权人要求债务人履行义务的宽限期届满之日起计算"的规定，认定洪2的保证期间应当从2013年8月28日起算，洪2的保证期间未过，不存在缺乏证据证明的问题。

~~~ 作者简析 ~~~

本案的争议焦点是对债务履行期届满之日如何确定。在实践中，当事人提出诉讼之日，只表明债权人向债务人提出了履行债务的请求，依据法律规定，应当给予债务人适当的宽限期。宽限期届满之日才是债务履行期限届满之日，也就是保证期间开始计算之日。

【案例 179】

最高额保证合同对保证期间约定不明的，应从债权决算之日开始计算保证期间

裁判文书：最高人民法院（2017）最高法民申 2599 号民事裁定书

裁定书认定事实：

本案一、二审中，各方当事人对本案借款事实及最高额保证性质均无异议，各方争议在于央×公司的保证期间如何认定。本院认为，根据《担保法司法解释》第 32 条的规定，"借款协议"中"担保责任至乙方履行完还款义务时终止"不是一个确定的时间点，此约定属于"视为保证期间约定不明"的情形。根据《担保法司法解释》第 37 条的规定，最高额保证合同对保证期间约定不明的，如最高额保证合同约定有保证人清偿债务期限的，保证期间为清偿期限届满之日起 6 个月；没有约定债务清偿期限的，保证期间自最高额保证终止之日或自债权人收到保证人终止保证合同的书面通知到达之日起 6 个月。本案中，央×公司与郭×、科×公司在"借款协议"中，约定了科×公司"每次借款期限不超过 180 天，协议有效期限自 2013 年 1 月 4 日至 2014 年 1 月 3 日"，但未约定保证人央×公司清偿保证债务的期限，亦不存在债权人收到保证人终止保证合同书面通知的情形，故保证期间应自最高额保证终止之日起 6 个月。郭×主张只有在主合同没有约定债务履行期限，保证合同也没有约定保证履行期限的情况下，才能适用《担保法司法解释》第 37 条。但该主张欠缺法律依据。从《担保法司法解释》第 37 条条文的文意解释看，在最高额保证合同中保证期间约定不明的情况下，它针对"约定有保证人清偿债务期限的"与"没有约定债务清偿期限的"两种情形作出了规定，并未涉及主合同是否约定债务履行期限的问题，郭×作出扩大解释的依据不足。故二审认定本案应适用《担保法司法解释》第 37 条，适用法律正确。

关于对"保证终止之日"的确定，最高额保证较之普通保证具有一定的特殊性，是保证人为债权人在一定期间内连续发生的借款合同提供的保证，只要债权人和债务人在保证合同约定的债权额限度内进行交易，保证人则依法承担保证责任。本案中，双方约定"借款协议"的有效期限自 2013 年 1 月 4 日至 2014 年 1 月 3 日，同时约定每次借款不超过 180 天，据此，2014 年 1 月 3 日为最后借款日，此日期之后的 180 天即 2014 年 7 月 3 日应为债权额的决算日。因债权人与保证人没有约定保证期间，也未在最高额保证存续期间协议终止保证合同，故债权决算日即为保证终止之日。对此，二审的认定亦无不妥。

~~~ 作者简析 ~~~

1. 关于保证期间约定不明的认定

保证合同中约定的"担保责任至乙方履行完还款义务时终止"不是一个确定的时间点，此约定属于"视为保证期间约定不明"的情形。

2. 债权确定之日是保证期间起算之日

本案以债权决算日作为保证终止之日,其相关情形为:一是双方未约定保证期间,二是债权人也未收到保证人终止保证合同的书面通知。其中,"债权决算日",在《民法典担保制度司法解释》第30条和《民法典》第423条中被规定为"债权确定之日"。因此,保证期间应当从债权确定之日开始计算。债权确定之日包括《民法典》第423条规定的六种情形。

【案例180】

保证期间究竟是从保证合同生效之日起计算,还是自履行期限届满之日起算

裁判文书:最高人民法院(2017)最高法民申2839号民事裁定书

裁定书认定事实:

关于××陵园公司是否应对诉称的1 370万元承担偿还责任的问题。2014年3月1日××陵园公司出具的"担保承诺书"上明确载明"本公司愿意为梁×华2013年11月15日向徐×借款人民币壹仟叁佰柒拾万元正本金及利息和为收回该笔借款债务所产生的相关费用提供连带担保责任。保证2014年12月底前全额偿还债务",并加盖××陵园公司印章,同时梁×华签字。因案涉担保提供之时,××陵园公司的股东为梁×华及其女梁×,故可认定××陵园公司为梁×华债务提供担保的意思表示明确。关于徐×于2015年5月提起诉讼要求××陵园公司承担保证责任,是否超过保证期间的问题,本案中××陵园公司提供的是连带责任保证,根据《担保法》第26条的规定,连带责任保证的保证人与债权人未约定保证期间的,债权人有权自主债务履行期届满之日起6个月内要求保证人承担保证责任。由于××陵园公司作出承诺时主债务已到期,保证期间本应自保证人作出承诺时起算,但由于承诺中载明"保证2014年12月底前全额偿还债务",该期限应视为保证人清偿债务的期限,故原审关于本案保证期间应自2015年1月1日至2015年6月30日,徐×起诉时尚未超过保证期间的认定正确。但原审关于主债务到期后,保证人作出的保证承诺是对到期债务偿还责任的承诺,而非一般意义上的提供担保,以及上述保证人和债权人约定的保证人债务清偿期限应认定为债权人和债务人对还款期限延长的裁判理由,与当事人的约定不符,且缺乏法律依据,本院予以纠正。

~~~ 作者简析 ~~~

1. 保证合同中载明了保证人债务清偿期限的,以期限届满之日起计算保证期间

根据最高人民法院的认定,在主债务已到期的情形中,保证期间本应自保证人作出承诺时起算,但由于承诺中载明了保证人清偿债务的期限,应从该期限届满之日起计算保证期间。

2. 债权人和保证人约定的债务清偿期限,对债务人是否具有法律上的约束力

有无约束力,应当根据具体情形进行判断。债权人和保证人约定的债务清偿期限,如

果未经过债务人同意,不能视为对借款期限进行了变更。此时,借款合同的期限不变。因保证合同是借款合同的从合同,主合同未变更的,从合同也未发生变更,此时对从合同约定的债务履行期限,应认定为具有条件的合同。因主合同未发生变更,证明从合同的条件未成就,而且关于保证期间的起算日,法律规定为债务履行期限届满之日,因此,未经过债务人同意的保证人债务清偿期限约定不产生保证期间发生变更的法律后果。

本案原审认为其约定对债务人具有约束力。最高人民法院认为,原审法院关于主债务到期后,保证人和债权人约定的保证人债务清偿期限应认定为债权人和债务人对还款期限延长的认定是错误的,应予纠正。

【案例181】

当事人约定"保证人愿对债务承担无限连带责任"的,保证期间系"约定不明"

裁判文书:最高人民法院(2017)最高法民终847号民事判决书

判决书认定事实:

关于第三个争议焦点,即赵×是否应承担保证责任及如何承担保证责任的问题。首先,关于保证期间是否已经届满,对于保证期间的约定究竟是约定不明从而视为2年还是视为无约定从而为6个月的问题。"借款协议"第7条约定"保证人赵×自愿为本合同的甲方(×房产公司)提供担保,若甲方不能按本合同约定履行义务,保证人愿为×房产公司承担无限连带责任"。此处的"连带"责任明确了保证人赵×在该"借款协议"中承担责任的方式,因此"无限"约定的是保证期间,这确属对保证期间约定不明的情形。一审判决根据《担保法司法解释》第32条第2款关于"保证合同约定保证人承担保证责任直至主债务本息还清时为止等类似内容的,视为约定不明,保证期间为主债务履行期届满之日起二年"的规定,认定赵×承担保证责任的期间为2年,是正确的。

~~~ 作者简析 ~~~

在保证合同中仅约定"保证人愿对债务承担无限连带责任",未约定保证期间,属于保证期间约定不明。此时,根据《民法典》第692条第3款的规定,保证期间自债权人请求债务人履行债务的宽限期届满之日起计算。

【案例182】

债权转让后的保证合同关系及保证期间的认定

裁判文书:最高人民法院(2014)民提字第220号民事判决书

判决书认定事实:

辛×化工公司是否与债权人签订了新的保证合同,是否应承担保证责任?2000年6月20日,中国××银行河北省分行、华×公司、汽缸盖厂和河北辛×钡盐集团有限责任公司(辛×化工公司的前身)签订了"债权转让协议",约定:"以保证方式提供担保的,担保人承诺向华×公司继续履行原保证合同项下的保证义务。"上述约定表明，在债权转让后，辛×化工公司与新债权人华×公司对转让后的债务重新达成担保合意，成立新的保证合同，辛×化工公司同意向转让后的债权人承担担保责任。该债权转让协议未约定保证期间，根据《担保法》第26条关于"连带责任保证的保证人与债权人未约定保证期间的，债权人有权自主债务履行期届满之日起六个月内要求保证人承担保证责任"的规定，在新的保证合同没有约定保证期间的情形下，该保证期间为主债务履行期届满之日起6个月。因债权人未在前述6个月的保证期间内向保证人主张权利，故辛×化工公司应免除保证责任。

另，2004年6月20日，辛×化工公司给华×公司回函称，其在收到催款通知书后积极与华×公司联系协商此笔担保事宜，其已无力承担担保责任。上述回函所载内容仅系辛×化工公司对其能否履行担保债务的说明，并不能认定其与华×公司之间就保证期间已过的债务又订立了新的保证合同。因此，亚×公司关于辛×化工公司与债权人又签订了新的保证合同、应承担保证责任的再审申请理由不能成立，本院不予支持。

≋ 作者简析 ≋

1. 主债权转让后，保证人是否应当继续承担保证责任

债权转让只是债权的权利主体发生了变更，并不影响债务人应当履行的偿还义务。而保证人的法律责任实质上是代替债务人向债权人履行债务。在此情形下，保证人仍然应当承担保证责任。根据法律规定，债权转让对债务人产生法律效力的前提是债权人履行了通知义务。同理，债权人也应当对保证人履行通知义务。如果是债务转让，则应当取得担保人的书面同意，否则，担保人对转移的债务不再承担相应的担保责任。

当事人可以在保证合同中约定不得转让债权，债权人未经保证人书面同意转让债权的，保证人不再承担保证责任。该约定内容并不违反法律强制性规定，且是当事人真实意思表示，应当得到支持。

2. 案例中的回函是否可以被认定为形成了新的保证合同关系

该回函实际上是对履行担保义务的能力所作的说明，其核心内容是拒绝承担保证责任，并无成立新的保证合同的意思表示。因此，不能认定形成了新的保证合同关系。

【案例183】

共同担保中担保人之间的追偿权是否适用保证期间的规定

裁判文书：最高人民法院（2017）最高法民再137号民事判决书

判决书认定事实：

本案是否适用保证期间问题。×制气公司与顾×之间并非保证担保关系，而是混合担保中担保人之间的追偿法律关系，故保证期间在二者之间并不适用。

≋ 作者简析 ≋

在混合担保中，各担保人之间不存在相互担保的法律关系，不适用保证期间的规定，

应当适用普通诉讼时效的规定。

【案例184】

提前收贷，保证期间应如何计算

裁判文书：最高人民法院（2016）最高法民终40号民事判决书

判决书认定事实：

是否提前收回贷款系乾×支行（注：债权人）的权利，即便发生有权收回贷款的情形且乾×支行应当知道该情形，究竟何时决定提前收回的权利亦在乾×支行；只有当乾×支行决定提前收回并通知×机械公司（注：债务人）之时，本案债权的诉讼时效才开始计算，保证期间亦随之开始计算。本案中2014年11月17日乾×支行向×机械公司第一次发出"提前收回贷款本息通知书"，通知提前收回0022号"流动资金借款合同"项下贷款，从此日开始至乾×支行于2015年2月28日提起本案诉讼，并未超过两年诉讼时效。故××集团公司（注：保证人）、××实业公司（注：保证人）关于乾×支行未在两年保证期间内要求保证人承担保证责任，因而保证人依法应当免除保证责任的主张，不能成立。

≈≈≈ 作者简析 ≈≈≈

关于提前收贷的保证期间如何计算的问题，最高人民法院认定：决定提前收贷是债权人的权利。只有当债权人行使该项权利时，诉讼时效及保证期间才开始计算。该认定具有借鉴意义。

案例中关于二年的规定已经失效，不再适用，下同。

【案例185】

保证合同无效，合同约定的保证期间对当事人仍有约束力

裁判文书：最高人民法院（2017）最高法民申3769号民事裁定书

裁定书认定事实：

由于白银市××管理处为无经营性收益的事业单位，其为但×的借款提供保证担保的行为应属无效。即使保证合同无效，合同约定的保证期间仍对当事人有约束力，债权人在保证期间内没有向保证人主张权利的，保证人不再承担无效保证的赔偿责任。由于××家居公司并未在保证期间内向白银市××管理处主张权利，故白银市××管理处对无效保证的赔偿责任相应免除。因此，原判决这一认定并不存在法律适用错误的问题。

≈≈≈ 作者简析 ≈≈≈

保证合同无效，合同约定的保证期间仍对当事人有约束力，债权人在保证期间内未向保证人主张权利的，保证人不再承担无效保证的赔偿责任。

【案例186】

反担保人的保证期间应当从担保人实际承担担保责任之日起计算

裁判文书：最高人民法院（2013）民申字第1578号民事裁定书

裁定书认定事实：

反担保是为了保障保证人承担担保责任后实现对债务人的追偿权而设定的担保，反担保责任的承担应以保证人已承担担保责任为前提。主合同的保证期间与反担保的保证期间二者适用的起算规则不同，反担保的保证期间应当从保证人实际承担了担保责任之日起计算。××公司于2011年11月17日前代偿本案所涉借款。故本案反担保责任的保证期间应从该日起计算。

≋≋≋ 作者简析 ≋≋≋

1. 反担保的保证期间应如何计算

反担保是为了保障保证人承担担保责任后实现对债务人的追偿权而设定的担保，而保证人取得追偿权应以保证人承担了担保责任为前提，故反担保的保证期间应当从保证人实际承担了担保责任之日起计算。

2. 反担保合同对担保期间未约定的，应适用法定期间

具体见《民法典》第692条第2款的规定。

三、一般保证的先诉抗辩权

【相关规定】

▼《民法典》

第693条第1款　一般保证的债权人未在保证期间对债务人提起诉讼或者申请仲裁的，保证人不再承担保证责任。

【重点难点提示】

法条中的诉讼或仲裁包含以下含义：

（1）在保证期间内，债权人已经对债务人提起了诉讼或者申请了仲裁；

（2）通过诉讼或仲裁，债权人取得了胜诉的生效法律文书；

（3）债权人凭生效的法律文书向人民法院申请了强制执行；

（4）人民法院因无法全部或部分执行作出了终结执行裁定书。

在司法实践中，即使债权人同时起诉债务人和一般保证人，生效法律文书也必须载明："保证人仅在债务人不能履行的债务范围内承担保证责任。"

【权威观点】

对于立法和司法解释所使用的"可以"和"应当"在理解和适用上产生了极度的混

乱，已经脱离曾经确定的"应当即为必须""可以即是选择"的基本概念。"应当"可以理解为"可以"，"可以"当作"应当"理解，有时甚至从体系解释上依据上下条文的衔接很难理解立法本意。

《民法典》第687条……就是通常所说的保证人的先诉抗辩权，即一般保证的债权人在请求保证人履行保证债务之前，应当首先按照法定程序向主合同债务人主张债权，并且只有当主债权纠纷经过诉讼或仲裁，并就主债务人的财产强制执行仍不足以受偿时，才能向保证人主张。[①]

四、保证责任

（一）责任形式

（1）履行保证义务，承担保证责任。

（2）承担损害赔偿责任。

履行第1项义务的前提是保证合同有效。如果保证合同无效，则保证人无须承担保证责任。但是，如果保证合同无效而且保证人具有过错，保证人应承担相应的赔偿责任，包括两种情形：一是主合同有效而保证人提供的保证合同无效，应当区分不同情形确定保证人的赔偿责任：1）债权人与保证人均有过错的，保证人承担的赔偿责任不应超过债务人不能清偿部分的二分之一；2）保证人有过错而债权人无过错的，保证人对债务人不能清偿的部分承担赔偿责任；3）债权人有过错而保证人无过错的，保证人不承担赔偿责任。二是主合同无效导致保证人提供的保证合同无效，保证人无过错的，不承担赔偿责任；保证人有过错的，其承担的赔偿责任不应超过债务人不能清偿部分的三分之一（法律依据为《民法典担保制度司法解释》第17条）。

（二）保证责任范围

相关规定

▼《民法典》

第691条 保证的范围包括主债权及其利息、违约金、损害赔偿金和实现债权的费用。当事人另有约定的，按照其约定。

【重点难点提示】

（1）对保证范围，保证合同有约定的按照约定执行。

（2）没有约定或者约定不明的，推定保证人对全部债权承担保证责任。

其中，实现债权的费用应当是指实现债权的合理费用。它具有以下特点：一是在保证合同中应当有相应的约定内容；二是应当是实际已经发生的费用；三是没有超过规定标准，或者产生费用具有合理性。

[①] 最高人民法院民事审判第一庭. 最高人民法院新民间借贷司法解释理解与适用. 北京：人民法院出版社，2021：107.

（三）关于主债权超过诉讼时效仍然提供保证的效力

相关规定

▼《民法典担保制度司法解释》

第35条 保证人知道或者应当知道主债权诉讼时效期间届满仍然提供保证或者承担保证责任，又以诉讼时效期间届满为由拒绝承担保证责任或者请求返还财产的，人民法院不予支持；保证人承担保证责任后向债务人追偿的，人民法院不予支持，但是债务人放弃诉讼时效抗辩的除外。

【重点难点提示】

1. 主债权超过诉讼时效，保证人仍然应当承担保证责任的条件

主债权超过诉讼时效，债务人可以拒绝履行债务。此时，如果保证人仍然愿意承担保证责任，其前提条件是保证人已经知道或者应当知道主债权诉讼时效期间届满的事实，而自愿作出承担保证责任的承诺或实际履行保证债务。如果不明知，证明其承诺或实际履行并非当事人的真实意思表示，其承诺或实际履行无效。如果保证人因重大误解、胁迫或欺诈而作出承诺，保证人可申请撤销。

2. 保证人丧失对债务人的追偿权

这是保证人享有追偿权的例外规定。如此规定，就是为了防止债权人与保证人串通一气，以恶意承担保证责任的形式，加重债务人的履约负担。从另外的角度看，即使保证人放弃了诉讼时效的抗辩权，但债务人仍然享有此项权利。如果规定保证人承担责任后仍享有追偿权，就等于是剥夺了债务人对诉讼时效的抗辩权。

（四）违反公司法超越权限签订的保证合同的效力

（1）法定代表人违反《公司法》第15条的规定超越权限签订的保证合同的效力；

（2）分支机构未取得授权以自己或公司名义对外签订的保证合同的效力。

在前述情形下，一般应认定保证合同无效，但是，相对人是善意者除外。此外，还要注意夫妻共同保证的确认，以及仅在借款合同或借条中签字或盖章，但未表明保证人身份的，不应当认定为保证人等。

（五）仅在借款合同或借条等债权凭证上签字或盖章，但未表明保证人身份的，不能将其确认为保证人

相关规定

▼《2020民间借贷司法解释》

第20条 他人在借据、收据、欠条等债权凭证或者借款合同上签名或者盖章，但是未表明其保证人身份或者承担保证责任，或者通过其他事实不能推定其为保证人，出借人请求其承担保证责任的，人民法院不予支持。

【重点难点提示】

当事人签订保证合同应当有明确的意思表示。为了平等保证债权人、债务人、保证人的合法权益，《2020 民间借贷司法解释》规定，保证人需明确表明保证人身份，并依法承担保证责任。若他人仅在借据、收据、欠条等债权凭证或者借款合同上签字或者盖章，并无明确承担保证责任的意思表示，通过其他事实不能推定其为保证人的，不能视签字人为保证人。同时，此类签名的行为也不应当被认定为债的加入，因为签字人并无共同承担债务的意思表示。

在诉讼中，主张他人是保证人的，应当承担举证责任。通过举示参与缔约过程形成的法律文件，通信往来，音像资料，现场证人，以及交易习惯、履约过程等证据，证明他人的签名或者盖章具有成立保证合同的意思。

【权威观点】

▼其判断标准有：一是仅有他人签名或盖章的，不足以认定保证人身份。如果第三人主张签字或者盖章是虚假的抗辩，应当首先对签字或者盖章的真实性进行审查认定。二是仅有他人签字或盖章，未表明保证人身份的，但结合其他证据可以认定为保证人的，应承担保证责任。①

▼问：民间借贷纠纷中，经常会有其他人在借条、欠条或者收条上签名，并容易引起纠纷。请问《规定》是如何规范这一问题的？

答：由于民间借贷实践中，第三人在债权凭证或者贷款合同中签字、盖章的法律意义具有多种可能性，《规定》才作出明确规定，包括三层含义：第一，仅有他人签名或者盖章的，不足以认定保证人身份，他人也就不承担保证责任。所谓"仅有"，是指既未在借款凭证或者借款合同中表明保证人身份，也未在其中约定保证条款并指向签字或盖章人，同时也无其他证据证明该签字或盖章人为保证人。第二，只有在通过其他事实不能推定其为保证人的情况下，才能作出他人非保证人的判断。第三，仅有第三人在其中签字或者盖章，但其中表明了签字或者盖章人是保证人，或者通过其他条款或事实能够推定出其为保证人的，则应对借款承担担保责任。②

▼关于本条规定的"仅有"，是指既未在借款凭证或借款合同中表明保证人身份，也未在其中约定保证条款并指向签字或盖章人，也无其他证据证明该签字或盖章人为保证人。

---

① 最高人民法院民间借贷司法解释理解与适用（简明版及配套规定）. 北京：人民法院出版社，2018：93.
② 规范民间借贷，统一裁判标准：杜万华就《最高人民法院关于审理民间借贷案件适用法律若干问题的规定》答记者问//最高人民法院民一庭. 民事审判指导与参考：2015 年第 3 辑（总第 63 辑）. 北京：人民法院出版社，2015：449.

民间借贷中的借款凭证或者借款合同未约定保证条款，仅有第三人在其中签字或者盖章，但其中表明了签字或者盖章人是保证人的，应当认定为保证人。

在民间借贷实践中，他人除了以"保证人"的身份签名或者盖章，还有以"保人""担保人"等身份签名或者盖章的。如何认定这些词语的法律含义，并进而判断他人是否承担保证责任，同样需要遵守合同的解释规则，而不能仅以不是"保证人"的表述即否定他人的保证人身份。①

（六）债权人仅对部分保证人主张权利的，其效力并不当然及于其他连带责任保证人

有的观点认为，债权人仅对部分保证人主张权利的，其效力当然及于其他连带责任保证人。该认定与《民法典担保制度司法解释》相冲突。依据该司法解释第29条的规定，债权人在保证期间向部分保证人行使权利的行为效力并不当然及于其他保证人。

五、债权人要求承担保证责任的权利行使方式

【相关规定】

▼《民法典》

第693条　一般保证的债权人未在保证期间对债务人提起诉讼或者申请仲裁的，保证人不再承担保证责任。

连带责任保证的债权人未在保证期间请求保证人承担保证责任的，保证人不再承担保证责任。

▼《民法典担保制度司法解释》

第29条第1款　同一债务有两个以上保证人，债权人以其已经在保证期间内依法向部分保证人行使权利为由，主张已经在保证期间内向其他保证人行使权利的，人民法院不予支持。

【重点难点提示】

在保证担保中，债权人要求保证人承担保证责任的权利行使的方式：对于一般保证，法律规定通过诉讼或仲裁方式主张权利。对连带保证，法律只规定了需在保证期间内请求保证人承担保证责任，并未限定主张权利的方式。因此，对连带保证的权利行使方式主要有：一是债权催收方式，包括书面催告文件（如催告函）、邮寄催收、公告送达催收等，均视为主张了权利。

二是也可以通过诉讼或仲裁的方式行使权利。

---

① 最高人民法院民事审判第一庭．最高人民法院新民间借贷司法解释理解与适用．北京：人民法院出版社，2021：308-309.

【案例 187】

前股东还款承诺书中加盖公司公章且借款实际用于公司经营的，公司应承担连带清偿责任

裁判文书：北京市第三中级人民法院（2019）京 03 民终 8164 号民事判决书①

判决书认定事实：

本案的争议焦点为×公司是否应当对案涉借款承担保证责任。×公司主张："承诺书"中加盖的×公司公章系伪造的；刘×清、吴×合并非×公司的股东和实际控制人，无权代表公司签订"承诺书"；案涉借款并未用于×公司的实际经营。对此，刘×军不予认可，其称对于×公司股东变更并不知情，且此前其在×公司工作多年，×公司的股东和实际控制人均为刘×清、吴×合；吴×合本人持印章在"承诺书"中加盖的×公司公章，刘×军有理由相信×公司承担保证责任。刘×清、吴×合称，一审庭审中虽陈述案涉借款系用于×公司经营，但实际上是其二人为经营案外公司借款；认可虽"承诺书"中加盖的×公司公章非×公司××备案登记的印章，但系吴×合本人持印章在"承诺书"中加盖的×公司公章。

第一，2016 年 5 月 18 日，刘×清、吴×合与吴×君进行股权转让，而后×公司的股东、法定代表人进行××登记变更，在变更前，×公司的法定代表人为刘×清，刘×清和吴×合均为×公司的股东。第二，刘×清与刘×军之间系姐弟关系，刘×军对刘×清、吴×合存在基于至亲亲属之间的高度信赖。第三，庭审中，刘×清和吴×合认可公司股权变更并未告知刘×军，且在此之前刘×军一直在×公司工作直至 2007 年，在刘×军工作期间，×公司一直系刘×清和吴×合经营。第四，吴×合认可系其本人持印章在"承诺书"中加盖的×公司公章，公章下方的"北京×市政工程有限公司"字样亦系吴×合本人书写。第五，一审中，刘×清、吴×合陈述案涉款项用于×公司经营使用。由上，虽"承诺书"签订时，×公司的股东、法定代表人已经变更，但刘×军作为对方有理由相信刘×清和吴×合有权代表×公司对外签订保证协议。

综上所述，一审法院认定×公司应当作为案涉借款保证人承担保证责任，并无明显不当。×公司的上诉请求不能成立，应予驳回；一审判决尚属合理，应予维持。

≋ 作者简析 ≋

关于本案认定的事实争议较大。

支持观点认为：前股东在还款承诺书中加盖公司公章对外提供担保的行为，通常情形下应当被认定为越权代理行为。但是，其借款实际用于了公司，使合同相对方有理由相信是公司借款而非个人借款的，可以构成表见代理。

---

① 该案被收录于：国家法官学院案例开发研究中心．中国法院 2021 年度案例．北京：中国法制出版社，2021：118-121．

反对观点认为：仅有股东身份以及实际借款的行为，并不构成足以相信其代理行为合法有效的行为外观。公司作为特殊的法人主体，其资金来源渠道十分广泛，包括股东出资、对外借款、营业收益等。股东以个人身份对外借款，然后将借款作为出资供公司使用，是实践中普遍存在的事实。因此，仅以股东提供资金给公司法人使用，并不能推断出公司是借款人的唯一结论。在此情形下，是否构成表见代理，还需要具有代理权外观的事实依据。

在解读案例时应当注意的问题：

一是本案中股东在还款承诺书中加盖公司公章对外提供担保的行为，不同于公司法定代表人或非法人组织的负责人对外签订担保合同的行为。公司法定代表人对外签订担保合同的情形，是指公司只作为担保人，并未取得借款的使用权，在此情形下应考查是否有股东会或董事会的合法授权。本案是公司实际使用了借款，同时又通过加盖公司法人公章签订了担保合同。公司实际使用借款的行为，视为经过了股东会或董事会的同意，所以无须股东会或董事会另行授权。

二是对公章为什么由前股东进行加盖，有待于进一步审查确认。比如有的当事人为了将个人债务转嫁给公司，私刻印章并加盖，这种情形显然不是公司法人主体的真实意思表示，可能存在非法加盖印章的情形。

【案例188】

即使公证机关送达程序存在瑕疵导致公证书被撤销，并不必然否定债权人已在保证期间内向保证人主张了权利

裁判文书：最高人民法院（2005）民二终字第145号民事判决书

判决书认定事实：

关于××支行提出的公证书虽然被撤销，但其在保证期间向××实业公司、××集团公司进行债务催收的事实存在的上诉理由，本院认为，根据本案查明的事实，××支行在保证期间内向银川市××公证处提出申请，对保证人××实业公司、××集团公司公证送达"逾期贷款催收通知书"。银川市××公证处为该送达行为分别制作了568号、715号公证书，但由于公证书在程序上存在不当之处，银川市××司法局将上述两份公证书予以撤销。从银川市××司法局的撤销公证决定中可以看出，其撤销上述两份公证书的理由，系公证处在办理公证的程序上存在不当之处，而并非否定公证书中所记载的送达"逾期贷款催收通知书"这一事实。××支行在向本院提起的上诉中，认可银川市××司法局撤销公证书决定中送达事实存在的认定，用以证明自己已经实际送达的这一主张。因此，从举证责任方面，在一审法院已经查证的银川市××司法局的文件、公证处的卷宗材料以及当时实际监送人的调查笔录等证据材料，一致表明当时是由署名公证员委派其他工作人员监送"逾期贷款催收通知书"这一事实的情况下，应当由否定上述证据的××实业公司、××集团公司再行举证。本案二审中，××实业公司、××集团公司并未向本院提供相应的证据，故本院对一审法院查证的证据予以采信。依照《民法通则》第140条和《最高人民法院关于贯彻执行〈中华人民共和国民法通则〉若干问题的意见（试行）》第173、174条的规定，当事人一方提出要求、权利人主张权利、向有关单位提出保护民事权利的请求，均引起诉讼时效的中断。本案中××支行向银川市××公证处提出了公证送达"逾期贷款催收通知书"的请求，如果仅因银川市××公证处在送达程序上存在的问题，即否定××支行送达"逾期贷款催收通知书"这一事实，从而否定其在保证期间内向保证人主张了权利，对××支行显属不公。故应当认定××支行在保证期间内向××实业公司、××集团公司进行债务催收的事实存在，××实业公司、××集团公司不能因此免除保证责任。××支行的该项上诉主张成立，本院予以支持。

≋≋≋ 作者简析 ≋≋≋

笔者认为，案涉公证书与"逾期贷款催收通知书"（本部分简称催告函）分属两种不同的法律文书。公证书被撤销，并不必然否定催告函（公证书的附件）的法律效力。本案中公证书被撤销，可以不再审查公证书的证据效力。至于催告函是否具有法律效力，应当从以下方面进行审查：一是催告函是否有催收的意思表示，二是被催告的债权是否客观存在，三是催收的法律文件是否已经送达，四是当事人是否有撤回催收函或宣布作废的意思表示。

本案中，催告函随同公证书一并被送达，之后并未被撤回或宣布作废，其债权催收的意思表示已经传达到债务人或保证人一方，已经依法产生催收的法律效力。因此，即使公证书被撤销，也可以证明进行了催告的法律事实。

【案例189】

合同中约定的信誉担保不是法律规定的保证
担保以及房产局签订的担保合同无效

裁判文书：最高人民法院（2020）最高法民终528号民事判决书

判决书认定事实：

在03号合同项下，合同条款载明区政府为合同监督执行方及供暖公司信誉担保方，房产局为供暖公司按期还款及违约赔款的担保单位。《担保法》第6条规定："本法所称保证，是指保证人和债权人约定，当债务人不履行债务时，保证人按照约定履行债务或者承担责任的行为。"区政府系以其信誉而非财产为供暖公司提供担保，其提供的"信誉担保"不属于上述法律规定的保证担保，故区政府不应承担担保责任。房产局的担保虽因违反《担保法》第8条关于"国家机关不得为保证人，但经国务院批准为使用外国政府或者国际经济组织贷款进行转贷的除外"的规定而无效，但根据《担保法司法解释》第7条关于"主合同有效而担保合同无效，债权人无过错的，担保人与债务人对主合同债权人的经济损失，承担连带赔偿责任；债权人、担保人有过错的，担保人承担民事责任的部分，不应超过债务人不能清偿部分的二分之一"的规定,对"情况说明(10—11年度)"载明的代购煤炭款本金 91 512 204 元、利息 6 753 600.66 元、逾期利息(含 58 830 427.36 元以及自 2016 年 9 月 14 日起按年利率 13.62%计算至实际付清之日止的逾期利息),本院酌定房产局就其中供暖公司不能清偿的部分承担二分之一的赔偿责任。

≋≋≋ 作者简析 ≋≋≋

本案例的要点为:

(1)判断是否具有保证合同的性质,应当根据合同中约定的保证人身份以及合同是否具有"当债务人不履行到期债务或者发生当事人约定的情形时,保证人履行债务或者承担责任的合同"的意思表示。法律规定见《民法典》第 681 条。

(2)机关法人不得作为保证人,是法律禁止性规定。法律规定见《民法典》第 683 条。

(3)机关法人不得作为保证人,但是如果具有过错的,仍然应当承担赔偿责任。其责任比例见《民法典担保制度司法解释》第 17 条。

【案例 190】

夫妻一方作为保证人在另一方对外签订的借条上签字,未约定保证方式,应当承担连带责任

裁判文书:江苏省苏州市姑苏区人民法院(2017)苏 0508 民初 6374 号民事判决书

判决书认定事实:

2016 年 12 月 25 日,被告张×向原告曹×出具借条一份,载明向曹×借款 4.5 万元,借期 3 个月;同日,张×另出具收条一份,确认收到曹×现金 4.5 万元;被告郑×(张×之妻)作为保证人在借条与收条上均签字。庭审中,原告曹×明确表示,当时是考虑到两被告为夫妻关系,所以才要求郑×作为保证人在借条与收条上签字。因二被告一直未归还所借款项,故原告曹×于 2017 年 9 月 19 日诉至法院,请求判令被告张×归还借款 4.5 万元,被告郑×承担连带清偿责任。二被告未作答辩。

法院经审理认为:原告曹×与被告张×之间的借贷关系成立,被告张×应当承担还款责任;被告郑×作为保证人在借条与收条上签字,双方未约定保证方式,应属连带保证,另原告起诉在保证期间内,被告郑×对被告张×的债务应当承担连带清偿责任。综上,法院判决:一、被告张×于判决生效之日起 10 日内归还原告曹×借款 4.5 万元;二、被告郑×对被告张×的上述债务承担连带清偿责任。

≋≋≋ 作者简析 ≋≋≋

案例中的"被告郑×(张×之妻)作为保证人在借条与收条上均签字",应视为夫妻双方均对该笔债务的担保作出共同的意思表示,依照《民法典》第 1064 条的规定,应当认定为共同担保。

关于保证方式没有约定或者约定不明确的,《担保法》第 19 条规定按照连带责任保证承担保证责任。《民法典》第 686 条则规定按照一般保证承担保证责任。

【案例 191】

夫妻一方在另一方对外签订的借条上担保人处签字的,该借款被认定为夫妻共同债务,夫妻双方承担连带还款责任

裁判文书:江苏省苏州市姑苏区人民法院(2017)苏 0508 民初 5433 号民事判决书

判决书认定事实:

被告江×于 2014 年 6 月 13 日向原告范×出具借条一份,明确借范×8 万元,于 2014 年 8 月 24 日归还。同日,被告江×向范×出具收条一份,确认收到范×银行转账 8 万元。被告吴×(江×之妻)于 2014 年 6 月 23 日在借条担保人处签字,借款发生在夫妻关系存续期间。因二被告逾期未归还借款,原告范×于 2017 年 8 月 10 日诉至法院,请求判令被告江×归还借款 8 万元,被告吴×承担连带清偿责任。庭审中,原告范×变更诉讼请求,要求被告吴×承担夫妻共同债务中的共同归还责任。二被告未作答辩。

法院经审理认为,被告江×与原告范×借贷关系成立,被告江×应承担还款责任。涉案借款发生在二被告夫妻关系存续期间,被告吴×在借款的担保人处签字,说明其知晓并认可该借款,故该借款应被认定为夫妻共同债务。

综上,法院判决被告江×、吴×于判决生效之日起 10 日内归还原告借款本金 8 万元。

≋≋ 作者简析 ≋≋

本案例将借款认定为夫妻共同债务的理由有:

其一,夫妻一方对外签订借条是在夫妻关系存续期间;

其二,夫妻另一方对一方签订的借条是明知的;

其三,夫妻另一方作出了愿意承担保证责任的意思表示。

【案例 192】

私转保证债务,原保证人是否仍然承担责任

裁判文书:江苏省盐城市中级人民法院(2016)苏 09 民终 2050 号民事判决书[①]

判决书认定事实:

关于嵇×要求张×、宋×承担 15 万元还款责任是否成立的问题。本案中,许×向嵇×借款 15 万元,薛×为该笔债务提供担保,后薛×将其联建房项目工程转让给张×、宋×,同时将涉案债务一并转移。薛×将个人担保债务私下转移给张×、宋×,事先未征得债权人嵇×同意,薛×尚未脱离涉案债务关系,仍需承担保证责任,故薛×与张×、宋

[①] 该案被收录于:国家法官学院案例开发研究中心. 中国法院 2018 年度案例. 北京:中国法制出版社,2018:205-208.

×的转移合意不能对抗嵇×。张×、宋×出于受让联建房项目工程的动机,不论受让债务性质如何,只要属于薛×应当偿还,且为受让债务清单所列明,即应负偿还义务。因此,嵇×要求张×、宋×承担15万元还款责任,有相应的事实和法律依据,应予支持。

≈≈≈ 作者简析 ≈≈≈

担保人将担保责任转移给他人承担,但未经担保权人同意,担保人仍然应当承担担保责任。该认定并未引起争议。值得探讨的是,担保责任的受让人是否应当承担担保责任?如果担保人与他人签订担保债务的转移协议时,并未经担保权人的同意,证明该转让协议的受让人与担保权人之间并无成立担保合同关系的合意。在法庭上,担保权人对于担保人的当事人主体究竟是转让前的担保人,还是转让后的担保人,必然作出肯定或否定的选择。如果担保权人不认可转让协议的效力,则进一步证明了他与受让人之间并未形成成立合同关系的合意,担保债务转移协议并未成立,此时,他只能要求原担保人承担担保责任。如果他认可转让协议的效力,因转让协议约定了原担保人的担保责任由受让人承担,显然他只能要求受让人承担担保责任。

此外,《民法典》第523条规定,合同约定由第三人向债权人履行债务,第三人不履行债务或者履行债务不符合约定的,债务人应当向债权人承担违约责任。如果本案受让保证债务的保证人不愿意承担保证责任,原保证人是否应当继续承担保证责任,或者由原保证人和新的保证人共同承担保证责任?对此问题,法律上并无明确规定。实践中,应当根据新的保证人与债权人是否形成了新的保证合同关系、原保证人与债权人之间的保证合同关系是否终止来进行判断。

实践中,要防止签订转移协议来逃避法律责任的情形发生。

【案例193】

在空白保证合同上签名的保证责任承担

裁判文书:江苏省常州市中级人民法院(2016)苏04民终4082号民事判决书[①]

判决书认定事实:

关于第三个争议焦点,陈×、×机械公司不应承担保证责任。理由如下:(1)陈×、×机械公司在最高额保证合同上签字盖章时,最高额保证合同除了部分格式条款,其余被担保的对象(债务人)、被保证主债权期限及担保金额等内容均是×小额贷款公司事后添加的,该内容对陈×、×机械公司不具有法律约束力,故最高额保证合同因欠缺主要条款而不成立。(2)根据王×的陈述,陈×、×机械公司签字盖章时,×小额贷款公司知道其系为吴×向×小额贷款公司借款提供担保,但最高额保证合同显示系×小额贷款公司与王×之间发生的借贷关系。(3)×小额贷款公司在陈×、×机械公司签字盖章时以及嗣后并

[①] 该案被收录于:国家法官学院案例开发研究中心.中国法院2018年度案例.北京:中国法制出版社,2018:208-211.

未告知其有关吴×系以他人名义办理借款的事宜。(4) 陈×、×机械公司是为吴×借款提供担保,但其没有为王×借款提供担保的意思表示。因此,陈×、×机械公司与×小额贷款公司就案涉借款未形成担保关系,其不应承担保证责任。

~~~ 作者简析 ~~~

依据《2020 民间借贷司法解释》第 20 条的规定,担保人只在空白合同中签字,并不一定被认定为保证人。理由是:

第一,担保人只在空白合同中签字的行为,未表明其保证人身份或者承担保证责任,因此,不能直接证明形成了保证合同关系。

第二,是否可以认定为保证人,债权人应当举示证据证明通过其他事实是否能推定担保人为保证人。具体到本案,如果债权人不能证明空白合同中填写的内容是担保人的真实意思表示,则不能推定其为保证人。

【案例 194】

置换借据是否属于保证人应承担保证责任的"借新还旧"之情形

裁判文书:江苏省盐城市大丰区人民法院(2016)苏 0982 民初 3921 号民事判决书[①]

判决书认定事实:

关于被告沈×山的保证责任问题,因案涉借款系由 2013 年 10 月 30 日的金额计 6 万元的借款转结而来,该 6 万元借款由被告沈×山提供连带责任保证,新贷旧贷系同一保证人,故对被告沈×山关于案涉借款系以"新贷还旧贷",保证人不承担担保责任的辩称,本院不予采信,对原告孙×斌要求被告沈×山承担连带清偿责任的诉讼请求,本院予以支持。

~~~ 作者简析 ~~~

首先,应注意借款期限延期与借新贷还旧贷的区别。

《民法典担保制度司法解释》第 16 条第 1 款第 1 项规定的"新贷与旧贷的担保人相同",应以"以新贷偿还旧贷"为前提。仅仅是因为借款期限的延期而重新签订的借款合同,并不具有"以新贷偿还旧贷"的前提条件。当事人因借款期限延期而置换借款合同,属于合同的变更。

其次,主合同变更是否加重保证人的保证责任?

《民法典》第 695 条规定:债权人和债务人未经保证人书面同意,协商变更主债权债务合同内容,减轻债务的,保证人仍对变更后的债务承担保证责任;加重债务的,保证人对加重的部分不承担保证责任。债权人和债务人变更主债权债务合同的履行期限,未经保证人书面同意的,保证期间不受影响。

[①] 该案被收录于:国家法官学院案例开发研究中心. 中国法院 2018 年度案例:北京:中国法制出版社,2018:247-250.

【案例 195】

小额贷款公司未经股东会决议的对外担保行为有效

裁判文书：四川省彭州市人民法院（2017）川 0182 民初 1509 号民事判决书[①]

判决书认定事实：

被告×贷款公司自愿为被告×投资公司的借款债务进行连带责任保证担保，故其依法应当对被告×投资公司逾期未清偿的债务承担连带清偿责任。诉讼中，被告×贷款公司提出未经公司股东会形成担保决议，故本次担保无效的辩称意见。本院对此认为，是否召开股东会形成担保决议系×贷款公司内部管理规定，不能据此对抗善意第三人即原告，故本院对×贷款公司的该项抗辩意见不予采纳。

~~~ 作者简析 ~~~

本案的争议焦点是×贷款公司应当承担的是担保责任，还是过错赔偿责任。

主张承担担保责任的理由是，因本案的担保人系×贷款公司，其对外签订担保合同的限制性规定以及召开股东会、董事会的表决程序应当十分熟悉，故作为出借人一方的当事人，有理由相信其担保行为是经过股东会决议同意的。

持过错赔偿责任的观点认为：《公司法》第 15 条的规定，并未将小额贷款公司排除在适用范围之外。因此，主张承担过错赔偿责任具有法律依据。本案的担保人是专门从事贷款的公司，对担保法律制度应当了如指掌，但并未经公司股东会或董事会作出决议后再签订担保合同，事后也未要求股东会、董事会进行确认，主观上存在重大过失的过错，对由此造成的损失，应当承担部分责任。

第二节　物权担保

一、抵押权

（一）抵押合同

相关规定

▼《民法典》

第 400 条　设立抵押权，当事人应当采用书面形式订立抵押合同。

抵押合同一般包括下列条款：

（一）被担保债权的种类和数额；

（二）债务人履行债务的期限；

[①] 该案被收录于：国家法官学院案例开发研究中心. 中国法院 2019 年度案例. 北京：中国法制出版社，2018：89-92.

(三)抵押财产的名称、数量等情况;

(四)担保的范围。

第389条 担保物权的担保范围包括主债权及其利息、违约金、损害赔偿金、保管担保财产和实现担保物权的费用。当事人另有约定的,按照其约定。

【重点难点提示】

实践中,常常引起争议的事项主要有:一是被担保债权的确定;二是债务履行期限未约定或者约定不明,担保责任期间应如何认定;三是担保责任范围应如何认定。

其中:

1. 签订抵押合同之前已经形成的债权,是否属于被担保的主债权

如果抵押合同中写明了包含了以前形成的主债权数额的,或虽然未写明,但是担保人(抵押人)认可包含了之前形成的主债权的,应当作出肯定性的认定。如果未作出特别约定,或者约定不明,不能当然推断出包含了以前的主债权数额在内。

2. 担保范围是否等同于主债权金额

既然法条中规定了"担保的范围",其含义包括:

(1)金额范围,也就是被担保的债权范围。它除了包含借款合同的本金,是否包含利息、违约金,甚至实现债权的费用?当事人往往没有明确约定。没有约定的,应当包括主债权及其利息、违约金、损害赔偿金、保管担保财产和实现担保物权的费用。

(2)时间范围。也就是,担保人应当对在什么期间内所发生的债权承担担保责任。

关于担保范围,《民法典》第389条有明确规定。

3. 当事人主张的债权是否属于主合同同一法律关系产生的债权

如果与主合同不是同一法律关系,即使产生债权,也不属于担保范围。

4. 担保权人应当就担保范围承担举证责任

对前述2.(1)的情形,债权人认为属于被担保的主债权范围的,应当由债权人承担举证责任。如果另有约定的,按照另有约定执行。对2.(2)的情形,应当由债权人承担举证责任。对3.的情形,担保人举示了相反的证据,证明属于另外的合同关系,或者担保人依据债权人所举示的证据,能够作出合理说明,此时,债权人仍然认为属于担保合同关系的,应当承担进一步举示证据的责任。

(二)抵押财产的范围

相关规定

▼《民法典》

第395条 债务人或者第三人有权处分的下列财产可以抵押:

(一)建筑物和其他土地附着物;

（二）建设用地使用权；

（三）海域使用权；

（四）生产设备、原材料、半成品、产品；

（五）正在建造的建筑物、船舶、航空器；

（六）交通运输工具；

（七）法律、行政法规未禁止抵押的其他财产。

抵押人可以将前款所列财产一并抵押。

第396条 企业、个体工商户、农业生产经营者可以将现有的以及将有的生产设备、原材料、半成品、产品抵押，债务人不履行到期债务或者发生当事人约定的实现抵押权的情形，债权人有权就抵押财产确定时的动产优先受偿。

第399条 下列财产不得抵押：

（一）土地所有权；

（二）宅基地、自留地、自留山等集体所有土地的使用权，但是法律规定可以抵押的除外；

（三）学校、幼儿园、医疗机构等为公益目的成立的非营利法人的教育设施、医疗卫生设施和其他公益设施；

（四）所有权、使用权不明或者有争议的财产；

（五）依法被查封、扣押、监管的财产；

（六）法律、行政法规规定不得抵押的其他财产。

【重点难点提示】

一般情形下，只要是产权明晰，不存在争议的财产，均可设立抵押权。在上述财产范围内，可能存在影响承担担保责任的特殊情形。如：

（1）正在建造的建筑物，可能存在其他优先受偿权。比如，工资性质的债权、消费性购房业主的债权、工程款优先受偿权的优先受偿顺序优于抵押权的。

（2）以将有的生产设备、原材料、半成品、产品进行动产浮动抵押，合同签订时，抵押权设立，未经登记，不得对抗在抵押人正常经营活动中通过支付合理对价取得已被设立抵押权的动产的第三人。

法条中的"将有"的财产，应当是指将来能够实际取得的财产，不包括将来不会取得所有权的财产。但在签订抵押合同时，"将来"财产具有不确定性，因此，虽然抵押合同在签订时生效，但并不意味着一定能实现抵押权。比如在抵押财产确定前，动产被变卖、被再次抵押，质押或者被强制执行，为防止前述风险的发生，建议进行浮动抵押登记，以取得对抗第三人的效果。

（三）抵押财产的转让

相关规定

▼《民法典》

第406条　抵押期间，抵押人可以转让抵押财产。当事人另有约定的，按照其约定。抵押财产转让的，抵押权不受影响。

抵押人转让抵押财产的，应当及时通知抵押权人。抵押权人能够证明抵押财产转让可能损害抵押权的，可以请求抵押人将转让所得的价款向抵押权人提前清偿债务或者提存。转让的价款超过债权数额的部分归抵押人所有，不足部分由债务人清偿。

【重点难点提示】

1. 抵押期间，抵押人可以转让抵押财产

笔者注意到，《物权法》规定的是未经抵押权人同意不得处分抵押财产，《民法典》的规定与《物权法》相比有所变化。

2. 当事人另有约定的，按照其约定；如果当事人之间约定不得转让抵押财产的，不得转让

3. 抵押权随物走原则

一般情形下，"抵押财产转让的，抵押权不受影响"，即抵押权随物走原则。理解这一原则时应当注意：

(1)《民法典》第406条规定，抵押财产转让的，抵押权不受影响。

这就意味着，抵押财产转让后，抵押权人仍然可以主张优先受偿权。因此，作为抵押财产转让的受让人，一定要考虑受让抵押财产的风险。受让人如何规避其风险？一是在抵押权登记未解除前，慎重支付转让价款；二是与抵押权人协商，将转让款用于提前清偿债务，及时解除抵押登记；三是将转让价款向第三方提存；等。

(2) 对善意第三人的对抗效力。

不能对抗善意第三人，是《民法典》的法定原则之一。根据《民法典》第311条的规定，无处分权人将不动产或者动产转让给受让人，符合该条法律规定的三种情形的，应当由受让人取得该不动产或者动产的所有权。也就是说，前述"抵押权不受影响"不能包括善意第三人取得抵押财产的情形。进一步分析，如果抵押权属于法律规定必须经登记设立的不动产抵押权和经抵押人、抵押权人约定办理抵押登记的动产抵押权，由于抵押权设立登记在前，要善意取得几乎是不可能的。而受让人对于未办理抵押登记的财产，才有可能构成善意取得。

（四）抵押权的设立

1. 关于未经登记，抵押合同仍然有效的问题

> 相关规定

▼《民法典》

第394条　为担保债务的履行，债务人或者第三人不转移财产的占有，将该财产抵押给债权人的，债务人不履行到期债务或者发生当事人约定的实现抵押权的情形，债权人有权就该财产优先受偿。

前款规定的债务人或者第三人为抵押人，债权人为抵押权人，提供担保的财产为抵押财产。

第402条　以本法第三百九十五条第一款第一项至第三项规定的财产或者第五项规定的正在建造的建筑物抵押的，应当办理抵押登记。抵押权自登记时设立。

【重点难点提示】

《民法典》第402条对于应当办理抵押登记的财产范围进行了规定，其范围主要是不动产及特殊动产。这些财产设立的抵押权自登记时设立。未经登记，抵押权未设立，但抵押合同仍然有效。由此引起的法律问题是：抵押权不能设立，抵押人如何承担法律责任。

观点一：依照保证合同的规定承担责任。此时，虽抵押权未设立，但抵押合同仍然有效，只不过债权人不能依照合同约定取得优先受偿权。此时，抵押人的法律地位相当于保证人，应当依照保证合同的规定承担责任，但保证范围不应当超过抵押权的价值范围。

观点二：承担损失赔偿责任。如果抵押权不能设立是抵押人的过错造成的，抵押人对债权人的实际损失应当承担赔偿责任。

【案例196】

以用益物权（海域使用权）设立的抵押权不受租赁合同约束的情形

裁判文书：最高人民法院（2019）最高法民申6399号民事裁定书

裁定书认定事实：

根据上述事实，案涉海域在出租给刘×之前已经设定抵押并办理了抵押登记，×养殖公司经拍卖取得海域使用权，不受刘×与宏×公司之间租赁合同的约束。《担保法司法解释》第12条第1款规定："当事人约定的或者登记部门要求登记的担保期间，对担保物权的存续不具有法律约束力。"案涉"海域使用权抵押登记申请表"虽然登记抵押有效期自2014年4月14日至2014年12月31日，但对抵押权的存续不具有法律约束力。刘×关于本案租赁在前，抵押在后，抵押权不影响租赁合同的效力的理由不能成立。

≈≈≈ 作者简析 ≈≈≈

本案例以租赁合同抗辩抵押权的理由不成立。其原因是：一是案涉抵押物抵押登记在前,租赁在后;二是关于抵押登记的担保期间是否届满的问题,《民法典》第419条规定,"抵押权人应当在主债权诉讼时效期间行使抵押权;未行使的,人民法院不予保护",该规定要求抵押权人应当在主债权诉讼时效期间内主张权利。

2. 动产抵押权自抵押合同生效时设立

相关规定

▼《民法典》

第403条 以动产抵押的,抵押权自抵押合同生效时设立;未经登记,不得对抗善意第三人。

【重点难点提示】

自抵押合同生效时设立,限于动产;但《民法典》第403条规定,未经登记,不得对抗善意第三人。"善意"是指第三人不知道动产已经抵押的事实。

动产抵押权与动产质权的区别:动产质权自完成交付时设立。而动产抵押权的主要特点是不转移占有,因此,其不以完成交付为设立要件。如果在动产抵押合同中约定以完成交付为设立条件,则该合同的性质应当是质押合同,而非抵押合同。

3. 抵押权自预告登记时设立的特殊规定

相关规定

▼《民法典担保制度司法解释》

第52条第1款 当事人办理抵押预告登记后,预告登记权利人请求就抵押财产优先受偿,经审查存在尚未办理建筑物所有权首次登记、预告登记的财产与办理建筑物所有权首次登记时的财产不一致、抵押预告登记已经失效等情形,导致不具备办理抵押登记条件的,人民法院不予支持;经审查已经办理建筑物所有权首次登记,且不存在预告登记失效等情形的,人民法院应予支持,并应当认定抵押权自预告登记之日起设立。

【重点难点提示】

一般而言,当事人办理了抵押预告登记后,当具备抵押登记条件时,当事人可以请求办理抵押登记。那么,预告登记是否具有物权效力呢?分两种情形:

第一种情形:不具有物权效力。尚未办理建筑物所有权首次登记、预告登记的财产与办理建筑物所有权首次登记时的财产不一致、抵押预告登记已经失效等情形,导致不具备办理抵押登记的条件的,预告登记不具有物权效力。

第二种情形:具有物权效力。已经办理建筑物所有权首次登记,且不存在预告登记失效等情形,即具备办理抵押登记条件的,预告登记具有物权效力。

在第二种情形下,应当认定抵押权自预告登记之日起设立。

4. 抵押权的设立受主合同是否成立或生效的限制

相关规定

▼《民法典》

第388条第1款第三、四句　担保合同是主债权债务合同的从合同。主债权债务合同无效的,担保合同无效,但是法律另有规定的除外。

【重点难点提示】

主合同无效的,担保合同无效,包括两种情形:

一是主合同无效是担保合同无效的原因。这是由担保合同与主合同之间的主从关系确定的。

二是担保合同本身违反了法律法规强制性规定或公序良俗,应当被界定为无效合同的情形。此种情形下,主合同无效是担保合同无效的原因之一,还有其他原因导致担保合同无效。

关于"法律另有规定",如独立保函,并不依据主合同的效力来判断其效力。

(五) 不动产登记簿对抵押登记的证据效力

相关规定

▼《民法典》

第214条　不动产物权的设立、变更、转让和消灭,依照法律规定应当登记的,自记载于不动产登记簿时发生效力。

第215条　当事人之间订立有关设立、变更、转让和消灭不动产物权的合同,除法律另有规定或者当事人另有约定外,自合同成立时生效;未办理物权登记的,不影响合同效力。

第216条　不动产登记簿是物权归属和内容的根据。

不动产登记簿由登记机构管理。

第217条　不动产权属证书是权利人享有该不动产物权的证明。不动产权属证书记载的事项,应当与不动产登记簿一致;记载不一致的,除有证据证明不动产登记簿确有错误外,以不动产登记簿为准。

【重点难点提示】

下列情形下,不动产抵押权未设立:

(1) 抵押合同的登记尚未记入不动产登记簿;

(2) 不动产登记簿对抵押物记载不清晰,不能确定抵押财产;

(3) 其他情形。

(六) 事后抵押合同无效

> 相关规定

▼《民法典》

第 154 条　行为人与相对人恶意串通，损害他人合法权益的民事法律行为无效。

▼《企业破产法》

第 16 条　人民法院受理破产申请后，债务人对个别债权人的债务清偿无效。

第 32 条　人民法院受理破产申请前六个月内，债务人有本法第二条第一款规定的情形，仍对个别债权人进行清偿的，管理人有权请求人民法院予以撤销。但是，个别清偿使债务人财产受益的除外。

【重点难点提示】

《民法典》并无事后抵押的明确规定。如果存在债务人的清偿能力有限，面对多个普通债权人，债务人与其中一个债权人恶意串通，将其全部或者部分财产抵押给该债权人，因此丧失了履行其他债务的能力，损害了其他债权人的正当权益，以及《企业破产法》第 16 条的情形，应当将债务人的个别清偿行为归结为《民法典》第 154 条规定的行为，确认其个别清偿行为无效。

事后抵押行为被确认无效后，产生的法律后果是：

第一，抵押权人就行使抵押权获得的价款没有优先受偿权；

第二，已经取得该价款的，应当依法予以返还。

因事后抵押属于侵权行为，要求担保人承担赔偿责任，应当具备侵权责任的构成要件。其中之一是损害结果与损害行为之间存在因果关系。如果不存在直接的因果关系，请求不能得到支持。

【权威观点】

所谓事后抵押，一般是指债务人有多个普通债权人，在清偿债务时，债务人与其中一个债权人恶意串通，将其全部或者部分财产抵押给该债权人。这种事后抵押的设定通常发生在债务人业已陷入支付危机、濒临破产、其财产已经不足以清偿全部债务的情况下。设定事后抵押必然导致其降低或者丧失了履行其他债务的能力，损害了其他债权人的合法利益。因此，这种事后抵押应被认定为无效，抵押权人对于行使抵押权获得的价款没有优先受偿权，已经取得该价款的，应当依法予以返还。[1]

---

[1] 江必新，何东宁，程似锦. 最高人民法院指导性案例裁判规则理解与适用·担保卷：下册. 2 版. 北京：中国法制出版社，2017：489；杜万华，最高人民法院民事审判第二庭. 担保案件审判指导. 2 版. 北京：法律出版社，2018：278-283.

（七）抵押登记的撤销

相关规定

▼《民法典》

第393条 有下列情形之一的，担保物权消灭：

（一）主债权消灭；

（二）担保物权实现；

（三）债权人放弃担保物权；

（四）法律规定担保物权消灭的其他情形。

【重点难点提示】

下列情形下应当撤销抵押登记：

（1）因双方约定解除抵押合同而撤销登记（需双方共同申请撤销登记）；

（2）主债权消灭；

（3）担保物权实现；

（4）债权人放弃担保物权；

（5）抵押权人在主债权诉讼时效期间未行使抵押权；

（6）法律规定担保物权消灭的其他情形。

抵押权人怠于行使撤销登记的义务，给抵押人造成损失的，应负赔偿责任。

【案例197】

抵押权人在主债权诉讼时效期间未行使抵押权，抵押权消灭；
抵押权业已消灭的，人民法院可以判决解除抵押登记

裁判文书：重庆市高级人民法院（2009）渝高法民终字第100号民事判决书

判决书认定事实：

一审法院一方面认为，主债权不再受国家强制力的保护并非抵押权法定的消灭情形，另一方面又认为抵押物上所负担的抵押登记，对抵押权人来讲因已经丧失了国家强制力的保障而变得毫无意义，而对抵押人而言，则势必会影响抵押物的正常使用和流转，妨害抵押人所有权的行使；在抵押权合法存在的时候，这样的妨碍是正当的，当主债权和抵押权都不再受国家强制力的保护的时候，这样的妨碍就丧失了合法的依据。因此，虽然抵押权并未消灭，为物尽其用，仍支持×西×公司要求解除抵押登记的诉讼请求。而本院于2009年6月发布了规范性文件《审理金融债权及担保纠纷案件研讨会纪要》，其中的第二部分第（三）条载明："关于抵押权人在主债权诉讼时效期间届满后行使抵押权的法律后果，即《中华人民共和国物权法》第202条'抵押权人应当在主债权诉讼时效期间行使抵押权；未行使的，人民法院不予保护'之规定的理解问题，会议认为，该规定是对抵押权存

续期限的规定,超过该期限未行使抵押权的,抵押权消灭。"可见根据该意见,"人民法院不予以保护"的意思是指未行使的抵押权因主债权诉讼时效的经过而消灭,而非通常所理解的丧失的仅是抵押权受人民法院保护的权利即胜诉权。

经本院审判委员会讨论认为,本案中的主债权申请强制执行的期间与主债权的诉讼时效是具有相同时效性质的期间,因此可以适用该《纪要》中的意见,即超过主债权申请强制执行的期间未行使抵押权的,抵押权消灭。抵押权既已消灭,人民法院自然可以判决解除抵押登记。

法官论述

一般而言,依照物权法原则,抵押权的设立、变更和消灭均需由法律规定,任何人包括当事人均无权任意处置。也就是说,在没有法律规定的消灭事由发生时,抵押权永续存在。但考虑到如果抵押权人长时间怠于行使抵押权,不仅不利于稳定社会秩序,也会损害债务人的利益,对于《物权法》第202条的规定,可以理解为抵押权的特殊司法保护期,而不是抵押权的存续期间。其一,《物权法》规定抵押权人应当在主债权诉讼时效期间行使抵押权,否则抵押权消灭等。虽然该条没有规定抵押权在司法保护期届满后消灭,但是,对于抵押权人要求实现抵押权,当抵押人不予配合时,抵押权人诉至法院,因该规定已明确人民法院不予保护,故抵押权人得不到人民法院的保护,失去国家强制力作为后盾,则抵押权就无法实现,从实际结果而言,抵押权等于消灭。有关学者认为,对于《物权法》第202条理解为主债诉讼时效仅适用于请求权的通说。其二,符合《物权法》第四编担保物权体系的内在逻辑。《物权法》第十五章"一般规定"中规定了担保物权的统一消灭原因,即《物权法》第177条规定:"有下列情形之一的,担保物权消灭:(一)主债权消灭;(二)担保物权实现;(三)债权人放弃担保物权;(四)法律规定担保物权消灭的其他情形。"在第十八章规定了留置权的特殊消灭原因,即《物权法》第240条规定:"留置权人对留置财产丧失占有或者留置权人接受债务人另行提供担保的,留置权消灭。"因此,将第202条解释为抵押权的特别消灭原因,在体系逻辑上比较顺畅。其三,使抵押权因主债权诉讼时效完成而消灭,不仅简单明快,而且便于实务操作。[1]

笔者赞同上述观点,主债权诉讼时效届满的效果不但可以对抗债权,而且可以对抗用来担保主债权的抵押权。抵押权人在主债权诉讼时效内没有行使抵押权,并不导致胜诉权的丧失,而是导致抵押权消灭。[2]

作者简析

原《物权法》第202条已被《民法典》第419条吸收。两条法律规定的文字表述完全

---

[1] 王闯.冲突与创新//梁慧星.民商法论丛:第40卷.北京:法律出版社,2008.
[2] 江必新,何东宁,程似锦.最高人民法院指导性案例裁判规则理解与适用·担保卷:下册.2版.北京:中国法制出版社,2017:419-429.

相同。即："抵押权人应当在主债权诉讼时效期间行使抵押权；未行使的，人民法院不予保护。"

(八) 一并抵押原则

相关规定

▼《民法典》

第397条 以建筑物抵押的，该建筑物占用范围内的建设用地使用权一并抵押。以建设用地使用权抵押的，该土地上的建筑物一并抵押。

抵押人未依据前款规定一并抵押的，未抵押的财产视为一并抵押。

第398条 乡镇、村企业的建设用地使用权不得单独抵押。以乡镇、村企业的厂房等建筑物抵押的，其占用范围内的建设用地使用权一并抵押。

【重点难点提示】

上述规定说明，凡是土地上有建筑物的，在抵押时，不得单独只就建筑物或土地进行抵押。单独抵押的，视为一并抵押。抵押权人有权就建筑物及其占用的建设用地使用权一并请求处分。这就是一并抵押原则。

一并抵押原则与工程款优先受偿权的冲突。首先，不是对工程款优先受偿权的工程款进行的担保，其抵押权不能对抗工程款优先受偿权。其次，工程款优先受偿权的财产范围限于施工承包人所建设的建筑物，不会及于建筑物所占用的土地。因此，当抵押权与工程款优先受偿权发生冲突时，抵押权人仍然有权利主张就建设用地价值的拍卖款或变卖款优先受偿。

(九) 抵押权的优先受偿权及其限制

相关规定

▼《民法典》

第225条 船舶、航空器和机动车等的物权的设立、变更、转让和消灭，未经登记，不得对抗善意第三人。

第311条 无处分权人将不动产或者动产转让给受让人的，所有权人有权追回；除法律另有规定外，符合下列情形的，受让人取得该不动产或者动产的所有权：

(一) 受让人受让该不动产或者动产时是善意；

(二) 以合理的价格转让；

(三) 转让的不动产或者动产依照法律规定应当登记的已经登记，不需要登记的已经交付给受让人。

受让人依据前款规定取得不动产或者动产的所有权的，原所有权人有权向无处分权人请求损害赔偿。

当事人善意取得其他物权的，参照适用前两款规定。

第335条　土地承包经营权互换、转让的，当事人可以向登记机构申请登记；未经登记，不得对抗善意第三人。

第394条　为担保债务的履行，债务人或者第三人不转移财产的占有，将该财产抵押给债权人的，债务人不履行到期债务或者发生当事人约定的实现抵押权的情形，债权人有权就该财产优先受偿。

第404条　以动产抵押的，不得对抗正常经营活动中已经支付合理价款并取得抵押财产的买受人。

第403条　以动产抵押的，抵押权自抵押合同生效时设立；未经登记，不得对抗善意第三人。

第417条　建设用地使用权抵押后，该土地上新增的建筑物不属于抵押财产。该建设用地使用权实现抵押权时，应当将该土地上新增的建筑物与建设用地使用权一并处分。但是，新增建筑物所得的价款，抵押权人无权优先受偿。

第641条　当事人可以在买卖合同中约定买受人未履行支付价款或者其他义务的，标的物的所有权属于出卖人。

出卖人对标的物保留的所有权，未经登记，不得对抗善意第三人。

第807条　发包人未按照约定支付价款的，承包人可以催告发包人在合理期限内支付价款。发包人逾期不支付的，除根据建设工程的性质不宜折价、拍卖外，承包人可以与发包人协议将该工程折价，也可以请求人民法院将该工程依法拍卖。建设工程的价款就该工程折价或者拍卖的价款优先受偿。

▼《最高人民法院关于审理建设工程施工合同纠纷案件适用法律问题的解释（一）》（法释〔2020〕25号）

第35条　与发包人订立建设工程施工合同的承包人，依据民法典第八百零七条的规定请求其承建工程的价款就工程折价或者拍卖的价款优先受偿的，人民法院应予支持。

第36条　承包人根据民法典第八百零七条规定享有的建设工程价款优先受偿权优于抵押权和其他债权。

第41条　承包人应当在合理期限内行使建设工程价款优先受偿权，但最长不得超过十八个月，自发包人应当给付建设工程价款之日起算。

▼《最高人民法院关于人民法院办理执行异议和复议案件若干问题的规定》（法释〔2015〕10号）

第29条　金钱债权执行中，买受人对登记在被执行的房地产开发企业名下的商品房提出异议，符合下列情形且其权利能够排除执行的，人民法院应予支持：

（一）在人民法院查封之前已签订合法有效的书面买卖合同；

（二）所购商品房系用于居住且买受人名下无其他用于居住的房屋；

（三）已支付的价款超过合同约定总价款的百分之五十。

【重点难点提示】

《民法典》第 394 条是对抵押权的优先受偿权的一般性规定。在适用时，应当注意其优先受偿权的限制。

（1）以建设用地使用权进行抵押，其地上新增的建筑物不属于抵押财产。具体见《民法典》第 417 条的规定。

（2）动产抵押权不得对抗正常经营活动中的买受人。具体见《民法典》第 404 条的规定。

（3）商品房抵押权（含在建工程）不得对抗消费性购房的买受人。

（4）以在建工程设立的抵押权不得对抗工程款优先受偿权。

（5）不得对抗善意第三人。具体见《民法典》第 225、311、335、403、404、641 条等。其中，《民法典》第 311 条是对善意第三人的认定标准。其构成要件：

一是第三人主观是善意的，即不知道也不应当知道其财产已被抵押的事实；

二是支付了合理的价款；

三是按照规定应当登记的已经取得登记，不需要登记的已经完成交付。

【案例 198】
抵押权不得对抗消费性购房的买受人

裁判文书：最高人民法院（2018）最高法民申 1463 号民事裁定书

裁定书认定事实：

关于原判决认定基本事实是否缺乏证据证明的问题。

（1）关于被申请人是否已在法院查封之前签订合法有效的书面买卖合同的问题。2015 年 1 月 27 日，陕西省西安市中级人民法院（以下简称西安中院）依据生效的债权文书"公证书"及"执行证书"作出（2014）西中执证字第 00059-6 号执行裁定，查封被执行人××房产公司所有的位于××府南区 285 套房产。之前，被申请人与××房产公司于 2013 年 7 月 6 日签订"商品房买卖合同"，约定被申请人购买××府南区 3 号楼 20203 号房屋，合同价款为 45 万元，所购房屋在西安中院查封房屋之列。"商品房买卖合同"系被申请人与××房产公司的真实意思表示，内容不违反法律、行政法规的强制性规定，合法有效。原审法院认定被申请人与××房产公司在法院查封之前已签订了合法有效的书面买卖合同，并不缺乏证据证明。依据《物权法》第 191 条第 2 款的规定，抵押期间未经抵押权人同意，不得转让抵押财产，但该规定属于管理性强制性法律规定，并非《合同法》第 52 条第 5 项规定的效力性强制性规定，×行××分行主张被申请人与××房产公司未经抵押权人同意所签订的"商品房买卖合同"无效，其理由不能成立。

（2）关于被申请人所购房屋是否用于居住且其名下是否有其他用于居住房屋的问题。

经查,被申请人所购房屋经政府主管部门规划批准的使用性质为居住用房,被申请人只能用于居住。根据西安房管局出具的"财产查询反馈信息表",被申请人名下未登记有其他房屋,×行××分行不能证明被申请人在西安市或者在全国范围内还有其他用于居住的房屋,原审法院认定被申请人所购房屋用于居住且其名下无其他用于居住的房屋,并不缺乏证据证明。《最高人民法院关于人民法院办理执行异议和复议案件若干问题的规定》第29条仅规定房屋买受人名下无其他用于居住的房屋,并未规定买受人配偶、子女名下无其他用于居住房屋作为排除执行的条件,而×行××分行亦未证明被申请人的配偶、子女名下有其他用于居住的房屋,×行××分行主张上述第29条规定系指买受人本人及其配偶、子女名下均没有其他用于居住的房屋,并以原审法院对被申请人配偶、子女名下是否有其他居住用房未予查清为由申请再审,无法律依据,本院不予采信。

(3) 关于被申请人已支付的价款是否超过合同约定总价款的百分之五十的问题。经查,"商品房买卖合同"约定的房屋价款为45万元,被申请人已向××房产公司支付购房款45万元,××房产公司亦向被申请人出具了收款收据。×行××分行对其主张的涉及大量违法行为的疑点事实未予明确,且未提供相应证据,原审法院认定被申请人所支付的购房款超过了合同约定总价款的百分之五十而对×行××分行主张的疑点事实不予认定,有事实和法律依据。据上,原判决认定被申请人对房屋提出的异议符合《最高人民法院关于人民法院办理执行异议和复议案件若干问题的规定》第29条所规定的情形,对房屋的权利能够排除强制执行,并不缺乏证据证明。×行××分行的该项申请再审理由不能成立。

≈≈≈ 作者简析 ≈≈≈

本案例涉及抵押权是否可以对抗消费性购房的买受人,对此,最高人民法院认定买受人的执行异议之诉成立,主要法律依据是《最高人民法院关于人民法院办理执行异议和复议案件若干问题的规定》第29条的规定。

(十) 优先受偿权的顺位

相关规定

▼《民法典》

第415条 同一财产既设立抵押权又设立质权的,拍卖、变卖该财产所得的价款按照登记、交付的时间先后确定清偿顺序。

第416条 动产抵押担保的主债权是抵押物的价款,标的物交付后十日内办理抵押登记的,该抵押权人优先于抵押物买受人的其他担保物权人受偿,但是留置权人除外。

【重点难点提示】

在理解优先受偿权的顺位时,按照下列原则进行:

第一,《民法典》第416条的规定,是针对动产抵押担保的主债权是抵押物的价款的特别规定,具有特殊效力。比如商品买卖合同:在没有付清合同价款以前保留所有权,实际上属于保留所有权的担保。如果该商品已经交付,且在"交付后十日内办理抵押登记",那么,该优先受偿权优先于留置权以外的其他权利。

第二,在法律规定的三种典型"担保物权"中,留置权的效力最高,前述优先受偿权不能对抗因行使留置权产生的优先受偿权。

(十一)关于预告登记的优先受偿权

相关规定

▼《民法典担保制度司法解释》

第52条 当事人办理抵押预告登记后,预告登记权利人请求就抵押财产优先受偿,经审查存在尚未办理建筑物所有权首次登记、预告登记的财产与办理建筑物所有权首次登记时的财产不一致、抵押预告登记已经失效等情形,导致不具备办理抵押登记条件的,人民法院不予支持;经审查已经办理建筑物所有权首次登记,且不存在预告登记失效等情形的,人民法院应予支持,并应当认定抵押权自预告登记之日起设立。

当事人办理了抵押预告登记,抵押人破产,经审查抵押财产属于破产财产,预告登记权利人主张就抵押财产优先受偿的,人民法院应当在受理破产申请时抵押财产的价值范围内予以支持,但是在人民法院受理破产申请前一年内,债务人对没有财产担保的债务设立抵押预告登记的除外。

【重点难点提示】

根据《民法典担保制度司法解释》第52条的规定,当事人办理抵押预告登记后,预告登记权利人请求就抵押财产优先受偿,如果已经办理建筑物所有权首次登记,且不存在预告登记失效等情形,即具备办理抵押登记条件,则其主张应当得到支持,并且人民法院应当认定抵押权自预告登记之日起设立。在此情形下,当事人可以依据预告登记享有优先受偿权。

(十二)最高额抵押合同

相关规定

▼《民法典》

第420条 为担保债务的履行,债务人或者第三人对一定期间内将要连续发生的债权提供担保财产的,债务人不履行到期债务或者发生当事人约定的实现抵押权的情形,抵押权人有权在最高债权额限度内就该担保财产优先受偿。

最高额抵押权设立前已经存在的债权,经当事人同意,可以转入最高额抵押担保的债权范围。

第422条　最高额抵押担保的债权确定前，抵押权人与抵押人可以通过协议变更债权确定的期间、债权范围以及最高债权额。但是，变更的内容不得对其他抵押权人产生不利影响。

第423条　有下列情形之一的，抵押权人的债权确定：

（一）约定的债权确定期间届满；

（二）没有约定债权确定期间或者约定不明确，抵押权人或者抵押人自最高额抵押权设立之日起满二年后请求确定债权；

（三）新的债权不可能发生；

（四）抵押权人知道或者应当知道抵押财产被查封、扣押；

（五）债务人、抵押人被宣告破产或者解散；

（六）法律规定债权确定的其他情形。

第424条　最高额抵押权除适用本节规定外，适用本章第一节的有关规定。

▼《民法典担保制度司法解释》

第15条　最高额担保中的最高债权额，是指包括主债权及其利息、违约金、损害赔偿金、保管担保财产的费用、实现债权或者实现担保物权的费用等在内的全部债权，但是当事人另有约定的除外。

登记的最高债权额与当事人约定的最高债权额不一致的，人民法院应当依据登记的最高债权额确定债权人优先受偿的范围。

第30条　最高额保证合同对保证期间的计算方式、起算时间等有约定的，按照其约定。

最高额保证合同对保证期间的计算方式、起算时间等没有约定或者约定不明，被担保债权的履行期限均已届满的，保证期间自债权确定之日起开始计算；被担保债权的履行期限尚未届满的，保证期间自最后到期债权的履行期限届满之日起开始计算。

前款所称债权确定之日，依照民法典第四百二十三条的规定认定。

【重点难点提示】

实践中，对最高额抵押合同，双方争议的焦点主要有：一是担保责任范围，二是抵押权人的债权是否已经确定。

对于最高额抵押合同的债权确定，《民法典》第423条规定了六种情形。其核心内容有：其一，合同约定了最高额借款发生期间的，合同约定的借款期间届满之日为债权确定之日。其二，当合同未约定借款期间时，一般是不再发生借款的时间为债权确定之日，包括当事人通过合同约定确认借款不再发生；基于某种客观原因，不可能再发生借款的事由已经出现。

另外，《民法典》第422条规定，在最高额抵押担保的债权确定以前，抵押权人与抵押人可以通过协议变更债权确定的期间、债权范围以及最高债权额。

【案例199】

以抵押登记时记载的最高债权限额为限承担担保责任

裁判文书：江苏省南京市中级人民法院（2019）苏01民终1344号民事判决书

判决书认定事实：

本案中，双方当事人约定的抵押方式为最高额抵押。房屋登记部门出具的他项权证中登记的他项权利种类为抵押，债权数额为31.8万元。案涉"最高额反担保抵押合同"约定借款本金、利息、实现债权的费用属于最高额抵押担保范围，但依据物权登记的公示公信效力，抵押人仅以抵押登记时记载的最高债权限额31.8万元为限对所发生的债权承担担保责任，对超出部分不承担担保责任。

【案例200】

"最高额抵押合同"未明确约定最高额，可以以"抵押物清单"中载明的权利价值为准，最高额不能仅指本金

裁判文书：湖北省高级人民法院（2017）鄂民终54号民事判决书

判决书认定事实：

综合当事人上诉、答辩意见，归纳本案二审争议焦点为：××银行××支行能否对案涉房屋和土地优先受偿。

一、关于最高限额具体数额

本院认为："最高额抵押合同"系××银行××支行和××重工集团双方真实意思，虽"最高额抵押合同"第3条未明确约定最高额，但"最高额抵押合同"所附"抵押物清单"中明确载明了"权利价值3 638.12万元"，其后××银行××支行和××重工集团在"房屋登记申请书"上均盖章确认被担保的债权数额（最高债权数额）为3 686.12万元。虽土地他项权证中的最高债权数额为3 930万元，但这一数额系××银行××支行办理登记时单方填写，并非双方一致意思表示，不能视为对"最高额抵押合同"中最高额的变更。故"最高额抵押合同"的最高额应为3 686.12万元。一审判决"以最高额3 686.12万元为限"并无不当，本院予以维持。

二、关于最高额是否仅指本金

本院认为：《担保法》第59条规定，"本法所称最高额抵押，是指抵押人与抵押权人协议，在最高债权额限度内，以抵押物对一定期间内连续发生的债权作担保"。此处的"最高额"应明确具体，决定着抵押人承担担保责任的最大限度，超出此限度则抵押人不再承担担保责任。案涉"最高额抵押合同"第3条内容相互矛盾，且突破了法律规定，不符合最高额抵押的本质要求。故××银行××支行上诉称最高额仅指本金于法不符，本院不予支持。

≋≋≋ 作者简析 ≋≋≋

结合以上两个案例,对于最高额抵押合同的最高额,应按照以下原则进行确定:

(1) 合同约定了最高限额的,以合同约定的金额为准;

(2) 如果合同约定的最高限额,与抵押合同的登记记载不同,以登记载明的数额为准;

(3) 如果合同以及抵押登记簿均未作登记,或登记不明,以"抵押物清单"中载明的权利价值为准;

(4) 办理了抵押登记的,抵押人以登记的最高借款额为限承担责任;

(5) 最高额不能仅指本金,应当以合同约定的担保范围确定。如果合同未约定,或者约定不明,抵押人应当对全部债权包括本金、利息等承担担保责任。

【案例 201】

发生在最高额抵押合同的借款期间内,未超出最高债权限额,属于担保的债权范围

裁判文书:最高人民法院(2015)民申字第 1113 号民事裁定书

裁定书认定事实:

上述两份借款合同项下的借款都发生在"最高额抵押合同"约定的借款期间内,也没有超出最高债权限额,属于该抵押合同所担保的债权范围。

≋≋≋ 作者简析 ≋≋≋

《民法典》第 389 条对担保责任的范围作出了明确规定。对法条中规定的"当事人另有约定的",应当是指在"担保物权的担保范围包括主债权及其利息、违约金、损害赔偿金、保管担保财产和实现担保物权的费用"内,约定了只对其中的部分内容提供担保的,应当按照约定执行。

二、动产质权

相关规定

《民法典》第 425～439 条(略)

【重点难点提示】

动产质权的设立与抵押权的设立不同。抵押权经登记设立,动产质权经交付设立。实践中,应注意以下问题:

1. 关于质权人就拍卖、变卖质押财产所得的价款优先受偿的问题

质押财产折价或者变卖的,应当参照市场价格。以明显低于市场价格的低价处分行

为，对其他债权人构成损害的，其他债权人可以行使撤销权。

2. 质权人要求出质人另行提供相应的担保或拍卖、变卖财产，应当符合法律规定

根据《民法典》第433条的规定，应符合以下要求：

一是质权设立后，出现可能使质押财产毁损或者价值明显减少的情形；

二是其减少或毁损的价值足以损害质权人权利；

三是具有不可归责于质权人的事由，即质权人无过错。

3. 出质人应以质物的价值为限承担担保责任

法律依据为《民法典》第438条的规定。

三、留置权

（一）留置权人应当给债务人合理的债务履行期限

相关规定

▼《民法典》

第453条　留置权人与债务人应当约定留置财产后的债务履行期限；没有约定或者约定不明确的，留置权人应当给债务人六十日以上履行债务的期限，但是鲜活易腐等不易保管的动产除外。债务人逾期未履行的，留置权人可以与债务人协议以留置财产折价，也可以就拍卖、变卖留置财产所得的价款优先受偿。

留置财产折价或者变卖的，应当参照市场价格。

【重点难点提示】

留置权人给债务人的债务履行期限按照下列原则进行确认：

一是合同约定；

二是没有约定或者约定不明确的，留置权人应当给债务人60日以上履行债务的期间；

三是鲜活易腐等不易保管的动产不受前述60日的限制。

（二）留置权的优先受偿权顺位

相关规定

▼《民法典》

第456条　同一动产上已经设立抵押权或者质权，该动产又被留置的，留置权人优先受偿。

【重点难点提示】

同一动产上同时设立抵押权、质权、留置权的，留置权人享有优先受偿权。

第三节　债权担保

一、应收账款质押

相关规定

▼《民法典》

第440条　债务人或者第三人有权处分的下列权利可以出质：

……

（二）债券、存款单；

（三）仓单、提单；

……

（六）现有的以及将有的应收账款……

第445条　以应收账款出质的，质权自办理出质登记时设立。

应收账款出质后，不得转让，但是出质人与质权人协商同意的除外。出质人转让应收账款所得的价款，应当向质权人提前清偿债务或者提存。

▼《民法典担保制度司法解释》

第61条　以现有的应收账款出质，应收账款债务人向质权人确认应收账款的真实性后，又以应收账款不存在或者已经消灭为由主张不承担责任的，人民法院不予支持。

以现有的应收账款出质，应收账款债务人未确认应收账款的真实性，质权人以应收账款债务人为被告，请求就应收账款优先受偿，能够举证证明办理出质登记时应收账款真实存在的，人民法院应予支持；质权人不能举证证明办理出质登记时应收账款真实存在，仅以已经办理出质登记为由，请求就应收账款优先受偿的，人民法院不予支持。

以现有的应收账款出质，应收账款债务人已经向应收账款债权人履行了债务，质权人请求应收账款债务人履行债务的，人民法院不予支持，但是应收账款债务人接到质权人要求向其履行的通知后，仍然向应收账款债权人履行的除外。

以基础设施和公用事业项目收益权、提供服务或者劳务产生的债权以及其他将有的应收账款出质，当事人为应收账款设立特定账户，发生法定或者约定的质权实现事由时，质权人请求就该特定账户内的款项优先受偿的，人民法院应予支持；特定账户内的款项不足以清偿债务或者未设立特定账户，质权人请求折价或者拍卖、变卖项目收益权等将有的应收账款，并以所得的价款优先受偿的，人民法院依法予以支持。

▼《动产和权利担保统一登记办法》（中国人民银行令〔2021〕第7号）

第1~34条（略）

【重点难点提示】

关于登记机构、登记内容等，具体见相关规定。这里从略。实践中，应注意以下问题：

（一）关于异议登记

依据《动产和权利担保统一登记办法》第18~22条的规定，办理异议登记的申请人是担保人或其他利害关系人。进行异议登记的理由是"认为登记内容错误"，包括：第一，债务人主体错误；第二，债权债务金额错误；第三，债务履行期限错误。

值得注意的是，异议登记后，申请人有两项义务：一是通知义务，即担保人或其他利害关系人应当在异议登记办理完毕之日起7日内通知担保权人；二是起诉或申请仲裁的义务，即担保人或其他利害关系人自异议登记之日起30日内，未将争议起诉或提请仲裁并在统一登记系统提交案件受理通知的，征信中心撤销异议登记。

（二）应收账款的担保责任

1. 以现有的应收账款出质，应收账款债务人是否应当承担清偿责任的问题

（1）应收账款债务人应当向质权人承担清偿责任。

1) 应收账款债务人向质权人确认了债权的真实性。

2) 以现有的应收账款出质，应收账款债务人未确认应收账款的真实性，质权人以应收账款债务人为被告，请求就应收账款优先受偿，能够举证证明办理出质登记时应收账款真实存在的，人民法院应予支持；质权人不能举证证明办理出质登记时应收账款真实存在，仅以已经办理出质登记为由，请求就应收账款优先受偿的，人民法院不予支持（《民法典担保制度司法解释》第61条第2款）。

3) 以现有的应收账款出质，应收账款债务人已经向应收账款债权人履行了债务，质权人请求应收账款债务人履行债务的，人民法院不予支持，但是应收账款债务人接到质权人要求向其履行的通知后，仍然向应收账款债权人履行的除外（《民法典担保制度司法解释》第61条第3款）。

（2）应收账款债务人不应当向质权人承担清偿责任的情形。

1) 以现有的应收账款出质，应收账款债务人未确认应收账款的真实性，且质权人不能举证证明办理出质登记时应收账款真实存在，仅以已经办理出质登记为由，请求就应收账款优先受偿的，人民法院不予支持（《民法典担保制度司法解释》第61条第2款）。

2) 如果以现有的应收账款出质，应收账款债务人已经向应收账款债权人履行了债务，质权人请求应收账款债务人履行债务的，人民法院不予支持（《民法典担保制度司法解释》第61条第3款）。

2. 以将有的应收账款承担担保责任（《民法典担保制度司法解释》第61条第4款）

（1）以特定账户的款项承担担保责任。

以基础设施和公用事业项目收益权、提供服务或者劳务产生的债权以及其他将有的应

收账款出质，当事人为应收账款设立特定账户，当发生法定或者约定的质权实现事由时，质权人请求就该特定账户内的款项优先受偿的，人民法院应予支持。

(2) 以折价或拍卖、变卖将有的应收账款所得的价款承担担保责任

特定账户内的款项不足以清偿债务或者未设立特定账户，质权人请求折价或者拍卖、变卖项目收益权等将有的应收账款，并以所得的价款优先受偿的，人民法院依法予以支持。

与代位请求权的应收账款实现方式不同，以应收账款设立质权的，应当通过拍卖、变卖程序，并从拍卖、变卖收入中优先受偿，并不是将应收账款直接转为质权人所有，也不是直接执行应收账款债务人的等额财产。

【案例 202】
应收账款质押合同关系以及质权是否消灭的认定

裁判文书：最高人民法院（2018）最高法民申 3481 号民事裁定书

裁定书认定事实：

××建筑公司的申请再审事由不能成立，理由如下：

一、关于原质押登记的对象是否为案涉应收账款问题

×担保公司与××建筑公司于 2013 年 12 月 6 日签订 2013 年×担保最高反担保质字第 129 号"最高额反担保质押合同"，并通过中国人民银行征信中心应收账款质押登记公示系统办理应收账款质押登记。该质押登记信息显示，质押到期日为"2014 年 12 月 4 日"，质押财产信息中的主合同号码为"泸××个借（2013）年第（195）号"，最高债权额为"5 000 000.00 元"，债务履行期限为"2013-12-05 至 2014-12-04"。虽然登记的质押合同号码"2013 年×担保最高额反担保质字第 129 号"与实际质押合同号码"2013 年×担保最高反担保质字第 129 号"存在一个文字即"额"的差别，但结合"应收账款质押登记协议""个人借款合同"等，可以认定该登记是针对 2013 年×担保最高反担保质字第 129 号"最高额反担保质押合同"项下的质押财产进行的有效登记。该质押合同指向应收账款即为本案诉争的 500 万元工程款债权，××建筑公司未举示证据证明还存在其他 500 万元应收账款，二审判决关于原质押登记的对象即为案涉应收账款的认定并无不当。

二、关于应收账款质押登记是否因登记期限届满而消灭质权问题

《应收账款质押登记办法》第 12 条虽规定，"质权人自行确定登记期限，登记期限以年计算，最长不得超过 5 年。登记期限届满，质押登记失效"，但依照物权法定原则，《应收账款质押登记办法》作为部门规章不能规定应收账款质权的消灭期限，不具有消灭应收账款质权的效力。……××建筑公司关于质押登记逾期即丧失质权的再审申请理由与法律规定不符，本院不予支持。

～～～ 作者简析 ～～～

本案争议的焦点之一是：案例中存在两份质押合同，抵押登记的是哪一份合同？经比

较，两份合同的合同编号相同，仅存在一个文字"额"的差别；质押人未举示证据证明还存在其他500万元应收账款。结合"应收账款质押登记协议""个人借款合同"等证据，可以认定该登记是对2013年×担保最高反担保质字第129号"最高额反担保质押合同"项下的质押财产进行的有效登记。

关于应收账款质押登记是否因登记期限届满而消灭质权问题，最高人民法院认为：《应收账款质押登记办法》第12条的规定属于部门规章，不能作为质权是否消灭的合法依据。笔者还认为，依据《担保法司法解释》第12条第1款关于"当事人约定的或者登记部门要求登记的担保期间，对担保物权的存续不具有法律约束力"的规定，案涉应收账款的质押登记效力不受信贷征信机构有关登记期限的约束，质权人未办理质押登记展期，不影响依法设立的质权的效力。但《民法典》及其司法解释中并无《担保法司法解释》第12条第1款的相关规定。

【案例203】

已经设立质权的应收账款债权是否允许转让，其债权转让合同是否有效

裁判文书：最高人民法院（2017）最高法民再5号民事判决书

判决书认定事实：

关于××煤炭公司与××锅炉厂之间债权转让合同的效力问题，其核心是已经设立质权的应收账款债权转让的法律效力问题。

《物权法》第228条第2款规定：应收账款出质后，不得转让，但经出质人与质权人协商同意的除外。出质人转让应收账款所得的价款，应当向质权人提前清偿或者提存。本院认为上述规定不影响债权转让合同的效力。主要理由是：

第一，现行民法规范中的"不得"二字不是识别效力性强制性规定的标准：它有多种解释可能性，有的是指不发生物权变动的效果，有的是指转让合同、设立物权的合同不发生效力或者无效。例如，关于《城市房地产管理法》第38条规定的不得转让的房地产，目前的司法实践均认为，违反该条规定，转让合同并不无效，但是否发生物权变动或者受让人能否请求转让人继续履行，则需要根据该条规定的各项分别判断。

第二，将《物权法》第228条第2款解释为转让设立质押的应收账款债权无效，在强调债权的流通性及价值的背景下，不利于应收账款债权效益最大化的发挥。这是因为，应收账款债权设定质押与应收账款债权转让具有不同的功能和特征，前者旨在为主债权担保，质权是否行使，取决于债务人是否履行债务，具有不确定性。在质权成立至行使质权这一段期间内，被担保的主债务人与应收账款债权人均有期限利益，这种期限利益有时对当事人利益巨大，涉及市场波动、商业交易等各种因素。同时，根据应收账款债权实现可能性的不同，应收账款债权具有不同的价值，在应收账款受让人认可该价值的前提下，限制该债权转让，将阻碍应收账款债权人变现其债权，并进而损害其利益。另外，在应收账款债权受让人认可该债权价值大于其上设定的质权所担保的主债权并愿意受让该债权的场

合，限制该债权流通，就更不具有合理性。

第三，将已出质的应收账款债权转让合同认定为无效，有时并不利于质权人的利益。根据《物权法》第228条第2款的规定，出质人转让应收账款所得的价款，应当向质权人提前清偿或者提存。如果认定合同无效，则意味着质权人已经取得的转让价款应当返还。对于质权人而言，已经实现的债权（转让价款）与尚未实现的债权（应收账款债权）相比，显然前者对于质权人更为有利。

第四，从登记制度上看，在登记生效主义的物权变动模式下，应当尽量贯彻登记的公信力，如此，不将应收账款债权转让合同归于无效，同时依照物权变动的规则确定质权的归属与效力，在逻辑上更加清晰。

综上，认定已出质的应收账款债权转让合同有效，并不会对质权人的利益造成不利影响，符合《物权法》第228条第2款的立法目的，原审判决认为该条规定并非效力性强制性规定，适用法律正确，应予维持。

≋≋≋ 作者简析 ≋≋≋

本案涉及对已设立质权的应收账款债权转让合同的效力的认定，以及对《物权法》第228条第2款、《民法典》第445条第2款的正确理解。

本案难能可贵的是，判决书通过详细说理，达到令人信服的效果。其认定已经设立质权的应收账款债权转让合同有效，是对有关法律规定的正确理解。第一，现行民法规范中的"不得"二字不是识别效力性强制性规定的标准；第二，在受让人认可应收账款债权价值的前提下，限制该债权转让，将阻碍应收账款债权人变现其债权，进而损害其利益；第三，将已出质的应收账款债权转让合同认定为无效，并不利于保护质权人的利益；第四，从登记制度上看，在登记生效主义的物权变动模式下，应当尽量贯彻登记的公信力，如此，不将应收账款债权转让合同归于无效，同时依照物权变动的规则确定质权的归属与效力。其中，对前述第二点，其法律依据为《物权法》第228条第2款。该规定现已被《民法典》第445条第2款吸收："应收账款出质后，不得转让，但是出质人与质权人协商同意的除外。出质人转让应收账款所得的价款，应当向质权人提前清偿债务或者提存。"

【案例204】

出质人将应收账款出质后，又将该应收账款转让，质权人享有优先受偿权

裁判文书：最高人民法院（2017）最高法民再409号民事判决书

判决书认定事实：

关于案涉款项应否支付给×行××分行的问题。《物权法》第228条规定：以应收账款出质的，当事人应当订立书面合同。质权自信贷征信机构办理出质登记时设立。本案中，质押权人×行××分行与出质人凯××公司在签订"质押合同"后，已依照上述法律规定办理了应收账款质押登记手续，该质权已依法设立。出质人凯××公司在该应收账款

向×行××分行出质后,又将该应收账款转让给李×,产生了×行××分行的质权与李×的债权二者之间的权利冲突。根据物权公信和公示原则,×行××分行的质权具有效力上的优先性。

≋ 作者简析 ≋

《民法典》第445条第2款规定:应收账款出质后,不得转让,但是出质人与质权人协商同意的除外。出质人转让应收账款所得的价款,应当向质权人提前清偿债务或者提存。

案涉应收账款的转让未经质权人同意,因违反了法律强制性规定而无效。应收账款实现的债权大于质权金额的,超过部分的转让协议属于有效约定。转让协议无效的,受让人可以要求出质人返还转让费。部分有效、部分无效的,有效部分待实现质权后剩余的部分归受让人所有。

二、保理

相关规定

▼《民法典担保制度司法解释》

第66条 同一应收账款同时存在保理、应收账款质押和债权转让,当事人主张参照民法典第七百六十八条的规定确定优先顺序的,人民法院应予支持。

在有追索权的保理中,保理人以应收账款债权人或者应收账款债务人为被告提起诉讼,人民法院应予受理;保理人一并起诉应收账款债权人和应收账款债务人的,人民法院可以受理。

应收账款债权人向保理人返还保理融资款本息或者回购应收账款债权后,请求应收账款债务人向其履行应收账款债务的,人民法院应予支持。

第67条 在所有权保留买卖、融资租赁等合同中,出卖人、出租人的所有权未经登记不得对抗的"善意第三人"的范围及其效力,参照本解释第五十四条的规定处理。

【重点难点提示】

保理涉及的法律关系相当复杂,包括应收账款催收及管理、坏账担保、保理融资等。实践中应注意以下问题。

(一)厘清保理形式下的合同关系

笔者认为,保理形式下的合同关系,涵盖了应收账款债权转让合同关系、应收账款的管理合同关系以及担保合同关系。其中:

应收账款债权转让合同关系的当事人是出卖人、保理商(提供保理服务的金融机构)和应收账款债务人。

应收账款的管理合同关系的当事人是债权人和保理商。

担保合同关系的担保人是保理商,担保权人是出卖人。

(二) 关于保理合同的诉讼对象

根据《民法典担保制度司法解释》第66条的规定,在有追索权的保理中,保理人可以应收账款债权人或者应收账款债务人为被告提起诉讼,也可以一并起诉应收账款债权人和应收账款债务人。

(三) 关于法律责任

(1) 债权人应当承担债务的保证责任。按照规定,债权人将对债权人无商业纠纷的应收账款转让给保理商并约定保理商有追索权,其应收账款存在商业纠纷导致不能主张权利的,债权人应当承担保证责任。

(2) 债务人应当承担债务的清偿责任。在保理人承担保证责任后,有权利向债务人进行追偿。当债务人承担了债务的清偿责任时,保理商应当将应收账款转回至应收账款债权人。

三、提单质押

相关规定

▼《民法典》

第440条 债务人或者第三人有权处分的下列权利可以出质:……(三) 仓单、提单……

第441条 以汇票、本票、支票、债券、存款单、仓单、提单出质的,质权自权利凭证交付质权人时设立;没有权利凭证的,质权自办理出质登记时设立。法律另有规定的,依照其规定。

第442条 汇票、本票、支票、债券、存款单、仓单、提单的兑现日期或者提货日期先于主债权到期的,质权人可以兑现或者提货,并与出质人协议将兑现的价款或者提取的货物提前清偿债务或者提存。

▼《民法典担保制度司法解释》

第60条 在跟单信用证交易中,开证行与开证申请人之间约定以提单作为担保的,人民法院应当依照民法典关于质权的有关规定处理。

在跟单信用证交易中,开证行依据其与开证申请人之间的约定或者跟单信用证的惯例持有提单,开证申请人未按照约定付款赎单,开证行主张对提单项下货物优先受偿的,人民法院应予支持;开证行主张对提单项下货物享有所有权的,人民法院不予支持。

在跟单信用证交易中,开证行依据其与开证申请人之间的约定或者跟单信用证的惯例,通过转让提单或者提单项下货物取得价款,开证申请人请求返还超出债权部分的,人民法院应予支持。

前三款规定不影响合法持有提单的开证行以提单持有人身份主张运输合同项下的权利。

【重点难点提示】

如果说应收账款是货币债权的典型代表，提单则是实物债权的典型代表。其法律问题主要有：

（1）提单项下的货物并不存在或灭失的，提单的承运人是否应当承担法律责任？笔者认为，提单的承运人不应当承担责任。理由是：提单上记载的承运人，并非质权人的债务人，也非质押合同关系中的出质人。提单项下的承运人无法完成货物的交付义务时，应当依照合同承担违约责任，而不是对质权人承担担保责任，但质权人可以就获得的保险金、赔偿金或者补偿金等优先受偿或要求提存。

（2）提单上的承运人只认单不认人。也就是说，承运人出具提单后，如果具备提货条件，应当见单即付。如果出质人将提单交给质权人出质后，质权人凭提单向承运人申请提货，承运人有义务交付货物。

（3）对《民法典》第442条规定的"提货日期先于主债权到期的，质权人可以提货，并与出质人协议将兑现的价款或者提取的货物提前清偿债务或者提存"的理解：

1）该条中的"提前清偿债务"，是指质权人的优先受偿权的请求权尚未成就，此时，经过出质人同意，质权人可以对货物进行折价、拍卖或者变卖，并从获取的价款中优先受偿。

2）出质人如果不同意对货物进行折价、拍卖或者变卖，则应当将货物提存。

3）除上述情形外，还有一种形式，那就是质权人因提货而取得货物的实际占有权，此时，相当于出质人将动产交付给质权人，从而设立了动产质权。此时，提单质押担保形式实际上转换为动产质押担保形式，可以依照动产质权的相关规定进行处理。

四、债权担保的法律风险

（一）债权的最终实现具有不确定性

相对于物权担保，债权担保能力相对较弱。在债权担保引发的强制执行案件中，如果申请强制执行的财产存在其他优先受偿权，债权担保虽经登记但不一定产生对抗效力，比如，不能对抗劳务工资、消费性购房、工程价款等优先受偿权。此外，担保的标的是债权，就与债务人履行债务的能力相关，如果债务人履行能力受限，或者丧失了履行债务的能力，债权就不能实现，或者只能实现部分债权。

与设立抵押权的债权、具有工程款优先受偿权的债权相比，显然以普通债权作为担保的风险更大。

(二) 质押人应当考虑的风险

当债权金额与质押登记的金额不一致时,要及时提出异议登记。在履行债务后,要及时注销质押登记,取回债权凭证,并及时向债务人主张权利。当债权凭证载明的债权金额超过实际承担担保责任的金额时,也要及时主张权利,以防止多余资金被占用。

(三) 第三方财产损失风险

第一,债权凭证是由第三方出具的,第三方如果出具了虚假的债权凭证,仍然应承担支付责任。

值得探讨的是,第三方出具的债权凭证,必须以形式上的真实性为前提。由于第三方与担保合同关系无关,不应当以表见代理推定第三方出具了真实的债权凭证。

第二,在质押登记时,第三方接到通知——该笔债权并不存在,或者已经消灭(全部或部分),应当及时提出异议。

第四节 知识产权担保

【相关规定】

▼《民法典》

第 440 条 债务人或者第三人有权处分的下列权利可以出质:……(五)可以转让的注册商标专用权、专利权、著作权等知识产权中的财产权……

第 444 条 以注册商标专用权、专利权、著作权等知识产权中的财产权出质的,质权自办理出质登记时设立。

知识产权中的财产权出质后,出质人不得转让或者许可他人使用,但是出质人与质权人协商同意的除外。出质人转让或者许可他人使用出质的知识产权中的财产权所得的价款,应当向质权人提前清偿债务或者提存。

▼《注册商标专用权质押登记程序规定》(具体条款略)

▼《专利权质押登记办法》(具体条款略)

▼《著作权质权登记办法》(具体条款略)

【重点难点提示】

关于登记机构、登记内容等,具体见相关规定。这里从略。实践中,应注意以下问题。

(一) 知识产权的范围日益广泛,法律并未完全明确规定可以设立担保权的范围

《民法典》第 440 条规定:"债务人或者第三人有权处分的下列权利可以出质:……(五)

可以转让的注册商标专用权、专利权、著作权等知识产权中的财产权……"实践中，知识产权的范围比法律规定的范围要广泛得多。随着科学技术日新月异地发展和进步，新的知识产权不断涌现，这些范围是否作为担保标的物，法律并未明确具体规定，比如商业秘密权、商号权、植物新品种权和集成电路布图设计权就没有被明确包括在法律规定范围内，而是用"等"字予以概括。因此，不可避免在担保标的物范围上出现争议。

(二) 担保标的财产价值的确认

知识产权的担保，主要是在债务人不履行到期债务后，担保权人有请求折价、拍卖、变卖等权利，并从拍卖所取得的收益中优先受偿。未经过法定程序，原则上担保权人不能直接取得知识产权财产权部分的所有权。因此，需要对担保标的物的担保价值进行确认。在确认价值方面主要存在三方面的缺陷：

一是评估机制的固有缺陷。如评估方法、评估参照物、价值计算方法等方面均存在一定缺陷。知识产权属于智力成果，属于无形资产。即使通过评估程序，其真实的市场价值也难以得到确认，加之评估机制的固有缺陷，可能导致评估价值与实际交易价值存在巨大差异。有的知识产权价值很高，有的知识产权无法通过交易来实现其价值。

二是知识产权的交易市场尚不十分成熟。知识产权的担保价值主要是在设立质权时的市场评估价值或协议价值，而实现其优先受偿权在于它未来市场价值的实现。其贬值的可能性大，而公开的市场交易规则不规范，导致知识产权的交易秩序无章可循，风险较大。

三是知识产权转化率不高。因各种原因，对专利权实际运用的转化条件要求较高，有的需要借助先进的生产设备和科学的管理才能进行，以及人们未来对专利产品的认定和接受程度等因素的影响，使成果转化率很低。未实现转化的专利权，很难实现市场交易价值，这使以专利权设立的质权的优先受偿权受到客观条件的限制。

(三) 知识产权担保权的登记制度并不十分完善

通过查阅，目前，我国制定的知识产权质权登记规定只有《注册商标专用权质押登记程序规定》《著作权质权登记办法》《专利权质押登记办法》，以其他知识产权设立的质权，并无质押登记规定。

(四) 知识产权担保的风险

(1) 合同无效风险。知识产权有严格的地域性和时间性，超过知识产权保护的地域和时间，会导致担保合同无效。特别是专利法规定专利有效期限的，超过期限而订立的合同，应属无效合同。

(2) 担保价值难以实现导致担保权难以实现。

(3) 借用签订担保合同的形式窃取高端技术和商业秘密。在科学技术日益发展的今天，千方百计窃取高端技术和商业秘密，成为商业竞争的不正当手段之一。要注意防止高端技术和商业秘密的泄露，避免造成不可挽回的损失。

第五节 股权担保

一、股票质押

> **相关规定**
> ▼《证券公司股票质押贷款管理办法》(略)

【重点难点提示】

关于登记机构、登记内容等，具体见相关规定。这里从略。实践中，应注意以下问题。

(一) 要厘清股票质押的法律关系

1. 证券公司的股票质押贷款的法律关系

(1) 借款合同关系。《证券公司股票质押贷款管理办法》(以下简称《办法》) 第 4 条规定：借款人为依法设立并经中国证券监督管理委员会批准可经营证券自营业务的证券公司（指法人总部，下同），贷款人为依法设立并经原中国银行业监督管理委员会（现为国家金融监督管理总局）批准可经营股票质押贷款业务的商业银行。证券登记结算机构为本办法所指质物的法定登记结算机构。

(2) 担保法律关系。前述借款人为出质人，贷款人为质权人。被担保债权的主合同是借款合同。担保法律关系是股票质押合同。质物为股票。

《办法》第 3 条规定："本办法所称质物，是指在证券交易所上市流通的、证券公司自营的人民币普通股票（A 股）、证券投资基金券和上市公司可转换债券（以下统称股票）。"

2. 上市公司的股票质押法律关系

出质人是上市公司的股票持有人，质权人为债权人。质物为股票。

(二) 股票质押的有关法律问题

1. 证券登记结算机构应将出质股票足额、及时转移至贷款人特别席位下存放

《办法》第 29 条规定："证券登记结算机构应根据出质人及贷款人的申请将出质股票足额、及时转移至贷款人特别席位下存放。"

2. 贷款人卖出质物并提前收回贷款

《办法》第 31 条规定："在质押合同期内，借款人可向贷款人申请，贷款人同意后，按借款人的指令，由贷款人进行部分（或全部）质物的卖出，卖出资金必须进入贷款人资金账户存放，该资金用于全部（或部分）提前归还贷款，多余款项退借款人。"

3. 贷款人有权直接处分质物并清偿债权

《办法》第 33 条规定："用于质押股票的市值处于本办法第二十七条规定的平仓线以

下（含平仓线）的，贷款人有权无条件处分该质押股票，所得的价款直接用于清偿所担保的贷款人债权。"

4. 贷款人返还质物或卖出质物、清偿贷款

《办法》第34条规定："借款合同期满，借款人履行还款义务的，贷款人应将质物归还借款人；借款合同期满，借款人没有履行还款义务的，贷款人有权依照合同约定通过特别席位卖出质押股票，所得的价款直接用于清偿所担保的贷款人债权。"

二、股份质押与执行

【相关规定】

▼《民法典》

第440条 债务人或者第三人有权处分的下列权利可以出质：……（四）可以转让的基金份额、股权……

第443条 以基金份额、股权出质的，质权自办理出质登记时设立。

基金份额、股权出质后，不得转让，但是出质人与质权人协商同意的除外。出质人转让基金份额、股权所得的价款，应当向质权人提前清偿债务或者提存。

▼《民法典担保制度司法解释》

第9条 相对人根据上市公司公开披露的关于担保事项已经董事会或者股东大会决议通过的信息，与上市公司订立担保合同，相对人主张担保合同对上市公司发生效力，并由上市公司承担担保责任的，人民法院应予支持。

相对人未根据上市公司公开披露的关于担保事项已经董事会或者股东大会决议通过的信息，与上市公司订立担保合同，上市公司主张担保合同对其不发生效力，且不承担担保责任或者赔偿责任的，人民法院应予支持。

相对人与上市公司已公开披露的控股子公司订立的担保合同，或者相对人与股票在国务院批准的其他全国性证券交易场所交易的公司订立的担保合同，适用前两款规定。

▼《股权出质登记办法》（具体条款略）

【重点难点提示】

关于登记机构、登记内容等，具体见相关规定。这里从略。实践中，应注意以下问题。

（一）关于股份质权实现应当遵守公司法的相关规定

《担保法》第78条第3款规定："以有限责任公司的股份出质的，适用公司法股份转让的有关规定……"但随着《民法典》的颁布，《担保法》废止，股权出质不再被公司法股份转让的有关规定限制。但笔者认为，当债权人未获债务全部清偿须实现质权时，涉

转让股权行为时，依然适用公司法股份转让的有关规定。

《公司法》第84条规定：有限责任公司的股东之间可以相互转让其全部或者部分股权。股东向股东以外的人转让股权的，应当将股权转让的数量、价格、支付方式和期限等事项书面通知其他股东，其他股东在同等条件下有优先购买权。股东自接到书面通知之日起30日内未答复的，视为放弃优先购买权。两个以上股东行使优先购买权的，协商确定各自的购买比例；协商不成的，按照转让时各自的出资比例行使优先购买权。公司章程对股权转让另有规定的，从其规定。

《公司法》第159条规定：股票的转让，由股东以背书方式或者法律、行政法规规定的其他方式进行；转让后由公司将受让人的姓名或者名称及住所记载于股东名册。股东会会议召开前20日内或者公司决定分配股利的基准日前5日内，不得变更股东名册。法律、行政法规或者国务院证券监督管理机构对上市公司股东名册变更另有规定的，从其规定。

《公司法》第160条规定：公司公开发行股份前已发行的股份，自公司股票在证券交易所上市交易之日起1年内不得转让。法律、行政法规或者国务院证券监督管理机构对上市公司的股东、实际控制人转让其所持有的本公司股份另有规定的，从其规定。公司董事、监事、高级管理人员应当向公司申报所持有的本公司的股份及其变动情况，在就任时确定的任职期间每年转让的股份不得超过其所持有本公司股份总数的25%；所持本公司股份自公司股票上市交易之日起1年内不得转让。上述人员离职后半年内，不得转让其所持有的本公司股份。公司章程可以对公司董事、监事、高级管理人员转让其所持有的本公司股份作出其他限制性规定。股份在法律、行政法规规定的限制转让期限内出质的，质权人不得在限制转让期限内行使质权。

(二) 国有股份质押的特殊规定

根据《财政部关于上市公司国有股质押有关问题的通知》（财企〔2001〕651号）以及《财政部关于上市公司国有股被人民法院冻结拍卖有关问题的通知》（财企〔2001〕656号）的相关规定，国有股份质押的特殊性主要有：

(1) 国有股东授权代表单位持有的国有股只限于为本单位及其全资或控股子公司提供质押。

(2) 国有股东授权代表单位用于质押的国有股数量不得超过其所持该上市公司国有股总额的50%。

(3) 公司发起人持有的国有股，在法律限制转让期限内不得用于质押。

(4) 国有股用于质押后，国有股东授权代表单位应当按时清偿债务。国有股东授权代表单位不能按时清偿债务的，应当通过法律、法规规定的方式和程序将国有股变现后清偿，不得将国有股直接过户到债权人名下。

(5) 关于执行股权的特殊规定。

1) 国有股东授权代表单位所持国有股被人民法院司法冻结的,应当在接到人民法院冻结其所持国有股通知之日起5个工作日内,将该国有股被冻结的情况报财政部备案,并通知上市公司。国有股东授权代表单位属地方管理的,同时抄报省级财政机关。

国有股东授权代表单位对冻结裁定持有异议的,应当及时向作出冻结裁定的人民法院申请复议;人民法院依法作出解除冻结裁定后,国有股东授权代表单位应当在收到有关法律文书之日起5个工作日内,将该国有股解冻情况报财政部备案,并通知上市公司。国有股东授权代表单位属地方管理的,同时抄报省级财政机关。

2) 国有股东授权代表单位所持国有股被冻结后,应当在规定的期限内提供方便执行的其他财产,其他财产包括银行存款、现金、成品和半成品、原材料等,其他财产不足以清偿债务的,由人民法院执行股权拍卖。

3) 国有股拍卖必须确定保留价。当事人应当委托具有证券从业资格的评估机构对拟拍卖的国有股进行评估,并按评估结果确定保留价。

评估结果确定后,评估机构应当在股权拍卖前将评估结果报财政部备案。国有股东授权代表单位属地方管理的,同时抄报省级财政机关。

4) 对国有股拍卖的保留价,有关当事人或知情人应当严格保密。第一次拍卖竞买人的最高应价未达到保留价时,应当继续拍卖,每次拍卖的保留价应当不低于前次保留价的90%。第三次拍卖最高应价仍未达到保留价时,该应价不发生效力,拍卖机构应当中止国有股的拍卖。

(三) 股份质权设立后,应限制转让

基金份额、股权出质后,不得转让,但是出质人与质权人协商同意的除外。出质人转让基金份额、股权所得的价款,应当向质权人提前清偿债务或者提存(《民法典》第443条第2款)。

(四) 上市公司的担保责任

根据《民法典担保制度司法解释》第9条的规定,如果相对人根据上市公司公开披露的关于担保事项已经董事会或者股东大会决议通过的信息,与上市公司订立担保合同,相对人主张担保合同对上市公司发生效力,并由上市公司承担担保责任的,应当得到支持,反之,上市公司不应承担担保责任或者赔偿责任。

(五) 股份质权的风险

股份质权主要存在效益风险、财务风险和交易风险。当债务人不能履行到期债务时,质权人需要请求处分质押的股份。如果股份不能在市场顺利实现交易,质权人权利实现的可能性较小。

第六节　非典型担保

一、让与担保

> 相关规定

▼《民法典担保制度司法解释》

第68条　债务人或者第三人与债权人约定将财产形式上转移至债权人名下，债务人不履行到期债务，债权人有权对财产折价或者以拍卖、变卖该财产所得价款偿还债务的，人民法院应当认定该约定有效。当事人已经完成财产权利变动的公示，债务人不履行到期债务，债权人请求参照民法典关于担保物权的有关规定就该财产优先受偿的，人民法院应予支持。

债务人或者第三人与债权人约定将财产形式上转移至债权人名下，债务人不履行到期债务，财产归债权人所有的，人民法院应当认定该约定无效，但是不影响当事人有关提供担保的意思表示的效力。当事人已经完成财产权利变动的公示，债务人不履行到期债务，债权人请求对该财产享有所有权的，人民法院不予支持；债权人请求参照民法典关于担保物权的规定对财产折价或者以拍卖、变卖该财产所得的价款优先受偿的，人民法院应予支持；债务人履行债务后请求返还财产，或者请求对财产折价或者以拍卖、变卖所得的价款清偿债务的，人民法院应予支持。

债务人与债权人约定将财产转移至债权人名下，在一定期间后再由债务人或者其指定的第三人以交易本金加上溢价款回购，债务人到期不履行回购义务，财产归债权人所有的，人民法院应当参照第二款规定处理。回购对象自始不存在的，人民法院应当依照民法典第一百四十六条第二款的规定，按照其实际构成的法律关系处理。

第69条　股东以将其股权转移至债权人名下的方式为债务履行提供担保，公司或者公司的债权人以股东未履行或者未全面履行出资义务、抽逃出资等为由，请求作为名义股东的债权人与股东承担连带责任的，人民法院不予支持。

第70条　债务人或者第三人为担保债务的履行，设立专门的保证金账户并由债权人实际控制，或者将其资金存入债权人设立的保证金账户，债权人主张就账户内的款项优先受偿的，人民法院应予支持。当事人以保证金账户内的款项浮动为由，主张实际控制该账户的债权人对账户内的款项不享有优先受偿权的，人民法院不予支持。

在银行账户下设立的保证金分户，参照前款规定处理。

当事人约定的保证金并非为担保债务的履行设立，或者不符合前两款规定的情形，债权人主张就保证金优先受偿的，人民法院不予支持，但是不影响当事人依照法律的规定或者按照当事人的约定主张权利。

▼《2020民间借贷司法解释》

第23条 当事人以订立买卖合同作为民间借贷合同的担保，借款到期后借款人不能还款，出借人请求履行买卖合同的，人民法院应当按照民间借贷法律关系审理。当事人根据法庭审理情况变更诉讼请求的，人民法院应当准许。

按照民间借贷法律关系审理作出的判决生效后，借款人不履行生效判决确定的金钱债务，出借人可以申请拍卖买卖合同标的物，以偿还债务。就拍卖所得的价款与应偿还借款本息之间的差额，借款人或者出借人有权主张返还或者补偿。

▼《九民纪要》

71. 债务人或者第三人与债权人订立合同，约定将财产形式上转让至债权人名下，债务人到期清偿债务，债权人将该财产返还给债务人或第三人，债务人到期没有清偿债务，债权人可以对财产拍卖、变卖、折价偿还债权的，人民法院应当认定合同有效。合同如果约定债务人到期没有清偿债务，财产归债权人所有的，人民法院应当认定该部分约定无效，但不影响合同其他部分的效力。

当事人根据上述合同约定，已经完成财产权利变动的公示方式转让至债权人名下，债务人到期没有清偿债务，债权人请求确认财产归其所有的，人民法院不予支持，但债权人请求参照法律关于担保物权的规定对财产拍卖、变卖、折价优先偿还其债权的，人民法院依法予以支持。债务人因到期没有清偿债务，请求对该财产拍卖、变卖、折价偿还所欠债权人合同项下债务的，人民法院亦应依法予以支持。

【重点难点提示】

（一）所有权让与担保

让与担保中转移财产所有权只是担保的一种措施，并不表示真实的财产所有权转移。现以名为买卖、实为担保举例说明。

关于名为买卖、实为担保的合同性质应如何认定，在第一章第三节中有详细阐述，这里从略。

1. 关于诉讼请求权的问题

一是出借人直接请求履行买卖合同（如交付房屋、办理不动产权证书）的，法院只能依照民间借贷法律关系审理。二是判决生效后，借款人不履行生效判决确定的金钱债务，出借人可以申请拍卖、变卖买卖合同标的物，以偿还债务。

2. 关于在名为买卖、实为担保的场合，出借人是否享有优先受偿权的问题

笔者认为，优先受偿权是法定的，因此，《2020民间借贷司法解释》第23条规定的名为买卖、实为担保，如果未办理抵押权的登记，出借人不能享有优先受偿权。

3. 关于担保物灭失后担保人的责任问题探讨

《2020民间借贷司法解释》第23条，一是规定了法院应当按照民间借贷法律关系审

理。二是规定了出借人可以申请拍卖买卖合同标的物,以偿还债务。但是,假设其标的物事实上已经不存在,比如已经通过买卖合同的形式向第三方转让,或者应建筑施工单位的请求抵偿了工程款,或者被其他合法债权人申请了强制执行,等,在此情形下,如何认定担保人的担保责任呢?

实践中争议较大,有不同观点:

一种观点认为,担保人承担的应当是保证责任。因为无物的担保只能是保证。

另一种观点认为,担保人承担的是损害赔偿责任。在此情形下,担保人有过错的,应当承担部分赔偿责任。

4. 当拍卖价款不足以清偿借款本息时,出借人有权向谁主张补偿

《2020民间借贷司法解释》第23条还规定,就拍卖所得的价款与应偿还借款本息之间的差额,借款人或者出借人有权主张返还或者补偿。

如果提供担保物的是第三人,第三人提供的是物的担保而非信用担保,所以,第三人不用补偿。而且,第三人提供的担保物在担保时可能是足值的,而通过拍卖、变卖程序,可能不能实现物的正常交易价格,如因处置担保物的损失由第三人承担,有失公平。即使担保物的价值不足,担保人也只能在担保物的实现价值范围内承担责任。

5. 以签订商品房买卖合同为借款合同提供担保,应当缴纳契税吗

以签订商品房买卖合同为借款合同提供担保,此时,商品房买卖合同的义务尚未开始履行。未来是否履行,在签订合同时并未确定。因此,为了担保而签订的商品房买卖合同,并未实现交易行为。义务的确定分为以下情形:

第一种情形:借款人履行债务、双方合同约定解除借款合同、第三人代为履行还款义务、债权债务相互抵销等原因,导致借款合同的债权债务关系消灭的,担保合同关系也归于消灭。此时,双方签订的商品房买卖合同,实际上不再履行,应当恢复至签订合同以前的状态。

第二种情形:主合同的债务人未履行债务,导致出借人追究担保人的责任的,因履行担保义务的房屋被抵偿债务或被法院依法拍卖。此时,交易行为成立,应当交纳有关税费。

第三种情形:当事人签订了以房抵债协议,或者在被强制执行过程中,案外人如消费性购房业主提出执行异议或提起执行异议之诉,且执行异议成立的,此时,签订的商品房买卖合同实际上也不会实际履行,税费应当由实际发生交易的当事人交纳。

(二)股权让与担保

债务人与债权人以股权转让方式为债权实现担保的,属于市场经济发展中的特殊担保类型,能够弥补典型担保和其他非典型担保方式之缺陷,为股权质权方式之有益补充。债权人与债务人签订的名为股权转让、实为股权让与担保的合同,系双方当事人真实意思表示,未违反法律及行政法规的强制性规定或公序良俗的,其合同约定合法有

效。债务人依法清偿债务后，有权要求债权人归还股权。债务人不履行偿还义务的，履行期届满后，债权人可以请求处分股权以清偿债务。

值得注意的是，此时的股权并非仅指《民法典》第440、443条规定的"股权出质"。以依法可以转让的股权出质的，出质人与质权人应当订立书面合同，并向证券登记机构办理出质登记。此时，该担保应属于典型担保方式。如果双方签订合同，将股票交付给担保权人，并未向证券登记机构办理出质登记，则该担保为非典型担保。非典型担保的股权让与担保，可以向市场监管机构申请办理股权转让登记。

对企业法人的出资，对股份有限公司的股份比例，都可以设立非典型担保。比如，双方签订的出资转让协议、股份转让协议，只要具备担保合同的性质，并未违反国家法律和行政法规的强制性规定，应当属于合法有效。

股票的担保价值在于股权对外的转让价值，或股东所持出资比例或股份比例所产生的收益分配权。如：最高人民法院在"上诉人修水县巨通投资控股有限公司与被上诉人福建省稀有稀土（集团）有限公司及原审第三人江西巨通实业有限公司合同纠纷案"[1] 中作了以下认定："《股权转让协议》约定了转让标的、转让价款、变更登记等事项，江西巨通、修水巨通均就股权转让事宜作出股东会决议，案涉股权亦办理了变更登记手续，具备股权转让的外在表现形式。且《股权转让协议》第3.1条约定了清算条款，不违反流质条款的禁止性规定。故，《股权转让协议》系各方当事人通过契约方式设定让与担保，形成一种受契约自由原则和担保经济目的双重规范的债权担保关系，不违反法律、行政法规的禁止性规定，应为合法有效。"

（三）让与担保的法律特征

1. 共性特征

（1）让与担保作为一种担保方式，应当订立担保合同。合同的成立既要遵循合同成立与生效的相关法律规定，也要遵循主合同和从合同的相关规定。

（2）让与担保属于特殊的担保方式。其特殊性主要体现在：1）合同的标的物是特定的物或者权利，即划定了物或权利的范围，并且在特定的物上或权利上设立了担保权。2）担保范围仍然要根据合同约定执行。但在多数情形下，双方并未签订专门的担保合同。在此情形下，要根据未清偿的主债务的范围来确定。这里有以下情况：担保物的变现价值大于未清偿的主债务金额；担保物的变现价值小于未清偿的主债务金额；担保物的变现价值等于未清偿的主债务金额。当然等于的概率太小。如果大于，剩余部分应当返还给担保人。如果小于，则以担保的物或权利所能实现的价值为限。也就是说，未足额清偿部分，担保人不再承担担保责任。

（3）责任形式。是一般担保还是连带担保，应根据合同约定确定。

---

[1] 最高人民法院（2018）最高法民终119号民事判决书。

(4) 商品房让与担保形式的网签与预告登记的法律效力

1) 让与担保合同中的网签行为,并不是物权法规定的登记行为,不产生物权效力。

如果是用商品房买卖合同作为担保,双方在签订买卖合同后,办理了网签,但网签只是一种行政行为,并不属于物权的登记行为,因此,在名为买卖、实为担保的情形下,并不影响商品房的对外处分。只是作为担保人的出卖人,应当将处分财产所得用于清偿债务或者依法提存。

此外,网签的房屋并不能对抗具有优先受偿权的其他债权。

2) 当事人办理了抵押财产的预告登记,是否可以依据预告登记主张优先受偿权?

依照《民法典担保制度司法解释》第52条第1款的规定,经审查存在尚未办理建筑物所有权首次登记、预告登记的财产与办理建筑物所有权首次登记时的财产不一致、抵押预告登记已经失效等情形,导致不具备办理抵押登记条件的,不能主张优先受偿权。如果经审查已经办理建筑物所有权首次登记,且不存在预告登记失效等情形的,当事人可以请求优先受偿权,且应当认定抵押权自预告登记之日起设立。

2. 独有特征

(1) 让与担保与保证的联系与区别。

保证合同分为一般保证和连带责任保证。对于让与合同的担保责任,仍然可以参考保证合同的责任形式确定,即:明确约定了属于连带责任人担保的,适用连带责任保证的规定。如果未约定责任形式,或者约定不明,应当推定为承担一般担保责任。同时,二者又有区别,区别在于:就保证责任而言,对于用何种标的物或权利去履行担保责任,并未明确约定,而是在应当承担担保责任时,根据权利人的请求以及能够实现的方式进行具体确定,具有不确定性。而就让与担保而言,主债务履行期限届满,债权人有权请求处分的财产范围是明确的,也就是担保合同中约定的担保物或权利。同时,担保责任的范围也是确定的:担保物或权利处置后不足以清偿债务的,担保人不应再承担其他责任。处分财产或权利清偿有剩余的,应当返还给担保人。

(2) 让与担保的流质、流押条款应当被认定无效,但不影响其他部分的合同效力。

关于让与担保中禁止流质、流押的问题,《民法典担保制度司法解释》第68条第2款作了规定。《九民纪要》第71条中规定:"债务人或者第三人与债权人订立合同,约定将财产形式上转让至债权人名下,债务人到期清偿债务,债权人将该财产返还给债务人或第三人,债务人到期没有清偿债务,债权人可以对财产拍卖、变卖、折价偿还债权的,人民法院应当认定合同有效。合同如果约定债务人到期没有清偿债务,财产归债权人所有的,人民法院应当认定该部分约定无效,但不影响合同其他部分的效力。"前述规定的立法目的是避免债权人乘人之危而滥用其优势地位,通过压低担保物价格的方式获取暴利。

(3) 让与担保与后让与担保、以物抵债、债的加入的区别。

如果在主债务期限届满之前约定债务人不能清偿债务时,担保财产或权利属于权利人，则此约定属于前述的流质、流押条款，是没有法律效力的。

让与担保与后让与担保的区别在于取得因让与而取得担保物的所有权的时间是不同的。在让与担保成立时，担保权人会因为担保物的所有权作为有条件的让渡而取得担保物的所有权，后让与担保则是债务人不能履行到期债务时才将担保物的所有权让渡给担保权人。在担保合同成立时，后让与担保的担保权人享有的是对担保物的期待权。二者具有担保性质的共同特点是均不得直接取得担保物的所有权，而只能从担保物的变现价值中得到清偿。

让与担保与以物抵债的显著区别是，取得标的物的所有权是否为双方真实意思表示。虽然让与担保的担保权人因所有权的让渡而取得所有权，但这种所有权只是形式上的所有权，其实质内容会受到处分权、使用权方面的限制，因此，不是完整意义上的所有权，也表明此时的担保权人取得所有权并不是双方真实意思表示。而以物抵债协议则不同：以物抵债协议履行的结果，是债权人真实取得完整意义上的所有权。在以物抵债协议下，当所有权发生转移时，其债权债务关系同时归于消灭。而让与担保的形式下，当所有权发生转移时，其债权债务关系并不消灭；只有在担保物被处分后担保权人从取得的变现价值中得到清偿，其债权债务关系才归于消灭。如果订立所谓的担保合同的时间是在主债务期限届满之后，双方约定的内容是"将担保物或权利直接抵偿债务"，这一约定其实并不具有担保的合同性质，而是以物抵债协议。

此外，还要注意让与担保与债的加入的区别。最高人民法院有案例，其认为：如果担保人与出借人在签订了担保合同以后，又签订了一份借款合同，此时的担保人虽然在借款合同中具有借款人的身份，但是，他并未因此享受借款人向出借人收取借款的权利，按照双务合同的性质，他所履行的偿还义务与借款人应当享受的权利是不对等的。但是，他又明确表示了愿意偿还此笔借款，证明是债的加入。

【最高人民法院指导性意见】

▼预购商品房抵押的预告登记不产生抵押效力。理由是：预告登记是与本登记相对应的概念，预告登记是对将来发生不动产物权变动的目的请求权的登记，本登记则是对已经发生的物权变动进行的登记。本案中的预购商品房抵押预告登记，主要促使以设立房屋抵押权为内容的请求权得以实现，并非直接导致抵押权的设立。《担保法司法解释》第47条、《物权法》第187条中关于抵押物登记，均指本登记，非预告登记，故在预售商品房上抵押预告未转换成房屋抵押登记之前，抵押权人行使房屋优先受偿权依据不足，不予支持。①

▼最高人民法院民一庭认为，双方当事人就其之间法律关系为商品房买卖合同关系还

---

① 最高人民法院民一庭. 民事审判指导与参考：2016年卷. 北京：人民法院出版社，2016：112.

是民间借贷关系产生争议的，人民法院应当结合双方当事人提交的证据，探究合同签订时双方当事人的真实意思表示，依照当事人的真实意思表示及合同履行情况对当事人之间的法律关系作出判断。当事人以签订商品房买卖合同作为民间借贷合同的担保，借款到期后借款人不能还款，出借人请求履行买卖合同的，人民法院应当按照民间借贷法律关系审理。①

【权威观点】

让与担保，是指债务人或者第三人为担保债务的履行，将标的物的所有权等权利转移至债权人，债务清偿后，债权人应将标的物返还于债务人或者第三人，债务不履行时，债权人得就该标的物优先受偿的一种非典型担保。②

【案例 205】

预购商品房抵押的预告登记是否产生抵押效力③

案情简介：

2002 年 8 月，贺某与房地产公司签订商品房买卖合同一份，约定其向房地产公司购买在建别墅一幢，总金额 600 余万元。同时，贺某与农行某支行签订了"个人住房按揭（抵押）借款合同"，约定农行某支行以按揭贷款方式向其发放贷款 500 万元，由贺某以购买的上述在建房产作为抵押，并由其向房产部门办理了抵押备案登记（预购房产贷款抵押登记），房地产公司承诺为上述借款承担连带责任保证。

合同签订后，农行某支行依约发放了贷款，贺某也陆续还款。后因房地产公司未能按时交房及办理产权证，故贺某与其协议解除购房合同。因未能还款产生纠纷，故银行提起诉讼，要求偿还借款本息，并对预告登记抵押房产行使优先受偿权。

法院裁判情况：

二审法院经审理认为：原审判决由房地产公司返还银行尚欠的贷款本息正确。关于对抵押物优先受偿的上诉请求，系争房产上设立的抵押预告登记，与抵押权设立登记具有不同的性质和效力。依据《物权法》第 20 条的规定：预告登记后，未经预告登记的权利人同意，处分该不动产的，不发生物权效力。预告登记后，债权消灭或者自能够进行不动产登记之日起 3 个月内未申请登记的，预告登记失效。抵押权预告登记所登记的并非现实的抵押权，而是将来发生抵押权变动的请求权，该请求权具有排他效力。因此，银行作为系争房屋抵押权预告登记的权利人，在未办理房屋抵押权设立登记之前，其享有的是抵押登记条件成就或约定期限届满时办理抵押权登记的请求权，并非对系争房屋的现实抵押权。

---

① 最高人民法院民事审判第一庭. 民间借贷纠纷审判案例指导. 北京：人民法院出版社，2015：48-62.
② 最高人民法院民事审判第一庭. 最高人民法院新民间借贷司法解释理解与适用. 北京：人民法院出版社，2021：344.
③ 最高人民法院民一庭. 民事审判指导与参考：2016 年卷. 北京：人民法院出版社，2016：112.

故二审法院判决：驳回上诉，维持原判。

【案例206】

当事人之间就商品房买卖合同还是民间借贷合同产生争议的，如何认定合同性质

裁判文书：最高人民法院（2013）民提字第135号民事判决书

判决书认定事实：

认定当事人之间是否存在债权债务关系，书面合同并非不可缺少的要件。只要确认双方当事人就借贷问题达成了合意且出借方已经实际将款项交付给借款方，即可认定债权债务关系成立。杨×鹏向嘉×公司支付340万元并收取利息的行为，足以认定双方之间成立了债权债务关系。嘉×公司从杨×鹏处取得340万元的真实意思是融资还债，其与杨×鹏签订"商品房买卖合同"的目的，则是担保债务的履行。鉴于双方未办理抵押登记，其约定也不符合《担保法》规定的担保方式，故双方签订"商品房买卖合同"并办理商品房备案登记的行为应认定为非典型的担保方式。即在嘉×公司不能按时归还340万元的情况下，杨×鹏可以通过拍卖或者变卖案涉房屋的方式确保其能够实现债权。如果嘉×公司按时归还340万元，则杨×鹏是不能就案涉的53间商铺主张权利的。嘉×公司对交易的控制体现在借款合同和其没有将"销售不动产统一发票"原件交付给杨×鹏，而缺少了发票，杨×鹏是无法实际取得商铺并办理产权登记手续的。《物权法》第186条规定，抵押权人在债务履行期限届满前，不得与抵押人约定债务人不履行到期债务时抵押财产归债权人所有。该规定主要是基于平衡双方当事人利益的考虑，防止居于优势地位的债权人牟取不当暴利，损害债务人特别是其他债权人的利益。尽管本案中双方当事人签订"商品房买卖合同"并办理商品房备案登记的行为并不导致抵押权的成立，但足以在双方当事人之间成立一种非典型的担保关系。既然属于担保，就应遵循物权法有关禁止流质的原则，也就是说在债权人实现担保债权时，对设定的担保财产，应当以拍卖或者变卖的方式受偿……杨×鹏请求直接取得案涉商铺所有权的主张违反《物权法》关于禁止流质的规定，本院不予支持。嘉×公司关于双方当事人之间存在借贷关系，签订"商品房买卖合同"只是为担保杨×鹏债权的实现的主张，有事实依据，本院予以支持。

【案例207】

在签订商品房买卖合同的同时又签订了回购协议，应被认定为民间借贷合同关系

裁判文书：最高人民法院（2013）民一终字第144号民事判决书

判决书认定事实：

关于张×与×房产公司之间就5 000万元形成的是商品房买卖关系还是民间借贷关系的问题。

本院认为，在双方证据均有缺陷的情况下，应当结合双方当事人提交的证据，探究"商品房买卖合同"与"回购协议"签订时合同当事人的真实意思，进而对合同当事人之间法律关系的性质作出判断。

首先，从张×在2011年7月25日签订"商品房买卖合同"和"回购协议"的行为分析，张×缔约的目的不是购买商品房。"商品房买卖合同"中的购买者，购买房屋的目的无非是自用或者投资：如果购房的目的是自用，则买方不会在缔约当日就签订回购合同，允诺售房一方将房屋回购；如果购房的目的是投资，则需要待所购房屋升值后售出，以赚取差价。但允许售房一方在1个月之内回购，则很难实现赚取差价的目的。在排除了购房自用和投资两种用途后，结合"回购协议"中关于×房产公司回购房屋的时间和价款的约定，可以证明张×向×房产公司支付5 000万元并非以购买案涉商品房为目的。

其次，从×房产公司缔约时的真实意思看，×房产公司并不否认其与张×缔约的目的是尽快得到5 000万元，以便用于参与金安出（2011）13号地块的竞拍活动。从"回购协议"的内容和×房产公司自己的陈述可以看出，×房产公司缔约的目的就是向张×筹款参与竞拍：如果竞拍不成功，则马上回购所售房屋；如果竞拍成功，则可能因无力回购而舍弃案涉"商品房买卖合同"项下房屋。但在与张×缔约时，双方并未强调后一结果，否则，难以解释其对"商品房买卖合同"项下房屋约定卖出，1个月后回购，则要增加250万元，第二个月回购，增加300万元。×房产公司将"回购协议"解释为只是为其单方设定回购的权利，是否回购，完全凭其意愿自主决定，而对于张×来说，只有在×房产公司要求回购时进行配合的义务。本院认为，在双方没有明确约定的情况下，将"回购协议"解释为一方当事人只享有权利，而另一方当事人只承担义务的合同，显然不符合合同当事人双方的真实意思表示，亦违反民事活动自愿、公平、等价有偿、诚实信用的原则。故对×房产公司的上述观点，本院不予采信。

综上所述，张×与×房产公司签订"商品房买卖合同"与"回购协议"，并非以取得案涉房屋所有权为目的，而是为了实现资金融通。卖方取得资金用于竞拍土地，买方收取利息。双方订立"商品房买卖合同"是为了担保债权的实现。

≋≋≋ **法官论述** ≋≋≋

当事人签订了"商品房买卖合同"和"回购协议"，并发生资金转移，但各方对债权债务的性质各执一词，一方主张是商品房买卖，另一方主张是民间借贷，双方均未提供足以证明自己的主张或者足以反驳对方主张的证据。在双方证据均有缺陷的情况下，应当结合双方当事人提交的证据，探究"商品房买卖合同"与"回购协议"签订时合同当事人的真实意思，进而对合同当事人之间法律关系的性质作出判断。若从当事人所签订的"商品房买卖合同"和"回购协议"的合同目的及履行情况看，双方缔约的真实意思并非以取得案涉房屋所有权为目的，而是为了实现资金融通，签订商品房买卖合同是为担保债权的实现，此种情形下，人民法院应当按照民间借贷法律关系审理。①

≋≋≋ 作者简析 ≋≋≋

实践中存在两种情形：一是当事人双方签订了商品房买卖合同，同时又签订了回购协议；二是双方仅签订了商品房买卖合同，未签订借款合同，也未签订回购协议的情形，应如何认定商品房买卖合同的性质是买卖合同性质还是借款合同性质，辨别的关键是当事人之间有无买卖的真实意思表示。《2020民间借贷司法解释》第23条规定的适用前提是"当事人以订立买卖合同作为民间借贷合同的担保"，即当事人的意思表示是单一纯粹的以买卖担保借贷，而无买卖的意思表示。此种情形下，人民法院审理此类案件时，裁判规则应当统一到该条司法解释的规定上来。

二、所有权保留

【相关规定】

▼《民法典担保制度司法解释》

第64条 在所有权保留买卖中，出卖人依法有权取回标的物，但是与买受人协商不成，当事人请求参照民事诉讼法"实现担保物权案件"的有关规定，拍卖、变卖标的物的，人民法院应予准许。

出卖人请求取回标的物，符合民法典第六百四十二条规定的，人民法院应予支持；买受人以抗辩或者反诉的方式主张拍卖、变卖标的物，并在扣除买受人未支付的价款以及必要费用后返还剩余款项的，人民法院应当一并处理。

【重点难点提示】

在动产买卖合同中，一旦完成交付，所有权就发生转移。但是，在所有权保留中，即使完成了交付，所有权并不发生转移，而是待买受人依照合同约定履行了相关的支付义务时，所有权才发生转移的法律效果。这是动产依交付发生所有权转移的例外。在没有发生所有权转移之前，保留所有权的当事人可以要求返还财产。这证明所有权保留是对实现债权的担保。

实践中，保留所有权主要针对大型设备。对普通商品，特别是属于消费品的商品，虽然约定了保留所有权，但往往因市场流通速度快，当双方发生争议时商品已经被转卖。而购买商品的第三方，一般均属于善意第三人，不能要求其返还。目前，在医疗机构领域针对特殊设备，往往采取保留所有权的形式进行销售。

此外，还有租赁销售模式：卖方先将产品提供给买方，并按照业务收入分成的方式支

---

① 最高人民法院民事审判第一庭.民间借贷纠纷审判案例指导.北京：人民法院出版社，2015：65-79.

付租金,当租金付至一定比例时才发生所有权转移。该方式的实质还是以保留所有权的方式为债务提供担保。最典型的是融资租赁方式。融资租赁方式在《民法典》第三编第十五章、《民法典担保制度司法解释》中有专门规定。

三、独立保函

> **相关规定**

▼《九民纪要》

会议认为,要注意担保法及其司法解释与物权法对独立担保、混合担保、担保期间等有关制度的不同规定,根据新的规定优于旧的规定的法律适用规则,优先适用物权法的规定。从属性是担保的基本属性,要慎重认定独立担保行为的效力,将其严格限定在法律或者司法解释明确规定的情形……

(一)关于担保的一般规则

54.(略)

▼《最高人民法院关于审理独立保函纠纷案件若干问题的规定》(法释〔2020〕18号)

第1条 本规定所称的独立保函,是指银行或非银行金融机构作为开立人,以书面形式向受益人出具的,同意在受益人请求付款并提交符合保函要求的单据时,向其支付特定款项或在保函最高金额内付款的承诺。

前款所称的单据,是指独立保函载明的受益人应提交的付款请求书、违约声明、第三方签发的文件、法院判决、仲裁裁决、汇票、发票等表明发生付款到期事件的书面文件。

独立保函可以依保函申请人的申请而开立,也可以依另一金融机构的指示而开立。开立人依指示开立独立保函的,可以要求指示人向其开立用以保障追偿权的独立保函。

第2条 本规定所称的独立保函纠纷,是指在独立保函的开立、撤销、修改、转让、付款、追偿等环节产生的纠纷。

第3条 保函具有下列情形之一,当事人主张保函性质为独立保函的,人民法院应予支持,但保函未载明据以付款的单据和最高金额的除外:

(一)保函载明见索即付;

(二)保函载明适用国际商会《见索即付保函统一规则》等独立保函交易示范规则;

(三)根据保函文本内容,开立人的付款义务独立于基础交易关系及保函申请法律关系,其仅承担相符交单的付款责任。

当事人以独立保函记载了对应的基础交易为由,主张该保函性质为一般保证或连带保证的,人民法院不予支持。

当事人主张独立保函适用民法典关于一般保证或连带保证规定的,人民法院不予支持。

第4条　独立保函的开立时间为开立人发出独立保函的时间。

独立保函一经开立即生效，但独立保函载明生效日期或事件的除外。

独立保函未载明可撤销，当事人主张独立保函开立后不可撤销的，人民法院应予支持。

第5条　独立保函载明适用《见索即付保函统一规则》等独立保函交易示范规则，或开立人和受益人在一审法庭辩论终结前一致援引的，人民法院应当认定交易示范规则的内容构成独立保函条款的组成部分。

不具有前款情形，当事人主张独立保函适用相关交易示范规则的，人民法院不予支持。

第6条　受益人提交的单据与独立保函条款之间、单据与单据之间表面相符，受益人请求开立人依据独立保函承担付款责任的，人民法院应予支持。

开立人以基础交易关系或独立保函申请关系对付款义务提出抗辩的，人民法院不予支持，但有本规定第十二条情形的除外。

第23条　当事人约定在国内交易中适用独立保函，一方当事人以独立保函不具有涉外因素为由，主张保函独立性的约定无效的，人民法院不予支持。

【重点难点提示】

在理解相关规定时应注意：开具独立保函的主体范围限定为银行和非银行金融机构。其他当事人出具的独立保函无效。在合同中限制了合同主从关系的，该约定无效。但是除了限制性约定无效，其他内容仍然有效。此时，适用《民法典》有关保证合同或担保合同的相关规定。

独立保函无效的法律责任，应当根据过错责任原则及相关规定承担。

四、融资租赁

相关规定

▼《民法典担保制度司法解释》

第65条　在融资租赁合同中，承租人未按照约定支付租金，经催告后在合理期限内仍不支付，出租人请求承租人支付全部剩余租金，并以拍卖、变卖租赁物所得的价款受偿的，人民法院应予支持；当事人请求参照民事诉讼法"实现担保物权案件"的有关规定，以拍卖、变卖租赁物所得价款支付租金的，人民法院应予准许。

出租人请求解除融资租赁合同并收回租赁物，承租人以抗辩或者反诉的方式主张返还租赁物价值超过欠付租金以及其他费用的，人民法院应当一并处理。当事人对租赁物的价值有争议的，应当按照下列规则确定租赁物的价值：

（一）融资租赁合同有约定的，按照其约定；

（二）融资租赁合同未约定或者约定不明的，根据约定的租赁物折旧以及合同到期后租赁物的残值来确定；

（三）根据前两项规定的方法仍然难以确定，或者当事人认为根据前两项规定的方法确定的价值严重偏离租赁物实际价值的，根据当事人的申请委托有资质的机构评估。

【重点难点提示】

融资租赁作为融资担保的一种形式，有以下特点：

（1）真实的合同关系是买卖合同关系。

（2）其标的物往往是大型的机械设备，设备价值高，使用期限较长，需要以分期付款方式采购，这是其主要特点。

（3）在约定的租赁期内，不会发生所有权的转移，只有使用权会发生转移。如果租赁方违约，未按照合同约定的期限履行支付租金义务，出卖人可以根据租赁合同关系主张租赁物的返还。租金其实包含了成本加利润，以及其他费用。

五、保兑仓交易

相关规定

▼《九民纪要》

68. 保兑仓交易作为一种新类型融资担保方式，其基本交易模式是，以银行信用为载体、以银行承兑汇票为结算工具、由银行控制货权、卖方（或者仓储方）受托保管货物并以承兑汇票与保证金之间的差额作为担保。其基本的交易流程是：卖方、买方和银行订立三方合作协议，其中买方向银行缴存一定比例的承兑保证金，银行向买方签发以卖方为收款人的银行承兑汇票，买方将银行承兑汇票交付卖方作为货款，银行根据买方缴纳的保证金的一定比例向卖方签发提货单，卖方根据提货单向买方交付对应金额的货物，买方销售货物后，将货款再缴存为保证金。

在三方协议中，一般来说，银行的主要义务是及时签发承兑汇票并按约定方式将其交给卖方，卖方的主要义务是根据银行签发的提货单发货，并在买方未及时销售或者回赎货物时，就保证金与承兑汇票之间的差额部分承担责任。银行为保障自身利益，往往还会约定卖方要将货物交给由其指定的当事人监管，并设定质押，从而涉及监管协议以及流动质押等问题。实践中，当事人还可能在前述基本交易模式基础上另行作出其他约定，只要不违反法律、行政法规的效力性强制性规定，这些约定应当认定有效。

一方当事人因保兑仓交易纠纷提起诉讼的，人民法院应当以保兑仓交易合同作为审理案件的基本依据，但买卖双方没有真实买卖关系的除外。

69. 保兑仓交易以买卖双方有真实买卖关系为前提。双方无真实买卖关系的，该交易属于名为保兑仓交易实为借款合同，保兑仓交易因构成虚伪意思表示而无效，被隐藏的借款合同是当事人的真实意思表示，如不存在其他合同无效情形，应当认定有效。保兑仓交易认定为借款合同关系的，不影响卖方和银行之间担保关系的效力，卖方仍应当承担担保责任。

70. 当事人就保兑仓交易中的不同法律关系的相对方分别或者同时向同一人民法院起诉的，人民法院可以根据民事诉讼法司法解释第221条的规定，合并审理。当事人未起诉某一方当事人的，人民法院可以依职权追加未参加诉讼的当事人为第三人，以便查明相关事实，正确认定责任。

【重点难点提示】

保兑仓是指以银行信用为载体，以银行承兑汇票为结算工具，由银行控制货权，仓储方受托保管货物，承兑汇票保证金以外的金额由卖方以货物回购作为担保措施，由银行向供应商（卖方）及其经销商（买方）提供的以银行承兑汇票为结算方式的一种金融服务。

（一）保兑仓涉及的法律关系（见图5-1）

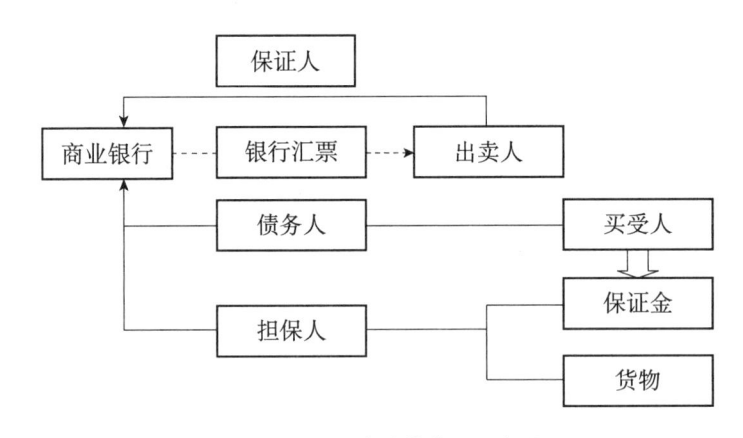

图5-1 保兑仓法律关系示意图

从上图中可以看出，保兑仓中包含的法律关系是非常复杂的，主要包含货物买卖合同关系、银行承兑汇票关系、保证金合同关系、动产质押合同关系。其主要内容如下：

1. 银行承兑汇票

由银行向买受人承兑票据，承诺到期付款。由于银行承兑汇票是到期再予兑付，不是马上支付现金，因此，对于商业银行而言，并不会立即增加负担而减少现金余额。

2. 债务人

由买受人承担债务。

3. 保证金

由买受人交纳保证金，并开设保证金专用账户。如果买受人不能履行到期债务，以保证金账户内的资金承担担保责任。

4. 流动质押

因买受人接受分期交付货物，故当具备交付条件时，银行指示出卖人向买受人交付货物。但是，其交付方式为拟制方式，也就是货物在商业银行的控制之下，此时相当于将此批货物用于质押担保。由于质押担保合同关系不是一次性进行，而是根据交易进度分批次进行，因此，其被称为流动质押。当出卖人完成对买受人交付时，买受人将此批货物向商业银行质押担保，于是，如果买受人不能履行到期债务，商业银行就可以对其质押货物主张优先受偿权。

（二）交易模式

《九民纪要》第68条规定：保兑仓交易作为一种新类型融资担保方式，其基本交易模式是，以银行信用为载体、以银行承兑汇票为结算工具、由银行控制货权、卖方（或者仓储方）受托保管货物并以承兑汇票与保证金之间的差额作为担保。其基本的交易流程是：卖方、买方和银行订立三方合作协议，其中买方向银行缴存一定比例的承兑保证金，银行向买方签发以卖方为收款人的银行承兑汇票，买方将银行承兑汇票交付卖方作为货款，银行根据买方缴纳的保证金的一定比例向卖方签发提货单，卖方根据提货单向买方交付对应金额的货物，买方销售货物后，将货款再缴存为保证金。

在三方协议中，一般来说，银行的主要义务是及时签发承兑汇票并按约定方式将其交给卖方；卖方的主要义务是根据银行签发的提货单发货，并在买方未及时销售或者回赎货物时，就保证金与承兑汇票之间的差额部分承担责任。银行为保障自身利益，往往还会约定卖方要将货物交给由其指定的当事人监管，并设定质权，从而涉及监管协议以及流动质权等问题。实践中，当事人还可能在前述基本交易模式的基础上另行作出其他约定，只要不违反法律、行政法规的效力性强制性规定，这些约定应当被认定为有效。（《九民纪要》第68条）

一方当事人因保兑仓交易纠纷提起诉讼的，人民法院应当以保兑仓交易合同作为审理案件的基本依据，但买卖双方没有真实买卖关系的除外。（《九民纪要》第68条）

保兑仓交易的主要流程如下：

(1) 由商业银行、出卖人、买受人签订三方保兑仓协议。

(2) 由买受人与商业银行签订商业银行汇票承兑协议。

(3) 由出卖人与商业银行签订保证协议。

(4) 由买受人向商业银行申请开具银行承兑汇票。

(5) 由商业银行向出卖人出具提货通知单。

(6) 出卖人向买受人交付货物。

(7) 由买受人续存保证金。

(8) 出卖人向买受人再次交付货物。

(9) 买受人不能履行按期还款义务，则由出卖人或买受人承担担保责任。买受人履行了还款义务后，各种担保合同关系终止。

（三）名为保兑仓交易、实为借款合同关系的认定

《九民纪要》第69条规定：保兑仓交易以买卖双方有真实买卖关系为前提。双方无真实买卖关系的，该交易属于名为保兑仓交易、实为借款合同，保兑仓交易因构成虚伪意思表示而无效，被隐藏的借款合同是当事人的真实意思表示，如不存在其他合同无效情形，应当认定有效。保兑仓交易认定为借款合同关系的，不影响卖方和银行之间担保关系的效力，卖方仍应当承担担保责任。

（四）合并审理原则

《九民纪要》第70条规定：当事人就保兑仓交易中的不同法律关系的相对方分别或者同时向同一人民法院起诉的，人民法院可以根据《民事诉讼法司法解释》第221条的规定，合并审理。当事人未起诉某一方当事人的，人民法院可以依职权追加未参加诉讼的当事人为第三人，以便查明相关事实，正确认定责任。

【案例208】
非典型担保意思表示下抵押人应承担连带清偿责任

裁判文书：浙江省高级人民法院（2016）浙民终228号民事判决书

判决书认定事实：

一审法院认为，叶×阳与杜×、华×明、张×叶之间的法律关系，合约中载明"华×明与张×叶夫妻同意并授权给叶×阳处置衢州巨化花径路，变卖所得款项归叶×阳偿还代借款项"，在案涉房产已在合约中载明向鸿×公司设定抵押并已履行完毕相应登记义务的前提下，结合合约的整体内容，以及叶×阳代偿鸿×公司借款后抵押权注销的预期，华×明、张×叶作出的系一种非典型担保的意思表示，即为杜×向叶×阳的借款提供担保，但因未进行抵押登记，抵押权未生效，华×明、张×叶在案涉房屋的变价款范围内向叶×阳承担责任，但叶×阳不享有优先受偿权。

二审法院认为，叶×阳与杜×之间的法律关系以及华×明、张×叶与叶×阳之间的法律关系的认定在涉案2010年10月26日合约内容中均有明确反映。一审认为双方存在民间借贷关系正确。第一，从合约内容看。合约载明"因杜×外籍身份借款不便，决定以叶×阳的名义向鸿×公司借款500万元……"合约内容明确了叶×阳是名义借款人，杜×是实际借款人，做如此安排的原因是"杜×外籍身份借款不便"。第二，从合约履行情况看。合约签订次日即2010年10月27日，叶×阳从鸿×公司借得500万元，同日，叶×阳通过××银行××北区支行转账汇入杜×的个人银行账号。在杜×未归还500万元借款的情况下，叶×阳也依据合约先行归还鸿×公司，依约履行了名义借款人义务。第三，叶×阳自身对双方法律关系性质认识的偏差，不影响法院依据事实对双方法律关系作出正确认定……第四，叶×阳将款项转汇实际借款人杜×后，杜×未向叶×阳出具收条或借据之类新的书

面凭证，并不能否定双方存在事实上的民间借贷关系。合约内容和落款已经明确杜×是该500万元的实际借款人，双方未重新约定借期、利率、违约责任等应依照我国相关法律规定处理。华×明、张×叶关于双方未约定借期、利率等，不符合民间借贷常理的上诉理由，不能成立，不予支持。

≈≈≈ 作者简析 ≈≈≈

本案的要点为：一是当事人在"借款合同"中未约定借期、利率等，并不影响合同的成立和生效。二是双方签订了抵押合同但并未按照约定进行抵押登记，其抵押权未设立，但抵押权未设立并不影响抵押合同的效力。一审法院将其认定为"非典型担保"，符合双方合同约定的本意。非典型担保合同虽然成立，但未设定抵押权，因此，担保权人对合同约定的标的物不享有优先受偿权。该认定与法律规定不构成冲突，具有借鉴意义。

第七节　担保合同的效力认定

一、担保合同效力认定的总原则

相关规定

▼《民法典》

第388条第1款　设立担保物权，应当依照本法和其他法律的规定订立担保合同。担保合同包括抵押合同、质押合同和其他具有担保功能的合同。担保合同是主债权债务合同的从合同。主债权债务合同无效的，担保合同无效，但是法律另有规定的除外。

第682条第1款　保证合同是主债权债务合同的从合同。主债权债务合同无效的，保证合同无效，但是法律另有规定的除外。

▼《民法典担保制度司法解释》

第2条　当事人在担保合同中约定担保合同的效力独立于主合同，或者约定担保人对主合同无效的法律后果承担担保责任，该有关担保独立性的约定无效。主合同有效的，有关担保独立性的约定无效不影响担保合同的效力；主合同无效的，人民法院应当认定担保合同无效，但是法律另有规定的除外。

因金融机构开立的独立保函发生的纠纷，适用《最高人民法院关于审理独立保函纠纷案件若干问题的规定》。

【重点难点提示】

（一）担保合同的效力应当根据主合同的效力进行认定

（1）借款合同未成立的，担保合同也未成立；

(2) 借款合同未生效的，担保合同也未生效；

(3) 借款合同无效的，担保合同也无效。

(二) 对"但书"的理解

《民法典》第388条和《民法典担保制度司法解释》第2条均规定了"法律另有规定的除外"，有两层含义。

其一，这里的"但书"，是指主债权合同无效，但担保合同有效的情形。比如，对于金融机构出具的独立保函，就专门规定了其法律效力。《民法典担保制度司法解释》第2条第2款规定："因金融机构开立的独立保函发生的纠纷，适用《最高人民法院关于审理独立保函纠纷案件若干问题的规定》。"

这里的"法律"具有广义的概念，包括法律、法规以及司法解释；在司法实践中，还包括全国审判工作会议纪要的相关规定。

其二，但书的内容特指"法律另有规定"而非"当事人另有约定"。关于合同效力的认定属于法定情形，即使"当事人另有约定"，也不会影响担保合同效力的判断。

二、关于流押、流质条款

相关规定

▼《民法典》

第401条 抵押权人在债务履行期限届满前，与抵押人约定债务人不履行到期债务时抵押财产归债权人所有的，只能依法就抵押财产优先受偿。

第428条 质权人在债务履行期限届满前，与出质人约定债务人不履行到期债务时质押财产归债权人所有的，只能依法就质押财产优先受偿。

▼《民法典担保制度司法解释》

第60条第2款 在跟单信用证交易中，开证行依据其与开证申请人之间的约定或者跟单信用证的惯例持有提单，开证申请人未按照约定付款赎单，开证行主张对提单项下货物优先受偿的，人民法院应予支持；开证行主张对提单项下货物享有所有权的，人民法院不予支持。

第68条第2、3款 债务人或者第三人与债权人约定将财产形式上转移至债权人名下，债务人不履行到期债务，财产归债权人所有的，人民法院应当认定该约定无效，但是不影响当事人有关提供担保的意思表示的效力。当事人已经完成财产权利变动的公示，债务人不履行到期债务，债权人请求对该财产享有所有权的，人民法院不予支持；债权人请求参照民法典关于担保物权的规定对财产折价或者以拍卖、变卖该财产所得的价款优先受偿的，人民法院应予支持；债务人履行债务后请求返还财产，或者请求对财产折价或者以拍卖、变卖所得的价款清偿债务的，人民法院应予支持。

债务人与债权人约定将财产转移至债权人名下,在一定期间后再由债务人或者其指定的第三人以交易本金加上溢价款回购,债务人到期不履行回购义务,财产归债权人所有的,人民法院应当参照第二款规定处理……

【重点难点提示】

(1)《民法典》第401、428条规定,当事人在债务履行期限届满前,与抵押人或质押人约定债务人不履行到期债务时抵押物或质物归债权人所有的,只能依法就抵押财产或质押财产优先受偿。该两条法律规定中虽然没有直接规定"不能取得所有权",但是,其中的"只能",已经包含了前述含义。与《物权法》对于流押流质条款的禁止性规定不同,《民法典》对于该类条款虽然仍然认为不能直接履行,但实际认可了有效的清算型的担保。

(2)《民法典担保制度司法解释》第60条第2款规定的"开证行主张对提单项下货物享有所有权的,人民法院不予支持",第68条第2款规定的"债务人或者第三人与债权人约定将财产形式上转移至债权人名下,债务人不履行到期债务,财产归债权人所有的,人民法院应当认定该约定无效……当事人已经完成财产权利变动的公示,债务人不履行到期债务,债权人请求对该财产享有所有权的,人民法院不予支持",均是流押、流质条款的具体规定。

(3)《民法典担保制度司法解释》第68条规定的是让与担保,在让与担保形式下,即使债务人或者第三人与债权人约定将财产形式上转移至债权人名下,债权人也不能取得财产所有权,只能主张优先受偿权。其他担保形式,如抵押、质押,也应当如此。

三、关于独立保函的效力认定

相关规定

▼《民法典担保制度司法解释》

第8条 有下列情形之一,公司以其未依照公司法关于公司对外担保的规定作出决议为由主张不承担担保责任的,人民法院不予支持:

(一)金融机构开立保函或者担保公司提供担保;

(二)公司为其全资子公司开展经营活动提供担保;

(三)担保合同系由单独或者共同持有公司三分之二以上对担保事项有表决权的股东签字同意。

上市公司对外提供担保,不适用前款第二项、第三项的规定。

第11条第2款 金融机构的分支机构在其营业执照记载的经营范围内开立保函,或者经有权从事担保业务的上级机构授权开立保函,金融机构或者其分支机构以违反公司法关于公司对外担保决议程序的规定为由主张不承担担保责任的,人民法院不予支持。金融机构的分支机构未经金融机构授权提供保函之外的担保，金融机构或者其分支机构主张不承担担保责任的，人民法院应予支持，但是相对人不知道且不应当知道分支机构对外提供担保未经金融机构授权的除外。

▼《九民纪要》

会议认为，要注意担保法及其司法解释与物权法对独立担保、混合担保、担保期间等有关制度的不同规定，根据新的规定优于旧的规定的法律适用规则，优先适用物权法的规定。从属性是担保的基本属性，要慎重认定独立担保行为的效力，将其严格限定在法律或者司法解释明确规定的情形……

54. （略）

【重点难点提示】

要根据开具的独立保函的主体及内容来确认其合同效力。原则是：

第一，开具独立保函的主体应当是银行或者非银行金融机构。对于《最高人民法院关于审理独立保函纠纷案件若干问题的规定》第1条、第3条规定情形的保函，无论是用于国际商事交易还是用于国内商事交易，均不影响保函的效力。

第二，金融机构的分支机构在经营范围内或者经上级机构授权开立的保函，具有法律效力。

第三，银行或者非银行金融机构之外的当事人开立的独立保函，应当被认定为无效。

第四，银行或者非银行金融机构之外的当事人有关排除担保从属性的约定，应当被认定为无效，但转化为从属性担保。

在实践中，除金融机构开具独立保函外，也有其他当事人开具独立保函的情形。有的当事人在合同中约定，无效主合同是否有效均不影响保证合同的效力，此类约定属于无效约定。

四、与《公司法》相关的担保合同的效力

（一）法定代表人违反《公司法》第15条的规定超越权限签订担保合同的效力

相关规定

▼《公司法》

第15条　公司向其他企业投资或者为他人提供担保，按照公司章程的规定，由董事会或者股东会决议；公司章程对投资或者担保的总额及单项投资或者担保的数额有限额规定的，不得超过规定的限额。

公司为公司股东或者实际控制人提供担保的，必须经股东会决议。

前款规定的股东或者受前款规定的实际控制人支配的股东，不得参加前款规定事项的表决。该项表决由出席会议的其他股东所持表决权的过半数通过。

▼《民法典》

第74条　法人可以依法设立分支机构。法律、行政法规规定分支机构应当登记的，依照其规定。

分支机构以自己的名义从事民事活动，产生的民事责任由法人承担；也可以先以该分支机构管理的财产承担，不足以承担的，由法人承担。

▼《民法典担保制度司法解释》

第11条第1款　公司的分支机构未经公司股东（大）会或者董事会决议以自己的名义对外提供担保，相对人请求公司或者其分支机构承担担保责任的，人民法院不予支持，但是相对人不知道且不应当知道分支机构对外提供担保未经公司决议程序的除外。

▼《九民纪要》

17.（略）

18.（略）

19. 存在下列情形的，即便债权人知道或者应当知道没有公司机关决议，也应当认定担保合同符合公司的真实意思表示，合同有效：(1) 公司是以为他人提供担保为主营业务的担保公司，或者是开展保函业务的银行或者非银行金融机构；(2) 公司为其直接或者间接控制的公司开展经营活动向债权人提供担保；(3) 公司与主债务人之间存在相互担保等商业合作关系；(4) 担保合同系由单独或者共同持有公司三分之二以上有表决权的股东签字同意。

20. 依据前述3条规定，担保合同有效，债权人请求公司承担担保责任的，人民法院依法予以支持；担保合同无效，债权人请求公司承担担保责任的，人民法院不予支持，但可以按照担保法及有关司法解释关于担保无效的规定处理。公司举证证明债权人明知法定代表人超越权限或者机关决议系伪造或者变造，债权人请求公司承担合同无效后的民事责任的，人民法院不予支持。

21. 法定代表人的越权担保行为给公司造成损失，公司请求法定代表人承担赔偿责任的，人民法院依法予以支持。公司没有提起诉讼，股东依据《公司法》第151条（现为第189条）的规定请求法定代表人承担赔偿责任的，人民法院依法予以支持。

22. 债权人根据上市公司公开披露的关于担保事项已经董事会或者股东大会决议通过的信息订立的担保合同，人民法院应当认定有效。

23. 法定代表人以公司名义与债务人约定加入债务并通知债权人或者向债权人表示愿意加入债务，该约定的效力问题，参照本纪要关于公司为他人提供担保的有关规则处理。

【重点难点提示】

尽管《公司法》第15条对于公司向其他企业投资或者为他人提供担保作了限制性规

定,但在司法实践中,一直存在争议。其中,否定观点认为:公司法规范的是公司内部行为,对外不产生约束力。其法律依据有《民法典》第61条的规定,其核心内容为:法定代表人以法人名义从事的民事活动,其法律后果由法人承受。从表面上看,存在法律规定之间的冲突。

《九民纪要》第17条的要点为:

第一,确认了担保行为不是法定代表人所能单独决定的事项,而必须以公司股东会、董事会等公司机关的决议作为授权的基础和来源。

该项规定的意义在于:一方面,是对贯彻《公司法》第15条的细化性规定,解决了司法实践中执行法律规定的矛盾问题。另一方面,解决了《民法典》第61条第2款和第3款规定中的逻辑上的衔接问题。其中,第2款规定:"法定代表人以法人名义从事的民事活动,其法律后果由法人承受。"第3款规定:"法人章程或者法人权力机构对法定代表人代表权的限制,不得对抗善意相对人。"依《九民纪要》第17条的规定,我们理解为前述第3款应为第2款的例外性规定。也就是说,在存在善意相对人的情况下,法定代表人以法人名义从事的民事活动,其法律后果应由法人承受;反之,不存在善意相对人的情形下,其法律后果不应由法人承受。

第二,将"相对人是否存有善意"作为判断合同效力的标准之一。若为善意,合同有效,反之,合同无效。

首先,这里的善意,被明确规定为"债权人的善意",而非作为担保人的法定代表人的善意。因此,即使其法定代表人认为是为了企业或其他股东的利益签订的担保合同,也不在其善意之列。其次,善意的判断标准应当是"不知道或不应当知道"。"知道"是明示的结果。也就是作为担保人的企业法人将其股东会或董事会的限制性规定以各种方式明确告知了债权人的,证明"债权人知道"。应当知道存在以下情形:

一是债权人是企业股东会、董事会或监事会成员的,证明其对内部规定应当是知情的。

二是限制性规定明确记载于公司章程内,而且公司章程又在市场监管局备了案的,其备案行为具有公示效力,无论债权人是否真实知晓,均应当推定为债权人"应当知道"。

三是如果担保人并非借款合同的借款人,债权人一方应当有审查担保是否为企业股东同意的合理关注义务。特别是被担保的债权金额特别巨大,签订担保合同会加重企业对外债务上的负担,债权人一方更具有合理的关注义务。如果债权人一方未尽合理关注义务,应当推定为债权人应当知道。此时合理的关注义务是要求提供股东会或董事会具有授权内容的决议。

四是债权人知晓担保人一方本身就负债累累,比如欠巨额税收、巨额债务,又擅自将其有效资产对外担保,会严重影响其他合法债权人的利益的。

五是债权人与企业法人的代表人串通一气,以担保形式帮助企业逃避债务的。

上述情形均应当推定债权人"应当知道"。

排除知道和应当知道的情形以外,就是不知道和不应当知道。

第三,该条规定具有警示与提醒作用,即法定代表人对外签订担保合同应当取得股东会或董事会的明确授权,同时又作了例外性规定。

既然法定代表人对外签订担保合同会构成越权代理,合同相对方应当要求提供企业股东会或董事会的决议。值得注意的是,这里的授权非企业法人主体的授权,而是股东会或董事会的授权。至于应当由股东会还是董事会授权,应当根据章程对职权范围的划分来确定。

下列情形例外:(1)公司是以为他人提供担保为主营业务的担保公司,或者是开展保函业务的银行或者非银行金融机构;(2)公司为其直接或者间接控制的公司开展经营活动向债权人提供担保;(3)公司与主债务人之间存在相互担保等商业合作关系;(4)担保合同系由单独或者共同持有公司三分之二以上有表决权的股东签字同意。

(二)分支机构签订担保合同的效力

相关规定

▼《民法典》

第74条 法人可以依法设立分支机构。法律、行政法规规定分支机构应当登记的,依照其规定。

分支机构以自己的名义从事民事活动,产生的民事责任由法人承担;也可以先以该分支机构管理的财产承担,不足以承担的,由法人承担。

▼《民法典担保制度司法解释》

第11条 公司的分支机构未经公司股东(大)会或者董事会决议以自己的名义对外提供担保,相对人请求公司或者其分支机构承担担保责任的,人民法院不予支持,但是相对人不知道且不应当知道分支机构对外提供担保未经公司决议程序的除外。

金融机构的分支机构在其营业执照记载的经营范围内开立保函,或者经有权从事担保业务的上级机构授权开立保函,金融机构或者其分支机构以违反公司法关于公司对外担保决议程序的规定为由主张不承担担保责任的,人民法院不予支持。金融机构的分支机构未经金融机构授权提供保函之外的担保,金融机构或者其分支机构主张不承担担保责任的,人民法院应予支持,但是相对人不知道且不应当知道分支机构对外提供担保未经金融机构授权的除外。

担保公司的分支机构未经担保公司授权对外提供担保,担保公司或者其分支机构主张不承担担保责任的,人民法院应予支持,但是相对人不知道且不应当知道分支机构对外提供担保未经担保公司授权的除外。

公司的分支机构对外提供担保,相对人非善意,请求公司承担赔偿责任的,参照本解释第十七条的有关规定处理。

【重点难点提示】

领取了营业执照的分支机构，原则上应当在营业执照范围内以分支机构名义对外开展活动。如果以企业法人名义对外签订担保合同，由于签订担保合同对企业法人会增加债务上的负担，应当取得企业法人的授权；未取得授权的，原则上应由分支机构承担担保责任。

实践中，有观点认为，由法人主体申请办理了分公司的营业执照，或者由法人主体雕刻了分公司的印章，应视为概括授权，其后果应当由法人主体承担。笔者认为：这并不符合法律规定的本意。分公司无论是否办理营业执照，均不具有法人主体资格，这是不争的事实。既然如此，分公司就不能在没有明确授权的情形下代表法人主体作出意思表示，正如公司员工对外签订借款合同应当得到法人的授权一样。在司法判例中，有不同的认定标准，需要引起重视。

根据《民法典担保制度司法解释》第11条第1款的规定，公司的分支机构对外提供担保的，有三层含义：

（1）公司的分支机构对外提供担保，应当经公司股东会或者董事会决议。其股东会或者董事会的决议，相当于股东会或董事会的授权。

（2）企业法人的分支机构未经法人书面授权或者超出授权范围与债权人订立担保合同的，该合同无效或者超出授权范围的部分无效。债权人和企业法人有过错的，应当根据其过错各自承担相应的民事责任；债权人无过错的，由企业法人承担民事责任。

（3）前述第二项内容不能对抗善意第三人。

（三）法定代表人以公司名义加入债务的合同效力

相关规定

▼《民法典担保制度司法解释》

第12条　法定代表人依照民法典第五百五十二条的规定以公司名义加入债务的，人民法院在认定该行为的效力时，可以参照本解释关于公司为他人提供担保的有关规则处理。

【重点难点提示】

法定代表人以公司名义与债务人约定加入债务并通知债权人或者向债权人表示愿意加入债务的，该约定的效力问题，参照公司为他人提供担保的有关规定解决。其加入债务是否有效，一是看是否有股东会、董事会的决议即授权证明，二是看相对人是否为善意。

(四) 担保公司对外签订担保合同的效力

相关规定

▼《民法典担保制度司法解释》

第 8 条第 1 款　有下列情形之一，公司以其未依照公司法关于公司对外担保的规定作出决议为由主张不承担担保责任的，人民法院不予支持：（一）……担保公司提供担保……

第 11 条第 3 款　担保公司的分支机构未经担保公司授权对外提供担保，担保公司或者其分支机构主张不承担担保责任的，人民法院应予支持，但是相对人不知道且不应当知道分支机构对外提供担保未经担保公司授权的除外。

【重点难点提示】

（1）担保公司对外签订的担保合同的效力不受股东会（大会）或董事会决议的限制。即使有限制，担保合同的效力仍然应当得到确认。

（2）原则上，担保公司的分支机构未经担保公司授权对外提供担保的，担保公司或其分支机构不应当承担担保责任。

（3）前述第二项规定不得对抗善意第三人。如果相对人是善意的，即相对人不知道且不应当知道未经授权的事实，则担保合同有效，担保公司或其分支机构应当承担担保责任。相反，如果第三人是非善意的，则适用第二项规定。

(五) 关于一人公司的担保责任

相关规定

▼《民法典担保制度司法解释》

第 10 条　一人有限责任公司为其股东提供担保，公司以违反公司法关于公司对外担保决议程序的规定为由主张不承担担保责任的，人民法院不予支持。公司因承担担保责任导致无法清偿其他债务，提供担保时的股东不能证明公司财产独立于自己的财产，其他债权人请求该股东承担连带责任的，人民法院应予支持。

【重点难点提示】

依据上述规定，一是原则上，公司为股东提供担保的，仍然有效。二是公司承担担保责任导致无法清偿其他债务，其他债权人以公司和股东存在人格混同，请求公司股东与公司承担连带责任的，应当得到支持。

(六) 金融机构的分支机构除开立保函以外的其他担保的效力

相关规定

▼《民法典担保制度司法解释》

第 11 条第 2 款　……金融机构的分支机构未经金融机构授权提供保函之外的担保，

金融机构或者其分支机构主张不承担担保责任的,人民法院应予支持,但是相对人不知道且不应当知道分支机构对外提供担保未经金融机构授权的除外。

【重点难点提示】

金融机构的分支机构除开立保函以外的其他担保,取得金融机构授权的,应当认定有效;未取得授权的,应当认定无效。

五、居民委员会、村民委员会对外签订担保合同的效力

相关规定

▼《民法典担保制度司法解释》

第5条第2款 居民委员会、村民委员会提供担保的,人民法院应当认定担保合同无效,但是依法代行村集体经济组织职能的村民委员会,依照村民委员会组织法规定的讨论决定程序对外提供担保的除外。

▼《中华人民共和国村民委员会组织法》

第24条 涉及村民利益的下列事项,经村民会议讨论决定方可办理:

(一)本村享受误工补贴的人员及补贴标准;

(二)从村集体经济所得收益的使用;

(三)本村公益事业的兴办和筹资筹劳方案及建设承包方案;

(四)土地承包经营方案;

(五)村集体经济项目的立项、承包方案;

(六)宅基地的使用方案;

(七)征地补偿费的使用、分配方案;

(八)以借贷、租赁或者其他方式处分村集体财产;

(九)村民会议认为应当由村民会议讨论决定的涉及村民利益的其他事项。

村民会议可以授权村民代表会议讨论决定前款规定的事项。

法律对讨论决定村集体经济组织财产和成员权益的事项另有规定的,依照其规定。

第26条 村民代表会议由村民委员会召集。村民代表会议每季度召开一次。有五分之一以上的村民代表提议,应当召集村民代表会议。

村民代表会议有三分之二以上的组成人员参加方可召开,所作决定应当经到会人员的过半数同意。

第27条 村民会议可以制定和修改村民自治章程、村规民约,并报乡、民族乡、镇的人民政府备案。

村民自治章程、村规民约以及村民会议或者村民代表会议的决定不得与宪法、法律、法规和国家的政策相抵触,不得有侵犯村民的人身权利、民主权利和合法财产权利的

内容。

村民自治章程、村规民约以及村民会议或者村民代表会议的决定违反前款规定的，由乡、民族乡、镇的人民政府责令改正。

第28条 召开村民小组会议，应当有本村民小组十八周岁以上的村民三分之二以上，或者本村民小组三分之二以上的户的代表参加，所作决定应当经到会人员的过半数同意。

村民小组组长由村民小组会议推选。村民小组组长任期与村民委员会的任期相同，可以连选连任。

属于村民小组的集体所有的土地、企业和其他财产的经营管理以及公益事项的办理，由村民小组会议依照有关法律的规定讨论决定，所作决定及实施情况应当及时向本村民小组的村民公布。

【重点难点提示】

依照《民法典担保制度司法解释》的规定，涉及居民委员会、村民委员会对外提供担保的，分以下两种情形进行处理：

一是依法代行村集体经济组织职能的村民委员会依照村民委员会组织法规定的程序讨论决定后，再对外提供担保的，应当认定其担保合同有效；

二是未经过村民大会或代表大会讨论决定的对外担保无效。

村民会议形式有以下三种：(1) 村民会议；(2) 村民代表会议；(3) 村民小组会议。

其中：村民代表会议有三分之二以上的组成人员参加方可召开，所作决定应当经到会人员的过半数同意。村民小组会议，应当有本村民小组18周岁以上的村民三分之二以上，或者本村民小组三分之二以上的户的代表参加，所作决定应当经到会人员的过半数同意。

六、网络贷款平台

相关规定

▼《2020民间借贷司法解释》

第21条 借贷双方通过网络贷款平台形成借贷关系，网络贷款平台的提供者仅提供媒介服务，当事人请求其承担担保责任的，人民法院不予支持。

网络贷款平台的提供者通过网页、广告或者其他媒介明示或者有其他证据证明其为借贷提供担保，出借人请求网络贷款平台的提供者承担担保责任的，人民法院应予支持。

【重点难点提示】

1. 仅提供中介服务不承担担保责任

一般而言，网络贷款平台只是贷款业务的中介人。所以，《2020民间借贷司法解释》规定，网络贷款平台的提供者仅提供媒介服务，当事人请求其承担担保责任的，人民法院不予支持。

2. 构成担保要件的，网络贷款平台的提供者应当承担担保责任

出借人有其他证据证明，网络贷款平台的提供者通过网页、广告或者其他媒介，以明示或者其他方式为其借贷提供担保的，网络贷款平台的提供者应当承担担保责任。

七、夫妻共同担保合同的认定

【相关规定】

▼《民法典》

第1064条 夫妻双方共同签名或者夫妻一方事后追认等共同意思表示所负的债务，以及夫妻一方在婚姻关系存续期间以个人名义为家庭日常生活需要所负的债务，属于夫妻共同债务。

夫妻一方在婚姻关系存续期间以个人名义超出家庭日常生活需要所负的债务，不属于夫妻共同债务；但是，债权人能够证明该债务用于夫妻共同生活、共同生产经营或者基于夫妻双方共同意思表示的除外。

【重点难点提示】

笔者注意到，在民法典或担保司法解释中，均未涉及夫妻共同对外担保如何认定的问题。鉴于非本人借款而发生的对外担保行为，只会增加夫妻共同财产的负担，应当由夫妻共同意志决定，《民法典》第1064条规定的共签和追认原则，应当作为是否系夫妻共同对外提供担保的认定标准。

【最高人民法院指导性意见】

担保之债不同于婚姻法规定的夫妻共同生活债务，对于夫妻一方对外担保之债不能适用《婚姻法解释（二）》第24条的规定而认定为夫妻共同债务。

【案例209】
对于夫妻一方对外担保之债不能适用《婚姻法解释（二）》
第24条的规定而认定为夫妻共同债务

判决书认定事实[①]：

二审法院认为，本案借款事实、欠款情况及宋某提供保证的事实各方均无异议，争议焦点在于宋某的妻子叶某对该保证债务应否承担连带责任。《婚姻法解释（二）》第24条规定："债权人就婚姻关系存续期间夫妻一方以个人名义所负债务主张权利的，应当按夫

[①] 最高人民法院民一庭. 民事审判指导与参考：2016年第1辑（总第65辑）. 北京：人民法院出版社，2016：115-118.

妻共同债务处理。但夫妻一方能够证明债权人与债务人明确约定为个人债务，或者能够证明属于婚姻法第十九条第三款规定情形的除外。"《婚姻法》第19条第3款规定："夫妻对婚姻关系存续期间所得的财产约定归各自所有的，夫或妻一方对外所负的债务，第三人知道该约定的，以夫或妻一方所有的财产清偿。"因此，在对外判断是否为夫妻共同债务时，只有"债权人与债务人明确约定为个人债务""债权人知道夫妻约定财产归各自所有"这两种情形下夫妻无须承担连带责任，否则夫妻均需对外承担连带责任。宋某和叶某并不能证明本案存在此两种除外情形，故本案应按《婚姻法解释（二）》第24条前半段的规定处理，即应按夫妻共同债务处理。此外，《婚姻法解释（二）》第24条中并未限制"债务"的种类，保证债务仍然是债务的一种，也应适用该法条。据此二审判决维持原判。

≋≋≋ 法官论述 ≋≋≋

再审审查过程中，对于本案中叶某应否对宋某的担保债务承担连带责任，即夫妻一方的担保之债是否适用《婚姻法解释（二）》第24条的规定，存在两种不同观点。

第一种观点认为，担保之债不同于婚姻法规定的夫妻共同生活债务，担保不排除其他利益但不必然导致连带责任，担保之债不应当适用《婚姻法解释（二）》第24条的规定，夫妻一方的担保之债不宜被认定为夫妻共同债务。叶某不应当对宋某的担保债务承担连带责任。

第二种观点认为，担保之债虽为从债务，但与普通债务没有本质的区别，与《婚姻法解释（二）》第24条的规定不冲突，叶某应对宋某的担保债务承担连带责任。

我们认为，第一种观点更具合理性，理由如下：

（1）就夫妻一方以个人名义设立的保证债务而言，如果夫妻一方对外担保并收取了经济利益，这种利益往往用于家庭生活，那么该担保之债就属于夫妻共同债务的范畴，应由夫妻对该担保之债承担连带清偿责任。而对于夫妻一方无偿保证所生之债务，则应认定为个人债务，因为保证人既没有从债权人处也没有从债务人处获得对待给付，即无偿保证所生之债无法给保证人带来任何利益，对于夫妻共同生活目的的实现没有任何帮助，因此该保证债务的设定并没有基于夫妻共同生活的可能，属于《婚姻法解释（二）》第24条规定的明确约定为个人债务的情形，不属于夫妻共同债务的范畴，应被认定为夫或妻一方的个人债务。

（2）婚姻法不仅应强调夫妻共同体的意义，更应注重夫妻作为独立自然人的个体价值。如果一味过度强调保护债权人的利益，忽略了非举债配偶一方的利益，在债权人与非举债配偶一方之间缺乏利益平衡机制，将违背法律公平理念。以个人名义所负的债务应当首先推定为个人债务，若债权人或者以自己名义负债的夫或妻想要使该债务被认定为夫妻共同债务，其应当对其主张负举证责任。若不能举证证明该债务是夫妻共同债务，该债务应被认定为个人债务，由负债的夫或妻以其个人财产对债务承担清偿责任。[①]

[①] 最高人民法院民一庭．民事审判指导与参考：2016年第1辑（总第65辑）．北京：人民法院出版社，2016：115-118．

附：最高人民法院（2015）民一他字第9号复函

福建省高级人民法院：

你院（2014）闽民申字第1715号《关于再审申请人宋某、叶某与被申请人叶某某及一审被告陈某、李某民间借贷纠纷一案的请示》收悉。经研究答复如下：同意你院审判委员会多数意见，即夫妻一方对外担保之债不应当适用《最高人民法院关于适用〈中华人民共和国婚姻法〉若干问题的解释（二）》第24条的规定认定为夫妻共同债务。

≋≋≋ 作者简析 ≋≋≋

《婚姻法解释（二）》第24条规定：债权人就婚姻关系存续期间夫妻一方以个人名义所负债务主张权利的，应当按夫妻共同债务处理。但夫妻一方能够证明债权人与债务人明确约定为个人债务，或者能够证明属于《婚姻法》第19条第3款规定情形的除外。

新的法律规定已经取消了前述规定。《民法典》第1064条规定："夫妻双方共同签名或者夫妻一方事后追认等共同意思表示所负的债务，以及夫妻一方在婚姻关系存续期间以个人名义为家庭日常生活需要所负的债务，属于夫妻共同债务。夫妻一方在婚姻关系存续期间以个人名义超出家庭日常生活需要所负的债务，不属于夫妻共同债务；但是，债权人能够证明该债务用于夫妻共同生活、共同生产经营或者基于夫妻双方共同意思表示的除外。"

显然，一是新的规定取消了"债权人就婚姻关系存续期间夫妻一方以个人名义所负债务主张权利的，应当按夫妻共同债务处理"的原则性规定。二是原司法解释将非夫妻共同债务的举证责任归于夫妻一方，而《民法典》第1064条则将属于夫妻共同生产经营或属于夫妻共同意思表示的举证责任归于债权人，这就大大增加了夫妻共同债务认定的难度，从而对夫妻共同财产起到保护作用。

与主合同相比，担保合同的成立与生效，从立法角度采取的是严格条件。理由是：设立担保会增加担保人债务上的负担，而担保人又非借款合同中的借款人，除非既是借款人又是担保人的情形，担保人一般不会享受到借款合同的权利，如收取借款。主合同的特点是双务合同。借款人之所以应当履行还款义务，是因为其已经先从出借人处收取借款合同的本金，其偿还本金等于是"物归原主"，支付的利息具有资金占用费性质，其权利与义务是对等的。而担保合同具有单务合同的特点，担保人只履行义务而不享有权利，其成立、生效条件理应比主合同的成立、生效条件要苛刻。

本案被定义为"夫妻一方对外担保"，就说明非经过另一方同意设立的担保，在意思联络上，并未形成共同对外担保的合意。

八、仅是居间人不是担保人的,不应当承担担保责任

【重点难点提示】

在实践中,担保人外的居间人、介绍人、见证人,并非担保合同的当事人。但是,如果在担保合同或借款合同中,身份表示错误,其可能会成为当事人。如:行为人本来是居间人或介绍人或见证人,在借据、借条等合同文书上未写明自己是居间人或介绍人或见证人,却在"借款人"或"保证人"处签名,可能被确认为共同借款人或担保人。

在 P2P 平台上,网络平台究竟是居间人,还是担保人,甚至是出借人或借款人?情况比较复杂,要注意甄别。应当依据《民法典》关于合同效力的认定规则,确认网贷平台担保合同的效力。

【权威观点】

司法机关进行民事审判工作与行政机关金融监管之间存在本质差异,金融监管的目标着眼于整体,注重过程监管、行为监管,重点在于预防和化解金融风险。金融监管政策禁止平台自身为投资者提供担保,不得承诺贷款本金的收益,主要目的在于防止信用风险、流动性风险和系统风险。而民事审判重在纠纷解决并通过纠纷解决引导行为人的行为。在现行法未明确禁止网络借贷平台承担保证义务,且网络借贷平台已与出借人订立保证合同的情况下,不认定网络借贷平台的担保人地位,不令其承担担保责任,不仅不利于债权人利益的保护,也不利于维护市场诚信。[①]

九、非典型担保合同效力的认定原则

相关规定

▼《九民纪要》

四、关于担保纠纷案件的审理:要充分发挥担保对缓解融资难融资贵问题的积极作用,不轻易否定新类型担保、非典型担保的合同效力及担保功能。

(四)关于非典型担保

66. 当事人订立的具有担保功能的合同,不存在法定无效情形的,应当认定有效。虽然合同约定的权利义务关系不属于物权法规定的典型担保类型,但是其担保功能应予肯定。

67. 债权人与担保人订立担保合同,约定以法律、行政法规未禁止抵押或者质权的财

[①] 最高人民法院民事审判第一庭. 最高人民法院新民间借贷司法解释理解与适用. 北京:人民法院出版社,2021:321.

产设定以登记作为公示方法的担保，因无法定的登记机构而未能进行登记的，不具有物权效力。当事人请求按照担保合同的约定就该财产折价、变卖或者拍卖所得价款等方式清偿债务的，人民法院依法予以支持，但对其他权利人不具有对抗效力和优先性。

【重点难点提示】

符合法律规定的合同成立要件，是确认非典型担保合同成立的基础。担保合同的当事人主体是完全民事行为能力人，其合同内容是双方真实意思表示，不违反法律法规强制性规定，也不违背公序良俗。

《民法典担保制度司法解释》第63条规定："债权人与担保人订立担保合同，约定以法律、行政法规尚未规定可以担保的财产权利设立担保，当事人主张合同无效的，人民法院不予支持。当事人未在法定的登记机构依法进行登记，主张该担保具有物权效力的，人民法院不予支持。"

《九民纪要》第66条对非典型担保合同的效力认定作了明确规定，即："当事人订立的具有担保功能的合同，不存在法定无效情形的，应当认定有效……"第67条规定：对典型担保合同，约定以登记作为公示方法的担保，但因无法定的登记机构，实际上并未登记，界定为非典型担保。当事人请求按照担保合同的约定就该财产折价、变卖或者拍卖所得价款等方式清偿债务的，人民法院依法予以支持，但对其他权利人不具有对抗效力和优先性。这些规定对于指导实践具有重要意义。

此外，非典型担保合同可以为附生效条件或者附期限的合同。

第八节　担保合同无效的过错责任

相关规定

▼《民法典》

第683条　机关法人不得为保证人，但是经国务院批准为使用外国政府或者国际经济组织贷款进行转贷的除外。

以公益为目的的非营利法人、非法人组织不得为保证人。

▼《民法典担保制度司法解释》

第5条　机关法人提供担保的，人民法院应当认定担保合同无效，但是经国务院批准为使用外国政府或者国际经济组织贷款进行转贷的除外。

居民委员会、村民委员会提供担保的，人民法院应当认定担保合同无效，但是依法代行村集体经济组织职能的村民委员会，依照村民委员会组织法规定的讨论决定程序对外提供担保的除外。

第6条　以公益为目的的非营利性学校、幼儿园、医疗机构、养老机构等提供担保的，人民法院应当认定担保合同无效，但是有下列情形之一的除外：

（一）在购入或者以融资租赁方式承租教育设施、医疗卫生设施、养老服务设施和其他公益设施时，出卖人、出租人为担保价款或者租金实现而在该公益设施上保留所有权；

（二）以教育设施、医疗卫生设施、养老服务设施和其他公益设施以外的不动产、动产或者财产权利设立担保物权。

第7条第1、2款　公司的法定代表人违反公司法关于公司对外担保决议程序的规定，超越权限代表公司与相对人订立担保合同，人民法院应当依照民法典第六十一条和第五百零四条等规定处理：

（一）相对人善意的，担保合同对公司发生效力；相对人请求公司承担担保责任的，人民法院应予支持。

（二）相对人非善意的，担保合同对公司不发生效力；相对人请求公司承担赔偿责任的，参照适用本解释第十七条的有关规定。

法定代表人超越权限提供担保造成公司损失，公司请求法定代表人承担赔偿责任的，人民法院应予支持。

第11条　公司的分支机构未经公司股东（大）会或者董事会决议以自己的名义对外提供担保，相对人请求公司或者其分支机构承担担保责任的，人民法院不予支持，但是相对人不知道且不应当知道分支机构对外提供担保未经公司决议程序的除外。

金融机构的分支机构在其营业执照记载的经营范围内开立保函，或者经有权从事担保业务的上级机构授权开立保函，金融机构或者其分支机构以违反公司法关于公司对外担保决议程序的规定为由主张不承担担保责任的，人民法院不予支持。金融机构的分支机构未经金融机构授权提供保函之外的担保，金融机构或者其分支机构主张不承担担保责任的，人民法院应予支持，但是相对人不知道且不应当知道分支机构对外提供担保未经金融机构授权的除外。

担保公司的分支机构未经担保公司授权对外提供担保，担保公司或者其分支机构主张不承担担保责任的，人民法院应予支持，但是相对人不知道且不应当知道分支机构对外提供担保未经担保公司授权的除外。

公司的分支机构对外提供担保，相对人非善意，请求公司承担赔偿责任的，参照本解释第十七条的有关规定处理。

第17条　主合同有效而第三人提供的担保合同无效，人民法院应当区分不同情形确定担保人的赔偿责任：

（一）债权人与担保人均有过错的，担保人承担的赔偿责任不应超过债务人不能清偿部分的二分之一；

（二）担保人有过错而债权人无过错的，担保人对债务人不能清偿的部分承担赔偿责任；

（三）债权人有过错而担保人无过错的，担保人不承担赔偿责任。

主合同无效导致第三人提供的担保合同无效，担保人无过错的，不承担赔偿责任；担保人有过错的，其承担的赔偿责任不应超过债务人不能清偿部分的三分之一。

【重点难点提示】

对于担保合同无效的过错责任，应当区分是单方过错还是混合过错。如果是单方过错，应由过错方承担全部责任。如果是混合过错，则当事人要根据过错责任的大小承担相应的责任。

（一）担保人主体不合法导致担保合同无效

其情形主要有：机关法人、居民委员会、村民委员会、以公益为目的的非营利性学校、幼儿园、医疗机构、养老机构等对外提供担保；公司的法定代表人违反公司法关于公司对外担保决议程序的规定，超越权限代表公司与相对人订立担保合同；公司的分支机构未经公司股东会或者董事会决议以自己的名义对外提供担保等。

在上述情形下，担保人主体不合法导致担保合同无效属于违反法律强制性规定。对该规定，担保权人和担保人均是明知的，因此，双方均存在过错。

（二）担保人提供的担保物不合法，导致担保合同无效

是担保人的单方过错，还是双方过错，应当根据具体情形进行判断。有关案例中，对于将被查封的财产作为担保物，担保权人也有合理关注义务。只有担保权人尽到合理的注意义务之后，仍然无法确定担保物存在瑕疵的，担保权人才不承担责任。

【案例210】

以合伙企业名义对外提供担保的合同相对人应对合伙决议进行审查

裁判文书：广东省广州市中级人民法院（2019）粤01民终10125号民事判决书

判决书认定事实：

案涉××律师事务所对外担保是薛×为××投资公司向债权人赖×作出的担保行为。第一，××律师事务所作为合伙企业，其行为应当受《合伙企业法》调整。《合伙企业法》第31条规定："除合伙协议另有约定外，合伙企业的下列事项应当经全体合伙人一致同意：……（五）以合伙企业名义为他人提供担保……"该条规定已然明确合伙企业为他人提供担保应当经全体合伙人一致同意。尽管赖×自称并非专业人士不懂法律规定，但《合伙企业法》为早已公布并施行的法律，根据法律一经公布即推定所有人明知以及不知法律不免责的法理，应当推定既然《合伙企业法》对以合伙企业名义提供担保有法定的限制，那么相对人就应当知悉并须对此尽到注意义务。第二，基于诚实信用原则和商业交易应有的审慎，作为商人的赖×自当注意交易对手方的代表权限。按照赖×的说法，其出借款项时认为借款人是××投资公司，可××投资公司本身即是担保公司，而赖×理应知道××

律师事务所作为律师事务所，其主营业务并非为他人提供担保，在借款人是担保公司而担保人是律师事务所的反常情况下，赖×却并未对薛×代表××律师事务所的担保意思表示再坚持作进一步审查，未要求薛×出示××律师事务所全体合伙人已经一致同意为××投资公司担保的决议并对决议进行形式审查，其行为存在重大过失，难言善意。故本案中可以推定赖×明知薛×的行为为越权行为。

值得指出的是，合伙企业属于人合型商事主体，相对于其他商事主体，如有限责任公司、股份有限公司，资合色彩相对淡薄，而人合色彩更为突出。合伙人之间遵循共同经营、共同管理、共担风险、共享收益的原则，这也是合伙人对合伙债务承担无限责任的重要原因。而为他人设定担保通常并非合伙的正常经营活动，如果允许执行事务合伙人或是任一合伙人可以不经全体合伙人一致同意而单独对外向他人作出担保的意思表示，无疑是对上述原则的违反，因为共担风险、共享收益的逻辑起点即是共同经营、共同管理。如果要求其他合伙人未经共同决策而须承担正常经营活动之外的风险，显然严重侵害了其他合伙人的合法权益，甚至动摇了合伙制度的根基。换言之，普通合伙中合伙人对于合伙的债务（包括保证债务）的清偿责任，并不以出资为限；而如果确认执行合伙事务的合伙人在缺乏其他合伙人的授权的情况下，代表合伙作出的担保效力及于合伙，则从实质上变相认可了，执行合伙事务的合伙人享有为其他普通合伙人对合伙出资以外的财产设定负担的权利。而承担这种超出正常经营的难以预计的风险，对于其他合伙人难言公平。公平是法律追求的最重要的价值目标之一。尽管要求债权人在接受合伙企业担保时须适当履行形式审查义务，可能在一定程度上降低了交易效率并威胁了交易安全；但本院认为：在法律法规已有明确规定的情况下，任何完全民事行为能力人，特别是商事行为主体，都应当且有能力履行适当的注意义务，不要求债权人能够准确识别担保决议的真伪，但至少在形式上须审查合伙企业是否出具了全体合伙人一致同意的担保决议。因此，不能一味追求交易效率及交易安全，而忽略了公平原则。

综上，本案担保合同对××律师事务所不发生法律效力的原因并不仅在于薛×超出权限代表××律师事务所对外担保，还在于××律师事务所是知名律所、薛×是知名律师的理由均不能免除赖×对于××律师事务所的担保行为作形式审查的义务，即债权人未尽注意义务，存在重大过失。因此，对于赖×的上诉意见本院均不予采纳。

综上所述，赖×的上诉请求及理由缺乏事实及法律依据，本院不予支持。

作者简析

本案被认定为越权代理，其理由是：第一，《合伙企业法》为早已公布并施行的法律，根据法律一经公布即推定所有人明知以及不知法律不免责的法理，应当推定既然合伙企业法对以合伙企业名义提供担保有法定的限制，那么相对人就应当知悉并须对此尽到注意义务。第二，基于诚实信用原则和商业交易应有的审慎，原告方应当注意交易对手方的代表权限。原告方作为商人，比普通人更具有专业判断能力，更应当对合伙企业的全体合伙人是否具有担保意思表示作进一步审查，但并未要求对方当事人出示经全体合伙人一致同意对外担保的决议并对决议进行形式审查，其行为存在重大过失，难言善意，其应当自行承担责任。

【案例211】

以被查封的财产作为担保物的，担保权人和担保人均存在过错责任

裁判文书：最高人民法院（2019）最高法民申5739号民事裁定书

裁定书认定事实：

本案再审审查的焦点在于导致本案中担保合同无效的过错责任如何承担。

根据《物权法》第184条、《担保法》第37条的规定，依法被查封、扣押、监管的财产，不得抵押。根据《担保法司法解释》第5条的规定，以法律、法规禁止流通的财产或者不可转让的财产设定担保的，担保合同无效。原审法院查明，富×与黄×、××实业公司等订立"借款协议""采矿权抵押合同"时，用于担保的股权及采矿权均已被相关法院采取财产保全措施。因此，二审法院据此认定"采矿权抵押合同"无效并无不当，不存在法律适用错误。××实业公司主张涉案合同上的章是黄×私刻，但黄×在签订相关合同时是××实业公司的法定代表人，且××实业公司也未能举证证明黄×与富×之间存在串通等情形，则印章的真假对本案二审分配担保合同无效导致的责任并无本质影响，××实业公司再审提供的"阜康市公安局立案告知书""情况说明"不足以证明二审判决存在错误。××实业公司以已经被查封的采矿权提供抵押，存在明显过错。富×在接受××实业公司所提供的采矿权抵押担保时，未就抵押、质押财产有无权利限制进行审查，显然未充分尽到注意义务。

富×作为再审新证据提交的"股份转让协议""阜康市金×实业有限公司股东会决议"形式上早在本案一、二审之前已经形成，也没有证据显示富×于本案一、二审中提供前述材料存在障碍，且前述材料并不能改变富×在接受××实业公司所提供的采矿权抵押担保时，未对抵押财产有无权利限制进行审查的客观事实。××实业公司"情况说明"及执行裁定书也不足以证明富×再审主张成立。故上述证据材料均不足以证明二审判决存在错误，本院再审审查不予采纳。二审法院考虑双方过错责任大小等因素，认定由××实业公司对黄×不能清偿部分的二分之一承担赔偿责任并无不当。

~~~ 作者简析 ~~~

（1）本案例确认担保合同无效的理由，是以法律、法规禁止流通的权利设定担保，导致担保合同无效。原审法院查明，富×与黄×、××实业公司等订立"借款协议""采矿权抵押合同"时，用于担保的股权及采矿权均已被相关法院采取财产保全措施。

（2）本案例认定担保权人对担保合同无效承担过错责任的理由是未尽到注意义务，存

在过失：

1）富×在接受××实业公司所提供的采矿权抵押担保时，未就抵押、质押财产有无权利限制进行审查，显然未充分尽到注意义务。

2）富×再审申请时所提交的材料，并不能改变富×在接受××实业公司所提供的采矿权抵押担保时，未对抵押财产有无权利限制进行审查的客观事实。

【案例 212】

人民政府应对担保合同的无效承担过错责任

裁判文书：最高人民法院（2016）最高法民终 623 号民事判决书

判决书认定事实：

关于×区政府应否对案涉 5 100 万元转让款承担相应责任的问题。《担保法司法解释》第 7 条规定："主合同有效而担保合同无效，债权人无过错的，担保人与债务人对主合同债权人的经济损失，承担连带赔偿责任；债权人、担保人有过错的，担保人承担民事责任的部分，不应超过债务人不能清偿部分的二分之一。"本案中，案涉 100 万吨焦化项目的受让人应向项目转让人支付 5 100 万元转让款，主合同有效。×区政府作为国家机关，明知其不能提供保证担保，而故意违反《担保法》第 8 条的规定为案涉 5 100 万元转让款提供保证担保，显然存在过错。各方当事人在一审中均确认，郭×、×制气公司、×区政府已按"项目转让委托协议""项目转让协议"的约定，将案涉 100 万吨焦化项目所涉全部资料及资产交付给×投资公司，而×投资公司未按约定给付转让价款。一审法院依据上述规定判决×区政府对×投资公司不能清偿的 5 100 万元转让款及相应利息承担二分之一给付责任，具有事实和法律依据。

~~~ 作者简析 ~~~

（1）本案例确认担保合同无效的理由是担保人主体不合法。《民法典》及相关担保司法解释均规定了机关法人不得作为担保人，其规定属于强制性规定。

（2）本案例判决认定各承担二分之一的损失赔偿责任。

【案例 213】

抵押权是否因登记机关登记的抵押期间届满而消灭

裁判文书：最高人民法院（2019）最高法民申 1643 号民事裁定书

裁定书认定事实：

根据再审申请人申请再审请求及事实和理由，本院对×银行××分行对×采选公司的抵押权是否因登记机关登记的抵押期限到期而消灭这一问题进行审查。

抵押权消灭的法定情形，主要包括主债权全部清偿、抵押权实现、抵押物消灭等。对于登记机关登记的抵押期限到期是否导致抵押权消灭问题，《担保法司法解释》第 12 条第

1款规定："当事人约定的或者登记部门要求登记的担保期间，对担保物权的存续不具有法律约束力。"据此，×采选公司关于×银行××分行对×采选公司的抵押权因登记的抵押期限到期而消灭的再审申请理由，缺乏法律依据，依法不能成立。

∽∽∽ 作者简析 ∽∽∽

在司法裁判中，即使抵押权因登记机关登记的抵押期间届满，也不必然导致抵押权的消灭，已成为主流观点。这一观点形成的基础是抵押权、质权及留置权属于担保物权。在《民法典》中，第二编第四分编为担保物权，其中第十七章至第十九章分别为抵押权、质权及留置权。

【案例 214】

应当依据双方合同约定而非根据他项权证关于抵押范围的登记确认担保范围

裁判文书：最高人民法院（2020）最高法民申 3001 号民事裁定书

裁定书认定事实：

虽然案涉他项权证在抵押范围方面未记载除债务本金之外的其他费用，但从该证相关栏目内容来看，仅在债权数额一栏填写数字，并无其他费用项目可供登记。此种情况下，人民法院以合同约定认定担保物权的担保范围，符合实际。另外，物权公示公信原则旨在保护因信赖登记内容而进行交易的善意第三人。本案×汽修公司系案涉"抵押合同"当事人，李×作为该公司法定代表人在合同上签字，故李×、×汽修公司对抵押登记内容并无信赖利益。综上，原审认定×汽修公司以"抵押合同"约定的担保范围为案涉债务承担抵押责任，符合当事人真实意思，不违反法律规定，并无不当。

∽∽∽ 作者简析 ∽∽∽

本案例认为，应当根据当事人双方合同约定的担保范围而不是依据他项权证中载明的担保范围确定担保范围，具有借鉴意义。理由有二：一是从他项权证相关栏目内容来看，仅有债权数额一栏的登记内容，并无其他费用项目可供登记。因此，当事人在登记时只能在债权数额一栏处填写数字，符合登记的实际情况，证明他项权证填写内容不完整。二是物权公示公信原则旨在保护因信赖登记内容而进行交易的善意第三人，抵押合同登记的当事人不属于善意第三人的保护范围。本案例认为应当根据当事人双方合同约定的担保范围而不是依据他项权证中载明的内容确定担保范围，与《民法典担保制度司法解释》第 47 条关于"不动产登记簿就抵押财产、被担保的债权范围等所作的记载与抵押合同约定不一致的，人民法院应当根据登记簿的记载确定抵押财产、被担保的债权范围等事项"的规定不同。本案中对担保范围产生争议的系担保合同当事人，其对于担保合同约定的担保范围是明知的，不属于善意第三人。

第九节 担保人的抗辩权

一、担保人享有债务人对债权人的抗辩权

相关规定

▼《民法典》

第701条 保证人可以主张债务人对债权人的抗辩。债务人放弃抗辩的,保证人仍有权向债权人主张抗辩。

【重点难点提示】

担保人主要享有以下债务人对债权人抗辩权:(1)主合同未成立、未生效的抗辩权;(2)主合同为无效合同的抗辩权;(3)不属于主合同债权范围的抗辩权;(4)诉讼时效经过的抗辩权等。

二、担保合同无效时担保人的抗辩权

相关规定

▼《民法典》

第157条 民事法律行为无效、被撤销或者确定不发生效力后,行为人因该行为取得的财产,应当予以返还;不能返还或者没有必要返还的,应当折价补偿。有过错的一方应当赔偿对方由此所受到的损失;各方都有过错的,应当各自承担相应的责任。法律另有规定的,依照其规定。

第388条第2款 担保合同被确认无效后,债务人、担保人、债权人有过错的,应当根据其过错各自承担相应的民事责任。

第682条第2款 保证合同被确认无效后,债务人、保证人、债权人有过错的,应当根据其过错各自承担相应的民事责任。

▼《民法典担保制度司法解释》

第2条 当事人在担保合同中约定担保合同的效力独立于主合同,或者约定担保人对主合同无效的法律后果承担担保责任,该有关担保独立性的约定无效。主合同有效的,有关担保独立性的约定无效不影响担保合同的效力;主合同无效的,人民法院应当认定担保合同无效,但是法律另有规定的除外。

因金融机构开立的独立保函发生的纠纷,适用《最高人民法院关于审理独立保函纠纷案件若干问题的规定》。

第17条　主合同有效而第三人提供的担保合同无效，人民法院应当区分不同情形确定担保人的赔偿责任：

（一）债权人与担保人均有过错的，担保人承担的赔偿责任不应超过债务人不能清偿部分的二分之一；

（二）担保人有过错而债权人无过错的，担保人对债务人不能清偿的部分承担赔偿责任；

（三）债权人有过错而担保人无过错的，担保人不承担赔偿责任。

主合同无效导致第三人提供的担保合同无效，担保人无过错的，不承担赔偿责任；担保人有过错的，其承担的赔偿责任不应超过债务人不能清偿部分的三分之一。

第18条　承担了担保责任或者赔偿责任的担保人，在其承担责任的范围内向债务人追偿的，人民法院应予支持。

同一债权既有债务人自己提供的物的担保，又有第三人提供的担保，承担了担保责任或者赔偿责任的第三人，主张行使债权人对债务人享有的担保物权的，人民法院应予支持。

第19条　担保合同无效，承担了赔偿责任的担保人按照反担保合同的约定，在其承担赔偿责任的范围内请求反担保人承担担保责任的，人民法院应予支持。

反担保合同无效的，依照本解释第十七条的有关规定处理。当事人仅以担保合同无效为由主张反担保合同无效的，人民法院不予支持。

▼《九民纪要》

54.（略）

【重点难点提示】

(一) 无过错不担责的抗辩权

主合同有效，担保合同无效，但是担保人无过错的，不应当承担损失赔偿责任。

(二) 承担部分责任的抗辩权

1. 主合同有效，担保合同无效，债权人与担保人的过错责任划分

(1) 债权人有过错而担保人无过错的，担保人不承担赔偿责任；

(2) 债权人与担保人均有过错的，担保人承担的赔偿责任不应超过债务人不能清偿部分的二分之一；

(3) 担保人有过错而债权人无过错的，担保人对债务人不能清偿的部分承担赔偿责任。

2. 主合同无效导致担保合同无效，债权人与担保人的过错责任划分

(1) 主合同无效导致第三人提供的担保合同无效，担保人无过错的，不承担赔偿

责任;

(2) 担保人有过错的,其承担的赔偿责任不应超过债务人不能清偿部分的三分之一。

三、担保责任全部免除时担保人的抗辩权

担保责任的免除,即要求承担担保责任的权利归于消灭。如果系约定免除,则属于担保权人行使民事处分权,该约定是其真实意思表示,且不违反法律强制性规定的,具有法律效力。比如,对于抵押担保,如果抵押合同约定,"出借人明知借款人有可供执行的财产,或者借款人提供了可供执行的财产线索,故意不予执行的,可免除担保人的担保责任",则该约定具有法律效力。

法定免除有下列情形。

(一) 担保合同未成立、未生效

比如,企业法人的职能部门以法人名义对外签订担保合同,因无法定代表人的授权,故合同未成立。又如,担保合同中签字或加盖的印章是虚假的,担保人又不认可的,担保合同未成立。

(二) 主合同未成立、未生效导致担保合同也未成立、未生效

合同内容超越特许经营范围(注:不是超出经营范围),或者依照《民法典》第502条的规定,法律、行政法规规定应当办理批准手续,或者办理批准、登记等手续才生效的合同,在一审法庭辩论终结前当事人仍未办理批准手续的,应当认定该合同未生效。主合同未生效,担保合同也未生效。

对于未生效的担保合同,担保人可以不履行担保义务。

(三) 主合同属于无效合同,导致担保合同也无效

相关规定

▼《2020民间借贷司法解释》

第13条 具有下列情形之一的,人民法院应当认定民间借贷合同无效:

(一) 套取金融机构贷款转贷的;

(二) 以向其他营利法人借贷、向本单位职工集资,或者以向公众非法吸收存款等方式取得的资金转贷的;

(三) 未依法取得放贷资格的出借人,以营利为目的向社会不特定对象提供借款的;

(四) 出借人事先知道或者应当知道借款人借款用于违法犯罪活动仍然提供借款的;

(五) 违反法律、行政法规强制性规定的;

(六) 违背公序良俗的。

▼《民法典担保制度司法解释》

第2条　当事人在担保合同中约定担保合同的效力独立于主合同，或者约定担保人对主合同无效的法律后果承担担保责任，该有关担保独立性的约定无效。主合同有效的，有关担保独立性的约定无效不影响担保合同的效力；主合同无效的，人民法院应当认定担保合同无效，但是法律另有规定的除外。

因金融机构开立的独立保函发生的纠纷，适用《最高人民法院关于审理独立保函纠纷案件若干问题的规定》。

【重点难点提示】

如果借款合同为无效合同，担保合也应当被认定为无效合同。

（四）主合同的实质性变更，加重担保人的担保责任的，加重部分的约定对担保人无效

相关规定

▼《民法典》

第695条　债权人和债务人未经保证人书面同意，协商变更主债权债务合同内容，减轻债务的，保证人仍对变更后的债务承担保证责任；加重债务的，保证人对加重的部分不承担保证责任。

债权人和债务人变更主债权债务合同的履行期限，未经保证人书面同意的，保证期间不受影响。

【重点难点提示】

笔者注意到：《民法典》关于主合同变更是否影响担保责任的承担，只针对保证合同作了规定。《民法典》及相关司法解释针对担保物权没有作出相同或类似规定。目前，有关主合同的实质性变更对担保责任的影响仅限于保证合同。

债权人与债务人虽然通过协商变更主合同内容，但并未实际履行的，保证人仍应当按照原约定承担保证责任。

（五）未经担保人同意，借款人擅自变更借款用途的，可能免除担保人的担保责任，但也有例外

相关规定

▼《民法典》

第673条　借款人未按照约定的借款用途使用借款的，贷款人可以停止发放借款、提前收回借款或者解除合同。

【重点难点提示】

从法律规定看，并无借款人改变资金用途而免除担保人的担保责任的规定。但是，如

果双方当事人在合同中有"禁止改变借款用途,否则,免除担保人的担保责任"的约定,则应当免除担保人的担保责任。下列情形除外:

(1) 担保人明知借款人改变资金用途,仍然提供担保的;

(2) 担保合同对资金用途未作约定,并且借款人未经出借人同意单方面改变资金用途的。

【案例215】

出借人明知借款人改变借款用途仍然放款的,
如果对保证人构成欺诈,保证人应当免责

裁判文书:最高人民法院(2010)民提字第87号民事判决书

判决书认定事实:

在履行本案第四、五、六、七、八份"外汇贷款合同"时,借款人高×公司向京×公司发出了划款"委托书",指示京×公司将上述合同项下的款项分别付给澳门××有限公司港币1 250万元、首都××公司港币750万元、北京××房地产发展有限公司500万美元、中国××银行北京分行国际业务部500万美元(受益人为上海××房地产顾问有限公司北京分公司)、中国××银行××业务部700万美元(高×公司在1994年4月1日的"委托书"中,指示京×公司将该笔700万美元付给北京××别墅有限公司,开户银行:中国建行北京××支行)、香港××发展有限公司280万美元、中国××银行××业务部520万美元(受益人为上海××房地产顾问有限公司北京分公司)。上述"委托书"的"付款指示"表明,高×公司请求将上述款项直接付给房地产公司及境外,显然与"外汇贷款合同"约定的"只限使用在购买原材料聚乙烯上"不符。京×公司本应秉承诚实信用原则和按合同约定履行尽职调查义务,进而知道或应当知道高×公司改变了贷款用途,但其并没有停止发放上述贷款,事后亦未向高×公司提出异议。对上述改变贷款用途的行为,京×公司亦没有告知保证人光×公司并征得其同意,其市场风险明显超出了保证人的预先设定,亦违背了光×公司提供保证时的真实意思,对光×公司构成了欺诈。本院依据1994年4月15日颁布实施的《关于审理经济合同纠纷案件有关保证的若干问题的规定》第19条的规定,认定光×公司为上述五份"外汇贷款合同"提供的担保无效。申请人光×公司关于其不应对该部分贷款资金的清偿承担保证责任的诉讼请求,理由充分,本院予以支持。

～～～ 作者简析 ～～～

本案确认了出借人明知借款人改变了资金用途仍然发放贷款,超出了保证人的预先设定,也违背了其提供保证时的真实意思,对保证人构成欺诈的,保证人应当免责。该认定具有重大的借鉴意义。其相关事实依据为:双方签订的"外汇贷款合同"约定借款"只限使用在购买原材料聚乙烯上"。但是,在签订前述合同时,借款人向出借人出具了"委托

书"，指令将借款直接付给房地产公司及境外，证明出借人京×公司知道或应当知道高×公司改变了贷款用途，但其并没有停止发放上述贷款，事后亦未向高×公司提出异议。对上述改变贷款用途的行为，京×公司亦没有告知保证人光×公司并征得其同意，其市场风险明显超出了保证人的预先设定，亦违背了光×公司提供保证时的真实意思，对光×公司构成了欺诈。所以，保证人不应承担保证责任。

【案例 216】

出借人对资金用途无监管义务不能当然免除担保人的担保责任

裁判文书：最高人民法院（2015）民申字第 3150 号民事裁定书

裁定书认定事实：

关于能否适用《担保法司法解释》第 26 条的规定，免除××服饰公司的担保责任问题。《担保法司法解释》第 26 条规定的是，借款人、出借人之外的负有监督款项使用的第三人未履行监督义务应承担的责任问题，同本案处理的情形并无关联。本案并不存在对借款进行监督使用的出借人、借款人之外的第三人。而对于借款合同当事人而言，虽然借款合同约定了借款用途，但是借款人巨×建材公司改变借款用途，系巨×建材公司利用资金的行为，非作为出借人的闵×所能掌控。故即使巨×建材公司改变了借款用途，也不能免除借款人的还款义务，亦不能免除担保人××服饰公司的担保责任。

≈≈≈ 作者简析 ≈≈≈

本案例的裁判观点是：借款人擅自变更借款用途系借款人自主利用资金之行为，出借人并无监管之义务。在保证人未明确约定借款用途不得变更的情形下，借款人擅自变更借款用途的，保证依然有效。

案例中引用的《担保法司法解释》第 26 条的规定已经作废。该条规定为："第三人向债权人保证监督支付专款专用的，在履行了监督支付专款专用的义务后，不再承担责任。未尽监督义务造成资金流失的，应当对流失的资金承担补充赔偿责任。"《民法典担保制度司法解释》并无类似规定。

无规定便无禁止。如果当事人之间就相关问题进行了约定，其约定有效。

反对观点认为，如果担保人在签订担保合同时，已经明知借款人的实际用途并非借款合同约定的资金用途，或者有借款人与担保人串通骗取出借人的借款的情形，出借人不应当承担责任，同时不能免除担保人的担保责任。排除担保人有过错的情形，出借人明知借款人将借款改变用途的（比如在工作中检查中发现了这一事实，或者由担保人向出借人报告了前述情况等），应当承担责任。《合同法》第 203 条规定，"借款人未按照约定的借款用途使用借款的，贷款人可以停止发放借款、提前收回借款或者解除合同"；《民法典》第 673 条也规定，"借款人未按照约定的借款用途使用借款的，贷款人可以停止发放借款、提前收回借款或者解除合同"。停止发放借款、提前收回借款或者解除合同既是出借人的权利,同时也是出借人的义务。出借人停止发放借款或者解除合同的,同时会解除担保合同关系。相反,出借人没有履行前述义务,给担保人造成损失的,应当承担赔偿责任。在出借人明知改变用途而担保人并不知情的情形下,更应当如此。当然,出借人行使了上述权利,仍然造成部分借款没有收回,或者部分利息没有被收取的,担保人无论是否有过错,均应当就没有实现债权的部分承担担保责任。

(六)未经担保人同意,出借人同意借款人转移债务的

相关规定

▼《民法典》

第391条 第三人提供担保,未经其书面同意,债权人允许债务人转移全部或者部分债务的,担保人不再承担相应的担保责任。

第696条 债权人转让全部或者部分债权,未通知保证人的,该转让对保证人不发生效力。

保证人与债权人约定禁止债权转让,债权人未经保证人书面同意转让债权的,保证人对受让人不再承担保证责任。

第697条第1款 债权人未经保证人书面同意,允许债务人转移全部或者部分债务,保证人对未经其同意转移的债务不再承担保证责任,但是债权人和保证人另有约定的除外。

【重点难点提示】

(1)第三人提供担保,未经其书面同意,债权人允许债务人转移全部或者部分债务的,担保人不再承担相应的担保责任。

(2)债权人未经保证人书面同意,允许债务人转移全部或者部分债务,保证人对未经其同意转移的债务不再承担保证责任,但是债权人和保证人另有约定的除外。

关于前述的"同意",法律规定必须是书面的。这就意味着,担保人只是口头同意,但未出具书面的"同意"文件,事后反悔的,应当得到支持。

(七)担保权人在规定的期限内未主张权利的

相关规定

▼《民法典》

第693条 一般保证的债权人未在保证期间对债务人提起诉讼或者申请仲裁的,保证人不再承担保证责任。

连带责任保证的债权人未在保证期间请求保证人承担保证责任的,保证人不再承担保证责任。

第419条 抵押权人应当在主债权诉讼时效期间行使抵押权;未行使的,人民法院不

予保护。

第437条　出质人可以请求质权人在债务履行期限届满后及时行使质权；质权人不行使的，出质人可以请求人民法院拍卖、变卖质押财产。

出质人请求质权人及时行使质权，因质权人怠于行使权利造成出质人损害的，由质权人承担赔偿责任。

第446条　权利质权除适用本节规定外，适用本章第一节的有关规定。

第453条　留置权人与债务人应当约定留置财产后的债务履行期限；没有约定或者约定不明确的，留置权人应当给债务人六十日以上履行债务的期限，但是鲜活易腐等不易保管的动产除外。债务人逾期未履行的，留置权人可以与债务人协议以留置财产折价，也可以就拍卖、变卖留置财产所得的价款优先受偿。

留置财产折价或者变卖的，应当参照市场价格。

第454条　债务人可以请求留置权人在债务履行期限届满后行使留置权；留置权人不行使的，债务人可以请求人民法院拍卖、变卖留置财产。

第694条　一般保证的债权人在保证期间届满前对债务人提起诉讼或者申请仲裁的，从保证人拒绝承担保证责任的权利消灭之日起，开始计算保证债务的诉讼时效。

连带责任保证的债权人在保证期间届满前请求保证人承担保证责任的，从债权人请求保证人承担保证责任之日起，开始计算保证债务的诉讼时效。

▼《民法典担保制度司法解释》

第28条　一般保证中，债权人依据生效法律文书对债务人的财产依法申请强制执行，保证债务诉讼时效的起算时间按照下列规则确定：

（一）人民法院作出终结本次执行程序裁定，或者依照民事诉讼法第二百五十七条第三项、第五项的规定作出终结执行裁定的，自裁定送达债权人之日起开始计算；

（二）人民法院自收到申请执行书之日起一年内未作出前项裁定的，自人民法院收到申请执行书满一年之日起开始计算，但是保证人有证据证明债务人仍有财产可供执行的除外。

一般保证的债权人在保证期间届满前对债务人提起诉讼或者申请仲裁，债权人举证证明存在民法典第六百八十七条第二款但书规定情形的，保证债务的诉讼时效自债权人知道或者应当知道该情形之日起开始计算。

【重点难点提示】

1. 主张保证责任的诉讼时效

（1）一般保证的债权人应在保证期间对债务人提起诉讼或者申请仲裁。如果超过保证期间再提起诉讼或申请仲裁，其权利不受保护。一般保证的诉讼时效自保证人拒绝承担保证责任的权利消灭之日起开始计算。

（2）连带责任保证的债权人应在保证期间内请求保证人承担保证责任。连带责任保证的诉讼时效自债权人请求保证人承担责任之日起开始计算。

《担保法》第25条和第26条关于一般保证的保证期间适用诉讼时效中断、连带责任保证的保证期间不适用诉讼时效中断的规定已失效。之后的《物权法》和现行的《民法典》中均未规定，在诉讼中诉讼时效中断不能再作为抗辩理由。

2. 主张抵押权的诉讼时效

抵押权的诉讼时效期间等同于主债权的诉讼时效期间。法律依据是《民法典》第419条的规定。

3. 主张质权的诉讼时效

根据《民法典》第437条的规定，对于主张质权的诉讼时效，法律上并未明确规定，只是规定要"及时"主张权利。笔者理解规定质权人"及时"主张权利的原因如下：

一是基于便于质押动产的市场交易或处理。

二是基于动产质押财产的物理贬值，如毁损、变质等。

三是基于动产质押财产的市场价格贬值。

基于上述原因，未及时行使质权，给出质人造成损害的，质权人应承担赔偿责任。

4. 主张留置权的诉讼时效

《民法典》第454条规定："债务人可以请求留置权人在债务履行期限届满后行使留置权；留置权人不行使的，债务人可以请求人民法院拍卖、变卖留置财产。"

根据《民法典》第453条的规定，请求行使留置权应按下列规定执行：

（1）合同约定留置财产后的债务履行期限届满；

（2）没有约定或者约定不明确的，留置权人应当给债务人60日以上履行债务的期限，其履行期限届满；

（3）鲜活易腐等不易保管的动产不受前述期限的限制。

笔者认为：与质权人一样，留置权人应当及时行使留置权。未及时行使留置权，给债务人造成损害的，留置权人应承担赔偿责任。值得注意的是，因为法律中未明确规定留置权人的权利行使期限，所以如果要求留置权人承担损害赔偿责任，应当就留置权人的过错承担举证责任。

5. 对于非典型担保的担保权行使期间，应根据相关主债权的诉讼时效的期间确定

如果被保证人或担保权人未在上述规定期间内主张权利，其权利丧失。

（八）债权人放弃担保权利的

相关规定

▼《民法典》

第393条　有下列情形之一的，担保物权消灭：

（一）主债权消灭；

（二）担保物权实现；

（三）债权人放弃担保物权；

（四）法律规定担保物权消灭的其他情形。

第409条　抵押权人可以放弃抵押权或者抵押权的顺位。抵押权人与抵押人可以协议变更抵押权顺位以及被担保的债权数额等内容。但是，抵押权的变更未经其他抵押权人书面同意的，不得对其他抵押权人产生不利影响。

债务人以自己的财产设定抵押，抵押权人放弃该抵押权、抵押权顺位或者变更抵押权的，其他担保人在抵押权人丧失优先受偿权益的范围内免除担保责任，但是其他担保人承诺仍然提供担保的除外。

第435条　质权人可以放弃质权。债务人以自己的财产出质，质权人放弃该质权的，其他担保人在质权人丧失优先受偿权益的范围内免除担保责任，但是其他担保人承诺仍然提供担保的除外。

第437条　出质人可以请求质权人在债务履行期限届满后及时行使质权；质权人不行使的，出质人可以请求人民法院拍卖、变卖质押财产。

出质人请求质权人及时行使质权，因质权人怠于行使权利造成出质人损害的，由质权人承担赔偿责任。

第574条　债权人可以随时领取提存物。但是，债权人对债务人负有到期债务的，在债权人未履行债务或者提供担保之前，提存部门根据债务人的要求应当拒绝其领取提存物。

债权人领取提存物的权利，自提存之日起五年内不行使而消灭，提存物扣除提存费用后归国家所有。但是，债权人未履行对债务人的到期债务，或者债权人向提存部门书面表示放弃领取提存物权利的，债务人负担提存费用后有权取回提存物。

第575条　债权人免除债务人部分或者全部债务的，债权债务部分或者全部终止，但是债务人在合理期限内拒绝的除外。

第698条　一般保证的保证人在主债务履行期限届满后，向债权人提供债务人可供执行财产的真实情况，债权人放弃或者怠于行使权利致使该财产不能被执行的，保证人在其提供可供执行财产的价值范围内不再承担保证责任。

▼《民法典担保制度司法解释》

第34条第2款　债权人在保证期间内未依法行使权利的，保证责任消灭。保证责任消灭后，债权人书面通知保证人要求承担保证责任，保证人在通知书上签字、盖章或者按指印，债权人请求保证人继续承担保证责任的，人民法院不予支持，但是债权人有证据证明成立了新的保证合同的除外。

【重点难点提示】

（1）债权人放弃担保权，包括放弃抵押权、质权及抵押权、质权的顺位的，分别见《民法典》第393、409、435条的规定。

（2）债权人未在保证期间内行使权利，保证责任消灭。依据《民法典》第437条的规定，出质人请求质权人及时行使质权，因质权人怠于行使权利造成出质人损害的，由质权人承担赔偿责任。该规定属于特别规定。

（3）依据《民法典》第698条的规定，一般保证的保证人在主债务履行期限届满后，向债权人提供债务人可供执行财产的真实情况，债权人放弃或者怠于行使权利致使该财产不能被执行的，保证人在其提供可供执行财产的价值范围内不再承担保证责任。

（4）债权人免除或放弃债务人的债权，包括：1）免除债务人部分或者全部债务；2）债权人放弃或拒绝领取提存。

债权人免除或放弃对债务人的债权的，意味着被担保的主债权减少或消灭，因此，应相应减少或消灭担保责任。

笔者注意到，《担保法司法解释》第38条第3款规定："债权人在主合同履行期届满后怠于行使担保物权，致使担保物的价值减少或者毁损、灭失的，视为债权人放弃部分或者全部物的担保。保证人在债权人放弃权利的范围内减轻或者免除保证责任。"虽然《民法典》及司法解释中未作类似规定，但是，该规定仍然具有借鉴意义。对该规定中的情形，担保人需承担举证责任：一方面，举示债权人在主合同履行期届满后怠于行使担保物权的行为；另一方面，举示债权人怠于行使担保物权导致担保物价值减少或者毁损、灭失，即二者之间存在因果关系。因新的司法解释没有作类似规定，故实践中争议较大。

（九）一般保证的债权人放弃或者怠于行使权利致使该财产不能被执行的

相关规定

▼《民法典》

第698条　一般保证的保证人在主债务履行期限届满后，向债权人提供债务人可供执行财产的真实情况，债权人放弃或者怠于行使权利致使该财产不能被执行的，保证人在其提供可供执行财产的价值范围内不再承担保证责任。

【重点难点提示】

一般保证的债权人放弃或者怠于行使权利，致使债务人可供执行的财产不能被执行的，保证人可以请求人民法院在其提供可供执行财产的实际价值范围内免除保证责任。

一般保证人应当就已向债权人提供债务人可供执行财产的真实情况而债权人怠于行使权利的事实，承担举证责任。

(十) 在借新还旧的情况下，担保责任是否免除应如何判断

相关规定

▼《民法典担保制度司法解释》

第16条 主合同当事人协议以新贷偿还旧贷，债权人请求旧贷的担保人承担担保责任的，人民法院不予支持；债权人请求新贷的担保人承担担保责任的，按照下列情形处理：

（一）新贷与旧贷的担保人相同的，人民法院应予支持；

（二）新贷与旧贷的担保人不同，或者旧贷无担保新贷有担保的，人民法院不予支持，但是债权人有证据证明新贷的担保人提供担保时对以新贷偿还旧贷的事实知道或者应当知道的除外。

主合同当事人协议以新贷偿还旧贷，旧贷的物的担保人在登记尚未注销的情形下同意继续为新贷提供担保，在订立新的贷款合同前又以该担保财产为其他债权人设立担保物权，其他债权人主张其担保物权顺位优先于新贷债权人的，人民法院不予支持。

▼《九民纪要》

57. 贷款到期后，借款人与出借人订立新的借款合同，将新贷用于归还旧贷，旧贷因清偿而消灭，为旧贷设立的担保物权也随之消灭。贷款人以旧贷上的担保物权尚未进行涂销登记为由，主张对新贷行使担保物权的，人民法院不予支持，但当事人约定继续为新贷提供担保的除外。

【重点难点提示】

原则上，借新还旧的，担保责任应当免除，但下列情形除外：（1）担保人愿意继续提供担保的；（2）前主债合同与后主债合同均是同一担保人的；（3）担保人明知或应当知道借新还旧的事实又未作反对的。

当然，有观点认为，以新还旧只是旧债的延续，担保人不能免除其担保责任。从最高人民法院的案例来看，明显存在相互对立的裁判观点。《九民纪要》出台后，主流观点认为，应当以"知道或者应当知道"作为判断标准。具体见相关规定及案例。

《担保法司法解释》的颁布时间为2000年，《九民纪要》的颁布时间是2019年9月11日，笔者将《九民纪要》理解为对《担保法司法解释》的进一步诠释。"新贷与旧贷系同一保证人的"，应当是指"担保人继续为新贷提供担保"。在进一步诠释的基础上，外延有所扩大：前者针对"保证人"，后者规定的是"担保人"。后者显然不仅仅适用于保证人，还包括抵押合同、质权合同、定金、保证金等合同中的担保人。

在司法实践中，一般以"明知"作为是否继续承担担保责任的条件，但也有例外。实践中，有观点认为："借新贷还旧贷，客观上只是以新贷形式延长了旧贷的还款期限，旧贷未得到清偿时，担保人仍应依其承诺承担民事责任"。"借新贷还旧贷，系在贷款到期不

能按时收回的情况下，作为债权人的金融机构又与债务人订立协议，向债务人发放新的贷款用于归还旧贷款的行为。该行为与债务人用自有资金偿还贷款，从而消灭原债权债务关系的行为具有本质的区别。虽然新贷代替了旧贷，但原有的债权债务关系并未消除，客观上只是以新贷形式延长了旧贷的还款期限。旧贷未得到清偿时，担保人仍应依其承诺，承担民事责任。"因此，在实践中，应注意分析适用条件。[①]

【案例217】

有新旧两份借款合同，但新合同未注明是变更，也未注明新债中包含了旧债，出借人主张担保人对新债承担责任的，应负举证责任

裁判文书：最高人民法院（2015）民四终字第23号民事裁定书

裁定书认定事实：

（一）主张是合伙债务的，应当承担举证证明责任

上诉人对一审判决关于"九人合伙"的认定有异议，认为不存在"九人合伙"。经查，林×在一审庭审时称借款为"九人合伙"所借，并提供了"现金出纳账"以证明"九人合伙"欠洪×1 500万元。但"现金出纳账"上并无"合伙人"签名，亦未记载合伙人情况，林×也不能提供合伙协议、合伙出资、合伙事务执行情况等证据证明存在"九人合伙"。故一审判决认定"九人合伙"证据不足。

（二）主张收款确认书或收据或收条是倒签行为的，应承担举证证明责任

上诉人亦无证据证明洪×与林×串通倒签"收款确认书"，故"收款确认书"也应作为借款发生的证据。

（三）新合同未注明是旧的借款合同的变更，也未证明新债中包含了旧债，出借人要求担保人对新债承担担保责任的，应负举证责任

洪×主张的欠款是2010年5月17日借给林×的4 000万元（包括3 000万元定期借款和1 000万元短期借款）中定期借款的一部分。李×、骆×不是2010年合同借款的保证人，自然不对该借款承担保证责任。一审法院认为应通过林×出具收款确认书的方式将该借款并入2011年最高额借款合同，故李×、骆×和其他保证人均应按2011年合同和担保函承担保证责任。但从合同内容看，收款确认书仅为确认借款金额的一种方式，故林×单方出具的收款确认书不能改变保证人的保证义务。洪×多次明确表示本案借款是2010年5月发生的，而2011年最高额借款合同并无片言只语提及2010年借款的欠款情况或欠款结转至2011年最高额借款合同，也无其他证据证明上诉人对此知情，更无证据证明上诉人确认2011年合同下的借款包含了旧债。因此，一审法院判决李×、骆×承担保证责任没有事实根据和法律依据，系法律适用错误，应予纠正。

[①] 江必新，何东宁，程似锦. 最高人民法院指导性案例裁判规则理解与适用·担保卷：上册. 2版. 北京：中国法制出版社，2017：320.

（四）对约定"以债务本息还清时为止等类似内容的"，应认定为保证期间约定不明，保证期间应为主债务履行期届满之日起 2 年，在此期间债权人未主张权利的，担保人不承担担保责任

《担保法司法解释》第 32 条第 2 款规定："保证合同约定保证人承担保证责任直至主债务本息还清时为止等类似内容的，视为约定不明，保证期间为主债务履行期届满之日起二年。"根据该规定，黄×、伊×的保证期间为主债务履行期届满之日起 2 年，即截至 2013 年 5 月 17 日。洪×未在保证期间要求黄×、伊×承担保证责任，直至 2013 年 11 月才提起诉讼，故黄×、伊×的保证责任依法被免除。

～～～ 作者简析 ～～～

本案的争议焦点是主合同的变更是加重了保证人的负担还是形成了新的保证合同关系。

最高人民法院认为：有新旧两份借款合同，但新合同未注明是变更，也未注明新债中包含了旧债的，证明新合同并非旧合同变更后的合同，而是新成立的一份借款合同。在此情形下，出借人主张担保人对新债承担责任的，应当证明担保人对新的借款合同形成了担保合同关系。

【案例 218】

新贷与旧贷系同一保证人的，保证人需承担保证责任

案例一

裁判文书：最高人民法院（2005）民二提字第 8 号民事判决书

判决书认定事实：

《担保法司法解释》第 39 条规定："主合同当事人双方协议以新贷偿还旧贷，除保证人知道或者应当知道的外，保证人不承担民事责任。新贷与旧贷系同一保证人的，不适用前款的规定。"据此，借贷合同双方当事人基于以新贷偿还旧贷的合意，先后订立多个借贷合同，同一担保人在应当知道的情况下在该多个借贷合同上盖章同意担保的，应当依法承担担保责任。担保人以上述多个借贷合同之间没有形式及内在联系为由，否认以新贷偿还旧贷的合同性质，进而拒绝履行担保责任的，人民法院不予支持。

最高人民法院再审认为：

上国投资当天贷款当天扣划或仅更换贷款凭证，没有实际放款的做法是基于合同中以贷还贷的约定而为的履行行为，亦是以贷还贷的基本履行方式。××房产公司连续在几份借款合同上盖章同意为交易所担保，其应当知道此为签约各方以该种方式履行合同第 6 条的约定，即以贷还贷。

案例二

裁判文书：最高人民法院（2006）民二终字第 236 号民事判决书

基本案情：

河北省高级人民法院经审理查明：2002年3月25日，××农信联社与原秦皇岛市××炼油厂（更名为××石油公司）及原秦皇岛市××糖厂（2002年4月更名为××材料厂）共同签订一份"保证担保借款合同"。合同约定：贷款人××农信联社向借款人××炼油厂发放短期借款3 100万元，用途为购原油。……另查，上述借款中的2 553.462 5万元所偿还旧贷为××炼油厂2001年7月16日在××农信联社的贷款本息，该贷款的保证人同为××糖厂，保证方式为连带责任保证。

判决书认定事实：

二审法院认为：关于××材料厂是否承担责任问题。××石油公司于2002年3月25日向××农信联社贷款3 100万元，偿还了2001年7月16日的旧贷款是不争的事实。虽然没有证据证明××材料厂知道或应当知道，××石油公司对本案所涉3 100万元借款中的2 553.462 5万元偿还了2001年在××农信联社的旧贷款的情况，但因2001年旧贷保证人亦为××材料厂，保证方式为连带责任保证。因此，根据《担保法司法解释》第39条关于"主合同当事人双方协议以新贷偿还旧贷，除保证人知道或者应当知道的外，保证人不承担民事责任。新贷与旧贷系同一保证人的，不适用前款的规定"的规定，不能免除××材料厂对该部分借款的保证责任。①

作者简析

两案例均认定为"新贷与旧贷系同一保证人的，保证人需承担保证责任"，但适用性各有要点。

案例一，是依连续盖章行为来推定保证人明知以贷还贷行为的事实。其适用条件是：一是双方在建立了保证担保合同关系的借款合同中加盖了保证人的印章；二是在以新还旧的借款合同中，保证人又加盖了印章。此处的印章不能认定为"他人在借据、收据、欠条等债权凭证或者借款合同上签字或者盖章，但未表明其保证人身份或者承担保证责任"的情形，而是对以新还旧的同意。因此，判决保证人承担保证责任是符合司法解释的规定的。

案例二，因当事人在前、后两份"保证担保借款合同"中均作为保证人签字或盖章，故应当推定其同意以新还旧的事实，同样可以界定为"知道或应当知道"。

《2020民间借贷司法解释》第20条规定："他人在借据、收据、欠条等债权凭证或者借款合同上签名或者盖章，但是未表明其保证人身份或者承担保证责任，或者通过其他事实不能推定其为保证人，出借人请求其承担保证责任的，人民法院不予支持。"如果前、后合同签章的系同一人，但前份合同中注明了保证人的身份，后一份合同未作标注的，是否可以认定为"明知"事实，值得推敲。

---

① 杜万华，最高人民法院民事审判第二庭. 担保案件审判指导. 2版. 北京：法律出版社，2018：120-139.

（十一）质权人放弃质权，可以有条件免除其他担保人的担保责任

`相关规定`

▼《民法典》

第435条 质权人可以放弃质权。债务人以自己的财产出质，质权人放弃该质权的，其他担保人在质权人丧失优先受偿权益的范围内免除担保责任，但是其他担保人承诺仍然提供担保的除外。

【重点难点提示】

关于对"债务人以自己的财产出质，质权人放弃该质权的，其他担保人在质权人丧失优先受偿权益的范围内免除担保责任"的理解：

（1）免除其他担保人的担保责任的前提是"债务人以自己的财产出质"。法条中的"其他担保人"显然不包括"债务人"在内。在此前提下，如果质权人放弃对债务人的质权，其他担保人在质权人丧失优先受偿权益的范围内免除担保责任。

（2）在既有债务人提供质物担保，又有其他担保人提供担保的情形下，债权人放弃对其他担保人的担保权的，对债务人的质权没有影响。

（3）在第一种情形下，其他担保人承诺仍然提供担保的，不免除担保责任。

【案例219】

抵押权人在主债权诉讼时效期间未行使抵押权将导致抵押权消灭

判决书认定事实[1]：

北京市第三中级人民法院二审认为：……应当认定李×在诉讼时效届满即2011年9月10日之前并未向王×积极主张债权，且不存在其他阻却诉讼时效计算的理由，故李×已丧失就上述债权请求法院保护的权利。

《物权法》第202条规定，"抵押权人应当在主债权诉讼时效期间行使抵押权；未行使的，人民法院不予保护"。该条中"不予保护"含义的明确依赖于对诉讼时效和抵押权性质的分析。

首先，就诉讼时效而言，其以请求权人怠于行使权利持续至法定期间的状态为规制对象，目的在于让罹于时效的请求权人承受不利益，以起到促其及时行使权利之作用；依民法理论通说，其适用范围限于债权请求权。而就抵押权而言，其属于支配权，并非请求权的范围，更非债权请求权的范围，如将抵押权纳入诉讼时效的规制范围，无疑有违民法原理。

其次，就抵押权而言，其目的在于担保债务的履行，以确保抵押权人对抵押物的价值

---

[1] 最高人民法院公报，2017（7）.

享有优先受偿的权利。为实现上述目的，抵押权对物之本身必将产生权能上的限制，对物的使用和转让均会发生影响。故若对抵押权人行使抵押权的期限不进行限制，将使抵押财产的归属长期处于不稳定状态，不仅不利于保护当事人的合法权益，亦不利于物之使用和流通效能的发挥。此外，如果允许抵押权人在任何时候均可行使抵押权，则意味着在主债权经过诉讼时效且债务人因此取得抗辩权之后，债权人依然可从抵押人处获得利益，进而将抵押人和债务人之间的追偿和抗辩置于困境。换言之，这也意味着抵押人将长期处于一种不利状态，其义务也具有不确定性。若如此，对于抵押人来说未免过于苛刻，亦有失公允。

最后，从权利分类角度分析，在数项权利并存时，依据权利的相互依赖关系，有主权利与从权利之分：凡可以独立存在、不依赖于其他权利者，为主权利；必须依附于其他权利、不能独立存在的则为从权利。举例而言，在债权与为担保债的履行的抵押权并存时，债权是主权利，抵押权为从权利。在主权利已经丧失国家强制力保护的状态下，抵押物上所负担的抵押权也应消灭方能更好地发挥物的效用，亦符合物权法之担保物权体系的内在逻辑。故《物权法》第202条规定抵押权行使期间的重要目的之一当在于促使抵押权人积极地行使抵押权，迅速了结债权债务关系，维系社会经济秩序的稳定。

综合上述分析，应当认定在法律已设定行使期限后，抵押权人仍长期怠于行使权利的，法律对之也无特别加以保护的必要，应使抵押权消灭。具体到本案中，因上诉人李×在主债权诉讼时效期间并未向被上诉人王×主张行使抵押权，故对李×的抵押权，人民法院不予保护，该抵押权消灭，王×请求解除抵押登记的请求应予支持。

北京市第三中级人民法院判决：驳回上诉，维持原判。

~~~ 作者简析 ~~~

本案的裁判观点为：抵押权人在主债权诉讼时效期间未行使抵押权将导致抵押权消灭，而非胜诉权的丧失。抵押权消灭后，抵押人要求解除抵押权登记的，人民法院应当支持。

《物权法》第202条的规定被《民法典》第419条吸收。《民法典》第419条的规定为："抵押权人应当在主债权诉讼时效期间行使抵押权；未行使的，人民法院不予保护。"本案对正确理解法律规定具有借鉴意义。

【案例220】

小额贷款公司的内部管理规定不能对对外担保合同发生对抗效力

裁判文书：最高人民法院（2015）民申字第1684号民事裁定书

裁定书认定事实：

首先，原审判决认定本案担保合同有效符合法律规定精神。修订后的《公司法》规定，董事、高级管理人员不得违反公司章程的规定，未经股东会、股东大会或者董事会同意以公司财产为他人提供担保。该条规定旨在规范公司的内部管理，并未规定公司违反此条规定对外担保的效力。本案中，案涉三份借款协议签订期间，汪×担任××小贷公司总经理，该三份借款协议明确约定××小贷公司对汪×向许×的借款承担保证责任，并加盖了××小贷公司的印章，该三份借款协议应当认定为有效。××小贷公司依据《公司法》修订前颁布的《担保法司法解释》主张本案担保合同无效的理由依法不能成立。

其次，没有证据证明被申请人许×和汪×恶意串通损害××小贷公司利益。××小贷公司申请再审称，被申请人许×和汪×具有亲属关系，他们设定担保的行为属于恶意串通行为，损害了××小贷公司的利益，担保合同应当无效。本院认为，仅凭亲属关系并不能认定许×和汪×的行为属恶意串通。××小贷公司的该申请不能成立，应予驳回。

≈≈≈ 作者简析 ≈≈≈

除了裁定书阐明的理由，笔者认为，《公司法》第 15 条的规定，对于小贷公司不具有适用价值。理由是：其一，小贷公司作为专业从事贷款业务的公司，应当对法律规定了如指掌。既然其内部有限制性规定，就不应当与他人签订担保合同。签订合同之后，又不想履行合同义务，反而将法律规定作为免除责任的借口，主观上存在过错。其二，《公司法》第 15 条的规定，并不属于法律强制性规定。在某种意义上，公司内部如股东会、董事会对法定代表人或工作人员的授权，仅仅属于程序上审批问题，不属于效力性强制性规定。其三，根据《九民纪要》第 17 条和第 18 条的规定，构成越权代表的，不能对抗善意第三人。本案没有事实表明，合同相对方明知小贷公司的内部制度规定，因此，不能断定合同相对方属于恶意，非恶意即善意。

【案例 221】

《公司法》第 15 条对股东等权利的限制性规定对善意第三人不产生对抗效力

裁判文书：最高人民法院（2015）民申字第 2086 号民事裁定书

裁定书认定事实：

2011 年 9 月 6 日，双方签订的"保证合同"，由××矿业公司法定代表人签字并加盖有公司印章；2012 年 1 月 8 日××矿业公司出具的"承诺保证函"，亦加盖有××矿业公司印章。××矿业公司对签名和印章的真实性均无异议。公司作为不同于自然人的民商事主体，其法定代表人的行为即是公司的行为。即便法定代表人行为越权，××矿业公司也只能够通过内部追责程序维护自己的权利，而非主张担保行为无效。

《公司法》（2013 年修正）第 16 条（现为第 15 条）规定："公司向其他企业投资或者为他人担保，依照公司章程的规定，由董事会或者股东会、股东大会决议；公司章程对投资或者担保的总额及单项投资或者担保的数额有限额规定的，不得超过规定的限额。公司为公司股东或者实际控制人提供担保的，必须经股东会或者股东大会决议……"该规定属于公司对内的程序性规定，其并未规定公司以外的第三人对此负有审查义务，公司对外提供担保是否经股东会或者股东大会决议，并不影响其对外签订的合同效力。《公司法》（2013 年修正）第 16 条的规定，意在防止公司的实际控制人或者高级管理人员损害公司、小股东或者其他债权人的利益,公司是否召开股东会以及股东会的决议,是公司的内部控制程序,不能约束与公司交易的第三人。公司、小股东或者其他债权人的利益因此受损的,可以依法追究实际控制人或者高级管理人员的责任,不能据此主张合同无效。

作者简析

本案的司法裁判观点是:《公司法》第15条对股东等权利的限制性规定对善意第三人不产生对抗效力。

《公司法》第15条第1款的规定为:"公司向其他企业投资或者为他人提供担保,按照公司章程的规定,由董事会或者股东会决议;公司章程对投资或者担保的总额及单项投资或者担保的数额有限额规定的,不得超过规定的限额。"依照此规定,所谓的限制性规定,其成立条件是:一是有章程规定。二是章程规定的内容为下列内容之一项:(1)公司向其他企业投资或者为他人提供担保,应当由董事会或者股东会、股东大会决议;(2)对投资或者担保的总额及单项投资或者担保的数额作了限额规定。

《九民纪要》第17条规定,《公司法》第15条对法定代表人的代表权进行了限制。根据该条规定,担保行为不是法定代表人所能单独决定的事项,而必须以公司股东(大)会、董事会等公司机关的决议作为授权的基础和来源。法定代表人未经授权擅自为他人提供担保的,构成越权代表。同时,该条规定了,《公司法》第15条的规定不能对抗善意第三人。第18条专门将善意界定为"债权人不知道或者不应当知道法定代表人超越权限订立担保合同"。

本案的裁判观点符合《九民纪要》的规定。在实践中,除借鉴裁定书阐明的理由外,还应当结合《九民纪要》第17条和第18条的规定进行理解。按照其规定,判断对方当事人是否为善意第三人,应当以第三人是否"明知"或者"应当明知"为标准。

【案例222】

担保人除非能证明非其真实意思表示,否则不能仅以借款与刑事案件有牵连即否定借贷合同的效力,进而主张免除自己的担保责任

裁判文书:最高人民法院(2019)最高法民申2442号民事裁定书

裁定书认定事实:

(一)关于本案与陈×诈骗犯罪是否属同一法律关系,本案是否应驳回起诉的问题

《最高人民法院关于在审理经济纠纷案件中涉及经济犯罪嫌疑若干问题的规定》第10条规定:"人民法院在审理经济纠纷案件中,发现与本案有牵连,但与本案不是同一法律关系的经济犯罪嫌疑线索、材料,应将犯罪嫌疑线索、材料移送有关公安机关或检察机关查处,经济纠纷案件继续审理。"《最高人民法院关于审理民间借贷案件适用法律若干问题的规定》(2015年)第6条规定:"人民法院立案后,发现与民间借贷纠纷案件虽有关联但不是同一事实的涉嫌非法集资等犯罪的线索、材料的,人民法院应当继续审理民间借贷纠

纷案件，并将涉嫌非法集资等犯罪的线索、材料移送公安或者检察机关。"

上述规定明确了以是否属于"同一事实""同一法律关系"作为区分民刑交叉案件处理方式的标准，即民、刑案件分属不同事实、不同法律关系的，民、刑案件并行分别处理。

（二）关于黄1是否应承担连带保证责任的问题

如前所述，尽管案涉民间借贷与陈×集资诈骗案有牵连，但刑事犯罪行为与案涉民间借贷不属于同一事实和同一法律关系，一、二审判决将本案作为民事案件继续审理，并无不当。黄1尽管主张因案涉借贷被定性为诈骗犯罪而使主合同（借款合同）无效，从合同（担保合同）无效，但其所提供的证据并不足以证明王1作为借款人、黄1作为担保人在"借条"上签字系受到欺诈、胁迫或者存在其他违背真实意思表示的情形，故不能仅以案涉借款与陈×集资诈骗存在牵连，就否定案涉民间借贷合同的效力，进而主张免除自己的担保责任。黄1作为完全民事行为能力人，对自己的行为具有完全的辨认和控制能力，对于作为担保人在"借条"上签名并加盖指模所体现的担保意思表示及可能导致的法律后果应当具有预见性。一、二审判决黄1对案涉债务承担连带保证责任有相应的事实和法律依据，并无不当。

综上所述，驳回黄1的再审申请。

≋≋≋ 作者简析 ≋≋≋

（1）本案明确了以是否属于"同一事实""同一法律关系"作为区分民刑交叉案件处理方式的标准，即民、刑案件分属不同事实、不同法律关系的，民、刑案件并行分别处理。

（2）本案系现有证据不足以证明案涉民间借贷合同无效，且担保人在签订担保协议时具有真实意思表示，在未能举证否定主合同有效性的情况下，担保人仍然应当承担担保责任。即：（现有）证据并不足以证明王1作为借款人、黄1作为担保人在"借条"上签字系受到欺诈、胁迫或者存在其他违背真实意思表示的情形，故黄1不能仅以案涉借款与陈×集资诈骗存在牵连，就否定案涉民间借贷合同的效力，进而主张免除其担保责任。

第十节　担保权实现顺序

一、抵押财产和留置财产所产生的孳息，应当首先充抵收取孳息的费用

相关规定

▼《民法典》

第412条　债务人不履行到期债务或者发生当事人约定的实现抵押权的情形，致使抵押财产被人民法院依法扣押的，自扣押之日起，抵押权人有权收取该抵押财产的天然孳息或者法定孳息，但是抵押权人未通知应当清偿法定孳息义务人的除外。

前款规定的孳息应当先充抵收取孳息的费用。

第 452 条　留置权人有权收取留置财产的孳息。

前款规定的孳息应当先充抵收取孳息的费用。

【重点难点提示】

（1）前述规定限于抵押财产和留置财产所产生的孳息。

（2）上述法律规定中的"应当先充抵收取孳息的费用"，是指应当扣除依法扣押抵押财产所产生的费用，如执行费、保管费等。

（3）抵押权人有权收取该抵押财产的天然孳息或者法定孳息，应当符合两个条件：

1）债务人不履行到期债务或者发生当事人约定的实现抵押权的情形，致使抵押财产被人民法院依法扣押的，自扣押之日起，抵押权人有权收取该抵押财产的天然孳息或者法定孳息；

2）法律规定，抵押权人对应当清偿法定孳息义务人没有履行通知义务的除外。未通知者，不得收取。

二、同一财产向两个以上债权人抵押的清偿顺序

相关规定

▼《民法典》

第 414 条　同一财产向两个以上债权人抵押的，拍卖、变卖抵押财产所得的价款依照下列规定清偿：

（一）抵押权已经登记的，按照登记的时间先后确定清偿顺序；

（二）抵押权已经登记的先于未登记的受偿；

（三）抵押权未登记的，按照债权比例清偿。

其他可以登记的担保物权，清偿顺序参照适用前款规定。

第 409 条　抵押权人可以放弃抵押权或者抵押权的顺位。抵押权人与抵押人可以协议变更抵押权顺位以及被担保的债权数额等内容。但是，抵押权的变更未经其他抵押权人书面同意的，不得对其他抵押权人产生不利影响。

债务人以自己的财产设定抵押，抵押权人放弃该抵押权、抵押权顺位或者变更抵押权的，其他担保人在抵押权人丧失优先受偿权益的范围内免除担保责任，但是其他担保人承诺仍然提供担保的除外。

【重点难点提示】

（1）原则上，按照有无登记、登记的先后顺序进行清偿。

（2）但是，抵押权人放弃抵押权或者抵押权的顺位的，应当按照第二顺序以后有无登

记、登记的先后顺序进行清偿。同时要注意抵押权人放弃抵押权或者抵押权的顺位对其他抵押人的影响,即其他抵押人在抵押权人丧失优先受偿权益的范围内免除担保责任。

三、同一财产上既设立抵押权又设立质权的清偿顺序

【相关规定】

▼《民法典》

第415条 同一财产既设立抵押权又设立质权的,拍卖、变卖该财产所得的价款按照登记、交付的时间先后确定清偿顺序。

▼《九民纪要》

65. 同一动产上同时设立质权和抵押权的,应当参照适用《物权法》第199条的规定,根据是否完成公示以及公示先后情况来确定清偿顺序:质权有效设立、抵押权办理了抵押登记的,按照公示先后确定清偿顺序;顺序相同的,按照债权比例清偿;质权有效设立,抵押权未办理抵押登记的,质权优先于抵押权;质权未有效设立,抵押权未办理抵押登记的,因此时抵押权已经有效设立,故抵押权优先受偿。

············

【重点难点提示】

以担保权设立先后为清偿顺序。动产抵押合同生效时设立,动产质权以交付为设立条件。同一动产上,如存在已办理了抵押登记的抵押权和有效质权,则二者谁设立、登记在先,谁就先受偿;如该动产抵押权已设立但未登记,则质权优先受偿。

四、动产抵押特别优先的规定

【相关规定】

▼《民法典》

第416条 动产抵押担保的主债权是抵押物的价款,标的物交付后十日内办理抵押登记的,该抵押权人优先于抵押物买受人的其他担保物权人受偿,但是留置权人除外。

【重点难点提示】

《民法典》第416条的适用条件是:(1)抵押的标的物是动产;(2)动产抵押担保的主债权是抵押物的价款;(3)标的物交付后10日内办理抵押登记。

在上述条件下,该抵押权人优先于抵押物买受人的其他担保物权人受偿,但不得优先于留置权人受偿。其中:"动产抵押担保的主债权是抵押物的价款",比如,双方签订了买卖合同,买方因货物的交付取得标的物的所有权,此时,为担保货物的价款,买受人又用

交付的货物办理了抵押登记。

五、同一动产同时设立了抵押权、质权、留置权的清偿顺序

【相关规定】

▼《民法典》

第456条 同一动产上已经设立抵押权或者质权，该动产又被留置的，留置权人优先受偿。

【重点难点提示】

留置权优先原则。

六、同一被担保的债权既有物的担保又有保证的清偿顺序

【相关规定】

▼《民法典》

第392条 被担保的债权既有物的担保又有人的担保的，债务人不履行到期债务或者发生当事人约定的实现担保物权的情形，债权人应当按照约定实现债权；没有约定或者约定不明确，债务人自己提供物的担保的，债权人应当先就该物的担保实现债权；第三人提供物的担保的，债权人可以就物的担保实现债权，也可以请求保证人承担保证责任。提供担保的第三人承担担保责任后，有权向债务人追偿。

第393条 有下列情形之一的，担保物权消灭：

（一）主债权消灭；

（二）担保物权实现；

（三）债权人放弃担保物权；

（四）法律规定担保物权消灭的其他情形。

▼《民法典担保制度司法解释》

第18条第2款 同一债权既有债务人自己提供的物的担保，又有第三人提供的担保，承担了担保责任或者赔偿责任的第三人，主张行使债权人对债务人享有的担保物权的，人民法院应予支持。

【重点难点提示】

（一）关于《民法典》第392条规定的被担保的债权既有物的担保又有人的担保的，应如何确定担保责任

《民法典》第392条及相关司法解释规定，针对同一债权既有保证又有物的担保的情

形，按照下列原则确定担保责任：

1. 有合同约定的情形

（1）就担保责任的承担，有合同约定的，按照约定执行。即：被担保的债权既有物的担保又有人的担保的，债务人不履行到期债务或者发生当事人约定的实现担保物权的情形，债权人应当按照约定实现债权。

（2）按照合同约定承担了担保责任或者赔偿责任的第三人，可以行使债权人对债务人享有的担保物权。注意：当存在前述混合担保的情形时，承担了保证责任的第三人，并不能对债务人以外的提供物的担保的担保人主张担保物权或者行使追偿权。这一要点，可以结合《民法典担保制度司法解释》第18条第2款的规定进行理解。

2. 无约定或者约定不明确的情形

（1）依照《民法典》的规定，有债务人自己提供物的担保的，债权人应当先就该物的担保实现债权。

（2）债务人未提供物的担保，既有他人提供物的担保，又有第三人的保证的，可以由债权人选择要求物的担保人承担担保责任或者保证人承担保证责任。

（二）担保权人放弃物的担保的，是否可以免除保证人的保证责任

（1）依据《担保法》第28条的规定，同一债权既有保证又有物的担保，债权人放弃物的担保的，保证人在债权人放弃权利的范围内免除保证责任。

（2）依据《民法典》第392条的规定，"债务人自己提供物的担保的，债权人应当先就该物的担保实现债权"。担保权人放弃对债务人的物的担保的，应当免除保证人相应范围的保证责任。

《物权法》第176条的规定被《民法典》第392条吸收，故不单独论述《物权法》的规定。

（三）关于清偿顺序

（1）有约定的，按照约定的清偿顺序进行；

（2）无约定或约定不明者，如果既有债务人自己提供物的担保，又有第三人提供物的担保，债权人应当先就债务人的担保实现债权；

（3）无债务人提供物的担保，有第三人提供物的担保，又有保证的，由债权人选择是就物的担保实现债权，还是请求保证人承担保证责任。

【案例223】

既有人的保证又有物的担保，保证合同约定了债权人有选择权的，
不能视为对担保权的实现顺位没有约定

裁判文书：最高人民法院（2019）最高法民终582号民事判决书

判决书认定事实：

本案中，对债务人四川恒×公司的欠款及罚息，××银行××支行既要求就第三人六

盘水××实业公司提供的物的担保实现债权,又要求保证人六盘水××实业公司、恒×集团公司、鲜×承担连带保证责任。鲜×抗辩认为,其与××银行××支行签署的"最高额保证合同"没有约定物保和人保同时存在时担保权的实现顺序,因此,在××银行××支行未就第三人提供的物保以及债务人自身财产实现债权之前,其不应承担连带保证责任。根据《物权法》第176条关于"被担保的债权既有物的担保又有人的担保的,债务人不履行到期债务或者发生当事人约定的实现担保物权的情形,债权人应当按照约定实现债权;没有约定或者约定不明确,债务人自己提供物的担保的,债权人应当先就该物的担保实现债权;第三人提供物的担保的,债权人可以就物的担保实现债权,也可以要求保证人承担保证责任。提供担保的第三人承担担保责任后,有权向债务人追偿"的规定,被担保的债权既有物的担保又有人的担保的,当事人可以约定物保和人保的实现顺位。鲜×与××银行××支行签订的"最高额保证合同"明确约定,对于主合同项下债务,无论债权人是否拥有其他担保权利,债权人均有权先要求任一保证人在保证范围内承担保证责任。前述约定表明保证人鲜×实际上将物保、人保的实现顺位交由××银行××支行选择,因此,对于××银行××支行要求同时就第三人提供的物保与保证实现债权的诉请应予支持。鲜×主张××银行××支行应先就第三人提供的物保以及债务人自身财产实现债权的抗辩理由,与合同约定和法律规定不符,一审法院不予支持。判决结果:驳回上诉,维持原判。

≈≈≈≈作者简析≈≈≈≈

　　本案例中在既有人的保证又有物的担保的情形下,上诉人以保证合同没有约定顺位为由提起上诉,最高人民法院认为其上诉请求不成立。其理由是:"最高额保证合同"明确约定,对于主合同项下债务,无论债权人是否拥有其他担保权利,债权人均有权先要求任一保证人在保证范围内承担保证责任。前述约定表明保证人鲜×实际上将物保、人保的实现顺位交由××银行××支行选择。

第十一节　追偿权

一、担保人对债务人的追偿权

相关规定

▼《民法典》

第700条　保证人承担保证责任后,除当事人另有约定外,有权在其承担保证责任的范围内向债务人追偿,享有债权人对债务人的权利,但是不得损害债权人的利益。

▼《民法典担保制度司法解释》

第3条 当事人对担保责任的承担约定专门的违约责任，或者约定的担保责任范围超出债务人应当承担的责任范围，担保人主张仅在债务人应当承担的责任范围内承担责任的，人民法院应予支持。

担保人承担的责任超出债务人应当承担的责任范围，担保人向债务人追偿，债务人主张仅在其应当承担的责任范围内承担责任的，人民法院应予支持；担保人请求债权人返还超出部分的，人民法院依法予以支持。

第18条 承担了担保责任或者赔偿责任的担保人，在其承担责任的范围内向债务人追偿的，人民法院应予支持。

第35条 保证人知道或者应当知道主债权诉讼时效期间届满仍然提供保证或者承担保证责任，又以诉讼时效期间届满为由拒绝承担保证责任或者请求返还财产的，人民法院不予支持；保证人承担保证责任后向债务人追偿的，人民法院不予支持，但是债务人放弃诉讼时效抗辩的除外。

▼《九民纪要》

55. 担保人承担的担保责任范围不应当大于主债务，是担保从属性的必然要求。当事人约定的担保责任的范围大于主债务的，如针对担保责任约定专门的违约责任、担保责任的数额高于主债务、担保责任约定的利息高于主债务利息、担保责任的履行期先于主债务履行期届满，等等，均应当认定大于主债务部分的约定无效，从而使担保责任缩减至主债务的范围。

【重点难点提示】

（一）追偿权的范围应限定在担保人承担担保责任的范围内

对此，《民法典担保制度司法解释》第18条作了明确规定。根据相关规定，追偿权的范围包括：（1）担保人承担担保责任的金额。它包括主债权本金、利息、逾期利息、违约金、赔偿损失以及实现债权所发生的合理费用等。具体应当根据担保合同约定的担保范围确定。（2）担保人承担担保责任后造成的资金占用损失。（3）实现追偿权所发生的合理费用。

对前述规定不能作任意扩大解释。也就是说，不能超出"担保责任＋产生的合理费用或损失"的范围，否则，担保权就失去了从属性的法律意义。其中，对于担保人承担担保责任后造成的资金占用损失，有约定的，按照约定执行，但总的利息不得超出规定上限。如果没有约定，只能按照同期银行贷款利息计算。

（二）担保人自愿承担担保责任的数额大于主债务人应当履行的债务数额造成损失的，应当由担保人自行承担，无权向债务人追偿

法律依据为《民法典担保制度司法解释》第3条第2款的规定。按照该条规定，担保

人可以请求债权人返还超出部分。

（三）超过诉讼时效，保证人自愿承担保证责任的，无权向债务人追偿

法律依据为《民法典担保制度司法解释》第35条的规定。该条规定有以下三层含义：

一是保证人知道或者应当知道主债权诉讼时效期间届满仍然提供保证或者承担保证责任，之后，不得拒绝承担保证责任或者请求返还财产；

二是保证人承担保证责任后向债务人追偿的，人民法院不予支持；

三是如果债务人放弃诉讼时效抗辩，保证人可以向债务人行使追偿权。

二、担保人之间的追偿权

（一）共同担保人之间的追偿权

相关规定

▼《民法典担保制度司法解释》

第13条 同一债务有两个以上第三人提供担保，担保人之间约定相互追偿及分担份额，承担了担保责任的担保人请求其他担保人按照约定分担份额的，人民法院应予支持；担保人之间约定承担连带共同担保，或者约定相互追偿但是未约定分担份额的，各担保人按照比例分担向债务人不能追偿的部分。

同一债务有两个以上第三人提供担保，担保人之间未对相互追偿作出约定且未约定承担连带共同担保，但是各担保人在同一份合同书上签字、盖章或者按指印，承担了担保责任的担保人请求其他担保人按照比例分担向债务人不能追偿部分的，人民法院应予支持。

除前两款规定的情形外，承担了担保责任的担保人请求其他担保人分担向债务人不能追偿部分的，人民法院不予支持。

第14条 同一债务有两个以上第三人提供担保，担保人受让债权的，人民法院应当认定该行为系承担担保责任。受让债权的担保人作为债权人请求其他担保人承担担保责任的，人民法院不予支持；该担保人请求其他担保人分担相应份额的，依照本解释第十三条的规定处理。

第29条 同一债务有两个以上保证人，债权人以其已经在保证期间内依法向部分保证人行使权利为由，主张已经在保证期间内向其他保证人行使权利的，人民法院不予支持。

同一债务有两个以上保证人，保证人之间相互有追偿权，债权人未在保证期间内依法向部分保证人行使权利，导致其他保证人在承担保证责任后丧失追偿权，其他保证人主张在其不能追偿的范围内免除保证责任的，人民法院应予支持。

【重点难点提示】

1. 同一债务的担保人之间享有相互追偿权的条件

依照《民法典担保制度司法解释》第 13 条的规定，同一债务的担保人之间享有相互追偿权的条件有：

（1）同一债务有两个以上第三人提供担保，担保人之间约定相互追偿及分担份额的，承担了担保责任的担保人可以请求其他担保人按照约定分担份额；

（2）担保人之间约定承担连带共同担保，或者约定相互追偿但是未约定分担份额的，各担保人按照比例分担向债务人不能追偿的部分；

（3）不具备前述（1）（2）两个条件，但是，各担保人在同一份合同书上签字、盖章或者按指印的，承担了担保责任的担保人可以请求其他担保人按照比例分担向债务人不能追偿的部分。

除上述情形外，承担了担保责任的担保人请求其他担保人分担向债务人不能追偿部分的，人民法院不予支持。

2. 关于担保人受让债权后是否享有要求其他担保人承担担保责任权利以及追偿权的问题

《民法典担保制度司法解释》第 14 条的规定有两层含义：

第一，同一债务有两个以上第三人提供担保，担保人受让债权，然后以债权人的身份请求其他担保人承担担保责任的，人民法院不予支持。

第二，但是，该担保人在满足一定的条件时可以请求其他担保人分担相应份额，具体依照本解释第 13 条的规定处理。其含义：一是就受让的债权，债务人不能清偿的部分，该担保人可以要求其他担保人分担相应份额。二是其份额的确定依据本解释第 13 条的规定处理。具体内容如前所述。

3. 同一债务有两个以上保证人，债权人在保证期间内只向部分保证人行使了权利的，该部分保证人只在应当承担的份额范围内承担保证责任

《民法典担保制度司法解释》第 29 条的规定有以下含义：

第一，同一债务有两个以上保证人，债权人在保证期间内依法只向部分保证人行使了权利，不等于向其他保证人也行使了权利。其他保证人可以拒绝承担保证责任。

第二，债权人在保证期间内依法只向部分保证人行使了权利，会导致该部分保证人在承担保证责任后丧失对未承担保证责任的保证人的追偿权。

第三，该部分保证人可以主张在丧失追偿权的范围内免除保证责任。

上述保证人包括一般保证人和连带保证人。债权人行使权利，针对一般保证人应当在保证期间内以诉讼或仲裁的方式进行，对连带责任保证人则需要在保证期间内提出清偿请求。

另外，在既有连带责任保证又有一般保证的情形下，连带责任保证人对一般保证人没有追偿权。

【权威观点】

连带责任保证人的身份等同于主债务人，在承担责任的顺序上两者是等同的。因此，连带责任保证人应当排在一般保证人之前，只有当主债务人和连带责任保证人均不能偿还其债务时，一般保证人才承担保证责任。

根据承担责任的保证人向其他保证人追偿份额的规定，承担责任的保证人只有在向主债务人不能全额追偿时，才能向其他保证人主张相应份额。这正如一般保证所规定的，一般保证人的责任起始也是基于主债务人不能承担责任的情况。故承担连带责任保证的保证人不能向一般保证人追偿。《担保法》及其司法解释也只规定了承担连带责任的担保人相互之间可以享有追偿权。所以出借人没有起诉一般保证的保证人的，也就没有必要追加一般保证人为共同被告。[1]

(二) 混合担保人之间的追偿权

相关规定

▼《民法典》

第392条　被担保的债权既有物的担保又有人的担保的，债务人不履行到期债务或者发生当事人约定的实现担保物权的情形，债权人应当按照约定实现债权；没有约定或者约定不明确，债务人自己提供物的担保的，债权人应当先就该物的担保实现债权；第三人提供物的担保的，债权人可以就物的担保实现债权，也可以请求保证人承担保证责任。提供担保的第三人承担担保责任后，有权向债务人追偿。

▼《民法典担保制度司法解释》

第18条第2款　同一债权既有债务人自己提供的物的担保，又有第三人提供的担保，承担了担保责任或者赔偿责任的第三人，主张行使债权人对债务人享有的担保物权的，人民法院应予支持。

▼《九民纪要》

56. 被担保的债权既有保证又有第三人提供的物的担保的，担保法司法解释第38条明确规定，承担了担保责任的担保人可以要求其他担保人清偿其应当分担的份额。但《物权法》第176条并未作出类似规定，根据《物权法》第178条关于"担保法与本法的规定不一致的，适用本法"的规定，承担了担保责任的担保人向其他担保人追偿的，人民法院不予支持，但担保人在担保合同中约定可以相互追偿的除外。

【重点难点提示】

同一债权既有保证又有第三人提供的物的担保的，为混合担保。混合担保人之间的有

---

[1] 最高人民法院民间借贷司法解释理解与适用（简明版及配套规定）. 北京：人民法院出版社，2018：41.

关追偿权如下:

(1) 依照《民法典》第392条的规定,被担保的债权既有物的担保又有人的担保的,按照下列原则进行处理:

1) 债务人不履行到期债务或者发生当事人约定的实现担保物权的情形的,债权人应当按照约定实现债权。

2) 没有约定或者约定不明确,债务人自己提供物的担保的,债权人应当先就该物的担保实现债权。

3) 第三人提供物的担保的,债权人可以就物的担保实现债权,也可以请求保证人承担保证责任。

4) 提供担保的第三人承担担保责任后,有权向债务人追偿。注意:该条规定中明确的是,第三人承担担保责任后有权向债务人进行追偿,而不是向其他担保人进行追偿。

(2) 依照《民法典担保制度司法解释》第18条第2款的规定,如果同一债权既有债务人自己提供的物的担保,又有第三人提供的担保,承担了担保责任或者赔偿责任的第三人,可以主张行使债权人对债务人享有的担保物权。

(3) 对前述第(1)项第4)种情形,第三人承担担保责任后是否有权向其他担保人进行追偿?依照《九民纪要》第56条的规定,担保人只有在担保合同中约定可以相互追偿的,才具有追偿权,否则,对其他担保人不具有追偿权。

三、登记机构的追偿权

相关规定

▼《民法典》

第222条 当事人提供虚假材料申请登记,造成他人损害的,应当承担赔偿责任。

因登记错误,造成他人损害的,登记机构应当承担赔偿责任。登记机构赔偿后,可以向造成登记错误的人追偿。

【重点难点提示】

依照前述规定,因登记错误,造成他人损害的,首先应当由登记机构承担赔偿责任。登记机构承担赔偿责任后,如果登记错误是因"当事人提供虚假材料",登记机构可以向当事人进行追偿,否则,不享有追偿权。

四、关于债务人破产案件涉及担保的追偿权问题

相关规定

▼《民法典担保制度司法解释》

第23条 人民法院受理债务人破产案件,债权人在破产程序中申报债权后又向人民

法院提起诉讼，请求担保人承担担保责任的，人民法院依法予以支持。

担保人清偿债权人的全部债权后，可以代替债权人在破产程序中受偿；在债权人的债权未获全部清偿前，担保人不得代替债权人在破产程序中受偿，但是有权就债权人通过破产分配和实现担保债权等方式获得清偿总额中超出债权的部分，在其承担担保责任的范围内请求债权人返还。

债权人在债务人破产程序中未获全部清偿，请求担保人继续承担担保责任的，人民法院应予支持；担保人承担担保责任后，向和解协议或者重整计划执行完毕后的债务人追偿的，人民法院不予支持。

第24条　债权人知道或者应当知道债务人破产，既未申报债权也未通知担保人，致使担保人不能预先行使追偿权的，担保人就该债权在破产程序中可能受偿的范围内免除担保责任，但是担保人因自身过错未行使追偿权的除外。

【重点难点提示】

（一）关于债权人的诉权

如果债务人被依法宣告破产，债权人既可以依照破产法规定的程序申报破产债权，也可以同时通过诉讼要求担保人承担担保责任。

债权人在债务人破产程序中未获全部清偿的，可以请求担保人继续承担担保责任。

（二）关于担保人的追偿权

（1）担保人只清偿了债权人的部分债权的，不享有追偿权，只有在条件具备的情况下，请求债权人返还财产的权利。即：担保人不得代替债权人在破产程序中受偿。但是有权就债权人通过破产分配和实现担保债权等方式获得清偿总额中超出债权的部分，在其承担担保责任的范围内请求债权人返还。

（2）担保人清偿了债权人的全部债权的，可以代替债权人在破产程序中受偿。但是，担保人承担担保责任后，在和解协议或者重整计划已经执行完毕后，担保人才向债务人主张追偿权的，不应当得到支持。

【案例224】

非保证人的过错导致多偿还债务的，保证人有权利向债务人追偿

裁判文书：最高人民法院（2018）最高法民申2616号民事裁定书

裁定书认定事实：

根据再审申请人申请再审的理由以及提交的证据，本案的争议焦点问题为刘×、岳×作为保证人有权向孙×追偿的款项数额如何认定。

首先，孙×向××贷款公司的借款已经逾期，孙×没有按约还款，××贷款公司先后向刘×、岳×两次发出"逾期贷款催收通知"。在此情形下，刘×、岳×代孙×向××贷款公司归还本息，是其作为保证人承担保证责任的行为。根据《担保法》第31条的规定，保证人承担保证责任后，有权向债务人追偿。故刘×、岳×有权就其已经代为偿还的部分向孙×追偿。

其次，根据《担保法司法解释》第43条的规定，"保证人自行履行保证责任时，其实际清偿额大于主债权范围的，保证人只能在主债权范围内对债务人行使追偿权"。孙×因此主张刘×、岳×多向××贷款公司偿还了370.63万元。

根据一审、二审已经查明的事实，刘×、岳×向××贷款公司实际清偿的款项以2 600万元为本金、以年利率24%为标准，自孙×停止还款之日计算至2017年1月12日，共计3 619.07万元。本院认为，刘×、岳×实际清偿的数额并未超出主债权的范围，理由如下：第一，对于本金，孙×和××贷款公司之间形成的"借款申请书""借款合同""借据"上记载的金额均合计为2 600万元，××贷款公司先后两次向刘×、岳×发出的"逾期贷款催收通知"以及向孙×发出的"逾期贷款催收通知"上也载明"本金合计2 600万元"，孙×同时认可其之前向××贷款公司偿还的利息也是按照本金2 600万元计算的，故在此情形下，刘×、岳×有理由相信案涉借款本金数额是2 600万元。同时，因借款关系发生在孙×和××贷款公司之间，两者之间实际转账数额是多少、是否存在预扣利息等情形存在隐秘性，第三人无从知晓，若存在实际履行与合同约定不符的情形，债务人有义务向保证人及时通知，但孙×在本案诉讼中没有提交证据证明其曾经告知过刘×、岳×因存在预扣利息情形故实际本金数额是2 319.2万元而非2 600万元，故刘×、岳×按照本金2 600元偿还本金，已经尽到了合理的审查义务，有权就此数额向孙×追偿。第二，对于利息，刘×、岳×经与××贷款公司协商，代为偿还的款项是按照月息20‰计算利息，低于孙×和××贷款公司在"借款合同"中约定的利率，亦低于《最高人民法院关于审理民间借贷案件适用法律若干问题的规定》（2015年）第26条第2款规定的36%，故其实际清偿的利息部分并未超出主债权范围。

综上，刘×、岳×就其向××贷款公司实际清偿的3 619.07万元有权向孙×追偿，原审判决对此认定并无不当，孙×申请再审的理由不能成立。

法官论述

担保合同是主合同的从合同，担保合同中担保人的法律责任依附于主合同中债务人的责任，在出借人与借款人未约定利息的情况下，担保人的担保范围不应及于利息。保证人超出"借款合同"担保责任范围向债权人支付的借款利息，如未征得债务人同意，则偿付债务利息行为的法律后果应由担保人自行承担，不能向债务人追偿。[1]

作者简析

《民法典》第700条规定："保证人承担保证责任后，除当事人另有约定外，有权在其

---

[1] 最高人民法院民事审判第一庭. 民间借贷纠纷审判案例指导. 北京：人民法院出版社，2015：532.

承担保证责任的范围内向债务人追偿,享有债权人对债务人的权利,但是不得损害债权人的利益。"通常情况下,保证人享有追偿权的范围:一是限于"承担保证责任的范围内",二是不包含未履行的债务金额。

实践中,下列原因可能导致保证人多偿还债务:一是出借人预先将利息从本金中扣除;二是债务人已经偿还了部分本金,或者支付了部分利息,债权人在主张保证责任时未予扣除;三是第三人已经承担了部分债务,债权人在主张保证责任时未予扣除等。

保证人多偿还债务,是否享有追偿权?主要判断标准是保证人是否具有过错。如果债务人未通知保证人,保证人已尽到谨慎注意义务,即使其承担保证责任而偿还的债务金额超过实际欠付金额,其仍然可以在"承担保证责任的范围内"享有追偿权。

除了向债务人行使追偿权,根据诚信原则,保证人也可以要求债权人返还多付的金额。

如果债务人履行了通知义务,保证人多偿还的债务是保证人的过错造成的,保证人只能要求债权人返还,不能向债务人进行追偿。

【案例225】
典当行向自然人发放保证借款,不存在"当物"的,不能认定为典当借款法律关系,可将其认定为民间借贷法律关系

裁判文书:福建省泉州市中级人民法院(2017)闽05民终1719号民事判决书[①]

判决书认定事实:

《担保法》第31条规定:"保证人承担保证责任后,有权向债务人追偿。"保证人在代替债务人清偿债务,使债务人免责后,有向债务人追偿的权利。但保证人行使追偿权,应当以其承担保证责任无过错为前提,即保证人在代为履行债务时,应当善意无过错,并且不损害债务人的利益。根据本案借款合同体现的内容,王×狮借款的还款期限为2011年4月2日,洪×义作为完全民事行为能力的主体,在2015年7月还款时,理应知道在合同约定的还款期限已经超过4年,保证期限未变更的情况下,其保证责任已经免除,故应当认定洪×义代为清偿债务的行为存在明显的过失;并且洪×义主动向××典当公司偿还相关款项的承担保证责任的行为,并未通知王×狮本人,也未向王×狮核实是否向××典当公司行使已经履行抗辩、诉讼时效抗辩等权利。在此情况下,洪×义向王×狮要求追偿其向××典当公司支付的相关款项,本院不予支持。

~~~ 作者简析 ~~~

本案认定保证人因其过错承担保证责任后,丧失追偿权。对此,我们加深了对相关法律规定的理解。《担保法》第31条已经失效。《民法典》第700条规定:"保证人承担保证

[①] 该案被收录于:国家法官学院案例开发研究中心.中国法院2019年度案例.北京:中国法制出版社,2019:12-16.

责任后，除当事人另有约定外，有权在其承担保证责任的范围内向债务人追偿，享有债权人对债务人的权利，但是不得损害债权人的利益。"法条中的"保证人承担保证责任"，是指保证人按照法律规定应当依法承担的保证责任，不包括保证人因自身过错而承担的保证责任。本案系在保证责任期间已经经过的情形下，保证人自愿承担保证责任，其后果应当由保证人自行承担。

在实践中，如果借款合同有效，但是保证合同无效，而保证人有过错的，应当承担相应的损害赔偿责任，比如，清偿被保证债务金额的二分之一。在此情形下，保证人是否享有追偿权？笔者认为，应当享有。理由是，保证人承担的过错责任仍然基于主债务而产生。也就是说，如果主债务人不应承担清偿责任，保证人也不会承担保证责任。从某种角度看，保证人承担的过错赔偿责任，仍然是主债务的组成部分。保证人承担赔偿责任后，会相应免除债务人对债权人的债务。所以，保证人代债务人履行清偿义务后，应当享有追偿权。

第六章

民间借贷合同纠纷诉讼代理

第一节 如何书写诉讼法律文书

一、书写民事起诉状的要求

第一,在书写起诉状之前,要与当事人进行充分沟通交流,掌握案件基本事实。

第二,诉讼请求要清楚明了,并且应当有充分的证据支持。

第三,要围绕诉讼请求阐述事实和理由。阐述事实和理由时,应简单明了,避免长篇大论、重复叙述;要与证据载明的事实相吻合,避免陷入举证不能的境地;对于对己方不利的事实和依据要尽量避免提及。

第四,要避免构成对己方不利的事实的自认。

二、书写民事上诉状的要求

相对民事起诉状,民事上诉状宜详不宜略。在民事上诉状中,应当注意以下几个方面:

第一,书写民事上诉状之前,要仔细阅读一审判决书所认定的事实和理由,必要时应当结合庭审笔录、一审辩论意见,仔细研究一审判决书在审判程序、事实认定、法律适用等方面存在的问题。

第二,要结合《民事诉讼法》第177条第1款的规定书写民事上诉状。其第2项至第4项规定为:"(二)原判决、裁定认定事实错误或者适用法律错误的,以判决、裁定方式依法改判、撤销或者变更;(三)原判决认定基本事实不清的,裁定撤销原判决,发回原审人民法院重审,或者查清事实后改判;(四)原判决遗漏当事人或者违法缺席判决等严重违反法定程序的,裁定撤销原判决,发回原审人民法院重审"。针对事实认定错误的问题，究竟是认定事实错误，还是基本事实认定不清，要分辨清楚，并分析发回重审与依法改判的可能性及相应的影响。

第三，要清楚写明上诉请求：是要求全部改判还是要求部分改判，或者因程序不合法、事实认定不清，请求发回重审。

第四，在阐述一审判决书在认定事实方面存在错误的同时，应当阐明正确的事实和理由。如果存在逾期举示证据的情形，要对逾期举示证据的理由作合理说明，同时，应当阐明逾期举示的证据对案件基本事实认定的影响。如果在一审程序之后发现或产生新证据，应当申请举示。

第五，阐明一审判决书存在适用法律错误的事实和理由以及应当适用的法律条款。

第六，阐明审判程序违法的事实和理由。比如，程序错误或瑕疵是否影响了当事人的诉讼权利，以及程序错误对判决结果的影响。

三、再审申请书的书写要求

其书写要求，同上诉状，这里从略。以下两点值得注意。

一是关于新证据的问题。在申请再审或申诉阶段，因新证据而引起再审的可能性较大。因此，应当严格把握新证据的定义、证明事实，以及新证据对于生效裁判的否定效能。在再审申请书中要对新证据所证明的事实作详细阐述。如果存在逾期举示证据的情形，要对逾期举示证据的理由作合理说明，同时，应当阐明逾期举示的证据对案件基本事实认定的影响。

二是要求纠正错误判决的法律依据。

《民事诉讼法》第211条规定人民法院应当再审的情形有13种，分为：（1）实体性错误，即1）有新的证据，足以推翻原判决、裁定的；2）原判决、裁定认定的基本事实缺乏证据证明的；3）原判决、裁定认定事实的主要证据是伪造的；4）原判决、裁定认定事实的主要证据未经质证的；5）对审理案件需要的主要证据，当事人因客观原因不能自行收集，书面申请人民法院调查收集，人民法院未调查收集的；6）原判决、裁定适用法律确有错误的。（2）程序性错误。

《民事诉讼法司法解释》（2022年修订）第405条规定："人民法院经再审审理认为，原判决、裁定认定事实清楚、适用法律正确的，应予维持；原判决、裁定认定事实、适用法律虽有瑕疵，但裁判结果正确的，应当在再审判决、裁定中纠正瑕疵后予以维持。原判决、裁定认定事实、适用法律错误，导致裁判结果错误的，应当依法改判、撤销或者变更。"

在书写再审申请书时要结合上述规定详细阐明相关事实和理由。

【最高人民法院指导性意见】

依法就生效判决享有申请再审权利的主体应为原审当事人及其权利义务承受人、法定案外人。生效判决确认债权的受让人并非原审当事人，不是适格的申请再审人。①

【案例 226】

一、二审中未对担保期间提出抗辩，再审时提出的，不予支持

裁判文书：最高人民法院（2015）民申字第 418 号民事裁定书

裁定书认定事实：

根据一审、二审判决载明的事实，××资源再生公司在本案一审、二审诉讼过程中并未提出关于保证期间的抗辩，双方当事人并未就此形成争议，现××资源再生公司却就此主张一审、二审判决错误并申请再审，其理由不能成立。

≋≋≋ 作者简析 ≋≋≋

1. 在一、二审期间未提出抗辩的事项，在再审阶段不得再提出。

在一、二审期间未提出的抗辩理由不属于再审期间的审理范围，这是主流观点。但是，如果有新证据证明生效判决对基本事实认定错误，应当纳入审理范围。法律依据为《民事诉讼法司法解释》第 385 条。本案中，"××资源再生公司在本案一审、二审诉讼过程中并未提出关于保证期间的抗辩"，所以对其在再审期间提出的超过保证期间的抗辩，再审法院裁定不予审查。

2. 下列情形，属于已经提出过抗辩。

（1）对原告方提出的诉讼请求发表过否定意见的。

（2）对另一方当事人举示的证据没有确认其证据效力的。

（3）当事人一方在一、二审中提出过抗辩，但举示的证据属于复印件，对方拒绝质证的。如果再审阶段提交了证据原件，应当视为提供了新证据。

（4）当事人一方就某一事实提出过调查取证申请、鉴定申请，未获准许的，事后，又收集到新的证据，证明原生效判决是错误的。

（5）就一审判决确认的事实，当事人一方曾经提出过上诉，但由于没有交纳诉讼费被视为撤回上诉的。

（6）原审提交了反驳证据，未被采信，又收集到新的证据，证明原判决确认的事实错误的。

3. 对于当事人提交的不属于生效判决后新产生的证据，应当就其逾期提交说明理由。如：

（1）生效判决作出后新发现的证据。

（2）因证据由案外人保管，案外人在一、二审中拒绝提供或者联系不上，未能收集到的。

（3）当事人没有证据线索，在生效判决作出后才获得证据线索的。

---

① 最高人民法院民一庭. 民事审判指导与参考：2011 年第 1 辑（总第 45 辑）. 北京：人民法院出版社，2011：100-105.

（4）申请调取证据未获得批准的。

（5）原来未发现证据虚假，在生效判决作出之后才发现虚假事实的，或者委托鉴定机构作出鉴定后才发现虚假事实的。

（6）一、二审超出审理范围，当事人认为与争议的案件无关，却又被纳入审理范围，而没有准许当事人补充提交证据的。

【案例227】

生效判决确认债权的受让人是否享有对生效判决的申请再审权

受理再审法院审查认为，《最高人民法院关于适用〈中华人民共和国民事诉讼法〉审判监督程序若干问题的解释》（2008年）第41条规定："民事再审案件的当事人应为原审案件的当事人。原审案件当事人死亡或者终止的，其权利义务承受人可以申请再审并参加再审诉讼。"上述司法解释规定表明，生效裁判文书确定的当事人享有申请再审的权利，该权利行使主体具有特定性，不得转让。除申请再审人死亡或者终止，其权利义务承受人方能替代当事人行使继续申请再审或者申诉权利。法定的权利义务承受人之外的其他人员，在不具备上述司法解释第5条规定情形外，不具有申请再审主体资格。上述司法解释第5条规定："案外人对原判决、裁定、调解书确定的执行标的物主张权利，且无法提起新的诉讼解决争议的，可以在判决、裁定、调解书发生法律效力后二年内，或者自知道或应当知道利益被损害之日起三个月内，向作出原判决、裁定、调解书的人民法院的上一级人民法院申请再审。在执行过程中，案外人对执行标的提出书面异议的，按照民事诉讼法第二百零四条的规定处理。"在本案中，资产管理公司作为二审生效民事判决的当事人，将该案所涉债权转让给林某，林某不属于上述司法解释规定的法定权利义务承受人，无权替代资产管理公司行使申请再审，亦不属于享有申请再审权的法定案外人，无权以自己名义申请再审。林某以受让资产管理公司债权为由，申请对二审判决进行再审，缺乏法律依据。裁定：驳回林某的再审申请。①

≈≈≈ **法官论述** ≈≈≈

林某能否基于受让生效判决确认的债权享有对该生效判决申请再审的权利，是本案再审涉及的主要法律适用问题。

对于上述问题，再审审理中主要有两种观点。

第一种观点认为，林某基于受让的债权享有对生效判决申请再审的权利。

第二种观点认为，实体权利的转让是权利人的处分行为，涉及该实体权利的纠纷是否处于诉讼程序中，并不影响权利人行使转让实体权利的处分权。但对于在当事人就实体权利提起的纠纷已经被人民法院受理，诉讼程序被启动后，当事人转让债权的，受让人诉讼

---

① 最高人民法院民一庭. 民事审判指导与参考：2011年第1辑（总第45辑）. 北京：人民法院出版社，2011：100-105.

地位如何确定,法律并无明确规定。在法律无明确规定的情况下,应当认定转让债权当事人就该纠纷享有的诉讼权利不得转让,即在受让人诉讼地位的确定上应当适用德国法为代表的当事人恒定主义。同理,当事人转让生效判决确认的债权,原审当事人对生效判决享有的程序上的权利,包括申请再审及申诉的权利,亦不能随实体权利转让给受让人。最高人民法院有关金融资产管理公司收购、处置银行不良资产有关问题的司法意见,是最高人民法院为配合国家保护国有资产,维护金融市场安全而采用的特殊司法保护政策,并非司法解释,不能扩大适用。依照相关司法解释规定,对生效判决享有申请再审或者申诉权利的主体,限定为原审判决确定的当事人。只有符合法律规定情形时,原审当事人的权利义务承受人方能替代原审当事人作为再审申请人,法定案外人方能对生效判决申请再审。本案中,林某并非资产管理公司的权利义务承受人,亦非法律规定的享有申请再审权利的案外人,其无权对生效判决申请再审。

笔者同意上述第二种观点。[1]

四、民事答辩状的书写要求

（一）借款人或出借人的书写要求

（1）针对对方当事人提出的诉讼请求、上诉请求或再审请求,应分别发表成立、不成立或者部分成立、部分不成立的答辩意见。

（2）发表的答辩意见一般情况下要有证据支持。如果客观事实存在,且是对答辩人一方当事人有利的事实,但是没有证据支持的,也要一并提及。

（3）要针对对方当事人的民事起诉状、上诉状、再审申请书、申诉状等诉讼文书中所称的事实和理由,谨慎发表答辩意见。在发表答辩意见时,要注意以下原则:

第一,承认原则。如果对方当事人在起诉状等诉讼文书中所称的事实和理由,对答辩人一方有利无害,应当首先承认该事实和理由。

第二,否认原则。在下列情形下,针对对方当事人提出的事实和理由,应考虑发表否认性的答辩意见:

（1）对答辩人一方无利有害。

（2）在没有举示相关证据以前,处于模糊状态,是利是害,一时难以辨别,可以首先考虑发表否定性的意见。待对方当事人举示证据后,再进一步发表相关意见。

（3）如果对方当事人提出的事实和理由与客观事实相矛盾,应根据是否对答辩人一方有利来发表答辩意见。

（4）凡是答辩人不予认可的事实,均要发表否定性的答辩意见。

---

[1] 关丽. 生效判决确认债权的受让人是否享有对生效判决的申请再审权//最高人民法院民一庭. 民事审判指导与参考:2011年第1辑（总第45辑）. 北京:人民法院出版社,2011:100-105.

（二）担保人的书写要求

首先，要针对主合同发表适当的抗辩理由。

法律规定，担保人享有债务人的抗辩权。如果主合同未成立、未生效，担保合同也未成立、未生效。

其次，要针对是否应当承担担保责任发表答辩意见。

如果认为案件事实不成立，应当发表否定性答辩意见，并阐明相关事实和理由，如：（1）担保人主体资格不适格；（2）担保合同关系未成立；（3）原告主张的债权并非被担保的主债权；（4）被担保的主债权已经消灭或者部分消灭；（5）超过担保责任期间的事实和理由；（6）债权人未在法律规定的期限内主张担保权利；（7）其他可以免除担保责任的情形。

最后，要针对借款合同是否有效，担保合同是否无效，担保人有无过错责任，发表答辩意见。

第二节　诉讼管辖

一、管辖确定原则

> **相关规定**
>
> ▼《民事诉讼法》（2023年修正）
>
> 第24条　因合同纠纷提起的诉讼，由被告住所地或者合同履行地人民法院管辖。
>
> ▼《民事诉讼法司法解释》（2022年修订）
>
> 第3条　公民的住所地是指公民的户籍所在地，法人或者其他组织的住所地是指法人或者其他组织的主要办事机构所在地。
>
> 法人或者其他组织的主要办事机构所在地不能确定的，法人或者其他组织的注册地或者登记地为住所地。
>
> 第5条　对没有办事机构的个人合伙、合伙型联营体提起的诉讼，由被告注册登记地人民法院管辖。没有注册登记，几个被告又不在同一辖区的，被告住所地的人民法院都有管辖权。
>
> 第18条　合同约定履行地点的，以约定的履行地点为合同履行地。
>
> 合同对履行地点没有约定或者约定不明确，争议标的为给付货币的，接收货币一方所在地为合同履行地……
>
> 合同没有实际履行，当事人双方住所地都不在合同约定的履行地的，由被告住所地人民法院管辖。
>
> ▼《票据法》
>
> 第23条第3款　汇票上未记载付款地的，付款人的营业场所、住所或者经常居住地

为付款地。

▼《最高人民法院关于审理票据纠纷案件若干问题的规定》(法释〔2000〕32号,以下简称《票据司法解释》)

第6条 因票据纠纷提起的诉讼,依法由票据支付地或者被告住所地人民法院管辖。

票据支付地是指票据上载明的付款地,票据上未载明付款地的,汇票付款人或者代理付款人的营业场所、住所或者经常居住地,本票出票人的营业场所,支票付款人或者代理付款人的营业场所所在地为票据付款地。代理付款人即付款人的委托代理人,是指根据付款人的委托代为支付票据金额的银行、信用合作社等金融机构。

【重点难点提示】

因合同纠纷提起的诉讼,应由被告住所地或者合同履行地人民法院管辖。

合同约定履行地点的,以约定的履行地点为合同履行地。合同对履行地点没有约定或者约定不明确,争议标的为给付货币的,接收货币一方所在地为合同履行地。如果借款人请求出借人支付借款,由借款人所在地法院管辖。如果出借人请求借款人还款,由出借人所在地法院管辖。合同没有实际履行,当事人双方住所地都不在合同约定的履行地的,由被告住所地人民法院管辖。

《票据法》第23条第3款规定:"汇票上未记载付款地的,付款人的营业场所、住所或者经常居住地为付款地。"该规定与《票据司法解释》第6条的规定相矛盾,实践中以司法解释的规定为准。

实践中,"接收货币一方",包括有权利接受货币的当事人,还包括接收货币的实际收款人。但是后者应当是合同约定的收款人。

【权威观点】

如果借款人在借款到期后不是以货币形式履行还款义务而产生争议,仍应由原合同约定接受货币一方所在地法院管辖(出借人所在地法院管辖)。[①]

民间借贷纠纷中的"接受货币一方所在地"与一般合同纠纷中的"接收货币一方所在地"有所不同。一般合同纠纷中,双方当事人对待给付义务的基本模式为一方当事人给付的是实物、劳务等非货币财产,另一方当事人则给付货币。因此,在该类合同中,"接收货币一方所在地"作为合同履行地是特定的,即均为给付实物、劳务等非货币财产一方当事人所在地。但在民间借贷纠纷中则有所不同。由于民间借贷纠纷中双方当事人承担的给付义务所指向对象均为货币,出借人应履行的主要合同义务是将约定借款金额的货币交付给借款人,借款人应履行的主要合同义务则为按约定还款期限,将约定借款金额及其利息以货币形式交付给出借人,故民间借贷纠纷中所谓"接收货币一方所在地"存在两种可

[①] 最高人民法院民间借贷司法解释理解与适用(简明版及配套规定). 北京:人民法院出版社,2018:37.

能：出借人所在地和借款人所在地。当双方当事人在案涉借款是否出借事项上产生争议时，以借款人所在地为合同履行地；当双方当事人在案涉借款及其利息是否归还事项上产生争议时，以出借人所在地为合同履行地。①

二、管辖异议申请书

如果被告方认为受理法院没有管辖权，应当及时提出管辖异议。管辖异议以书面形式提出，法院收到管辖异议申请书后，应当以书面形式作出管辖异议是否成立的民事裁定书。当事人对管辖异议的裁定不服，可以在规定期限内提出上诉。

管辖异议申请书

申请人：

自然人主体：姓名××，男，汉族，××××年××月××日出生，住所地为：××；居民身份证号码：××；联系电话：××

法人主体：单位名称：××，住所地为：××，统一社会信用代码：××

法定代表人姓名及职务：××

对××受理××诉××借款合同纠纷一案，申请人认为应当由_____法院管辖，故请求将案件移送至有管辖权的法院。有关事实和理由如下：

××××年××月××日，申请人与被申请人签订了借款合同。合同缔结地为_____；合同履行地为_____。双方约定的管辖法院为_____。而原告向贵院提出诉讼，但贵院不是□合同缔结地法院□合同履行地法院□双方约定的管辖法院，故贵院对本案没有管辖权。现提出异议，希望依法作出裁定。

此致

××人民法院

申请人（签字或盖章）

时间：××××年××月××日

附：证据清单。

第三节　如何审查证据

一、证据的三性及证明目的审查

审查证据，主要是对证据的真实性、合法性、关联性以及证明目的进行审查、确认。

---

① 最高人民法院民事审判第一庭. 最高人民法院新民间借贷司法解释理解与适用. 北京：人民法院出版社，2021：96.

(一) 证据的真实性审查

1. 证据形式的真实性审查

(1) 签名或盖章的审查。

笔者认为，审查证据的三性，应从形式上的真实性审查开始。特别是存在合伙债务、夫妻债务等共同借款或共同担保的情形下，更应当注意其签名、捺印、印章的真实性的审查。必要时，应当提出笔迹鉴定申请。

在签名、印章的真实性审查过程中，要获悉当事人及相关人员的真实签名、印章，并进行仔细比对。在比对时，既要从整体上对书写格式进行比对，又要从细节上对关键性文字或偏旁部首进行比对；发现有疑点的，要及时提出。

(2) 对证据的形成时间进行审查。

对证据形成时间有疑问的，可以申请笔迹形成时间的鉴定。但是，其鉴定有一定难度，主要是要求比对样本采用的保管方法、保管环境必须完全相同，否则，就不能得出准确的鉴定结论。

2. 证据内容的真实性审查

主要审查内容是证据载明的事实与客观事实是否相符；相符者，其真实性应当予以确认。

【案例 228】

当事人以债务清算协议为依据提起民间借贷诉讼的，应当如何认定借贷事实

裁判文书：最高人民法院（2014）民一终字第 98 号民事判决书

判决书认定事实：

本案二审争议焦点是××小贷公司银川分公司与××房产公司之间截至 2012 年 5 月 25 日尚欠的借贷数额以及此后的已还款数额。

首先，关于 2012 年 5 月 10 日"偿还债务协议"和 2012 年 5 月 25 日"债务清偿协议书"的效力。从上述协议的内容及本案查明的其他事实可知，当事人之间自 2010 年以来成立了借款关系，并基于此发生了多笔借款和还款的行为，上述协议系当事人对 2010 年以来的借款和还款进行结算后所形成，××房产公司对上述协议的真实性并无异议，只是称上述协议所确认的债权债务关系不真实、非其公司的真实意思表示，但其对此并未提供充分证据加以证明，且其主张上述协议无效亦无法律依据，故上述协议应为有效，一审判决认定正确。

其次，关于截至 2012 年 5 月 25 日××房产公司尚欠××小贷公司银川分公司的借贷数额。从本案查明的事实看，当事人之间签订了"偿还债务协议"和"债务清偿协议书"，对截至 2012 年 5 月 10 日××房产公司尚欠××小贷公司银川分公司的借款数额进行了确认，上述两份协议的内容明确具体，并且能够相互印证。签订在后的"债务清偿协议书"对"偿还债务协议"的部分内容进行了变更，明确描述了当事人之间的借款事实（包括确

认了当事人之间支付款项方式有银行转账、承兑汇票、现金、实物顶账等)和签订该协议的背景,在此基础上再次对××房产公司的尚欠数额进行了确认。××小贷公司银川分公司在一审中举证证明在 2010 年 1 月 15 日至 2011 年 11 月 22 日期间通过银行转账、承兑汇票、现金等方式向××房产公司支付了贷款 15 990 万元。因此,在××房产公司不能举证证明"债务清偿协议书"所确定的借款数额不真实、不合法,而××小贷公司银川分公司又能够提供相关的支付贷款给××房产公司的银行凭证对"债务清偿协议书"约定事实加以印证的情形下,××房产公司应当承担不利的后果,一审判决以"债务清偿协议书"作为认定本案事实的依据,并据此确认截至 2012 年 5 月 25 日××房产公司欠付借款的数额为 130 956 590 元并无不当,××房产公司称一审判决在借款数额的认定上事实不清、证据不足的理由不能成立。

最后,关于××房产公司已还款数额。根据××房产公司提供的证据,其已通过银行转账和以房抵债两种方式偿还了××小贷公司银川分公司部分借款。在银行转账方面,××房产公司于 2012 年 5 月 25 日之前支付了 3 733.50 万元,2012 年 5 月 25 日之后支付了 165 万元(除××房产公司举证证明的 165 万元金额之外,××小贷公司银川分公司在一审中自认××房产公司此后还偿还了 250 万元),而当事人之间通过"债务清偿协议书"对截至 2012 年 5 月 25 日××房产公司的尚欠借款进行了确认,故对发生在该日期之前的 3 733.50 万元不应再从 130 956 590 元中扣减,一审判决的认定是正确的。

在以房抵债方面,××房产公司上诉主张用于抵债的房屋包括两部分:一是在水一方 A 区 2 号营业楼 1、2、4 号营业用房(总面积 784.58 平方米)和在水一方 D 区 4 号、6 号、33 号、35 号楼共计 22 套营业房,抵偿 9 923 409 元;二是××苑 1 号、2 号、3 号、4 号、10 号、16 号楼共计 27 套营业房,抵偿 65 482 120 元。对于第一部分,"偿还债务协议"和"债务清偿协议书"均有约定,后者认可了该部分房屋已经折抵借款 8 923 409.30 元。而如前所述,后者对前者确认的借款数额进行了变更,减少了 8 923 410 元 (139 880 000 元－130 956 590 元),与该部分房屋折抵的债务数额基本相等。可见,根据"债务清偿协议书",当事人确认的截至 2012 年 5 月 25 日的借款数额 130 956 590 元,是已经扣除了该部分房屋折抵债务数额后的借款数额,××房产公司称该部分抵偿了 9 923 409 元与事实不符,且该部分属于"债务清偿协议书"确认的借款数额 130 956 590 元之外已经抵扣的部分,故一审判决未从 130 956 590 元再行扣除该部分数额并无不当。对于第二部分,虽然当事人在 2012 年 5 月 10 日"偿还债务协议"中约定冲抵借款 65 482 120 元,但 2012 年 5 月 25 日"债务清偿协议书"对此进行了变更,变更为:"双方在 2012 年 5 月 10 日协商签订的'偿还债务协议'中,因乙方(××房产公司)顶账房价过高导致该协议大部分内容无法履行,故原协议中约定以尚东帝景 11 号楼 1-8 号营业用房和 30 号楼 3 号营业房、××苑 1 号、2 号、3 号、4 号、10 号、16 号楼共计 27 套营业房抵顶欠款的约定条款终止履行并予以废除,甲方(××小贷公司银川分公司)于 5 月 14

日在宁夏回族自治区高级人民法院保全乙方的××苑共计27套营业房抵偿金额以法院生效的法律文书中载明的金额为准,其他与本协议约定不同的条款以本协议为准。"而在2012年7月31日,刘×、××小贷公司银川分公司与××房产公司、银川××物流服务中心民间借贷纠纷一案中,各方依据上述协议的约定自愿达成调解协议,以该部分房屋抵顶给刘×、××小贷公司银川分公司,用以清偿所欠刘×、××小贷公司银川分公司的2 000万元借款,宁夏回族自治区高级人民法院以(2012)宁民初字第9号民事调解书的形式对此予以确认,各方对该调解协议已自动履行完毕。因此,××房产公司已经履行了"债务清偿协议书"约定的抵顶该部分27套房屋的义务,其在本案中抗辩该部分房屋应抵顶欠款65 482 120元、而非2 000万元的主张没有事实与法律依据,一审判决对其该主张不予支持并无不当。

法官论述

债务清算协议,即当事人双方对一定时期以来发生的系列债权债务进行结算后所形成的协议。民间借贷纠纷中原告以借据、收据、欠条、承诺书、清算协议等为依据提起民间借贷诉讼,被告对其真实性提出抗辩,但未提交证据证实的,人民法院应当依据查明的案件事实,全面审查清算协议是否存在瑕疵、是否存在可合理怀疑情况;其在并无瑕疵,能够反映借贷事实的情况下,可以作为认定当事人之间借贷金额的依据。[①]

作者简析

《2020民间借贷司法解释》第14条规定:"原告以借据、收据、欠条等债权凭证为依据提起民间借贷诉讼,被告依据基础法律关系提出抗辩或者反诉,并提供证据证明债权纠纷非民间借贷行为引起的,人民法院应当依据查明的案件事实,按照基础法律关系审理。当事人通过调解、和解或者清算达成的债权债务协议,不适用前款规定。"对该条规定中的"清算协议",应作如下理解。

第一,关于清算的范围。

条款中的清算,应当是指对某一事项的清算,并不包括对法人主体的清算,如破产清算;实践中,应当包括施工合同工程款的清算、买卖合同价款的清算以及借款合同的清算等。

第二,关于清算协议的效力。

当事人经过清算,对各自的权利义务达成一致,且是当事人双方真实意思表示,未违反国家法律法规强制性规定,也未违背公序良俗,应当认定为合法有效。

本案例在认定清算协议的效力时,一是依据双方先后签订有两份清算协议,两份协议的内容形成相互印证关系,证明清算协议的真实性;二是对于借款金额进行确认,××小

[①] 最高人民法院民事审判第一庭. 民间借贷纠纷审判案例指导. 北京:人民法院出版社,2015:337-352.

贷公司银川分公司在一审中举证证明在2010年1月15日至2011年11月22日期间通过银行转账、承兑汇票、现金等方式向××房产公司支付了贷款15 990万元；三是根据××房产公司提供的证据，其已通过银行转账和以房抵债两种方式偿还了××小贷公司银川分公司部分借款。其中，签订结算协议以前发生的还款（包含抵款数额）不得再从结算协议确认的欠款金额中扣除。

第三，当事人通过调解、和解或者清算达成的债权债务协议，均属于民间借贷司法解释的适用范围。

上引法官论述中关于"民间借贷纠纷中原告以借据、收据、欠条、承诺书、清算协议等为依据提起民间借贷诉讼，被告对其真实性提出抗辩，但未提交证据证实的，人民法院应当依据查明的案件事实，全面审查清算协议是否存在瑕疵、是否存在可合理怀疑情况"的认定，采用的是最大可能性证明标准。

此外，要注意的是，如果借款合同无效，当事人通过调解、和解或者清算达成的债权债务协议是否有效的问题。按照最高人民法院在另案中的裁判观点，司法解释中规定的"清算协议"是指基于有效合同的清算达成的协议，并不涵盖借款合同无效的情形。

【案例229】
一审程序对证据复印件、借款数额差异较大等事实未予调查，属于基本事实认定不清，应发回重审

裁判文书：最高人民法院（2014）民一终字第247号民事裁定书

裁定书认定事实：

本案作为民间借贷纠纷需解决的一个基本事实是常×与樊×实际发生的借款金额问题。审理中，××商贸公司辩称常×与樊×没有发生实际的借款，且即使发生借款，双方之间的实际借款金额也并非两份"借条"所示的金额。经查，一审期间，常×提供借据、转款凭据及转款回单等共计19份，上述单据不仅部分为复印件，且该部分单据所涉金额仅为4 700余万元，该数额与樊×向常×出具借条显示的借款金额7 692.2万元有明显差距。对该差距，常×除自称一审提供的仅为部分凭据，同时自认借条所写借款金额含部分利息外，二审期间其对实际借款金额及形成借款金额的计算方法并未提供进一步的证据。一审在确认两张"借条"真实性的前提下，以双方发生交易较多且时间较长，不可能完整保存好每一次交易凭证为由，未要求常×提供进一步的证据，未对有关事实作出明确认定，未查清常×实际的出借金额，从而导致审理中无法分清借款金额中本金与利息的具体数额，属基本事实认定不清。

≋≋≋ 作者简析 ≋≋≋

本案二审裁定发回重审，其理由是基本事实认定不清，其实是对当事人的举证责任及证明标准的认定不同。一审中采用最低证明标准，认为只要提供了借条就完成了初次举证义务，并以"双方发生交易较多且时间较长，不可能完整保存好每一次交易凭证为由"，免

除了当事人的部分举证责任。依照《民事诉讼法司法解释》第 92 条、第 93 条和《2019 证据规则》第 10 条的规定,"当事人无须举证证明"的情形,并不包括前述情形。二审中则采用最大可能性证明标准,认为原告方提供了"借条"并未完成初次举证义务,因此,不发生举证责任的转移,应由一审原告进一步承担举证责任,故以基本事实不清为由发回重审。

(二) 证据的合法性审查

1. 合法性的审查原则

审查证据的合法性,应当围绕形成证据的主体、证据形式、来源渠道及收集程序是否符合法律规定。依据《2020 民间借贷司法解释》第 12 条的规定,应当依据《民法典》第 144、146、153、154 条之规定,认定民间借贷合同的效力。其中:

(1) 签订借款合同的当事人主体是否为无民事行为能力人(《民法典》第 144 条);

(2) 合同内容是否为双方当事人真实意思表示(《民法典》第 146 条);

(3) 合同内容是否违反法律、行政法规的强制性规定,有无违背公序良俗(《民法典》第 153 条);

(4) 有无恶意串通,故意损害他人的合法权益的情形(《民法典》第 153 条);等等。

2. 借款合同无效的情形

依据《2020 民间借贷司法解释》第 13 条的规定,审查借款合同是否有效。条文中的六种情形,均是借款合同不具有合法性的具体表现。除前述(3)(4) 两种情形外,还要审查有无以下情形:(1) 套取金融机构贷款转贷的;(2) 以向其他营利法人借贷、向本单位职工集资,或者以向公众非法吸收存款等方式取得的资金转贷的;(3) 未依法取得放贷资格的出借人,以营利为目的向社会不特定对象提供借款的;(4) 出借人事先知道或者应当知道借款人借款用于违法犯罪活动仍然提供借款的。其中,第(3) 种情形,可以作为确认没有当物或未抵押登记发放信用贷款的典当合同、职业放贷人的法律依据。

3. 民刑分离原则

借贷行为的当事人涉嫌犯罪,或者已经生效的裁判认定构成犯罪,其民间借贷合同并不当然无效。要根据《民法典》第 144、146、153、154 条之规定,确认民间借贷合同的效力。

4. 对于限制民事行为能力人签订借款合同的审查原则

依据《民法典》第 145 条的规定,应从以下方面审查其合法性:(1) 是否为纯获利益的民事法律行为;(2) 其民事法律行为与其年龄、智力、精神健康状况是否相适应;(3) 是否经过法定代理人的同意;(4) 是否经过法定代理人的追认。

5. 对于可撤销的民事法律行为的合法性审查

如果存在以下情形,属于可撤销的合同,而非无效合同。

(1) 因重大误解签订的合同(《民法典》第 147 条);

(2) 因欺诈签订的合同(《民法典》第 148、149 条);

(3) 因胁迫签订的合同(《民法典》第150条);

(4) 因显失公平签订的合同(《民法典》第151条)。显失公平的前提是一方利用对方处于危困状态、缺乏判断能力等情形。不具备前述条件的,不属于法条中规定的显失公平。

具有前述情形的,法律规定了撤销权。撤销权必须在除斥期间内行使(除斥期间的期限规定见《民法典》第152条)。在除斥期间内,合同处于效力待定状态。超过除斥期间未行使撤销权,合同归于有效。在除斥期间内因行使撤销权,被判决或裁定撤销的,合同归于无效。

【权威观点】

证据的合法性是指证据的主体、形式以及收集程序或提取方法必须符合法律的有关规定。[1]

【案例230】

以已经作废的协议否定重新签订协议的效力不符合合同本意,不具有证明效力

裁判文书:最高人民法院(2015)民一终字第353号民事判决书

判决书认定事实:

一、关于借款本金数额如何认定的问题

本院认为,对于××房产公司多年以来与王×通过多次签订协议而反复确认债务的行为,是双方意思表示达成一致的结果,且××房产公司在庭审中始终没有否认2014年6月10日以及此后签订的多份"借款协议书"及"情况说明"、"收款收据"、转账支票等的真实性。现××房产公司一方面以其内部人员工作失职、受到王×胁迫为由否认17 590万元借款本金的存在,另一方面,又欲以双方此前签订的412份协议证明双方实际借款本金数额应当为117 688 703.93元。但根据本院二审查明的事实,涉案17 590万元的借款数额来源于双方此前的多笔款项,并在2012年中由双方以17份协议的形式对17 590万元予以确定。作为具有独立会计核算制度的公司法人,××房产公司应当对涉案如此巨大债务给予充分的、审慎的、理性的重视,其对于自身所出具的多份协议及债务凭证的法律后果应当明确知悉。即便如××房产公司主张其工作人员失误、其受到王×的胁迫,《合同法》第54条对于当事人陷入重大误解或存在显失公平,抑或当事人受到欺诈、胁迫、乘人之危的情形而导致在意思表示不真实的情形下签订的合同,赋予了当事人行使撤销该合同的权利,该法第55条又对前述撤销权给予了1年的除斥期间。但,从××房产公司于2014年10月21日签订的最后一份"借款协议书"时起至二审庭审之日止,共1年有余的时间,其除提出所谓口头辩解外却从未主张行使撤销权。据此,××房产公司以其意思表

---

[1] 何家弘. 新编证据法学. 北京:法律出版社,2000:109.

示不真实为由而否定上述证据中记载的17 590万元借款本金的抗辩不能成立。对于××房产公司提交的双方当事人之间签订的412份协议书等证据，经审查，该412份协议书每一份协议的借款期限均为两个月，目前均已到期。其中，最早反映出与涉案17 590万元借款有关的是从2012年5月30日起的17份"借款协议书"，此后均按照每两个月的时间逐份重新签订，此部分内容与本院在二审庭审中查明的事实相吻合。同时，按照××房产公司的自认，其将此前的全部协议先从王×手中收回后再向王×出具新的"借款协议书"，最后形成的协议书即是2014年6月10日"借款协议书"及2014年9月30日至2014年10月21日17份"借款协议书"。对此，本院认为，目前双方应当履行的有效协议为2014年6月10日"借款协议书"及2014年9月30日至2014年10月21日的17份"借款协议书"，对于之前的全部协议均是已经到期的、被此后重新签订的协议替代的、已经终止履行的协议，均已失去了对双方的约束力，更不具备否定在后协议的法律效力，因此，××房产公司欲以多年之前已被自己收回的协议否认双方现行协议，背离了双方之间前后协议形成的真实意思表示，其主张缺乏事实和法律依据，本院不予支持。

判决结果：驳回上诉，维持原判。

~~~ 作者简析 ~~~

本案的裁判观点是，以已经作废的协议否定重新签订协议的效力不符合合同本意，不具有证明效力。实践中，已经宣布作废的协议对重新签订的协议是否具有否定效力？应当根据具体情况分析。

关于旧的借款合同或借条与新的借款合同或借条之间的关系，客观存在以下两种情形：一是以旧的借款合同或借条支持新的借款合同或借条的成立与生效，二是以旧的借款合同或借条否定新的借款合同或借条的效力。

首先，在何种情形下，旧的借款合同或借条可以成为新的借款合同的支持证据呢？

在下列情形下，旧的借款合同或借条无论是否已经作废，均应当作为不可或缺的证据使用：

（1）借款人对新的借款合同的成立提出了异议，特别是新的借款合同、借条或还款承诺书等在形式上存在瑕疵，需要原合同来佐证其合同效力的。比如，新的借款合同中出现了共同借款人，其中一人对借款合同的成立提出异议，并对新的借条等证据从形式和内容上提出了质疑，其理由具有合理性，或者在提供证据的基础上证明确实存在瑕疵的，或者指出新的借款合同中存在不合常理的情形的，此时，新的借款合同要证明其合同成立与生效，就必须举示出旧的借款合同，从源头上证明形成合同关系的事实。

（2）在借款人对新的借款合同未履行还款义务以前，原告只能凭"借款合同"或借条提出诉讼，此时，被告抗辩借贷行为尚未实际发生并能作出合理说明的，原告为了证明其已经履行了支付借款的义务，必须举示旧的借款合同为主要依据。在此情形下，如果只举示付款凭证，不能建立起与新的借款合同的联系，可能导致举证不能的后果（法律依据：

《2020民间借贷司法解释》第15条）。

（3）为了证明新的借款合同的合同性质及其生效，原告方需要举示旧的借款合同作为证据。为了证明新的借款合同系清算协议的性质，出借人可以将已经作废的借款合同作为证明新的借款合同的性质系清算协议以及清算协议成立与生效的事实。其理由是：针对相同的合同基础事实，旧的合同作废，是新的合同生效的条件。如果不宣布旧的合同作废，新的合同又生效，那么，会同时存在两份合同，对于借款人而言，就要重复履行债务。

（4）借款人举示证据证明新的借款合同中存在结算错误的问题，出借人需要举示旧的借款合同。在此情形下，出借人应当举示出结算无误的证据，这些证据显然会涉及旧的借款合同及相关履约依据等。

其次，在何种情形下，旧的借款合同或借条可以成为新的借款合同的否定证据呢？

第一种情形，是在受到胁迫、恐吓，甚至暴力威胁下签订的新的借款合同。在此情形下，往往新的借款合同赋予出借人一方更多的财产利益，比如强行将借款利息加为借款本金，强行提高借款利率等。如果新的合同条款对旧的合同条款有变更，当事人不能作出合理解释的，以胁迫等手段添加的内容应当无效。此种情形下，需要对比新旧合同，才能得出相应的结论。

第二种情形，新的借款合同是在旧的借款合同进行结算的基础上重新签订的，如果在结算时确实存在计算错误，可以要求纠正。对此，要举示计算错误的证据。以旧的借款合同结合其他证据，共同证明存在错误的事实。它所能否定的只是存在错误的事实部分，而不能否定新的借款合同的全部内容及效力。

第三种情形，新的借款合同中存在多个借款人，但部分当事人否认自己是借款人身份的，需要以旧的借款合同来印证新的借款合同的真实性和合法性。

如果旧的合同中并无否定借款人身份的当事人，客观上存在两种可能性：一是债的加入，二是添加的借款人。无论是债的加入还是添加的借款人，出借人均有举证责任。对添加的借款人是否符合有效合同的要件，要进行详细审查。此类情形比较复杂，具体可以参照前述职务行为与表见代理的有关内容。如果出借人一方不能证明债的加入，其添加的借款人自己又否认借款人身份，证明其添加的内容无效。但是，得出"添加的内容无效"的结论离不开旧的借款合同或借条的印证。

在前述三种情形中，旧的借款合同（借条、借据）对于新的借款合同的效力的认定，具有关键的证据作用。因此，在实践中，不能片面认为，已经宣布作废的借条没有证据效力。同时，要防止出借人与借款人串通一气，采用重新签订或出具借款合同、借条、借据、还款计划、还款承诺书等形式，故意宣布原来的借条等作废，从而达到掩盖虚构债权债务关系的目的。

（三）证据的关联性审查

证据的关联性，是指证据载明的事实与待证事实之间的联系。比如，针对某份付款凭证,当事人认为与本案无关,可以发表的质证意见为:"该笔付款与案涉的借款合同无关,不能证明出借人履行了支付借款(或借款人归还借款或支付利息)的事实。"

对关联性,可以从以下几个方面进行综合判断。

(1) 证据与当事人主体之间的联系,主要判断证据载明的内容是否为当事人真实意思表示或者履约行为是否与当事人有关。

(2) 证据与案件事实之间的联系:1) 证据载明的事实与待证事实之间的联系,主要判断待证事实是否成立;2) 证据与证据之间的联系,主要判断是否形成印证关系。

(3) 证据与诉讼请求之间的联系,主要判断该证据是否能够支持对方当事人的诉讼请求,或者当事人一方的抗辩理由或反诉请求是否成立。如果在质证时笼统发表"与本案无关"的意见,可能会导致法庭不采纳其质证意见。

(4) 对证据的关联性审查,主要应从主体、内容以及形成时间等方面进行对比,得出是否存在关联性的结论。从证据的形成时间划分,有下列几种情形。

1) 证据形成在前,有关法律事实发生在后。如先签订借款合同,再发生借款行为。

2) 证据形成在后,有关法律事实发生在前。在此情形下,又可分为两种情形:一是后形成的证据是对前面已经发生的法律事实的确认;二是后形成的证据与对方当事人所称的已经发生的法律事实毫无关联性。

【权威观点】

证据的关联性是指证据必须与案件中的特征事实有客观的联系并对待证事实有证明作用。[1]

【案例231】

判断债务是否履行,不能用之前形成债务的证据推翻以后履行债务的证据

裁判文书:最高人民法院(2015)民申字第678号民事裁定书

裁定书认定事实:

关于编号为1008320的"收款收据"(出具时间为2011年5月26日——引者注)载明的350万元是否已经实际支付的问题。首先,杨×提供的2011年1月18日的"延期还款申请"、2011年4月6日的"还款计划"以及2012年5月31日的"债务偿还担保协议",前两者均形成于"收款收据"出具前,"债务偿还担保协议"并未载明协议所确认的欠款1620万元的明细构成,故上述证据尚不足以推翻"收款收据"所证明的实际偿还了350万元的事实。其次,杨×称"收款收据"是为方便双×公司作财务平账并应陈×要求开具,但并无充分证据加以证明。最后,双方当事人对于2200万元借款中的132万元系现金支付均未予否认,故当事人之间存在现金交付的资金往来方式,杨×称"收款收据"

---

[1] 常怡. 民事诉讼法学. 北京:中国政法大学出版社,2002:186.

载明的 350 万元为现金交付有违日常生活经验法则，理据不足。

～～～ 作者简析 ～～～

一般情形下，债务形成在前，履行债务在后。从逻辑上，不能用之前形成债务的证据否定之后履行债务的证据。相反，之后形成的证据可能否定之前形成的证据。如借款人向出借人出具了一份收到借款 100 万元的收据，之后，实际只支付了 80 万元，则只能证明借款本金为 80 万元而不是 100 万元。还可以用之后履行债务的证据证明债务的形成。比如，借款人已经开始履行还款义务，证明借款合同关系已经成立。在若干案例中均有此观点。

但是，前述观点并不是绝对的。实践中，应当具体情形具体分析。相关案例及分析前文已述，此处从略。

【案例 232】

在欠条形成之前支付的款项，不能证明与履行欠款的债务相关

裁判文书：最高人民法院（2015）民申字第 1011 号民事裁定书

裁定书认定事实：

（一）关于二审法院是否存在未依法调查取证的问题

大×建安公司在申请再审中未举证证明其所述王×通过非法手段将大×建安公司项目部全部财务账目拿走的事实存在。在此情况下，二审法院以大×建安公司、大×建安公司项目部未能提供转账支票存根及付款用途为由，不予调查，并无不当。

（二）关于大×建安公司所提五份证据是否足以推翻原判的问题

二审判决系于 2015 年 2 月 3 日作出，大×建安公司所举上述证据均形成于二审判决作出之前。基于本案情况，虽不宜认定大×建安公司逾期提供该等证据系因故意或者重大过失，但从内容上看，五笔款项支付的事实均发生在 2014 年 3 月 10 日，即大×建安公司项目部为王×出具欠款 495 万元的欠条之前。大×建安公司没有针对该欠条之形式真实性提供反驳证据。因此，在并无其他证据佐证的情况下，该等证据并不足以推翻原判决。如果对该五笔付款当事人存有争议，可另循法律途径解决。

（三）关于二审判决认定大×建安公司项目部与王×之间存在债权债务关系是否正确的问题

证人韩×明系大×建安公司项目部的出纳，其对前述欠条有关"因为财务报表没有出来，所以不是最终的"证言内容，与欠条本身文字含义的确定性不符，二审法院对其证言未予采信正确。

～～～ 作者简析 ～～～

第一，原则上，在欠条形成之前支付的款项，不能证明是履行欠条载明的债务。但是，如果有证据证明在书写"欠条"时确有漏列的款项，该漏列款项可以冲抵欠款数额，

特别是在欠条中罗列了已经支付款项明细的,更是如此。

第二,关于财务账册的问题。从证据形式上,账册属于书面证据,并且是依据会计法形成,具有较强的证明效力。会计账册分为总分类账、明细分类账。明细分类账是依据会计记账凭证来登记,会计记账凭证又是依据原始凭证记录,因此,会计账册与原始凭证之间存在必然的联系。其原始凭证中就包含了收取借款或支付款项的依据,如转账支票、电汇凭证以及收据、收条等。会计账册,一般由当事人保管。如果没有证据证明财务账册由他人保管的事实,当然不能申请调查取证,而应当由自己举示。

第三,对于未决事项,可以另行起诉,不属于再审的审理范围。未决事项与错判具有显著区别。如果属于计算错误导致判决结果错误的,属于错判而非未决事项。关于未决事项一般应当在判决书中载明,以便当事人通过另外的法律途径得到救济。

【案例233】

在存在多重借款合同关系时,如果对当事人与谁方发生的借款合同关系没有查清,应当发回重审

裁判文书:最高人民法院(2015)民申字第1394号民事裁定书

裁定书认定事实:

原审判决对于高×与青岛××木业有限公司还是与宋×形成借款关系认定事实不清。根据原审查明的事实,对于本案所涉款项,既有宋×与高×签订的五份借款合同,证明宋×与高×之间形成借款关系,又有青岛××木业有限公司法定代表人孙×维向高×出具的五份借条,证明青岛××木业有限公司与高×之间形成借款关系。高×到底是与青岛××木业有限公司之间形成借款关系,还是与宋×之间形成借款关系,抑或是当事人之间存在其他的法律关系,原审判决没有查明。

≈≈≈ 作者简析 ≈≈≈

实践中,存在多重借款合同关系的情形较少。当事人的主要争议集中在款项的支付与哪一份合同有关,特别是存在委托付款的情形下,其款项不能确定是谁方履行的支付义务,争议更加突出。如果当事人均系自然人,查明款项的支付人,对于确认合同关系的成立至关重要。由于合同关系是否成立,属于案件的基本事实。如果基本事实未查清,依照规定,应当发回重审。《民事诉讼法》第177条对可以发回重审或者依法改判的情形作了详细规定。《民事诉讼法司法解释》第324、325条,分别规定当事人在第一审程序中已经提出的诉讼请求,原审人民法院未作审理、判决的;必须参加诉讼的当事人或者有独立请求权的第三人,在第一审程序中未参加诉讼的,第二审人民法院可以根据当事人自愿的原则予以调解;调解不成的,发回重审。

(四)证明目的审查

是否能够达到证明目的,也就是证据载明的事实是否可以证明待证事实的成立。如果

能够证明,可以达到证明目的;反之,不能达到证明目的。在实践中,许多代理人对证明目的的定义不是十分清楚,可以简单理解为要证明的案件事实。作为举示证据的当事人,在发表证明目的、质证意见或辩论意见时,都可能涉及证明目的是否成立的问题。一般而言,只要证据具有真实性、合法性及关联性,就能够达到证明目的。不能达到其证明目的,是指证据的三性中一个方面或几个方面出现问题,不能证明待证事实的成立。

【案例234】

在债权凭证存疑的情形下,当事人有出庭的义务

裁判文书:北京市第二中级人民法院(2011)二中民终字第15742号民事判决书

判决书认定事实:

刘×起诉主张借款事实存在的证据仅有借据。该借据存有以下疑点:第一,借据主文内容均为刘×本人书写,仅有收款人签字及日期为姚×书写,且收款人签字及日期在借据的右上角,不符合通常的书写习惯。第二,该借据内容较多,还书写在一张上下两端均被裁去的图纸背面。第三,姚×主张其与刘×不熟悉,不可能借款,刘×主张两人是通过朋友介绍认识的,但经本院要求,刘×不能说明介绍人的具体情况及联系方式以核实其主张的真实性。第四,刘×与姚×存在租赁合同关系,刘×为履行租赁合同向姚×交纳了10万元,姚×主张其中2万元是在一张A4图纸的背面手写了收条交给了刘×,收条被刘×伪造成涉案借据,其余8万元分别开具了三张制式的收据并在一审期间已出示该三张收据的存根。而刘×向税务机关投诉新干线商务酒店收其租金不开发票,却仅提供了一份2万元的制式收据复印件,其余8万元的收据未向税务机关提交,其在本案审理过程中亦未提交10万元的收据。结合前述借据中收款人签字在右上方且纸张上下两端均被裁去的情况,不能排除姚×所提出的将2万元手写收条伪造成涉案借据的合理怀疑。第四,从时间上看,借据在刘×与姚×签订租赁合同前就已签署,刘×作为债权人,不在租赁合同中以该债权与其应交纳的租金相抵扣,而是另行向债务人支付租金和保证金,还因交租金未开发票的问题投诉与债务人有关的新干线商务酒店,与常理不符。第五,从借据主文的表述看,其内容是一份借款合同,并非款项交付的凭证,姚×否认收到借据上记载的款项,刘×亦未能提交其向姚×交付款项的凭证或提交有效证据证明款项的来源。虽然一审鉴定结论认为借据中"市"字为先写,"9"为后写,但不足以解释借据的上述疑点,也不能据此认定刘×已向姚×交付26万元款项。该借据是孤证且存疑,在此情况下,本院传票传唤刘×本人到庭核实借款形成过程及相关事实,刘×本人却无正当理由拒不到庭,其应承担相应不利的法律后果。综上所述,仅凭该存疑借据不能认定刘×所诉的借款已真实发生,其诉讼请求缺乏依据。一审法院认定事实有误,本院予以纠正。

∽∽∽ 法官论述 ∽∽∽

原告主张借款事实存在的证据仅有借据,而借据本身存在诸多疑点,如:借据主文内

容均为原告手写，收款人签字日期在借据右上角，而非通常的落款位置；原告主张款项系现金交付，但无其他交付款项的凭证且不能举证证明款项的来源；原、被告之间尚存在租赁关系；等等。综合上述情况看，借据是孤证且存疑，被告抗辩不存在借贷行为并举证作出合理说明。经审查现有证据无法证明借贷行为发生，且原告无正当理由拒不到庭说明情况，人民法院对其主张的事实不予认定。①

随着智慧法院建设的推进，具备条件的法院可以组织当事人通过视听传输技术进行陈述、接受质询，从而提高庭审效率、降低诉讼成本，有利于诉讼顺利进行。《民事诉讼法》第76条已就证人通过视听传输技术等方式出庭作出了规定，该条内容为：经人民法院通知，证人应当出庭作证。有下列情形之一的，经人民法院许可，可以通过书面证言、视听传输技术或者视听资料等方式作证：（1）因健康原因不能出庭的；（2）因路途遥远，交通不便不能出庭的；（3）因自然灾害等不可抗力不能出庭的；（4）其他有正当理由不能出庭的。当事人通过视听传输技术进行陈述、接受质询的，应当视为当事人已出庭。②

≈≈≈ 作者简析 ≈≈≈

（1）原告起诉主张借款事实仅有借据。

该借据在两个方面"存疑"：

一是证据形式上的存疑，如签名、盖章的真实性不能得到确认，书写格式明显不符合当事人的书写习惯等，且无合理解释。

二是证据内容上的存疑，是针对案件的基本事实或者其中某一方面存疑。案件基本事实是指借贷行为、借贷金额、支付方式等案件主要事实。

（2）对案件基本事实无法查清的，法律规定了当事人必须到庭的制度。

《民事诉讼法司法解释》第174条第2款规定："人民法院对必须到庭才能查清案件基本事实的原告，经两次传票传唤，无正当理由拒不到庭的，可以拘传。"

（3）无法查清案件事实的，对当事人的主张不予支持。

依据《2020民间借贷司法解释》第17条规定、《民事诉讼法司法解释》第174条第2款之规定，负有举证责任的原告无正当理由拒不到庭，经审查现有证据无法确认借贷行为、借贷金额、支付方式等案件主要事实的，人民法院对原告主张的事实不予认定。

（4）对于案件基本事实无法查清，且存在《2020民间借贷司法解释》第18条规定情形的，应当严格审查是否属于虚假诉讼。

经查明属于虚假民间借贷诉讼，原告申请撤诉的，人民法院不予准许，判决驳回其请求，处以罚款、拘留；构成犯罪的，应当移送有管辖权的司法机关追究刑事责任。

---

① 负有举证责任的原告无正当理由拒不到庭，由其承担不利法律后果：姚×、应×与刘×民间借贷纠纷案//最高人民法院民事审判第一庭. 民间借贷纠纷审判案例指导. 北京：人民法院出版社，2015：359-364.

② 最高人民法院民事审判第一庭. 最高人民法院新民间借贷司法解释理解与适用. 北京：人民法院出版社，2021：275-276.

【案例 235】
证据关联性及证明目的审查实例

庭审中，原告方举示了一份任职文件，其内容为：

重庆××建筑工程有限公司对霍××的任职文件

经公司股东会研究决定，从即日起，聘用霍××为公司副总经理。

重庆××建筑工程有限公司
2013 年 3 月 9 日

抄送：公司内部各职能部门。

之后，因霍××向债权人出具了一份"还款承诺书"。承诺书载明自 2010 年 12 月 9 日至 2013 年 8 月 29 日期间，向唐××借款共计 1 305 万元。

在审查该两份证据时，要点为：（1）还款承诺书所载明的借款形成的时间与任职文件是否形成印证关系；（2）审查任职文件中是否授予了霍××代表公司对外借款的职权。

通过分析，上述两个方面均是不成立的，不能达到原告的证明目的。理由是：从时间上看，形成借款合同关系的时间是在任职文件之前，排除了存在职务行为的可能性；从文件内容上看，其并未授予霍××代表公司对外借款的职权，证明其职务行为不成立。

二、审查证据是否符合证明标准

（一）证明待证事实的成立应当达到高度可能性的证明标准

相关规定

▼《民事诉讼法司法解释》（2022 年修订）

第 108 条第 1 款　对负有举证证明责任的当事人提供的证据，人民法院经审查并结合相关事实，确信待证事实的存在具有高度可能性的，应当认定该事实存在。

▼《2020 民间借贷司法解释》

第 15 条　原告仅依据借据、收据、欠条等债权凭证提起民间借贷诉讼，被告抗辩已经偿还借款的，被告应当对其主张提供证据证明。

被告提供相应证据证明其主张后，原告仍应就借贷关系的存续承担举证责任。被告抗辩借贷行为尚未实际发生并能作出合理说明的，人民法院应当结合借贷金额、款项交付、当事人的经济能力、当地或者当事人之间的交易方式、交易习惯、当事人财产变动情况以及证人证言等事实和因素，综合判断查证借贷事实是否发生。

第 18 条　人民法院审理民间借贷纠纷案件时发现有下列情形之一的，应当严格审查借贷发生的原因、时间、地点、款项来源、交付方式、款项流向以及借贷双方的关系、经济状况等事实，综合判断是否属于虚假民事诉讼：……

▼《最高人民法院关于依法妥善审理民间借贷案件的通知》（法〔2018〕215 号）

一、加大对借贷事实和证据的审查力度。……人民法院在审理民间借贷纠纷案件中，除根据《最高人民法院关于审理民间借贷案件适用法律若干问题的规定》第十五条、第十六条规定，对借据、收据、欠条等债权凭证及银行流水等款项交付凭证进行审查外，还应结合款项来源、交易习惯、经济能力、财产变化情况、当事人关系以及当事人陈述等因素综合判断借贷的真实情况。……

三、依法严守法定利率红线。《最高人民法院关于审理民间借贷案件适用法律若干问题的规定》依法确立了法定利率的司法红线，应当从严把握。人民法院在民间借贷纠纷案件审理过程中，对于各种以"利息""违约金""服务费""中介费""保证金""延期费"等突破或变相突破法定利率红线的，应当依法不予支持。对于"出借人主张系以现金方式支付大额贷款本金""借款人抗辩所谓现金支付本金系出借人预先扣除的高额利息"的，要加强对出借人主张的现金支付款项来源、交付情况等证据的审查，依法认定借贷本金数额和高额利息扣收事实。发现交易平台、交易对手、交易模式等以"创新"为名行高利贷之实的，应当及时采取发送司法建议函等有效方式，坚决予以遏制。

▼《最高人民法院关于依法妥善审理民间借贷纠纷案件促进经济发展维护社会稳定的通知》（法〔2011〕336号）

七、注意防范、制裁虚假诉讼。人民法院在审理民间借贷纠纷案件过程中，要依法全面、客观地审核双方当事人提交的全部证据，从各证据与案件事实的关联程度、各证据之间的联系等方面进行综合审查判断。对形式有瑕疵的"欠条"或者"收条"，要结合其他证据认定是否存在借贷关系；对现金交付的借贷，可根据交付凭证、支付能力、交易习惯、借贷金额的大小、当事人间关系以及当事人陈述的交易细节经过等因素综合判断。发现有虚假诉讼嫌疑的，要及时依职权或者提请有关部门调查取证，查清事实真相。经查证确属虚假诉讼的，驳回其诉讼请求，并对其妨害民事诉讼的行为依法予以制裁；对于以骗取财物、逃废债务为目的实施虚假诉讼，构成犯罪的，依法追究刑事责任。

▼2015年《会议纪要》

23. 原告持借据、收据、欠条等债权凭证起诉后，被告对债权凭证的真实性提出异议的，当事人双方均可以申请司法鉴定。当事人双方均不申请司法鉴定的，人民法院根据以下情形分别作出处理：

（一）被告虽对债权凭证的真实性提出异议，但未提供反驳证据或者提供的证据不足以证明债权凭证的真实性存在疑点的，可以认定该债权凭证的真实性。

（二）被告提供了相应证据能够证明债权凭证真实性存在疑点的，人民法院不予认定该债权凭证的真实性。

【重点难点提示】

对证据的证明效力进行汇总，从证据事实与待证事实之间是否形成了印证关系，判断是否达到"高度可能性"的证明标准。其内容有两层含义：一是从原告、被告双方举示的证据来判断，通过对比，看哪方的证明效力更大；二是从法官自由心证、站在不偏不倚的角度，对证据载明的事实与待证事实之间接近的程度进行审查和认定。接近的可能性越大，证明效力越高。因此，高度可能性标准并不是对原、被告双方举示证据的证明效力的简单比较。

高度可能性证明标准，历来是运用最多、掌握最难的评判标准。对此有关的司法解释、最高人民法院资深法官也述较多，指导案例也较多。在实践中，司法解释中对"仅有"的规定，主要有以下情形：一是出借人只提供了借款合同或借条、借据、欠条、收条，没有提供履行合同义务的凭证；二是出借人只提供了支付凭证，但不能证明是履行借款合同的义务的证据；三是在借款合同或借条、借据中只有他人签名或盖章，但未表明其保证人身份的证据。对这类证据要结合其他证据进行综合审查与认定。比如《2020民间借贷司法解释》第15条、第18条，就是要求达到高度可能性证明标准的规定。

【权威观点】

▼目前，普遍形成的观点是，要采集证据的证明效力，需达到高度盖然性的证明标准。所谓高度盖然性，即根据实务发展的高度概率进行判断的一种认识方法，是人们在对实务的认识达不到逻辑必然性程度时不得不采用的一种认识手段。[①]

▼《规范民间借贷 统一裁判标准》——杜万华就《最高人民法院关于审理民间借贷案件适用法律若干问题的规定》答记者问：

民间借贷的事实审查，是民间借贷案件审理的难点和重点。民间借贷案件的基本事实，包括借贷合意是否形成、款项是否交付、本金数额、利息约定等多个方面，其中借贷事实是否真实发生是民间借贷案件的首要基本事实，也是全案展开的基本依据。

现实中，原告提起诉讼往往仅以借据等债权凭证或者金融机构转账凭证作为证明借贷关系已经发生的证据，如果被告抗辩已经偿还借款，或者抗辩转账系偿还双方之前借款或其他债务，就存在证明责任的承担问题，而不能仅仅依据借据、收据、欠条等，简单地认定借贷关系已经发生以及已经发生的借贷关系的内容。为此，该规定提出了有关举证责任分配的要求，即被告应当对其抗辩的主张提出相应的证据加以证明，而不能仅仅一辩了之。如果被告提不出相应的证据，或者提供的证据不足以证明其主张，则一般要认定借贷关系已经发生。当然，如果被告提供了证据证明其主张，此时举证责任发生转移，应当由原告就借贷关系的成立承担举证责任。

需要强调的是，对于当事人主张系现金交付的民间借贷，该规定明确要求应当结合借贷金额、款项交付、当事人的经济能力、当地或者当事人之间的交易方式、交易习惯、当事人财产变动情况以及证人证言等事实和因素，综合判断查证借贷事实是否发生。[②]

[①] 司伟. 民间借贷司法解释第15条的理解与适用. 最高人民法院公报，2006（8）.
[②] 最高人民法院民一庭. 民事审判指导与参考：2015年第3辑（总第63辑）. 北京：人民法院出版社，2015：449.

▼民间借贷中，收据或收条除在借款人收到借款时出具，从而作为出借人主张借贷关系的证据外，还可能在借款人归还借款的时候由出借人出具，从而作为借款人凭以抗辩借款已经实际归还的证据。收据或收条从内容上和性质上看，与借款合同和借据不同，更强调款项的实际给付而不是双方之间的借款合意。

巨额的现金交易还是较为少见。在司法实践中，出借人对于难以证明实际交付的借款，往往主张系现金方式交易，从而逃避举证证明款项已经实际交付的义务。对此应当谨慎对待。对于出借人主张以现金交付的借款，则应当对交付时间、交付地点、交付人和接受交付人等交付细节进一步审查确认，从而力求查明款项交付的事实。

当事人的经济能力。审查当事人的经济能力，主要是对出借人的经济状况和钱款来源进行审查，同时也可以结合案件具体情况，对借款人的经济状况和借款用途予以审查，从而更好地查清案件事实，形成借贷事实是否真实发生的内心确信。

证人证言。在认定证人证言的时候，还可以灵活运用对质等方法，以便更好地查清案件事实。

除了证人证言，在民间借贷案件审理中，人民法院对借贷双方当事人本人或者经办人的陈述也应当予以重视。作为交易亲历者，当事人本人或者经办人，应当可以完整、清晰地记述借贷交易的原因、款项交付时间和地点、款项来源、借款用途等细节，要求其到庭接受法庭询问和当事人的交叉询问，通过对于查清案件具有帮助。[1]

▼所谓的高度盖然性，一方面是指在公开的法庭上通过证据的提示和检验以及当事人双方的辩论、对质而逐渐形成的证据在量和质上的客观状态，以及这种客观状态所反映出来的要证事实的明白性、清晰性；另一方面，也指法官对这种客观状态的认识，即证据的客观状态作用于法官的心理过程而使其达到确信境地。[2]

▼需要注意的是，当事人对于自己所主张的交易习惯，需要提供充分证据予以证明：一方面，需要证明确实存在该交易习惯，另一方面，该交易习惯应当为双方当事人共同认可和遵循。由于交易习惯的多样性，在认定和适用时，应当特别注意公开性、公认性、合法性原则，除能够证明在双方当事人之间达成的特别交易习惯外，对于更大范围内的交易习惯，应当原则上以一定地域或行业内反复、稳定存在，具有区域或行业内交易主体共同认知和认可的习惯为准，而且交易习惯的运用应当以不具备反证为前提。[3]

显然，前述众多的规定与论述，均有一个共同的观点，那就是采信证据的证明效力需达到高度可能性标准。与此相反，如果要否定证据效力，只需达到最低证明标准即可。因

---

[1] 沈丹丹. 民间借贷案件审理中的举证责任分配和事实认定标准问题//最高人民法院民一庭. 民事审判指导与参考：2015年第3辑（总第63辑）. 北京：人民法院出版社，2015：460.

[2] 最高人民法院民一庭. 民事审判指导与参考：2015年第3辑（总第63辑）. 北京：人民法院出版社，2015：545-548.

[3] 最高人民法院民事审判第一庭. 最高人民法院新民间借贷司法解释理解与适用. 北京：人民法院出版社，2021：257.

此，两种方法在运用上各有侧重点。

【案例236】

证据不足以证明履行出借义务的发生具有高度可能性不应视为完成证明责任

裁判文书：青海省西宁市中级人民法院（2017）青01民终622号民事判决书

判决书认定事实：

青海省西宁市中级人民法院经审理认为：骆×就其主张虽提交了由黄×书写的借条及任×兰、任×生、张×虹、孙×珍书写的证明材料，诉讼中，任×兰、任×生、张×虹、孙×珍亦提供了证言。但借条只能认定双方有借款的合意，证人任×生系双方当事人的老乡，与骆×认识20多年，来往甚为密切，且与黄×之间存在债权债务关系，孙×珍系骆×的合伙人，任×兰又系任×生的妹妹，张×虹系任×生的公司员工，四位证人与骆×一方具有一定的利害关系，所提供的证言效力相对较低，且骆×陈述的借款事实与任×兰、任×生、张×虹、孙×珍书写的证明材料、提供的证言以及相互间存在多处矛盾和有违常理之处，骆×庭后提交的其他证据不符合一般人的还款习惯，根据以上对证据的分析，骆×提供的证据不足以证明待证事实的发生具有高度可能性，不应视为其完成了证明责任，一审法院认定骆×完成举证责任不当，应予纠正。因骆×提交的证据不足以证明其所持履行了1 460 000元出借款项的主张成立，故其主张黄×应承担偿还1 460 000元借款及相应逾期违约金的诉讼请求予以驳回，一审判令由黄×给付骆×借款1 460 000元不当，应予改判，黄×上诉有理，予以支持。[①]

≈≈≈ 作者简析 ≈≈≈

一般而言，借条是证明借款合同关系成立的证据，但其前提是根据借条内容能够证明出借人已经履行了支付借款的义务，否则，不能达到证明目的。本案一审认定借款合同关系成立，并判决支持了原告的诉讼请求。二审改判驳回原告的诉讼请求。关键点是该借条不能证明出借人已经履行了支付借款的义务，只能证明双方形成了借款的合意。其借条内容为："今借骆×人民币1 600 000元整，于2014年10月20日前归还，如逾期归还按每日千分之五按月支付。借款人黄×。"

综合全案，二审法院改判的理由主要有：

一是借条只能证明双方形成借款的合意，不能直接证明出借人履行了支付借款的义务。

二是被上诉人在二审期间虽然申请了四位证人出庭，但其证言未被采信。其理由是：（1）证人之一任×生与被上诉人关系密切；（2）四位证人与被上诉人均存在利害关系；（3）证人证言之间存在多处矛盾和有违常理之处。综合认定，被上诉人提供的证据不足以证明待证事实的发生具有高度可能性，不应视为其完成了证明责任。

[①] 国家法官学院案例开发研究中心.中国法院2019年度案例.北京：中国法制出版社，2019：218-222.

在实践中，一是要注意借条的文字书写内容，二是对支付事实应保留相应的证据。如果支付的是现金，应当留下现场交付现金的照片等证据。如果是转账支付，特别是通过第三人的银行卡账号履行支付义务的，应当在借条中写明，否则，容易造成歧义。

【案例237】

民间借贷中大额现金交付事实的举证证明应当达到高度可能性证明标准

判决书认定事实①：

本案应由出借人张某举证证明交付1 350万元现金的事实。为证明上述现金交付事实，张某在本案一审、二审中提交了借款合同和收据等相应书证。虽然收据载明的收款数额与借款合同约定的借款数额、出借主体、借款时间一致，但张某在本案一、二审庭审中对资金来源和交付过程、借款关系形成过程以及借款内容所作的陈述前后矛盾，难以自圆其说，不能与其所举书证相互印证而达到"高度可能性"的证明标准，故对张某所持借款本金2 850万元已经实际交付给王某的主张，二审法院不予支持。一审法院未依据《民事诉讼法》（2012年）第64条第3款的规定全面地、客观地审查核实张某的举证和陈述，依据优势证据原则作出判决理据不足，二审法院予以纠正。据此，二审法院判决撤销一审判决，改判王某在判决生效之日起10日内偿还张某借款1 500万元及利息。

∽∽∽ 法官论述 ∽∽∽

本案争议的法律问题是：对于民间借贷中大额现金交付的事实，出借人提交的收据与借款合同载明金额一致，能否认定出借人对大额现金交付事实尽到了证明责任，借款合同上载明的借款金额为借款本金。

在本案一审和二审审理中，对于上述问题存在两种相互对立的观点。

第一种观点，同意一审法院的观点，即作为履约证据的收据与作为立约证据的借款合同所载明的借款金额一致，在借款人无相反证据推翻的情况下，应认定借款合同所载明的借款金额一致，在借款人无相反证据推翻的情况下，应认定借款合同与收据上载明的金额为借款本金，出借人张某对1 350万元现金交付事实尽到了举证证明责任。

第二种观点，同意二审法院的观点，即尽管出借人提供的借款合同与收据载明的借款金额一致，在借款人对现金交付事实不予认可的情况下，人民法院仍应当根据交付凭证、支付能力、交易习惯、借贷金额、当事人关系以及当事人陈述的交付细节、经过等因素综合判断是否存在借贷关系。张某所举证据不能充分证明其交付1 350万元现金的事实，故仅能认定以转账方式支付的1 500万元为借款本金。

---

① 潘杰. 民间借贷中大额现金交付事实的举证证明责任与证明标准//最高人民法院民一庭. 民事审判指导与参考：2015年第3辑（总第63辑）. 北京：人民法院出版社，2015：549-552.

本书认为，第二种观点是正确的。①

~~~ 作者简析 ~~~

目前，就大额现金支付事实的认定，在司法界已达成共识，那就是应当达到高度可能性的证明标准，否则不予确认。也就是前述第二种观点。

首先，对大额现金支付的事实，当事人对方在庭审中提出了异议。未提出异议者，可以按照优势证据规则进行确认。

其次，应当按照《2020 民间借贷司法解释》第 15 条的规定，即原告仅依据借据、收据、欠条等债权凭证提起民间借贷诉讼……被告抗辩借贷行为尚未实际发生并能作出合理说明的，人民法院应当结合借贷金额、款项交付、当事人的经济能力、当地或者当事人之间的交易方式、交易习惯、当事人财产变动情况以及证人证言等事实和因素，综合判断查证借贷事实是否发生。

最后，应当按照《2020 民间借贷司法解释》第 18 条的规定，即人民法院审理民间借贷纠纷案件时发现有下列情形之一的，应当严格审查借贷发生的原因、时间、地点、款项来源、交付方式、款项流向以及借贷双方的关系、经济状况等事实，综合判断是否属于虚假民事诉讼：(1) 出借人明显不具备出借能力；(2) 出借人起诉所依据的事实和理由明显不符合常理；(3) 出借人不能提交债权凭证或者提交的债权凭证存在伪造的可能。

【案例 238】
民间借贷中由第三人付款时借贷双方的举证责任分配

裁判文书：福建省泉州市中级人民法院（2019）闽 05 民终 6316 号民事裁定书

裁定书认定事实：

吴×辩称，案外人的付款不能直接构成本案借款，金×房地产公司对此仍负有举证责任。法院认为，金×房地产公司对相应的借款提供了借据、借款审批单、汇款凭证、代付人确认书等证据，证据之间可相互印证，足以认定案件事实，其已完成举证责任。吴×对借款或者代付证据有异议的，其负有举证责任予以证明，对该辩称法院不予采纳。

~~~ 法官论述 ~~~

民间借贷中出借人委托第三人向借款人付款并不鲜见，该行为对借款人利益无损，法律对此也不禁止。但是，由第三人付款存在一定的风险，如果借款人不予认可，出借人就要承担进一步的举证责任证明其已履行出借义务。如何判断出借人已经完成举证责任以及举证责任的转化是此类型案件的司法难点。②

---

① 潘杰. 民间借贷中大额现金交付事实的举证证明责任与证明标准//最高人民法院民一庭. 民事审判指导与参考：2015 年第 3 辑（总第 63 辑）. 北京：人民法院出版社，2015：549-552.

② 国家法官学院案例开发研究中心. 中国法院 2021 年度案例. 北京：人民法院出版社，2021：217-222.

作者简析

本案被告并未提出其他法律关系的抗辩，而是提出了没有收到借款的抗辩。对于前者，被告应承担举证责任；对于后者，由于本案原告既举示了借条，又举示了转账付款凭证，显然不属于《2020民间借贷司法解释》第15条和第16条规定的情形，因此，被告仅仅提出口头抗辩并不能否定原告举示的证据的效力，也不会发生举证责任回转至原告方的效果，被告方应当举示充足的反驳证据，才能否定原告方举示的证据的效力。

从案件审理过程来看，本案原告是主张借款合同关系成立的当事人，理所当然对借款合同关系的成立承担举证责任。被告抗辩没有收到借款，其实是对原告举示的支付凭证的关联性提出了质疑，在此情形下，原告应当对借款的支付事实承担举证责任。而原告举示了借据、借款审批单、汇款凭证、代付人确认书，这些证据形成证据链，足以证明已经支付借款的事实，因此，判决认定原告方已完成举证责任。此时，被告方仅是口头抗辩，针对代付人确认书，没有举示相反的证据，因此，该证据的证明效力应当得到确认。

实践中，对于第三人代为支付借款或者代为支付还款，均要履行相关手续，以免后顾之忧。

【案例239】

民间借贷关系认定对交易习惯的运用

裁判文书：福建省宁德市中级人民法院（2020）闽09民终940号民事判决书①

判决书认定事实：

林×在一审提供的收据虽然载有朱×签名，但该签名落款在经办处，日期亦载明在入账日期处，双方对收据上收款事由无法明确，且该收据并未载有债权人姓名，不符合一般借条形式。林×主张涉案10万元款项当日分两笔转账也并未汇入朱×账户，难以认定两笔款项是按照朱×的要求打入指定账户……林×提供的证据不足以证明其与朱×关于案涉10万元借贷关系成立，对其上诉请求本院不予支持。

作者简析

交易习惯可以作为认定案件事实的评判依据。

就案外人所付款项是否与案涉借款合同相关，前述两个案例，存在不同情形，所以有不同的判决结果。本案的当事人所举示的证据，并未达到高度可能性的证明标准，所以，生效判决作出了否定性的评价。归纳起来，主要存在两个问题：一是收据的书写格式不规范，内容不完整，明显不符合常理；二是案涉两笔款项并未支付至合同当事人名下，而是支付给他人，存在是另外的合同关系的可能性。这两个问题均存在交易习惯的问题。前

---

① 该案被收录于：国家法官学院案例开发研究中心．中国法院2022年度案例．北京：中国法制出版社，2022：20-23．

者，未写明债权人，日期及收款事由不明确；后者，没有委托付款的相关手续，也没有委托付款确认书，不能确认有委托他人付款的事实。本案是根据交易习惯作出的认定。

(二) 反驳待证事实的成立应当达到最低证明标准

相关规定

▼《民事诉讼法》（2023年修正）

第68条第1款　当事人对自己提出的主张应当及时提供证据。

▼《民事诉讼法司法解释》（2022年修订）

第91条　人民法院应当依照下列原则确定举证证明责任的承担，但法律另有规定的除外：

（一）主张法律关系存在的当事人，应当对产生该法律关系的基本事实承担举证证明责任；

（二）主张法律关系变更、消灭或者权利受到妨害的当事人，应当对该法律关系变更、消灭或者权利受到妨害的基本事实承担举证证明责任。

▼《2020民间借贷司法解释》

第15条第1款　原告仅依据借据、收据、欠条等债权凭证提起民间借贷诉讼，被告抗辩已经偿还借款的，被告应当对其主张提供证据证明。被告提供相应证据证明其主张后，原告仍应就借贷关系的存续承担举证责任。

第16条　原告仅依据金融机构的转账凭证提起民间借贷诉讼，被告抗辩转账系偿还双方之前借款或者其他债务的，被告应当对其主张提供证据证明。被告提供相应证据证明其主张后，原告仍应就借贷关系的成立承担举证责任。

第17条　依据《最高人民法院关于适用〈中华人民共和国民事诉讼法〉的解释》第一百七十四条第二款之规定，负有举证责任的原告无正当理由拒不到庭，经审查现有证据无法确认借贷行为、借贷金额、支付方式等案件主要事实的，人民法院对原告主张的事实不予认定。

【重点难点提示】

笔者认为，最低证明标准从当事人举证责任的分配（法定分配及法官分配）开始，到举证能力、举证义务完成，再围绕证据的真实性、合法性、关联性以及证明目的，逐个层次进行评价，是否与待证事实之间形成印证关系，从而作出肯定或否定的评价。如果前一事实被否定，后面的事实均不成立；如果前一事实被确认，则有进一步证明的必要。因此，最低证明标准既是评价证据效力的最低标准，又是评价当事人是否完成了举证义务的标准。比如，法律规定主张合同关系成立的，应当就合同的成立与生效承担举证责任。如果原告方连这一最低的证明标准都不能达到，即可引起诉讼程序终结的后果。只有原告方达到了这一证明标准，被告方才有对偿还借款、支付利息等履行合同义务的事实进一步承担举证责任的义务。从这一意义上，最低证明标准，是当事人履行举证义务的最基本的要求，也可以称之为初次举证义务。

《2020 民间借贷司法解释》第 15 条和第 16 条第 1 款的规定中要求原告就"借贷关系的存续"以及"对借贷关系的成立"承担的举证责任是最低证明标准，因为，借贷关系未存续或者借款合同关系未成立，有关履行合同义务的证据就没有举示的必要。

针对《2020 民间借贷司法解释》第 15 条第 1 款的规定，被告抗辩借款已经偿还的举证义务，更能够体现最低证明标准的真实含义。同样是对合同关系的成立承担举证责任，但是被告方的证明责任是只要能够证明存在其他的法律关系即可，至于其他法律关系的合同性质、是否全部履约，可以不用证明。而原告的证明责任则不同，既要证明形成借款合同、形成合意，即成立与生效要件的证明，还要证明借款已经支付的事实，才能完成举证责任。

针对《2020 民间借贷司法解释》第 15 条第 2 款的规定，如果"被告抗辩借贷行为尚未实际发生"，因借款是否支付，关系到当事人之间是否真正建立借款合同关系的问题，故只规定被告需要"作出合理说明"即可，关系到合同是否成立的举证责任始终应当由原告承担。当然，如果被告抗辩是其他的法律关系，此时，被告是另外的法律关系成立的主张者，所以，被告方应当承担相应的举证责任。

《2020 民间借贷司法解释》第 17 条关于"经审查现有证据无法确认借贷行为、借贷金额、支付方式等案件主要事实的，人民法院对原告主张的事实不予认定"的规定，显然是对原告方没有完成最低的证明责任所应当承担的法律后果进行了明确界定。

【权威观点】

所谓最低证明程度，是指当事人的证明只有达到了该程度之后，裁判者对该方当事人的主张才会形成心证，才会认定其主张。[1]

【案例 240】

亲属之间发生的借款，举证责任不能要求过于苛刻[2]

判决书认定事实：

原、被告系朋友关系。2011 年 12 月 31 日晚，被告参加原告父亲的丧礼时，以急需资金为其堂哥买房，而自己存款未到期无法取出为由向原告郑×借款人民币 20 000 元。原告当场向案外人杨×江借取 1 200 元后，凑齐 20 000 元一并交付给被告本人。后多次催收，无果，原告遂起诉至法院，要求返还借款。

---

[1] 韩延斌. 原告仅依据付款凭证提起民间借贷诉讼，被告抗辩主张为其他法律关系时应承担举证责任//最高人民法院民一庭. 民事审判指导与参考：2015 年第 3 辑（总第 63 辑）. 北京：人民法院出版社，2015：545-548.
[2] 《最高人民法院发布 19 起合同纠纷典型案例》第 9 号（2015 年 12 月 4 日）。

法院经审理后认为：虽然双方都无直接证据，但原告提交的间接证据来源合法，内容符合客观事实，证据真实有效，且各证据之间能形成证据锁链，能相互印证，足以认定原、被告之间的债权债务关系。故判决由被告归还原告借款本金20 000元，并按照重庆农村商业银行同期同类贷款利率支付原告从法院受理之日起至实际清偿之日止的利息。目前，该判决已生效。

≋≋≋ 法官论述 ≋≋≋

大量民间借贷纠纷都是发生于熟人之间，比如朋友、同事，甚至兄弟，在生活当中，熟人之间出于面子、人情等因素的考虑，一般很少写借条以及其他凭证，而一旦对方违约，出借人一般很难拿出有效的直接证据来认定借款行为成立的事实，在这种情况下，法院在判决时应结合各方提供的间接证据，在证据之间能够相互印证、形成证据锁链的情况下，对借贷行为予以确认，以维护社会诚信，实现公平正义。[1]

≋≋≋ 作者简析 ≋≋≋

针对借款合同关系是否成立，只要对借款合同、借条、借据或具有借款内容的收条、转账支付凭证等证据，完成其中一项证据的举示，就视为完成了初步举证责任。初步举证责任的完成，实际上是达到最低证明标准。就亲戚朋友之间的借款合同纠纷，因出自对亲戚朋友的信任或者碍于情面等原因，在出借款项时并未要求对方出具借条或签订借款合同，合乎情理。此时，原告方举示了支付凭证，被告方否认是借款合同关系的，应当由被告方承担举证责任。对待此类案件，一方面减轻出借人一方的举证责任，另一方面加重借款人一方的举证义务，是完全符合情理的。

（三）证明标准的科学适用

【重点难点提示】

在前述证明标准下，究竟如何采用评判标准更为合理？笔者认为，就采信证据效力而言，应当达到高度可能性证明标准。对否定证据效力而言，应当达到最低证明标准。

采用高度可能性证明标准，在证据缺失、双方证据较多、案情复杂等情形下，对证据效力的评判，会使判决或裁定认定的法律事实更接近于客观真实。如果本应该采用高度可能性标准而采用最低证明标准，从技术层面上，在评价证据效力时可能造成评价方法的缺陷。若要否定对方当事人举示证据的证明效力，只要达到最低证明标准，就已达到证明目的。如果采用评判标准不当，就会造成事实认定错误、裁判结果错误。比如，针对巨额现金的交付，最低的证明标准是借款人出具的收条，而高度可能性证明标准则是"结合借贷金额、款项交付、当事人的经济能力、当地或者当事人之间的交易方式、交易习惯、当事

---

[1] 最高人民法院发布的典型案例汇编：2009—2021民事·商事卷．北京：人民法院出版社，2021：348-349．

人财产变动情况以及证人证言等事实和因素,综合判断查证借贷事实是否发生",评判标准不同,可能评判结果完全相反。

对举证责任的分配及举证义务的完成而言,不同的证明标准可以验证当事人在举证时是否存在过错,这些过错包括在举证过程中是否存在故意或重大过失,是否存在消极诉讼行为。最低证明标准可以用以验证当事人最基本的举证义务是否完成。高度可能性标准的另一层含义,是指当事人在举证时,特别是在证据有缺陷但不是严重缺失时已尽其举证能力履行举证义务。即使存在过错,其过错程度也较小,是在法律能够容忍的范围内。

从立法角度,为了避免证明标准采用不当,造成错误判决,对部分法律事实的审查规定了应当遵循高度可能性标准。如,《最高人民法院关于依法妥善审理民间借贷案件的通知》(法〔2018〕215号)在"加大对借贷事实和证据的审查力度"中强调:"人民法院在审理民间借贷纠纷案件中,除根据《最高人民法院关于审理民间借贷案件适用法律若干问题的规定》第十五条、第十六条规定,对借据、收据、欠条等债权凭证及银行流水等款项交付凭证进行审查外,还应结合款项来源、交易习惯、经济能力、财产变化情况、当事人关系以及当事人陈述等因素综合判断借贷的真实情况。"

《2020民间借贷司法解释》第15条第2款的规定,就是要求从与案件事实有关联的一系列证据中求得于待证事实有较大可能性的,就认可其证明效力;反之,其可能性小的,不应当采信。

在司法实践中,从最高人民法院的指导性案例中,也可以看出对采用证明标准存在的分歧。

比如,在上诉人郑×与被上诉人许×、一审被告华×公司、一审第三人深圳市欧×宏电子有限公司、深圳市诺×实业有限公司、海南宜×贸易有限公司、普宁市×源公司、广州市泽×贸易有限公司、深圳市宏××公司、普宁市达×公司民间借贷纠纷案中,广东省高级人民法院在一审中针对4 643万元是否属于归还借款,在一审和发回重审时,因采取了不同的证明标准,得出的结论完全相反。

原一审认定的事实为:华×公司于2009年6月8日、23日向宏××公司划款3 600万元、34万元,于10月10日向宏××公司划款1 000万元。该三笔划款共4 634万元。两名第三人并非合同约定或许×指定的收款单位。华×公司、郑×同样未提交许×的书面指令、委托收款或事后追认文件。本案中,虽然宏××公司、×源公司是许×指定的出款单位,且"债权转让及还款确认协议书"签订时许×与案外人陈×端通过共同全资持股伟康×公司的方式实际控股宏××公司、×源公司与本案合同履行、与许×之间确有特殊的密切关联,但是在法律上宏××公司、×源公司与许×系互为独立的民事主体,仅依据上述特殊关联尚不足以推定上述4 643万元的划款、收款行为的法律效果及于许×。因此,从华×公司、郑×提交的证据来看,上述4 643万元款项与本案"借款合同"之间可能存在关系,但是还不足以排除没有关联的另一可能性。这些证据证明力尚未达到足以证明二者存在关联的最低证明标准,其证明结果具有或然性,故华×公司、郑×作为负有举证证明义务的一方当事人，对关联性这一争议问题尚未完成证明责任，本案举证责任尚未发生转移。

发回重审时的认定事实为：本案证据显示，宏××公司、达×公司与许×在合同履行、股权关系等方面存在特殊关系，表明三者在利益上具有高度的一致性。除宏××公司、×源公司根据许×委托划付1.1676亿元的巨额款项之外，利益一致性主要体现在股权关系上。从2009年11月13日至2013年11月7日期间，许×与案外人陈×端以全资持股伟康×公司的方式全资控股宏××公司。许×是宏××公司实际控制人之一。该期间覆盖了争议的4 643万元款项的划出时间，也是本案一审诉讼期间。许×作为宏××公司实际控制人之一，对争议的4 643万元款项的性质是清楚的，许×在一审诉讼期间仍然是宏××公司实际控制人，其有能力进行说明并提交相应证据，但是其于一审未能作出正面说明。宏××公司作为收取该争议款项的主体，于一审中虽作为许×的证人出具书面说明，但只作简单否认，对争议款项的性质亦未作出正面说明。本案重审中，虽然许×主张该款系从华×公司为偿还其欠杨××借款本金所划付的，并提交了相应的证据复印件，说明了证据来源，但是对于该证据是否有原件，是否确由杨××提供，如有原件为何不能提交原件供核对，许×未作进一步说明。这些消极诉讼行为，虽可理解为当事人行使其诉讼权利的体现，但是诉讼权利的行使应当符合《民事诉讼法》的规定。该法第13条第1款规定："民事诉讼应当遵循诚信原则"。在民事诉讼中，当事人及其他诉讼参与人负有真实陈述事实的义务。许×、宏××公司、达×公司在本案多个诉讼阶段对争议事实中的关键问题不作细致说明，这些持续的、一系列的消极诉讼行为，已令常人对其消极行为及其背后的原因、动机不得不产生强烈怀疑，即不愿意说明的内容对其自身是非常不利的，否则无法合理解释上述消极诉讼行为的存在。上述消极诉讼行为与常人的强烈怀疑已大幅削弱争议款项与本案借款没有关联的这一可能性，同时直接提升华×公司、郑×所提交的本证的证明力。原有的或然已转化为较高的内心确信。至于争议中前两笔款项划付时，本案借款分别差16天和1天到期，因提前偿还贷款是借款人的合同权利且在商业活动中并非少见之情形，故该事实尚不足以动摇上述已形成的内心确信。根据《民事诉讼法司法解释》第108条"对负有举证证明责任的当事人提供的证据，人民法院经审查并结合相关事实，确信待证事实的存在具有高度可能性的，应当认定该事实存在"的规定，一审法院认为争议的4 643万元是华×公司对本案借款的偿还。故在扣除该款后，×源公司、郑×尚欠许×借款本金为7 042万元，×源公司、郑×应当对许×承担相应的还款责任。①

从该案例中，我们可以看出：一是对采用证明标准的不同存在法律理解上的差异；二是采用不同的证明标准，决定了举证责任的分担及其判决结果，差异是极大的。因此，对

---

① 最高人民法院民一庭. 民事审判指导与参考：2017年合订本（总第71辑）. 北京：人民法院出版社，2017：499-513.

同一案件，如果采用不同的证明标准，会得出不同的认定结果。对代理人如何在诉讼中说服法官采用对当事人一方有利的证明标准，前述案例提供了重要的参考价值。

【权威观点】

▼事实的认定离不开举证责任的分配。民间借贷案件中双方当事人对于借款与还款的事实往往各执一词，此时将举证责任分配到哪一方，通常会对案件的走向与结果产生巨大的影响，因此，举证责任的分配在民间借贷案件的审理过程中的作用尤为重要。本案系发回重审的案件，同样的事实，一审法院二次审理对于举证责任的不同分配原则导致了案件完全不同的结果。①

▼考虑到现实民间借贷关系中，出借人、借款人的法律知识储备不足，制作、保留文书的意识不够，相关证据难以达到法律法规所期待的证明力高度，此时，人民法院应当根据《民事诉讼法司法解释》第108条第1款的规定，充分审查比对证据效力，并结合相关事实，在确信待证事实的存在具有高度可能性的情况下，认定该事实的存在，即对证明标准采取高度盖然性标准即可。②

三、对主要证据的审查要点

（一）对借款合同、借条或借据等的审查要点

1. 审查要点

第一，合同关系是否成立（是否形成签订合同的合意及承诺）；

第二，当事人主体资格是否合法；

第三，合同内容是否真实合法；

第四，是否有相关事实依据证明，特别是审查证据之间是否形成完整的证据链，有无证据缺失的情形。

2. 审查要点的内容

（1）形成借款合意的商议过程；

（2）出借人与借款人之间的关系；

（3）出借人的身份及职业；

（4）借款凭证中签名或盖章的真实性；

（5）手写借据的书写人、签名人是否为同一人；

（6）如签名系代签，有无授权委托等证明；

---

① 王毓莹，陈亚. 民间借贷案件中举证证明责任的分配//最高人民法院民一庭. 民事审判指导与参考：2017年合订本（总第71辑）. 北京：人民法院出版社，2017：164-183.
② 最高人民法院民事审判第一庭. 最高人民法院新民间借贷司法解释理解与适用. 北京：人民法院出版社，2021：269.

（7）签订借款合同的当事人的民事行为能力，包括当事人年龄、有无精神类疾病的病史；

（8）借款凭证的完整性，有无缺失、剪辑、删减、增添等情形；

（9）借款凭证中有无特殊备注；

（10）是一次性借款还是多次借款；

（11）历史借款的偿还情况；

（12）是原始借款凭证还是换取借款凭证而再次或多次出具的借款凭证，如系换取"借条"，原始借条及其付款凭证是否继续保留；

（13）再次出具借款凭证时是否进行了借款本金及利息的结算，其结算协议中是否包含了利息转为本金的情形，转为本金后是否会超过利息规定上限等；

（14）签订时间是否为签订原始借款凭证的时间，时间距离的久远；

（15）签订地点是否与当事人的住所地或合同履行地有关；

（16）借据中对借款本金、利息的约定是否明确；

（17）借款交付方式；

（18）有无严重不符合常理的情形，具体指有无《2020民间借贷司法解释》第18条规定的情形；

（19）有无合同无效的情形，具体指有无《2020民间借贷司法解释》第13条规定的情形；

（20）有无为违法行为提供借贷的情形，如为赌博、贩毒等提供借贷；

（21）有无其他法律关系，如合伙协议、联合投资协议、合作开发协议、债权转让协议等；如果当事人之间存在其他基础法律关系，应当提出按照基础法律关系进行审理，具体见《2020民间借贷司法解释》第14条的规定；

（22）出借人的借款能力，具体见《2020民间借贷司法解释》第15条的规定；

（23）借款用途及实际资金去向，具体见《2020民间借贷司法解释》第15条的规定；

（24）出借人是否具有在同一时间范围内多次向不特定的多数人发放贷款的行为；

（25）在签订借款合同过程中，是否存在胁迫、欺诈行为；

（26）有无利用合同损害他人合法权益的情形；

（27）签订借款合同时，是否具有合同诈骗的主观故意；

（28）是否有债务催收证明等。

如果签订有补充协议，对补充协议的审查要点：

1）确定是补充约定还是合同变更条款。如系合同变更条款，是否涉及借款金额、利率、还款期限等的变更。补充协议与主合同约定不同者，应当依照补充协议的约定执行。

2）确定是否属于解除合同的协议等。

(二) 对担保合同的审查要点

担保合同的审查重点：

第一，担保合同关系，特别是存在多个合同关系时，要注意区分担保合同与主合同之间的主从关系是否建立；

第二，被担保的主债权范围；

第三，担保责任期间；

第四，担保权人是否在法律规定期限内行使了担保权。

除上述担保合同的共同审查重点外，针对不同的担保性质的合同，审查要点还有：

1. 抵押合同的审查要点

除了前述借款合同的审查要点，还要注意以下要点的审查。

（1）在审查抵押物的担保范围时，要注意抵押合同登记簿的登记事项与抵押合同的担保范围是否一致；

（2）抵押合同是否登记；

（3）抵押物是否合法；

（4）是否存在一并抵押的情形；

（5）抵押物是否已经灭失；

（6）抵押物是否已经变卖；

（7）如果抵押物已经变卖，其价款的收取情况（是否已经全额收取，有无欠付金额）、价款的保管或提存情况；

（8）抵押人在处分抵押物时是否履行了通知义务；

（9）是否存在抵押物的自然减值情形；

（10）抵押合同与主合同之间的主从关系是否形成对应关系；

（11）抵押人对主合同的抗辩权，如合同是否成立、是否生效、是否为有效合同等；

（12）如被担保的借款合同是自然人之间的借款合同，其借款是否实际交付，实际交付的金额与合同约定的借款金额是否相同；

（13）主合同约定的借款金额是否发生变更；

（14）主合同约定的还款期限是否发生变更；

（15）是否属于以新贷偿还旧贷的情形；

（16）被担保的主合同是否发生了债务转移；

（17）是否发生债权转让，主合同中有无债权不得转让的禁止性约定；

（18）如果系最高额抵押合同，其借款本金是否已经确定；

（19）是否要求抵押权人在合理期限内行使抵押权，有无抵押权人怠于行使权利从而造成财产损失的情形发生；

（20）抵押权人提出优先受偿权是否超过了诉讼时效；

（21）有无利用签订抵押合同损害其他合法债权人的利益，比如，债务人明显不具有偿还能力，通过签订抵押合同，将资产用于清偿个别人的债务；

（22）抵押合同是否为无效合同；

543

（23）如果抵押合同无效，抵押人或抵押权人是否存在过错，以及过错责任的大小；

（24）抵押合同中是否约定有"抵押权人在债务履行期限届满前，与抵押人约定债务人不履行到期债务时抵押财产归债权人所有"及类似内容；

（25）是否属于事后抵押，故意损害其他债权人的合法权益的情形；

（26）诉讼时效超过后，是否形成了新的担保合同关系等。

2. 对动产质权合同的审查要点

（1）动产质权的担保范围；

（2）动产是否已经完成交付；

（3）交付的动产有无权利瑕疵；

（4）质权人有无尽到妥善保管的义务；

（5）设立质权的动产是否属于保质期较短的鲜活、易腐变质类商品等，如果属于，是否采取特殊的保管措施，并及时行使了质权等；

（6）在合同中是否约定了"质权人在债务履行期限届满前，与出质人约定债务人不履行到期债务时质押财产归债权人所有"及类似内容；

（7）是否存在因主合同债务履行期限变更、债务转移等应当免除担保责任的情形等。

3. 对留置权的审查要点

（1）留置权的担保范围；

（2）留置财产是否与履行的合同相关；

（3）留置财产有无权利瑕疵；

（4）留置权人有无尽到妥善保管的义务等。

4. 对应收账款质权的审查要点

（1）应收账款的担保范围；

（2）应收账款有无债权凭证；

（3）债权凭证的形成时间；

（4）应收账款质押的登记时间；

（5）债权凭证载明的债权金额是否真实、确定；

（6）债权凭证载明的债权是否已经到期；

（7）债权金额是否已经债务人确认，如债务人是否出具了债权确认书；

（8）质押登记时对债务人是否进行了询证；

（9）在质押登记以前，是否已经设立了他项权；

（10）在设立质权后，是否履行了对债务人的通知义务等。

5. 对让与合同的审查要点

与借款合同同时签订的买卖合同、股权转让合同、所有权转移合同等，是否有担保的意思表示，是判断是否为让与合同担保方式的主要标准。

要注意让与担保与并立的合同的区别。比如：在签订借款合同的同时，又签订有商品房买卖合同；在签订股权转让协议的同时，又签订有借款合同等；如果没有约定商品房买卖合同或股权转让协议为借款合同提供担保，此时的两份合同是并立的关系，当事人有选择执行何种合同的权利。

6. 对保证合同的审查要点

重点审查保证合同是否真实合法、保证范围及保证责任是否明确、是否超过保证期间等。

除按照借款合同成立、生效的审查要点进行审查以外，还要审查以下内容：

（1）签订保证合同的当事人是否系合法主体；

（2）分支机构有无法人的授权；

（3）法定代表人的权利是否受到股东会、董事会决议、公司章程等文件的限制；

（4）保证合同的签名与盖章是否真实合法；

（5）在有关债权凭证中签字或盖章是否表明了保证人的身份；

（6）保证责任范围是否明确；

（7）保证责任方式是否明确，在《民法典》颁布以前，保证责任方式不明确的，为连带责任保证方式，《民法典》颁布以后，保证责任方式不明确的，为一般责任保证方式。

（8）是否约定了保证期间。合同约定的保证期间是否合法；

（9）债权人是否在保证期间行使了相关权利，对一般责任保证，是否在保证期间内提出了诉讼或仲裁，对连带责任保证，是否在保证期内要求承担保证责任；

（10）保证期间超过后，是否形成新的保证合同关系；

（11）被保证的主债权是否真实、合法；

（12）有无因主合同变更、债务转移等情形，应当免除保证责任的法定情形等。

（三）对履行合同义务的方式的审查要点

1. 现金交付的审查要点

（1）现金交付凭据，如收条、借条等。如果系巨额现金交付，该笔现金本来是银行存款，却将其从银行取现再进行交付，明显不合常理。现金取款的时间与现金交付时间是否存在矛盾等。

（2）出借人资金来源证明，如银行取款凭证、营业款收入等。

（3）现金交付的详细时间、地点等。

（4）现金交付的现场照片或音像资料。

（5）巨额现金的包装及运输。

（6）对现金交付有无证人证言。如果有，其证人证言与当事人所作的陈述是否一致，有无自相矛盾等不能作为有效证据采信的事实和理由。

（7）巨额现金的保管情况，包括保管的时间、地点、工具等。如果在办公室存有巨额现金，显然是不符合情理的。如果是用保险柜保管，则应当审查保险柜的容积是多少，是否能够容纳巨额现金等，这些事实要——查清。

具体见第四章第三节"债务履行证明"相关内容。

2. 对转账付款方式的审查要点

（1）转账付款的金额、时间与借款合同是否存在对应关系。

（2）付款人与借款合同的当事人是否一致，如果不一致，有无指定付款委托书。

（3）收款人是否为借款合同的当事人。如果系第三人收款，是否有代为收款的授权委托书。

（4）转账凭证中是否注明了资金用途，与借款合同的性质认定是否相关。

（5）转账凭证上是否有特别标注内容，该标注内容是否与借款合同的性质与履行义务相关。

（6）由于转账凭证属于时点证据，只能证明某一时点上的法律事实，不能证明在一定期间内双方当事人互相付款的事实。如果一方当事人提出质疑，在审查转账凭证的同时，有必要进一步审查银行流水。

（7）当借款数额较大、借款期限较长、时间跨度较大时，有必要要求法院责令对方当事人提供银行流水或者申请法院调查取证等。

3. 对以物抵债协议的审查要点

（1）签订以物抵债的当事人是否合法。

（2）当事人是否享有物的完全处分权，如系物的所有权人。

（3）以物抵债的物，是否存在产权争议。

（4）在以物抵债的物上，是否设立了他项权。

（5）以物抵债的物，是否属于可交付的物。

（6）在以物抵债的物上，是否存在其他债务的优先权，比如工程款优先受偿权、工资性质的债务、消费性购房形成的债务等。

（7）以物抵债协议是单独的合同还是在借款合同中约定了以物抵债的条款；如系在借款合同中约定了以物抵债的条款，一种观点为名为抵债实为担保，另一种观点为违反了法律禁止流押或流质条款而无效。

（8）以物抵债协议是在借款合同债务履行期届满之前签订或是之后签订；如系之前签订，则违反了法律禁止流押或流质条款而无效。

（9）以物抵债协议是否具有当事人串通一气，以损害其他债权人的合法权益的目的。

（10）以物抵债协议的主债权是否真实合法。

（11）以物抵债协议的主债权，其债务履行期限是否已经届满。

（12）有无签订以物抵债协议进行虚假诉讼的嫌疑等。

(四) 对欠款事实的审查

1. 对欠条的审查要点

(1) 欠条的签名或盖章是否真实。

(2) 欠条中载明的金额是否真实、合法。

(3) 是否具有借款性质。

(4) 欠条形成的原因。

(5) 是否为结算协议。

(6) 欠条注明的本金中是否包含了利息、违约金。

(7) 是否存在胁迫、欺诈等情形。

(8) 是否因违法借款形成（见《2020民间借贷司法解释》第13条）。

(9) 是否存在不符合常理的情形（见《2020民间借贷司法解释》第18条）。

(10) 是否有相关的合同、付款凭证相佐证。

(11) 欠条的书写格式是否正常。

(12) 欠条的形成时间是否为借款合同关系成立后的合理期间。

(13) 欠条形成的地点。

(14) 欠条是否为债务人本人书写，如果系他人代写，有无合法授权；当事人对欠条是否进行了追认；等等。

(15) 欠条是否和借款合同具有对应关系。

2. 对结算协议的审查要点

(1) 结算协议是否真实、合法。

(2) 结算协议是否与民间借贷合同相对应。

(3) 结算协议的金额中是否包含了利息、违约金；如果包含，是否超过司法解释规定的利息上限。

(4) 是否有原始合同、付款凭证相佐证。

(5) 是否有债务催收证明等。

3. 对还款承诺书的审查要点

(1) 签名或盖章是否真实、合法；是否为当事人本人承诺；是否为本人签字或加盖印章；签字人员是否是公司的法定代表人或非法人组织的负责人。

(2) 如果非法定代表人或负责人签名，有无合法授权。

(3) 是否为借款人本人出具。

(4) 如果增加了当事人，当事人的身份是借款人身份还是担保人身份，还是债的加入。

(5) 形成时间与借款合同签订的时间是否具有合理性；如果相差甚远，是否有合理解释。

（6）是否有通过出具还款承诺书隐瞒已经超过担保期间等事实。

（7）是否有相关的原始借款合同、借条、借据等佐证其真实性。承诺的内容与借款合同或借条的内容是否一致。

（8）有无借款支付凭证相佐证。

（9）承诺书载明的借款金额中是否包含了利息、违约金；如果包含，是否超过民间借贷司法解释规定的利息上限。

（10）对借款金额、利息、逾期利息的确认是否有相关证据支持。

（11）承诺对象是否是借款合同的出借人。

（12）有无合同无效的情形（见《2020民间借贷司法解释》第13条）。

（13）有无明显不符合常理、可能存在虚假诉讼的情形（见《2020民间借贷司法解释》第18条）。

（14）有无需要调取银行流水，进一步核实借款、还款及支付利息等的情形。

（15）文字书写格式或排版格式是否相同。字体大小、间隔距离是否一致，有无添加内容及痕迹。字迹新旧程度是否一致。

（16）有无债务催收证明等。

（五）对证人证言的审查要点

（1）对证人主体资格进行审查：是否为完全民事行为能力人，是否与其智力、健康状况一致，有无判断是非的能力等。

（2）对证人与当事人之间有无利害关系进行审查。

（3）对证人的证明内容进行审查（前后是否矛盾、是否为亲身感受的事实等）。

（4）对证明内容的关联性进行审查。

（5）举证方询问证人的主要内容应围绕证明目的进行，询问的问题应简单明了。

（6）质证方则重点询问与案件事实相关的具体事实，以及证人与当事人的利害关系等问题。

（六）录音证据的审查要点

录音证据包括现场录音和电话录音两大类。其总体要求如下。

（1）是否经对方当事人同意录音。

《最高人民法院关于未经对方当事人同意私自录音取得的资料能否作为证据使用问题的批复》（法复〔1995〕2号）中称，未经对方当事人同意私自录制其谈话，系不合法行为，不能作为证据使用。但2002年和2019年的《证据规则》并未规定必须经过对方当事人同意才能录音。因此，是否同意录音，不再作为判断是否有效的依据。

笔者认为，如果录音场所非隐私场所、录音目的合法，对方当事人未声明不得录音的，可以通过录音方式收集证据。

（2）场所合法。一般要求录音场所不属于隐私场所。

（3）目的合法。即录音目的是查清案件事实，不得有损害他人的合法权益。

（4）内容真实完整。录音内容是当事人的真实意思表示，不是在受到威逼、绑架、威胁、胁迫、欺诈、非法限制人身自由等情形下进行的录音。在审查录音证据时要注意其言行是否前后一致，有无相互矛盾的表述；谈话时态度、语气是否平和、友善；其内容是否完整，是否有剪接、处理、伪造、篡改行为。

（5）通话（包括谈话）主体及内容与案件事实具有关联性。录音对象的身份。

（6）电话录音应留下原始载体。其载体要作为证据举示。即使将录音拷贝到电脑后，也要妥善保留储存在原始录音笔或者手机中，不要删除。

【案例241】
私自录音证据可以对抗有疑点的债权凭证

裁判文书：北京市第三中级人民法院（2016）京03民终8602号民事判决书[①]

判决书认定事实：

关于电话录音。张×并非逾期提交证据，该录音证据与案件基本事实相关，属于直接证据，且龚×认可电话录音的真实性，一审法院采信该录音证据，并无不当。龚×主张其在电话录音中的陈述系在案外人张×建诱导之下作出的，但整个录音中并未体现张×建有诱导之意，龚×对其主张未提交证据证明，故本院不予采信。龚×提出的一审法院采信电话录音属法律适用错误的上诉主张，缺乏依据，本院不予支持。

≈≈≈ 作者简析 ≈≈≈

私自录音证据能够被采信理由主要有：一是法律上对私自录音行为并未作出禁止性规定；二是该录音证据没有侵害他人的合法权益，特别是没有侵犯他人的隐私权；三是该录音证据具有完整性，没有通过剪辑等技术性处理，其真实性能够得到确认；四是通话内容与案件事实相关；五是能够提供通话录音的载体。

不符合前述要求的，私自录音证据被采信的可能性小。

（七）对自认事实的审查要点

相关规定

▼《民事诉讼法》（2023年修正）

第66条　证据包括：

（一）当事人的陈述；

（二）书证；

（三）物证；

（四）视听资料；

[①] 该案被收录于：国家法官学院案例开发研究中心．中国法院2018年度案例．北京：中国法制出版社，2018：224-228．

（五）电子数据；

（六）证人证言；

（七）鉴定意见；

（八）勘验笔录。

证据必须查证属实，才能作为认定事实的根据。

▼《民事诉讼法司法解释》（2022年修订）

第92条第1款 一方当事人在法庭审理中，或者在起诉状、答辩状、代理词等书面材料中，对于己不利的事实明确表示承认的，另一方当事人无需举证证明。

▼《2019证据规则》

第3条 在诉讼过程中，一方当事人陈述的于己不利的事实，或者对于己不利的事实明确表示承认的，另一方当事人无需举证证明。

在证据交换、询问、调查过程中，或者在起诉状、答辩状、代理词等书面材料中，当事人明确承认于己不利的事实的，适用前款规定。

第4条 一方当事人对于另一方当事人主张的于己不利的事实既不承认也不否认，经审判人员说明并询问后，其仍然不明确表示肯定或者否定的，视为对该事实的承认。

【重点难点提示】

自认事实包括当事人在庭审中的陈述以及在起诉状、答辩状、代理词等法律文书中承认的事实。

构成法律上的"自认"的条件：一是当事人的真实意思表示，不受任何外力的影响下形成的；二是其自认事实与其他证据载明的事实无矛盾，如果有矛盾，又不能够合理排除，不能作为证据采信；三是自认者是否愿意承担不利的法律后果。比如，《2019证据规则》第3条规定："在诉讼过程中，一方当事人陈述的于己不利的事实，或者对于己不利的事实明确表示承认的，另一方当事人无需举证证明。在证据交换、询问、调查过程中，或者在起诉状、答辩状、代理词等书面材料中，当事人明确承认于己不利的事实的，适用前款规定。"如果当事人针对某一事实表示了确认，又同时表明不应当承担其法律后果，是否构成自认，尚存在争议。

在实践中，过分重视证据的证明效力，忽视当事人的陈述，是不对的。既然法律将当事人的陈述也规定为证据之一，就应当审查其证明效力。在采信当事人陈述的证据时，原则上对方当事人表示认可的，应当予以采信。对当事人一方的陈述，对方表示认可的，应当免除其进一步证明的责任。在当事人的陈述与其他证据载明的事实不一致时，有进一步审查相关证据的必要。如果当事人的陈述，得到对方当事人的认可，且与其他证据不构成冲突，不能强行要求当事人继续承担举证责任。但是，其陈述明显不符合常理或与其他证据载明的事实存在冲突的除外。

【权威观点】

尽管当事人是案件过程的亲历者，但其出于趋利避害、实现自身利益最大化的心理，所作的陈述有可能与案件真实情况有偏差，干扰法官的判断和认定。根据《民事诉讼法》（2023年修正）第78条规定，人民法院对当事人的陈述，应当结合本案的其他证据，审查确定能否作为认定事实的根据，所以，人民法院应当像认定其他证据效力一样，客观对待当事人的陈述，不可脱离其他证据而尽信之。①

【案例242】

原告为明确立案标的额以及交纳诉讼费的需要作出的相应陈述，并不构成相关标的价值的自认

裁判文书：最高人民法院（2020）最高法民终550号民事判决书

判决书认定事实：

《2019证据规则》第3条规定，在诉讼过程中，一方当事人陈述的于己不利的事实，或者对于己不利的事实明确表示承认的，另一方当事人无须举证证明。在证据交换、询问、调查过程中，或者在起诉状、答辩状、代理词等书面材料中，当事人明确承认于己不利的事实的，适用前款规定。因此，诉讼中的自认具有程序性，是当事人行使处分权的结果，须以明确的方式作出。本案中，林1、林2为明确立案标的额以及交纳诉讼费的需要作出相应陈述，并非对案涉房产价值的确认，更谈不上与××置业公司达成合意。因此，××置业公司关于双方对结算数额已达成合意，林1、林2撤销自认违反禁反言原则的主张，于法无据，本院不予支持。

〰〰〰 法官论述 〰〰〰

"对自认规则的适用，如果一方对另一方提出的于己不利的事实明确表示承认，且不符合常理的，要进一步查明、慎重认定。②

〰〰〰 作者简析 〰〰〰

《2019证据规则》第3条规定："在诉讼过程中，一方当事人陈述的于己不利的事实，或者对于己不利的事实明确表示承认的，另一方当事人无需举证证明。在证据交换、询问、调查过程中，或者在起诉状、答辩状、代理词等书面材料中，当事人明确承认于己不利的事实的，适用前款规定。"

《民事诉讼法司法解释》第92条规定："一方当事人在法庭审理中，或者在起诉状、

---

① 最高人民法院民事审判第一庭. 最高人民法院新民间借贷司法解释理解与适用. 北京：人民法院出版社，2021：273.

② 最高人民法院民一庭负责人就《关于防范和制裁虚假诉讼的指导意见》答记者问//最高人民法院民一庭. 民事审判指导与参考：2016年卷. 北京：人民法院出版社，2016：211.

答辩状、代理词等书面材料中，对于己不利的事实明确表示承认的，另一方当事人无需举证证明。对于涉及身份关系、国家利益、社会公共利益等应当由人民法院依职权调查的事实，不适用前款自认的规定。自认的事实与查明的事实不符的，人民法院不予确认。"

1. 关于自认事实产生的环节

从上述规定中可以看出，《2019证据规则》将自认事实产生的环节称为"诉讼过程中"，《民事诉讼法司法解释》则规定为在"法庭审理中"或者"起诉状、答辩状、代理词等书面材料中"。

2. 关于自认事实的内容

自认事实应当属于"于己不利的事实"。非"于己不利的事实"，不构成自认。

本案例认定的事实是为明确立案标的额以及交纳诉讼费的需要而作出的相应陈述，并不属于司法解释规定的"诉讼过程中"产生的自认事实，也不属于对己不利的事实。当事人为了节省诉讼费，比如在撤回诉讼之前，先采取变更诉讼请求，然后以承担较少的诉讼费为代价，申请撤回诉讼，这是基于诉讼策略的考虑，并不构成《2019证据规则》及《民事诉讼法司法解释》规定的自认。

（八）对生效法律文书（公证书、生效判决、裁定、仲裁决定书、民事调解书等）所确认的事实的审查要点

> 相关规定

▼《民事诉讼法》（2023年修正）

第72条 经过法定程序公证证明的法律事实和文书，人民法院应当作为认定事实的根据，但有相反证据足以推翻公证证明的除外。

▼《民事诉讼法司法解释》（2022年修订）

第93条 下列事实，当事人无须举证证明：

（一）自然规律以及定理、定律；

（二）众所周知的事实；

（三）根据法律规定推定的事实；

（四）根据已知的事实和日常生活经验法则推定出的另一事实；

（五）已为人民法院发生法律效力的裁判所确认的事实；

（六）已为仲裁机构生效裁决所确认的事实；

（七）已为有效公证文书所证明的事实。

前款第二项至第四项规定的事实，当事人有相反证据足以反驳的除外；第五项至第七项规定的事实，当事人有相反证据足以推翻的除外。

▼《2019证据规则》

第10条 下列事实，当事人无须举证证明：

（一）自然规律以及定理、定律；

（二）众所周知的事实；

（三）根据法律规定推定的事实；

（四）根据已知的事实和日常生活经验法则推定出的另一事实；

（五）已为仲裁机构的生效裁决所确认的事实；

（六）已为人民法院发生法律效力的裁判所确认的基本事实；

（七）已为有效公证文书所证明的事实。

前款第二项至第五项事实，当事人有相反证据足以反驳的除外；第六项、第七项事实，当事人有相反证据足以推翻的除外。

【重点难点提示】

当事人主张采信其本人举示的证据的，应完成基本的举证义务。

如果另一方当事人反驳其证明效力的，应当承担相应的举证义务。依照《民事诉讼法司法解释》第93条规定，对"已为人民法院发生法律效力的裁判所确认的事实；已为仲裁机构生效裁决所确认的事实；已为有效公证文书所证明的事实"表示反驳的，当事人有举证义务。在此情形下，反驳一方并非仅仅行使抗辩权就能达到证明目的，其举示的证据应当达到"足以推翻生效裁判文书认定的事实"的程度，才能得到采信。《2019证据规则》第10条规定，对"已为仲裁机构的生效裁决所确认的事实"，当事人无须举证证明，有相反证据足以反驳的除外。

需要提出的是，前述"足以推翻"，在司法实践中并未形成一致意见。一种观点是，应当根据审判监督程序作出新的裁判文书，撤销原判决裁定的，才能认定为"足以推翻"。另一种观点则是，只要反驳证据载明的案件事实达到足以证明生效判决或裁定是错误的"高度可能性"的证明标准，就实现了证明目的。

显然，前一观点不符合立法本意，是对司法解释相关规定的曲解。《民事诉讼法司法解释》第93条规定："第五项至第七项规定的事实，当事人有相反证据足以推翻的除外。"《2019证据规则》第10条也规定："第六项、第七项事实，当事人有相反证据足以推翻的除外。"这证明"已为人民法院发生法律效力的裁判所确认的基本事实和已为有效公证文书所证明的事实"不是以改判为确认原则。如果需要改判才能推翻原判决的证明效力，那么，有关条文中就不会作出如此规定。如果需要改判才能推翻原裁判的证明效力，一方面改判后原裁判已经不是生效裁判文书了，改判后的裁判文书才是生效法律文书，因此，又回到了有关条文第1款规定的情形，其第2款的规定就失去了立法意义。

对生效法律文书所确认的事实的审查要点主要有：

(1) 生效法律文书所确认的事实与本案是否具有关联性；

(2) 生效法律文书所确认的事实是否与证据载明的事实相矛盾；

（3）是否有新的证据证明生效法律文书所确认的事实属于错误认定；

（4）是否有相反证据足以推翻已为人民法院发生法律效力的裁判所确认的基本事实；

（5）是否有相反证据足以反驳已为有效公证文书所证明的事实。

【权威观点】

需要注意的是，如果在审判过程中遇到原告仅凭金融机构的转账凭证起诉要求归还借款，而被告又对原告主张的借款事实直接予以认可的情况，有可能存在原、被告双方以提起虚假诉讼方式故意损害第三人合法权益的问题，人民法院应当依照本规定（现《2020民间借贷司法解释》第15条第2款），对借贷发生的原因、时间、地点、款项来源、交付方式、款项流向以及借贷双方的关系、经济状况等事实进行综合认定，当发现查明的事实与被告自认事实存在明显矛盾时，人民法院应依据《民事诉讼法司法解释》第92条第3款关于"自认的事实与查明的事实不符的，人民法院不予确认"的规定作出相应处理。①

第四节　举示证据的要求

一、举证责任的分配

相关规定

▼《民事诉讼法》（2023年修正）

第67条第1、2款　当事人对自己提出的主张，有责任提供证据。

当事人及其诉讼代理人因客观原因不能自行收集的证据，或者人民法院认为审理案件需要的证据，人民法院应当调查收集。

▼《民事诉讼法司法解释》（2022年修订）

第90条　当事人对自己提出的诉讼请求所依据的事实或者反驳对方诉讼请求所依据的事实，应当提供证据加以证明，但法律另有规定的除外。

在作出判决前，当事人未能提供证据或者证据不足以证明其事实主张的，由负有举证证明责任的当事人承担不利的后果。

第91条　人民法院应当依照下列原则确定举证证明责任的承担，但法律另有规定的除外：

（一）主张法律关系存在的当事人，应当对产生该法律关系的基本事实承担举证证明责任；

---

① 最高人民法院民事审判第一庭. 最高人民法院新民间借贷司法解释理解与适用. 北京：人民法院出版社，2021：268.

（二）主张法律关系变更、消灭或者权利受到妨害的当事人，应当对该法律关系变更、消灭或者权利受到妨害的基本事实承担举证证明责任。

▼《2019 证据规则》

第 1 条　原告向人民法院起诉或者被告提出反诉，应当提供符合起诉条件的相应的证据。

第 2 条　人民法院应当向当事人说明举证的要求及法律后果，促使当事人在合理期限内积极、全面、正确、诚实地完成举证。

当事人因客观原因不能自行收集的证据，可申请人民法院调查收集。

▼《2020 民间借贷司法解释》

第 2 条　出借人向人民法院提起民间借贷诉讼时，应当提供借据、收据、欠条等债权凭证以及其他能够证明借贷法律关系存在的证据。

当事人持有的借据、收据、欠条等债权凭证没有载明债权人，持有债权凭证的当事人提起民间借贷诉讼的，人民法院应予受理。被告对原告的债权人资格提出有事实依据的抗辩，人民法院经审查认为原告不具有债权人资格的，裁定驳回起诉。

第 15 条　原告仅依据借据、收据、欠条等债权凭证提起民间借贷诉讼，被告抗辩已经偿还借款的，被告应当对其主张提供证据证明。被告提供相应证据证明其主张后，原告仍应就借贷关系的存续承担举证责任。

被告抗辩借贷行为尚未实际发生并能作出合理说明的，人民法院应当结合借贷金额、款项交付、当事人的经济能力、当地或者当事人之间的交易方式、交易习惯、当事人财产变动情况以及证人证言等事实和因素，综合判断查证借贷事实是否发生。

第 16 条　原告仅依据金融机构的转账凭证提起民间借贷诉讼，被告抗辩转账系偿还双方之前借款或者其他债务的，被告应当对其主张提供证据证明。被告提供相应证据证明其主张后，原告仍应就借贷关系的成立承担举证责任。

【重点难点提示】

（一）举证责任分配原则

举证责任的分配，应当依据法律及相关司法解释的规定进行。分配原则主要包括：第一，依照"谁主张，谁举证"的原则进行分配；第二，依照举示证据的能力进行分配；第三，依照持有证据的事实进行分配。如果法律或司法解释明确规定了举证责任，应当按照规定执行。

（二）出借人的举证责任

民间借贷纠纷中，一般是由出借人担任原告。依照"谁主张，谁举证"的原则，原告方主张借款合同关系成立，应当承担举证责任。现实生活中，部分发生在亲戚、朋友之间的民间借贷，在借款关系发生时，出借人出于种种原因并未要求借款人出具借条，甚至没有要求保证人在借条上签字,因此,要求出借人承担严格的举证责任,客观上存在障碍。《民事诉讼法司法解释》第91条的规定是要求出借人作为原告完成基本的举证义务,或者称之为初步举证责任。

针对原告的举证能力,一般存在以下情形:一是达到高度可能性的证明标准,二是只能达到最低的证明标准,三是连最低的证明标准都不能达到。

在证据缺失的情形下,如何认定借款合同的成立,从立法到司法实践,均存在困难。从前述司法解释的规定看,无论文字如何表述,均是要求原告方承担初步举证责任。在此基础上,如果被告抗辩借款合同关系不成立,或者原、被告双方当事人在博弈过程中均未形成优势证据,或者原告方所称的事实具有不符合常理的情形等,人民法院应当结合借贷金额、款项交付、当事人的经济能力、当地或者当事人之间的交易方式、交易习惯、当事人财产变动情况以及证人证言等事实和因素,综合判断查证借贷事实是否发生。

《2020民间借贷司法解释》规定原告应承担的举证责任主要有:

1. 出借人要求借款人承担还款责任的初步举证责任

2. 出借人要求担保人(含保证人)承担担保责任,应承担的举证责任

依照《2020民间借贷司法解释》第20条的规定,要求他人承担责任,其举示证据的标准为:

(1)他人在借据、收据、欠条等债权凭证或者借款合同上有签名或者盖章的事实;

(2)他人签名或者盖章的意思表示是"愿意提供担保";

(3)有其他事实可以将"签名或者盖章"的人推定为保证人。

在上述前提下,出借人可以要求其承担保证责任;否则,人民法院不予支持。

3. 出借人要求网络贷款平台承担担保责任时应承担的举证责任

证明内容包括:网络贷款平台的提供者通过网页、广告或者其他媒介明示或者有其他证据证明其为借贷提供了担保。

如果网络贷款平台或者出借人举示的证据只能证明网络贷款平台的提供者仅提供媒介服务,当事人请求其承担担保责任的,人民法院不予支持(《2020民间借贷司法解释》第21条)。

4. 原告以法人与法定代表人、非法人组织与负责人之间人格混同为由要求承担民事责任的举证责任

根据《2020民间借贷司法解释》第22条的规定,其人格混同包括两种情形:一是法定代表人或负责人分别以法人主体或非法人组织的名义与出借人签订借款合同,但是款项实际由法定代表人或者负责人个人使用;二是法定代表人或负责人分别以个人名义与出借人签订借款合同,但是款项实际由法人或非法人组织使用。

对第一种情形,出借人可以请求将法定代表人或者负责人列为共同被告或者第三人。对第二种情形,"出借人可以请求单位与个人共同承担责任"。两种规定是不同的,要注意区别。

(三)借款人的举证责任

1. 被告抗辩属于另外的法律关系或者反诉的,应由被告方承担举证责任

原告以借据、收据、欠条等债权凭证为依据提起民间借贷诉讼,被告主张是另外的法律关系并按照基础法律关系提出抗辩或者反诉的,应由被告方承担举证证明责任(《2020民间借贷司法解释》第14条)。

2. 被告抗辩已经偿还借款的,应当承担举证责任

其承担举证责任的前提是《2020民间借贷司法解释》第15条规定的"原告仅依据借据、收据、欠条等债权凭证提起民间借贷诉讼",也就是说,原告举示的证据,只有借据、收据、欠条等债权凭证,没有付款凭证。

针对前述原告举示的证据,被告抗辩已经偿还借款的,被告应当对其主张提供证据证明。

此条解释还规定:"原告仍应就借贷关系的存续承担举证责任。"也就是说,因被告抗辩已经偿还了借款,并且由被告承担了举证证明责任,原告方在举示"借据、收据、欠条等债权凭证"的基础上,还应当对借贷关系的存续承担举证证明责任。

3. 针对借贷行为是否发生,被告只需要提出抗辩并作出合理说明即可

在"原告仅依据借据、收据、欠条等债权凭证提起民间借贷诉讼"情形下,"被告抗辩借贷行为尚未实际发生并能作出合理说明"即可,而不一定需要承担举证证明责任。

4. 关于借款能力、款项交付、交易习惯等举证责任

针对前述第三种情形,《2020民间借贷司法解释》规定,"人民法院应当结合借贷金额、款项交付、当事人的经济能力、当地或者当事人之间的交易方式、交易习惯、当事人财产变动情况以及证人证言等事实和因素,综合判断查证借贷事实是否发生"。从规定看,借贷行为是否真实发生,应由法院依法进行认定。在诉讼中,为了配合法院的审查认定,原告方应当举示具有借贷能力、资金来源等证据,积极提供书面的以及证人证言等证据。被告方则要阐述或者举示相反的证据,供合议庭在认定前述事实时参考。

5. 被告抗辩转账付款系偿还之前借款或者其他债务的,应承担举证证明责任

依据《2020民间借贷司法解释》第16条的规定,被告承担此项举证责任的前提是,"原告仅依据金融机构的转账凭证提起民间借贷诉讼"。在此情形下,被告抗辩转账付款系偿还之前借款或者其他债务的,应承担举证证明责任。

综上,要根据法律或司法解释的规定,明确当事人各方的举证义务以及需要达到的证明标准。当事人或代理人只有按照法律规定收集并举示证据,才有可能被采信。因此,熟悉法律规定至关重要。

(四)担保人的举证责任

担保人的举证责任包括:一是对担保合同关系不成立承担举证义务;二是对借款人已经履行了还款义务承担举证责任;三是对借款合同存在实质性变更并加重担保人责任的事

实承担举证责任;四是对担保合同无效进行举证,如签订担保合同不是其真实意思表示,是在受到欺诈、胁迫等情形下签订的。

一般情形下,对已经履行了还款义务,借款人应当承担举证责任。但是,有利害关系的共同借款人,其中一方欲将其还款义务全部加于另一方,或者借款人与出借人串通一气,欲加害于担保人,借款人可能对已经偿还借款的事实和证据故意隐瞒,不进行举示,从而增加了查清案件事实的难度,甚至根本无法查清案件事实。

(五) 举证责任转移

笔者认为,举证责任分配存在两个方面的含义:一是法律及司法解释对举证责任的分配,二是在诉讼过程中审判人员对举证责任的分配。前者是基础,它体现了程序正义的法律要求。只有当法律或司法解释对举证责任未作明确规定时,在审判过程中,审判人员才能利用自由裁量权,对举证责任进行分配。如果法官将本应由一方当事人承担的举证责任分配由另一方承担,就构成自由裁量权的滥用。

当事人一方完成了初步举证义务,可能发生举证责任的转移。比如,当出借人完成了对借款合同、转账凭证的举证时,被告抗辩已经偿还了借款,其举证责任就转移至被告一方。

在实践中,经常会遇到一方当事人提出已经偿还了借款,但是出借人并不认可,以"该行为系其他经济关系形成"为由进行否认。在此情形下,并不是被告方提出的抗辩,而是原告方对于已经偿还借款的事实的否认。如果原告基于借款合同关系的成立以及借款的支付已经完成了举证义务,被告负有已偿还借款的举证责任。在被告方完成了初步举证义务后,原告方否认的,应由原告方承担进一步的举证责任。

【权威观点】

▼考虑到一些借款合同的当事人确实缺乏法律意识,在没有签订书面借款合同亦没有出具借据的情况下,出借人要证明借款关系的存在困难较大,因而,可以认为原告作为出借人提出金融机构转账凭证时,其已对民间借贷关系的存在完成了初步举证责任,此时应当进一步结合被告的答辩情况,对双方是否存在民间借贷关系进行分析、认定。[1]

▼在庭审中,原告与被告、上诉人与被上诉人以及其他诉讼当事人之间会有"互为攻防"的辩论阶段,一方当事人在提出其主张及事实后,另一方往往会提出相反意见并抛出对其有利的新观点,这就需要诉讼当事人经历"提出观点—举证—质证—提出新观点—举证—质证"的循环过程,这一过程涉及举证的先后顺序,也就是举证责任的

---

[1] 最高人民法院民事审判第一庭. 最高人民法院新民间借贷司法解释理解与适用. 北京:人民法院出版社,2021:265.

分配。①

【案例243】

达到阻却对方主张的条件时举证责任转移或举证责任终结

裁判文书：北京市第三中级人民法院（2017）京03民终4131号民事判决书②

判决书认定事实：

一方面，上诉人提交的约1.9亿（元）还款明细与被上诉人提交的借款总额均不能反映出借人与借款人之间真实的借款、还款全貌；另一方面，上诉人提交的约1.9亿（元）还款明细中不仅包含了谭×与戴×多笔借款利息，而且包含了谭×与戴×之外其他主体的还款行为，在双方借款利息具体数额无法计算且谭×与戴×之外其他主体还款证据有一定矛盾情况下，简单通过对总账方式来证明本案争议的2013年11月25日"借款合同"项下的借款已经偿还，没有事实与法律依据。

≋≋≋ 作者简析 ≋≋≋

对抗式的审判模式，决定了举证责任的承担和转移。其承担，主要是当事人对自己的主张有义务提供证据加以证明。其转移，是指原、被告之间就案件事实出现分歧、冲突、矛盾时，一方当事人完成初步证明责任后，另一方当事人应对其主张或反驳观点进一步举示证据证明。对于比较复杂的案件，需要"原告—被告—原告—被告……"经过若干回合的对抗性举证，才能查清案件事实。在这个过程中，首先产生的是基础证据，在对抗过程中可能产生补强证据或反驳证据。基础证据受举证期限的限制，而补强证据、反驳证据则不受举证期限的限制。

在实践中出现的问题是，当事人往往只重视初步举证责任，而忽视因举证责任转移应当进一步承担的举证责任。相应地，只重视基础证据的收集、研判、举示而忽视补强证据和反驳证据的收集和举示。

与初步举证责任相对应的概念是继续举证责任。那么，继续举证责任在什么条件下终结呢？当事人一方举示的证据能够阻却对方主张时，举证责任即告终结。

具体到本案，上诉人提交的约1.9亿元还款明细中不仅包含了谭×与戴×多笔借款利息，还不能确定其利息与借款之间的对应关系。此时，被上诉人坚持认为其利息与借款之间存在对应关系，证明责任转移至被上诉人一方。因被上诉人没有完成继续举证的义务，即认为上诉人举示的证据已经达到阻却被上诉人主张的充分条件，遂改判驳回了被上诉人的诉讼请求。

---

① 最高人民法院民事审判第一庭. 最高人民法院新民间借贷司法解释理解与适用. 北京：人民法院出版社，2021：262.

② 该案被收录于：国家法官学院案例开发研究中心. 中国法院2021年度案例. 北京：中国法制出版社，2021：201-205.

【案例 244】

自然人之间的借款，借条记载的金额与转账付款凭证的金额不一致的举证责任分配

裁判文书：山东省淄博市中级人民法院（2020）鲁 03 民终 3168 号民事判决书①

判决书认定事实：

当事人对自己的主张，有责任提供证据。本案借条金额虽然为 192 180 元，但叶×实际通过微信、支付宝转账出借的金额为 77 268 元，对借条金额与实际转账金额之间的差额叶×主张为现金交付，但未提交相关证据证实，亦违反双方多次借贷还款的交易习惯，对叶×主张出借差额系现金交付的主张，本院不予采纳。因此，本案借款本金应以实际出借金额 77 268 元为据，一审认定出借金额为借条金额 192 180 元，举证责任分配有误，本院予以纠正。

~~~ 作者简析 ~~~

案涉借款本金由两部分组成：一部分是转账支付的，另一部分是现金支付的。现金支付的金额虽然只有 114 912 元，但被告方提出了没有收到现金借款的抗辩，此时，原告方仅举示借条，不能认为已经完成初步举证责任，且现金的交付涉及自然人之间的借款合同关系是否成立，应当由原告方继续承担举证责任。根据本案认定的事实，证明出借人通过微信、支付宝转账支付借款是其交易习惯，现金交付与交易习惯不符，所以，对有现金支付的事实不予确认。

【案例 245】

未审查借贷资金的来源，被裁定撤销生效判决

裁判文书：安徽省高级人民法院（2019）皖民申 3041 号民事裁定书

裁定书认定事实：

本院根据再审申请人司×、刘×在再审审查期间提供的补充材料，从本院案件管理系统中调取了与于×相关案件。经查，于×在 2017—2018 年期间在安徽省太和县人民法院作为原告诉讼的民间借贷纠纷案件共九件。针对本案存在的上述情况，根据最高人民法院、最高人民检察院、公安部、司法部印发的法发〔2019〕24 号文件以及最高人民法院法释〔2015〕18 号文件规定的精神，一、二审法院未对被申请人于×在本地区以及其他地区是否尚有民间借贷纠纷，其资金来源于何处等情况进行审查。司×、刘×该部分申诉理由，于法有据。综上，司×、刘×的部分申请事由符合《民事诉讼法》（2018 年）第 200 条第 6 项规定的情形。裁定如下：指令安徽省阜阳市中级人民法院再审本案；再审期间，中止原判决的执行。

---

① 该案被收录于：国家法官学院案例开发研究中心．中国法院 2022 年度案例．北京：中国法制出版社，2022：214-218.

作者简析

本案原审存在的问题：一是当事人在同一时期涉及诉讼的民间借贷纠纷较多，一、二审法院对被申请人在本地区以及其他地区是否尚有民间借贷纠纷未进行审查；二是对借款资金来源于何处等事实未进行审查认定。

《2015民间借贷司法解释》第19条规定，"人民法院审理民间借贷纠纷案件时发现有下列情形，应当严格审查借贷发生的原因、时间、地点、款项来源、交付方式、款项流向以及借贷双方的关系、经济状况等事实，综合判断是否属于虚假民事诉讼"。其中第4项规定为"当事人双方在一定期间内多次参加民间借贷诉讼"。《2020民间借贷司法解释》第18条作了类似规定。《民事诉讼法》（2018年）第200条（现为第211条）第6项规定："当事人的申请符合下列情形之一的，人民法院应当再审：……（六）原判决、裁定适用法律确有错误的"。故再审裁定书将其前述未按照《2020民间借贷司法解释》的规定进行严格审查的行为，认定为适用法律错误。

【案例246】
父母为子女婚后购房出资款性质的认定

裁判文书：北京市第三中级人民法院（2019）京03民终1680号民事判决书[①]

判决书认定事实：

一审认定事实为，根据银行流水、借条、当事人陈述、录音等证据可以认定，郭×林、瓮×转给郭×杰款项中185万元与购买涉案房屋有关；涉案房屋的装修郭×林、瓮×支出了20万元。现双方争议焦点为购房款及装修款系赠与还是借贷；虽然《婚姻法解释（二）》第22条第2款确有"当事人结婚后，父母为双方出资的，该出资应认定为对夫妻双方的赠与，但父母明确表示赠与一方的除外"的规定，但……上述解释所提到的父母的"出资"，均为赠与意义上的出资。但该条并未明确规定只要父母与子女夫妻双方有金钱上的来往，就一律视为赠与意义上的出资。故一审法院认为，父母给子女夫妻双方的出资是否为赠与，要依查明的具体事实而定，否则，一律将父母与子女经济往来视为赠与，对于父母一方是极不公平的，这也背离了该司法解释的初衷与本意。本案中，张×称涉案款项系郭×林、瓮×对郭×杰、张×的赠与，但张×未能对赠与充分举证；结合郭×杰向郭×林、瓮×出具的借条、银行流水、各方当事人陈述及郭×杰、张×之间的谈话录音，能形成证据链佐证郭×林、瓮×所主张的借贷关系，故一审法院对张×所述不予采信。购买涉案房屋合同于郭×杰、张×婚后签订，通过公证确认为郭×杰、张×共同所有，故涉案房屋相关的首付款及装修款应为郭×杰、张×夫妻共同债务。

[①] 该案被收录于：国家法官学院案例开发研究中心. 中国法院2021年度案例. 北京：中国法制出版社，2021：97-101.

二审认定事实：一审法院综合考虑全案证据认定上述涉案款项中支付涉案房屋首付款的部分之性质系郭×林、翁×出借给郭×杰、张×用于购买房屋的借款，并无不当。

法官论述

举证责任包括行为意义上的证明责任和结果意义上的证明责任这两层含义。前者是指对于诉讼中的待证事实，应当由谁提出证据加以证明的责任，又称形式上的证明责任、主观的证明责任、提供证据的责任；后者是指当待证事实最终处于真伪不明状态时，应当由谁承担因此而产生的不利法律后果，又称为实质上的举证责任、客观的举证责任、说服责任。但无论哪种学说，当事人的举证责任以及举证责任的分配，其目的均在于使实体法更能客观有效地运用在审判实践中，更有利于兼顾法律的公平和公正。[①]

作者简析

生效判决认定，《婚姻法解释（二）》第22条第2款中规定的父母的"出资"，应理解为赠与意义上的出资，非赠与的出资不能适用本条规定。相关规定中并未明确规定只要父母与子女夫妻双方有金钱上的往来，就一律视为赠与意义上的出资，故法院认为，父母给子女夫妻双方的出资是否为赠与，要依查明的具体事实而定，否则，一律将父母与子女的经济往来视为赠与，对于父母一方是极不公平的，也违背了司法解释的本意。

《2020民法典婚姻家庭解释》（法释〔2020〕22号）第29条规定与案例中《婚姻法解释（二）》第22条的规定，具有较大差别。依照该规定，在当事人结婚前，父母为双方购置房屋出资的，原则上应当认定为父母对自己子女个人的赠与。结婚之后，父母为双方购置房屋出资的，应当依照约定处理；没有约定或者约定不明确的，应当按照《民法典》第1062条第1款第4项规定的原则处理。相应的规定为，"夫妻在婚姻关系存续期间所得的下列财产，为夫妻的共同财产，归夫妻共同所有：……（四）继承或者受赠的财产，但是本法第一千零六十三条第三项规定的除外"。第1063条第3项的规定为："下列财产为夫妻一方的个人财产：……（三）遗嘱或者赠与合同中确定只归一方的财产……"

根据前述规定，对婚前与婚后的赠与，究竟是属于对夫妻共同赠与，还是只是对自己子女的赠与，举证责任的分配是不同的。对于婚前的赠与，如果另一方主张是对夫妻双方的赠与，应当承担举证责任。对于婚后的赠与，如果赠与合同中确定了只归夫妻中一方所有，就不属于夫妻共同财产。但是，其前提是，夫妻、夫或妻从父母处接受的财产是赠与，如果不是赠与，则不能按照前述规定处理。对赠与事实有争议时，应由主张赠与的当事人承担举证责任。法律上并未禁止父母子女之间产生借贷关系。主张赠与一方当事人不能完成举证义务，按照父母的意思，或者依据其子女出具的借条将其认定为借贷关系，是符合情理的。

[①] 最高人民法院民事审判第一庭. 最高人民法院新民间借贷司法解释理解与适用. 北京：人民法院出版社，2021：252.

（六）对举证责任的分配的异议

当案件事实处于真伪不明时，由哪方当事人承担举证责任，对审判结果的影响重大。一般而言，应由当事人双方依照相关规定各自完成举证义务。只有对争议事项法律上并未明确由哪方当事人承担举证责任时，才会产生举证责任的分配。分配原则应兼顾公平性和合理性。在诉讼中，当事人认为审判人员对举证责任的分配不合理，应当及时提出反对意见，并阐明事实和理由。如果双方分歧较大，应当将举证责任由谁方承担纳入争议焦点并进行辩论；否则，可能因程序错误而产生实体错误。比如，明明是一方当事人持有证据而不举示，却分配给另一方当事人承担举证责任，明显不具有合理性。因此，对争议焦点的归纳及时提出异议非常重要，在实务中应当高度重视。

二、举示证据的基本要求

（一）举示的证据要符合证据三性要求

要将收集到的证据进行分类，并对证据的三性及证明目的进行仔细分析。

首先，要分析证据的真实性和合法性。当事人在举示证据前，要对真实性进行质疑。在真实性和合法性能够确认的情形下，才有举示的必要。

其次，要分析哪些证据与查明案件事实相关。对没有关联性的证据，没有举示的必要。

当一份证据存在多个证明事实时，要分析哪些事实对己方有利，哪些事实对己方不利，权衡利弊，再决定取舍。

（二）举示的证据能够支持当事人的主张和反驳观点

如果证据载明的事实，不能支持当事人的主张，或者不能达到反驳对方证据的效果，就没有举示的必要。

（三）举示的证据要服从于证明目的

1. 证明目的与待证事实之间的关系

待证事实，就是支持当事人举示证据的证明目的所需要证明的事实，也可以称为支持或反驳诉讼请求成立的、但是尚待证据予以证实的案件事实。

证明内容，就是当事人举示的证据所记载或反映出来的事实。

证明目的，就是当事人举示证明时所希望达到的证明待证事实成立。

对证明目的的阐述应符合以下要求：

第一，证据形式的真实性是举示证据的基础和前提。证据从形式上具有真实性，才具有进一步证明内容的真实性、合法性与关联性的必要性。

第二，证明内容的真实性、合法性与关联性。

当证据载明的内容是当事人真实意思表示，且与待证事实形成相互一致的印证关系时，其证据内容的真实性得到证明。

当证据的证明内容的真实性得到证实，并且主体适格，没有违反法律强制性规定，或者没有违反公序良俗时，其合法性得到证明。

当证据载明的事实与当事人主体或者待证事实存在关联关系时，其关联性得到证明。

一般而言，只要证据载明的事实与待证事实形成印证关系，且达到高度可能性的盖然性标准，其证据就可能被采信。但是，被采信的证据可能与客观事实一致，也可能与客观事实不一致，而法院采信证据的原则是以证据载明的事实为基础，所以，如果当事人举证不能或者反驳无能，导致采信证据错误，不属于冤案错案。

2. 不同的当事人具有不同的证明目的

（1）出借人的证明目的。

出借人举示证据的证明目的主要有：1）证明借款合同关系成立；2）证明已经履行了借款的支付义务；3）证明借款人应当承担违约责任；4）如果有担保人，应当证明担保合同关系成立、担保人应当在担保责任范围内承担担保责任的事实。

（2）借款人的证明目的。

借款人举示证据的证明目的主要有：1）借款合同关系不成立。2）证明已经履行了偿还借款或支付利息的义务。如果主张利息或逾期利息超过最高人民法院规定的上限，应当举证证明或提出抗辩理由。3）证明当事人之间存在其他法律关系。4）证明出借人应当承担违约责任。

（3）担保人的证明目的。

担保人举示证据的证明目的主要有：1）借款合同未成立或无效；2）担保合同未成立或无效；3）超出担保责任范围；4）担保责任已经免除的事实，包括借款人已经履行了归还借款或支付利息的事实，出借人放弃担保权等。

三、编写证据目录示例

证据目录（文字排列式）

证据提交人：　　　　　证据提交时间：　　　年　月　日

证据提交方式：□邮寄　□现场提交　地点：

第一组证据：证明借款合同关系成立、生效

证据01、借款合同

证据来源：原告档案

证明目的：证明原、被告于××××年××月××日在××地点签订了借款合同。合同约定的主要内容为：借款本金为×万元，利息计算标准为×，逾期利息约定为×。

证据02、补充协议

证据来源：原告档案

证明目的：证明原、被告于××××年××月××日在××地点签订了借款合同的补充协议，对合同条款有变更。变更的内容主要有：借款本金为×万元，利息计算标准为

×，逾期利息约定为×。

....

第二组证据：证明原告已经履行交付借款义务

证据04、转账凭证

证据来源：原告档案

证明目的：证明原、被告于××××年××月××日通过转账方式向被告支付了借款×万元的事实。

证据05、银行流水

证据来源：原告档案或××银行

证明目的：证明原告于××××年××月××日在××银行取现金×万元的事实。

证据06、证人证言

证据来源：原告申请

证明目的：证明原告于××××年××月××日在××地点向被告支付了现金×万元的事实。

证据07、现场照片

证据来源：原告档案

证明目的：证明原告于××××年××月××日在××地点向被告交付了现金的事实。

证据05、06、07相互印证，共同证明了原告向被告履行了交付借款的义务。

....

第三组证据：证明被告尚欠原告借款的事实

证据08、借款结算清单

证据来源：原告档案

证明目的：证明原、被告于××××年××月××日在××地点，双方办理了借款结算手续。截至××××年××月××日，被告尚欠原告借款本金×万元、利息×万元、逾期利息×万元。

如果证据数量较少，可以采用表格式编制证据目录。见表6-1：

表6-1 证据目录（表格式）

证据编号	证据名称	证据来源	证据形式	页数	证明目的

四、申请证人出庭作证

相关规定

▼《民事诉讼法》（2023年修正）

第66条　证据包括：……（六）证人证言……

证据必须查证属实，才能作为认定事实的根据。

第 75 条　凡是知道案件情况的单位和个人，都有义务出庭作证。有关单位的负责人应当支持证人作证。

不能正确表达意思的人，不能作证。

第 76 条　经人民法院通知，证人应当出庭作证。有下列情形之一的，经人民法院许可，可以通过书面证言、视听传输技术或者视听资料等方式作证：

（一）因健康原因不能出庭的；

（二）因路途遥远，交通不便不能出庭的；

（三）因自然灾害等不可抗力不能出庭的；

（四）其他有正当理由不能出庭的。

▼《民事诉讼法司法解释》（2022 年修订）

第 117 条　当事人申请证人出庭作证的，应当在举证期限届满前提出。

符合本解释第九十六条第一款规定情形的，人民法院可以依职权通知证人出庭作证。

未经人民法院通知，证人不得出庭作证，但双方当事人同意并经人民法院准许的除外。

▼《2019 证据规则》

第 69 条　当事人申请证人出庭作证的，应当在举证期限届满前向人民法院提交申请书。

申请书应当载明证人的姓名、职业、住所、联系方式，作证的主要内容，作证内容与待证事实的关联性，以及证人出庭作证的必要性。

符合《最高人民法院关于适用〈中华人民共和国民事诉讼法〉的解释》第九十六条第一款规定情形的，人民法院应当依职权通知证人出庭作证。

【重点难点提示】

（一）当事人申请证人出庭作证的，应当在举证期限届满前提出申请

当事人一方在根据现有证据不足以证明案件事实，又存在知道案件事实的证人时，可以申请证人出庭作证，支持自己的诉讼请求。相对方认为对方举示的证据存疑，或者有相反的事实需要证明，也可以申请证人出庭作证。

（二）证人出庭申请书格式

证人出庭申请书应主要写明以下内容：证人的基本信息、职业、住所、联系方式，作证的主要内容，作证内容与待证事实的关联性，以及证人出庭作证的必要性。

证人出庭申请书

申请人：（基本信息，略）

申请事项：申请人××作为证人出庭作证。

事实和理由：

(一) 证人基本信息

申请书应当载明证人的姓名、职业、住所、联系方式。

(二) 证人作证的主要内容

1. 形成借款合同关系的相关事实；

2. 出借人履行支付借款义务的事实；

3. 借款人履行还款义务的事实；

4. 其他相关事实。

(三) 申请证人出庭作证的理由

因其作证内容与查明案件相关事实密切相关，且该证人不出庭作证，可能造成对……事实无法查清的后果，故申请该证人出庭作证，希望得到批准。

此致

××人民法院

申请人：×××

申请时间：××××年××月××日

五、请求法院责令对方当事人举示证据

相关规定

▼《民事诉讼法司法解释》（2022 年修订）

第 112 条　书证在对方当事人控制之下的，承担举证证明责任的当事人可以在举证期限届满前书面申请人民法院责令对方当事人提交。

申请理由成立的，人民法院应当责令对方当事人提交，因提交书证所产生的费用，由申请人负担。对方当事人无正当理由拒不提交的，人民法院可以认定申请人所主张的书证内容为真实。

第 113 条　持有书证的当事人以妨碍对方当事人使用为目的，毁灭有关书证或者实施其他致使书证不能使用行为的，人民法院可以依照民事诉讼法第一百一十四条规定，对其处以罚款、拘留。

▼《2019 证据规则》

第 45 条　当事人根据《最高人民法院关于适用〈中华人民共和国民事诉讼法〉的解释》第一百一十二条的规定申请人民法院责令对方当事人提交书证的，申请书应当载明所申请提交的书证名称或者内容、需要以该书证证明的事实及事实的重要性、对方当事人控制该书证的根据以及应当提交该书证的理由。

对方当事人否认控制书证的，人民法院应当根据法律规定、习惯等因素，结合案件的事实、证据，对于书证是否在对方当事人控制之下的事实作出综合判断。

【重点难点提示】

如果证据在对方当事人控制之下，承担举证证明责任的当事人可以在举证期限届满前或者庭审辩论终结前申请人民法院责令对方当事人提交。其主要情形包括：

（1）当事人一方举示的证据是复印件，有证据证明证据原件为对方当事人持有的。

（2）对方当事人是证据原件的制作人、保管人的。

（3）依照法律规定，只有对方当事人能够提供的证据。比如，涉及对方当事人的银行流水，只有对方当事人才能提供。

（4）根据证据线索，证明对方当事人持有相关证据的等。

六、如何申请鉴定

相关规定

▼《民事诉讼法司法解释》（2022年修订）

第121条　当事人申请鉴定，可以在举证期限届满前提出。申请鉴定的事项与待证事实无关联，或者对证明待证事实无意义的，人民法院不予准许。

人民法院准许当事人鉴定申请的，应当组织双方当事人协商确定具备相应资格的鉴定人。当事人协商不成的，由人民法院指定。

符合依职权调查收集证据条件的，人民法院应当依职权委托鉴定，在询问当事人的意见后，指定具备相应资格的鉴定人。

▼《2019证据规则》

第40条第3款　对鉴定意见的瑕疵，可以通过补正、补充鉴定或者补充质证、重新质证等方法解决的，人民法院不予准许重新鉴定的申请。

▼2015年《会议纪要》

23.原告持借据、收据、欠条等债权凭证起诉后，被告对债权凭证的真实性提出异议的，当事人双方均可以申请司法鉴定。

当事人双方均不申请司法鉴定的，人民法院根据以下情形分别作出处理：

（一）被告虽对债权凭证的真实性提出异议，但未提供反驳证据或者提供的证据不足以证明债权凭证的真实性存在疑点的，可以认定该债权凭证的真实性。

（二）被告提供了相应证据能够证明债权凭证真实性存在疑点的，人民法院不予认定该债权凭证的真实性。

▼《八民纪要》

（一）关于鉴定问题

35.当事人对鉴定人作出的鉴定意见的一部分提出异议并申请重新鉴定的，应当着重审查异议是否成立；如异议成立，原则上仅针对异议部分重新鉴定或者补充鉴定，并尽量缩减鉴定的范围和次数。

【重点难点提示】

根据有关司法解释的规定，申请鉴定有以下几方面的要求：

（1）鉴定申请应当在举证期限届满前提出。

（2）鉴定机构的选择。可以由当事人协商确定具备相应资格的鉴定人；当事人协商不成的，由人民法院指定。

（3）部分鉴定的规定。

依据《八民纪要》第35条的规定，对申请重新鉴定，原则上仅针对异议部分重新鉴定或者补充鉴定，并尽量缩减鉴定的范围和次数。

（4）针对债权凭证的真实性鉴定的特别规定。

2015年《会议纪要》第23条对债权凭证的真实性存疑申请鉴定作出了明确规定。《2019证据规则》第40条、《八民纪要》第35条规定，申请重新鉴定，一般限定在有异议的部分进行重新鉴定或补充鉴定。

以下为司法鉴定申请的范例：

司法鉴定申请书

申请人：（略）

申请事项：请求人民法院委托司法鉴定机构，对……债权凭证的真实性进行司法鉴定。

事实和理由：

申请人对××证据的真实性提出异议。其理由是：其印章或签名是虚假的，故申请司法鉴定。请予批准。

此致

××人民法院

申请人：×××

××××年××月××日

【案例247】

从借条的书写格式及字迹判断证据的真实性及证明效力

裁判文书：最高人民法院（2015）民提字第68号民事裁定书

裁定书认定事实：

本案为民间借贷纠纷，艾×为债权人，张×为债务人，××实业公司为担保人。艾×起诉要求张×返还借款，有借条、××实业公司的担保书、汇票、支票，当事人陈述为证。生效的××市第一中级人民法院（2011）一中刑终字第223号刑事裁定书亦认定，艾×与张×在交往中有经济往来。从文字内容看，本案借条上的文字记载是对一段时间内借款的累计确认。借据本身的意义就在于确认债权债务关系，避免将来可能发生的争议，也有防止反悔、避免长时间后举证困难的意义。艾×与张×在交往中有经济往来，张×对借条的真实性和内容没有异议，只是辩解称是其在醉酒状态下所写。这个理由没有法律上的意义。醉酒不能成为行为人免除民事责任或否定真实意思表示的理由，亦不能导致举证责任再转移于艾×。在当事人对债权债务通过借条明白无误地加以确认且有其他证据佐证的情况下，债务人一方要求债权人再次证明其债权的存在，不符合民法的诚实信用原则。原两审法院认定借条载明的债权不成立是错误的。

从证据角度看，本案借条的表面并无任何瑕疵，内容全部由张×手写而成，字迹清晰，布局工整，对借款数额还特地使用了汉文大写（捌佰），表明书写人张×当时不可能失去正常意识。在张×不能否认借条的真实性及违背其真实意思表示的情况下，张×负有义务举证证明借条所记载的债务不存在。本案证据表明，张×未完成其举证义务，也不能证明其书写借条时有被欺诈、被胁迫、乘人之危等情形。根据《最高人民法院关于民事诉讼证据的若干规定》（2008年）第76条规定，当事人对自己的主张，只有本人陈述而不能提出其他相关证据的，其主张不予支持。一、二审判决只因张×的否认和辩解就否定艾×所提供的证据的效力，不符合上述司法解释的规定。在张×没有证据否定借款事实的情况下，艾×没有进一步的证明义务。

××实业公司出具的担保书没有瑕疵，加盖的公章真实有效。该担保书不仅对张×的债务提供了担保，也是对张×欠款事实的再次确认。张×本人是××实业公司的法定代表人，该担保书佐证了张×和艾×之间债权债务关系的真实存在。××实业公司以艾×私自加盖公章为由否定担保书的真实性，没有证据能够证实。其关于本案主债权不成立，担保债权亦不成立，担保书无效的主张没有事实依据，本院不予采信。该公司对张×的债务应当承担连带清偿责任。

即使艾×的部分资金来源于达×公司，也不能否认本案借款事实的发生。借款人资金的来源及途径不能否定债权债务关系的存在。根据《公司法》（2013年修正）第20条的规定，艾×或该公司的行为只有在损害债权人利益或其他股东权益的情况下才具有否定法人人格的意义。原审法院以达×公司的债权债务不能与股东个人的财产混同为由否定艾×对张×的债权，没有法律依据。

综上所述，本案证据足以证明艾×与张×之间的债权债务关系成立。原一、二审判决认定事实错误，适用法律不当，应予撤销。

作者简析

对在醉酒情形下出具的借据，如何确认其效力，应当根据具体情形具体分析。

本案从借条的书写字迹清晰，布局工整，对借款数额采用了汉字大写等方面，判断出具借条时当事人的意识非常清楚，从而推断出该借条是当事人的真实意思表示，具有法律效力。

《民法典》第1190条第2款规定："完全民事行为能力人因醉酒、滥用麻醉药品或者精神药品对自己的行为暂时没有意识或者失去控制造成他人损害的，应当承担侵权责任。"该规定只针对醉酒行为给他人造成损害的情形。对醉酒情形下出具的债权凭证应如何认定其效力，《民法典》中并无相关规定。但是，前述规定也说明了，在醉酒状态下出现"暂时没有意识或者失去控制"具有现实可能性，因此，其借条是否具有法律效力，应当根据是否在"暂时没有意识或者失去控制"中形成来判断。

当事人要否定借条的法律效力，首先应从借条的书写形式及内容约定中寻找不是正常书写的事实依据，其次应当提供相关的佐证，如：因醉酒发生的医疗证明、抢救证明或意外事故证明，或者证人证言，证明达到"暂时没有意识或者失去控制"的程度。如果借条的书写不正常，且有醉酒的事实依据，可以证明借条是在醉酒状态下出具的，证明出具借条并不是当事人真实意思表示。

笔者认为，除前述理由外，还可以以胁迫为由提出撤销之诉。法律依据是《民法典》第150条的规定："一方或者第三人以胁迫手段，使对方在违背真实意思的情况下实施的民事法律行为，受胁迫方有权请求人民法院或者仲裁机构予以撤销。"如果出具借条的人因醉酒"暂时没有意识或者失去控制"，对方当事人要求其出具借条，其实是利用了当事人失去自我保护能力的机会，强迫出具借条。

在此情形下，之所以将借条定义为效力待定合同，是因为需要当事人在意识清醒后，依照本人的真实意思，决定是否履行合同才能最终判断其效力。当事人决定继续履行的，合同为有效合同；决定不履行而被依法撤销的，从形成之时起便无法律效力。

实践中，还有一种情形，就是借条的字迹清晰，布局工整，且没有达到"暂时没有意识或者失去控制"的程度，但又确实违背了当事人的真实意思，只因在喝酒时一时冲动出具了借条。此时，只能依据对方当事人是否履行了合同义务来判断借条的证明效力。借条的形成，无论是否在醉酒状态下出具，对方当事人均应当履行支付借款的义务。并且，按照法律规定，对于法律关系的成立，出借人应当承担举证责任。在此情形下，出具借条一方当事人，不能以不是其真实意思表示来抗辩，只能以对方当事人没有履行支付借款的义务为由提出抗辩，从而启动对方当事人的举证义务。其证明效力根据最终的举证结果来判断。

七、举证期限

相关规定

▼《民事诉讼法》（2023年修正）

第68条　当事人对自己提出的主张应当及时提供证据。

人民法院根据当事人的主张和案件审理情况，确定当事人应当提供的证据及其期限。……

▼《民事诉讼法司法解释》(2022 年修订)

第 99 条　人民法院应当在审理前的准备阶段确定当事人的举证期限。举证期限可以由当事人协商，并经人民法院准许。

人民法院确定举证期限，第一审普通程序案件不得少于十五日，当事人提供新的证据的第二审案件不得少于十日。

举证期限届满后，当事人对已经提供的证据，申请提供反驳证据或者对证据来源、形式等方面的瑕疵进行补正的，人民法院可以酌情再次确定举证期限，该期限不受前款规定的限制。

第 275 条第 1 款　小额诉讼案件的举证期限由人民法院确定，也可以由当事人协商一致并经人民法院准许，但一般不超过七日。

▼《2019 证据规则》

第 51 条　举证期限可以由当事人协商，并经人民法院准许。

人民法院指定举证期限的，适用第一审普通程序审理的案件不得少于十五日，当事人提供新的证据的第二审案件不得少于十日。适用简易程序审理的案件不得超过十五日，小额诉讼案件的举证期限一般不得超过七日。

举证期限届满后，当事人提供反驳证据或者对已经提供的证据的来源、形式等方面的瑕疵进行补正的，人民法院可以酌情再次确定举证期限，该期限不受前款规定的期间限制。

第 55 条　存在下列情形的，举证期限按照如下方式确定：

（一）当事人依照民事诉讼法第一百二十七条规定提出管辖权异议的，举证期限中止，自驳回管辖权异议的裁定生效之日起恢复计算；

（二）追加当事人、有独立请求权的第三人参加诉讼或者无独立请求权的第三人经人民法院通知参加诉讼的，人民法院应当依照本规定第五十一条的规定为新参加诉讼的当事人确定举证期限，该举证期限适用于其他当事人；

（三）发回重审的案件，第一审人民法院可以结合案件具体情况和发回重审的原因，酌情确定举证期限；

（四）当事人增加、变更诉讼请求或者提出反诉的，人民法院应当根据案件具体情况重新确定举证期限；

（五）公告送达的，举证期限自公告期届满之次日起计算。

第 56 条　人民法院依照民事诉讼法第一百三十三条第四项的规定，通过组织证据交换进行审理前准备的，证据交换之日举证期限届满。

证据交换的时间可以由当事人协商一致并经人民法院认可，也可以由人民法院指定。当事人申请延期举证经人民法院准许的，证据交换日相应顺延。

第 57 条　证据交换应当在审判人员的主持下进行。

在证据交换的过程中，审判人员对当事人无异议的事实、证据应当记录在卷；对有异议的证据，按照需要证明的事实分类记录在卷，并记载异议的理由。通过证据交换，确定双方当事人争议的主要问题。

第 58 条　当事人收到对方的证据后有反驳证据需要提交的，人民法院应当再次组织证据交换。

第 59 条　人民法院对逾期提供证据的当事人处以罚款的，可以结合当事人逾期提供证据的主观过错程度、导致诉讼迟延的情况、诉讼标的金额等因素，确定罚款数额。

【重点难点提示】

（一）一般情形下，举证期限的确定

依据《2019 证据规则》第 51 条的规定，举证期限可以由当事人协商，并由人民法院批准，或者由人民法院指定举证期限。

人民法院指定举证期限的：（1）第一审普通程序审理的案件不得少于 15 日；（2）适用简易程序审理的案件不得超过 15 日；（3）当事人提供新的证据的第二审案件不得少于 10 日；（4）小额诉讼案件的举证期限一般不得超过 7 日。

（二）特殊情形下，举证期限的确定（《2019 证据规则》第 55 条）

1. 管辖异议期间的举证期限的计算

当事人依照《民事诉讼法》第 130 条的规定提出管辖权异议的，在管辖权异议审查期间，举证期限中止。举证期限自驳回管辖权异议的裁定生效之日起恢复计算。

2. 追加当事人的举证期限

在下列情形下，应当重新确定举证期限：（1）追加被告的；（2）有独立请求权的第三人参加诉讼；（3）无独立请求权的第三人经人民法院通知参加诉讼。

3. 发回重审的举证期限

由第一审人民法院酌情确定举证期限。

4. 当事人增加、变更诉讼请求或者提出反诉的举证期限

由人民法院重新确定举证期限。

5. 公告送达的举证期限

自公告期届满之次日起计算。

（三）人民法院组织证据交换的举证期限

《2019 证据规则》第 56 条规定，人民法院依照《民事诉讼法》第 136 条第 4 项的规定，通过组织证据交换进行审理前准备的，证据交换之日为举证期限届满之日。

证据交换的时间可以由当事人协商一致并经人民法院认可，也可以由人民法院指定。

（四）当事人申请反驳证据或补强证据，不受前述举证期限的限制

《民事诉讼法司法解释》第 99 条第 3 款规定，举证期限届满后，当事人对已经提供的证据，申请提供反驳证据或者对证据来源、形式等方面的瑕疵进行补正的，人民法院可以

酌情再次确定举证期限,该期限不受前款规定的限制。

依据《2019 证据规则》第 58 条的规定,当事人收到对方的证据后有反驳证据需要提交的,人民法院应当再次组织证据交换。

八、延期举证申请

[相关规定]

▼《民事诉讼法》(2023 年修正)

第 68 条 当事人对自己提出的主张应当及时提供证据。

人民法院根据当事人的主张和案件审理情况,确定当事人应当提供的证据及其期限。当事人在该期限内提供证据确有困难的,可以向人民法院申请延长期限,人民法院根据当事人的申请适当延长。……

▼《民事诉讼法司法解释》(2022 年修订)

第 100 条 当事人申请延长举证期限的,应当在举证期限届满前向人民法院提出书面申请。

申请理由成立的,人民法院应当准许,适当延长举证期限,并通知其他当事人。延长的举证期限适用于其他当事人。

申请理由不成立的,人民法院不予准许,并通知申请人。

▼《2019 证据规则》

第 54 条 当事人申请延长举证期限的,应当在举证期限届满前向人民法院提出书面申请。

申请理由成立的,人民法院应当准许,适当延长举证期限,并通知其他当事人。延长的举证期限适用于其他当事人。

申请理由不成立的,人民法院不予准许,并通知申请人。

第 56 条 人民法院依照民事诉讼法第一百三十三条第四项的规定,通过组织证据交换进行审理前准备的,证据交换之日举证期限届满。

证据交换的时间可以由当事人协商一致并经人民法院认可,也可以由人民法院指定。当事人申请延期举证经人民法院准许的,证据交换日相应顺延。

【重点难点提示】

(1) 延期举证的理由:当事人在举证期限内提供证据确有困难的,可以向人民法院申请延长期限。

(2) 当事人申请延长举证期限的,应当在举证期限届满前向人民法院提出书面申请。

(3) 法院组织证据交换的,或者当事人申请延期举证经人民法院准许的,证据举示期限届满之日相应顺延。

（4）延期举证申请的范例：

延期举证申请书

申请人：（略）

申请事项：对当事人……之间的民间借贷纠纷案，因我方在举证期限内提交证据有困难，现申请延期举证。

事实和理由：

因我方拟提交的证据，由×××保管（或需要由×××提供），但因×××出国旅游（或其他原因），需要××××年××月××日才能返回，故申请将举证期限延期至××××年××月××日。

特此申请。望批准！

此致

××人民法院

申请人：×××
××××年××月××日

九、新证据不受举证期限的限制

相关规定

▼《民事诉讼法》（2023年修正）

第68条　当事人对自己提出的主张应当及时提供证据。

人民法院根据当事人的主张和案件审理情况，确定当事人应当提供的证据及其期限。当事人在该期限内提供证据确有困难的，可以向人民法院申请延长期限，人民法院根据当事人的申请适当延长。当事人逾期提供证据的，人民法院应当责令其说明理由；拒不说明理由或者理由不成立的，人民法院根据不同情形可以不予采纳该证据，或者采纳该证据但予以训诫、罚款。

第142条第1款　当事人在法庭上可以提出新的证据。

第149条　有下列情形之一的，可以延期开庭审理：……（三）需要通知新的证人到庭，调取新的证据，重新鉴定、勘验，或者需要补充调查的……

第211条　当事人的申请符合下列情形之一的，人民法院应当再审：（一）有新的证据，足以推翻原判决、裁定的……

▼《民事诉讼法司法解释》（2022年修订）

第99条　人民法院应当在审理前的准备阶段确定当事人的举证期限。举证期限可以由当事人协商，并经人民法院准许。

人民法院确定举证期限，第一审普通程序案件不得少于十五日，当事人提供新的证据的第二审案件不得少于十日。

举证期限届满后，当事人对已经提供的证据，申请提供反驳证据或者对证据来源、形式等方面的瑕疵进行补正的，人民法院可以酌情再次确定举证期限，该期限不受前款规定的限制。

第231条　当事人在法庭上提出新的证据的，人民法院应当依照民事诉讼法第六十八条第二款规定和本解释相关规定处理。

第386条　再审申请人证明其提交的新的证据符合下列情形之一的，可以认定逾期提供证据的理由成立：

（一）在原审庭审结束前已经存在，因客观原因于庭审结束后才发现的；

（二）在原审庭审结束前已经发现，但因客观原因无法取得或者在规定的期限内不能提供的；

（三）在原审庭审结束后形成，无法据此另行提起诉讼的。

再审申请人提交的证据在原审中已经提供，原审人民法院未组织质证且未作为裁判根据的，视为逾期提供证据的理由成立，但原审人民法院依照民事诉讼法第六十八条规定不予采纳的除外。

第395条　人民法院根据审查案件的需要决定是否询问当事人。新的证据可能推翻原判决、裁定的，人民法院应当询问当事人。

第409条　当事人提交新的证据致使再审改判，因再审申请人或者申请检察监督当事人的过错未能在原审程序中及时举证，被申请人等当事人请求补偿其增加的交通、住宿、就餐、误工等必要费用的，人民法院应予支持。

【重点难点提示】

（一）哪些证据可以认定为新证据

简而言之，新证据是指新发现、新产生的证据，包括一审中的新证据、二审中的新证据、审判监督程序中的新证据。

1. 一审中的新证据

其是指在举证期限届满之后新发现、新产生的证据。如果没有举证期限，则是指在庭审结束尚未判决以前发现的证。如果有新证据，可以申请证据举示。

2. 二审中的新证据

这是指一审庭审结束后至二审阶段辩论终结前新发现、新产生的证据。

它主要包括：（1）在一审举证期限届满后才提交的证据，一审未组织质证，但证据内容又与案件基本事实相关的。（2）一审中只提交了证据的复印件，未提交证据原件，二审中提交了证据原件的。在此情形下，即使一审中只获取了证据复印件，没有取得证据原件，作为代理人也要举示证据复印件。（3）在一审阶段申请了调查取证，未被准许或者因客观原因未能调取证据的。（4）在二审阶段新发现、新产生的证据。

3. 审判监督程序中的新证据

这主要包括：(1) 在原审庭审结束前已经存在，因客观原因于庭审结束后才发现的；(2) 在原审庭审结束前已经发现，但因客观原因无法取得或者在规定的期限内未能提供的；(3) 在原审庭审结束后形成，无法据此另行提起诉讼的。

(二) 新证据的认定标准

1. 时间标准

这是指新发现、新产生的证据的特定期间。

2. 提交能力标准

其证据虽然形成于举证期限届满前，但在某一诉讼阶段，当事人或其代理人因无能力收集或提交，应视为新证据。比如，在一审或二审中，当事人申请了调查取证，未获得批准，之后，又重新取得该证据的。

3. 重要性标准

证据载明的事实与案件基本事实相关，如果缺少，就无法判断案件的基本事实，或者会作出错误的判断的，应当视为新证据。

最高人民法院（2014）民申字第945号民事裁定书认定："'委托书'系其自行办理并保管的证据，虽经过公证机构公证，但形成于本案一、二审之前，故不是新证据。"实践中，否定是新证据的理由包括：证据形成的时间是在本案一、二审之前，且是由当事人自行保管的证据；不是当事人自行保管的证据，虽然形成于本案一、二审之前，但在申请再审阶段才收集到的证据，有可能被认定为新证据。该裁定书以是否由当事人自行保管作为判断是否是新证据的观点值得借鉴。

4. 可诉性标准

如果当事人凭借新证据可以另行提出诉讼，则不作为本案的新证据对待，可另行起诉；不能另行起诉的，可视为新证据。

【案例248】

在原审中有能力举示而未举示的证据，再审阶段不作为新证据认定

裁判文书：最高人民法院（2015）民申字第41号民事裁定书

裁定书认定事实：

原审期间，黄×对该笔款项是徐×归还380万元欠款一直不予认可。路桥公司现虽举出张×提供的证明，但该证明与案件其他事实相互矛盾，即徐×夫妇汇款110万元近一年后，路桥公司项目部于2011年6月、9月先后向黄×开具金额为730万元的现金支票，并加盖徐×的个人印章，代表项目部向黄×确认和承诺借款数额仍为730万元，而该730万元即包括争议的380万元。这一事实与张×现在提供的证据相矛盾，而证人证言的证据效力明显低于二审判决已经质证的书证。据此，路桥公司提供张×的该证明难以推翻二审判

决对有关事实的认定。同时，路桥公司再审申请中所举张×的证明属其在原审中应予举证、亦有能力举证的范围，但路桥公司对此并未举证。根据《民事诉讼法》（2012年）第64、65条（现为第67、68条）之规定，本院对路桥公司提供的该证据不予采纳。

~~~~ 作者简析 ~~~~

在一、二审中未举示的证据，再审中是否可以作为新证据认定，应当结合当事人对逾期提供证据是否具有合理事由和新证据是否足以推翻生效判决认定的基本事实两个标准来判断。

首先，本案裁定书认定"原审中有能力举示而未举示"，证明当事人对逾期提供证据并无合理事由。

其次，对"足以推翻"的评判标准问题，相关司法解释规定的"足以推翻生效判决裁定认定的基本事实"，应从量和质两方面进行理解：一是指证据的量要达到一定的量，这些量加在一起，能够形成印证关系而接近客观事实；二是证据的"质"，能够对生效判决裁定认定的基本事实产生足以否定的法律效果。

本案从前述两个方面，给予了否定性的评价。

【案例249】

在二审阶段有能力举示而未举示，又不是原二审程序之后新发现的证据，不足以推翻原来的认定事实，不能作为新证据认定

裁判文书：最高人民法院（2014）民申字第1815号民事裁定书

裁定书认定事实：

经审查查明，××生物公司提交的上述证据材料属本案二审庭审结束前就已经审结的刑事案件证据材料，××生物公司在本案二审中已将上述两案的裁判文书作为新证据向人民法院提交，该行为表明其对该两案的诉讼情况系明知，案件中的上述材料亦应在二审时一并提交，但××生物公司直至申请再审期间才提交上述材料；此外，经核实，上述证据材料中的部分材料××生物公司在他案中亦曾提交作为证据，现其辩称系申请再审期间才新发现的证据，该理由不具有正当性，本院对上述证据材料不作为新证据采纳。再者，上述证据材料亦不能直接证明案涉"担保书"系使用景×所保管的盖有五×公司印章的空白A4纸伪造而成，不足以推翻原审判决。故××生物公司关于其有新的证据足以推翻原审判决的诉讼主张不能成立，本院不予采纳。

~~~~ 作者简析 ~~~~

本案例是对原审中有能力提交而未提交的证据，不应认定为新证据。相关事实是：××生物公司提交的上述证据材料属本案二审庭审结束前就已经审结的刑事案件证据材料，××生物公司在本案二审中已将上述两案的裁判文书作为新证据向人民法院提交，该行为表明其对该两案的诉讼情况系明知，案件中的上述材料亦应在二审时一并提交，但××生

物公司直至申请再审期间才提交上述材料。前述事实证明再审申请人辩称的"系申请再审期间才新发现的证据"不是事实。

十、逾期举证应说明理由

> 相关规定

▼《民事诉讼法》（2023年修正）

第68条第2款 ……当事人逾期提供证据的，人民法院应当责令其说明理由；拒不说明理由或者理由不成立的，人民法院根据不同情形可以不予采纳该证据，或者采纳该证据但予以训诫、罚款。

▼《民事诉讼法司法解释》（2022年修订）

第99条第3款 举证期限届满后，当事人对已经提供的证据，申请提供反驳证据或者对证据来源、形式等方面的瑕疵进行补正的，人民法院可以酌情再次确定举证期限，该期限不受前款规定的限制。

第101条 当事人逾期提供证据的，人民法院应当责令其说明理由，必要时可以要求其提供相应的证据。

当事人因客观原因逾期提供证据，或者对方当事人对逾期提供证据未提出异议的，视为未逾期。

第102条 当事人因故意或者重大过失逾期提供的证据，人民法院不予采纳。但该证据与案件基本事实有关的，人民法院应当采纳，并依照民事诉讼法第六十八条、第一百一十八条第一款的规定予以训诫、罚款。

当事人非因故意或者重大过失逾期提供的证据，人民法院应当采纳，并对当事人予以训诫。

当事人一方要求另一方赔偿因逾期提供证据致使其增加的交通、住宿、就餐、误工、证人出庭作证等必要费用的，人民法院可予支持。

▼《2019证据规则》

第58条 当事人收到对方的证据后有反驳证据需要提交的，人民法院应当再次组织证据交换。

第59条 人民法院对逾期提供证据的当事人处以罚款的，可以结合当事人逾期提供证据的主观过错程度、导致诉讼迟延的情况、诉讼标的金额等因素，确定罚款数额。

【重点难点提示】

当事人未在协商确定的或者由人民法院指定的举证期限内向法庭提交证据，又没有申请延期举证的，或者申请了延期举证但没有获得批准的，为逾期举证。实践中，应注意以下问题。

(一) 不能认定为逾期举证的情形

(1) 举证期限届满后,对其他当事人已经提供的证据,申请提供反驳证据的(反驳证据)(《民事诉讼法司法解释》第99条第3款)。

(2) 已经举示证据的当事人对证据来源、形式等方面的瑕疵进行补正的(补强证据),人民法院可以酌情再次确定举证期限,该期限不受前款规定的限制(《民事诉讼法司法解释》第99条第3款)。

(3) 当事人因客观原因逾期提供证据,或者对方当事人对逾期提供证据未提出异议的,视为未逾期(《民事诉讼法司法解释》第101条第2款)。

(二) 对逾期证据的采纳原则

(1) 对于逾期提交的证据,在组织质证以前或者决定是否采纳时,人民法院应当责令其说明理由。根据其理由是否成立,再决定是否采纳。

《民事诉讼法》第68条第2款、《民事诉讼法司法解释》第101条均规定了当事人逾期提供证据的,人民法院应当责令其说明理由。

依据《民事诉讼法司法解释》第101条的规定,对逾期提交的证据,能够说明理由的,法庭应当组织质证。如果当事人拒不说明理由或者理由不成立,人民法院根据不同情形可以不予采纳该证据,或者采纳该证据但予以训诫、罚款。根据此条规定,对逾期提交的证据,且存在拒不说明理由或者理由不成立的情形的,也不是一律不予采信。作为代理人,在适用此条规定时,要结合《民事诉讼法司法解释》第102条的规定进行理解,即与案件基本事实相关的证据,应当予以采信。

(2) 因故意或者重大过失逾期提供的证据,原则上不予采纳,但是该证据与案件基本事实相关的,人民法院应当采纳。

(三) 对逾期证据的质证义务

对当事人逾期提交的证据,如果法院组织了质证,另一方当事人应当发表质证意见;否则,可能产生不利的法律后果。

(四) 逾期举示证据的法律后果

根据《民事诉讼法》第68条的规定,针对"当事人对自己提出的主张应当及时提供证据",有以下几点要注意:

一是人民法院对举证责任享有分配权,即"人民法院根据当事人的主张和案件审理情况,确定当事人应当提供的证据"。在此情形下,当事人对举证责任的分配有异议的,应当及时提出异议,并阐明理由。

二是人民法院对举证责任进行分配时,要确定"当事人提供证据的期限"。如果"当事人在该期限内提供证据确有困难的",可以向人民法院申请适当延长期限,但当事人要在举证期限内提交延期举证申请。

三是当事人逾期举示证据的法律后果。

《民事诉讼法司法解释》第 385 条规定："再审申请人提供的新的证据，能够证明原判决、裁定认定基本事实或者裁判结果错误的，应当认定为民事诉讼法第二百零七条第一项规定的情形。对于符合前款规定的证据，人民法院应当责令再审申请人说明其逾期提供该证据的理由；拒不说明理由或者理由不成立的，依照民事诉讼法第六十八条第二款和本解释第一百零二条的规定处理。"该条规定"责令再审申请人说明其逾期提供该证据的理由"，证明新证据并不一定是原审程序结束之后才形成的证据。如果是在一、二审期间或之前就形成的证据，法院应责令再审申请人说明其逾期提供该证据的理由。拒不说明理由或者理由不成立的，依照《民事诉讼法》第 68 条第 2 款和《民事诉讼法司法解释》第 102 条的规定处理。《民事诉讼法》第 68 条第 2 款中规定："当事人逾期提供证据的，人民法院应当责令其说明理由；拒不说明理由或者理由不成立的，人民法院根据不同情形可以不予采纳该证据，或者采纳该证据但予以训诫、罚款。"《民事诉讼法司法解释》第 102 条第 1 款规定："当事人因故意或者重大过失逾期提供的证据，人民法院不予采纳。但该证据与案件基本事实有关的，人民法院应当采纳，并依照民事诉讼法第六十八条、第一百一十八条第一款的规定予以训诫、罚款。"其核心内容是"该证据与案件基本事实有关的，人民法院应当采纳"。在实践中应注意这一点。

根据上述规定，有三种法律后果：

第一，拒不说明理由或者理由不成立的，人民法院根据不同情形可以不予采纳该证据。

第二，人民法院也可以采纳该证据，但予以训诫、罚款。

第三，如果当事人作出合理说明，且达到证明标准的，人民法院应当采纳该证据；特别是与案件基本事实相关的，应当采信。在实践中，个别案例采取一刀切的办法，凡是逾期举示的证据一律不予采信，实际上违背了《2019 证据规则》的规定。

十一、对逾期举证、逾期申请调查取证、逾期申请司法鉴定的处理

对逾期举证，在下列情形下应当允许举示并组织质证：

第一，对逾期原因的合理解释；

第二，证据与案件事实之间存在关联性等因素，对案件的基本事实具有较大或重大影响。

在实践中，要将逾期举证与举示反驳证据或补强证据区分开，不要相互混淆。

十二、举证责任的免除

（一）当事人自认的事实，免除对方当事人的举证责任

《民事诉讼法司法解释》第 92 条中规定：一方当事人在法庭审理中，或者在起诉状、答辩状、代理词等书面材料中，对己不利的事实明确表示承认的，另一方当事人无需举证证明。前述当事人在法庭审理中的陈述，或者在起诉状、答辩状、代理词等书

面材料中,对于己不利的事实明确表示承认的,称为自认事实。自认的事实与查明的事实不符的,人民法院不予确认。该条规定提醒当事人在发表"自认"意见时,一定要慎重。

(二) 举证责任的法定免除理由

依《民事诉讼法司法解释》第93条的规定,举证责任的法定免除理由包括:(1)自然规律以及定理、定律;(2)众所周知的事实;(3)根据法律规定推定的事实;(4)根据已知的事实和日常生活经验法则推定出的另一事实;(5)已为人民法院发生法律效力的裁判所确认的事实;(6)已为仲裁机构生效裁决所确认的事实;(7)已为有效公证文书所证明的事实。

应注意,对其中第5至7项的规定,如果当事人一方举示相反证据,足以推翻生效法律文书确认的事实应除外。

【案例250】

出借人仅依据借据主张权利,借款人对借贷事实有异议的,人民法院应当如何分配举证责任?

裁判文书:最高人民法院(2013)民一终字第147号民事判决书

判决书认定事实:

二审中,魏×就其上述主张提供如下证据及理由:

一是,美洁×公司2011年5月27日收据(编号6879)、2011年6月3日收据(编号6054)、2011年6月3日收据(编号6053)上载明的款项总额与王×华2011年6月3日出具的"借条"载明的款项数额一致,证明魏×出借××纸业公司的款项都是先给王×华,王×华再转给××纸业公司。王×华知道××纸业公司与魏×借款情况。本院认为,如果魏×的主张成立,则王×华给魏×出具的借条时间应不晚于××纸业公司向魏×出具借条的时间。而魏×就该项主张提供的××纸业公司三份收据中,编号6879收据出具于2011年5月27日,而王×华向宁夏××小额贷款有限公司出具借条时间为2011年6月3日,从上述借条时间上看,不能支持魏×的主张。且王×华出具的借条载明是向宁夏××小额贷款有限公司借款,而非向魏×借款,在魏×未提供证据证明上述借条中的宁夏××小额贷款有限公司即为魏×的情形下,该借条虽然载明的款项数额与××纸业公司出具的三份收据借款总额相同,仍不能据此认定王×华出具的借条载明的款项,为××纸业公司出具三份收据中的款项。魏×提供的上述证据不足以支持其主张。

二是,××纸业公司董事会于2011年10月27日向魏×出具的"关于向魏×申请借款的决议"、××纸业公司2013年7月17日出具的"情况说明"及××纸业公司"借款信息统计表"证明魏×向××纸业公司出借5000万元款项的事实。××纸业公司、××印刷公司、魏×于2011年3月9日签订的"协议书",用以证明案涉"借款合同"约定的

5 000万元包括××纸业公司替代王×华偿还魏×的借款,王×华知道该5 000万元借款的形成及构成。本院认为,"关于向魏×申请借款的决议"内容表明,××纸业公司董事会讨论决定向魏×申请借款5 000万元及基于该申请以公司相关商业用地的出让收益及优先权向魏×质押,该董事会决定并未明确申请的5 000万元是该次董事会召开前××纸业公司向魏×的借款。××纸业公司提供的"借款信息统计表"系××纸业公司对2010年12月29日至2011年10月28日期间向魏×借款的统计,并未说明该借款转化为"借款合同"中约定的款项。××纸业公司在2013年3月1日一审庭审中称,"借款合同"并未实际履行,二审期间改变一审陈述观点,称"借款合同"约定的款项系其在合同签订前所借魏×的款项,已经实际履行。但××纸业公司未提出改变陈述的合理理由,同时结合其系本案利害关系人的事实,本院对××纸业公司的陈述不予采信。魏×以上述证据主张"借款合同"约定的5 000万元的构成及××印刷公司对此明知,依据不足。

三是,魏×与××印刷公司于2010年10月27日签订"保证合同",案涉"借款合同"和"借款借据"是2011年11月1日签订的,"保证合同"签订在前,表明××纸业公司知道"借款合同"约定的款项是魏×在合同签订前出借××纸业公司的款项。××印刷公司出具的"借款借据"内容证明××印刷公司认可在"借款合同"签订时××纸业公司收到5 000万元,并同意为该5 000万元提供担保。本院认为,魏×提交的"保证合同"载明的签约时间为2011年10月27日,而××印刷公司提交的"保证合同"签约时间为2011年11月1日,在魏×认可××印刷公司提交的"保证合同"真实性,且对两份"保证合同"签订时间的差异未提出正当合理理由情形下,其依据此证据主张"保证合同"签订于"借款合同"和"借款借据"之前,理由不成立。且从魏×提供的××印刷公司"董事会决议"载明内容看,该公司董事会2011年10月28日会议讨论内容是为××纸业公司在宁夏××小额贷款有限公司的5 000万元贷款担保。从公司董事会决议实施程序看,"保证合同"应当签订于董事会决议之后。由此,××印刷公司提供的"保证合同"载明的签约时间更符合常理。案涉"借款借据"涉及款项数额巨大,应当结合相关证据判断"借款借据"的证明力。在无相关证据佐证魏×支付款项情形下,不能单独采信该证据作为认定事实的依据。一审法院释明魏×就款项的支付承担举证责任,适用法律正确。魏×以"借款借据"可以证明款项支付,依据不充分,本院不予支持。

综上,魏×提供的证据不足以支持其主张,一审判决认定事实及适用法律并无不当,应予维持。

法官论述

在民间借贷纠纷案件中,原告仅依据借据、收据、欠条等债权凭证提起诉讼,数额较大且主张交付方式为现金,被告又否认借贷事实发生的,如果人民法院依据此证据及当事人的经济能力,不能查证借贷事实是否发生,人民法院根据案件情况应向原告释明其应就资金的来源及走向、付款凭证、交付细节等事项继续举证。经释明后,原告仍然拒绝举证的，由其承担不利后果。①

第五节　如何发表质证意见

一、发表质证意见的原则

质证意见就是在审查其他当事人或第三人举示的证据的基础上，对证据的真实性、合法性及关联性（简称证据的三性）以及其证明效力所发表的确认、否定、不能确认、暂时不发表意见的意见。

就对方当事人举示的证据，一是符合客观事实，二是符合质证者利益，应当发表肯定性的质证意见；反之，则发表否定性的质证意见。

实践中，在发表否定性的质证意见时，应当简要说明事实和理由。其理由就是证据形式或内容上存在瑕疵，证据的真实性、合法性或关联性不能被确认。如果没有事实和理由的否定，单纯是口头否定，该质证意见被采信的可能性较小。

要谨慎发表不确定的质证意见。一般而言，举示的证据不会引起对质证方不利的法律后果时，才能够发表不能确认的质证意见。即使待证事实难以确认，但如果发表不能确认的质证意见，会产生不利的法律后果，适宜发表否定性的质证意见。

根据证据载明的事实，能够发表肯定性的质证意见或者否定性的质证意见，且对己方有利时，不要发表不确定的质证意见。

此外，还有就是拒绝发表质证意见。发表此类意见，应当有拒绝质证的合理理由。即使是逾期提供的证据，如果法院组织了质证，也不宜拒绝质证。

二、质证意见的表达方式

（1）拒绝质证意见，如对方举示的证据系复印件，不予质证；

（2）对证据的三性均表示认可；

（3）对证据的三性均不认可；

（4）只认可证据的真实性，不认可合法性与关联性；

（5）认可证据的真实性和合法性，不认可关联性；

（6）对证据的真实性存在疑点，需要根据鉴定结果或者调查取证结果，发表质证意见；

（7）对案涉事实，涉及第三方诉讼，且需要另外的判决结果才能作为认定案件事实的依据的，要发表"暂时不发表意见"的质证意见，并阐述事实和理由。比如，第三方认为

---

① 最高人民法院民事审判第一庭. 民间借贷纠纷审判案例指导. 北京：人民法院出版社，2015：288 - 296.

以物抵债协议侵害了其合法权益，并且提出了撤销权之诉，或者执行异议，或者执行异议之诉的，在其证据效力得到生效法律文书确认后，第三方才能发表相应的质证意见；基于同一事实的民事诉讼，要依据刑事审判结果才能确定证据效力；等等。

值得注意的是，针对同一份证据，如果部分事实予以承认，部分事实予以否认，不能发表此证据完全不合法的质证意见。在质证时，应当明确指出哪些事实可以确认，哪些事实不予确认。如果对方当事人一次性举示的证据有若干份，既要分析每一份证据的证明效力，又要从证据与证据之间是否形成印证关系，或者是否存在矛盾，发表总结性或归纳性的质证意见。

在质证过程中，如果有相反证据能够证明对方当事人的证明目的不能成立，应当申请举示。这类证据统称为反驳证据。反驳证据的举示不受举证期限的限制。

【权威观点】

反驳是指被告针对原告提出的诉讼请求和理由，从实体上和程序上、事实上和法律上予以全部否定或者部分否定。在司法实践中，反驳表现为抗辩、否认等具体形式。所谓抗辩，是指当事人依据实体法相对规范而作出的反驳请求的事实理由并非提出新的诉讼请求，也不是对权利产生的事实的完全否认，而是依据相应规范予以反驳，证明对方的诉讼请求所依据的事实，或者在产生之初即不合法，或者在产生之后已经消灭，或者存在妨碍其效力发生的其他事实，当事人的这种反驳行为即属于抗辩。所谓否认，是指认为相对方主张的要件事实为假，且无须承担证明责任。[①]

三、质证要点举例

（一）对证据形式的审查及质证意见

1. 审查证据是不是原件

相关规定

▼《民事诉讼法》（2023年修正）

第73条　书证应当提交原件。物证应当提交原物。提交原件或者原物确有困难的，可以提交复制品、照片、副本、节录本。

提交外文书证，必须附有中文译本。

▼《2019证据规则》

第11条　当事人向人民法院提供证据，应当提供原件或者原物。如需自己保存证据原件、原物或者提供原件、原物确有困难的，可以提供经人民法院核对无异的复制件或者复制品。

---

① 最高人民法院民间借贷司法解释理解与适用（简明版及配套规定）．北京：人民法院出版社，2018：033．

第 15 条　当事人以视听资料作为证据的，应当提供存储该视听资料的原始载体。

当事人以电子数据作为证据的，应当提供原件。电子数据的制作者制作的与原件一致的副本，或者直接来源于电子数据的打印件或其他可以显示、识别的输出介质，视为电子数据的原件。

第 61 条　对书证、物证、视听资料进行质证时，当事人应当出示证据的原件或者原物。但有下列情形之一的除外：

（一）出示原件或者原物确有困难并经人民法院准许出示复制件或者复制品的；

（二）原件或者原物已不存在，但有证据证明复制件、复制品与原件或者原物一致的。

第 68 条　人民法院应当要求证人出庭作证，接受审判人员和当事人的询问。证人在审理前的准备阶段或者人民法院调查、询问等双方当事人在场时陈述证言的，视为出庭作证。

双方当事人同意证人以其他方式作证并经人民法院准许的，证人可以不出庭作证。

无正当理由未出庭的证人以书面等方式提供的证言，不得作为认定案件事实的根据。

【质证要点】

其一，要求对方当事人提供证据原件的，要明确提出。如果对方未提供原件，可以发表"拒绝质证"的质证意见。

其二，如果该证据对己方有利，即使是复印件，也要表示确认。在反驳对方的证明目的的同时，要阐述自己一方的证明目的。

其三，要注意对视听资料、电子数据等证据原件的规定。例如，《2019 证据规则》第 15 条规定，当事人以视听资料作为证据的，应当提供存储该视听资料的原始载体。

2. 审查证据形式是否存在瑕疵

相关规定

▼《民事诉讼法》（2023 年修正）

第 74 条　人民法院对视听资料，应当辨别真伪，并结合本案的其他证据，审查确定能否作为认定事实的根据。

第 75 条第 2 款　不能正确表达意思的人，不能作证。

▼《2019 证据规则》

第 67 条　不能正确表达意思的人，不能作为证人。

待证事实与其年龄、智力状况或者精神健康状况相适应的无民事行为能力人和限制民事行为能力人，可以作为证人。

第 72 条　证人应当客观陈述其亲身感知的事实，作证时不得使用猜测、推断或者评论性语言。证人作证前不得旁听法庭审理，作证时不得以宣读事先准备的书面材料的方式陈述证言。证人言辞表达有障碍的，可以通过其他表达方式作证。

第73条第1款　证人应当就其作证的事项进行连续陈述。

【质证要点】

作为民间借贷当事人，就对方提供的证据，有无篡改、涂改、变造、伪造痕迹等，一定要细心审查。此外，还可以从对方当事人反复陈述的细节中找到矛盾之处：一是与对方当事人自己、对方当事人的证人或者第三人所作的陈述，是否前后一致；二是与其他证据（如书证、视听资料等）载明的事实是否一致；等等。

但是，即使书证上的签名、印章有时是真实的，当事人也承认其真实性，仍然不一定能够证明是客观事实。特别是在有损害他人合法权益的主观故意时，有可能在相互串通下故意制造出虚假证据。一般情况下，这一事实在没有合同相对方或案外人特别提出异议时不予理会。但是，如果当事人的陈述事实明显不符合常理，要进一步审查其真实性，不能达到最大可能性证明标准的，不能被作为有效证据采信。

下列情形的质证意见举示如下：

第一，该证据存在篡改、涂改、变造、伪造痕迹的，可以发表"存在瑕疵的部分不能作为证据使用"的质证意见。对未篡改且对质证方有利的内容，可以确认其证明效力。

第二，如果前述情形影响整个证据的证明目的，可以发表"该证据不能作为有效证据采信"的质证意见，如证据内容对质证一方无利可言；或者存在瑕疵导致整个证据无效的，应全部反驳。

第三，即使存在篡改、涂改、变造、伪造痕迹等情形，但其内容对质证方有利的，可以确认其证明效力。

第四，如果证据的真实内容被篡改（涂改、变造、伪造，下同）的部分对质证方有利，可以要求法院责令举示证据的当事人举示未被篡改的证据的原件。

第五，上述一到四条是证据存在瑕疵，仅凭人的肉眼能够直接辨明真假的，可以当场发表质证意见。如果不能当场发表质证意见，可以申请庭后提交书面质证意见。特别是针对其他当事人的突击举证，不要在事实未予查清的情形下发表对己方不利的质证意见。

第六，如果证据的真假确实难以辨别，而且该份证据对举证人或质证方具有重要的证明作用，可以申请司法鉴定，再根据鉴定结果发表质证意见。

3. 证据来源是否合法

书面证据系复印件的，应当要求对方当事人提供证据原件或者复印属实的证明等。

对视听资料，要考查：其是在隐秘场所形成还是在公开场所形成；其内容是否涉及侵犯隐私权、商业秘密等情形，如果存在，该证据不合法，不能作为有效证据采信。

就对方当事人举示的证据，未说明证据来源渠道的，有权要求对方予以说明。比如：涉及法院档案资料，如果委托人不是案件的当事人，无权进行查询并复印材料。在法院档案中，对有关身份信息或授权依据的证据，一般不会允许查询，需要由法院调查取证。

4. 证据载体是否合法

相关规定

▼《民事诉讼法》（2023年修正）

第74条 人民法院对视听资料，应当辨别真伪，并结合本案的其他证据，审查确定能否作为认定事实的根据。

▼《民事诉讼法司法解释》（2022年修订）

第116条 视听资料包括录音资料和影像资料。

电子数据是指通过电子邮件、电子数据交换、网上聊天记录、博客、微博客、手机短信、电子签名、域名等形成或者存储在电子介质中的信息。

存储在电子介质中的录音资料和影像资料，适用电子数据的规定。

▼《2019证据规则》

第15条 当事人以视听资料作为证据的，应当提供存储该视听资料的原始载体。

当事人以电子数据作为证据的，应当提供原件。电子数据的制作者制作的与原件一致的副本，或者直接来源于电子数据的打印件或其他可以显示、识别的输出介质，视为电子数据的原件。

【重点难点提示】

（1）根据《民事诉讼法》第74条的规定，视听资料原则上不能单独使用；应当在辨别真伪的基础上，再结合本案的其他证据，审查确定能否作为认定事实的根据。

（2）存储在电子介质中的录音资料和影像资料，适用电子数据的规定（《民事诉讼法司法解释》第116条）。

也就是说，当事人以电子数据作为证据的，应当提供原件。电子数据的制作者制作的与原件一致的副本，或者直接来源于电子数据的打印件或其他可以显示、识别的输出介质，视为电子数据的原件。

（3）对视听资料，要求提供存储该视听资料的原始载体。

(二) 针对合同主体是否适格发表质证意见

（1）对合同主体民事行为能力的审查，主要包括：居民身份证、法人营业执照、分支机构营业执照、授权委托书等。

（2）对合同主体签字或盖章的真实性进行审查。要否定其签字或盖章的真实性，就应当提供对比材料。如果非本人签字或盖章，而是他人代签，应提供本人的签字笔迹。如果有捺印，应当确认捺印是否真实。如果确信所盖印章是虚假的，应当提供可供鉴别的真实印章。如果其印章并非在公安机关备案的印章，要证明印章的证据效力，应提供对方当事人使用过此枚印章的事实依据。

【质证要点】

针对存在虚假合同或伪造、变造合同的事实，发表以下质证意见。

第一，对方当事人举示的证据并不能证明我方是合同的当事人。理由是：其借款合同或借条，或其他证据上的自然人签字并非当事人本人签字。

第二，对方当事人举示的证据并不能证明我方是合同的当事人。理由是：借款合同或借条，或其他证据上的法人公章，并非我方合法公章，我方并未雕刻此枚公章并授权他人使用。

第三，针对对方当事人对此事实不予认可，可以发表质证意见："申请进行司法鉴定，以确认不是我方签字或盖章的事实。"

（三）针对在借款合同中有单位印章，又有自然人签字，其审查和质证要点

【重点难点提示】

首先，应分清是谁加盖的印章。

如果是法定代表人或法定代表人授权加盖，应当符合职务行为的构成要件。如果该份借款合同或借条中由自然人在"借款人"或"担保人"处签字，同时又是自然人加盖的印章，要审查是否存在转嫁债务的故意，是否构成合同欺诈。

其次，要审查是否构成职务行为。

职务行为的主要特征包括：一是由法律主体直接作出意思表示。这种意思表示通过法定代表人（企业法人）、法定代理人（限制行为能力人的监护人）、非法人组织的负责人表达出来。这些人员的行为是职务行为或有权代理。如果法律主体对法定代表人或负责人的职权范围作出了限制性规定，则此类行为不一定构成职务行为。如果合同相对方有充足理由确信具有代理权，可能构成表见代理。如《公司法》第 15 条规定的情形。二是当事人通过授权，委托他人代为表示。

实践中，由自然人与法人主体共同成为借款人的情形中，如何确认借款合同的当事人主体，其要点之一是印章的加盖是谁的意思表示。具体情形分述如下。

第一种情形是：由自然人签字，印章是法人单位加盖。

第二种情形是：自然人签字，印章是法人的分支机构加盖。

第三种情形是：自然人签字，印章是签字的自然人加盖，但签字者并非法人主体的法定代表人或负责人；印章并非法人公章。

对第一种情形，其合同效力毋庸置疑。无论是在签订借款合同时加盖印章，还是在事后加盖，均证明是法人行为。但有例外规定，那就是《公司法》第 15 条对公司法定代表人的职务行为范围进行了限制性规定的，应当区分合同相对方是否为善意第三人：如果是善意的，合同有效；否则，合同无效。

【质证要点】

如果存在《公司法》第 15 条限制性规定的情形，可以发表如下质证意见。

第一，对证据的真实性予以确认，但对证据的合法性不予确认。理由是：结合我方或×方举示的公司章程，证明我方对法定代表人×××的职权范围进行了限制性规定。这些规定记载于章程中，章程已经在工商注册登记的档案中进行了备案。备案行为具有公示效力，证明对方当事人并非善意第三人。

第二，对证据的真实性予以确认。但是对证据的合法性不予确认。理由是：结合我方或×方举示的股东会决议、董事会决议、会议纪要等证据，证明我方对法定代表人×××的职权范围进行了限制性规定。鉴于借款人是我公司的股东会成员，或监事会成员，其对限制性规定是明知的，证明对方当事人并非善意第三人。

第三，对证据的真实性予以确认，但对证据的合法性不予确认。理由是：结合我方或×方举示的会议纪要，或×××的证人证言，证明我方股东会或董事会于×××年××月××日，就公司向案外人××的借款协议进行了研究，在研究中我方股东会或董事会明确对法定代表人对外签订借款合同或担保合同的权利进行了限制，本案已经超出了限制性规定的范围。作为本案借款人的×××，参加本次研究会，证明×××对其限制性规定是明知的，对方当事人并非善意第三人。

第四，有关事实证明借款合同并未生效。我方不应当承担还款责任，还款责任应当由×××承担。

对第二种情形，办理了营业执照的分支机构在法律上是"非法人组织"，与其职权范围相适应的，不需要另外的授权委托书，即可确认其证明效力。如果超出了职权范围，应当取得法人的授权。前者只对分支机构产生法律效力，并不当然及于法人主体，需要法人单位授权或者追认，法律后果才由法人承担。法人单位没有授权，又拒绝追认的，应由分支机构承担责任。

如果分支机构未办理营业执照，且没有法人的授权证明，可以发表以下质证意见："对××在借款合同上的签字行为不予认可。其理由是××并非被告方的法定代表人或负责人，无权代表被告作出意思表示，事后，原告方也未向被告送达要求追认的法律文件，对此借款，被告并不知情。"

如果分支机构办理了营业执照，且没有法人的授权证明，可以发表以下质证意见："因该合同系分支机构签订的，只能由分支机构承担偿还债务的责任。"

对第三种情形，首先应审查自然人与印章载明的法律主体是否存在利害冲突。如果存在利害冲突（如是共同借款人），证明自然人加盖的印章，并不一定是法人主体的真实意思表示。在此情况下，应当取得法人的授权，或者事后得到追认。其中：

第一，否定性的质证意见："真实的借款人主体应当是×××（自然人）。理由是：对

×××是借款人这一事实，双方当事人均无争议，应当予以确认。但是，×××加盖印章的行为，超出了职权范围，因为×××是借款人这一事实证明了与其职务行为无关。况且该印章非法人公章，法定代表人又未作出授权，不应当将其认定为职务行为。"

第二，如果是前述第三种情形，加盖印章的行为是事后且间隔了一段时间后加盖的，则发表以下质证意见：

（1）真实的借款人主体应当是×××（自然人）。理由是：合同自双方当事人签字盖章时成立生效。从本案的事实看，因出借人向借款人×××支付借款的时间是××××年××月××日，证明在此时出借人已经开始履行合同义务，而加盖印章的时间是××××年××月××日，二者间隔时间为×月（年或天），证明在合同成立时我方并非合同的当事人。

（2）由×××加盖的分支机构或职能部门的印章，并非执行分支机构职务行为。理由是：×××加盖印章的行为，超出了职权范围，因为×××是借款人这一事实证明了借款行为与其职务行为无关，也并非我方当事人法人主体的职务行为，因为加盖的印章非法人公章，我方对其合法性不予认可。该事实也证明了我方对×××签订的借款合同未追认其合同效力。

（3）加盖印章的时间与借款合同成立的时间间隔为×月（年或天），这一行为，并非我方法人主体作出的意思表示，并不能改变先前由×××与原告方形成的借款合同关系的事实。

【案例251】
如何从对方当事人提供的证据中寻找疑点并发表质证意见

1. 证据疑点梳理

现列举对"还款承诺书"（见图6-1）的证据审查及质证意见。

本案案情复杂，被告方不认可与原告存在借款合同关系。其代理人，从"还款承诺书"中十一个方面，梳理出20多个证据疑点。现简要介绍如下：

（1）承诺书第一、二句内容说明，霍×向唐×借款是代表××建设公司的职务行为，那么，是否有相关证据支持？比如，授权委托书等。

（2）承诺书载明："借款时间金额详备注。"从备注的借款形成的时间来看，该借款形成于2009年12月至2013年6月期间，其间长达3年半的时间，共计有8笔借款。那么，每一笔借款是否均分别签订了借款合同或借条？

（3）承诺书载明"截止2014年7月30日止，上述借款本息未归还"。从相关银行流水中是否可以找到本息已经归还，或者只归还利息，或者只归还部分本金的证据。结合前述事实，共计8笔借款，时间跨度为3年半，如果本息未归还，为什么又接连发生借款？

（4）从"共同承诺"一句，既然霍×的行为是职务行为，为什么要共同承诺还款？

（5）承诺作出的时间为2014年7月30日，承诺还款的时间为"保证于2015年1月30日前"归还上述全部借款及利息。作出承诺还款的时间为6个月。根据原告的说法，在

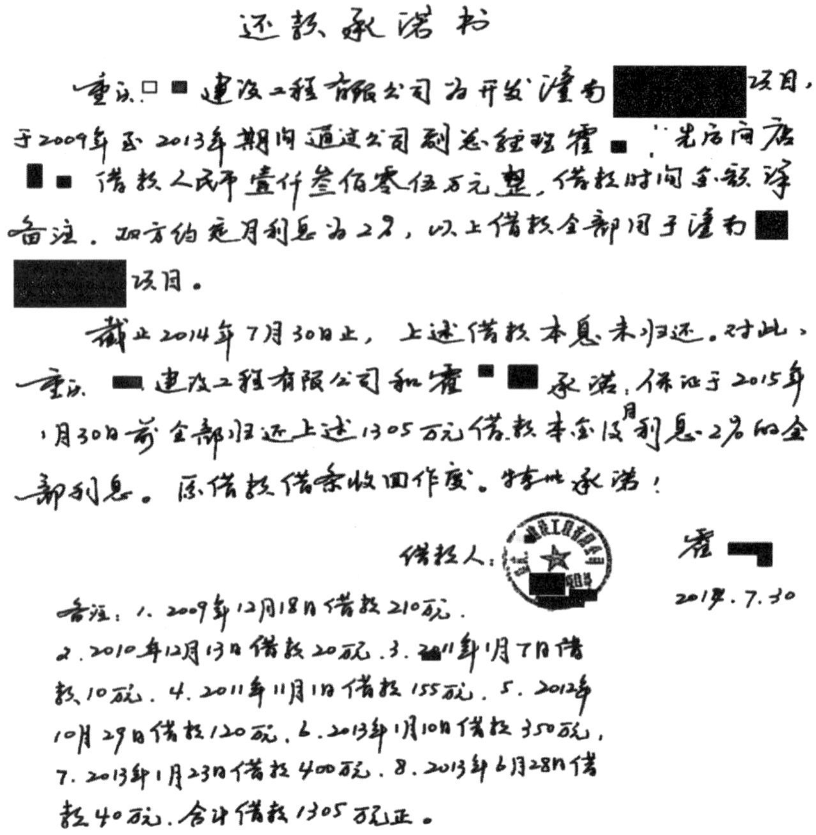

还款承诺书

重庆□[redacted]建设工程有限公司为开发潼南[redacted]项目，于2009年至2013年期间通过公司副总经理霍[redacted]先后向唐[redacted]借款人民币壹仟叁佰零伍万元整，借款时间金额详备注。双方约定月利息为2分，以上借款全部用于潼南[redacted]项目。

截止2014年7月30日止，上述借款本息未归还。对此，重庆[redacted]建设工程有限公司和霍[redacted]承诺：保证于2015年1月30日前全部归还上述1305万元借款本金及月利息2分的全部利息。原借款借条收回作废。特此承诺！

借款人： 霍[redacted]

2014.7.30

备注：1. 2009年12月18日借款210万元. 2. 2010年12月13日借款20万元. 3. [redacted]11年1月7日借款10万元. 4. 2011年11月1日借款155万元. 5. 2012年10月29日借款120万元. 6. 2013年1月10日借款350万元, 7. 2013年1月23日借款400万元. 8. 2013年6月28日借款40万元. 合计借款1305万元正。

图6-1 证据“还款承诺书”原样

前述数年的时间未偿还借款，怎么又会保证在6个月内将借款本息全部还清？其保证的基础是什么？

(6) 承诺书中写明“原借条收回作废”，由此产生的疑问有：

1) 承诺书中称的“原借条”是否真实存在？

2) 为什么要将“原借条”收回作废？如果“原借条”继续保留，与本承诺书是否构成重复主张权利。因为只有构成重复主张权利，才有收回作废的必要。

3)“原借条收回作废”，是否意味着原借款合同关系已经消灭？

4)“原借条收回作废”是否等于“原借条”已经销毁？是否可以申请责令对方举示借条的证据？

(7) 从借款人的排列和签名来看，在末尾署名处，加盖的是项目部印章，签的是霍×本人的签名。由此产生的疑问有：

1) 承诺书前段既然将霍×的行为称为职务行为，那么，为什么其又是借款人？

2) 在承诺书加盖的为何是项目部印章而不是法人公章？在此之前，是否获得法定代表人的认可，是否由法人追认其合同效力？

3) 项目部的印章是由谁在保管和使用？是否与霍×相关？

4）在借款合同关系形成时，借条上是否加盖有项目部的印章？

5）在借款合同关系形成时，是否只有霍×一个人在借条上签名？

（8）从落款时间看，落款时间为2014年7月30日。从当时的诉讼时效规定看，备注中的前三笔已经超过了诉讼时效。其间，是否有过债务催收行为？依据何在？

（9）从承诺书上载明的履行债务的期限届满之日到起诉时间2015年2月，仅仅超过一个月时间就提出诉讼，该承诺书是否旨在为诉讼制造证据？

（10）结合其他证据进行疑点分析。

1）在诉讼中原告方举示了一份授权委托书、一份任职文件。经分析，该两份证据均不是职务行为的证据。理由是：授权委托书虽然写明了××项目"由霍×全权负责管理"，但同时写明了该项目由霍×个人经营、独立出资，独立承担民事责任。显然，根据该授权内容，霍×不能以××建设公司名义对外借款。那么，对方是否会提出，此授权委托书约束的是内部合同关系，对外不产生法律效力？对此，被告方应如何辩解？对于任职文件，一是未写明与授权借款的相关内容，因此不是一份授权证明；二是该文件的形成时间是2013年4月6日，显然与借款合同关系的形成没有关联性。

2）为了证明是否具有还款事实，应当调取霍×的银行流水及对手信息，以证明其与唐×之间是否存在资金往来行为，如果有往来款项，证明存在其他法律关系的可能性。

3）原告方出示的转款凭证上有部分款项（870万元）汇入了××建设公司××项目部的银行账号，其余款项（425万元）汇入了霍×的私人账户上，转账凭证上载明了有两笔款项备注分别为材料款（100 000元）和商务费（200 000元），有一笔转账继续标注为用于付息（400 000元），且有备注的三笔款项收款人均为霍×，可以推定此三笔款项是原告方和霍×之间的交易往来，并非借款。

（11）需要继续核实的问题。

1）除原告已经举示的授权委托书及任职文件外，是否还有其他证据证明其职务行为的事实？

2）加盖的项目部印章是否为真实的印章？经向委托人了解，该印章是真实的，且是在公安机关备了案的。由此又产生一个问题：在公安机关备案的印章雕刻时间与借款支付的时间是否一致，是在借款之前雕刻，还是事后雕刻？经查，该印章的雕刻时间是2011年11月25日，而出借人声称首笔借款的形成时间是2009年12月，显然在该时间以前不会加盖项目部的印章。

3）还款承诺书上的霍×的签名是否为本人签名？如果不是本人签名，则说明伪造证据；如果是本人真实签名，则说明霍×在还款承诺书中承诺还款是其真实意思表示，其后果应由本人承担。

4）关于是否归还本息问题，要求法院调取霍×的银行流水及对手信息。

5）要求原告方在法庭中举示已经作废的借条。

2. 对争议焦点的归纳

（1）借款合同关系是否成立，究竟借款人是霍×还是××建设公司？

（2）霍×的职务行为是否成立。

（3）案涉借款本息是否归还？

（4）在承诺书上加盖的项目部印章是否具有法律效力？如果有法律效力，其表明的是债的加入，还是共同借款人？

3. 质证意见

对该份证据的三性均不认可。理由是：该证据具有重大伪造嫌疑。下列事实明显不符合常理，要求结合其他证据仔细审查证据效力。

第一，出具承诺书的时间是2014年7月16日，但是原告称支付第一笔借款的时间是2011年3月6日，间隔时间3年多才出具"还款承诺书"。

第二，没有相关证据佐证"还款承诺书"书写内容具有真实性。

第三，原告在诉讼之前未向被告方当事人催收过债务。

第四，原告所称借款是直接支付给霍×而非被告，在承诺书称是被告共同借款，但被告并未指定由霍×单独向原告收取借款。

第五，根据调取的霍×的个人银行卡流水记录，证明在……期间，霍×向原告方支付了×笔资金，这些资金的支付时间和金额均具有规律性，即间隔时间基本相同，即每季支付一次，其金额相等，每季度均支付了×万元的金额，证明这是由霍×向原告支付的利息。然而，"还款承诺书"中写道："本息未归还"，证明"还款承诺书"记载的内容与事实相矛盾。

第六，承诺书中写明的资金用途是案涉项目的建设，但实际上此笔借款并未用于该项目。值得一提的是，该承诺书出具的时间是在原告向霍×支付借款3年多，此时对于借款是否用于所谓的建设项目是已经确定了的事实，应当据实填写，证明出借人与霍×有共同造假行为。

第七，在"还款承诺书"中写明："原借条收回作废。"对此，我方要求原告方出具宣布作废的借条，因为宣布作废不等于销毁。况且在双方争议未解决前，原借条可以印证"还款承诺书"的内容是否具有真实性，特别是关于借款人的记载是否有我方作为当事人，这些问题关系到本案的基本事实是否能够查清。"还款承诺书"记载的"收回"，证明原借条是收回到霍×手中，因此，要求第二被告霍×举示该份证据原件。

第八，关于"还款承诺书"中写的共同承担还款责任的说法，明显站不住脚。这一点与原告主张的霍×系职务行为相矛盾。也就是说，如果职务行为成立，那么借款人应当只有公司一人，霍×仅仅是代理人。但是，在"还款承诺书"中明确写了霍×是借款人，对此，霍×作为第二被告也表示认可。该承诺书记载的内容与当事人的陈述明显存在矛盾。

第九，经询问原告，原告称"还款承诺书"是在某酒店书写的，书写人为霍×。对该事实的陈述，我方表示确认。"还款承诺书"左上角位置有某酒店的标识，证明其陈述属实。这一事实恰好证明了"还款承诺书"的书写地点与我方当事人办公地点无任何关联性，不应当认定是职务行为，也不会构成表见代理。

第十，经询问原告，原告称是依据我方当事人向霍×出具的一份"授权委托书"，因此，才向霍×提供的借款。但是，根据我方的"授权委托书"的内容"即由霍×独立承担民事责任"，相当于是告知了合同相对方霍×无权代表我方对外借款，这是对其权利的限制。这证明了霍×超出职权范围向原告借款，也证明了承诺书中对职务行为的表述是不属实的。

第十一，对"还款承诺书"中加盖的项目部的印章，我方提出六个疑点，供法庭参考：（1）是原告明确陈述是霍×在担任项目部负责人时利用掌握印章的机会加盖的；（2）是原告明知霍×不是我方法定代表人，在霍×出示了前述对霍×的职权范围作了明确限制规定的文件后，并未要求我方当事人另行出具具有代理权的授权委托书；（3）是事后未要求我方当事人对其行为的法律效力进行追认；（4）是原告方并未举示相关证据来印证在形成借款合同关系时，霍×就在借条中加盖了同样的印章；（5）是根据我方在公安机关调取的雕刻印章的证明，证明该印章雕刻的时间是×××年××月××日，而原告向霍×支付第一笔借款的时间是××××年××月××日，证明雕刻的时间是在借款合同关系成立之后，同时证明了在形成借款合同关系时，霍×不可能以我方当事人的名义对原告提出借款；（6）由霍×向案外人出具"还款承诺书"的类似情形的共掌握了八份与此份承诺书内容大体一致的承诺书，其加盖印章有一个共同的特点，即霍×在签名时将霍×的签名位置有意与印章的位置间隔了一定距离，这是非常不符合常理的。我方有理由怀疑，霍×利用担任项目部负责人时在若干份空白纸上偷盖了此枚印章，然后再根据其债权人的要求，以我公司项目部的名义重新出具债权凭据。如果将霍×的签名落在加盖印章的位置，必然出现重合点。对这些重合点通过司法鉴定，就可以发现是先加盖印章，后书写的还款承诺书这一伪造证据的事实。在借款合同中，一般是先书写借款合同，或借条，或欠条，然后再由债务人加盖印章，先加盖印章后书写借条的行为，不符合常理。

根据上述疑点，我方认为，案涉借款的借款人实际上只有霍×一人。霍×为了将个人债务转嫁为公司债务，利用保管项目部印章的机会，才以出具还款承诺书的形式伪造了与我方当事人存在借款合同关系的证据，但是，该项目部的印章并不是法人公章，也没有法人的授权委托书，事后也没有被追认。从借款形成到现在，原告从未向我方当事人催收债务，因此，该印章并不产生改变借款合同关系的法律效力，对该证据的三性及证明目的均不应当认可。

（四）针对借款人多次出具的借条究竟是一笔借款还是数笔借款，如何发现证据疑点的审查要点

【重点难点提示】

如何从数份借条中探寻当事人的真实意思表示，从而确定是一笔借款还是数笔借款？

实践中，应从以下方面进行审查。

（1）借条形成的时间是否存在一定的先后顺序；
（2）借款期限的约定是否存在相互衔接的情形；
（3）借条的出具时间与借款期限的首日是否存在相互颠倒的情形；
（4）借款本金是否存在相互包容关系；
（5）借款本金是否包含前笔借款的利息；
（6）其他情形。

【案例 252】

针对借款人多次出具的借条，如何从疑点中否定证据的证明效力

裁判文书：河南省焦作市解放区人民法院（2019）豫 0802 民初 1114 号民事判决书

判决书认定事实：

2018 年 9 月 13 日，被告王 2 作为借款人，向原告王 1 出具借据以及收据一张两页，借据页载明：今借到王 1 人民币现金 27 000 元，用于资金周转，借款期限 2018 年 9 月 13 日至 2018 年 9 月 17 日，借款利息月息 3%。……被告王 2 在借款人处签名按印，并附上其本人以及配偶的姓名、身份证号和手机号。收据页载明：借款人王 2 于 2018 年 9 月 13 日收到出借人王 1 出借款 27 000 元。2018 年 9 月 17 日，被告王 2 向原告出具借据一张，借款金额为 27 000 元，借款期限为 2018 年 9 月 17 日至 2018 年 9 月 30 日。2018 年 10 月 5 日，被告王 2 向原告出具借据一张，借款金额为 32 000 元，借款期限为 2018 年 9 月 30 日至 2018 年 10 月 15 日。2018 年 11 月 5 日，被告王 2 向原告出具借据一张，借款金额 40 000 元，借款期限 2018 年 11 月 5 日至 2018 年 11 月 9 日。2018 年 12 月 15 日，被告王 2 向原告出具借据一张，借款金额 78 000 元，借款期限 2018 年 11 月 5 日至 2018 年 11 月 9 日。每张借据除借款金额及借款期限有所改变之外，格式及内容均一致。

作者简析

本案争议的焦点：五张借条一共代表了几笔借款？借款本金一共是多少？

判断是几笔借款，关键是五张借条中是存在包容关系还是独立的借款合同关系。

借款合同签订情况统计表

	签订日期	借款期限	借款金额	月利率
第一笔	2018.9.13	2018.9.13—2018.9.17	27 000 元	3%
第二笔	2018.9.17	2018.9.17—2018.9.30	27 000 元	无
第三笔	2018.10.5	2018.9.30—2018.10.15	32 000 元	无
第四笔	2018.11.5	2018.11.5—2018.11.9	40 000 元	无
第五笔	2018.12.15	2018.11.5—2018.11.9	78 000 元	无

从上述统计表中梳理出六个方面的证据疑点，现简介如下。

疑问一：借款合同签订的时间疑点。

本案涉及五份借据。其借条出具的时间分别为2018年的9月13日、9月17日、10月5日、11月5日、12月15日。在时间上存在先后顺序，每笔借款的间隔时间不远。那么，在前几笔借款尚未归还的情况下，为什么还会继续发生借款？

疑问二：借款期限的起算时间和截止时间疑点。

从统计表可以看出，前三笔借款的借款期限完全是首尾相连，不差分毫，存在属同一笔借款的可能性。且第三笔借款借条的出具时间为2018年10月5日，却将借款期限的起算之日约定为2018年9月30日，从而与第二笔借款形成印证关系，更加印证了前三笔借款属于同一笔借款的可能性极大。

第四笔借款借条的出具时间为2018年11月5日，借款期限约定为2018年11月5日至2018年11月9日。与第三笔借款进行比较，客观上存在两种可能性：一是第三、四笔借款属于同一笔借款；二是第四笔与第三笔借款不属于同一笔借款。第四笔借款的借款期限的起算日与第三笔借款的届满日恰好相差20天，是不是这20天的利息已经付清，或者将这20天的利息并入了第四笔借款的本金内。

第五笔借款的出具日期为2018年12月15日，借款期限却约定为2018年11月5日至2018年11月9日。与第四笔借款相比较，其出具借条的时间不同，借款期限完全相同。因此，二者存在系同一笔借款的可能性。

疑问三：从金额上审查可能存在包容关系。

案涉借条存在多份，后面出具的借据所载明的金额均大于前次借款金额，金额与时间存在递增的关系。这一关系反映出可能存在后面的借条包含了前次借条的本金和利息，因此，客观上存在包容关系的可能性。

疑问四：从前后借款金额的差额推算可能是利息计入借款本金。

第一笔与第二笔借款金额均为27 000元，证明在出具第二份借条时第一笔借款的利息已经付清。

第三笔借款金额为32 000元，与第二笔借款27 000元相差5 000元。二者的借款期限前后间隔15天，按照借款本金27 000元、月利率3%计算，半个月的利息为405元。将5 000元视为利息，倒推计算出月利息率为37%。

第四笔借款金额为40 000元，与第三笔借款32 000元相差8 000元。二者的借款期限前后间隔24天，按照借款本金32 000元、月利率3%计算，利息为768元。将8 000元视为利息，倒推计算出月利息率为31.25%。

第五笔借款金额为78 000元，与第四笔借款40 000元相差38 000元。第五笔借款的形成日期与前笔借款期限起算日恰好间隔40天，按照借款本金40 000元、月利率3%计算，利息为1 600元。将38 000元视为利息，倒推计算出月利息率为71.25%。如果以第四笔借款利息31.25%为基准，那么，计算出第五笔借款包含的利息约为16 000元。第五笔借款实际为22 000元（78 000元－40 000元－16 000元）。

如果将第二笔与第三笔期间的借款，按照31.25%倒推，计算出其间的利息金额为4 218元。双方经过协商，确定利息金额为5 000元是有可能的。

根据前面的计算结果和原告方的自认事实，证明前四笔借款并不是各自独立的借款，而是将前面借款的利息计算为了后面借款的本金，证明相互之间存在包容性，而不具有独立性。第五笔借款，既存在包容性，也存在增加借款的事实。在此需要说明的是，在分析案情时，在计算方面并不要求计算精确到分毫不差，只需作一个大致的计算。事实上，在民间借贷中，许多情形下，实际借款期限不足1个月或半月，或者稍微超出1个月或半月，仍然按照1个月或半月计算利息。如果过于精确计算，反而不符合客观事实。

疑问五：可能存在重复出具借条的情形。当事人之间一共形成五笔借款，既然第一、二、三笔为同一笔借款，针对该笔借款，一共重新出具借条两次，为什么重新出具借条时没有将前面的借条收回作废？

疑问六：存在借条出具时间与借款期限起算时间不一致的情况。五笔借款中，有两笔对借据出具时间与借款期限的约定具有特殊情形，值得关注。其中，第三笔借款，出具借据的时间是2018年10月5日，而借款期限的起算时间约定为2018年9月30日。第五笔借款，出具借据的时间是2018年12月15日，而借款期限的起算时间约定为2018年11月5日。笔者认为，该约定有违常理。通常情况下，借款合同约定的借款期限不会在合同签订日期之前。本案例的情形恰好相反。按照当事人的自认，第一、二、三笔借款实际属于同一笔借款，那么，第三笔借据载明的借款期限实际上是为了与第二笔借款期限相衔接。同理，第五笔借款将借款期限约定为与第四笔相同，也存在相互衔接的可能性。

将借款期限约定在合同签订之前，由此产生的问题是，其借款合同是什么时候成立的？对于自然人之间的借款合同，如果是在借款期限的首日履行了借款支付义务，那么，在借款期限的首日合同就成立了。那为什么又要在事隔40天才出具借据呢？因为这些问题涉及合同是否成立的关键事实，按照《民事诉讼法司法解释》的规定，应当由原告就法律关系的成立承担举证责任。在原告方未举示充分证据的情况下（因为对原告初次举示的证据，被告提出了合理的质疑），第五笔借据的真实性难以得到确认。

综上所述，本案存在多份借据实际为一笔借款、二笔借款、三笔借款的争议。经过综合分析，存在最大可能性的是第一种情形。事实和理由如下。

对第一种可能性，即五笔借款实际为一笔借款。其借款本金应当确认为49 000元（27 000元＋22 000元）。

笔者认为，由于存在前述六个方面的疑点，按照最大可能性的证明标准，应当认定案涉借款本金为49 000元（27 000元＋22 000元）。理由是：原告方应对借款合同关系的成立承担举证证明责任。被告作为抗辩方，在诉讼中只需对第二笔至第五笔的借款并未实际发生的理由作合理说明即可。其合理理由就是指出借条中存在疑点。要消除这些疑点的证明责任在于原告而不在于被告。而且,鉴于原告自己也认可前三笔借款实际属于同一笔借款,客观上有对一笔借款多次出具借条的可能性和现实性。同时,原告的自认,证明了本案存在高利贷的事实,即第三笔借款与第二笔借款的差额为 5 000 元,应当认定为高利贷的利息,该笔利息的比例为 37%;还证明了双方在计算利息时并不是依据合同约定的月利率 3% 进行计算。这一事实应当得到确认。之后,按照第四笔与第三笔借款的利息比例 31.25% 计算,低于第三笔借款的利息比例 37%,证明该计算具有合理性。虽然前三笔借款实际属于同一笔借款,但在形成新的借条时并未将前面的借条收回作废或者当面销毁,证明本案的案件事实存在特殊性。这是不符合常理的事实。第四、五笔借款存在与第一、二、三笔借款同样的情形(借款金额递增、借条未收回作废、借条时间与借款期限相矛盾等),因此,不能简单按照证据规则的要求分配举证责任。

对第二种可能性,即第一、二、三笔属于一笔借款,第五笔借款包含了第四笔借款本金和利息。其借款本金应当确认为 89 000 元(27 000 元+40 000 元+22 000 元)。但是,鉴于第四笔借款与第三笔借款相差金额为 8 000 元,其利息比例 31.25% 小于当事人自认事实计算出的借款利息比例 37%,将 8 000 元认定为第 3 笔借款的利息,符合当事人的意思表示。因此,客观上第四笔与第三笔属于两笔借款的可能性小。

对第三种可能性,即第一、二、三笔属于一笔借款,第四、五笔借款分别属于不同的两笔借款。借款金额同判决确认的金额。因第五笔借条存在出具借条的时间与借款期限相矛盾,并且将第五笔借款的借款期限刻意与第四笔借款约定为一致,属于同一笔借款的可能性较大,属于两笔借款的可能性较小。

上述分析仅是个人意见,是否正确有待于与客观事实相印证。笔者对判决认定的事实不作任何评判,也不认为原判决属于错误判决。

(五)针对在担保合同中加盖有分支机构的印章或其负责人签字,无法人公章,其证据审查要点

相关规定

▼《民法典担保制度司法解释》

第 11 条 公司的分支机构未经公司股东(大)会或者董事会决议以自己的名义对外提供担保,相对人请求公司或者其分支机构承担担保责任的,人民法院不予支持,但是相对人不知道且不应当知道分支机构对外提供担保未经公司决议程序的除外。

金融机构的分支机构在其营业执照记载的经营范围内开立保函,或者经有权从事担保业务的上级机构授权开立保函,金融机构或者其分支机构以违反公司法关于公司对外担保决议程序的规定为由主张不承担担保责任的,人民法院不予支持。金融机构的分支机构未经金融机构授权提供保函之外的担保,金融机构或者其分支机构主张不承担担保责任的,人民法院应予支持，但是相对人不知道且不应当知道分支机构对外提供担保未经金融机构授权的除外。

担保公司的分支机构未经担保公司授权对外提供担保，担保公司或者其分支机构主张不承担担保责任的，人民法院应予支持，但是相对人不知道且不应当知道分支机构对外提供担保未经担保公司授权的除外。

公司的分支机构对外提供担保，相对人非善意，请求公司承担赔偿责任的，参照本解释第十七条的有关规定处理。

【重点难点提示】

对于公司的分支机构、内部职能部门对外签订的担保合同，原《担保法司法解释》规定了企业法人的分支机构未经法人书面授权提供保证的，保证合同无效。企业法人的职能部门提供保证的，保证合同无效。显然两种无效情形，都是在未取得法人授权的情形下签订的合同。如果取得法人主体的授权，其合同有效。这些规定已经失效。

《民法典担保制度司法解释》第11条第1款规定："公司的分支机构未经公司股东（大）会或者董事会决议以自己的名义对外提供担保，相对人请求公司或者其分支机构承担担保责任的，人民法院不予支持，但是相对人不知道且不应当知道分支机构对外提供担保未经公司决议程序的除外。"

上述两种规定，原规定是以是否存在法人主体的授权为判断是否有效的依据，现规定则是以是否有股东会、董事会作出决议为依据，二者区别是很大的，在实践中要注意加以区分。

【质证要点】

（1）公司的分支机构对外签订的担保合同，是否经公司股东（大）会或者董事会决议以自己的名义对外提供担保。未经决议或者决议内容是拒绝提供担保的，对其合法性不予认可。

（2）未经公司股东（大）会或者董事会决议对外提供担保的，相对人不得请求公司或者其分支机构承担担保责任。在该种情形下，并不是分支机构有独立的财产，就可以随便对外签订担保合同。

（3）对《民法典担保制度司法解释》第11条的规定，其难点在于对"相对人不知道且不应当知道"的理解与适用。

笔者注意到，规定中采用的文字叙述是"相对人不知道且不应当知道"，因此，相对人仅仅以"不知道"为由不足以抗辩，具有"不应当知道"的合理事由才能作为抗辩理由。笔者认为，既然司法解释规定了公司的分支机构对外签订的担保合同，应当经公司股东会或者董事会决议，就不存在不应当知道的情形。

（六）针对代理人以自己名义对外签订借款合同的证据审查要点

相关规定

▼《民法典》

第925条　受托人以自己的名义，在委托人的授权范围内与第三人订立的合同，第三人在订立合同时知道受托人与委托人之间的代理关系的，该合同直接约束委托人和第三人；但是，有确切证据证明该合同只约束受托人和第三人的除外。

第926条　受托人以自己的名义与第三人订立合同时，第三人不知道受托人与委托人之间的代理关系的，受托人因第三人的原因对委托人不履行义务，受托人应当向委托人披露第三人，委托人因此可以行使受托人对第三人的权利。但是，第三人与受托人订立合同时如果知道该委托人就不会订立合同的除外。

受托人因委托人的原因对第三人不履行义务，受托人应当向第三人披露委托人，第三人因此可以选择受托人或者委托人作为相对人主张其权利，但是第三人不得变更选定的相对人。

委托人行使受托人对第三人的权利的，第三人可以向委托人主张其对受托人的抗辩。第三人选定委托人作为其相对人的，委托人可以向第三人主张其对受托人的抗辩以及受托人对第三人的抗辩。

【质证要点】

在司法实践中，有的借款人并不是真正的借款人，而是受托人或称代理人。在此情形下，出借人在名义借款人披露真实借款人后有权利要求受托人归还借款，也可选择要求委托人归还借款。但是，一旦作出选择，就不能更改。在此情形下，如果委托人举示出证据证明受托人已经归还了部分借款，该部分还款效力及于委托人。

根据原告举示的证据，证明借款合同在××××年××月××日签订，之后，出借人向代理人支付了借款，代理人又于××××年××月××日向出借人偿还了借款的本金××元或利息××元。对于应当认定与谁方建立借款合同关系的问题，因出借人在诉讼（此）之前已经向×××主张了还款权利，现在又通过诉讼程序向我方主张还款。根据《民法典》第926条的规定，我方不应当承担还款责任。

（七）针对收款人不是借款合同的借款人，或者借款人改变资金用途，如何发表质证意见

相关规定

▼《2020民间借贷司法解释》

第22条　法人的法定代表人或者非法人组织的负责人以单位名义与出借人签订民间

借贷合同，有证据证明所借款项系法定代表人或者负责人个人使用，出借人请求将法定代表人或者负责人列为共同被告或者第三人的，人民法院应予准许。

法人的法定代表人或者非法人组织的负责人以个人名义与出借人订立民间借贷合同，所借款项用于单位生产经营，出借人请求单位与个人共同承担责任的，人民法院应予支持。

1. 出借人的质证意见

【质证要点】

第一，如果借款人与收款人系同一人，或者虽然不一致，但是受借款人的委托将款付至另外的收款人，应当认定出借人已经履行了支付义务。至于借款人是否改变借款用途，已经超出了出借人的控制能力范围，其对出借人也不具有约束力。借款人指定将借款支付给何人，是借款人的权利，出借人无权干涉。借款人或共同借款人以及担保人仍然应当承担相应的民事责任。

第二，虽然没有得到借款人的书面授权将借款支付给×××，但是出借人根据借款人的口头指示将其款项支付给×××。这一事实有相关事实予以印证，如借款人在××××年××月××日向本人偿还了借款合同本金×元，或者支付了利息×元，证明借款人指定将借款付给第三人，是得到了借款人确认的。

第三，构成表见代理的质证意见：根据我方先前与本案被告签订的借款合同，也是×××代表借款人收取的借款，且是由本案被告履行的还款义务，证明本案被告对×××代表收款的行为是认可的。事后，本案被告未取消对×××的授权委托。本次仍然是向×××支付借款，我方从内心确信×××有代为收取借款的权利，故构成表见代理。

第四，构成表见代理的质证意见：因为×××之前是被告单位的出纳，一直代表本案被告对外收取款项，包括买卖合同的款项以及其他款项，我方有理由相信×××收取我方支付的借款的行为，属于职权范围，现在因其职务变动，不构成职务行为，但已构成表见代理。

2. 借款人的质证意见

【质证要点】

第一，如果没有指定将借款支付给合同以外的第三人，事后又没有以实际履行方式进行追认，可发表否定性的质证意见："没有证据证明出借人向我方履行了支付借款的义务，我方不应当承担偿还借款的责任。"

第二，之前，×××虽然是我单位的职工，代表本单位向出借人收取过借款，或者向其他单位收取过款项，但是，×××已于××××年××月××日离开了我公司，该事实出借人是明知的。有关事实为……而本次借款合同虽然在×××离开我公司之前签订（或者在离开之后签订),但是出借人支付借款的行为是在出借人明知×××离开我公司之后发生的,证明×××没有代表本公司向出借人收取借款的权利,不应当认定出借人向我方履行了支付借款的义务。

3. 担保人的质证意见

如果在担保合同中明确约定了资金用途,事后,借款人改变了资金用途,且该事实对于出借人是明知的,出借人没有依照借款合同履行监督、要求提前收回借款等义务,对担保人会构成损害。对此,可以发表以下意见。

【质证要点】

第一,担保人同意与出借人签订担保合同的主要原因,是担保人对借款人的××项目投产后所产生的经济效益看好,借款人具有偿还能力,担保的风险较小。所以,在合同中对借款用途作了特别约定,并且约定了出借人有监管义务。出借人没有直接将借款支付给借款合同的借款人,已经违反了常理,且是造成借款资金实际未用于投资项目的直接原因,证明出借人和借款人对于改变资金用途均存在过错。我方作为担保人,并未表示在改变资金用途的情形下仍然愿意提供担保,不能要求我方承担担保责任。

第二,在签订借款合同时,名义上约定的资金用途为……,而实际的用途与合同约定用途不同,该行为系借款人故意向担保人隐瞒事实真相的欺诈行为,或者是出借人与借款人共同向担保人隐瞒事实真相的行为。该行为诱导我方作出了签订担保合同的意思表示,并不是我方的真实意思表示,依据《民法典》第146条的规定,应当确认担保合同为无效合同。

(八)关于共同借款人,要从多方面考查借款人主体,并发表质证意见

1. 从签订借款合同时当事人的真实意思表示进行分析判断

实践中有这样的问题:在借款合同或借条、还款承诺书等债务凭证中注明是共同借款人的,就一定是共同借款人吗?如前面所述,要从债权凭证的形成时间、借款用途、借款时当事人的真实意思表示几方面进行考查。

一般而言,在借款合同关系形成时,就以共同借款人的名义签订借款合同或者出具借条,应当认定为共同借款。但在形成借款合同关系时并非以共同借款人的名义形成借款,就不一定是共同借款。在诉讼中,对方当事人往往以原来的借条销毁、作废等理由拒不提供原始借款合同或借条,无法证明在形成借款合同关系时某一方就是借款人。在此情形下,除非得到当事人的追认,或者有债务承担、债的加入的情况,否则,不应由本人履行还款义务。

2. 从资金用途上审查是否属于共同借款人

在共同借款合同中,当事人一方对共同借款人持有异议的,如何确定真实的借款人?这在实践中尚有一定难度。其审查要点之一是从资金用途方面进行考查。(见表6-1)

表 6-1 共同借款的审查要点（资金用途审查）

提出借款的主体	借款用途	初步结论
以共同借款人的名义提出借款	（1）款项用于共同借款人主体	应当认定为共同借款
	（2）款项未用于共同借款人主体	需考查共同借款人的真实意思表示，即授权证明的真实性和合法性、关联性
以个人名义提出借款	（3）款项用于共同借款人的主体	需考查借款用途是否为共同借款的事务
	（4）款项未用于共同借款人主体	不应当认定为共同借款

对于表 6-1 中所列第（2）项，因为借款人的名义虽然为共同借款人，即使款项未用于共同借款的用途，但借款人主体是适格的，合同内容是当事人的真实意思表示，无论款项作何用途，借款人主体是共同借款人均是成立的。

对于第（3）项和第（4）项，以个人名义提出借款，如果款项也未用于共同借款人的主体，显然是当事人的个人借款，这比较好理解。如果款项用于了共同借款人的主体，则要考查：借款是否为共同经营的主体为了融资需要而提出的借款，如果是，则应当认定为共同借款。相反，如果不是共同经营的主体为了融资需要而提出的借款，而是借款人个人为了履行个人的投资义务而获取借款，借款用于共同经营的主体，仅是借款人的借款用途，就不能认定为共同借款，而是个人借款。

在考查是否为共同借款时，还要考查借款人的身份是否具有职务性。这里不再多述。值得注意的是，当自然人的借款人的身份不同时，即使资金用途相同，也可能会承担不同的法律后果。例举如下。

第一，如果借款人是公司的法定代表人或非法人组织的负责人，虽然是以个人名义借款，但将借款用于公司生产经营活动或者用于非法人组织，在诉讼中应当将法定代表人或非法人组织的负责人与企业法人或非法人组织列为共同被告。

第二，如果借款人是公司的法定代表人或非法人组织的负责人，以公司名义借款，但借款实际由法定代表人或负责人个人使用（如偿还个人债务或其他个人经营活动），在诉讼中应当将法定代表人或非法人组织的负责人与企业法人或其他组织列为共同被告。

【证据审查要点提示】

在实践中，除前述情形外，如果借款人是普通人身份，即不是企业法人的法定代表人或非法人组织的负责人，则没有类似的法律规定。比如：如果是房地产开发项目的项目部负责人，以个人名义对外借款，因履行出资义务，将借款转账汇入项目部或公司账户，事后主张应由公司承担还款责任。对此，就应考查公司是否为借款人。出借人依照借款人的指示，将资金汇入公司账户，借款的实际使用人还是借款人本人，并非收款人的公司法人。至于借款真实用途，与借款合同关系的成立无关。而且，出借人依照借款人的指示将资金汇入公司账户，本身就证明了出借人是同意资金的实际使用用途的。如果出借人要求企业法人或非法人组织承担责任，可以发表以下质证意见：

原告及×××（第三人或其他被告）举示的证据，恰好证明被告方与借款合同无关。理由是：在形成借款合同关系时，是以×××个人名义签订的借款合同，之后，有证据表明×××已经部分履行了偿还义务（如有），证明真实的借款人应当是×××。被告方没有授权×××对外借款。出借人将资金汇入被告方账户内，是根据×××的指示而发生的支付行为，并不是被告方的意思表示。×××对某项目具有投资合同关系，其为了履行投资义务，指示将借款汇入公司账户内，证明资金的实际使用人仍然是×××。如果没有×××将资金汇入我公司账户的指示，出借人先将借款付至×××账户，之后，×××为了履行投资义务，仍然会将此笔借款汇入我公司账户。因此，本案的资金究竟用于何处，对于借款合同关系的确认没有影响。不能仅凭资金汇入被告账户，就认定被告是借款人。

3. 结合借款合同订立时间、出借人履行支付借款的时间、借款人履行部分还款义务的时间，审查是否属于职务行为

一般情况下，先签订借款合同，然后由出借人支付借款。在借款期限届满后，借款人负有归还借款的义务。但也有借款合同成立时间在后，支付借款在前的情形。对此，要审查该事实的合理性后再发表质证意见。

如果系出借人与借款人通过口头约定借款，并履行了支付义务，但由于借款人未按照口头约定的时间归还借款，出借人要求借款人出具借条或借据，是符合情理的，其合同效力应当得到确认。

如果出借人将其理解为合同的变更，意思则为先前有一份合同，因为未按期归还，对归还时间作了变更，所以再出具一份借款合同。对此，借款人只有一人，且该借款人明确认可该事实，是可能存在的。

但是，在新的借款合同中，出现二人或二人以上为共同借款人主体，而借条仅是其中一人书写，那么，有可能先是自然人是借款合同的当事人，然后为了将个人借款转嫁给其他人而故意伪造的虚假证据。其情形包括以下几种。

（1）在形成借款合同关系时，×××并不是本公司内部职工或项目负责人，之后利用掌管印章的机会，在借条中加盖了分支机构的印章或者法人公章，此时，构成合同欺诈。被告方可以发表以下质证意见。

通过×××的任职文件、劳动合同等证据，证明×××成为我公司职工，或者担任某职务的时间是××××年××月××日。而原告举示的支付借款的银行转账付款凭证、电汇凭证或其他证明支付款项的证据，证明借款合同关系成立的时间是××××年××月××日，前后相隔×月（年、天），明显不符合常理，被告方有理由怀疑原告方所谓新的借款合同或借条属于伪造（或变造）形成。原告所称举示的合同属于对原借款合同的变更，原告方应举示证据证明相关事实。特别是原告方应当出示变更以前的借款合同或借条，一方面证明我方是否为借款合同的当事人，另一方面排除我方的合理怀疑。在原告方未举示原借款合同或借条以前，对原告方的证明目的我方不予认可。

(2) 在形成借款合同关系时，×××是本公司内部职工或项目负责人，但是公司法定代表人没有授权对外签订借款合同，而且原告方出示的借款合同又与其个人债务有关，之后，×××利用掌管印章的机会，在借条中加盖了分支机构的印章或者法人公章，此时，也可能构成合同欺诈。被告方可以发表以下质证意见。

由于借款合同成立的时间是××××年××月××日，而加盖我公司印章的时间是××××年××月××日，原告一是未出示旧的借款合同或借条，二是未出示我公司向×××出具的签订借款合同的授权委托书，根据现有证据，不能证明在借款合同关系成立时，我公司就是借款人。加之，×××在任职期间内，掌管了我公司的印章（或分公司印章、分支机构印章），有机会出具一份我公司为借款人的合同，但是，该新的借款合同，并不能证明原有的借款合同关系被改变的事实。故被告方不具有偿还借款的义务。

(3) 如果出借人陈述原借条是由自然人出具的，而且其借款已经实际使用于公司项目（自然人是项目的联合投资人之一），加上公司对自然人出具的授权委托书排除了其代表公司对外借款的权利，不应当认定是职务行为。被告方可以发表以下质证意见。

下列事实，证明×××的行为不是职务行为。

第一，如果系职务行为的说法成立，那么，×××就不应当是借款人。而原告举示的借条或借款合同，在借款人处签字的借款人是×××，同时加盖了指印，这一事实与职务行为的说法相矛盾。

第二，根据×××的银行卡流水记录证明，该笔借款是由出借人于××××年××月××日向×××进行了支付，之后，×××又分别于××××年××月××日向出借人支付了×笔款项，二者形成往来关系。由于借款合同是双务合同，证明了自然人×××向出借人支付的款项，实际上是偿还借款。其偿还的金额不足的情况下，才虚构了此份新的借款合同，并将我公司列为借款人。但是，该新的借款合同并不能改变原来的借款合同关系。

(九) 当事人签订新的借款合同，同时宣布旧合同被销毁或作废的，如何发表质证意见

此种情形，可能因为借款人丧失还款能力，欲将还款义务转嫁由担保人承担，或者寻求其他共同还款义务人主体时产生。其宣布旧合同作废，只是出借人或出借人与共同借款人中的一人宣布，对其他共同借款人是否发生作用？同时，宣布合同作废以后，是否会引起担保责任免除，应当引起警惕。

【质证要点】

第一，如果借条中由自然人签字，同时由自然人加盖了印章，此印章非法人公章（见前述情形），除前述的质证意见外，还可以作如下补充："由于出借人与自然人的借款人，共同将前一借款合同的依据销毁，使本人有理由怀疑，前一合同中，并无本人为借款人的名称，也无我方法定代表人签字或法人公章，证明本人并非借款合同的当事人。之所以在

新的合同中加入本单位的名字，是自然人的笔迹所写，同时也没有加盖我公司的法人公章，也未要求我方对借款合同的法律效力进行追认，证明合同内容并非我公司的真实意思表示，因此，该合同对本人不产生法律效力。"

第二，担保人可以发表否定性质证意见：旧的合同已经宣布作废，或者销毁，证明旧的借款合同关系已经消灭。因借款合同是主合同，担保合同是从合同，主合同的法律关系消灭，担保合同关系也归于消灭。在新的借款合同中，本人并未作为担保人签字或盖章，并未形成新的担保合同关系，不应当对新的借款合同承担担保责任。

（十）针对借款合同注明的签约时间与借款合同关系实际的成立时间相隔太久发表质证意见

正常情况下，借款合同的签订时间与合同实际成立或履行义务的时间不会相差太久。一般情形应当是先形成借款合同关系（先签订合同），后履行合同义务。如果出现相反的情况，而且间隔时间太久，则明显不合常理。在发表质证意见时，应当先要求原告方作出合理说明。如果不能作出合理的解释，或者没有其他证据证明原告陈述的是事实，可以发表否定性的质证意见。

【质证要点】

第一，根据原告自己举示的证据证明，双方签订借款合同的时间是××××年××月××日，而合同开始履行的时间是××××年××月××日，二者相差×月（年、天），明显不符合常理。原告方对此未作出合理解释，或者原告所解释的内容与××证据载明的事实相矛盾，证明该份证据具有虚假嫌疑。

第二，如果有其他情形，如欺诈、胁迫的事实依据，应当发表此份证据属于无效合同的质证意见。

第三，如果有下列情形之一，应发表可能属于虚假诉讼的质证意见：（1）出借人明显不具备出借能力；（2）出借人起诉所依据的事实和理由明显不符合常理；（3）出借人不能提交债权凭证或者提交的债权凭证存在伪造的可能；（4）当事人双方在一定期间内多次参加民间借贷诉讼；（5）当事人一方或者双方无正当理由拒不到庭参加诉讼，委托代理人对借贷事实陈述不清或者陈述前后矛盾；（6）当事人双方对借贷事实的发生没有任何争议或者诉辩明显不符合常理；（7）借款人的配偶或合伙人、案外人的其他债权人提出有事实依据的异议；（8）当事人在其他纠纷中存在低价转让财产的情形；（9）当事人不正当放弃权利；（10）其他可能存在虚假民间借贷诉讼的情形。同时，要求法庭严格审查借贷发生的原因、时间、地点、款项来源、交付方式、款项流向以及借贷双方的关系、经济状况等事实，综合判断是否属于虚假诉讼。如果属于虚假诉讼，应当将案件移送公安机关侦查，并中止本案的审理。

第四，如果担保人发现担保合同是在借款合同偿还借款的履行期限届满之后才签订的，且是在借款人丧失偿还能力后才要求签订的担保合同，此前借款人故意隐瞒了丧失偿债能力的事实，证明担保合同属于无效合同。至于担保合同无效的责任问题，担保人并不存在过错，不应当承担损失赔偿责任。理由是：债权人的损失在借款人丧失还款能力时就已经形成，与担保合同的签订无关。

（十一）对借款合同是否属于格式合同发表质证意见

相关规定

▼《民法典》

第496条 格式条款是当事人为了重复使用而预先拟定，并在订立合同时未与对方协商的条款。

采用格式条款订立合同的，提供格式条款的一方应当遵循公平原则确定当事人之间的权利和义务，并采取合理的方式提示对方注意免除或者减轻其责任等与对方有重大利害关系的条款，按照对方的要求，对该条款予以说明。提供格式条款的一方未履行提示或者说明义务，致使对方没有注意或者理解与其有重大利害关系的条款的，对方可以主张该条款不成为合同的内容。

第497条 有下列情形之一的，该格式条款无效：

（一）具有本法第一编第六章第三节和本法第五百零六条规定的无效情形；

（二）提供格式条款一方不合理地免除或者减轻其责任、加重对方责任、限制对方主要权利；

（三）提供格式条款一方排除对方主要权利。

第498条 对格式条款的理解发生争议的，应当按照通常理解予以解释。对格式条款有两种以上解释的，应当作出不利于提供格式条款一方的解释。格式条款和非格式条款不一致的，应当采用非格式条款。

▼《民法典合同编司法解释》

第9条 合同条款符合民法典第四百九十六条第一款规定的情形，当事人仅以合同系依据合同示范文本制作或者双方已经明确约定合同条款不属于格式条款为由主张该条款不是格式条款的，人民法院不予支持。

从事经营活动的当事人一方仅以未实际重复使用为由主张其预先拟定且未与对方协商的合同条款不是格式条款的，人民法院不予支持。但是，有证据证明该条款不是为了重复使用而预先拟定的除外。

第10条 提供格式条款的一方在合同订立时采用通常足以引起对方注意的文字、符号、字体等明显标识，提示对方注意免除或者减轻其责任、排除或者限制对方权利等与对方有重大利害关系的异常条款的，人民法院可以认定其已经履行民法典第四百九十六条第二款规定的提示义务。

提供格式条款的一方按照对方的要求，就与对方有重大利害关系的异常条款的概念、内容及其法律后果以书面或者口头形式向对方作出通常能够理解的解释说明的，人民法院可以认定其已经履行民法典第四百九十六条第二款规定的说明义务。

提供格式条款的一方对其已经尽到提示义务或者说明义务承担举证责任。对于通过互联网等信息网络订立的电子合同，提供格式条款的一方仅以采取了设置勾选、弹窗等方式为由主张其已经履行提示义务或者说明义务的，人民法院不予支持，但是其举证符合前两款规定的除外。

【重点难点提示】

格式合同常见于金融机构、小贷公司、典当行、财务公司以及职业放贷人、套路贷等借款合同中。对于未取得金融许可证的小额贷款公司，以及职业放贷人，其金融业务有较强的隐蔽性，在未被确认为违法行为以前，应视为民间借贷纠纷对待。因此，也会常常见到格式合同，包括借款合同和担保合同。

格式合同往往设计有非对称性的条款以及免责条款。比如，对高利贷的约定，就不是借款人一方的真实意思表示。如果借款人一方能够证明存在欺诈、胁迫等情形导致借款人意思表示不真实而签订的合同，应当属于无效合同（对担保合同更是如此）。

《民法典》第 496 条规定，采用格式条款订立合同的，提供格式条款的一方应当采取合理的方式提示对方注意免除或者减轻其责任等与对方有重大利害关系的条款，按照对方的要求，对该条款予以说明。提供格式条款的一方未履行提示或者说明义务，致使对方没有注意或者理解与其有重大利害关系的条款的，对方可以主张该条款不成为合同的内容。《最高人民法院关于适用〈中华人民共和国合同法〉若干问题的解释（二）》第 6 条规定，格式合同中的免责或限制责任的条款，只有在订立合同时，采用足以引起对方注意的文字、符号、字体等特别标识，并按照对方的要求对该格式条款予以说明的，才具有合同效力；否则，应当无效。

（十二）结合自然人签字与加盖印章处的间隔距离发现非正常书写提出证据疑点的质证意见

正常的书写，格式基本一致，字体大小、字与字之间的间距没有特别突出的差异。多数情况下，将印章加盖在书写的文字上面，是比较科学的。如果同一人书写的同一类型的借条或者还款承诺书之类的文件，均出现"字体大小不一、字与字之间的间距较大，印章均无一与自然人的签名有重合现象"等情形，说明存在非正常现象。至于签名与印章没有任何重合的现象，则可能存在伪造证据，规避通过痕迹鉴定发现偷盖印章的事实。比如，借条是手书的，然而，签名的时间是在加盖印章的时间之后，说明先是在空白的纸张上加盖了印章，然后再利用这些空白纸张书写借条，这一情况的可能性是存在的。这一判断在下列情形下比较突出：

(1) 用同一类型纸张书写了若干份借条或还款承诺书之类，但是，若干份证据均存在相同或类似的非正常书写方式；

(2) 在借条或还款承诺书上加盖印章的一方，并未从出借人处获取借款；

(3) 在所谓借款合同成立之后至发生诉讼之前，出借人从未向加盖印章一方的当事人催收过借款；

(4) 书写借条或者合同相对方的有关人员，曾经掌管过分支机构的印章或项目部的印章；

(5) 在诉讼发生之前，由案外人或者书写借条的人，履行过部分还款义务，此后，因为偿还债务的能力降低或丧失，有中断还款的事实存在。

在上述情形下，可以发表以下质证意见。

【质证要点】

从借款合同上加盖的印章和文字书写痕迹来看，借款合同系伪造。合同上加盖的印章并非被告的法人公章，也没有法定代表人签字确认，事后，原告也未要求被告对其合同效力进行追认，对该合同的真实性、合法性及关联性均不予认可。对证据涉及的捏造事实，申请进行司法鉴定。

（十三）针对是否构成职务行为发表质证意见

一是审查委托人是否具有合法授权的主体资格。比如，同样是企业法人的内部职能部门代表企业法人对外签订合同，但签订的是借款合同还是担保合同，其授权主体是不同的。借款合同的授权主体是法定代表人。然而，如果是以公司名义对外签订担保合同，其授权人主体应当是企业法人的股东会或董事会。

二是授权内容是否与执行职务有关。比如，所借资金用于企业的生产经营，证明与其职务行为有关。如果凭借授权委托书，签订了借款合同，然而，其资金实际又用于个人目的，证明代理人履行的是非职务行为。此时，要考虑是否构成表见代理。

三是审查是否超越了职权范围。如果授权委托书对于职权范围作了明确规定，应当按照授权委托书载明的职权范围进行审查。特别是对其职权作了限制性文字表述的，更要审查是否超越了职权范围。

授权委托书是否能够得到确认，关键点是委托人是否愿意承担授权行为所产生的法律后果。如果在授权委托书中明确表述了委托人不承担其代理后果，证明从合同性质上其不是一份合法的授权委托书，相反，也不构成表见代理。因为该限制性规定等于委托人已经告知了对方当事人，对方当事人不可能构成善意第三人。实践中，根据不同的情况可以发表不同的质证意见。

【质证要点】

证明其职务行为的说法不成立。主要从以下方面发表意见：

第一,授权人主体不适格。第一种情况为:授权书中不是法定代表人或者负责人亲笔签字。第二种情况为:授权委托书虽然由法定代表人签名,或者加盖了法人公章,但公章是法定代表人在使用,证明这是法定代表人的意思表示。其意思表示是否当然及于企业法人,要看其职权范围是否受到公司章程的限制,即在《公司法》第15条对法定代表人的职权有限制性规定的情形下,其授权人应当是股东会或董事会,或者由超过2/3的股东共同签字,才符合授权人主体资格。未达到前述条件的,不是职务行为。

第二,授权书对代理人的职权有限制性规定,而且合同相对方对该限制性的规定是明知的。超出代理权限范围的事项,不应由法人主体承担责任。

第三,代理事项超出了正常的职权范围。比如,按照通常的理解,该授权委托书应当履行的是公司职务,但是,该笔借款实际用于偿还个人借款,与履行公司职务无关,不应当认定为职务行为。

第四,代理权限已经解除。对此事实,出借人是明知的。比如,当事人一方已向合同相对方送达了解除代理权限的通知、短信、微信等;或者有其他事实证明出借人对解除了代理权限的事实知情,其后果应当由出借人或行为人承担,与当事人一方无关。

第五,代理权限因代理期限届满而终止。

第六,如果出借人向法庭举示了授权委托书,在授权委托书中载明了限制性规定(如借款只能支付到公司账户内),或者注明了代理期限等,均直接证明出借人对前述事实是知情的。

(十四)针对是否构成表见代理发表质证意见

构成表见代理的条件有四项:一是行为人没有代理权。二是相对人有理由相信行为人具有代理权的事实或理由。三是相对人主观是善意且无过失。四是行为人与相对人之间的民事行为具备民事行为的有效要件。

四项要件中,第二项和第三项是重点。在第二项中,相对人相信行为人有代理权的理由应当充分,从内心中应当达到足以相信的程度。如果未达到足以相信的程度,不会构成表见代理。对于第三项,善意与非善意,应当以第一项即"不具有代理权"的事实判断是否具有知道或应当知道的情形。如果知道或者应当知道行为人没有代理权,显然不会构成善意。不构成表见代理的质证要点如下。

【质证要点】

第一,相对人相信行为人具有代理权的理由不充分。

(1)对普通身份的人不具有对外签订合同的权利是明知的。

(2)法律、司法解释规定了应当取得授权的民事行为的,也属于明知的范围。如企业法人的内部职能部门不能代表企业法人对外签订担保合同,对任何人而言都应当是明知的。

(3)被代理人已将授权范围或限制性规定或代理期限明确告知了合同相对方的。

(4) 合同相对方明知代理人的代理行为超出了职权范围，或者明知丧失了代理权，仍然与之订立合同的。

(5) 出借人明知代理人丧失代理权，或者超越代理权而签订借款合同，事后，没有要求我公司法定代表人对合同效力进行追认的。

第二，合同相对方非善意。

(1) 出借人在本公司没有另行指定收款人，却将借款转入到与本公司无关的第三人账户，导致本公司没有实际使用此笔借款。如果由本公司承担偿还义务，就会造成经济损失。这证明出借人主观上有故意或过失的过错。

(2) 出借人将原始借款合同或借条予以销毁，重新与借款人出具了借条或还款承诺书、欠条等债权凭证，致使本公司不能查清在订立借款合同时谁是真实的借款人，且其销毁行为并未得到我公司同意，证明出借人主观上存在故意或过失的过错。

(十五) 对是否需要追认才能确定合同效力的质证意见

第一，分清法律规定中，哪些情形需要经过追认才产生合同效力。

详见第四章"债务请求权"第二节中"效力待定合同"的相关内容。

第二，针对原告方所谓已经进行了追认发表反驳意见。如："原告方举示的证据，不能证明某某具有合法的代理权限，事后，原告方也未要求被告方进行追认。或者，原告举示的所谓进行了追认的证据，并不具有证明效力。被告对所谓追认的事实不予确认。"

(十六) 对是否属于借款合同性质发表质证意见

质证对象：商品房买卖合同、股权转让合同、投资协议、债的加入合同以及相关的借款合同、借条等。

提要：在民间借贷中大量存在让与担保的情形，这种情形一般是名为买卖实为担保。因此，在诉讼中，要针对合同性质是否为借款合同发表质证意见。对于名为投资实为借款的合同也是如此。如果对方以买卖合同或投资协议提出诉讼，借款人一方要举示相关证据，证明是借款合同关系，而非买卖合同关系或投资合同关系。理由是：以买卖合同形式为借款提供担保，往往买卖合同的价格非常低，如果按照买卖合同执行，一般会造成重大的经济损失。如果借款人以自己的财产提供担保，且执行买卖合同又没有额外损失的，也可以承认其买卖合同关系。这在法律中属于选择性的合同关系。选择性的合同关系，表明当事人之间同时订立了两份不同性质的合同，并且是未约定二者属于主从关系，当事人可以选择执行的合同。理论界也有人将其称为并行的合同关系。

【质证要点】

第一，就名为投资或名为买卖实为借贷关系发表质证意见。有关司法解释规定，借款人认为属于其他法律关系的，应当承担举证证明责任。

第二，就担保人究竟是自行承担担保责任，还是债的加入发表质证意见。对此，有两点需要注意：

一是依据最高人民法院指导案例，如果担保人签订担保合同后，又与出借人签订了借款合同，应当认定为债的加入。

二是《九民纪要》第23条规定："法定代表人以公司名义与债务人约定加入债务并通知债权人或者向债权人表示愿意加入债务，该约定的效力问题，参照本纪要关于公司为他人提供担保的有关规则处理。"这是就债的加入准用担保规则的规定。

在实践中，如果认可是债的加入，债的加入者会成为债务人，且在债务加入后，是与债务人承担连带还款责任，应持慎重态度。特别是将不是债的加入认定为债的加入，就会造成重大经济损失。对担保人而言，如担保人与出借人另行签订了借款合同，将其认定为债的加入，债的加入效力适用担保有关规则处理，质证要点与公司对外提供担保相同。

（十七）针对合同内容是否存在实质性的变更发表质证意见

质证对象：借款合同补充协议以及载有变更内容的其他证据。

对于合同变更，如果是单一的借款人主体，只要是合同双方真实意思表示，且没有违反法律法规强制性规定，以及公序良俗，应当认定为有效。在非单一主体下，要考查是否属于共同借款人的意思表示。如果是担保人作为被告的，应当关注合同变更对担保责任的免除情形。

【质证要点】

第一，要考查合同变更是否是共同借款人的共同意思表示。

第二，如果不是，要进一步考查合同变更是否对其他借款人而言会增加债务上的负担，如增加借款额度，提高利息计算比例等。

第三，对于担保人，如果合同变更导致担保责任的免除，要发表质证意见：认可合同变更的事实，但是其变更未经过担保人的同意，且属于实质性变更，依照有关法律规定，应当免除担保人的担保责任，或者主张免除加重担保责任的部分责任。

（十八）对是否属于违法借贷发表质证意见

质证对象：出借人资金流水、付款凭证及其他证据。

因违法借贷直接引起合同无效的法律后果，借款人除发表质证意见外，还要举示相关证据，证明违法借贷的事实，如赌博欠债或者涉毒案件等。

【质证要点】

第一，对是否构成非法集资发表质证意见。构成非法集资，重点应关注两个特征，一是非法集资的对象是不特定多数人。为他人向社会公众非法吸收资金提供帮助，从中收取代理费、好处费、返点费、佣金、提成等费用的，也可以构成非法集资的责任主体。如果是向亲戚朋友定向募集资金的，不属于不特定多数人的范围。二是是否以通过虚假宣传达到非法集资的目的。

第二，出借人是否为职业放贷人。职业放贷人的主要特点是超出正常的经营范围，在同一时期，多次向他人发放贷款；或者在经营活动中以发放贷款为主业。

第三，是否为套路贷。以非法占有为目的，假借民间借贷之名，诱使或迫使被害人签订"借贷"或变相"借贷""抵押""担保"等相关协议，通过虚增借贷金额，恶意制造违约，肆意认定违约，销毁或隐匿还款证据等方式形成虚假债权债务，并借助诉讼、仲裁、公证或者采用暴力、威胁以及其他手段非法占有被害人财物的相关违法犯罪活动。

第四，是否具有《2020民间借贷司法解释》第13条规定的情形，包括：（1）套取金融机构贷款转贷的；（2）以向其他营利法人借贷、向本单位职工集资，或者以向公众非法吸收存款等方式取得的资金转贷的；（3）未依法取得放贷资格的出借人，以营利为目的向社会不特定对象提供借款的；（4）出借人事先知道或者应当知道借款人借款用于违法犯罪活动仍然提供借款的；（5）违反法律、行政法规强制性规定的；（6）违背公序良俗的。

因违法借贷签订的借款合同应当认定为无效合同。

(十九) 对借款合同关系是否成立发表归纳性的质证意见

质证对象：借款合同、借条、欠条、收条以及履行支付借款的相关证据。

证明借款合同关系成立，是出借人的举证责任。如果主张属于另外的法律关系，由被告方承担举证责任。但要注意，并非所有认为"是另外的经济事项的"，均应当由借款人举证。例如：如果针对借款人的还款，出借人主张是因为另外的经济关系产生的支付事实，应当由出借人承担举证责任。

【质证要点】

第一，合同主体是否适格。前文已述。

第二，是否形成订立合同的合意。要证明合同成立，首先要证明形成订立合同的合意，即要约和承诺。对于书面形式的借款合同或借条，因其直接载明了借款的意思表示，如果签订合同的当事人主体适格，合同内容是其真实意思表示，并且没有违反法律法规的强制性规定，应当认定其合同已经成立。但自然人之间的借款合同是在提供借款时成立。

对于非书面形式的借款合同，特别是基于朋友关系以口头形式签订的合同，要证明借款合同关系是否成立，具有一定困难。对此，出借人应当提供具有签订借款合同的意思表示的相关证据，才能达到证明目的。这种意思表示可以通过履行支付义务的证据来证明。

在民间借贷合同纠纷中，仅有付款凭证，不能证明借款关系的成立。合同相对方认为双方存在其他合同关系的，应当负举证责任。从优势证据角度，如果借款人不能证明是其他经济关系发生的支付行为，只有出借人一方提供了支付凭证，属于"仅有"情况，出借人一方具有相对的优势地位。在司法实践中，有根据优势评判标准确认借款合同关系成立的案例。

第三，针对合同性质发表质证意见。

第四，针对合同效力发表质证意见。如合同内容是否具有违反法律、法规强制性规定及公序良俗的情形，如果属于非法集资合同、套路贷或非法放贷并构成刑事犯罪的，应当中止本案的审理，将案件移交公安机关。有《2020民间借贷司法解释》第13条规定的情形之一的，可以直接认定合同无效。

（二十）针对出借人支付借款的义务发表质证意见

质证对象：收条、转账付款凭证、银行流水、现场照片、视听资料及其他证据。

履行支付借款义务的举证责任由出借人承担。

【质证要点】

第一，对出借人支付借款的事实不予认可的，应发表否定性的质证意见。

第二，对借款事实是否发生发表质证意见。借款人抗辩借贷行为未实际发生，需要发表否定性的意见，同时说明理由即可。法律依据是《2020民间借贷司法解释》第15条第2款。

第三，对履行对象是否适格发表质证意见。如果收款人不是借款人本人，而是案外第三人，借款人对此不予认可的，应当要求出借人说明理由。出借人认为是职务行为、有效代理或者表见代理的，要求其提供有效证据。在出借人举示相关证据以前，应发表否定性的质证意见，即对出借人所谓职务行为（表见代理）的事实不予认可。

第四，对履行方式是否恰当发表质证意见。如，《2020民间借贷司法解释》第9条规定："自然人之间的借款合同具有下列情形之一的，可以视为合同成立：（一）以现金支付的，自借款人收到借款时；（二）以银行转账、网上电子汇款等形式支付的，自资金到达借款人账户时；（三）以票据交付的，自借款人依法取得票据权利时；（四）出借人将特定资金账户支配权授权给借款人的，自借款人取得对该账户实际支配权时；（五）出借人以与借款人约定的其他方式提供借款并实际履行完成时。"

第五，对出借人是否具有出借能力、履行方式是否具有明显不符合常理的情形发表质证意见。《2020民间借贷司法解释》第18条规定的十种情形，都是不符合常理的情形。

第六，对是否存在违法转贷行为发表质证意见，如《2020民间借贷司法解释》第13条的规定。

第七，对其资金来源是否合法发表质证意见，如是否为利用赌博、贩卖毒品所得形成的借款合同关系。

（二十一）对合同义务履行方式发表质证意见

质证对象：收条、转账付款凭证、银行流水、现场照片、视听资料及其他证据。

已经还款的举证责任应由借款人承担。如果有担保人，担保人也可以举示证明借款已经归还的证据。借款人认为所支付或欠付的利息超过民间借贷司法解释规定的上限，应当承担举证证明责任。

【质证要点】

第一，对出借人支付借款或借款人归还借款的事实不予认可的，应发表否定性的质证意见。

第二，履行义务的主体是否为借款合同的当事人。如果非借款人直接履行的偿还义务，要求借款人进一步举示证明是归还借款的证据。

如果此时出借人认为是因为其他法律关系发生的支付行为，应当承担举证证明责任。在有充分的证据下，可以发表补充质证意见："根据……，借款人举示的支付款项，属于因……形成的支付行为，与本案借款合同履行还款义务无关。"

第三，对履行方式是否合法发表质证意见，如双方签订了以物抵债协议，未完成标的物的交付或者未办理所有权过户手续，是借款人的原因导致的，应当发表"对以物抵债协议履行了支付义务的事实不予认可"，同时应当承担举证证明责任，具体如：因司法查封的财产用于抵债；或者是在未取得商品房预售许可证的情形下签订的以房抵债协议；等等。

第四，对实际履行还款义务的第三人发表质证意见。如果第三人与案涉借款合同有关联性，如系公司法定代表人以个人名义签订的借款合同，但是借款是支付至公司账户，还款也是由公司偿还了部分债务，公司是实际的借款人。其质证意见应当申请追加公司为被告，并要求承担连带还款责任。

【担保人质证要点】

第一，原则上，凡是借款人举示的已经还款的证据，均应当认可其证明效力。同时，如果借款人举示证据不充分，应当协助借款人完成举证任务。

第二，对是否超过最高人民法院规定的利息上限发表质证意见。如果超过的，应当发表超过部分无效的质证意见。

第三，对还款金额是否超过担保范围发表质证意见。如果超过了担保范围，应当发表不属于担保责任范围的质证意见。

第四，对出借人要求追加被告的情形发表质证意见。原则上，应当认可，但最终是由人民法院决定是否追加。多一个债务人，会相应减少承担担保责任的风险。

(二十二) 针对借款本金发表质证意见

质证对象：借款合同、借条、收条、欠条以及出借人履行支付义务形成的转账付款凭证、银行流水、现场照片、视听资料等。

借款本金一般是根据借款合同载明的金额确定。如果是自然人之间的借款，应当根据出借人实际支付的借款金额进行确定。如果实际支付的借款与合同载明的借款本金不一致，应当根据实际履行支付义务的金额确定。如果有"砍头息"、将利息加入本金出具欠条或借条的情形，应当根据实际支付的金额确定。如果是借款人故意不按照合同约定的金额及时间收取借款的，应当根据合同载明的金额计算利息。

【借款人质证要点】

第一，对是否存在"砍头息"的事实发表质证意见。如："合同约定的借款本金为×万元，实际为×万元，因为第一次支付借款时扣除了应支付的利息×万元。其借款本金应当确认为×元"。

第二，对有利息加入本金的事实发表质证意见。原告举示证据载明的借款本金为×万元，但实际仅为×万元，其中×万元属于计算的利息。

第三，对巨额现金支付发表质证意见。如果否认的，应当作出合理说明。同时，要求对方当事人进一步举示证据，证明现金支付的事实成立；否则，不予认可。

第四，对出借人是否具有出借能力、履行方式是否具有明显不符合常理的情形发表质证意见，结合《2020民间借贷司法解释》第18条的规定进行。

第五，是否存在违法转贷行为，具体结合《2020民间借贷司法解释》第12条规定的情形认定。

第六，其资金来源是否合法，如是否利用赌博、贩卖毒品所得形成的借款合同关系。

其中，第四、五、六项，如果理由成立，可以反证双方签订的借款合同系无效合同。

【担保人质证要点】

第一，对借款本金是否属实发表质证意见。原则上，借款人提出有"砍头息"、本金加入了利息等意见的，应当认可，因为这可能减少担保责任。

第二，如果存在前述借款合同无效的情形，原则上应发表与借款人一致的质证意见。如果借款人的证据不够充分，但事实上又存在的，要帮助借款人进一步完成举证义务。

(二十三）针对利息的约定及欠付利息发表质证意见

质证对象：借款合同、借条、收条、欠条以及借款人履行还款义务形成的转账付款凭证、银行流水、现场照片、视听资料等。

原则上，合同中未约定利息的，不应当支付利息。但借款人自愿支付的除外。约定利息不能超过规定上限。

【借款人质证要点】

第一，合同或借条中未约定利息，应发表以下质证意见："双方在借款合同中并未约定利息，应当认定被告方不应当向原告方支付利息。"

第二，如果合同或借条中有归还借款本金，未注明是利息的情形，应发表质证意见："双方在借款合同中并未约定利息，应当认定被告方不应当向原告方支付利息。由被告向原告支付的所有款项应全部计算为归还的本金，具体金额为×元。"

第三，如果存在利息约定超过规定的上限，应发表超过规定的利息属于无效约定，不应当履行支付义务的质证意见。

第四，如果利息加上逾期利息、违约金以及其他费用，超过利息规定上限，应当发表否定性的质证意见。

【担保人质证要点】

第一，如果存在未约定利息，而债务人自愿支付的，不属于担保责任的范围。

第二，对于利息约定超过规定上限的，不属于担保责任范围。

(二十四) 对逾期利息的约定发表质证意见

相关规定

▼《2020民间借贷司法解释》

第28条　借贷双方对逾期利率有约定的，从其约定，但是以不超过合同成立时一年期贷款市场报价利率四倍为限。

未约定逾期利率或者约定不明的，人民法院可以区分不同情况处理：

(一) 既未约定借期内利率，也未约定逾期利率，出借人主张借款人自逾期还款之日起参照当时一年期贷款市场报价利率标准计算的利息承担逾期还款违约责任的，人民法院应予支持；

(二) 约定了借期内利率但是未约定逾期利率，出借人主张借款人自逾期还款之日起按照借期内利率支付资金占用期间利息的，人民法院应予支持。

第29条　出借人与借款人既约定了逾期利率，又约定了违约金或者其他费用，出借人可以选择主张逾期利息、违约金或者其他费用，也可以一并主张，但是总计超过合同成立时一年期贷款市场报价利率四倍的部分，人民法院不予支持。

【重点难点提示】

质证对象：借款合同、借条、收条、欠条以及借款人履行还款义务形成的转账付款凭证、银行流水、现场照片、视听资料等。

【借款人质证要点】

第一，如果在合同中约定了违约金，而未单独约定逾期利息的，不应当计算逾期利息。

第二，未约定逾期利率或者约定不明的，其质证意见为：(1) 针对既未约定借期内利率，也未约定逾期利率，出借人只能主张借款人自逾期还款之日起参照当时1年期贷款市场报价利率标准计算的利息承担逾期还款违约责任；(2) 针对约定了借期内利率但是未约定逾期利率，出借人只能主张借款人自逾期还款之日起按照借期内利率支付逾期利息。

第三，如果利息加上逾期利息、违约金以及其他费用，超过规定上限的，应当发表否定性的质证意见。

【担保人质证要点】

要根据担保合同约定的担保范围发表相关的质证意见。如担保范围未包括逾期利息的，逾期利息不属于担保责任范围，担保人不应当承担担保责任。

（二十五）对证人证言发表质证意见

相关规定

▼《民事诉讼法》（2023年修正）

第66条 证据包括：……（六）证人证言……

证据必须查证属实，才能作为认定事实的根据。

第75条 凡是知道案件情况的单位和个人，都有义务出庭作证。有关单位的负责人应当支持证人作证。

不能正确表达意思的人，不能作证。

第76条 经人民法院通知，证人应当出庭作证。有下列情形之一的，经人民法院许可，可以通过书面证言、视听传输技术或者视听资料等方式作证：

（一）因健康原因不能出庭的；

（二）因路途遥远，交通不便不能出庭的；

（三）因自然灾害等不可抗力不能出庭的；

（四）其他有正当理由不能出庭的。

▼《民事诉讼法司法解释》（2022年修订）

第96条 民事诉讼法第六十七条第二款规定的人民法院认为审理案件需要的证据包括：

（一）涉及可能损害国家利益、社会公共利益的；

（二）涉及身份关系的；

（三）涉及民事诉讼法第五十八条规定诉讼的；

（四）当事人有恶意串通损害他人合法权益可能的；

（五）涉及依职权追加当事人、中止诉讼、终结诉讼、回避等程序性事项的。

除前款规定外，人民法院调查收集证据，应当依照当事人的申请进行。

第117条 当事人申请证人出庭作证的，应当在举证期限届满前提出。

符合本解释第九十六条第一款规定情形的，人民法院可以依职权通知证人出庭作证。

未经人民法院通知，证人不得出庭作证，但双方当事人同意并经人民法院准许的除外。

第119条 人民法院在证人出庭作证前应当告知其如实作证的义务以及作伪证的法律后果，并责令其签署保证书，但无民事行为能力人和限制民事行为能力人除外。

证人签署保证书适用本解释关于当事人签署保证书的规定。

第120条　证人拒绝签署保证书的，不得作证，并自行承担相关费用。

▼《2019证据规则》

第69条　当事人申请证人出庭作证的，应当在举证期限届满前向人民法院提交申请书。

申请书应当载明证人的姓名、职业、住所、联系方式，作证的主要内容，作证内容与待证事实的关联性，以及证人出庭作证的必要性。

符合《最高人民法院关于适用〈中华人民共和国民事诉讼法〉的解释》第九十六条第一款规定情形的，人民法院应当依职权通知证人出庭作证。

第70条　人民法院准许证人出庭作证申请的，应当向证人送达通知书并告知双方当事人。通知书中应当载明证人作证的时间、地点，作证的事项、要求以及作伪证的法律后果等内容。

当事人申请证人出庭作证的事项与待证事实无关，或者没有通知证人出庭作证必要的，人民法院不予准许当事人的申请。

第71条　人民法院应当要求证人在作证之前签署保证书，并在法庭上宣读保证书的内容。但无民事行为能力人和限制民事行为能力人作为证人的除外。

证人确有正当理由不能宣读保证书的，由书记员代为宣读并进行说明。

证人拒绝签署或者宣读保证书的，不得作证，并自行承担相关费用。

证人保证书的内容适用当事人保证书的规定。

第72条　证人应当客观陈述其亲身感知的事实，作证时不得使用猜测、推断或者评论性语言。

证人作证前不得旁听法庭审理，作证时不得以宣读事先准备的书面材料的方式陈述证言。

证人言辞表达有障碍的，可以通过其他表达方式作证。

第73条　证人应当就其作证的事项进行连续陈述。

当事人及其法定代理人、诉讼代理人或者旁听人员干扰证人陈述的，人民法院应当及时制止，必要时可以依照民事诉讼法第一百一十条的规定进行处罚。

第74条　审判人员可以对证人进行询问。当事人及其诉讼代理人经审判人员许可后可以询问证人。

询问证人时其他证人不得在场。

人民法院认为有必要的，可以要求证人之间进行对质。

第75条　证人出庭作证后，可以向人民法院申请支付证人出庭作证费用。证人有困难需要预先支取出庭作证费用的，人民法院可以根据证人的申请在出庭作证前支付。

第76条　证人确有困难不能出庭作证，申请以书面证言、视听传输技术或者视听资料等方式作证的，应当向人民法院提交申请书。申请书中应当载明不能出庭的具体原因。

符合民事诉讼法第七十三条（现为第 76 条）规定情形的，人民法院应当准许。

第 77 条 证人经人民法院准许，以书面证言方式作证的，应当签署保证书；以视听传输技术或者视听资料方式作证的，应当签署保证书并宣读保证书的内容。

第 78 条 当事人及其诉讼代理人对证人的询问与待证事实无关，或者存在威胁、侮辱证人或不适当引导等情形的，审判人员应当及时制止。必要时可以依照民事诉讼法第一百一十条（现为第 112 条）、第一百一十一条（现为第 113 条）的规定进行处罚。

证人故意作虚假陈述，诉讼参与人或者其他人以暴力、威胁、贿买等方法妨碍证人作证，或者在证人作证后以侮辱、诽谤、诬陷、恐吓、殴打等方式对证人打击报复的，人民法院应当根据情节，依照民事诉讼法第一百一十一条（现为第 113 条）的规定，对行为人进行处罚。

第 90 条 下列证据不能单独作为认定案件事实的根据：……（三）与一方当事人或者其代理人有利害关系的证人陈述的证言……

【重点难点提示】

1. 当事人申请证人出庭作证的，应当在举证期限届满前提出
2. 证人的作证义务
（1）人民法院应当要求证人在作证之前签署保证书，并在法庭上宣读保证书的内容。
（2）证人应当客观陈述其亲身感知的事实，作证时不得使用猜测、推断或者评论性语言。
（3）证人作证前不得旁听法庭审理。
（4）证人作证时不得以宣读事先准备的书面材料的方式陈述证言。
（5）证人应当就其作证的事项进行连续陈述。
3. 对证人的询问技巧
（1）编写询问提纲。
事前编写好询问提纲，仔细安排询问问题的先后顺序，尽量不要漏问、错问。
（2）询问证人顺序。
其先后顺序为：1）申请证人出庭一方先行询问；2）对方当事人进行询问；3）第三人询问；4）审判人员询问。
（3）对方当事人对证人采取诱导、提示性、威胁、侮辱性提问或者故意询问与案件事实无关的问题，要请求审判人员及时制止。
（4）询问内容。
申请证人出庭一方当事人，询问内容主要是与待证事实相关的事实，达到证明目的即可。非特别重要的事实，没有必要过多提问。

作为对方当事人询问证人的目的在于否定其证明效力，要抓住待证事实的每一环节进行仔细询问。针对证人的身份，与当事人之间有无利害关系，签订合同的时间、地点、细

节，有无其他知情人员在场，使用的纸张，签字或加盖印章的情形，履行合同义务的情形，委托付款或委托收款的情形等要详细询问。如果证人出现闪烁其词、吞吞吐吐、故意回避、不能准确陈述、神色慌张等情形的，更要紧追不舍、刨根问底。如果证人拒绝回答，而其证明内容又与本案的案件事实相关，则要求书记员记录在案。但要注意不得使用侮辱性、故意刁难证人的语言。

4. 对证人证言的证明效力的综合评价

主要阐明证人证言是否可以得到采信的事实和理由。其要点如下。

（1）关于证人身份是否适格的问题。如果证人是单位内部职工，严格意义上，该证人不具有证人的主体资格。理由是该证人的身份属于当事人。

（2）关于证人是否可以通过书面证言、视听传输技术或视听资料等方式进行作证的问题。一是要具备合法理由，包括：1）因健康原因不能出庭的；2）因路途遥远，交通不便不能出庭的；3）因自然灾害等不可抗力不能出庭的；4）其他有正当理由不能出庭的。二是需经人民法院许可。

针对证人未出庭作证，申请证人一方当事人主要阐明不能出庭的事实和理由。对方当事人则对法定理由是否成立阐明自己的观点，必要时应请求法庭不要采信其证明效力，要求证人出庭接受质询。

（3）证人与当事人之间有无利害关系。《2019证据规则》第90条规定，与一方当事人或者其代理人有利害关系的证人陈述的证言，不能单独作为认定案件事实的根据。也就是说，要结合其他相关证据相互印证，其证明效力才能得到采信。

（4）证人是否客观陈述其亲身感知的事实，是否使用了猜测、推断或者评论性语言。

（5）证人应当就其作证的事项进行连续陈述。

（6）证人是否是按照书面材料进行陈述。

（7）证人的陈述内容是否存在前后矛盾。

（8）证人的陈述内容是否与对方当事人的陈述相矛盾。

（9）证人的陈述内容是否与其他书面证据载明的事实相矛盾。

（10）证人的陈述内容是否与其他证人证明的事实相矛盾。

（11）证人作证前是否参加了旁听或偷听法庭审理情况等。

综合前述情况，归纳总结证明目的或质证意见。申请证人出庭一方当事人着重阐述应当采信证人证言的理由。需要否定证明效力的一方当事人，则着重阐述不能采信的事实和理由。

例：对该证人的身份表示认可。对其证明内容部分认可，部分不予认可。理由是：

第一，对证人陈述的自××××年××月起，陈×就不再担任项目部经理这一事实予以确认。这一事实恰好印证了陈×不可能于××××年××月××日以项目部的名义向原告提出借款。

第二，对证人陈述的……的事实，不予认可。因为这一陈述内容不是证人亲身感知的事实，作证时使用的是猜测、推断或者评论性语言。同时，该部分内容与其他书面证据载明的事实相矛盾，证明证人证言不具有真实性。

第六节　如何发表辩论意见

一、如何归纳争议焦点

辩论权是一种诉讼权利，应当得到充分保障。有的代理人对发表辩论意见并未重视，认为只要举示了证据，或者发表了质证意见，甚至认为自己举示的证据是真实的，就应当被采信。其实这些观点是片面的甚至是错误的。真理越辩越明。事实真相要通过辩论进一步得以揭示。有的代理人很少向法庭提交书面的代理词，在法庭辩论时三言两语，草草收兵，敷衍了事；也有的长篇大作，白白浪费审判人员的时间，会引起反感。

当事人展开辩论的基础是争议焦点。在法庭上，当审判人员在归纳争议焦点时，代理人基于怕得罪审判人员，一般是发表没有异议的代理意见。其实争议焦点的归纳大有学问，甚至暗藏司法公正与否的玄机。

在实践中，如果遇到下列情形，要加以注意：一是不当扩大争议的焦点；二是不当缩小争议焦点。

上述两种情形都有可能代表审判人员的观点存在偏向。代理人发现争议焦点被扩大或缩小，可能导致程序公正受到影响时，要及时提出异议。

在民间借贷纠纷中，其争议焦点主要有：

（1）民间借贷合同关系是否成立；

（2）出借人是否履行了支付借款的义务；

（3）借款人是否履行了归还借款及支付利息的义务；

（4）担保合同关系是否成立；

（5）担保人是否应当承担担保责任（包括是否超过担保责任期间、是否属于担保范围、是否存在应当免除担保责任的情形等）；

（6）原告方的诉讼请求是否超过诉讼时效；

（7）原告方实现债权的费用是否应当由被告承担等。

二、法庭辩论技巧

【重点难点提示】

归纳起来，其要点有：

（1）紧紧围绕争议焦点，展开辩论。

（2）辩论时，观点要明确、层次分明、逻辑性强，要有理有据。辩论时要以证据载明的事实、对方当事人的自认事实为依据，以法律规定为准绳，展开辩论。切忌发表没有事实根据和法律依据的辩论意见。

（3）语言表达要准确，不能含混不清，要规范使用法律语言。本书适量引用生效法律文书的部分内容，目的正在于帮助读者学习和使用规范性的法律语言，同时掌握审判人员的裁判思路和裁判要旨。中国裁判文书网中公布的许多案例，不乏精彩的法律语言，观点明确，论证充分，说理透彻，值得借鉴和学习。

（4）要从正反两个方面表达自己的观点。为了争取得到法庭的支持，在阐述当事人一方的观点时，要列举充分的事实依据和法律规定。反驳对方的观点时，也要列举充分的事实依据和法律规定，才能达到以理服人的辩论效果。

如何总结辩论技巧，总的原则是以事实为依据，以法律为准绳，展开辩论活动。原告方的辩论要点是，如何证明诉讼请求成立，而被告方的辩论要点则相反，即如何证明原告的诉讼请求不成立。围绕辩论要点，应当列出辩论提纲。原告要紧紧围绕自己的诉讼请求，在书写民事起诉状、举示证据、发表辩论意见环节，阐明能够支持诉讼请求的事实和理由。被告方则在发表答辩意见、质证意见，举示证据，发表辩论意见整个阶段，阐明原告的诉讼请求不能成立或部分不成立的事实和理由。被告方在庭审活动中，要恰当运用"自认"（慎重）、"否认"与"抗辩"的辩论技巧。如果在辩论中，应当否认而未作表示的，法庭会认为是默示，在内心中确信对方当事人所陈述的事实成立。

正确运用抗辩与否认的辩论技巧，确实对案件事实的认定具有重要的影响。抗辩与否认的最大区别在于，抗辩承认原告的请求原因事实，而否认则认为原告的请求原因事实根本就不存在。根据抗辩作用不同，被告的抗辩大致可分为三种形态：权利障碍抗辩、权利消灭抗辩、权利拒绝抗辩。与抗辩不同，所谓"否认"，是指认为相对方主张的要件事实为假，且无须承担证明责任。比如，认为借条持有人不具备债权人主体资格、借款合同无效，属于权利障碍抗辩；已经偿还借款、债务已抵销，属于权利消灭抗辩；超过诉讼时效的抗辩，则属于权利拒绝抗辩。[①]

【案例253】

借款合同关系是否成立的辩论意见举例

尊敬的审判长、审判员：

就罗××诉重庆××建设工程有限公司（简称××建设公司）、第三人陈×借款合同纠纷案，××建设公司认为，原告主张的借款合同关系并未成立，其诉讼请求不应当得到支持，应当依法驳回。事实和理由如下：

---

① 最高人民法院民事审判第一庭. 最高人民法院新民间借贷司法解释理解与适用. 北京：人民法院出版社，2021：73-74.

一、被告方××建设公司不是借款协议适格的借款人

1. 对原告举示的"借款协议"上面加盖的印章，我方在质证时就提出此印章非我公司印章，并举示了真实的印章，经过比对，原告方明确认可不是同一枚印章。对此，我方对该份证据的形成提出以下质疑：一是借款协议形成过程是在什么地点签订、什么时间签订，协议上的印章是如何加盖的，对前述问题，原告方并未作出明确回答。特别是加盖在协议上的印章，是谁私刻并加盖的（是陈×私刻并加盖的，还是原告私刻并加盖的，或者是原告与陈×共同私刻并加盖的），至今尚不明确。

2. 被告××建设公司既未委托陈×与原告签订"借款协议"，也未委托陈×向原告收取借款。自始至终，原告均未举示相关授权依据，因此，被告认为陈×的行为系职务行为的主张不能成立。

3. 协议中所谓是××建设公司为了开发案涉项目向原告借的款，不是事实。

其一，原告虽然举示了陈×的"情况说明"，但该"情况说明"并不是所谓的证据，举证程序也不合法，而应当由陈×作为第三人当庭陈述，而不应当由原告代理人代为陈述。陈×是由原告申请追加的本案第三人，不是本案证人。即使在追加为第三人之前作为证人，也应当出庭作证，接受质询。陈×是直接收取借款的当事人，与本案存在直接的利害关系。如果原告的诉讼请求得到支持，就可以免除陈×作为借款人的还款义务，说明在主观上，原告与陈×之间有着共同的诉讼目的，并且有将陈×的个人债务转嫁为公司债务的主观故意。陈×作为第三人不出庭当庭陈述，而将"情况说明"交由原告代理人代为陈述，二者显然有相互串通的嫌疑。该"情况说明"为何不交由我方代为陈述？而要交给原告方代为陈述，这一个问题看似简单，其实隐藏着非常复杂的动机和目的。为什么要在诉讼中由陈×出具一份"情况说明"，而本人又不愿意出庭参加诉讼？一是可以肯定的是，是原告方对陈×做了思想工作，陈×出自协助原告达到诉讼目的的动机才出具的此份说明。二是陈×不出庭，很难查明是否为原告的授意下并且是按照原告的意图出具的情况说明。此外，不能仅凭陈×的书面"情况说明"，就认定其款项用于案涉项目。是否用于案涉项目，应凭相关的事实依据作出认定，相信人民法院会结合其他证据进行综合判断。

其二，被告××建设公司举示的陈×民生银行个人账户的交易记录表（对证据的真实性原告代理人表示认可），证明陈×于2014年1月17日收到原告200万元之前的账户余额是223 998.22元，当日收到200万元后，分别支付给罗×90万元、李×二笔54 000元，冷×20万元，1月18日至20日期间，陈×及其夫人周×取款4笔，金额为120 200元；1月20日，付给某小额贷款公司三笔，金额142 820.65元，等等。截至1月25日，该账户的余额为174 622.94元，这期间共计支出2 049 375.28元，没有任何一笔款项与我公司存在关联性。这些款项的真实去向，与原告举示的陈×的"情况说明"列举的款项去向明显不符，进一步证实了陈×与原告串通一气在作虚假陈述。鉴于二人有串通一气作虚假陈述的具体行为，不排除"借款协议"也具有虚假性。另外，从支出明细中，2014年1月

17日付给罗×的90万元，是陈×向罗×支付的位于铁山某山庄处的土地使用权转让款，二人发生合同纠纷，陈×被打得住院。

4. 原告举示的银行交易清单，记录的是陈×与原告的交易行为，与我公司无关。其内容记载的是2014年1月17日原告向陈×支付200万元是货款，证明该清单不是原告履行"借款协议"支付义务的证明。

5. 加盖在"借款协议"上的"案涉项目部"的印章具有虚假性。对"借款协议"上的印章与被告在公安机关登记备案的印章不一致，原告予以认可。但原告认为，案涉项目可能存在几枚印章，"借款协议"上加盖的可能是其中一枚印章。对此，被告××建设公司予以了否认，原告的该项辩解不能成立。被告××建设公司已经举示证据证明：从2013年11月24日雕刻在公安机关备案的"案涉项目部"印章开始直至2014年8月14日下午将此印章交回公司为止，这期间，真实合法的印章一直由陈×保管，证明在2014年1月17日如果是以项目部的名义与原告签订"借款协议"，就必然加盖在公安机关备了案的印章，而不是另外雕刻印章加盖，证明"借款协议"系伪造的债权文书。根据前述事实，被告××建设公司有理由相信，该"借款协议"的落款日期虽然为2014年1月17日，但它实际上应当是2014年8月14日之后形成的。

6. 在审判过程中，审判人员问原告："原告，你有何证据证明是××建设公司的债务？"原代回答："没有。"证明原告要求被告××建设公司承担还款义务证据不足。

二、原告认为陈×的行为系职务行为，理由不成立

被告××建设公司既未委托陈×与原告签订"借款协议"，也未委托陈×向原告收取借款，因此，其职务行为之说并不成立。

《民法通则》第43条规定："企业法人对它的法定代表人和其他工作人员的经营活动，承担民事责任。"《最高人民法院关于贯彻执行〈中华人民共和国民法通则〉若干问题的意见（试行）》（现已失效）第58条规定："企业法人的法定代表人和其他工作人员，以法人名义从事的经营活动，给他人造成经济损失的，企业法人应当承担民事责任。"根据前述法律规定，要认定职务行为，首先必须确认200万元所谓的借款是法人的经营活动所产生，但原告并没有举示证据证明200万元所谓的借款与被告的经营活动相关联，证明不是职务行为。

原告为支持其职务行为之说，举示了三份证据，均不是认定职务行为的合法依据。

一是××建设公司关于陈×的任职文件。对该证据的证明效力，在质证时已经阐述清楚。这里补充说明如下：该文件内容与案涉项目没有任何关联性，同时也未任命陈×为案涉项目的负责人；该证据上有2014年11月20日陈×注明的"复印件与原件一致"的签字，证明原告看到该文件的时间是2014年11月20日，不能证明在签订"借款协议"时即2014年1月17日看到此份文件，因此，不能将此文件作为认定职务行为的依据。

二是原告举示的"房地产联合开发协议"。该协议也无授予陈×对外借款、收取借款

的授权内容。而且该证据第 5 条明确写道:"该项目的资金全部入账于乙方的账户"(注:合同的乙方是指××建设公司),既然原告声称是看了此份文件才借出的款项,就明知其借款不能付给陈×个人,而应当付给××建设公司。

三是陈×出具的"情况说明"。前面已述该"证据"来源渠道不合法,同时存在虚假性,这里不重述,证明该说明也不能作为认定职务行为的依据。

既然陈×出具的"情况说明"以及加盖在"借款协议"上的印章均具有虚假性,也说明了原告举示的"借款协议"以及原告声称是看了陈×的任职文件、"房地产联合开发协议"等内容的陈述,其真实性和合法性、关联性均不能被确认。

三、本案属于虚假诉讼,不能支持原告的诉讼请求

综上所述,证明本案存在虚假诉讼的极大可能性。鉴于我方已经指出在若干方面存在的重大嫌疑,应当将案件移交公安机关侦查,同时裁定中止本案的审理。如果不中止审理,敬请驳回原告的诉讼请求。

被告人:××建设工程有限公司
代理人:张太宇
二〇一六年二月二十五日

第七节　执行申请与执行异议、执行异议之诉

一、执行申请

相关规定

▼《民事诉讼法》(2023 年修正)

第 247 条第 1 款　发生法律效力的民事判决、裁定,当事人必须履行。一方拒绝履行的,对方当事人可以向人民法院申请执行,也可以由审判员移送执行员执行。

第 250 条第 1 款　申请执行的期间为二年。申请执行时效的中止、中断,适用法律有关诉讼时效中止、中断的规定。

【重点难点提示】

(一)执行申请的条件及期限

(1)当事人取得生效判决、裁定或仲裁决定的,如果对方当事人仍不履行义务,应当在法律规定的期限内申请执行。

(2)一般情形下,法院不会主动启动执行程序,应当依当事人的执行申请进行。特殊情形下,审判员可以移送执行员执行,主要涉及赡养费、抚养费纠纷。

(二) 申请执行应当注意的问题

1. 向法院提供可供执行的财产线索

这一点是非常重要的。司法实践中，能够执行到位的比例很低，因此，提供可供执行的财产线索尤其重要。

2. 要及时采取措施，防止被执行人转移财产，逃避债务

在执行过程中，如果发现有财产转移的，应当采取相应的法律措施，保障其权益不受损失。这些措施主要有：

（1）发现属于共同债务，在诉讼阶段因遗漏共同债务人而未提出诉讼的，可以另行提出诉讼，要求承担连带还款责任。例举如下：

1) 将借款用于夫妻共同生活或共同经营的项目，或者有将一方财产无偿转移至另一方名下；或者夫妻一方对外借款，但借款是经过夫妻中另一方银行账户的，可以向夫或妻的另一方提出诉讼，要求承担连带还款责任。

2) 如果将借款实际用于了合伙事务，可以要求其他合伙人共同承担连带还款责任。

3) 如果企业法定代表人以个人名义借款，但实际上将借款用于企业法人的经营活动，可以要求企业法人承担连带还款责任。

4) 如果企业法定代表人以企业法人名义借款，但实际上将借款用于法定代表人的个人用途（或夫妻共同事务），可以要求法定代表人或其夫妻承担连带还款责任。

5) 其他合法事由。

（2）发现债务人有放弃到期债权，或者有赠与、无偿转让财产或者低价转让财产线索的，可以提出撤销之诉（法律依据：《民法典》第538条和第539条）。

（3）在执行过程中，发现债务人的遗产已被继承的，可以要求继承人在继承财产范围内承担偿还义务。

二、执行异议

相关规定

▼《民事诉讼法》（2023年修正）

第238条 执行过程中，案外人对执行标的提出书面异议的，人民法院应当自收到书面异议之日起十五日内审查，理由成立的，裁定中止对该标的的执行；理由不成立的，裁定驳回。案外人、当事人对裁定不服，认为原判决、裁定错误的，依照审判监督程序办理；与原判决、裁定无关的，可以自裁定送达之日起十五日内向人民法院提起诉讼。

【重点难点提示】

执行异议，就是案外人就执行标的享有足以排除强制执行的民事权益的，在当事人申请执行过程中，可以向执行法院提出执行异议。其核心是排除强制执行。

提出执行异议的案外人，应当提交执行异议申请书，除载明申请人基本信息外，还要写明提出异议的事项、事实和理由。

按照规定，人民法院应当自收到书面异议之日起 15 日内审查，理由成立的，裁定中止对该标的的执行；理由不成立的，裁定驳回。其审查形式为，可以召开听证会进行审查，也可以只进行书面审查。

三、执行异议之诉

相关规定

▼《民事诉讼法司法解释》（2022 年修订）

第 302 条　根据民事诉讼法第二百三十四条规定，案外人、当事人对执行异议裁定不服，自裁定送达之日起十五日内向人民法院提起执行异议之诉的，由执行法院管辖。

第 303 条　案外人提起执行异议之诉，除符合民事诉讼法第一百二十二条规定外，还应当具备下列条件：

（一）案外人的执行异议申请已经被人民法院裁定驳回；

（二）有明确的排除对执行标的执行的诉讼请求，且诉讼请求与原判决、裁定无关；

（三）自执行异议裁定送达之日起十五日内提起。人民法院应当在收到起诉状之日起十五日内决定是否立案。

第 304 条　申请执行人提起执行异议之诉，除符合民事诉讼法第一百二十二条规定外，还应当具备下列条件：

（一）依案外人执行异议申请，人民法院裁定中止执行；

（二）有明确的对执行标的继续执行的诉讼请求，且诉讼请求与原判决、裁定无关；

（三）自执行异议裁定送达之日起十五日内提起。

人民法院应当在收到起诉状之日起十五日内决定是否立案。

第 305 条　案外人提起执行异议之诉的，以申请执行人为被告。被执行人反对案外人异议的，被执行人为共同被告；被执行人不反对案外人异议的，可以列被执行人为第三人。

第 306 条　申请执行人提起执行异议之诉的，以案外人为被告。被执行人反对申请执行人主张的，以案外人和被执行人为共同被告；被执行人不反对申请执行人主张的，可以列被执行人为第三人。

第 307 条　申请执行人对中止执行裁定未提起执行异议之诉，被执行人提起执行异议之诉的，人民法院告知其另行起诉。

第 308 条　人民法院审理执行异议之诉案件，适用普通程序。

第 309 条　案外人或者申请执行人提起执行异议之诉的，案外人应当就其对执行标的享有足以排除强制执行的民事权益承担举证证明责任。

第 310 条　对案外人提起的执行异议之诉，人民法院经审理，按照下列情形分别处理：

（一）案外人就执行标的享有足以排除强制执行的民事权益的，判决不得执行该执行标的；

（二）案外人就执行标的不享有足以排除强制执行的民事权益的，判决驳回诉讼请求。

案外人同时提出确认其权利的诉讼请求的，人民法院可以在判决中一并作出裁判。

第311条 对申请执行人提起的执行异议之诉，人民法院经审理，按照下列情形分别处理：

（一）案外人就执行标的不享有足以排除强制执行的民事权益的，判决准许执行该执行标的；

（二）案外人就执行标的享有足以排除强制执行的民事权益的，判决驳回诉讼请求。

第312条 对案外人执行异议之诉，人民法院判决不得对执行标的执行的，执行异议裁定失效。

对申请执行人执行异议之诉，人民法院判决准许对该执行标的执行的，执行异议裁定失效，执行法院可以根据申请执行人的申请或者依职权恢复执行。

第313条 案外人执行异议之诉审理期间，人民法院不得对执行标的进行处分。申请执行人请求人民法院继续执行并提供相应担保的，人民法院可以准许。

被执行人与案外人恶意串通，通过执行异议、执行异议之诉妨害执行的，人民法院应当依照民事诉讼法第一百一十六条规定处理。申请执行人因此受到损害的，可以提起诉讼要求被执行人、案外人赔偿。

第314条 人民法院对执行标的裁定中止执行后，申请执行人在法律规定的期间内未提起执行异议之诉的，人民法院应当自起诉期限届满之日起七日内解除对该执行标的采取的执行措施。

【重点难点提示】

提出执行异议的案外人对于驳回执行异议裁定不服的，或者执行申请人对中止执行的裁定不服的，应当在裁定送达之日起15日内向人民法院提起执行异议之诉。

（一）执行异议之诉的诉讼请求

执行异议之诉与民事起诉状的格式基本一致，这里从略。因不同的当事人提出诉讼，其诉讼请求是不同的。由案外人提出执行异议之诉，其请求为终止执行程序；由执行申请人提出的，是请求继续强制执行。

（二）执行异议之诉的事实和理由

1. 案外人主要阐述能够阻却执行的事实和理由

主要有以下理由。

（1）案外人对执行标的享有优先权，如工程款优先受偿权，抵押权优先受偿权。这些优先受偿权的顺位是排列在执行申请人的受偿权之前的。

需要注意的是，如果以工程款优先受偿权为由提出执行异议之诉，一是与正在执行的标的物有关，即优先受偿权是针对其建设的工程享有权利。不是案外人建设的，不享有优先受偿权。二是已为生效判决所确认。虽然是其建设，但是其优先受偿权没有经过法定程序确定，那么，不具有阻止执行的对抗效力。

以享有抵押权形成的优先权为由提出执行异议之诉的，一是案外人的优先受偿权可以对抗执行申请人的普通受偿权，二是其优先受偿权已经法定程序确定。

在实践中，下列情形是不能对抗执行申请人的优先权的。

其一，如果为了筹集建设资金而对外借款，由于借款合同纠纷，一般不能对抗工程款优先受偿权，因此，出借人心存顾虑，不愿借款。如果享有工程款优先受偿权的施工企业为借款提供了担保，如用享有工程款优先受偿权的应收账款作为担保或者享有优先受偿权的施工人以书面形式已经放弃了优先受偿权的或者享有优先受偿权的当事人在法定期限内未主张优先受偿权的，均不能以享有优先受偿权为由提出阻却强制执行的抗辩。

其二，如果采取让与担保形式提供担保，比如，担保人将享有工程款优先受偿权的债权转让给了出借人，如果债务人履行了债务，其工程款优先受偿权便转回至担保人。如果债务人未履行债务，债务履行期届满，出借人可以申请执行享有优先受偿权的财产，从财产处分价款中优先受偿。

其三，案外人的优先受偿权尚未被法定程序确定效力的。

其四，案外人的担保权属于非典型担保，不享有优先受偿权。非典型担保形成的担保权属于普通债权，而且是以约定的担保物为清偿标的物。非典型担保情形下的债权人，不但不能对抗在担保物上另行设立的抵押权或质权，而且对担保物以外的其他债权也不能对抗。针对担保物本身，还不能对抗善意第三人，如第三人不知道在物上设立了担保物权而发生买卖行为的，不能对抗该买受人。

其五，案外人提出执行异议之诉的请求金额明显少于被执行的财产，不会影响案外人的权利实现的，不可阻却执行。

（2）案外人对执行标的享有所有权或者所有权请求权的。如消费者购房，在采取诉讼保全或司法查封措施以前，已经全部或大部分支付了购房款，《最高人民法院关于人民法院办理执行异议和复议案件若干问题的规定》第29条规定的是支付超过合同总价款的50%。但如果未足额支付购房款，应当将剩余购房款支付至执行法院，可以阻却执行。

2. 执行申请人主要阐述不能阻却执行的事实和理由

这些理由与前述内容相反，这里不多述。

【案例254】

虚构债务不能对抗强制执行

裁判文书：最高人民法院（2014）民一终字第200号执行裁定书

裁定书认定事实：

郭×与繁×公司签订的"房产认购协议书"有效，但因未办理房产过户登记，不发生物权变动的效力。郭×关于其所享有的涉案房屋实体权利能够阻却法院执行该项财产的上诉请求及理由依据不足，不应予以支持，理由为：

（一）郭×未取得涉案房产的物权

涉案房产因二轻联社未补交土地出让金而被限制转让。繁×公司作为××公司的合作开发者之一，原始取得××公司49%的房产权益，无论其是否办理房产权属登记，均对该房产拥有权利。《物权法》第9条中规定，"不动产物权的设立、变更、转让和消灭，经依法登记，发生效力；未经登记，不发生效力"。郭×虽主张涉案房屋系由其合法购买，但未办理房产变更登记手续，该房产未发生物权变动，产权仍归原权利人。福建高院查封前郭×并未入住涉案房产，因此其亦未取得该房产的占有权和使用权。郭×是本案的购房人而非建设方或者施工人，其支付购房款的目的是买房而非建房，即使预付购房款用于涉案房产的建造，也不能改变购房款的债权性质。根据物权变动的原因与结果相区分的原则，郭×仅对涉案卖房人享有债权，如果涉案"房产认购协议书"因法院查封房产而无法履行，郭×只能依约向该房产的出卖人主张债权，而不能阻却福建高院对涉案房产的执行。郭×关于其已取得涉案房产使用权，繁×公司不是涉案房产所有人的主张，于法无据，本院不予支持。

（二）福建高院查封涉案房产符合法律规定

一审中郭×主张其已向繁×公司支付50%的购房款。根据《最高人民法院关于人民法院民事执行中查封、扣押、冻结财产的规定》（2008年，下同）第17条，被执行人将其所有的需要办理过户登记的财产出卖给第三人，第三人已经支付部分或者全部价款并实际占有该财产，但尚未办理产权过户登记手续的，人民法院可以查封、扣押、冻结。郭×既未付清涉案房产的价款，也未实际占有、使用该房产，故福建高院查封涉案房产符合《最高人民法院关于人民法院民事执行中查封、扣押、冻结财产的规定》设立的条件，郭×关于执行法院查封该房产没有法律依据的主张是错误的，本院不予支持。

（三）繁×公司恶意逃避债务

其于2010年以他人名义注册阜×公司，公司股东竟是两位互不相识的出租车司机。繁×公司还主张其于2010年8月30日在澳门收到阜×公司转让款2 500万元，并于同日作为其他项目的损失赔偿款转付给案外人众×国际有限公司（工商登记无此公司），但不能提供足够证据证明该事实。繁×公司虚构事实，将其在××公司中49%的权益转让给阜×公司，以逃避法院对蔡×债权的执行，违反了等价有偿、诚实信用的民事法律原则。在郭×未取得涉案房产物权的情况下，认定其购买行为可以对抗蔡×债权的执行，没有事实和法律依据。

……郭×上诉中称涉案房产不具备转让登记条件，证明其明知该房产被限制转让而购买，属于甘愿承担风险的行为。其关于福建高院查封涉案房产，加重购房人交易风险，有违司法公平正义的主张，依据不足。

~~~ 作者简析 ~~~

本案中法院认定不能阻却强制执行，主要理由有：一是未办理产权过户登记手续，即未取得所有权；二是当事人有恶意逃避债务的故意；三是购房者未付清涉案房产的价款，也未实际占有、使用该房产，法院的查封行为合法。

【案例255】
被无偿占有的财产属于查封范围

裁判文书：最高人民法院（2014）民一终字第206号执行裁定书

裁定书认定事实：

本案执行异议之诉的关键是审查购房者享有的实体权利是否足以阻却执行措施。

其一，"××公司"系繁×公司与二轻联社共同开发建设，繁×公司依约可取得"××公司"中49%的权益。而阜×公司因受让繁×公司在"××公司"项目中所享有的49%权益分得"××公司"第6、7、8、11、12、15、16、23、24、25层房产。现有证据已经佐证阜×公司是在繁×公司控制之下，阜×公司受让繁×公司所享有的"××公司"49%权益并未支付相应对价，其无偿占有被执行人繁×公司的财产，一审法院依据有关规定查封诉争房产并无不当。黄×以被查封的房产不是被执行人繁×公司的财产以及阜×公司不是被执行人为由主张解除查封，理由不能成立。

其二，根据《最高人民法院关于人民法院民事执行中查封、扣押、冻结财产的规定》第17条关于"被执行人将其所有的需要办理过户登记的财产出卖给第三人，第三人已经支付部分或者全部价款并实际占有该财产，但尚未办理产权过户登记手续的，人民法院可以查封、扣押、冻结；第三人已经支付全部价款并实际占有，但未办理过户登记手续的，如果第三人对此没有过错，人民法院不得查封、扣押、冻结"之规定，黄×在尚未办理涉案房屋产权变更登记的情形下，必须满足支付全部价款并实际占有使用且对未办理过户手续没有过错的条件，才能产生阻却执行措施的结果。根据本案查明的事实，黄×与繁×公司签订"房产认购协议书"，但并未支付全部价款，也并未实际入住诉争房产。在此情况下，其主张对诉争房产享有的实体权利足以阻却执行措施，缺乏相应的事实和法律依据，本院不予支持。

~~~ 作者简析 ~~~

第一，可以阻却执行的法定情形。

《最高人民法院关于人民法院民事执行中查封、扣押、冻结财产的规定》（2008年）第17条（2020年修正后为第15条）规定，可以查封第三人购买的房屋主要有两种情形：一是第三人已经支付部分或者全部价款并实际占有该财产，但尚未办理产权过户登记手续的，人民法院可以查封、扣押、冻结；二是第三人已经支付全部价款并实际占有，但未办理过户登记手续的，如果第三人对此没有过错，人民法院不得查封、扣押、冻结。

从上述规定来看，案外人购买房屋，尚未办理产权过户手续，但可以阻却查封、扣押、冻结的条件主要有：一是已经支付了价款（全部或部分），二是已经实际占有，三是购买人主观上无过错。

本案未交足全部购房款、未实际占有，不构成阻却执行的效力。其中，"交房通知函"仅能证明相关责任人愿意交付房屋而不能证明房屋的实际占有，具有借鉴意义。

第二，本案中不能阻却执行的原因。

本案的关键是阜×公司因受让繁×公司在"××公司"项目中所享有的49％权益并分得"××公司"第6、7、8、11、12、15、16、23、24、25层房产，是否支付了对价。查明的事实为：（1）阜×公司是在繁×公司控制之下；（2）阜×公司受让繁×公司所享有的"××公司"49％权益并未支付相应对价；（3）阜×公司无偿占有被执行人繁×公司的财产。

【案例256】

抵押权人同意销售抵押物的，不得阻却抵押物的买受人的强制执行

裁判文书：最高人民法院（2020）最高法民终500号民事判决书

判决书认定事实：

关于××街道办的权利能否对抗××资产公司的抵押权。《物权法》第191条规定，抵押期间，抵押人经抵押权人同意转让抵押财产的，应当将转让所得的价款向抵押权人提前清偿债务或者提存。转让的价款超过债权数额的部分归抵押人所有，不足部分由债务人清偿。抵押期间，抵押人未经抵押权人同意，不得转让抵押财产，但受让人代为清偿债务消灭抵押权的除外。可见，该条对抵押权人的权益已予以充分保障，并给予交易各方以明确的行为指引。本案中，××资产公司的主债权来源于东×资产，而东×资产曾于2012年11月5日向北京市××区城乡建设委员会（房屋管理局）出具"抵押权人同意抵押房屋销售的证明"，载明"抵押权人同意在建工程抵押和现房抵押的房屋全部进行销售"，其中包括案涉的18套房屋。东×资产的债权转让给××资产公司后，××资产公司也曾出具过同意出售抵押物的证明，该证明中更明确包括案涉房屋。虽××资产公司称该证明已经撤销，但因××资产公司的债权来源于东×资产，其对东×资产曾出具过同意销售的证明亦应是知悉并认可的。××资产公司完全有权采取监管收款等必要措施予以保障，事实上，双方在抵押合同中也已经进行了明确约定，但××资产公司并未采取相应的监管保障措施，明显具有过错，应自行承担因其过错而产生的不利后果。××街道办与××房产公司系合法房屋买卖关系，已经全额支付购房款并已经占有使用案涉房屋多年，××资产公司在设立抵押权时对此是知悉的，且未表示过反对，其怠于行使相关权利却转而继续要求对案涉房屋行使抵押权，势必影响已经支付价款的无过错购房者的合法权益，有失公平。综合本案实际情况，本院认定××街道办就案涉房屋享有足以排除强制执行的民事权益。一审判决不当，本院予以纠正。

~~~ 作者简析 ~~~

抵押权人同意销售抵押物，抵押物销售后，抵押权人怠于行使抵押权，没有采取对销售款进行监管的保障措施，明显具有过错，应自行承担因其过错而产生的不利后果。因此，抵押权人同意销售抵押物后，不得阻却抵押物的买受人的强制执行。

案涉××资产公司先是出具了同意销售的证明，之后，又声明对该证明予以撤销。一般情形下，在撤销之前，房屋尚未销售的，该撤销具有法律效力。如果已经销售，不会产生对抗效力，但本案具有特殊情形。因××资产公司声明撤销的仅是己方作出的同意证明。在该公司出具同意销售的证明之前，作为债权转让的出让人即东×资产还出具了一份同意销售的证明，而此份证明并未声明撤销。因此，即使在出让人声明撤销己方作出的同意销售的证明之后产生的销售行为，其购买人仍然有理由相信可以取得销售物的所有权。在实践中，如果抵扣权人出具了若干份同意销售的证明，在撤销时应当写明撤销的每一份证明名称、时间及内容，同时通过合理方式进行公告，以防止善意购买人的出现。

第八节　虚假诉讼

一、什么是虚假诉讼

【重点难点提示】

2012年4月6日，民事审判第一庭庭长杜万华在全国高级法院民一庭庭长座谈会上的总结讲话中明确指出：要进一步防范、治理、打击虚假诉讼。当前，以民间借贷、房屋买卖、婚姻家庭等案件类型为表现形式的虚假诉讼现象，在全国都不同程度地存在，给民事诉讼活动的正常进行和人民群众合法权益的保护造成了极大危害。我们在审理一些民间借贷案件中发现有人利用虚假诉讼方式，损害第三人合法权益。因此，虚假诉讼如果不能被有效制止，对诉讼秩序的维护影响极大，因此，各级法院要高度重视新形势下如何防范、治理、打击虚假诉讼行为的问题。一是要统一思想，深刻认识防范、制裁虚假诉讼的重要性。防范、制裁虚假诉讼，是维护案外人合法利益的需要，是维护社会公平正义的需要，是维护司法权威、提升司法公信力的需要。要充分认清虚假诉讼行为的危害性，充分认清防范、制裁虚假诉讼行为的重要性，切实转变虚假诉讼行为与己无关、多一事不如少一事等错误的思想认识，切实增强防范、制裁虚假诉讼的自觉性、责任感。二是要采取有力措施，有效防范、治理虚假诉讼行为。各级法院要积极进行深入调研，出台防范和打击虚假诉讼的指导意见。要正确理解虚假诉讼行为的内涵与外延，准确把握虚假诉讼行为具有的违法性、危害性、趋利性、趋同性等规律性特点。要坚持全程、全面、全员的原则，每一个法官及司法工作人员都要把防范、治理虚假诉讼行为的要求贯彻落实到民事审判的每一个环节上。三是要严查重处，加大力度打击虚假诉讼行为。要做到发现一起、查处一起、通报一起。对制造虚假诉讼案件的当事人，应当依照民事诉讼法的规定，根据情节轻重，依法予以训诫、罚款、拘留；构成犯罪的，依法追究刑事责任。对参与制造虚假诉讼案件的诉讼代理人或其他诉讼参与人，应当同时向司法行政机关提出建议，依法对其进行处理。对审判人员在工作中明知案件存在虚假诉讼可能而不闻不问、造成裁判错误的，以及故意参与制造虚假诉讼案件的审判人员，一经查实，应追究其违法审判的责任。要探索建立防范、治理、制裁虚假诉讼的审查机制、认定及处置程序，明确认定的主体，统一认定的标准，确保把打击、制裁虚假诉讼行为的各项要求落到实处。

2015年，杜万华就《最高人民法院关于审理民间借贷案件适用法律若干问题的规定》答记者问指出：

关于虚假民事诉讼的处理。我们经过调研发现当前民事审判领域存在许多虚假诉讼，在民间借贷案件中尤为突出。如何有效遏制民间借贷纠纷中的虚假诉讼，是摆在审判实践中的一个突出难题，也是亟待解决的一个课题。此类案件利益关系复杂，且往往使真正权利人的利益无法得到保障，一旦法院未能识别虚假诉讼，支持了虚假诉讼当事人的利益，则不但无法化解纠纷，反而更加激化了当事人之间的矛盾，极易引发和激化社会冲突。总之，虚假民间借贷诉讼既侵犯了真实权利人的利益，又浪费了有限的司法资源；既扰乱正常的司法审判秩序，又影响了社会稳定。因此，必须加大对虚假诉讼的预防和打击，以维持诚实守信的诉讼环境。审判实践中如何识别虚假诉讼是遏制虚假诉讼所面临的首要问题。对于这一问题，各级人民法院在司法实践过程中形成了不同的处理方式，但也达成了基本共识，即应当在民间借贷案件审理过程中加强对证据的审查力度。本规定结合了虚假民间借贷诉讼审判实践的调研结果，吸收了实践中的有益的经验做法，采纳了综合判断的规范模式，并总结出了具体列举的可能属于虚假民间借贷诉讼的十种行为，如：出借人明显不具备出借能力，出借人起诉所依据的事实和理由明显不符合常理，出借人不能提交债权凭证或者提交的债权凭证存在伪造的可能，等等，以供审判人员审理案件时借鉴、参考。当然，正确识别虚假民间借贷诉讼，还要求审判人员基于自身的审判经验的积累、对生活的认知能力的提高，结合借贷发生的原因、时间、地点、款项来源、交付方式、款项流向以及借贷双方的关系、经济状况等事实，综合判断是否属于虚假民事诉讼。

经审理发现属于虚假诉讼的，人民法院除判决驳回原告的请求外，还要严格按照本规定的内容，对恶意制造、参与虚假诉讼的诉讼参与人依法予以罚款、拘留；构成犯罪的，必须要移送有管辖权的司法机关追究刑事责任。[①]

2015年，最高人民法院颁布的《2015民间借贷司法解释》第19条列举了虚假民间借贷诉讼的十种情形。

2016年6月20日，最高人民法院发布了关于防范和制裁虚假诉讼的指导意见。

2020年，最高人民法院颁布的《2020民间借贷司法解释》第18条继续列举了虚假民间借贷诉讼的十种情形。

上述讲话和规定，足见虚假诉讼问题已经引起司法界的高度重视。

简而言之，民事的虚假诉讼，是编造虚假的事实和理由，通过向法院提起诉讼，故意侵害对方当事人合法财产权益的行为。构成虚假诉讼的要件是：（1）行为人主观上具有损害他人的合法财产权益的故意；（2）行为人客观上以编造虚假的事实和理由，向法院提出了诉讼行为；（3）虚假诉讼侵害的对象是国家司法秩序以及对方当事人的合法财产权利；（4）损害后果与虚假诉讼行为之间存在因果关系。

【权威观点】

虚假民间借贷诉讼是指当事人为了获取非法利益，恶意串通，通过采取捏造事实、伪造变造证据、虚构法律关系等方式提起民间借贷民事诉讼，意图使人民法院作出错误裁判和执行，侵害他人、集体、国家或者社会公共利益的行为。[②]

二、民间借贷虚假诉讼有哪些表现

相关规定

▼《2020民间借贷司法解释》

第18条 人民法院审理民间借贷纠纷案件时发现有下列情形之一的，应当严格审查借贷发生的原因、时间、地点、款项来源、交付方式、款项流向以及借贷双方的关系、经济状况等事实，综合判断是否属于虚假民事诉讼：

（一）出借人明显不具备出借能力；

（二）出借人起诉所依据的事实和理由明显不符合常理；

（三）出借人不能提交债权凭证或者提交的债权凭证存在伪造的可能；

（四）当事人双方在一定期限内多次参加民间借贷诉讼；

（五）当事人无正当理由拒不到庭参加诉讼，委托代理人对借贷事实陈述不清或者陈述前后矛盾；

[①] 最高人民法院民一庭．民事审判指导与参考：2015年第3辑（总第63辑）．北京：人民法院出版社，2015：449．

[②] 最高人民法院民事审判第一庭．最高人民法院新民间借贷司法解释理解与适用．北京：人民法院出版社，2021：282．

（六）当事人双方对借贷事实的发生没有任何争议或者诉辩明显不符合常理；

（七）借款人的配偶或者合伙人、案外人的其他债权人提出有事实依据的异议；

（八）当事人在其他纠纷中存在低价转让财产的情形；

（九）当事人不正当放弃权利；

（十）其他可能存在虚假民间借贷诉讼的情形。

【重点难点提示】

上述十种情形是当事人在诉讼过程中的表现。归纳起来，虚假诉讼的表现主要分为两大类：

1. 伪造虚假的借款合同，骗取借款人承担偿还义务

（1）雕刻虚假印章，签订借款合同。比如，在某诉讼中发现，2014年1月17日，霍×雕刻了一枚"重庆民×建设工程有限公司××项目部"的印章，与罗×签订了一份"借款合同"，经比对，该印章是虚假的。

（2）利用曾经发生的交易记录，编造虚假的借款合同。比如，在诉讼代理中发现，2014年4月4日，赵×向霍×支付了50万元。2014年5月7日，霍×又向赵×支付了51万元。显然，该51万元是偿还先前的借款，其中1万元是利息（月利率为2％，借款期限1个月刚好是1万元的利息）。2014年7月29日，霍×以前述某公司名义对赵×出具了一份"还款承诺书"，该承诺书包含了前述50万元的本息未归还，并承诺在当年12月31日之前偿还完毕。之后，赵×便凭此还款承诺书向法院提出了诉讼。该案的难点在于：对于霍×向赵×还款51万元，单凭被告方的力量，无法调查收集相关证据。幸好在另一案件中，申请法院调查取证中有前述事实的证据，否则，该虚假诉讼的事实很难被揭穿。

（3）利用挂靠关系，伪造职务行为的借款合同。

（4）利用合伙关系，伪造借款合同。

2. 签订虚假的借款合同，诱骗第三人签订担保合同

2014年9月4日，由马×向徐×支付了140万元，双方签订了借款合同，并由第三人重庆市潼南××建筑工程公司签订了抵押合同，以房屋作为抵押担保。经查，该140万元实际是马×和徐×共同向某典当公司借款150万元，由典当公司向马×支付150万元，然后由马×将其中的140万元转账支付给徐×形成。

相比之下，担保人承担担保责任的风险比纯粹伪造借款合同的虚假诉讼的风险更大。假设本案没有案中案的故事，即马×和徐×共同向某典当公司借款150万元的事实没有相关证据支持，其虚假诉讼的事实就不能被揭穿，甚至连担保人自己也会认为应当承担担保责任。

三、如何预防虚假诉讼

（1）增强虚假诉讼的风险防范意识。

（2）建立健全虚假诉讼防范制度。要加强印章、文书管理。不要轻易出具授权委托书、任职文件等。如果必须出具，应当限定职权范围。

（3）不要将加盖了印章的空白纸张、介绍信等给其他当事人。

（4）不要轻易为他人提供担保。

（5）不要轻易指定其他付款人或收款人。要指定时一定要履行相关法律手续。

（6）不要轻易在外面雕刻印章。雕刻印章应当按照法律规定的程序，向公安机关申请雕刻。

（7）在诉讼中，要按照《2020民间借贷司法解释》第18条的规定，严格审查证据。要善于发现证据中的蛛丝马迹，对于不合情理的事实和情节，要刨根问底，弄清事实真相。有合理怀疑或不合情理的事实和理由，要及时与审判人员沟通，必要时应写明书面报告，详细阐述我方观点及事实依据。必要时，要追究有关当事人虚假诉讼的法律责任。

（8）要全方位审查证据的真实性、合法性与关联性。前面已述，这里从略。在司法实践中，随着科学技术的日益发展，虚假诉讼越来越显示出不易被发现的特点。如：现代扫描技术的应用，对于印章的雕刻很可能真假难辨。作为法定代表人在签订合同时，最好在加盖法人公章的同时，再用手写体签上自己的名字，不要既加盖法人公章，又加盖法定代表人的个人印章。对此，应当高度警惕。

四、如何主张虚假诉讼的损失赔偿

虚假诉讼的损害赔偿，包括诉讼财产保全引起的损失、诉讼费、律师费、取证费、出庭、出差人员差旅费等。主张这些损失，关键是要承担举证责任：一是证明这些费用的发生具有真实性和合法性；二是证明这些费用是由虚假诉讼所引起，具有关联性。

五、虚假诉讼的行政处罚

【重点难点提示】

如果发生虚假诉讼，应对相关当事人严厉处罚。

【案例257】

利用关联公司的关系，虚构债务属于虚假诉讼

裁判文书：最高人民法院（2015）民二终字第324号民事判决书[①]

判决书认定事实：

××科技公司提起诉讼，要求××置业公司偿还借款8 650万元及利息，虽然提供了

[①] 该案被收录于：最高人民法院第二巡回法庭关于公正审理跨省重大民商事和行政案件典型案例第3号//最高人民法院发布的典型案例汇编：2009—2021民事·商事卷．北京：人民法院出版社：354-356．

借款合同及转款凭证，但其自述及提交的证据和其他在案证据之间存在无法消除的矛盾，当事人在诉讼前后的诸多行为违背常理，主要表现为以下七个方面：

第一，从借款合意形成过程来看，借款合同存在虚假的可能。××科技公司和××置业公司对借款法律关系的要约与承诺的细节事实叙述不清，尤其是作为债权人××科技公司的法定代表人、自称是合同经办人的宗×对所有借款合同的签订时间、地点、每一合同的己方及对方经办人等细节，语焉不详。案涉借款每一笔均为大额借款，当事人对所有合同的签订细节甚至大致情形均陈述不清，于理不合。

第二，从借款的时间上看，当事人提交的证据前后矛盾。××科技公司的自述及其提交的借款合同表明，××科技公司自2007年7月开始与××置业公司发生借款关系，向本院提起上诉后，其提交的自行委托形成的审计报告又载明，自2006年12月份开始向××置业公司借款，但从××置业公司和××科技公司的银行账户交易明细看，在2006年12月之前，仅××科技公司8115账户就发生过两笔高达1 100万元的转款，其中，2006年3月8日以"借款"名义转入××置业公司账户300万元，2006年6月12日转入801万元。

第三，从借款的数额上看，当事人的主张前后矛盾。××科技公司提起诉讼后，先主张自2007年7月起累计借款金额为5 850万元，后在诉讼中又变更为8 650万元，向本院上诉时又称借款总额1.085亿元，主张的借款数额多次变化，但只能提供8 650万元的借款合同。而谢×当庭提交的银行转账凭证证明，在××科技公司所称的1.085亿元借款之外，另有4 400多万元的款项以"借款"名义打入××置业公司账户。对此，××科技公司自认，这些多出的款项是受王×新的请求帮忙转款，并非真实借款。该自认说明，××科技公司在相关银行凭证上填写的款项用途极其随意。从本院调取的银行账户交易明细所载金额看，××科技公司以借款名义转入××置业公司账户的金额远远超出××科技公司先后所称的5 850万元、8 650万元和1.085亿元。除谢×提供的交易数额外，还有其他多笔以"借款"名义转入××置业公司账户的巨额资金，没有列入××科技公司所主张的借款数额范围。

第四，从资金往来情况看，××科技公司存在单向统计账户流出资金而不统计流入资金的问题。无论是在案涉借款合同载明的借款期间，还是在此之前，甚至在诉讼开始以后，××科技公司和××置业公司账户之间的资金往来，既有××科技公司转入××置业公司账户款项的情况，也有××置业公司转入××科技公司账户款项的情况，但××科技公司只计算己方账户转出的借方金额，而对××置业公司转入的贷方金额只字不提。

第五，从所有关联公司之间的转款情况看，存在双方或者多方账户循环转款问题。将××科技公司、××置业公司、翰×公司、沙×公司等公司之间的账户对照检查，存在××置业公司将己方款项转入翰×公司账户过桥××科技公司账户后，又转回××置业公司账户，造成虚增借款的现象。例如，2008年9月5日××置业公司5555账户转入翰×公司4917账户1 735万元，10月30日翰×公司4917账户转入××科技公司8115账户1 900万元，当日，××科技公司8115账户又转入××置业公司5555账户1 900万元。11月6日××置业公司5555账户转入翰×公司4917账户1 800万元，12月9日翰×公司4917账户转入××科技公司8115账户1 800万元，当日××科技公司该账户转入××置业公司5555账户1 900万元。又如，××置业公司5555账户2008年12月24日转入翰×公司4917账户716.732 625万元，当日翰×公司转入××科技公司8115账户600万元，然后在同一天又从××科技公司转回××置业公司600万元。这些款项每从××科技公司账户进入××置业公司账户一次，都被计入××置业公司向××科技公司的借款数额。××置业公司与其他关联公司之间的资金往来也存在此种情况。

第六，从借款的用途看，与合同约定相悖。借款合同第二条约定，借款限用于特××国际花园房地产项目，但是案涉款项转入××置业公司账户后，该公司随即将大部分款项以"借款""还款"等名义分别转给翰×公司和沙×公司，最终又流向××科技公司和××科技公司控股的沈阳特××。至于××科技公司辩称，××置业公司将款项打入翰×公司是偿还对翰×公司借款的辩解，由于其提供的翰×公司和××置业公司之间的借款数额与两公司银行账户交易的实际数额互相矛盾，且从流向上看大部分又流回了××科技公司或者其控股的公司，其辩解不足为凭。

第七，从××科技公司和××置业公司及其关联公司在诉讼和执行中的行为来看，与日常经验相悖。××科技公司提起诉讼后，依然与××置业公司互相转款；××置业公司不断向××科技公司账户转入巨额款项，但在诉讼和执行程序中却未就还款金额对××科技公司的请求提出任何抗辩；××科技公司向辽宁高院申请财产保全，××置业公司的股东王×却以其所有的房产为本应是利益对立方的××科技公司提供担保；××科技公司在一审诉讼中另外提供担保的上海市青浦区房产的所有权，竟然属于王×新任法定代表人的××科技公司；××科技公司和××置业公司当庭自认，××科技公司开立在中国建设银行东港支行、中国建设银行沈阳马路湾支行的银行账户都由王×新控制。

对上述矛盾和违反常理之处，××科技公司与××置业公司均未作出合理解释。由此可见，××科技公司没有提供足够的证据证明其就案涉争议款项与××置业公司之间存在真实的借贷关系。而且，从调取的××科技公司、××置业公司及其关联公司账户的交易明细发现，××科技公司、××置业公司以及其他关联公司之间、同一公司的不同账户之间随意转款，款项用途随意填写，结合在案其他证据，本院确信，××科技公司诉请之债权系截取其与××置业公司之间的往来款项虚构而成，其以虚构债权为基础请求××置业公司返还8 650万元借款及利息的请求不应支持。据此，辽宁高院再审判决驳回其诉讼请求并无不当。

至于××科技公司与××置业公司提起本案诉讼是否存在恶意串通损害他人合法权益的问题。首先，无论是××科技公司还是××置业公司，对××置业公司与一审申诉人谢

×及其他债权人的债权债务关系是明知的。从案涉判决执行的过程看，××科技公司申请执行之后，对查封的房产不同意法院拍卖，而是继续允许该公司销售，××置业公司每销售一套，××科技公司即申请法院解封一套。在接受本院当庭询问时，××科技公司对××置业公司销售了多少查封房产，偿还了多少债务叙述不清，表明其提起本案诉讼并非为实现债权，而是通过司法程序进行保护性查封以阻止其他债权人对××置业公司财产的受偿。以虚构债权而兴讼不止，恶意昭然若揭。其次，从××科技公司与××置业公司人员混同、银行账户同为王×新控制的事实可知，××科技公司与××置业公司已经失去了公司法人所具有的独立人格，两公司既同属一人，以一人而充任两造，恶意之勾连不证自明。《民事诉讼法》（2012年）第112条（现为第115条）规定："当事人之间恶意串通，企图通过诉讼、调解等方式侵害他人合法权益的，人民法院应当驳回其请求，并根据情节轻重予以罚款、拘留；构成犯罪的，依法追究刑事责任。"一审申诉人谢×认为××科技公司与××置业公司之间恶意串通提起虚假诉讼损害其合法权益的意见，以及对有关当事人和相关责任人进行制裁的请求，于法有据，应予支持。本院将同时对××科技公司和××置业公司的虚假诉讼行为进行处罚。

作者简析

本案中审理法官从借款合意、借款时间、借款数额、资金往来情况、关联公司转账、资金用途等七个方面判断涉嫌虚假诉讼。其中，对资金往来情况的审核具有显著特点，即当事人之间互相有收付款项的情况，但出借人在统计中只统计了支付的款项，未统计收入的款项，明显不符合常理。在执行程序中，借款人对已经支付的款项并未作为已经归还的借款提出抗辩；本案提出诉讼后，其关联公司之间仍然存在转账事实；××科技公司申请执行之后，对查封的房产不同意法院拍卖，而是继续允许该公司销售等，这些现象都是不符合常理的。本案涉嫌利用历史交易事实在银行流水留下的记录，伪造借款行为。

参考文献

1. 最高人民法院民一庭．民事审判指导与参考：总第 45 辑至第 88 辑．北京：人民法院出版社，2012—2022.

2. 最高人民法院民事审判第一庭．最高人民法院新民间借贷司法解释理解与适用．北京：人民法院出版社，2021.

3. 最高人民法院民事审判第一庭．民间借贷纠纷审判案例指导．北京：人民法院出版社，2015.

4. 最高人民法院民事审判第二庭．担保案件审判指导．增订版．北京：法律出版社，2018.

5. 最高人民法院民间借贷司法解释理解与适用（简明版及配套规定）．北京：人民法院出版社，2018.

6. 国家法官学院案例开发研究中心．中国法院 2018 年度案例．北京：中国法制出版社，2018.

7. 国家法官学院案例开发研究中心．中国法院 2019 年度案例．北京：中国法制出版社，2019.

8. 国家法官学院案例开发研究中心．中国法院 2020 年度案例．北京：中国法制出版社，2020.

9. 国家法官学院案例开发研究中心．中国法院 2021 年度案例．北京：中国法制出版社，2021.

10. 国家法官学院案例开发研究中心．中国法院 2022 年度案例．北京：中国法制出版社，2022.

11. 最高人民法院司法观点集成：民事卷．3 版．北京：人民法院出版社，2017.

12. 最高人民法院发布的典型案例汇编：2009—2021 民事·商事卷．北京：人民法院出版社，2021.

13. 最高人民法院　最高人民检察院指导性案例．6 版．北京：人民法院出版社，2022.

14. 杜万华．最高人民法院民商事案件审判指导：第 5 卷．北京：人民法院出版社，2018.

15. 江必新，何东宁，程似锦．最高人民法院指导性案例裁判规则理解与适用．2版．北京：中国法制出版社，2017.

16. 娄宇红．民间借贷纠纷典型案例解析．北京：中国法制出版社，2022.

17. 沈丹丹．民间借贷案件审理中的举证责任分配和事实认定标准问题//最高人民法院民一庭．民事审判指导与参考：2015年第3辑（总第63辑）．北京：人民法院出版社，2016.

18. 潘杰．民间借贷中大额现金交付事实的举证证明责任与证明标准//最高人民法院民一庭．民事审判指导与参考：2015年第3辑（总第63辑）．北京：人民法院出版社，2016.

19. 肖明明．浅析职务行为的判断标准．（2023-01-05）[2023-12-15]．https：//www．chinacourt．org/article/detail/2013/01/id/809939.shtml.

20. 程顺增，徐琦．叶红阳诉杜朋、华福明等追偿权纠纷案：非典型担保意思表示下抵押人的责任承担//最高人民法院中国应用法学研究所．人民法院案例选：2017年第11辑（总第117辑）．北京：人民法院出版社，2018.

后 记

如何进行标准化服务、提高服务水平，是作者长期思考的问题。作者早在2017年就开始策划本书，于2019年6月完成初稿第一稿，本来是供作者自己学习参考之用。2019年年底至2020年，作者对初稿作了较大改动。之后，因《民法典》的颁布、《合同法》的废止，以及与《民法典》配套的民间借贷、担保制度的司法解释的颁布，作者又作了数次修改。修改完成后，有朋友建议让更多的法律专业人士受益，于是作者产生了正式出版的想法。前前后后历时7年，经过数十次修改，本书终于得以呈现于读者面前。

律师界究竟需要怎样的业务参考用书？我们首先想到的是将法律、行政法规、司法解释、部门规章、相关政策以及其他规范性文件全部归类在一起，以免去执业人员查找相关规定的麻烦。而且，将这些规定糅合在一起，有助于对法律、行政法规、司法解释的规定的理解与适用。如果再辅以案例分析，加入司法界及理论界的权威观点，其实用性与指导性则更加突出。于是，本书便有了写作结构与谋篇布局上的突破。对于司法界有争议的问题，我们尽量将不同的观点展示给读者，力图从不同的视角给读者更多的启示。

在本书写作过程中，得到李功国教授的厚爱和鼎力支持，也得到了张太宇先生（《企业法务宝典》作者）的悉心指导，以及司法界众多朋友的关心、支持，作者在此对他们表示衷心的感谢！同时，因写作水平有限，本书难免存在缺点和错误，敬请广大读者批评指正。文中部分观点，可能存在不当之处，敬请原作者谅解！

本书所引裁判文书内容，仅供购买本书的读者学习参考之用，不得将裁判文书作其他用途，否则，所引起的法律后果，一律由读者自行承担。

作者

2024年1月

图书在版编目（CIP）数据

民间借贷纠纷实战全指引/张钰坤，代子欣编著
．--北京：中国人民大学出版社，2024.4
ISBN 978-7-300-32076-2

Ⅰ.①民… Ⅱ.①张… ②代… Ⅲ.①民间借贷-经济纠纷-研究-中国 Ⅳ.①D925.104

中国国家版本馆CIP数据核字（2023）第147676号

民间借贷纠纷实战全指引
张钰坤　代子欣　编著
Minjian Jiedai Jiufen Shizhan Quanzhiyin

出版发行	中国人民大学出版社		
社　　址	北京中关村大街31号	邮政编码	100080
电　　话	010-62511242（总编室）		010-62511770（质管部）
	010-82501766（邮购部）		010-62514148（门市部）
	010-62515195（发行公司）		010-62515275（盗版举报）
网　　址	http://www.crup.com.cn		
经　　销	新华书店		
印　　刷	天津中印联印务有限公司		
开　　本	787 mm×1092 mm　1/16	版　次	2024年4月第1版
印　　张	40.75 插页1	印　次	2024年4月第1次印刷
字　　数	862 000	定　价	198.00元

版权所有　　侵权必究　　印装差错　　负责调换